황실연구시리즈
일월오악도 ①

이승만 뿌리 정치심리

-대한황실 비밀역사-

안 천 지음

교육과학사

머리말

일제침략을 물리치고 조국을 되찾은지 벌써 50여년의 세월이 흘렀다. 길다면 길고 짧다면 짧을 수 있는 세월인데, 이 시대를 훗날의 역사는 무엇이라고 기록할 것인가? 아마도 방황의 시대였다고 기록할 가능성이 높다.

임금님이 계시던 나라가 일제침략을 겪고나서 돌연 미국식 대통령제로 바뀌고는 끊임없이 정치적 변혁과 소용돌이를 헤치면서 오늘에 이르렀다. 자유당시대의 신대통령제 독재가 4·19를 통해 끝이 났고, 잠시후 5·16을 거쳐 박정희시대를 맞았다. 그리고는 30년 동안의 군사정부 시대가 이어진다. 군사정부의 시대는 인권문제를 낳았다. 그러나 경제적 부흥의 시대였었다. 헐벗은 몸에 죽 세 끼도 제대로 못 먹으며 보릿고개를 헤매던 나라를 세계 11위의 경제대국으로 바꿔 놓은 공로는 언제라도 정당한 평가를 내려 줘야 한다.

그러나 무능한 노태우시대를 거쳐서 소위 문민정부라는 김영삼시대의 5년 사이에 빈털터리 거지신세가 되면서 온 세계로 돈을 꾸러 다니는 IMF국치를 맞는다. 잘 산다며 세계의 선망의 대상이던 나라가 단 5년 사이에 거지가 되었다. 김영삼시대는 현대판 폭군에 의한 광란의 시대였다고 생각된다. 흡사 조선시대의 4대사화에 해당하는 반대파, 정적 몰아치기로만 세월을 보내며 국난을 자초한 것이다. 수준높은 정치는 실종되고 무리수, 우격다짐, 정략적 꼼수로서 끊임없는 정쟁의 시간을 보내기만 했다. 도대체 차분히 국정을 챙긴 시간이 얼마나 될까?

첫째로 집권을 하자마자 사정(司正)을 한다면서 재산등록 등을 통해 다수의 인사를 정치적으로 목조르는 시기를 보냈고, 처음에 국민들은 덧없이 열광하면서 박수를 쳤었다. 그러나 사정의 칼날은 공정성이 없고 누구라도 재수없이 걸려 들면 비정하게 내려 친다는 것을 차츰 알게 되며 국가 전체가 얼어 붙는 복지부동 사태가 온다. 그러자 복지부동을 질타하며 정국이 다시 얼어 붙는 악순환 속에 연속된 사고가 나면서 사고공화국이 된다. 공직사회가 얼어 붙으니 당연히 사고가 연발한 것이다. 대통령은 대형사고가 날 때마다 국민들에게 사과성명을 내고서, 또다시 공무원들만 조여대니 점차 공무원들이 대통령의 어떤 질책도 귀에 들어오지 않는 무감각 상태가 만들어지고 서서히 행정공황의 흐름이 나타났다. 이것이 김영삼시대 제1사화이다.

둘째로 정적을 잡는 증오의 정치가 이어졌다. 선거 때에 반대편에 섰거나 밉게 보인 인물들은 가차없이 살생부에 오르며 요절을 냈다. 연산군이 어머니의 원수를 갚겠다고 피바다를 만들었듯이, 한풀이 정치가 이어졌다. 예컨대 반대편에 섰었다는 이유만으로 박태준씨는 장기간 해외를 떠돌며 병들어 헤매야 했고, 그 부하들은 하나같이 쫓겨 났다. 기독교장로라면서 원수를 사랑함은 커녕 밉보인 사람들이 전전긍긍하며 공포속에 떨면서 살게 만들며 민심은 계속 이반되고 한을 품은 반대세력이 계속 늘어 났다. 정적에게는 무언가 교묘할 정도로 이유를 붙여 정치적 사형을 가해 나간 흐름의 극치는 박철언 공격이었는데, 아무리 해도 잡히지 않으니 억지로 구색을 갖춰 감옥에 넣었다는 것을 국민들은 거의 누구나 다 깨닫게 되고 박철언을 동정하는 여론이 일어날 정도가 되었다. 이것이 제2사화이다.

셋째로 계속 공포의 충격파를 쏘아도 충격적 깜짝쇼의 약효가 떨어지자 전두환, 노태우, 최규하의 전직 대통령 3인을 몽땅 감옥에 잡아 넣는 학살극을 연출한다. 여론이 나쁘자 최규하는 중도에 멈췄으나 바보 대통령을 만들었으니 전두환, 노태우와 무엇이 다를 것인가? 전두환은 백담사 징역을 이미 살았고, 노태우는 본인을 대통령으로 만들어 준 최고의 은인인데 이유를 붙여 가혹하게 잡아 넣은 것이다. 집권초부터 계속 이유를 만들어서 네 죄를 네가 알렸다는 식으로 몰아친 학살극의 최고절정이 대통령 3인을 모두 올가미에 넣은 것이니, 이미 유명을 달리한 이승만, 윤보선, 박정희도 땅 속에서 까지 덜덜 떨었을 것이다. 당시에 금융실명제라는 무서운 칼을 만들어서 예금계좌를 파악했다는 것을 알만한 사람은 모두 느끼게 되니 시중에 도는 자금은 모두가 겁먹고 퇴장되었으며, 전두환, 노태우의 재산환수라는 명분을 내세웠으나 사실상 금융실명제의 핵심인 예금자 비밀은 보장되지 않는다는 것이 점차 밝혀졌고, IMF 시대가 다가오게 금융시장은 꽁꽁 얼고 순환이 되지 않게 만들었다. 공포의 정치에 전국적으로 돈이 벌벌 떨면서 사라지고 만 것이다. 이것이 제3사화라고 하겠다.

다음 넷째로 반대파를 잡는 일이 끝나자 본인에게 협조한 사람들도 순서대로 잡아 들여 갔으니, 그것을 언론에서는 토사구팽이라고 불렀다. 본인에게 협조한 최대의 은인인 김종필씨를 쫓아낸 것이 토사구팽의 대단원이었고 이것이 제4사화였는데, 이렇게 되니 곳곳에 한맺힌 거대한 반대세력이 생기며 김영삼시대의 말기에는 되는 일이 거의 없었다. 국가 전체가 마비되고 국민 모두가 어떤 충격파에도 사실상 전혀 미동도 않으며 김영삼씨를 우습게 아는 듯한 정치공황 상태가 되었다. 프랑스의 로베스피에르시대와 같은 공포정치의 시대가 끝날 때 같기도 하고, 흡사 연산군시대의 말기 비슷한 분위기랄까?

원래 역사란 짓궂은 데가 있다. 그리하여 그 당시의 위정자나 그 당시의 사람들이 생각하는 것과는 전혀 다른 해석을 낳는 경우가 많다. 프랑스의 로베스피에르는 가장 깨끗하고 이상적인 사회를 만든다면서 극단적 법치국가를 만든 것인데, 훗날의 역사학자들은 당시를 이상사회는 커녕 거꾸로 공포정치의 시대라고 한다. 마찬가지로 김영삼시대에 있어서도 명분은 사정, 부패척결, 개혁, 역사바로잡기 등으로 항상 정당화시켜 칼날을 내리쳤으나 점차 불공정 무법자의 칼이란 성향이 높아감을 국민들은 널리 깨닫게 되고, 사실상의 공포정치로 이어지다가 정권말기에는 본인도 걸려들어 아들이 감옥에 가게 되었으니, 자기가 만든 단두대의 이슬로 사라지는 로베스피에르의 운명과도 어쩌면 똑 같은가? 법학도요 청렴한 정치인으로 각광 받으면서 집권한 로베스피에르와 교회장로로서 가장 깨끗한 도덕정치를 선언한 김영삼! 둘은 무소불위의 정의의 칼을 휘두르다가, 최고의 인기를 누리고, 그 정의가 도리어 짐이 되고 불의라는 결과를 낳으면서 역사의 뒤안길로 사라지되, 반대파의 반격으로 사형을 당하는 것이나 어쩌면 똑같은가? 김영삼의 말기는 정치공황 상태에서 집권당도 그를 내쫓고 국민들도 철저히 등을 돌렸으니 사실상의 정치적 사형수였고, 퇴임 후에 가서 살 곳이 없을 정도의 처량한 인물이 되었다. 4대사화를 만든 장본인이었던 연산군의 처량한 최후와 같다고나 할까?

50년만에 처음으로 선거를 통해서 김대중시대가 온 것은 김영삼 스스로가 자초한 것이다. 김영삼에게 원한을 품은 사람들 대부분이 김대중에게 협조하면서 선거혁명이 일어난 것이다. 중종반정이 아니라 대중반정으로, 연산시대가 아닌 영삼시대가 끝난 것이다. 연산이나 영삼이 발음하기가 혼동될 정도로 비슷하듯이 4대사화도 오십보 백보에 불과할 정도로 흡사하고 반정(反正)과정도 사실상 똑 같다.

그런데! 김영삼 시대가 무너지는 순간의 이 나라는 너무도 비참한 상태가 되었다. 고삐 풀린 폭력 정치에 최악의 나라 살림이 된 것이다. 국민들의 분노는 화산같이 터지기 직전이 되었고 수많은 실업자와 부도 기업이 넘쳐나는 비극적 상황으로, 흡사 대공황이 시작된 때의 미국과 같게 되었다. 다만 선거로 국가를 망친 범죄자들을 응징한 바에 의해서 폭발이 되지 않을 뿐인 급박한 상태가 되었다. 만약 선거 혁명이 없이 국가를 망친 장본인들이 계속 집권했다면 도저히 난국을 수습 못하고 제 2의 4·19가 격렬히 터졌을 것이다.

그렇다면 김영삼 시대는 도도히 흘러가는 역사에 있어서 어떤 의미를 갖는가? 그것은 생각컨대 기나긴 방황사에 있어서 극대점에 도달했음을 뜻한다고 생각한다. 무언가 역사가 호소하는 최고의 절규요, 호소의 시기를 맞았다는 말이다. 그것은 무언가를 향한 거대한 전환점! 민족적 결단을 요구하는 불같은 아우성! 아니 단군 이래의 조상들이 발하는 무서운 경고! 바로 그것일 것이다. 도대체 국가를 이토록 아비규환으로 망쳐놓을 수 있는가? 무언가 변화가 꼭 와야 한다! 결단을 내려라! 위대한 결단을!

본서는 이러한 역사적 결단을 생각하면서, 역사적 대전환기의 우리 민족이 가야 할 확실한 지향점을 제시하면서 쓰여졌다. 본서를 신중히 읽어 나가면 이 시대의 우리 민족이 내려야 할 최고의 결단! 미증유의 IMF 국난을 헤치고 나아갈 길이 무엇인가가 분명히 밝혀질 것이다.

그간 우리는 약100여년의 역사 동안에 일제침략에 의한 구한말 국난, 6·25동족상잔 국난을 겪었고, 이번에는 제3의 IMF 국난을 겪고 있다. 그것은 바로 IMF 국난이 일제침략이나 6·25전쟁과 같은 만큼의 거대한 환란이요 비극임을 말하는 것이다. 왜 이런 끔찍한 국난을 맞게 되었는가? 그것은 김영삼 공포정치 시대의 무능, 부패, 실정에만 집착한 미시적 시각이 아니라, 우리 민족사 전체를 통해서 볼 때에 항일독립전쟁이 미완성상태에서 방황하고 있음을 뜻한다. 역사적 방황! 바로 그것을 뜻하는 것이다. 본서를 다 읽고 나면 그 방황을 정리하는 방안이 뚜렷이 떠오를 것이다.

본서에 담긴 논문들은 따로 따로 쓰여진 것으로서 독자들은 개별적으로 읽어도 좋다. 그러나 전체적으로는 순서대로 읽는 것이 좋겠고, 그래야만 각각이 개별논문이라 약간의 중복이 있을 수 있으나 큰 계열을 갖고 역사방황 청산에 대한 체계가 잡히고 결단의 마음이 분명히 생길 것이다. 본서에 담긴 논문에 있어서 앞부분의 몇 편은 논문집에 실었던 것이나 나머지는 처음으로 인쇄되는 것이고, 논문집에 실렸던 것도 아직 널리 읽히지 않았기에 전체적으로는 새로운 내용들이라고 보아도 좋다.

본서가 출판됨에 즈음하여 지난 10년쯤의 세월이 회상되고 만감이 교차하는 가운데 연구과정의 나날들이 생각난다. 정말로 본서에 담긴 내용들은 순수하게 연구실에 앉아서만 쓴 글이 아닌, 발로 뛰며 몸으로 엮어낸 것이다. 지난 100여년의 사료들은 일제침략에 의해 철저히 왜곡, 은폐, 멸실되다시피 된 폐허의 역사이기에, 때로는 모험가가 탐험하듯이 때로는 군인들이 전쟁하듯이 도전하면서 서서히 이론으로 구체화되어 나왔다. 그렇기에 본서를 읽는 독자들은 곳곳에서 도저히 믿어지지가 않는 상상 밖의 내용을 읽게 될 것이고 많은 놀라움을 만나게 될 것이다. 그러나 본서의 내용들은 철저하게 고증된 진실이다. 앞으로 더욱 보완되고 충실한 연구가 후학들에 의해 뒤따르게 되겠지만 현재로서는 최대한 완벽을 기한 것이다.

그리고 항상 멋진 책을 만들기에 최선을 다해온 교육과학사 임직원들에게 깊은 감사를 드린다. IMF국난을 맞은 불황기에 독립운동을 하는 자세로 애국심을 불태우며 출판을 했다는 생각이 들 정도이다. 국난기일수록 독서를 많이 하고, 좋은 책을 만들어야 할 것이다. 예전의 항일애국자들이 왜 출판에 심혈을 기울였는가를 되씹으며 책을 손에 들어야 할 것이다.

본서를 읽는 독자분들은 마음을 차분히 비우고 천천히 음미하며 민족사의 미래를 생각하는 흐름 속에 읽어 주길 바란다. 우리 사회는 심지어 최고지도자의 선거마저도 선택기준이 국가와 민족의 발전이 아니라, 눈앞의 작은 이익이나 따지며 지연, 혈연, 학연, 종교, 계층의 노예가 된 판단을 하기에 당부하는 말이다. 특히 본서에 담긴 내용이 대한황실사이기에 전주이씨들이 많이 관련되어 있는데, 정말 대범하게 커다란 역사의식을 갖고 읽어주길 바라며 황실가문다운 품격 높은 판단이 있길 바란다. 지금 뭉쳐서 나라를 바로 잡지 않으면 다시는 기회가 오지 않는다. 그리고 책을 읽은 우리 민족 모두는 마음을 허심탄회하게 갖고 사심없이 민족의 미래를 생각해 보길 바라며, 그간 우리 민족이 살아온 부끄러운 나날들에 대한 대책을 떠올리길 바란다.

그간 생각하면 우리 민족은 일제침략이나 6·25동족상잔 등에 찌들어서 너무나 쪼그라 들었던 면도 많았었다. 만주땅 전체를 끌어 안고 요동벌을 내달리던 광개토대제의 웅대한 꿈을 찾고, 찬란한 문화발전을 꾀하며 민족중흥의 웅도를 편 세종임금님의 뜻을 헤아리는 당당한 민족자세를 되찾아야 하지 않겠는가? 본서를 끝까지 읽고 난 독자들의 가슴에는 을지문덕 장군의 기개가 되살아나고, 이순신 장군의 경륜 높은 뜻이 용솟음치고, 안중근 의사의 위대한 애국정신이 되살아날 것이다. 가슴을 치는 항일독립군의 함성! 심금을 울리는 애국선열의 꿈! 그것이 힘차게 되살아 나며 독자들을 현대판 독립군으로 만들 것이다.

융희92년(단기 4331년, 서기 1998년) 새해아침

안　천(安 天)

목 차

머리말/ 3

첫째 주제 실존했던 춘향, 항일애국국모 민갑완

들어가는 글 ········ 20

一. 결혼 침략정책 등장의 시대 상황 ········ 24
1. 시대 상황 분석/ 24
2. 황태자 결혼침략의 자행/ 27

二. 항일국모 민갑완 여사의 정치적 의미 ········ 28
1. 민갑완의 일생/ 28
2. 민갑완의 정치적 의미/ 31

三. 침략국모 방자 여사의 정치적 의미 ········ 40
1. 방자 여사의 일생/ 40
2. 방자 여사의 정치적 의미/ 42

四. 민갑완 여사의 위대한 삶 ········ 49
1. 민갑완의 재평가/ 49
2. 민갑완 수절애국의 재해석/ 50

맺는글 ········ 54

둘째 주제 유일하게 살아있는 3·1만세항쟁 유적, 이제묘(二帝廟)

들어가는 글 ········ 58

一. 이제묘 건설의 경과 ········ 62
1. 광희묘(光熙廟)의 설립과정/ 62
2. 이제묘(二帝廟)의 설립과정/ 68

二. 이제묘 창건의 정신사적 가치 72
1. 존황(尊皇)사상/ 72
2. 독립사상/ 75
3. 단군사상/ 77
4. 충의사상/ 79
5. 동의(同義)사상/ 80

三. 이제묘 존황항일 투쟁의 인물론 81
1. 인물평가/ 81
2. 인물해석/ 83

四. 이제묘 존황항일 유적의 역사적 가치 86
1. 이제묘의 현실 모습/ 86
2. 이제묘 사적의 역사적 가치/ 87
3. 이제묘의 사적지 지정 필요성/ 93

맺는글 95

셋째 주제 황실복원운동의 횃불

들어가는 글 102

一. 단기 4328년(서기 1995년) 무렵의 황실 상황 110
1. 대한황실 붕괴의 핵심 원인/ 110
2. 오늘날의 황실 상황/ 111

二. 황실복원운동의 씨앗이 된 3권의 책 114
1. 분노의 왕국/ 114
2. 왕조의 후예/ 115
3. 잊혀진 황후 쥬리아(단군할머니론)/ 116

三. 초기 황실복원운동의 전개 117
1. 이석황손의 등장/ 117
2. 이석황손의 개인적 황실복원운동/ 117

四. 초기 황실복원운동 전개에 따른 사회 변화 122

1. 황실복원 정당성 인식의 확산/ 122
2. 조선시대 역사 재조명의 심화/ 123
3. 민족적 관심대상으로서의 황실정립/ 124

五. 초기 황실복원운동에 대한 반작용 ········ 125
1. 전주이씨 대동종약원 측의 거부반응/ 126
2. 이구황손의 귀국 추진/ 130

六. 황실복원운동의 미래예측 ········ 138
1. 황실복원운동의 발전형태/ 138
2. 황실복원운동 발전의 유의사항/ 140

맺는글 ········ 141

넷째 주제 항일독립전쟁의 올바른 법통철학

문제제기 : 항일독립전쟁 기본철학의 혼돈성 ········ 150
1. 항일독립전쟁 철학의 실종/ 150
2. 잘못된 독립전쟁철학의 기본성격/ 151

一. 항일철학 혼돈상의 본질적 성격 ········ 155
1. 개인성향이 과잉부각되는 정치풍토/ 155
2. 김구, 이승만, 김일성의 비교 분석/ 157

二. 이승만의 친일법통과 상해임시정부 법통 ········ 176
1. 이승만 시대의 친일법통 비판/ 176
2. 상해임시정부 법통의 문제성/ 180
3. 새로운 법통철학의 필요성/ 188

三. 황실법통 수립의 정당성 ········ 189
1. 헌법전문의 개정 필요성/ 189
2. 독립운동사 재정리 및 역사인식의 수정/ 192
3. 황실사관 정립의 정당성/ 196

맺는글 ········ 202

다섯째 주제 이승만의 황실탄압심리

들어가는 글 ······ 210

一. 이승만 전기의 중대한 의문점 ······ 214
1. 이승만 전기가 가진 6대 의혹/ 214
2. 이승만 전기의 의혹사항 발생 원인/ 224
3. 서정주의 이승만 전기 조판해체 사건/ 229

二. 황실 탄압의 기저심리 해부 ······ 234
1. 이승만 비밀의 증언자 추적/ 234
2. 황실 탄압의 잠재심리 분석/ 245

三. 황실탄압의 표출심리 분석 ······ 254
1. 황실탄압의 실상/ 254
2. 황실탄압의 표출심리에 대한 논의/ 265

맺는글 ······ 272

여섯째 주제 제5공화국 시대의 숨겨진 개헌논의

문제제기 : 유일 최초의 존황개헌 논의를 찾아서 ······ 282

一. 존황개헌 연구의 학문적 중요성 ······ 286
1. 사라질 사료의 정리와 기록/ 286
2. 정치의식과 정치문화의 다양화/ 289
3. 헌정철학에 있어서의 뿌리찾기 운동/ 292

二. 존황개헌안 출현의 배경 ······ 294
1. 조선태조 고황제 이성계 등극사의 재조명/ 294
2. 이구황손의 정치사적 의미/ 303

三. 제5공화국 초 존황개헌 추진의 과정 ······ 314
1. 추진의 출발/ 314
2. 추진의 과정/ 316
3. 추진과정에 대한 해석/ 320

4. 추진과정에 대한 뒷얘기/ 321

四. 존황개헌 추진의 미래전망 ························ 323
1. 미래의 존황개헌 추진전망/ 323
2. 존황개헌 추진과 미래의 임금님/ 325
3. 이구황손 절대 불가론/ 326

맺는글 ························ 331

일곱째 주제 민족 최고지도자의 바람직한 호칭

들어가는 글 ························ 336
1. 정치공황 현상의 출현/ 336
2. 수입 민주주의의 폐해/ 337
3. 최고지도자들의 위상갈등/ 341

一. 대통령과 주석 호칭의 비판 ························ 342
1. 대통령(大統領) 호칭의 출현/ 342
2. 대통령 호칭의 분석/ 345
3. 주석(主席) 호칭의 분석/ 347

二. 민족 최고지도자 호칭의 변천과정 ························ 349
1. 독창적 호칭들/ 349
2. 수입된 호칭들/ 354

三. 새로운 최고지도자 호칭의 추적 : 천황할매를 찾아서 ····· 356
1. 천황(天皇)할매/ 356
2. 천황사상의 추적/ 368
3. 새로운 최고지도자의 호칭/ 374

맺는글 : 새로운 최고지도자 호칭의 정립 ························ 375

여덟째 주제 3·1만세 항쟁의 참뜻

들어가는 글 ························ 378

一. 기존의 3 . 1만세 항쟁 학설들 ························ 381
1. 기존의 학설/ 381
2. 기존 학설의 문제점/ 387

二. 과학적 항일사관으로 본 3 . 1만세항쟁 ················ 389
1. 분석의 전제/ 389
2. 분석틀/ 390
3. 분석의 실제/ 391
4. 해석의 입체화 필요성/ 412

三. 3 . 1만세 항쟁의 역사적 의의 ························ 415
1. 3 . 1만세 항쟁의 정치학적 위상/ 415
2. 거대한 항일성전의 출발/ 417
3. 3 . 1만세 항쟁의 영향/ 420

맺는글 ·· 421

아홉째 주제 항일전쟁 최고사령관 의왕(義王)

들어가는 글 ·· 424

一. 대한황실에 있어서 의왕의 정치적 위상 ················ 425

二. 의왕의 국권회복 독립항쟁의 정치사적 의미 ············ 428
1. 광무황제의 어명 구현/ 428
2. 황실중심의 국권수호 조직화/ 429
3. 전민족적 독립항쟁력의 결집/ 431

三. 의왕의 항일전쟁 주요업적 ···························· 432
1. 3·1만세항쟁의 진두지휘/ 432
2. 만주 독립전쟁의 적극 지원/ 436
3. 국내 항일역량의 배양/ 447

맺는글 ·· 451

열째 주제 대한황실 명예회복과 황실복원 정당성

들어가는 글 : 대한황실 역사는 왜 사라졌는가? ············ 456
1. 침략이론 시대의 후유증/ 457
2. 수입이론 시대의 고질병/ 458
3. 정책부재에 따른 병폐/ 459

一. 대한황실이 조롱받게 된 흐름 ························ 461
1. 1단계 : 침략정책의 피해/ 461
2. 2단계 : 미국식 수입이론의 피해/ 467
3. 3단계 : 정책부재에 따른 병폐/ 470

二. 대한황실 명예회복의 역사적 당위성 ·················· 476
1. 정치적 구심점의 정립/ 476
2. 잃어버린 어른문화의 회복/ 479
3. 원만한 민주문화의 수립/ 480
4. 신생국 사고의 탈피/ 483
5. 애국선열 의지의 구현/ 485
6. 민족통일의 기본준거/ 487
7. 정치문화의 한국화/ 489
8. 관광입국의 대들보/ 491

三. 대한황실 복원의 절차 ································ 493
1. 복원의 정당성 확산/ 493
2. 대한황실 복원의 준비/ 495
3. 대한황실 복원의 실제/ 497

맺는글 ··· 499

참고문헌/ 501
찾아보기/ 507

천상열차분야지도(국보228호)

태조(이성계) 4년에 권근이 중심이 되어 만든 고대 천문도로서 하늘의 뜻에 따라 등극하였음을 선언한 것이다. 세계에서 2개뿐인 것으로서 중국(남송) 것이 150년 앞섰으나, 이것은 고구려 시대의 것을 바탕으로 1,464개의 별을 상세히 그린 세계 최고의 천문도 이다. 감히 중국 것이 쫓아오기 어려울 정도로 고구려 이래의 하늘을 담은 세계 유일의 천문도지만, 1,300여년이 넘은 세계적 천문도의 가치를 몰라 창경궁 담벽에 방치되어 있었다. 1980년 무렵에야 세계무대에 알려지고 국보로 지정되었는데, 그 무렵부터 현대 황실복원운동이 시작된 것은 매우 신기한 일이다. 현재 덕수궁 궁중유물박물관에 보관되고 있다. 이 책의 출발에 앞서 천상열차분야지도에 새긴 하늘의 뜻을 다시 새긴다. 역사의 문을 힘차게 두드린다.

첫째 주제

실존했던 춘향, 항일애국국모 민갑완

들어가는 글

一. 결혼 침략정책 등장의 시대 상황
1. 시대 상황 분석
2 황태자 결혼침략의 자행

二. 항일국모 민갑완 여사의 정치적 의미
1. 민갑완의 일생
2 민갑완의 정치적 의미

三. 침략국모 방자 여사의 정치적 의미
1. 방자 여사의 일생
2 방자 여사의 정치적 의미

四. 민갑완 여사의 위대한 삶
1. 민갑완의 재평가
2 민갑완 수절애국의 재해석

맺는글

들어가는 글

①

조국탈환 정국의 소용돌이 속에서 잊혀진 역사! 역사형성의 뒤안길에 놓여진 숨겨진 역사였기에, 오늘날의 그 누구도 거의 기억하지 못하고 있고, 그 누구도 크게 생각하지 못하고 흘러가 버린 역사! 그러나 너무도 중요한 역사가 있다. 그것은 무엇인가?

조국탈환 직전까지의 이 나라는 어떤 정치적 흐름이었나? 일제침략의 독수에 의해 처절한 고통을 겪은 만 35년의 정치적 상황은 어떤 것이었나? 그것에 대해서 일반적으로는 그간 두 가지의 흐름만을 강조했는데, 그로 인해서 가장 중요한 핵심을 잃고 있으니, 아마도 세 가지로 보아야 옳을 것을 생각하지 못했던 것이 그간의 흐름이었다.

첫째로 만 35년간을 일제식민 통치의 기간으로 보는 역사인식이 있다. 그것이 지금까지의 흐름에 있어서는 일제침략자에게서 조국을 되찾은 이후에 가장 큰 중심된 흐름이었다고 하겠다. 그것은 물론 중요한 것이다. 일제의 잔혹한 식민 통치의 역사로 우리의 국민은 너무나 큰 고통을 받았고, 일제의 국민 이간 정책으로 우리 민족은 너무도 분열을 겪으면서 끝내는 식민시대의 후유증으로 남북분단까지 되었으니 그 역사를 결코 가볍게 볼 수는 없는 것이다. 왜정폭압 시대의 역사를 이런 흐름으로 보아온 것은 상당히 중요한 측면이 있다. 그러나 그것은 거꾸로 깊게 생각하면 당시를 일제침략만 있었다고 보는 헛점이 있다. 결코 당시는 그것이 역사의 핵은 아님에도 많은 경우에 그렇게 해석한 것은 궁극적으로 식민사관의 역설적 노예가 된 때문이다.

그런데 둘째로 세월이 갈수록 힘을 얻어가는 것이 있으니, 그 35년간을 독립운동기간으로 보아야 한다는 역사인식이다.[1] 그간 우리의 역사에 있어서, 특히 이승만의 자유당 시대가 유난히 그러한데, 정통 독립운동 세력이 정치적 따돌림을 받고 심지어 탄압을 받으면서 친일파가 득세하는 흐름이다가 보니까, 그 기간의 역사를 독립운동사로 보는 시각이 별로 없었던 것이 사실이다. 그러나 점차 우리 민족의 강렬한 독립운동 과정이 꾸준히 연구되면서 왜정폭압 시대의 35년간을 독립운동사 혹은 독립전쟁사[2]로 보는 것이 옳다는 인식은 날로 강화되고 있다. 이러한 역사인식은 민족의 자존심을 찾을 수 있고 역사적 정당성도 있어서 앞으로 보다 강화되리라고 하겠다.

그런데 이상의 두 가지의 역사인식이 그간 존재했던 것이었다면 우리가 새롭게 강조해야할 중요한 것이 새로 있다. 그것은 우리가 역사를 깊게 살핀다면 당연히 있어야 할 역사인식인데 너무도 그간 까맣게 잊고 살아온 것이다. 세번째의 역사인식이어야 할 그것은 일제침략으로 우리의 황실이 망했던 것은 사실이지만, 황실의 존재를 인정하고 왜정폭압 시대를 보아야 한다는 새로운 제3의 견해이다. 사실상 왜정폭압 시대에도 우리의 황실은 이왕가(李王家)로 격하되긴 했으나 엄연히 실존하고 있었던 것이 사실이었다. 옛부터 우리의 정치적 핵심은 임금님이었고, 왜정폭압 시대에도 우리의 임금님은 확실한 권위를 갖고 대다수 우리 민족의 마음에 자리잡고 있었다. 일제침략자들은 3·1만세 항쟁시에 격렬히 표출된 우리 민족의 존황의식에 극심하게 충격을 받았

1) 박영석, 재만한인 독립운동사연구(서울 : 일조각, 1993), p.84.
박영석, 항일독립운동의 발자취(서울 : 탐구당, 1991), pp.275～292.
윤병석, 독립군사(서울 : 지식산업사, 1990), p.30.
신재홍, 독립전쟁사(천안 : 독립기념관 독립운동사연구소, 1991).

2) 항일운동을 독립전쟁으로 보는 철학은 안중근철학이 시원적 중심이었다.
신용하, 한국민족독립운동사연구(서울 : 을유문화사, 1986), pp.100～101.

고 대한 황실을 없앨 수 없다는 현실을 인정한 정책을 폈던 것이다.

침략일본에게서 조국을 되찾은 이후에 이승만이 미국식 대통령제를 들여오며 우리의 황실을 짓밟아버려서 그렇지 우리의 임금님 변인을 빼고 항일전쟁 35년간을 정당히 해석할 수가 있는가? 더군다나 최근에 점차 드러나는 바에 의하면 왜정폭압 시대의 독립운동은 망국 무렵부터 줄기차게 광무황제와 의왕이 중심이 되면서 전반적인 항일전쟁을 지휘하고 촉발시켜서 끈질긴 항일저항이 전개되었음이 증명되고 있음이다. 황실독립운동사관! 그것이 지금까지 실종되어 있었는데 그것을 빼고 항일전쟁 시대가 제대로 연구될 것인가?

그렇다면 이와 같은 세번째의 황실독립운동사관을 인정하고 볼 때에, 그간 너무도 중요한 문제가 감춰져 있었던 것이 많은데, 그 중에서도 가장 중요한 것에 해당할 것이 하나가 있다. 그것은 당시까지 정확히 황태자 신분이었던 영왕의 정치적 입장에 대한 것이다. 그는 당시에도 대단히 중요한 정치적 의미를 갖는 위상에 있었다.

②

영왕은, 침략당한 나라였지만 정통 황태자였다. 나라가 일제에 강점되지만 않았다면 당연히 융희 황제의 뒤를 이어서 임금님이 되실 분이다. 그렇기에 일제 침략자들은 영왕에 대해서 너무도 치밀하고 간교한 정치적 공격을 가해 나갔다. 현대 세계사에 유례가 거의 없을 정도로 확실하게 공격을 가해 처참한 상태로 전락시킨 것이 일제의 우리 황태자에 대한 정책이었다.

첫째로 철부지 어린 아이인 황태자를 강제로 일본으로 끌고가 인질로 억류한 것이다. 명목상 학교에 다니게 한다고 데리고 가서는 철저히 감시하는 가운데 완벽하게 일본에 붙들어 둠으로써, 우리 민족의 정치적 구심점을 확실히 차단시킨 것이다. 더구나 광무 황제는 독살시해를 시켰고 영왕의 모친인 엄귀비가 병으로 돌아가시니, 고아 상태가 되어 비통한 억류생활을 강화시키게 까지 되었다.

둘째로 일찍이 광무황제가 생존해 계실 때에 정혼한 민갑완 여사를 강제로 파혼시켜서 영왕의 결혼 문제에 결정적 상처를 입힌 것이다. 아주 훌륭한 황후가 되실 분으로서, 영왕과 결혼하면 훗날 우리의 황실이 매우 품위있고 힘있게 될 것을 우려하여 강제로 파혼을 시킨 것이다. 특히 남자는 훌륭한 여자를 배필로 맞으면 그 내조에 의해서 보다 뛰어난 남자가 되는 것인데, 민갑완 처녀가 너무도 영특하고 뛰어난 것을 간파하고 저지른 추악한 침략행위였던 것이다.

셋째로 일본여인 방자 여사를 강제로 황태자비가 되게 만든 것이다. 방자 여사를 강제로 결혼시킨 것은 무엇 때문인가? 그것은 민갑완 여사는 안되고 방자 여사라야만 된다는 논리인데, 그것의 이유는 무엇인가? 우선적으로 생각할 것은 영왕을 확실하게 인질로 옭아 매는 감시원을 둔 것이나 마찬가지이다. 못된 아내만큼 남편을 바보로 만들기 쉬운 위치는 동서고금에 더 이상 없다. 방자 여사로 하여금 철저히 영왕을 감시하고 꼼짝 못하게 만들라는 엄명(?)이 없었다고 누가 장담하겠는가? 못된 침략자들이 방자 여사에게 착한 부인이 되라고 했을 가능성을 누가 추호라도 인정할 것인가? 그리고 영왕이 철저히 일본황실에 눌려 지내게 만들라는 추상같은 비밀지령이 없었다고 누가 인정할 것인가?

③

본 논문에서는 침략일본에서 조국이 되찾아질 당시의 영왕의 결혼 문제에 따른 정치적 문제점을 분석하고자 한다. 너무도 무관심하고 무책임하게 방관하며 흘려 보낸, 매우 중요한 정치적 사안을 그간 시간이 많이 흘렀지만 훗날의 역사를 위해서는 꼭 점검하고 넘어가야 하겠기에 본 논문의 중요성은 크다고 하겠다.

본 논문에서는 특히 그간 너무도 잔인하게 잊혀졌던, 영왕의 원래의 약혼녀 민갑완 여사의 정치적 의미를 중점적으로 살펴보도록 한다. 그간 생각하면 너무도 무지몽매한 역사인식이었다고 하겠는데, 침략국의 침략 황태자비는 그런대로 역사적 조명을 받았다면 정통의 민족 황태자비여야 할 민갑완 여사에게는 너무나 학문적 조명이 없었다.

본 논문은 학술논문에서는 격에 맞지 않을지라도 꼭 거론해야 할 것으로서, 민갑완 여사에 대한 민족적 사죄의 의미로서 집필함을 밝혀둔다. 우리 민족 모두는 그간 민갑완 여사에게 너무나 무심했고 죄를 지어 왔었기 때문이다. 민갑완 여사에게 고개숙여 정중히 사죄하며 집필을 시작한다.

一. 결혼 침략정책 등장의 시대 상황

1. 시대 상황 분석

1) 침략 완성기의 정책

영왕의 결혼 문제가 일제 침략의 정책 현안에 있어서 핵심적 주요 사항으로 대두된 당시의 시대 상황은 일제 침략자들의 침략 정책이 완숙기에 들어 섰음을 뜻한다. 이미 우리의 강역을 확실하게 강점하고 통치권을 접수한 일제가, 훗날의 역사 전개에 의해서도 다시는 그들의 침략 강점이 반전(反轉)되거나 불리하게 되지 않게 할 결정적 쐐기를 박으려는 시대였던 것이다. 그러한 시대에 특히 강조된 바는 무엇인가?

우선적으로 대한제국 황실의 무능성, 무력성을 확실하게 선전하는 일이 강력하게 추진되었다.[3] 그것은 물론 우리의 역사를 그들에게 맞게 왜곡시켜 편찬하는 일의 일환으로 진행되었는데, 특히 망국의 원인은 대한제국 황실의 무능에서 비롯되었다고 강조하는 것이었다. 그리하여 민심이 황실에서 이반되게 만드는 것이었다. 광복 이후 우리는 일제 침략자들이 만든 식민사관의 굴레를 벗어나려고 수없이 발버둥을 쳤다. 그리하여 많은 내용을 바로 잡았으나 아직도 구태의연한 것이 적지 않은데, 황실 무능성에 대한 오해같은 것은 아직도 강력하게 잔존한다.

다음으로는 대한 황실의 실체 자체를 우리 민족과 이질화시켜 이간시키는 일을 획책했다. 그것은 무엇인가? 일제는 우리의 황태자를 강제로 일본 여인과 결혼시켜 혼혈화시킴으로서, 우리 국민들에게 황통이 이질적으로 느껴지고 거리감을 갖게 만들 작업을 끈질기게 진행한 것이다. 그리하여 끝내는 일본에 자연스레 흡수 시키려는 간교한 책략을 쓴 것이다. 일제의 이러한 책략들은 훗날 사실상 성공되어, 지금까지도 우리 국민들은 황통에 대한 절실한 애착심을 잃고 있는 측면이 짙다.

2) 동화추진기의 정책

영왕의 결혼 침략이 추진된 때는, 다른 측면으로 보면 우리 민족 전체를 일본화시키는 정책을 추진하던 시기였다고도 하겠다. 완전히 일본에 동화시켜 녹여 없애는 출발점에 있었던 것이다. 그러한 획책의

3) 안 천, 초기 황실복원운동에 관한 연구, 서울교육대학교 사회과교육과 논문집, 수선사회 7집, 1995, p.76.

핵심이 바로 황통소멸이었던 것이고, 따라서 황태자의 결혼에 대해 강력히 침략을 자행했던 것이다.

우리는 일본의 동화정책이 지구상에 유례가 쉽지 않게 가혹한 것이었음을 지적하며, 신사참배, 정신대, 징용, 징병, 일본어 강요, 일본 문화 이식, 식민 교육 등에 의한 피해만을 그간 강조해 왔다. 그러나 가장 처절히 피해를 입은 황실말살 침략은 잊고 있다. 그것은 앞에서도 지적했듯이 일제의 이간정책이 사실상 성공했음을 뜻하는 것이다. 그리하여 우리는 조국을 탈환 후 50년이나 흐른 지금에 있어서도 그 후유증에 심각할 정도로 시달리고 있는데도 직접적 아픔을 못 느끼게 까지 이르렀다. 황통말살 침략은 신사참배나 일본어 강요 보다도 더 끔찍한 것인 까닭은 무엇인가?

그것은 우리의 민족 구심점을 없애서 정치적 혼란과 방황이 나타나게 만들려는 것이었다. 그리하여 우리는 그간 얼마나 정치적 방황과 혼란을 겪으며 살아 왔는가를 잘 알고 있다. 그것은 우리의 민족적 구심점을 잃고 나니까 우리의 정치가 민족적 방황의 정치가 되었음을 말한다. 조국을 되찾은 이후 등장했던 대통령들은 하나같이 비극적 말로를 보냈다고 할 정도로 격동의 정치사였으며, 사회 전체가 위 아래도 없이 혼란을 겪는 듯한 정치사였다. 끊임없는 방황사였다.

그리고 황통말살 정책은 다시 우리의 정치를 실종시키려는 것이었다. 정치를 실종시킨다는 것은 항일 독립운동의 구심점을 없애는 것이고, 우리 민족 스스로가 정치적으로 재기할 싹을 잘라내겠다는 것이다. 그리하여 우리는 조국을 되찾은 이후 남북분단의 굴레를 쓰고서도, 많은 경우에 정치는 실종되고 통치나 독재, 정략싸움, 보복과 보복을 되풀이하는 등의 저급한 모습을 보여왔다.[4)]

---

4) 강용자, 왕조의 후예(서울 : 삼신각, 1994) 참조.

2. 황태자 결혼침략의 자행

일제 침략자들에 의한 황통단절 획책은 먼저 영왕과 약혼녀 민갑완의 파혼 강요에서부터 출발한다. 정상적으로 합당한 절차를 거쳐 이루어진 약혼을 강제로 파기시키라고 강요한 것이다. 다음으로는 영왕을 인질로 일본에 데리고가 일본화 교육을 시키면서 꼼짝도 못하게 옭아매었다. 사실상 영왕은 어린 아이 때부터 일본에 강제로 끌려가 부모도 못 보고 비참한 인질로서의 일생을 강요당한 것이다. 그리고는 셋째로 영왕을 일본여인 방자와 강제 결혼을 시킨 것이다. 무력하게 연금된 상태에 있는 영왕은 속수무책으로 끌려가면서 마음에도 없는 정략결혼을 할 수밖에 없게 되었던 것이다.

그러나 이러한 비극적 침략은 일제강점기는 물론이고, 조국을 다시 찾은 이후 50년간에 있어서 정치학적으로 조명을 받아본 적이 없다. 왜정폭압 시대에야 침략자들이 그들 뜻대로 통치하고 기록했다고 하더라도, 조국을 다시 찾은 이후마저도 이승만에 의해서 친일세력의 중추가 정치중심을 이룬 이후 단 한 번도 제대로 정치적 조명이 없었음은 너무도 안타까운 일이라 하겠다. 그렇기 때문에 21세기를 눈앞에 둔 시점에 있어서까지 일본인들이 스스로의 침략을 미화하는 망언이 줄을 잇게 되고, 국내적으로는 곳곳에서 국가의 정신적 정기가 흔들리고 있는 것이다.

특히 안타까운 일은, 일본군 관동군 장교 출신의 박정희 정부가 친일 인맥 거세에 단호하지 못했던 것은 이해가(?) 간다고 하더라도, 문민정부라는 김영삼 정부마저도 일제강점 시대의 식민지에서 안락하게 일제에 협조한 인맥이 줄을 이어서 예컨대 친일검사나 검찰직원의 아들, 친일판사의 아들, 친일타협 인사의 아들들만 애써(?) 골라서 총리

대신이나 장관에 임명하는 듯이 느껴질 정도의 추태를 부리고 있으니, 김영삼 정부의 무지몽매함은 어디서 비롯되는 것인가? 자유당에서 시작된 친일전통이 날이 갈수록 강화되는 것은 혹시 아닌가?

특히 본 논문의 핵심주제인 민갑완 여사와 방자 여사에 대한 평가에 있어서도 한심하긴 마찬가지라, 침략해 온 국모 방자여사는 과도하게 조명을 받고 애국의 국모 민갑완 여사는 극도의 망각상태에 버림받고 있음은 무엇을 뜻하는가? 그리하여 방자 여사는 황실묘역인 영원에 정중히 모셔지고 위패가 종묘에 봉안이 되었으나, 민갑완 여사는 버림받은 여인으로 잊혀져서 역사의 조롱(?)을 받는 기막힌 상황이 왜 만들어졌는가? 또한 황실 가문이라는 전주 이씨 대동종약원도 역사의식이 없기는 매일반이라서, 방자 여사 측근인물을 비롯한 왜정폭압에 협조했거나 타협한 친일골수 후예가 종약원을 현대에도 곳곳에서 힘을 쓰며 적지 않게 좌지우지하고 있으니 황실가문을 망친 일본침략자들이 고맙다는 뜻인가, 역사적 이성이 전혀 없는 가문이란 뜻인가? 도대체 황실을 망친 침략자를 사실상 옹호하는 상황이 왜 만들어졌는가?

二. 항일국모 민갑완 여사의 정치적 의미

1. 민갑완의 일생[5)]

비극의 국모 민갑완의 일생은 황태자 영왕비로 간택되면서 역사에 등장한다. 민갑완의 출생일은 공교롭게도 약혼했다가 강제로 파혼당

5) 민갑완, 백년한(서울 : 문선각, 1962).

한 황태자 영왕과 똑같은 날짜인 정유(丁酉)년 9월 25일이었다. 인연이라면 묘한 인연이라고도 하겠는데, 그의 부친은 당시 영국 공사와 북경공사를 역임했던 외교관 민영돈이었다.

당시로서는 최고 수준의 귀족계층이고 양반가문 가운데에서도 최고 수준에 있던 가문에서 출생한 민갑완은 당시의 여성으로서는 서당식이지만 정통교육을 받은 빼어나게 총명한 여인이었고, 150명의 쟁쟁한 처녀들 가운데서 뽑힌 당대 최고 수준의 여인이었다. 11세의 나이에 간택되어 황태자비로 결정될 때의 일화는 지금도 사료에 남아 있어서 민갑완의 우수함을 증명하고 있다.

그러나 민갑완이 황태자비로 간택되던 시대의 대한제국은 국운이 기울대로 기울어 있는 상태였고, 대한 황실이 스스로의 황실운용에 대한 독자적 의사결정 능력도 나날이 상실해 가고 있던 때였다. 따라서 영왕은 해외유학이라는 명목으로 침략원흉 이등박문에 이끌려서 강제로 일본에 끌려가 인질유학을 당하게 되었고, 민갑완은 황태자비에 간택된 몸으로서 몸가짐을 함부로 할 수 없는 상황에서 10년이란 긴 세월을 하염없이 기다리는 10대 소녀기를 보내게 된다. 민갑완의 소녀기 10년은 그러나 덧없는 세월의 흐름이 아니라, 민갑완의 황태자비로서의 인격 형성과 자기 수련의 기간이었고, 부단한 교육의 기간이었다. 민갑완은 20대 초에 이르러서는 사실상 당대 최고의 여인이요 황후가 될 여인으로 훌륭히 성장되어 있었던 것이다.

그렇지만 민갑완은 민족의 구심점을 궤멸시키려는 일제 침략자들의 결혼침략을 받는 제1표적이 될 수밖에 없었다. 민족 제1의 여인을 간교한 침략자들이 그냥 두겠는가? 강제파혼을 시키고는 강제로 다른 곳에 결혼시키려는 침략자들의 가혹한 조치에 혹독히 시달리는 몸이 되었고, 가문 전체가 폐문 지경에 이르도록 가혹한 침략을 받는다.[6)]

첫째로 부친 민영돈이 파혼 충격으로 병석에 누워서 중병을 앓게 되고, 이어서 궁중 전의가 치료약이라고 보낸 것을 의심없이 먹고는 피를 토하고 독살당하는 처참한 피해를 입는다. 둘째로 당시의 법도로는 파혼되면 결혼을 못하는 것이고, 역혼(逆婚)을 못하는 풍습이라 동생들도 결혼을 못하게 되는 상황을 맞은 충격으로 조모님이 돌아가시는 비극을 겪는다. 셋째로 가족 전체가 사회적으로 고립되며 일제 경찰과 끄나풀들이 수시로 감시하는 가운데 강제로 아무데나 민갑완을 결혼시키려고 하여 초상집 같은 울음의 나날을 잇게 된다. 오죽 심각하면 무서운 사냥개를 민갑완 옆에 두고 지켜야 할 정도로, 성폭행을 하려는 등의 공포의 나날이 계속되었겠는가?

그러다가 민갑완은 상해로의 망명 결단을 내린다. 민갑완의 상해망명은 당시의 황실에 있어서는 유일한 성공사례이다. 광무(고종)황제가 망명을 하려다가 독살 시해되었고, 의왕이 압록강을 건너다가 강제로 끌려오고 재차 구둘장을 뚫고 탈출하려다가 일본에 잡혀가 12년을 잡혀있는 상황에서 유일하게 성공한 사례이다. 민갑완은 일제에 의해 강제파혼 되었으나 비운의 광무황제는 방자여사를 분명히 며느리로 인정하지 않았을 것이며, 진짜 며느리는 사실상 민갑완이었다고 할 때에 민갑완의 망명성공은 황실독립운동사의 쾌거라고 하겠다. 당시 지하의 광무황제와 엄귀비는 우리의 훌륭한 진짜 며느리라고 통쾌한 웃음을 지었을 것이 분명하다.

20대초의 젊은 나이로 망명을 떠난 민갑완은 그후 조국을 되찾게 되면서 귀국을 할 때까지 상해에서 대부분의 생애를 보낸다. 그러나 상해에 있어서도 편안한 삶은 결코 영위될 수가 없었다. 끊임없이 감시의 마수가 뻗쳐오고, 학교를 잠깐 다닌 것도 중도에 그만 두어야 할 정도로 가혹한 압력이 계속된다. 그리고는 시집을 가도록 권유하는 특수

6) 강용자, op. cit., pp.139~142.

임무를 띤 정보원을 10여년의 오랜 기간 동안 상주시켰을 정도로 침략자들의 간교한 괴롭힘은 계속되었다.[7)]

그러다가 다 늙은 나이에 조국이 되찾아 지게 되면서 독신생활을 하던 몸으로 귀국하여, 국내에서 조용히 말년을 보내다 작고한다. 귀국 후에 있어서 그에게 다가온 삶은 사실상 평범한 삶이었고, 황실이 무너진 나라에서 그에게 주어질 보답은 없고 외로운 삶을 살다가 4301년(1968년) 3월 19일 오전 7시에 73세로서 조용히 사라졌을 뿐이다.[8)]

2. 민갑완의 정치적 의미

잊혀진 여인 민갑완의 정치적 의미는, 항일국모로서 무너진 황통복원의 정당성을 보증하는 매우 뜻깊은 지위에 있음을 말할 수 있다. 다만 침략자들의 오도된 역사관에 감염된 식민사관이 지금까지의 우리 사회를 강하게 짓눌러서 위대한 삶이 잊혀져 왔을 뿐이지, 민갑완 여사의 정치적 의미는 무너진 황실에 있어서는 결코 가볍게 평가될 수가 없다. 민갑완의 정치사적 위상을 몇 가지로 정리해 보면 다음과 같다.

1) 민갑완의 정치사적 위상

① 항일국모로서의 지위

무너진 황실에 있어서 민갑완의 빛나는 정치적 의미는 무엇보다도 철저히 항일을 하면서 일제 침략의 무도함과 부당함을 정면으로 고발

7) Ibid., p.215.
8) 민갑완은 현재 부산의 천주교 공동묘지에 묻혀 있다.
김정례, 민갑완 : 마지막 황태자 이은의 약혼녀(서울 : 교양사, 1990).

했던 점이다. 일제 침략자들은 오늘날 21세기를 눈앞에 두고서도 침략미화에 여념이 없는데, 비극의 황실에 민갑완 여사가 존재했었다는 것은 일제 침략자들의 강변적 변명이 허망함을 뜻하는 것이다. 항일국모는 점잖게 침략자들을 오늘도 꾸짖고 있는 것이다.

일제 침략자들은 침략의 첨병으로 우리의 황실에 방자 여사를 투입시켜서 이 나라의 핵심중추를 원천적으로 궤멸시키려고 했다. 그런데 만약에 민갑완이 수많은 친일주구와 똑같이 친일을 하고, 그들이 원하는 대로 다른 남자에게 시집을 가버렸다면 이 나라의 여인들은 '여성으로서의 민족적 자존심' 을 거론할 입장이 전혀 없게 되는 것이다. 민갑완은 민족 제1의 여성으로서의 위상을 철저히 지켰고, 우리 민족 전체 여성의 자존심을 지켰으며 항일국모로서의 위상을 명백히 지켰다. 민갑완은 침략에 의연히 정면대결했다.

생각하면 침략자들에 의해서 처절히 탄압을 받으면서 황태자비의 지위에서 강제로 퇴위된 민갑완은, 그렇기에 분명히 정통적 국모가 확실하다. 우리 민족은 오늘날 일제침략 의지를 정면으로 부인하고 있다. 우리는 침략자들의 뜻을 절대로 추인할 수가 없다. 침략자들에 의해서 강요된 바는 철저히 거부되어야 한다. 그렇다면 민갑완은 정통국모가 확실하다. 그러므로 민갑완이 처절히 일생을 걸고 침략국에 항거한 바는 청사에 길이 남을 위대한 가치가 있는 것이다.

그렇지만 오늘날에 있어서 민갑완은 완전히 잊혀진 인물에 가깝다. 그러나 그는 계속해서 재조명되고 역사에서 뜻깊은 인물로 계속 거론이 되어야 하겠다. 유관순 여사보다 전혀 뒤떨어짐이 없는 인물이 아닌가? 얼마나 위대한 항일 여걸인가?

② 애국국모로서의 지위

민갑완의 일생은 애국으로 뭉쳐진 성스러운 일생이었다. 스스로를 바쳐서 무너진 나라를 지켜 나가려는 매운 정성이 없이는 침략일본의 탄압을 버텨 나가기는 어려웠을 것이다. 그러나 애국이라는 한마음으로 뭉쳐진 민갑완의 높은 뜻에 의해서 침략의지는 눈 녹듯이 무력화되고 만다. 민족과 나라를 사랑하는 위대한 의지에 의해서 침략자들의 침략은 날날이 무력하게 되면서, 민갑완의 위상으로 대한 황실은 훌륭함을 증명하게 된다.

민갑완이 철저하게 우리 민족과 우리 나라를 사랑하는 성스러운 정신을 가졌었음은 그의 일생을 통해서 꾸준히 감지된다. 어떠한 상황에서도 우리 황실의 재기를 철저히 믿고 철저히 빌었다. 어떠한 상황에 있어서도 우리 민족의 입장을 저버린 적이 없다. 민갑완은 기나긴 망명 생활에 있어서 언제라도 민족의 재기를 신뢰하면서, 본인이 광복된 나라를 위해 지킬 유일한 길로서의 스스로의 위상을 철저히 침략 항거라는 외길에 바친다.

심지어 민갑완은 어린 조카들에게까지도 망명지 상해에서 우리말과 우리글을 체득시키도록 최선을 다할 정도로 민족애에 투철했다. 처절한 침략을 당하면서 20년 혹은 30년 가까이 지나는 사이에 있어서 어린 아이들에게까지 민족애를 심는다는 것이 쉽지 않은 상황이었다. 심지어는 상해까지도 침략 일본의 수중에 들어가는 암울한 시기에 있어서도 나랏말과 한글을 확고하게 가르치는 것은 결코 쉬운 일이 아니었다. 그러나 민갑완은 분명하게 국어 사랑을 실천했다.

나라와 민족을 사랑하는 매운 진심이 없이 평생을 수절하며 외로운 망명 생활을 지켜 나갈 수는 없는 것이다. 오늘날에 있어서 친일 인맥의 후손들이 곳곳에서 발호하며 황실이 사라진 듯이 된 비통함을 생각할 때에, 황실의 단호한 애국의지를 구현시킨 민갑완의 공로는 이제라도 높게 평가되어야 하겠다.

③ 정숙국모로서의 지위

여인에게 있어서 정절을 지키는 것은 생명을 지키는 것과도 같다고 말해진다. 깨끗하고 고운 성스러운 삶을 살기가 남녀간에 있어서 누구라도 쉽지 않은 바라고 할 때에, 평생을 깨끗하고 고운 삶을 산다는 것은 쉬운 일이 아니라고 하겠다.

민갑완! 그는 평생을 위대한 처녀로서 마쳤다! 티없이 깨끗하고 성스러운 삶으로서 침략자들을 준엄하게 꾸짖으며 의연한 삶을 살았다. 침략자들이 더럽히려고 온갖 술책을 다하는 가운데에서도 철저히 깨끗한 몸으로 항거하며 단호하게 처녀로 일생을 마쳤다는 것은, 단순히 처녀로서 곱게 평생을 마쳤다는 의미 이상을 뛰어 넘는다.

침략자들은 민갑완을 어떻게라도 처녀로 살지 못하게 하려고 침략정책의 모든 것을 투입했다. 거국적 조치라고나 할까? 민갑완이 처녀가 아니던가, 개가를 하여 다른 남자의 아내가 되길 언제라도 철저히 획책했다. 정치적 압력! 깡패를 동원한 성폭행 위협! 특수임무를 부여한 비밀요원을 기나긴 세월에 걸쳐 투입하여 교묘히 결혼시키려는 등의 온갖 흉계! 그 어느 것도 민갑완에게는 무력한 것이었다. 아마도 침략 일본에 있어서는 그 어떤 방책도 무용지물이 됨에 수없이 한탄했을 것이며, 거꾸로는 너무나 훌륭한 민갑완 여인에게 오히려 감복되었을지도 모른다.

오늘날에 있어서 여인의 정절을 하찮게 생각하는 일부의 인사들도 있는 것이 사실이다. 마음이 중요하다느니, 사랑이 중요하다느니 하는 등의 궤변을 늘어 놓으며 변명을 할 수도 있다. 그러나 참된 사랑은 정숙한 몸가짐을 수반한 것일 때에 진짜인 경우가 사실이다. 몸과 마음이 일치될 때에 진짜 사랑다운 사랑이 된다는 얘기다.

아마도 민갑완의 단호한 정절수호는 우리 민족사에 길이 남을 대표적인 것이 되어야 하지 않을까 한다. 그토록 강한 외부압력! 아니 그토록 가혹하고 간교한 침략자들의 공략을 단호히 겪어내면서 침략자들을 품격높게 말없이 꾸짖고 타이른 정절 수호가 세계사에 쉽게 있을 것인가? 인류사에서 거의 비슷한 사례를 찾기 어려운 위대한 인간승리가 아닐까 한다. 그리고 민족 최고의 정숙한 여인이 아닐까도 생각된다.

④ 순수국모로서의 지위

민갑완은 100%의 순수한 우리 민족이다. 그것은 침략 당하던 비극의 시대에 있어서는 언제라도 중요하다. 당시 우리의 황실을 오염시키고 더럽히려고 혈안이 되었던 침략일본의 독수가 우리의 황실을 짓밟고 있었을 때에 있어서, 피의 순수성은 항상 절대적으로 높은 뜻을 가진다. 민갑완이 순수한 우리 민족으로서, 전혀 해외의 침략핏줄과 관계가 없다는 것은 오늘날에 있어서도 날로 그 빛을 더해 가고 있다. 그 까닭은 무엇인가?

현재의 우리나라는 불과 50년 전까지 징용, 징병에 시달리고, 물자를 공출당하고, 수없이 죽음으로 끌려가던 나라이며, 언어와 이름을 잃고 신사 참배를 강요당하며 정신대에 끌려가던 비극의 나라라는 생각을 많은 부문에서 실질적으로는 잊은 나라같기에 더욱 그렇다. 일제 강점 시대의 일제 앞잡이 경찰, 밀정, 검사의 자식들도 전혀 부끄러움이 없이 큰소리치고 사는 사회가 왜 만들어졌는가?

아니 침략의 첨병이 되어 거룩한 우리 황실을 짓밟은 장본인인 방자 여사는 알아도, 민갑완 여사의 이름은 거의 전국민이 모르는 사회는 왜 만들어졌는가? 방자 여사가 누구인가? 군국주의 일본이 애써 고르고 골라서 우리의 황실을 침략하기 위해 보낸 또 하나의 침략촉수 혹은 침략원흉이 아닌가? 그런데도 그를 황태자비라고 생각하는 우매한 시각이 왜 만들어졌는가?

더군다나 침략을 직접 당한 황실 가문인 전주 이씨 대동종약원은 방자 여사를 그토록 높게 생각하는 몇몇의 인사가 줄기차게 장악하여 왔는데, 왜 이런 기막힌 무식견, 무정견, 무판단력이 만들어졌는가? 전주이씨 대동종약원이 민갑완 여사에 대해서 어떤 예우를 생각해 본 사례가 있는가 기막힐 뿐이다. 우리의 황실에 방자여사를 투입하여 황실을 오염시키고 단절시키려 한 침략은 총칼로 침략한 것보다 더 흉칙한 것이었다는 생각이 전혀 없는 사회가 왜 만들어졌는가?

2) 민갑완 망명성공의 의미

민갑완의 망명성공은 어떤 의미를 갖는가? 앞에서도 거론했듯이 황실에서는 독립전쟁 시대에 크게 4차의 처절하고 숨막히는 망명시도가 있었다. 그것은 첫째로 광무제의 망명시도가 가장 크고 중요한 것이었으나, 이완용 일당에게 감지되고 발각되면서 실패하고 만다. 이회영의 주도로 비밀리에 수행된 망명시도가 일본 황실에 알려지고, 그들의 사주를 받은 이완용에 의해 독살시해[9]가 되는 비극이 발생한다.[10] 도대체 아무리 침략자라지만 일국의 국모 명성황후에 이어 임금님까지도 거침없이 시해할 수가 있는가? 그 비극이 나름대로 국민들에게 알려지며 3·1만세 항쟁의 거센 활화산이 폭발한다.

둘째로 광무제의 2남 의왕의 2차에 걸친 망명 기도가 무참히 좌절된다. 1차로 압록강까지 탈출하여 갔다가 압송되어 오고, 2차로 구둘장

---

9) 방자여사는 1974년에 쓴 글에서 광무제 시해를 일본인에 의한 암살로 분명히 밝히고 있다. 그리고 그 죽음을 '시해'라고 확인하고 있다. 그는 보다 깊은 비밀 역사를 알고 썼다고 생각된다. 방자여사는 당시에 일본 궁내에서 광무제가 돌아가신 며칠 후에 그것을 이미 들었을 정도였다. 일본 정부는 지금이라도 광무제 시해의 진상을 정확히 밝히고 국가적 사죄를 해야 옳다. 빨리 철면피 국가의 탈을 벗어야 옳지 않은가?
이방자, 지나온 세월(서울 : 남영문화사, 1974), 서문 및 p.61.

10) 광무황제의 망명 자금 서류가 든 헐버트의 가방을 미국이 보관하고 있는 바, 미국은 그것을 즉각 공개해야 할 것이다.
김을한, 인간 이은(서울 : 한국일보사, 1971), p.167.

을 뚫고 탈출하다 잡혀서 일본에 끌려가 12년을 억류되는 2차에 걸친 처절한 망명기도가 이어진다.[11]

셋째로 의왕의 2남 이우의 단호한 망명시도가 있었다. 북만주 태원 주둔 일본군 대좌였던 그는 학병들을 이끌고 탈출하려다가 잡혀서 강제로 히로시마 주둔군에 전출되고 원자탄에 사라진다.

말하자면 3차에 걸친 집요한 탈출시도가 있었다. 얼마나 단호하고 용기있고 집요한 황실의 독립혈투인가? 그런데 강제로 퇴출된 황태자비가 상해로의 망명을 성공시켜 놓았으니, 그것은 이상에서 말한 3차에 걸친 망명추진 독립혈투의 금자탑이 분명하다고 하겠다. 우리를 침략하면서 친일주구들을 앞세웠고, 그들의 친일매국 경쟁에 의해서 침략을 완성해가던 일본에 있어서 대한황실이 결코 쉽게 농락되지 않는 존재임을 분명히 가르쳐 준 단호한 교훈이 되었다.

그리고 특히 민갑완 망명성공이 중요한 것은 일제의 결혼침략이 정당치 못했음을 명쾌하게 증명시킨 것이다. 침략촉수 방자를 앞세워 강제결혼을 시킨 영왕을 일본에 인질로 데리고 갔으며, 민갑완을 끝까지 개가시키려고 했으나 무참히 실패하게 만들었으니, 얼마나 통쾌한 쾌거인가? 민갑완의 망명성공은 황실독립운동사에 길이 남을 위대한 성공이요, 영원히 칭송될 용기있는 결단이었다고 하겠다.

3) 민갑완 망명이 독립운동에 끼친 영향

민갑완 망명이 성공되던 때는 우리 민족의 독립운동이 어떤 상황에 있었는가? 당시는 3·1만세 항쟁의 여파로 독립열기가 국내외로 크게 고조되던 시기였고, 민갑완이 망명한 상해는 임시정부가 결성되면서 독립운동의 중심지로 떠오르던 시기였다. 그러나 당시에 있어서 임시

11) 신복룡, 대동단실기(서울 : 양영각, 1982).

정부의 모습은 결코 상쾌한 상태는 아니었다.[12)]

첫째로 임시정부의 구심점이 사실상 없었다. 임금님이 나라의 구심점이요 태양이던 나라에서 일제침략으로 구심점이 사라지고 나니까, 곳곳에서 우리 민족은 흔들리고 방황하는 모습을 보였다. 궁여지책으로 이승만이 당시의 미개명된 우리나라의 상황에서 미국박사라고 추대가 되었으나 결코 구심점이 될 수는 없는 수준이었다. 36세인 4243년(1910년)에 프린스턴 대학에서 박사학위를 받았고 약 10년간을 주로 미국에서 강연 등으로 보냈으나, 박사라는 놀라운(?) 학위를 가진 그를 구심점으로 세웠지만 5개월만에 쫓기듯이 미국으로 갈 수밖에 없었고, 공석으로 5년을 비워두다가 탄핵당하고 만다.[13)]

둘째로 임시정부의 독립철학이 사실상 없었다. 허겁지겁 도망오듯이 상해에 몰려든 애국지사들에게 철학까지 요구할 수는 없을지 모른다. 그러나 최소한의 방향은 있었어야 했다. 그렇지만 상해에 모인 독립운동가들은 당시에 물밀듯이 밀려온 해외사조에 대한 깊은 이해가 없이 중구난방으로 매달리며, 항일의 중심추가 되는 길이 아닌 허울좋은 벼슬싸움에 가까운 일이나 하면서 세월을 보냈다. 그리하여 훗날 아무 한 일이 사실상 없음에도 그 당시에 무슨 벼슬을 했다는 것을 자랑하는 추태의 흐름을 만들었다. 도대체 임시정부가 윤봉길 의거 이전에 해놓은 일이 무엇인가?

---

12) 추헌수, 대한민국 임시정부사(천안 : 독립기념관 독립운동사연구소, 1989), pp.67~74.

13) 일본에서 비밀리에 파견된 특수임무 정보원인 유주사 부부는 민갑완 여사에게 끈질기게 중매를 서려고 했는데, 가끔 임시정부 요인의 사진을 갖고 왔으니 그 사진 중에는 이승만의 사진도 있었을 정도였다. 여러 가지로 생각을 해 볼 의미있는 사안이라 하겠다.
강용자, op. cit., p.215.

민갑완 망명을 맞은 상해 임시정부에 대한 평가는 크게 엇갈린 두 가지로 얘기되어야 하리라고 본다.

첫째로 민갑완의 망명에 의해서 상해를 중심으로한 망명객들은 크게 고무를 받은 것이 사실이다. 상해에는 민갑완 같은 거대한 여인이 합류함으로써 크게 활기를 띠게 되고, 독립운동을 하는 인사들에게 매우 용기를 복돋아 주었음은 사실이다. 그러나 그것은 극히 단순한 촉진제 수준에 불과한 것이었다. 오로지 독립운동가들에게 단순한 용기를 주는 수준에 머문 까닭은 무엇인가?

그것은 두번째의 부정적인 평가에서 드러나는 것으로서 당시의 상해임시정부는 민갑완 같은 거대한 인물의 망명을 전혀 중요하게 받아들이지 않았다. 아니 그것을 활용 못하는 저급한 수준에 있었다고나 할까? 만약에 영왕의 약혼녀였던 민갑완을 다시금 정식 황태자비로 선언하면서 일본정부의 황실침략 만행에 정면도전했다면 어떻게 되었을까? 당시에 임시정부 요인들은 당연히 그랬어야만 했다. 그러나 그들은 기초적인 정치철학이나 정치감각도 없었기에, 그것을 추호도 생각하지 못하고 세월을 보냈다. 그리하여 민갑완 망명을 한낱 자연인에 가까운 평범한 여인의 망명이 되게 만들었다.

민갑완 여사 스스로가 망명했다는 것은, 민갑완 여사로서는 일제의 침략만행을 절대로 용납할 수 없다는 확고한 선언이요 도전이었다. 이러한 사례는 소설 속의 인물인 춘향에 있어서와 흡사하여, 이도령을 향한 일편단심을 꺾으려는 변학도를 미워하는 민족적 공감대가 만들어져 있는 것과 같다. 그런데 변학도인 일제침략자들과 단호히 싸우면서 민족을 지키고 황실에 지조를 지킨 여인의 정치적 의미를 임시정부에서는 전혀 의식하지 못했다면 무엇을 뜻하는가?

평범한 여인의 경우에도 그 쾌거는 높게 평가해야 하는데, 도대체 임시정부 인사들의 정치의식 수준이 문제였다. 만약에 민갑완 카드를 정면으로 활용하며 독립운동을 했다면 일제침략자들이 얼마나 곤혹스럽고 어려운 상황을 맞았을까? 아쉽고 아쉬울 뿐이다. 상해 임시정부의 정치적 업적을 윤봉길 의거 이전에 구체적으로 나열할 것이 도대체 무엇인가 부끄럽기만 하다. 망명지의 허수아비 벼슬싸움이나 주력했으니 도대체 그것이 왜 중요한가?[14)]

三. 침략국모 방자 여사의 정치적 의미

1. 방자 여사의 일생

방자 여사는 행복한 결혼생활을 하도록 정해져 있던 우리의 마지막 황태자 영왕과 민갑완의 약혼을 강제로 깨며 결혼침략을 하는 가운데 역사의 무대에 등장한다. 말하자면 역사적으로 유례없는 악역을 맡는 비정한 여인으로서 역사의 인물로 나타난다. 인류사에 방자여사 같은 악역으로 일생을 사는 여자도 쉽게 있을까?

방자 여사는 4234년(1901년) 11월 4일에 동경의 나시모도(梨本) 궁에서 태어난다. 일본의 핵심황족으로 태어나 철저한 황족교육을 받고 성장한다. 침략황실의 정통교육을 받은 정통 침략여인으로 가르쳐졌다고 할까? 방자 여사는 황태자 이은이나 민갑완 여사보다 4년 아래의 나이였다.

영왕과 방자의 결혼은 3·1운동이 나던 해인 4252년(1919년) 1월 28

14) 이연복, 대한민국임시정부연구, 경희대학교 대학원 박사학위논문, 1982 참조.

일로 정해졌었으나, 광무제가 그 잘못된 결혼을 눈앞에 두고 별안간 돌아가셔서 1년간이 연기되어 다음해 4월 28일에 정식 결혼식을 올리게 되었다. 그리고는 곧 첫아들 진(晋)을 낳는다. 그런데 첫아들은 8개월 되었을 무렵에 융희(순종) 임금님을 뵈러 가서 서울에 있다가 독살된다.

진 왕자의 죽음은 의문이 많다. 그리고 그 몇 년전에 있었던 엄귀비의 죽음도 의문이 많다. 본 논문에서 밝힌대로 광무제와 민갑완 여사의 부친 민영돈의 비극이 가혹한 독살임은 이제 공인될 만큼 분명할 정도로 밝혀진 것이다. 그러나 진 왕자와 엄귀비의 죽음, 그리고 조국탈환 무렵 돌발된 가장 촉망받던 이우황손의 죽음 등은 너무나 의문점이 많다. 못하는 일이 없이 흉악한 일본 황실에서, 가장 촉망받았으나 반일적이었던 이우황손과 테라우찌에게 철저히 대들면서 반일적이었던 엄귀비를[15] 철저히 미워하는 가운데 항일거성이었던 그 둘은 급격히 죽음을 맞았고 진왕자도 별안간 사라졌다. 조국탈환후 50년이 지난 지금에 있어서 대한황실에 저지른 일본의 통탄스런 범죄는 그토록 묻어 두어야만 하는가?

본 문제는 물론 국가적 문제이다. 그러나 국가에서 현재의 국제사정상 나서기가 곤란할 경우에, 최소한 침략을 당한 집안인 전주이씨 가문에서라도 정면대처를 해야할 일이다. 정신대 문제보다도 더 중요한 문제라고 할 황실가해죄를 왜 덮어 두어야만 하는가? 전주이씨대동종약원의 구성원들이 갖는 의식수준이 문제라고 할 수밖에 없다. 즉각적

15) 엄귀비의 죽음이 특히 의심스러운 것은, 엄귀비가 나라가 병탄되고 1년 뒤에 별안간 열병으로 세상을 떠난 것인데, 무엇보다도 의심스러운 것은 누구에게도 장티푸스라면서 접근을 금했음이다. 급히 귀국한 어린 영왕에게도 보여 주질 않았다. 정도이상의 격리는 너무나 부자연스럽다.
김명길, 낙선재 주변(서울 : 중앙일보사, 1977), p.23.

으로 대책위원회를 구성하여 일본정부에 당당히 요구해야 할 것이다. 피해보상, 사죄절차 요구는 물론이고 복합적 차원에서 요구할 것을 요구도 못하고서, 사실상 친일을 추인하는 듯이 존재하는 후손의 조직이 황실가문의 입장에서 존재의의가 있는가?

영왕과 방자여사의 두 번째 아들인 구(玖)는 그 후 10년 후에 태어난다. 이구황손은 건장하게 잘 자라서 미국의 MIT공대를 졸업했을 정도로 우수했으나, 제3공화국 때에 귀국하여 국내 실정을 잘 모르는 가운데 주위의 종친이나 가까운 인사들에게 이용만 당하다가 부도를 내고 일본으로 도피하여 일본 무당과 사는 비참한 노년을 보내게 된다.

방자여사는 5·16군사혁명 후에 자유당 정권의 황실탄압이 끝나자 박정희 대통령의 배려로 귀국을 하게 되나, 이미 귀국시에는 남편 영왕이 식물인간이 되어 성모병원에서 말년을 보내다 돌아가시게 되고, 계속하여 창덕궁의 낙선재에서 지내다가 늙어서 세상을 떠나게 된다.

2. 방자 여사의 정치적 의미

방자 여사에 대한 국내에 있어서의 평가는 생각하면 그간 너무 과분한 것이었다. 방자 여사는 제3공화국 초에 일본에서 귀국하여 영왕비라는 신분 때문에, 그리고 당시로서 일본과의 외교관계 등이 고려되어서, 생각하면 정도에 넘치는 과분한 대우가 주어졌었다고 생각된다. 그 이유에 있어서도 가장 궁극적인 이유는 무엇인가? 그것은 당시까지도 학계를 비롯한 우리나라에 있어서 방자 여사에 대한 평가가 전혀 되어있지 않은 상태였음을 뜻하고, 이 나라를 친일흐름이 보이지 않게 내면에서 확고히 장악하고 있었다는 뜻이라고 본다. 그러나 방자 여사는 그렇게 흐릿하게 방치할 수 없는 존재로서, 예리한 시각으로 분명하게 정치적 의미가 논의되어져야 한다고 본다. 그의 정치적 의미는 무엇인가?

① 침략국모로서의 지위

방자 여사의 결혼은 한마디로 사상 유례없는 가혹한 결혼침략이다. 거기에는 남녀간의 사랑도 전제된 것이 아니고, 이웃나라와의 선린관계라든가 하는 뜻은 전혀 있을 수도 없는 원색적 침략행위이다.[16] 더군다나 약혼상태에 있던 흠잡을 데가 전혀 없는 민갑완 여인을 평생에 걸쳐 비극적 삶을 살게 만드는 극히 비인도적 국제 폭력을 통해서 강제결혼을 하는 것이니, 지구상에 이토록 못된 침략행위가 어디 있겠는가?

방자의 결혼 침략행위를 막으려고 우리의 대한황실에서는 얼마나 발버둥쳤는가? 심지어 광무황제는 결혼 날짜가 임박하자 제반 상황을 감안하며 망명까지를 결심했을 정도였고, 그것이 누설되어 결혼을 사나흘 앞둔 날짜에 급격히 독살시해되고 만다. 독살은 침략자들에 의해서 시행되었으나, 광무황제는 죽음으로까지 항거하면서 결혼을 반대했다고도 생각된다.[17] 그리하여 결혼식이 1년 연기된다. 도대체 있어서는 안될 잘못된 결혼식이 아닌가? 침략 황태자비가 영왕과 함께 산다는 경악할 일이 용납될 일인가?

당시 우리 민족의 본 결혼에 대한 항거는 3·1만세항쟁의 와중에서

16) 방자여사도 당시의 정략결혼은 사랑이 전제된 것이 아님을 분명히 실토하고 있다.
이방자, op.cit., p.211.

17) 당시의 김명길 상궁은 광무황제가 "원수나라의 황족여자를 어찌 며느리로 삼겠느냐? 짐이 생존해 있는 한 이 혼사는 성립될 수 없다."고 철저히 반대하다 돌아가셨다고 회고하고 있다. 광무제의 시해는 방자비 강제결혼이 직접 원인이란 얘기다.
김명길, op.cit., p.41.

잊혀진 역사라 그렇지, 이 추악한 결혼에 대해 대단한 거부감이 있었던 모양이다. 일본에 있는 방자 여사의 집에는 수없이 협박전화가 걸려 왔었을 정도로 우리 민족의 반발이 컸었다고 한다.[18]

심지어 당시 영왕과 방자가 결혼식에 탔던 마차가 결혼식이 끝나고 곧 폭파되고 마는 불상사(?)까지 터지고 말았다.[19] 생각하면 그것은 불상사가 아니라 양심적 인사에 의한 정의의 폭발이 분명하다고 하겠는데, 이 잘못된 결혼을 얼마나 많은 사람들이 곳곳에서 내심으로는 반대하고 있었는가를 말해주는 것이다. 그리고 당시에 신부가 탄 의장마차가 지나는 곳에 서상일이라는 경상도 청년이 숨어 있다가 폭탄을 던졌으나 불발탄이 된 사건도 있었다.[20]

일본인들이 우리 국토를 강제점령하고서는 정치적으로 가장 집요하게 공격하려고 한 것은 무엇보다도 다음의 두 가지였다. 첫째는 대한황실의 정통성 파괴였다. 그것은 대한 황실의 무능, 무력, 무책임성을 극도로 강조하여 선전하고 광무제나 융희제를 천하에 없는 바보로 만드는 일로 나타난다. 그리고 우리의 역사를 날조, 왜곡, 훼손하면서 식민지가 되어야할 정당성을 억지로 만들어 나간다. 둘째는 우리 민족의 구심점이요, 정치생활의 핵인 황실을 흡수하고 궤멸시키는 일의 추진이었다. 그것의 제 1공략 목표가 임금님이었고, 따라서 황태자를 녹여 없애는 것은 침략일본의 최대목표였다. 방자여사의 결혼침략은 몇 개 사단의 군대보다도 무섭고, 수만 척의 군함보다도 가증스럽고 간악한 침략이었다. 우리의 구심점인 임금님을 녹여 없애려는 침략이었으니 얼마나 무서운 침략인가?

---

18) 이방자, op.cit., p.65.

19) Ibid., p.72.

20) 김을한, 인간 이은(서울 : 한국일보사, 1971), pp.115~121.

② 이적(利敵)국모로서의 지위

방자 여사는 그의 결혼 자체가 철저히 정략적으로 강요된 만큼 철저히 침략일본을 위한 것이었다. 결혼이라는 것을 통해 우리의 황실을 점차 오염, 소멸시키고서, 일본 황실을 살찌우려는 것이기에 특히 그러하다. 방자 여사는 그렇기에 결혼을 앞둔 4252년(1919년) 1월 9일에 결혼을 하는 위대한 침략행위로 일본 궁중에서 보관장훈이등(寶冠章勳二等) 훈장을 받는다.[21] 정략에 충실하게 따라주어 일본의 침략적 국익에 최대한 헌신했다는 뜻이다.[22] 훈장을 줄 정도의 위업임을 일본 황실은 분명히 알고 있는 것이다.

방자 여사의 어머니가 딸을 시집 보내면서 해준 말! 그 말은 너무도 깊은 뜻이 깃든 말이다. 그 말은 사실상 수없이 많은 것을 내포하고 있는 것이다.[23]

> 얘야, 책임이 무겁다는 걸 잊지 말아라.

도대체 무슨 책임이 그렇게 무겁단 말인가? '얘야, 행복하게 살아라'라고 말했어야 정상적인 말이 아닌가? 결혼을 해서 시집을 가면 남편이랑 행복하게 잘 살면 되는 것이 일반적인 일인데, 도대체 무슨 책임이 그렇게 무겁게 주어질 수 있는가? 대한황실의 심장부에 투입되는 여성특공대에게 주어지는 가장 적절한 당부가 바로 그것이라고 밖에 더 생각이 될 수 있는가? 침략을 해서 식민지로 짓밟는 나라에 보내면서 책임지울 일이란 당연한 것이 아닌가? 대한 황실을 완전히 녹여 없

---

21) 이방자, op.cit., p.57.

22) 당시의 정략결혼은 일본을 위한 헌신, 일본인으로서의 그 나라를 위한 것이었다. 김을한, 인간 이은(서울 : 한국일보사, 1971), p.4.

23) 이방자, op.cit., p.70.

애라는 것이 확실한 것이다.[24)]

더군다나 영왕은 황태자로서 우리나라의 28대 임금님이 되실 분이다. 그토록 지체높은 금상의 제1인물을 정확히 옭아매는 중대한 임무가 방자에겐 주어져 있는 것이다. 언제라도 가능한 일! 못된 아내가 남편을 철저히 얽어매어 무력화시키려는 흉계! 그 책임이 방자 여사에게는 분명히 주어져 있었을 것이다. 결코 자비로움으로 맺어준 결혼일 수가 없는 것으로서, 침략일본의 일본을 위한 일본에 의한 강제 결혼일 뿐이다.[25)]

③ 위선국모로서의 지위

방자 여사는 민갑완 여사의 존재를 신혼 초에 이미 알고 있었다. 그리고 황태자비로 약혼을 했다가 파혼을 하면 평생을 독신으로 지내게 된다는 대한황실의 법도도 소상하게 알고 있었다. 그리고 그것을 미안하다고 자서전에 썼다. 그러나 그것이 진심이었을까?

그는 제3공화국 시대에 국내에 들어와 있을 때에 평생을 수절하며 고통 속에 지낸 민갑완 여사가 국내에서 외롭게 고생하며 늙은 몸으로 비참하게 살고 있음을 알면서도 단 한 번의 예의를 갖춘 바가 없다. 더군다나 당시의 본인은 박대통령의 배려로 낙선재에서 나름대로 부족함이 없는 풍족한 생활을 영위하면서, 이 나라에서 주어지는 돈으로 정박아를 돕는 자선사업을 한다면서 살고 있었다.

물론 자선사업을 하는 것은 고맙고 갸륵한 일이다. 그러나 그런 일도 경우에 따라서는 역겨운 일이 될 수 있다. 본인에 의해 극도로 피해

24) 안천, 황실은 살아있다(서울 : 인간사랑, 1994), pp.143~152 참조.

25) 우리는 영왕이 전혀 항일의지가 없었고, 형님이었던 의왕에 비해서 너무나 무기력했다고 말한다. 그러나 인질로 잡힌 영왕이었고, 그 옆에 방자 여사가 철저히 도사리고 있었음을 많은 경우에 생각을 않고 있다. 방자 여사 변인을 빼고 영왕의 정치적 위상이 논의될 수 있는가?

를 입은 민갑완 여인에게 단 한 번이라도 기초적 예의를 갖추었는가? 그리고 일제침략 이후 이승만 탄압이 가중되면서 거지같이 살고 있는 황족들에게 최소한의 배려를 했는가? 그 황족은 모두가 본인의 친척이 아닌가? 그런데 아무것도 제대로 하는 것이 없이 자선사업을 한다는 것은 얼마나 침략자다운 위선이고 가증스러운 것인가?

자선사업은 훌륭하고 존경받을 일이다. 그러나 제 자식을 굶기고 제할 일을 못하며 하는 사람도 있는가? 방자여사는 두 나라의 황실관계가 갖는 특수 상황에서 강제로 정략결혼의 희생물이 되었다고 자신을 부각은 시켰어도, 가해자인 자신이 피해자에 대해 추호도 마음을 두지 않았다고 생각된다. 어쩌면 천인공노할 침략자라서 히로시마에 원자탄을 맞고도 원자탄을 던진 자만 나쁘고 자신들이 피해자라고 선전하는 간교한 일본인 그대로인지?

필자가 민갑완 여사의 여동생인 민만순 여사를 만나서, 이에 대해 물었을 때에 민만순 할머니는 말없이 쓴웃음을 짓고 고개를 강하게 흔들 뿐이었다.[26] 단 한 번의 연락도 없었다는 것이다. 위선자! 정말 위선의 침략자다운 냉혈의 인물이다. 그러고도 겉으로는 점잖은 귀부인 티를 내는 자선사업이 그 속을 아는 인사들에게 제대로 이해가 될 것인가?

필자가 의왕의 손자(이석 황손의 조카)인 이일주 황손을 만났을 때에, 방자 여사가 어린 친척들에게 어떻게 했는가를 물었을 때의 답변은 분명하게 방자 여사의 위선됨을 그림같이 드러내고 있었다.[27]

> 어린 저희들이 낙선재를 찾아 갔을 때에 웃는 것이 전혀 없었지요. 한 두 번 세배를 갔다가 다시는 찾지 않을 수밖에 없었죠. 어른

26) 1994년 8월 응암동 자택 방문.
27) 1994년 8월 이일주 면담(창덕궁 앞에서).

들이 세배를 가야한다고 가르치시기에 갔지만, 할머니가 자애롭게 어린 손자들에게 베푸는 따스함은 전혀 없었습니다. 냉정한 얼굴로 깔보는 듯 했을 뿐이죠. 우리 민족에 대한 애정은 전혀 없는 여인이었다고 봅니다. 우리 민족의 피를 나눈 할머니라면 어린 손자들에게 그럴 수가 있습니까? 우리의 할머니가 결코 아니었습니다.

④ 오염국모로서의 지위

방자 여사의 피는 완전한 침략의 피다. 100%로 완전한 침략자의 핏줄이다. 우리의 황실을 오염시켜서 저절로 사라지게 만들려는 간교한 의도를 갖고서, 우리의 황태자에게 강제로 투입된다. 백번을 양보하여 방자 여사가 우리 민족의 진짜 국모답게 모든 것을 진심으로 다 바쳐서 헌신했다고 해도 어쩔 수 없는 것이 있다. 그것은 피의 문제이다.

그가 아무리 가면을 쓰고 아닌 척 해도 할 수 없고, 그가 아무리 미소를 지으며 감추려고 해도 어쩔 수 없는 것으로서, 그는 숙명적으로 이 나라를 버려 놓으려고 강제결혼된 것이다. 물론 두 나라의 황손과 공주가 자연스레 만나서 자연스럽게 사랑으로 맺어져 결혼을 했다면 그것은 언제라도 존경받을 결혼이다. 로미오와 쥬리엣같이 원수지간의 두 가문에서도 사랑은 이뤄지는 것이고, 그 경우에는 피의 순결을 따질 수가 없다. 그러나 방자 여사는 피의 오염을 위해서 이미 약혼된 민갑완 여사를 온갖 몹쓸 짓을 통해서 파혼시키고 강제결혼한 침략자이다. 피의 침략! 그것 자체가 어쩔 수 없는 국제적 죄악이다.

四. 민갑완 여사의 위대한 삶

1. 민갑완의 재평가

아무리 훌륭한 인물도 역사가 외면하면 사라지고 만다. 아무리 위대한 인물도 그 위대함을 깨닫지 못하면 평범한 인물이 된다. 어떤 보석도 땅 속에 묻혀 있을 때에는 한낱 돌맹이에 불과하듯이, 아무리 뛰어난 위인이라도 그 위인의 참된 의미를 모르면 그는 한낱 평범한 삶을 산 사람에 불과하게 된다.

그렇다! 위대한 여인 민갑완은 그간 너무나 잊혀져 왔고, 너무나 외면되어 왔고, 너무나 무시되어 왔다. 이토록 위대한 항일거목이 그간 왜 주목받지 못했을까? 첫째로 그것은 대한황실이 일제침략자들의 역사왜곡이나 상징조작으로서 초라하고 우스운 존재로 전락하면서 외면된 흐름이 강하다. 대한 황실도 우습게 다뤄지는데 그 황실의 황태자비로 간택되었다가 강제로 쫓겨난 여인이 주목될 수가 있겠는가?

둘째로 그것은 우리들이 민갑완 여사와 같은 형태의 항일의 의미를 아직 제대로 깨닫지 못했기 때문이다. 민갑완 여사의 항일은 민족사 아니 인류사에 거의 사례가 없는 것으로서 수절(守節)애국이란 독특한 유형이며, 그것만으로도 유관순 여사와 맞먹을 커다란 가치가 있는 것임을 아직 깨닫지 못했음이다. 민갑완 여사의 항일생애는 총을 들고 만주벌에서 싸운 수많은 독립군에 맞먹을 만큼 큰 것이고, 만세를 부르며 모든 것을 바친 유관순 여사의 항일투쟁에 맞먹을 만큼 큰 것이다.

일제침략자들은 철저히 수절하면서 끝까지 버티는 민갑완 여사 때문에 얼마나 고민하고 애를 태웠는가? 그것은 대한 황실 침략의 모든 것이 민갑완 여사로 인해 무너질지도 모른다는 커다란 이유가 있기 때문이었음을 왜 모르는가? 변학도에 항거하며 정절을 지킨 소설 속의 성춘향 쾌거에 박수를 치는 전 민족이, 일제침략자에 항거하며 철저히 일생을 걸고 처절한 고통 속에 깨끗이 정절을 지킨 위대한 실제 역사로서의 쾌거는 너무나 잔인하게 잊고 살았지 않은가? 우리 민족의 여성 전체를 정신대 혹은 그 후보자로 보아서 아무렇게나 다룬 침략자들에게 대한여인의 고고한 정절을 행동으로 보여준 위대한 항일독립운동은 영원히 청사에 빛나야 할 것이다. 침략자들에게 정신대 문제로 항의는 하면서 민갑완을 잊는 모순은 즉각 고쳐져야만 한다.

2. 민갑완 수절애국의 재해석

침략자들을 어떻게 부르는게 옳은가? 왜놈이 맞나, 일본놈이 맞나, 일본인이 맞는가? 요즘의 우리들은 조국을 되찾은지 50년이 지나서 일본인이라고 부르려고 노력하고 있다. 필자도 물론 그렇다. 그런데 아무리 좋게 보아 주려고 해도 일본인은 속좁고 못된 왜놈이 아닌가 한다. 왜 솔직하고 그릇이 큰 일본인이 되지 못하는지 안타까울 뿐이다.

지난번에 정신대 문제로 항의하는 할머니에게 돈을 받았지 않았느냐고 추궁하는 일본 국회의원을 보고서는 전 국민이 저질 일본 민족에 분노하고 치를 떨었을 것이다.[28] 그것을 질문이라고 하겠는가? 일본인들은 그들의 침략을 그토록 모르는가? 일본인들은 우리 민족 처녀들의 다수를 공장에 가고, 전쟁을 돕고, 황국신민의 성스러운 일을 한다는 등의 감언이설로 꼬여가서 추잡한 창녀 일을 시킨 것을 모르는가? 그리고는 모두에게 약간의 수당을 준 것이 사실임을 모르는가? 일본이 망하지 않고 지구상에 존재하는 것이 이상하다고 말할 정도의 커

다란 충격을 전 민족에게 안겨준 장면이 그것이었다.[29]

그런데 또 하나의 놀랄 일이 있다. 일본의 후꾸오까에는 논개의 정사묘가 만들어져 있다. 그것도 초현대 시대인 오늘날에 만들어진 것이 있다.[30] 의로운 여인 논개가 왜놈 장수를 사랑하여 함께 정사를 했다는 놀라운 왜곡사료를 뻔뻔스럽게 날조한 것이다. 역사왜곡! 그것을 그렇게 할 정도로 뻔뻔한가? 조물주의 실수로 만들어진 민족이 일본민족이라고 생각할 정도로 간교, 간악, 교활한 왜놈이라고는 생각했지만 그럴 수도 있는가? 일본인들에게도 정의라는 개념이 존재하는가? 왜 일본이 그토록 저질 민족으로 타락했는가?

그렇기에 히로시마에 떨어진 원자탄에 최초로 희생된 민족이 자기들이라고 역선전이나 하면서 미국 욕이나 교활하게 퍼붓고 있는데 미국이 왜 나쁜가? 미국이 당시에 동경부터 시작하여 100개 정도는 원자탄을 떨어뜨려서 일본을 없애지 않은 것이 고맙지 않은가? 얼마나 못되게 굴고 얼마나 외국인을 죽였는가는 생각않고 벌받은 것만 억울하다니 일본은 아직도 벌을 더 받아야 옳지 않을까? 2차대전의 전범국 일본이 반성다운 반성을 해본 사례가 있는가? 범죄국가 일본이 더 큰 소리를 치는 현상이 왜 나왔나?

그런데 민갑완 여사에게도 일본인의 저질 공격은 끈질긴 것이었다. 우선 일제강점시대에 있어서는 민갑완을 개가하게 만들어서 "남자나 밝히고, 바람이나 피우는 여자"로 전락시키는 공작을 끈질기게 전개했다. 그러나 너무도 고고하고 기품있는 민갑완에 의해서 그것은 무산되고 만다. 우리의 진짜 국모는 너무도 훌륭하고 위대했다.

---

28) 1996. 6. 5. 도하 일간신문 참조.

29) 본 망언에 대해서 중국, 대만이 특히 [illegible] 항의하는 사태까지 생기게 되었다. 일본은 온 세계가 떠들어야만 반성하는 수준의 나라이니 당연한 일이다.

30) 1996. 4. 3. 정신문화연구원 박성수 교수와 현장 답사.

그러나 조국이 되찾아지게 되고서는 우리 나라가 이승만 독재시대 이후에, 이승만이 알아서 대한 황실을 짓밟아 버리고 나니까 민갑완은 관심 밖으로 멀어져 나간 것이다. 그렇지만 일본인들의 간교한 역사왜곡이 결코 사라진 것은 아니다. 일본 침략자들은 끈질기게 방자 여사를 부각시키면서 방자 여사가 대단히 의미있는 여자인 듯이 간교한 흐름을 만들어 나갔다. 끈질기게 방자여사를 일본인들이 찾아 보고 언론조작 등을 통해서 방자여사가 숭고하고 유일한 황태자비인 듯 만들어 나갔다. 그리하여 민갑완 여사의 존재를 전혀 모르는 일반인들은 까맣게 속을 수밖에 없이 되면서 시간이 흐른 것이다. 이 얼마나 간교한 역사왜곡인가?

그런데 특히 놀라운 것은 일본의 역사왜곡 흐름에 의해 만들어진 사실상의 매국인맥이 도처에 널려 있어서, 방자 여사를 비판하는 글이나 말을 들어볼 수도 없는 사회가 만들어져 나간 것이다. 이승만 시대 이후에 이 나라를 친일인맥의 후예가 도처에서 득세하며 오염시켰지만, 아무리 그렇기로 침략국모는 계속 부각되고 애국국모는 존재도 없이 되어야 하는가? 그간 민갑완이 너무나 잊혀진 것은 사실상 현재에도 계속되는 친일인맥 흐름이나, 일본인들의 원격조종에 의해서 만들어진 성향도 크다. 정말 역사 앞에서 고개를 들지 못할 정도로 부끄러운 일이다.

그리고 이런 왜곡 흐름 속에서 나타난 또 하나의 비극! 이구 황손의 부인이었던 쥬리아 여사의 비극도 외면될 수는 없다. 특히 이 비극은 가장 큰 이유가 황실가문인 전주 이씨 대동종약원의 일부가 이성을 잃어서 일어난 일이다. 그 일은 이성을 잃었다는 표현이 가장 어울릴 일이다. 도대체 이해를 할 수가 없는 일이 벌어진 것이다. 쥬리아 여사는 영왕과 방자 여사의 아들인 이구황손이 미국에 유학가서 살다가 만나 결혼한 미국여인이다. 그런데 순수한 사랑으로 맺어진 정상적인 부부를 귀국 후에 끈질기게 이간질시키며 사실상의 강제이혼을 시킨 것이다. 정말 놀라운 일이다. 전주 이씨 대동종약원은 침략국모 방자 여사에 대해서 문제제기는 전혀 없고서, 아니 철저히 예우하여 모시고서 사후에는 영원에 합장까지 했다. 그럼에도 아무 죄도 없는 쥬리아 여사는 왜 비극적 일생을 보내게 만들었는가? 그리고 더욱 통탄할 일은 강제이혼을 획책하는 과정에서 이구황손도 저절로 타락하고, 형편없는 생활로 전락하게 되면서 일본으로 줄행랑을 치게 된 것이다. 망한(?) 황실에 완전히 흙칠을 한 장본인들은 누구인가?

전주 이씨 대동종약원이 황실 가문다운 식견과 판단력이 제대로 있었다면, 황실을 궤멸시킨 일본 침략자들의 침략국모를 그렇게 모시고, 사실상 일본과 싸우면서 우리의 조국을 되찾게 해주고 훗날 황실의 숨통을 틔워준 미국의 여인 쥬리아는 그렇게 만들 수 있는가? 쥬리아 여사도 생각하면 국모에 해당하는 너무도 지체높은 분이고, 전혀 잘못도 없는 여인인데 그렇게 쫓아낸 이유가 무엇인가? 친일반미 집단이라고 할 수밖에 없는 자들의 수준낮은 폭거에 희생된 쥬리아의 일생은 누가 보답할 것인가? 미국여인이란 것이 무슨 죄가 되는가? 그 폭거의 관계자는 정말 엄청난 실수를 한 것이다. 어찌 민갑완같은 위대한 국모는 외면하고 쥬리아같은 훌륭한 여인은 비극의 여인을 만들고서도 고개를 들고 다니는가? 눈물로 한탄하는 관련인사의 얘기를 들어보자.[31)]

> 「비극의 여인인 쥬리아 여사에게는 정말 못할 일을 한 것입니다.[32)] 복되게 사는 가정을 강제로 파괴시킨 것이지요. 그렇게 만든 장본인들은 그러나 쥬리아 여사에게 위자료 한 푼도 내지 않았습니다.」

---

31) 김상렬 할아버지 면담에 의해 여러 번 들은 얘기이다. 눈물을 흘려가면서 몇 번을 말한 김노인의 충정을 언제라도 잊을 수가 없다.
32) 안천, 잊혀진 황후 쥬리아, 민족문화사, 단군할머니론, 1995 참조.

맺는글

①

민갑완! 진짜 국모! 사실상의 마지막 황후! 그는 지금까지 너무나 잊혀져 왔다. 그리고는 가짜 침략국모 방자가 방자하게도 진짜 국모를 참칭하면서 역사를 우롱해 왔다. 그리고는 광무황제의 며느리 자리에 무엄하게 누워 있다. 어찌 태조 고황제 이성계 할아버지에게 고개를 들고서 이 나라의 역사를 말할 것이며, 어찌 단군 성조에게 민족의 올바른 뿌리를 말씀드릴 것인가? 그 결혼을 막아보려고 발버둥치고 발버둥친 광무황제의 한탄소리가 들리지 않는가? 침략국모는 지금도 땅 속에서 우리의 마지막 황태자를 인질로 잡고서 우리의 역사를 농락하고 있다.

이 나라가 정말로 제대로 된 나라였다면 조국이 되찾아짐과 함께 항일거성 민갑완 여사를 정중히 다시 모시고 방자 여사는 폐비시켰어야 했다. 그러나 실성한 이 나라는 쥬리아는 쫓아내도 방자 여사를 철저히 모셨으니, 온 민족이 실성한 것이 아닌가? 이 부끄러운 역사를 그대로 두고서 어찌 후손들에게 바른 삶을 살라고 말하겠는가?

②

민갑완은 자연인으로서도 가장 훌륭한 여인에 해당한다. 살아있는 성춘향에 해당할 정도의 위대한 정절을 지킨 여인이다. 소설 속에나 있을 일이라고 말할 춘향의 정절수호 의거가, 거대한 침략자들의 무섭도록 거침없는 침탈 속에서도 의연하게 지켜졌다는 것은 민족사에 길이길이 아로 새겨져야 한다.[33] 학생들의 교과서에도 넣고, 적절한 곳에 동상도 세우고, 기념사업회도 만들어야 한다. 거국적으로 선양해야 할 위업이다. 변학도라는 폭력사또를 이겨낸 것을 대단하다고 하는 나라에서, 온 민족의 여인을 정신대로 몰 정도의 폭악한 침략자들의 거대한 폭거에 꿋꿋하게 항거하면서 그것을 단호히 이겨낸 위대한 여인은 왜 방치하는가? 이 나라가 정말 제 정신이 있는 나라인가? 왜 그 흔한 TV드라마 하나도 나오지 않는가? 그토록 잊어야만 하는가?

③

민갑완은 그러나 결코 자연인 민갑완도 아니다. 위대한 항일국모요 진짜국모다. 그간 가짜가 진짜를 참칭하면서, 그리고 침략자가 애국자를 짓누르며 역사를 우롱했을 뿐이다. 민갑완의 위대한 수절항일 독립운동의 생애는 청사에 빛나야 하고 진짜 국모로서 확실하게 재추대되어야 한다. 일제침략을 그대로 두고서 무슨 민족정기를 말하는가? 이 나라가 정말 제 정신이 있는 나라인가? 방자 여사는 지금이라도 즉각 폐비되어야 한다.

---

33) 김명길, op.cit., p.170.

영왕(英王) 홍룡포 보(補)

영왕의 홍룡포 가슴에 수놓여진 문양이다. 24개의 능으로 이루어진 둥근 테의 가운데에 금사로 수를 놓은 아름다운 황룡이다. 붉은 바탕에 살아 있는 듯이 힘차게 용틀임하는 모습은 흡사 영왕이 다시 태어나 황태자가 되는 듯한 착각이 들 정도이다. 민갑완 여사의 단호한 애국정신은 대한황실의 황룡의 매서운 다섯 발톱, 부릅뜬 눈매에 그려진 영왕의 진심을 믿었기 때문이리라.

둘째 주제

유일하게 살아있는 3·1만세항쟁 유적, 이제묘(二帝廟)

들어가는 글

一. 이제묘 건설의 경과
  1. 광희묘(光熙廟)의 설립과정
  2. 이제묘(二帝廟)의 설립과정

二. 이제묘 창건의 정신사적 가치
  1. 존황(尊皇)사상
  2. 독립사상
  3. 단군사상
  4. 충의사상
  5. 동의(同義)사상

三. 이제묘 존황항일 투쟁의 인물론
  1. 인물평가
  2. 인물해석

四. 이제묘 존황항일 유적의 역사적 가치
  1. 이제묘의 현실 모습
  2. 이제묘 사적의 역사적 가치
  3. 이제묘의 사적지 지정 필요성

맺는글

들어가는 글

①

뼈대있는 가문은 국권의 기둥이 되고, 중심 잡힌 민족은 나라를 떠받치는 초석이 된다. 한 나라의 융성은 그 나라에 식견 높고 뼈대 있는 가문들이 확실하게 존재함을 뜻하고, 한 겨레의 발전은 그 민족을 구성하는 온 겨레가 분명하게 중심이 잡힌 올바른 민족임을 뜻한다.

그런데 한 나라가 비참한 망국의 길을 갈 때에는 어떠한가? 그 경우에도 정신이 제대로 박힌 수준 높은 가문들이 분명히 존재하던가, 한 덩이로 명쾌히 뭉쳐진 식견 높은 민족집단이 존재하기만 한다면 결코 망국은 궁극적으로 존재할 수가 없게 되는 것이다.

생각컨대 고려말에 몽골족이 99년간을 우리 강토에서 처절히 노략질을 했던 때에도 우리 민족이 완강히 버티며 살아 있었기에 최종적 망국은 없었다. 그리고 임진왜란에 있어서도 신무기 조총을 앞세우고 노도와 같이 밀려오는 왜적도 거세게 항쟁하는 우리 민족에 의해서 최후의 승리를 이루며 격퇴할 수가 있었다. 그런데 가장 가까운 역사 시기인 일제침략에 의한 국권수탈 시대에 우리 민족은 어떠했는가? 우리는 일반적으로 일제강점시대의 만 35년을 때로는 너무 가볍게 생각하여 망국시기라고 생각할 경우도 있을 수 있다. 그러나 결코 기막힌 국난 상황을 당하기는 했어도 망국을 거부한 절대국민이 확실히 있었고, 이완용, 윤덕영 같은 매국노들만 있지는 않았다.

첫째로 일본군과의 최전선 만주벌을 중심으로 우리 민족의 핵심적 정예집단은 정면으로 일본침략자들과 맞서서 혈투를 벌였던 것이다. 우리 민족의 핵심은 싱싱하게 살아 있었고, 청산리의 신화를 창조하고 봉오동의 전설을 만들면서 이 민족의 생존권을 용감히 지켜 나갔다. 안중근, 홍범도, 윤봉길, 이봉창, 이회영, 신채호, 안창호, 김좌진, 이청천, 유동렬을 비롯한 기라성 같은 애국자가 줄지어 나타나며 이 나라의 살아있는 정신을 세계에 알렸었다. 그리고 민족의 정통 애국혼이 살아있는 독립운동 단체가 도처에 널려 있었다.

그런데 둘째로 국내에 있어서는 어떠했는가? 거기에 대해서도 손병희, 유관순, 이상재를 비롯한 독립운동의 기둥이 있었고, 안희제와 같이 전 재산을 바쳐 독립운동 자금을 댄 인사도 있었다고 분명히 말할 수 있다. 그런데 국내의 독립운동에 있어서는 그 외에 지금까지 알려지지 않은 전혀 색다른 형태의 뜻깊은 국민항쟁이 있었던 것이 숨겨져 왔었다. 일제 침략에 따른 망국을 결코 인정하지 않았고, 마지막 임금님인 융희(순종) 황제의 퇴위를 결코 용납하지 않으며 오기로 버틴 국민항쟁이 있었던 것이다.

②

이제묘(二帝廟)는 말뜻으로 풀면, 광무(고종)황제와 융희황제의 두 분 황제폐하를 모시고 제향을 올리는 민족사당이란 뜻이다. 현재 이제묘는 대구시 변두리에, 자연환경이 수려하고 공기가 맑은 곳을 택해 성스러운 모습을 간직한 채 온전하게 남아 있다. 언제 가보더라도 옷깃을 여미고 거룩한 자세로 마음을 가다듬으면서 겨레의 앞날을 생각하게 하는 곳이다. 이제묘를 들어서면서 생각할 일은 한 두 가지가 아니다.

첫째로 처참한 국난시대의 35년간에 있어서도 전국의 곳곳에는 살아있는 우국지사들이 확실히 존재하고 있었음을 알게 된다. 비록 만주땅으로 망명을 떠나지는 않았을지라도, 그리고 비록 총검을 들고 정면으로 항쟁을 하지는 않았을지라도, 민족의 정신을 지탱하고 자존심을 수호하며 조국의 땅을 지킨 인사들이 엄연히 생존하고 있었음을 말해주는 중요한 증거가 되는 것이다. 그 나라에 올바른 애국지사가 생생히 살아 있다는 것은 언제라도 중요한 것인데, 이제묘를 중심으로 뭉쳐진 애국자 집단이 있었다는 것은 역사적으로 매우 뜻깊은 일이라 하겠다. 역사는 뜻있는 사람이 만드는 것이기에 더욱 그렇다.

둘째로 어떤 민족이나 모든 것을 잃어도 언어와 민족혼을 잃지 않으면 재기가 가능한데, 이제묘에서는 통탄스러운 국난기간에 있어서 겨레의 정신을 확고하게 부여잡고 민족정기를 수호하고 있었던 것이다. 이제묘를 지켜온 사람들에게 있어서는 언제라도 꺾어질 수 없는 민족정기의 나무가 계속 자라가고 있었는데, 그것은 언제라도 민족의 잠을 깨우고 힘을 주는 소금과도 같은 소중한 정신이었던 것이다. 그들은 우리말을 확실히 쓰면서 올곧은 정신으로 조국의 정신을 떠받치고 있었던 것이다.

셋째로 이제묘를 지키는 사람들은 돌아가신 광무황제와 융희황제를 중심으로 정신적으로 똘똘 뭉친 한덩이였음도 유의되어야 하겠다. 하나로 완전히 뭉쳐진 단결력이 있었기에, 처절한 그 당시 이후 오늘에 이르기까지 한 순간도 중단됨이 없이 민족제향을 지내왔던 것이다. 그 누가 우리 민족을 단결력이 없다고 모함을 할지라도, 이제묘를 지키는 사람들에게는 결코 통용되는 말일 수가 없다. 임금님을 중심으로 한 덩이로 확고히 뭉쳐진 한 마음의 집단은 변함없이 이어져 내려왔다.[1] 예컨대 왜 3·1만세항쟁이 온 겨레가 철저히 뭉쳐진 활화산으로 완벽히 타올랐는가? 그것은 광무황제의 비극적 시해를 맞아, 나랏님의 돌아가심을 맞아서, 구심점인 나랏님을 향한 한 마음으로 철저히 단결된 충정이 일시에

1) 일제 침략자들은 우리 민족이 민족구심점인 임금님이 시해되고 사라졌기 때문에 분열된 것을, 그리고 그렇게 되도록 우리를 만든 자들이면서도, 우리의 민족성은 단결심이 없다고 했다. 그러나 민족구심점인 임금님이 계셨던 때의 우리 민족은 궁극적으로 확실히 임금님을 향해 하나로 뭉쳐 있었다.

폭발했던 것이었다. 이제묘를 지키는 사람들은 그 정신을 갖고 확고하게 오늘날까지 이어지며 구심점인 임금님을 향해서 한 마음으로 뭉치고 있는 것이다.

넷째로 이제묘를 지키는 사람들에게는 변절이란 개념이 존재하지 않았다. 경술국치 이후 단 한번도 한눈을 팔거나, 민족을 향한 마음을 꺾은 적이 없는 사람들이다. 그들에게도 일제침략자들의 탄압, 회유, 견제가 끊임없이 이어졌었다. 그러나 그들은 침략자들에게 굽히거나 변절함이 없었고 매서운 오기만이 날로 커갔다. 더군다나 6·25전쟁 당시에, 무식하며 아무것도 모르는 빨갱이들에게 까지도 임금님 사당의 중요성을 강조하면서 임금님 사당을 지키다가 죽음을 맞았을 정도로 철저하게 지조를 지켰다. 그리고 오늘날에 있어선 그 누가 전혀 알아줌이 없음에도, 역사에 충실하며 굳게 지조를 지키고 있다.

다섯째로 이제묘는 매우 특이한 곳인데, 그곳에는 사실상 대한제국이 현재도 살아있는 것이다. 많은 사람들이 생각하길, 우리나라가 일제침략자들이 물러간 뒤에 건국된 새나라인 듯이 착각적 사고를 갖고 있는데, 이제묘를 지키는 사람들은 정신사적으로 매우 특이한 사고를 갖고 있다. 왜냐? 그들은 결코 융희황제의 퇴위를 용납하지 않았고, 대한제국의 멸망을 수용할 수 없는 것이었다. 현재도 '융희' 연호를 그대로 쓰고 있는 유일한 곳! 현재도 황제국가인 곳! 반만년 이상의 기나긴 역사가 결코 끊어진 적이 없는 곳! 우리나라에 사례가 별로 없을 특이한 곳이 이곳이다. 아니 특이한 것이 아니라, 그것이 정상으로 받아들여지는 성스러운 곳이 이곳이다.[2] 어찌 이런 경이로운 곳이 초현대의 20세기말에도 우리나라에 그대로 남아 있단 말인가? 너무도 감격적인 곳이 그곳이다.

---

2) 필자가 찾아갔을 때에, 이제묘에서는 서기 1995년을 쓰[illegible] 거니와, 단기 4328년을 쓰지도 않았다. 단호하게 융희 89년을 쓰고 있었다. 민족의 자존심을 철저히 지키는 오기있는 사람들이 그곳에는 살고 있었다.

③

본 논문은 이제묘를 지켜온 사람들이 스스로 쓴 상구황묘실기(商邱皇廟實記)를 바탕으로 집필된 것이다. 그렇기에 연구방법론의 입장에서 볼 때에는 문헌사료를 위주로한 연구법이 중심이 되겠다. 필자는 문헌연구법을 중심으로 하면서, 거기다가 이제묘 관련인사를 만나 면담한 면접법을 첨가하고, 이제묘의 현지조사를 실시한 것을 덧붙여 보완한 연구를 진행하기로 한다.

다만 이제묘의 발원지인 경북 상주는 일제경찰의 탄압이 미치지 않을 곳으로 택한 관계로, 현재도 교통이 매우 불편한 산간오지이고, 초창기 관련인사들이 연로하여 사라진 관계로, 연구가 가능한 곳인 대구지역을 중심으로 연구를 진행하면서 점차 연구의 심도를 높혀가는 절차를 밟았다.

一. 이제묘 건설의 경과

1. 광희묘(光熙廟)의 설립과정

1) 설립배경

원래 이제묘는 광희묘라는 이름으로 건립된다. 광희(光熙)는 광무(光武)황제의 첫 글자와 융희(隆熙)황제의 둘째 글자를 짜맞춰 합한 글자로써 일제침략으로 고통을 겪은 두 임금님을 뜻한다. 따라서 광희묘란 일제침략자들에 의해서 국권이 침탈된 상태에 있더라도, 두 임금님의 제향을 모심에 의해서 망국을 거부하는 마음을 뚜렷이 한 것이라고 하겠다.

광희묘를 지어 민족제향을 통한 독립운동을 전개한 핵심인사들은 그들의 행동을 다음과 같은 네 가지 의거의 하나로 규정한다. 다시 말하면 예로부터 망국을 당하여 나랏님이 사라지게 될 경우에, 남은 백성들의 항거 형태를 다음 네 가지로 규정하되 그들은 그 가운데 마지막 네번째 형태의 의거를 행한다고 규정한 것이다.

첫째 형태의 의거는 살신성인(殺身成仁)에 의해서 목숨을 끊고 이승을 등지는 경우이다. 민영환 선생님같은 형태가 대표적인 것인데, 경술국치 무렵에 우리나라에는 많은 분들이 스스로 목숨을 끊었었다. 그리하여 임금님과 함께 순절하는 길을 택한 것이다.

둘째 형태로서 의병(義兵)을 일으켜 정면으로 싸우며 나라를 되찾는 일을 하는 경우이다. 국권이 외세에 의해 침탈되는 구한말 시기에 있어서 우리 민족은 곳곳에서 의병을 일으켰다. 그리고 경술국치를 맞아서는 황량한 만주벌에서 일제 밀정, 일제 경찰, 일본군의 총검에 정면으로 맞서며 침략군을 맞아 싸웠었다. 안중근, 홍범도, 김좌진, 이청천, 유동렬, 김광서, 이회영, 신채호 등의 빛나는 애국자들이 이 사례에 해당한다.

셋째 형태로서 자취를 감추고 초야에 묻혀 은거하는 경우이다. 본 경우는 소극적인 형태가 되겠는데, 일제침략자들의 작위와 은전을 받으며 친일파가 되었던 수많은 매국노들에 비할 때에 대단히 훌륭한 바가 있다. 다만 보다 정면으로 거세게 투쟁하지 않은 것이 안타까울 뿐이다.

다음 네번째 형태로서 본 논문의 주인공들과 같은 것이 되겠는데, 사당을 세우고 임금님에 대한 지조를 지키면서 국권회복을 비는 제사를 지내는 전통적 방식의 투쟁이다. 그에 해당하는 대표적인 사례는 김시습 선생님이다. 수양대군, 한명회 등의 극악무도한 찬탈에 대해서 벼슬을 거부하고 계룡산 동학사 등에 숨어 살며 철저히 초야에 묻혀, 충신은 불사이군이라는 전통적 선비사상을 지키며 초헌각을 지어놓고 단종 임금님의 제향을 모시며 항거한 김시습은 학자다운 학자로 칭송되어야 옳다.

2) 설립의의

광희묘를 세우는 김종희, 최상길 등의 정치의식은 전통적이고 보수적이다. 임금님이 민족의 구심점으로서 확실한 나랏님의 지위를 갖고 있던 옛부터의 정치의식에 확실하게 충성하면서, 광무황제와 융희황제의 한스럽고 억울한 붕어(죽음)를 거부하며 오기를 갖고 제향을 모시는 형태의 독립운동을 전개했던 것이다.

이러한 방식의 독립운동은 옛부터 동양사회에서는 꾸준히 있어 왔던 것이고, 우리나라에서는 매월당 김시습이 대표적이다. 미친사람 행세를 하면서 찬탈을 거부하고 정의의 제향을 지내면서 단종임금님에 대한 충성을 바친 것이다.

이와 비슷한 사례가 교육을 통한 독립운동이 있다. 우리 역사에 있어서 대표적인 것이 주세붕의 백운동서원이고, 그것을 이은 것이 퇴계 이황의 소수서원인 것이다. 세조찬탈 당시에 정의로운 반정부세력의 중심지는 경북 순흥이란 대도시였으며, 단종임금님을 지원한 반정부세력의 핵심은 순흥 안씨 집단이었다. 그러나 수양대군의 공격을 받고 대도시 하나와 명문거족 하나가 깨끗이 사라지며 경북 순흥은 한가로운 시골마을이 되는 것이다.

현재도 국보가 수두룩히 남은 기이한 산간 면소재지가 순흥이다. 주세붕, 이황은 세조와 한명회에게 정치적 파문을 당한 안향을 정면으로 받들며 오기의 교육운동을 폈으니 당시로서는 심정적으로 단종을 철저히 받드는 최고의 정의파 학자들이었던 것이다. 왜정폭압 시대에 곳곳에서 교육을 통한 독립운동을 전개한 것은 바로 이러한 흐름의 하나라고 하겠다. (경북에는 이제묘와 같은 의로운 항쟁 전통이 강하게 이어져 오고 있다. 김시습이 철저히 단종사당을 짓고 제향을 모셨으며, 스승 안향선생님 가문이 멸문하자 퇴계 가문이 대대로 순홍안씨 제사를 현대까지 소수서원에서 모시고 있다. 순홍안씨는 종손이 없으며 본가가 없고 본향에 집성촌이 없는 유일한 가문으로서, 전국에서 유일하게 다른 가문에서 시조묘의 제향을 올리는데, 그것은 퇴계가문이 정의를 위해 멸문한 스승의 제향을 모심과 함께, 세조의 불의에 항거하는 것이 오늘까지 이어진 것이다.)

어떻든 경북지역은 예로부터 순홍(소수서원), 상주(광희묘), 대구(이제묘)로 이어지면서, 정의의 정치운동 혹은 정의의 독립운동의 본산지라고 하겠고, 올바른 일을 하려는 보수적인 사람들이 수없이 널려 있는 뼈대 있고 정의로운 곳이라고 하겠다. 본 광희묘를 일으키는 김종희는 상주사람이고, 최상길은 경주의 유력한 가문 출신으로서 정의의 횃불을 든 국치시대의 빛나는 애국 지사들이라고 하겠으니, 지금까지 알려지지 않은 전통적 형태의 특수 독립운동이었던 것이다.[3)]

3) 설립과정

일제침략으로 유사이래의 비극적 국난을 맞는 처참한 순간에, 뜻있는 인사들은 전국의 곳곳에서 단을 쌓고 한양땅을 향해 눈물과 통곡의 제사를 올렸었다. 그것을 망곡단(望哭壇)이라고 불렀다. 망곡단은 안동, 상주, 합천, 진주, 함양, 산청 등지의 깊은 산골 오지에 특히 많았다고 한다. 선비들의 저항정신의 상징이었고, 왜정폭압시 순사가 못 들어올 깊은 오지에 주로 있었다 한다.

교통이 불편했던 당시에 머나먼 한양땅을 걸어서 가기가 어려운 경우

---

3) 영남 지역은 유림세력이 매우 두드러졌던 곳으로서, 독립운동의 흐름도 유림적 성향이 짙었다.
남부희, 제2차 유림단 의거 연구, 경희대학교 사학회, 경희사학 18집, 1993.12, p.147 참조.

에 할 수 없이 동네에 단을 쌓고 제사를 올린 것이라고 얘기가 되어진다. 그러나 그것은 표면적인 것일 것이고 참된 이유는 전국의 곳곳에 망곡단을 쌓고 백성들이 뭉쳐서 통곡함을 통해서 침략에 항거한 것이라고 봄이 옳다. 그러므로 그것은 망곡을 위한 망곡이라기 보다 항일을 위한 망곡이라고 하겠으며, 단지 상가집에 찾아가 호곡하는 것과 같은 것이 아니라, 통한의 눈물을 흘리며 슬프게 곡소리를 냄을 통해서 국난에 처한 나라의 원한을 대변하고 미래를 기약하는 무언의 약속을 하는 서약식과 같은 바라고 생각된다. 일종의 단호하고 비장한 결의 행사라고나 할까?

당시 상주의 김종희와 경주의 최상길도 국상의 소식을 듣고 집 근처에 망곡단을 쌓고 절규하며 통곡을 한다. 그리고 성의를 다한 약간의 향촉대(부의금)를 갖고, 덕수궁에 직접 찾아가 봉헌하고 국상에도 참여한다. 당시에는 백성들이 국상이 나면 향촉대를 바치고, 나라에서는 관례가 그것을 되돌려주는 형식이었다고 한다. 뜻은 가상하나 나라에서 백성의 향촉대를 직접 받지는 않았던 듯하다.

김종희와 최상길이 중심이 된 광희묘 건설은 나라에서 돌려준 향촉대 100원을 기금으로 하고, 뜻있는 동지들이 힘을 합해서 상주의 무이산 정상에 망곡단을 확실하게 구축하여, 무이단(武夷壇)을 쌓는 데에서 비롯된다. 당시 망국을 맞은 우리나라의 곳곳에서는 이러한 망곡단 독립운동이 꽤 많이 있었다가 사라졌다고 한다. 그런데 그것을 기반으로 확고한 제향독립운동으로 발전시킨 것이 김종희, 최상길이었다.

항일시대의 현대판 김시습이었던 김종희, 최상길은 황제폐하에 대한 지극한 충성심으로 3년상을 고향에서 정중히 모시고, 정식으로 사당을 지어서 국난시대를 통곡하는 제향을 모시기로 하고 많은 동지를 규합한다. 당시 힘을 모은 사람들의 직업은 평범한 백성들의 여러 직업이 망라되었고, 지역적 범위는 멀리 부산까지 합해 영남지역 전체에서 뜻있는 인사들이 건축비를 희사했었다. 특히 재미있는 것은 여기에 참여한 인사들이 일종의 의병정신으로 뭉친 조직으로 동의대(同義隊)를 결성했으며, 상호간에 동의계(同義契)를 조직하여 철저히 뭉쳤던 점이다.[4]

그러나 치욕적 국난시대에 침략자들의 식민지가 된 상황에서 광희묘를 짓는 과정은 가시밭길일 수밖에 없었다. 당시 김종희는 많이 연로하여 최고의 지휘자 구실을 했고, 실질적인 건축의 중심인물은 최상길이었다. 최상길은 경주에서 이사를 와가면서까지 사실상 광희묘의 건축과 제향에 관한 대부분을 몸소 바쳐서 스스로 희생하며 성사시킨 핵심인물이고, 그 후의 운영도 그의 아들 및 사위가 맡아서 이끄는 등 핵심적 제향 독립운동가였다. 그 과정이 얼마나 힘이 들었으면 최상길의 큰아들 최형섭이 광희묘가 완성되고 얼마 있다가 과로로 쓰러져 죽음을 맞았겠는가? 광희묘는 김종희, 최상길, 최형섭의 3인을 주축으로한 동지들에 의해 완성되고 꾸준히 제향이 모셔지며 독립정신을 심어 나갔다.

4) 일제 탄압

광희묘 제향독립운동에 대해 일제침략자들의 탄압이 없었다면 오히려 이상한 일일 것이다. 최초에 상주의 일본경찰은 김종희를 호출했다. 호출하여 조사한 핵심은 광희묘 제향운동 집단이 상해 임시정부와 연결이 되어 있지 않은가 하는 것이었다. 이리하여 김종희 노인은 대구경찰서로 이첩되고, 경주경찰서로 이첩되면서 상해임시정부[5]와의 연결여부가 집요하게 취조되었다. 김종희 노인은 혹독한 고문과 취조를 받다가 일단 귀가가 되었다. 그 후 1년후에 경찰이 들이닥쳐서 김종희 노인의 집과 단원들의 총회의실을 엄중조사하고 사당에 관한 도면등을 상세히 그려서 갖고 갔다.

---

4) 사실상의 의병조직에 가까운 모임을 결성했었다고 보아진다.

5) 당시는 상해가정부라고 불렀다. 일제 경찰은 특히 상해가정부와의 연결에 신경을 집중해 탄압을 했다고 한다.

다음에는 건축이 끝났을 때에 핵심인사 최상길에 대한 탄압이 이어졌다. 최상길의 가택을 철저히 조사해 가고, 그를 대구경찰서로 호출해 갔다. 대구 경찰서에 호출된 최상길에게 가해진 극심한 고문과 취조에 있어서 질문된 핵심은 왜 사당을 지었고, 왜 집단을 모았으며, 사당이 뜻하는 주의(主義)는 무엇인가였다. 취조를 끝낸 경찰은 너희들이 바로 독립주의자들이라며 호통을 쳤고, 최상길은 오랜 동안을 잡혀 많은 고문과 심문을 포함한 온갖 고초를 당하다가 풀려 나왔다. 그후 최상길은 침략자들이 물러가게 되기까지 20년간을 3·1절만 되면 경찰서에 잡혀가 같은 일을 되풀이 당하며 고초를 겪었고, 최상길 집단은 철저히 감시 당하며 통제되다가 광복을 맞은 것이다.

2. 이제묘(二帝廟)의 설립과정

1) 설립배경

천신만고 끝에 건축되고, 온갖 어려움과 일제 경찰의 탄압 속에 제향이 모셔지던 광희묘에는 생각지도 않은 문제가 계속 발생했다. 그것은 광희묘가 위치한 곳이 지세가 낮고 습기가 많아서 겨울에는 얼어서 부풀어 올랐다가 봄이 되면 녹아 내려 앉아 해마다 부서지고 수리비가 많이 들었기 때문이다. 그리고 너무 외진 산골이라 관리도 힘들었다.

특히 난감한 일은 훗날 태백준령의 깊은 산골인 그곳에 공산빨치산이 출몰하고 6·25전쟁의 전운이 밀려오기 시작한 것이었다.

처음에는 일제경찰을 피해서 그렇게 지었으나 어차피 노출된 것이라면, 영원히 황실제향을 모실 길을 생각해야 하게 되었다. 그리고 일제침략자들이 물러가게 되고 시대도 바뀌었으며, 공산빨치산의 출몰은 위협적이었다. 그리하여 최상길은 후손들을 위해 확실한 땅을 찾아 재건축을 하게 되었고, 재건축된 사당은 명칭을 광무제와 융희제의 두 분 황제폐하를 모신다는 뜻으로 이제묘(二帝廟)라고 하였다.

2) 설립 의의

이제묘는 조국이 되찾아지게 되면서 건립되었다. 그러나 실제는 단기4275년(1942년)부터 시작하여 단기4284년까지이니 장장 9년에 걸쳐서 지어진다. 그러나 이제묘는 광희묘를 옮겨 지은 것이기 때문에 경술국치 이후 계속된 제향독립운동 사당의 정통적 본산에 해당한다. 광희묘의 건립의지를 완전히 이어받아 최상길 묘주에 의해 정식으로 건립된 것인 만큼 현재로서는 이제묘가 주인공 사당이다. 그리고 광희묘는 사실상 이제는 옛 사당의 유적지 수준으로나 퇴락한 채로 남아있을 뿐이다.

이제묘를 건립한 데에 대한 의의는 대단히 크다. 그리고 그것이 일제침략자들이 물러가고 나서 건립되었기에 역사적 의의는 더욱 크다. 왜 일제침략자들이 물러가고 나서 건립된 것이 그토록 의미가 큰가? 그 까닭은 우리나라가 일제침략자들이 물러가고 나서 사실상의 상놈(?)나라가 되었기 때문이다. 유럽땅에서 밀려난 버릇없는 사람들이 평화로운 인디안 나라를 완전 살륙하며 탈취하여 번지없는 나라를 세운 것을 사실상 공화국(共和國)이라고 말하고, 그곳의 정치제도를 대통령제라고 하는 것이나 마찬가지이다.[6] 그런데 일제침략자들이 물러가고 나서 우리나라는 이승만정권에 의해서 커다란 국민적 논의과정도 없이 그것이 직수입되었던 것이다. 사실상의 번지없는 나라를 이식한 상놈나라가 아니고 무엇인가?

그 이후 우리나라는 어른도 몰라보는 버릇없는 나라가 됐고, 민족의

---

6) 1차세계대전 무렵까지만 해도 품위있는 유럽인들은 미국땅을 밟는 것을 모욕과 수치로 받아들였다. 감히 무뢰한들의 땅을 쉽게 갈 수 있었겠는가?

구심점이 사라져서 지역, 씨족, 남북, 종교, 학맥으로 갈갈이 찢겨 갈등을 일으키는 나라가 됐으며, 유구한 역사가 실종된 신생국같이 되고 말았다. 이 나라가 왜 신생국인가? 이승만이 버려놓은 이 나라의 흉악한 모습을 인정할 수 없다면서 오기를 갖고 버틴 유일한 유적이 지금도 남아 있다면 우리나라에는 오직 이제묘 하나 뿐일 것이다.

이제묘를 들어서면 거기서는 공화국이 아닌 군주국이 살아 있고, 대통령이 아닌 임금님이 살아 계시며, 지금도 끈질기게 '융희' 연호를 쓰고 있다. 이제묘는 이 나라가 일제침략자 구축 이후 아프리카 미개국과 같이 탄생한 신생국이 아니며 유구한 역사가 있는 찬란한 민족임을 의연하게 선언하는 대표적 황실유적이다.

이승만의 임금찬탈을 용서하지 않은 최상길 의사의 용기있는 기상! 그 기상이 지금도 당당히 살아있는 것이다. 일제의 총검 앞에서도 도도하게 민족정신을 지키며 제향독립운동을 편 최상길에게 있어서 이승만의 등장은 지옥의 사도와 같은 것이었고 임금님의 상실은 추호도 용납할 수 없는 것이었다.

그 무서운 자유당 독재 시대에도 융희 연호를 썼고, 박정희 시대는 물론이고, 초현대 시대인 지금까지도 분명하게 융희 연호를 쓰고 있는 멋진 곳! 무시무시한 자유당 시대에 황실유적을 재건하며 황제정신을 노골적으로 고취하고, 사실상 이승만에게 정면으로 항거한 의로운 지사 최상길의 빛나는 정신이 생생히 살아있는 성스러운 곳! 민족 정신사의 보물이 영남땅에 영롱히 살아서 빛을 발하고 있는 것이다. 민족정신사에 길이 남을 금강석이 대구땅을 지키고 있는 것이다. 최상길 의사는 지금도 우리들의 가슴에 살아서 외치고 있다! 이제묘가 있기에 황실은 왜정폭압 시대에도 살아 있었고, 현재도 살아 있으며, 앞으로도 영원히 살아 있으리라고!

3) 설립과정

최상길은 전국 곳곳을 다니며 이제묘를 건립할 최적 장소를 물색하고 다닌다. 그리하여 그가 찾은 최고의 명당에 이제묘가 건립되는 것이니, 그곳이 바로 대구의 공산(公山)지역이다.

공산지역은 황실유적의 건립지로서는 최고의 명당자리로서 적격지였다. 최상길은 특히 그곳의 산세가 제(帝)자의 모습을 띠고 있음에 주목한다. 소위 풍수지리상 우리의 황실이 융성하고 영원히 빛날 수 있는 최상의 장소를 찾은 것이다. 그리고 그 아래에 평광(坪廣)이란 마을이 있어 들이 넓고 습하지 않아 황제폐하의 사당을 짓기에 최적 장소였던 것이다. 필자가 답사했을 때에, 풍수지리를 몰라도 그곳이 정말 황제폐하의 사당이 있을 최적의, 최상의, 최고의 자리임이 뚜렷이 느껴졌다. 황실신앙으로 평생을 보낸 최상길의 눈이 어찌 빗나갈 리가 있었겠는가?

그런데 최상길과 그의 둘째 아들 최용섭이 이제묘를 건립할 때에는 6·25전쟁이 발발하여 사실상 사당의 건축이 불가능했다. 그러나 황실신앙을 갖고 오로지 나랏님이신 임금님을 향한 한마음 뿐인 최상길 가문에 있어서는 공산군의 내습은 전혀 두려운 것이 아니었다. 광희묘에서 나무와 곡식을 싣고 이사를 왔고, 땅을 팔아 자금을 모으고, 속리산까지 가서 모자란 나무를 베어 오면서, 모든 어려움을 뚫고서 이제묘는 완성된다.

그 건축과정에 있어서 곳곳을 지키는 군경들도 생각하면 어이없는 일이었을 것이니, 그 무서운 전쟁 상황에서 임금님 사당을 짓겠다며 미친 듯이(?) 자재를 구해다 사당을 짓는 사람이 어디에 있겠는가? 그러다가 둘째 아들 최용섭은 이북 인민군의 강제 물자공출을 막다가 총을 맞고 24세의 나이로 비운의 죽음을 맞는다. 식량과 돈을 내놓으라는 공산 인민군에게만은 임금님론이 먹혀 들질 않았고, 최상길은 그리하여 두번째 아들까지도 황실제향 독립운동의 순교자로 황실에 바치고 마는 것이다.

모든 독립운동가가 다 그렇겠지만, 최상길은 정말 세속의 사리사욕이나 추구하는 속된 인물과는 너무나 달랐다. 많은 사람들이 안일과 재물과 명리를 추구하면서 사심을 갖고 살 때에, 의로운 한마음으로 망국을 거부하고 정면으로 우직할 정도로 제향독립운동을 폈으니 심지어 가장 아끼는 두 아들까지 순교자가 되고 만다. 그리하여 지금은 최상길의 마지막 보루! 가장 믿는 심복! 손녀사위 서돈수가 황실제향운동의 기수로 남아 있다. 최상길 가문의 빛나는 의지는 최상길의 유언인 '이제묘를 보호하라'는 가르침대로 평생을 다해 이제묘를 지키는 서돈수 손녀사위의 빛나는 눈빛 속에 오늘도 생생하게 살아 있다.[7)]

二. 이제묘 창건의 정신사적 가치

1. 존황(尊皇)사상

이제묘 제향운동의 핵심적 정신은, 이제묘의 이름 그대로 황실을 존중하는 존황사상이다. 나랏님이 국가의 모든 것이었던 전통사회의 정치의식을 그대로 대변하는 전형적인 형태의 항일운동이 바로 이제묘였던 것이다. 우리는 일제침략이 우리의 정치체를 공격한 핵심이 국토라고 생각을 하는데, 국토와 민족을 뺏기 위해서는 황실이 최대의 표적이었음을 간과해서는 안된다. 만약에 우리가 일본을 공격한다고 할 경우에, 제1차적으로는 일본천황을 궤멸시키고 일본의 구심점을 없애고서 국론을 뒤

7) 서돈수 할아버지는 최형섭, 최용섭을 본 적도 없었다고 한다. 장인 형제가 너무 일찍 순국했기 때문이다. 그리하여 최상길의사의 후계자가 된 서돈수는 장인어른을 보지도 못하고 손녀딸의 사위가 된다.

흔들며 분열을 시켜 놓을 것이다. 일본은 우리에게 그렇게 했던 것이다.

그런데 더욱 아타까운 것은 그렇게 극심한 공격을 당한 황실이 일제침략자들이 물러간 뒤에 이승만에 의해 재차 정치적 탄압을 받았으며 철저히 붕괴되어 오늘에 이르렀고, 그후에 50년쯤 지나 공백기간이 있다 보니까 50년전, 혹은 100년전의 시대까지도 오늘날과 같은 사고방식으로 역사를 보는 것이다. 역사는 당시의 눈으로 역사를 볼 줄 알아야 역사를 올바로 읽게 된다. 그럼에도 현대식 두발형으로 살다보니 조선시대에도 상투가 아닌 현대식 머리를 했던 것으로 생각하는 듯한 착각적 사고로 역사를 보는 오류를 많이 저지르게 된다.

경술국치를 향해 달리던 비통한 시대의 이 나라를 구성하던 백성들의 정치의식은 모든 것이 임금님을 위한 것이었다.[8] 나랏님이 국가이며, 모든 정치가 임금님 중심으로 이루어지던 시대에 있어서 경술국치를 맞은 국민들이 벌일 대표적인 항일민족운동의 하나가 이제묘의 형태로 나오는 것은 매우 당연하고 정상적인 것이다. 오늘날의 젊은이들은 태어나서부터 모든 것을 임금님이 없는 상황에 맞춰 살다보니 존황사상이 피부에 닿지 않을 가능성이 높다. 그러나 제대로 된 민족의식과 역사의식을 갖고 항일운동을 예리하게 살피면, 항일정신의 핵심이 뚜렷이 드러날 것이다. 왜냐하면 당시는 임금님 수호가 애국과 같은 뜻이었다. 그러므로 당시의 항일운동은 임금님 수호 운동이었고, 그것이 애국의 전부였음을 뚜렷이 인식한 것의 표출이 이제묘 제향운동이었던 것임을 깨닫는 것은 왜정폭압 시대의 역사를 제대로 보는 출발점이 될 것이다.

그럼에도 오늘날의 대부분의 역사책에서 존황사상은 거의 논의가 없게 된 것은 정말 안타까운 일이다. 우리나라의 역사연구는 어찌보면 정

8) 경술국치 이전의 시대에 있어서의 전통적인 정치문화는, 존황사상에 의한 황실제향이 정치운용의 중심축을 이루는 것이었다.
이은표, 종묘대제(서울:원백문화사, 1993)참조.

말로 일제침략자들이 원하는 대로만 되고 말았다. 일본은 우리 민족의 역사의식에서 임금님을 말살시키려는 것이 그들의 역사연구인 식민사관의 핵심이었는데, 오늘날의 우리 역사학계는 일제침략자의 뜻에 완전 부합되게 변해지고만 것이다. 따라서 이제묘같은 중요한 역사유적이 역사학자들의 눈에 들어올 리가 없었고, 지금까지 역사학계의 조명을 전혀 받지 못하고 오늘에 이르른 것이 이제묘일 수밖에 없었던 것이다. 이제묘는 한국 역사학의 연구대상으로서 정면으로 재등장되어야 옳다.

특히 이제묘의 존황정신에서 유의할 것은 일제침략자를 몰아낸 이후에도 이승만의 족보없는 공화정치 도입에 정면 항거한 점이다. 이제묘 제향운동가들은 왜정폭압 시대에도 망국을 거부하며 임금님을 정신적으로 확고히 모셨지만, 침략자들이 물러간 뒤에 이승만의 서슬퍼런 독재적 공화시대가 대두된 상황에서도 이제묘를 의연하게 재창건하면서까지 제향운동으로 버티며 임금님을 모시고 '융희' 연호를 그대로 쓴 것이다.

생각하면 오기의 제향운동이랄까? 최상길로 대표되는 이제묘 제향운동 집단은 이승만 시대에 이승만을 정면으로 거부하며 광무제와 융희제의 두 임금님을 모셨고, 그 전통은 오늘날에도 그대로 이어지고 있는 것이다. 그리하여 '융희' 연호를 단기 4328년(서기 1995년) 현재로 장장 89년에 걸쳐 당당하게 써 온 유일하고도 경이로운 곳이 되었다. 우리나라에 오직 하나 뿐이다.

아울러 꼭 지적할 것은 최상길 의사가 이제묘 건립 장소로 택한 공산(公山)지역의 지형이 제(帝)자 형태로서 황실사상이 확실히 살아 있음이다. 최상길 의사의 이제묘 건립지 선정은 언젠가 우리의 황실이 확실히 복원될 것을 믿은 장소 선택이었음을 유의해야 한다. 존황신앙의 핵심은 황실복원일 수밖에 없기 때문이다. 현재 이제묘를 지키는 최상길 의사의 손녀사위 서돈수 할아버지는 필자가 처음 방문했을 때에 단호하게 말했다.

우리 황실은 확실히 재기할 것입니다. 이제묘가 놓여 있는 저 지형을 보십시오. 생생히 살아있는 용이 거대하게 용틀임하는 힘찬 모습이며, 황기(皇氣)가 넘치고 있지 않습니까?

2. 독립사상

이제묘 제향운동의 정신은 다분히 항일독립운동이다.[9] 나라가 국난에 처하면서, 그리고 나랏님인 임금님이 돌아가시면서 망곡단을 세움에서 비롯된 것이기에, 망국을 거부하는 매운 정신이 모여서 이제묘는 만들어지는 것이다. 광희묘를 만들고 제향을 모시는 과정은 물론이고, 이제묘를 창건하고서 제향을 모셔온 과정은 너무도 어려운 가시밭길이었다. 그럼에도 그것을 김종희, 최상길이 주축이 되어 끈질기게 이어온 것은 항일독립정신의 매운 의지가 있었기 때문이다.

민족제향 운동이란 형태의 이색적 독립운동의 특징을 정리하면 우선적으로 그들은 망국을 인정하지 않았음이다. 일본경찰의 집요한 탄압이 있어도 우리의 나랏님 제향은 우리가 모신다고 당당히 주장하며 사당을 짓고 확실하게 제향을 모신다는 것은, 일본천황이 결코 우리의 나랏님이 아님을 분명히 한 것이었다. 그리고 우리의 나랏님은 지금도 돌아가신 융희황제이며, 그 분은 돌아가셨어도 지금까지 살아 계시다며 고집스럽게도 '융희' 연호를 계속해서 써 온 것이다.

그리고 이제묘 제향운동은 언제라도 우리 민족은 일본에 정신적으로 예속된 민족이 아님을 분명히 한 것이었다. 당시에 일본 침략자들의 회

9) 우리가 3·1만세항쟁을 너무 현대적 시각으로 보아서 그렇지, 당시의 3·1만세는 이제묘의 방식이 가장 전형적인 것이었다.

유와 매수에 조종되어 일제침략자들의 꼭두각시가 된 채로 친일을 즐기고 있던 국내인사가 있었다면, 오기로 버티면서 일본에 예속되길 거부한 제향운동 정신은 매월당 김시습의 찬탈반대 행위와 일맥상통한다. 매월당 김시습정신이 연면히 되살아난 것이다. 단종임금님의 편에 섰던 사륙신을 위시한 충군(忠君) 애국집단과 같은 자세로 단종제향을 모시며 사당을 지킨 김시습과 최상길의 제향운동은 같은 흐름에 선다고 하겠다.

특히 최상길 의사가 일제침략자를 몰아낸 뒤에 이제묘를 창건한 것을 어떻게 보아야 할까? 그것은 이승만이 영왕을 제거하며 황실을 탄압한 가운데 국부(國父)행세를 한 것을, 수양대군의 단종 몰아내기 찬탈과 꼭 같은 역적행위라고 본 것이란 해석을 내릴 수밖에 없다. 최상길은 자유당시대인 당시에 본인 및 동지들을 결코 대한민국 국민으로 보지 않았고, 모든 기록에 대한유민(大韓遺民)으로 썼다.[10] 최상길은 결코 대한민국 국민이 아니었고, 오로지 일편단심 대한유민일 뿐이었다. 최상길은 일제침략도 항거했으나 이승만찬탈도 절대로 용납할 수 없었다. 모든 인생을 걸고 지킨 임금님과 나라를 이승만이 이토록 망칠 수 있는가? 최상길은 이런 비극을 목도하면서 말없이 아들을 시켜서 이제묘 창건을 지시했고, 말없이 전국을 헤매며 황실사당의 적격지를 찾아 다녔다.

그러나 당시는 이승만이 정면으로 황실을 짓밟고 영남유림이 이에 거세게 항거했던 때가 아닌가? 왜정폭압 시대의 영남유림들은 영왕이 일시 귀국하여 부산에 상륙만해도 구름같이 운집하여 절을 올리며 이를 악물고 눈물을 삼켰었으며, 조국이 되찾아지게 되자 최초로 거세게 황실복원을 주장했던 세력이 그들이었다. 그러한 곳을 지키며 제향독립운동을 편 최상길의사가 이제묘 창건의 결단을 내린 것은 너무나 당연하다고 밖에

10) 이제묘기(二帝廟記)를 비롯한 최상길의 기록은 모두가 대한유민이 주체자이다. 절대로 대한민국 국민이 아니다.

해석될 수가 없다. 이승만에의 절대항거! 그 정신으로 결단을 내렸다고 밖에는 해석할 수 없다.

일제강점 시대의 독립사상은 황실수호였고, 침략자들이 물러가게 되면서 그것은 당연히 황실복원으로 바뀔 것인데, 그것의 자연스러운 흐름을 이승만이 막은 것이다. 최상길의 이제묘 창건은 이승만에 대한 분노의 폭발 그대로라고 해야 옳다. 최상길이 이제묘를 건설하고 제향을 올릴 때마다 빌고 빈 것은 황실복원과 이승만 타도였을 것이다. 최상길은 당시 황실을 탄압하는 이승만을 향한 분노에 끓으면서 이승만을 정면으로 거부했던 것이다. 이승만은 그의 뜻대로 얼마 안되어 곧바로 4·19혁명에 의해 정의의 철퇴를 맞았다. 최상길의 4·19는 일반적인 독재반대가 아닌 역적타도의 성향을 가진 전통적인 것이었을 것이고, 그리하여 이제묘를 세운 최상길의 뜻 가운데 하나는 깨끗이 성공되었다. 다른 하나의 최상길의 꿈인 황실복원도 결코 머지 않았다고 보아야 옳지 않을까? 이제묘 제향운동의 독립정신은 꼭 열매가 맺어질 것이라 생각한다.

3. 단군사상

이제묘 제향운동가들은 단군의 존재를 강조했다. 단군은 당시 일제의 식민사학자들이 부정하고 격하시키며 신화라고 몰아가던 때였다. 그럼에도 단군 이래의 임금님 대통(大統)을 확고히 수호하는 일이 본인들의 제향운동이라고 생각했다. 그것은 무엇을 뜻하는가?

이제묘 제향운동을 이끈 정신은 우리의 역사는 반만년 혹은 그 이상의 기나긴 것이었고, 우리의 임금님인 광무황제와 융희황제는 단군 이래의 법통을 이어온 임금님이신 점을 강조한 것이었다.[11] 그렇기에 기나긴 역사의 흐름은 누구도 끊을 수 없는 것임을 분명히 한 것이다. 일제침략자들이 아무리 그것을 단절시킨다고 해도, 단군 이후의 도도한 흐름이 있었음을 강조함을 통해서 확실하게 다시 이어질 것임을 선언하는 정신이라고 해석된다.

그리고 우리나라에는 구석기가 없다느니, 고조선은 실제로 없었다느니 등의 망언적 역사해석을 일삼던 일제침략자들에게 정면으로 항거한 정신이라고도 생각된다. 조국을 다시 찾은 뒤의 역사연구에 의해서, 예컨대 경기도 한탄강 전곡리는 너무도 많은 구석기 유물이 쏟아져 나와 세계적인 구석기 유적지로 등장하였고 구석기 역사는 분명히 확인되었다. 그리고 만주일대는 물론 이북지역에서 발굴된 고조선의 고고학 상징인 비파형동검이 생생하게 충남 부여 등지에서 발굴되어 고조선의 실재를 웅변하고 있다.

그럼에도 식민사관에 오염된 많은 인사들은 단군을 모독하는 일제 침략학자들에게 동조해온 흐름이 있어 왔다. 그리고 깊은 생각도 없이 단군을 깎아내리는 일각의 오도된 흐름도 있어 왔다. 물론 요즘에야 뜻있는 정통학자들의 노력으로 단군의 위상이 확실해졌지만, 일제강점 시대의 제향운동에 있어서도 김종희, 최상길 등은 단군정신을 분명히 견지했다는 것은 영남 애국자들의 높은 수준을 반영하는 바라고 생각된다.

아울러 최상길이 조국탈환 후에 이제묘를 건립한 바에 대해서, 단군사상을 통한 해석도 필요하다. 이승만은 이 나라에 깊은 생각없이 너무도 많은 서양문화를 원색적으로 직수입해 왔다. 정치제도는 물론이고, 교육제도도 송두리째 미국제도를 직수입했다. 그리고 사회, 경제, 문화의 굵은 골간을 비판없이 직수입해와 단군은 한때 서양문물에 의해서도 심각

11) 고조선 성립이래 줄기차게 이어진 단군숭배가 절정에 이른 것은 한말 · 일제시대이다. 이 시기의 민족주의적 애국운동은 단군숭배가 그 저변을 형성하였다고 해도 과언이 아닐 정도로 단군숭배와 민족주의는 깊이 연결되고 있다.
한영우, 우리 역사와의 대화(서울:을유문화사, 1991), p.95.

히 매도당하기까지 했었다. 최상길은 그것에 대해서도 정면으로 항거하며 민족혼을 지켰다고도 생각된다.

4. 충의사상

이제묘 제향운동을 이끈 사상으로서 또 하나의 중요한 것은 충의(忠義)로운 정신이다. 조선시대 유교사상의 핵이었던 충효사상의 화신들이 그들이라고 할까? 그들은 나라가 망해도 나라에 충성하고, 임금님이 사라져도 임금님에 대한 의리는 분명히 지킨다는 지조높은 사상으로 황실사당을 지켰다. 그러니 최상길이 내세운 충의사상은 국파군망(國破君亡) 때에도 이민제군지례(以民祭君之禮)를 철저히 지킨다는 것이었으니, 임금님이 살아계신 때는 물론이고 나라가 망하고 나랏님이 돌아가셔도 철저히 의리를 지킨다는 정신이었다.

망국의 길을 헤매던 당시의 우리나라 조정 고관대작의 8할이, 일제침략을 인정하고 일제의 작위를 받았었다. 그리고 그들의 끄나풀이 되어 관리가 된 친일인맥이 적지 않았다. 그 가운데 가장 못된 자들이 친일밀정, 친일경찰, 친일검찰일 수도 있다. 동포를 범죄자로 잡아가고, 애국자를 벌 준 천인공로할 못된 자들이다. 그러나 그들의 상당수는 일제구축 이후에 이승만에 의해서 자유당 정부에 그대로 등용되었다. 정말 기막힌 일이다. 그리하여 그 후손이 영달을 하며 최근에는 일제시대 검찰직원의 아들이 나라의 얼굴에 해당하는 국무총리가 되어 호령하는 경악할 일까지도 생겼었다. 침략자의 앞잡이 부친을 그대로 보고서 컸고, 그 돈으로 공부한 사람이 나라의 얼굴이 될 수 있는가?

그렇지만 이제묘 제향운동가들은 망국을 거부하며, 광무황제와 융희황제에게 충성을 바친다. 그들은 부귀영달이란 왜정폭압시대에 있어서 치욕을 뜻한 것이었고, 오로지 배고프게 살면서 두 분 황제폐하의 혼령을 위로하며 민족 재기의 그날을 위한 준비에 바빴었다.

조국이 되찾아지게 되고 50년이 흐른 단기 4328년(서기 1995년)에 있어서도 '융희 89년' 의 연호를 쓰면서, 두 임금님의 제사를 우직하게 모실 정도로 외길 충성을 바치는 인사들이 쉽게 존재할까? 그런데 그들은 속된 매명(賣名)행위도 거부하며, 나라의 고관대작이 보낸 선물마저 서슴없이 되돌려 보낼 뿐이었다. 그렇기에 그들에게는 현대시대에도 보훈처에서 주는 그 흔한(?) 훈장하나 없고, 상장 하나도 없으며, 감사장 하나를 받아본 적도 없다. 말없이 충성을 바칠 뿐이다. 오로지 역사가 그들을 평가할 뿐이다.

5. 동의(同義)사상

이제묘 제향운동의 중요한 정신의 또 하나는 동의(同義)사상이다. 동의계(同義契)를 조직하여 뜻을 모으고 돈을 모아서 일을 처리해 나갔다. 이것은 제향을 통한 독립운동이, 모든 회원이 공동으로 민족적 의(義)를 지킬 것을 선언하는 것으로서 매우 건실한 것이었음을 뜻한다.

첫째로 그것은 모든 구성원들이 한마음 한뜻으로 단결하고 뭉쳐서 제향운동을 펼쳤음을 뜻한다. 수십명의 동지들 모두가 공동으로 기금을 갹출하였고, 모두가 가능한 한 힘을 합쳤으며, 모두가 제향에 함께 참여하며 뜻을 같이 했었다. 확실한 단결정신에 의해서 진행된 독립운동이었음을 뜻한다.

둘째로 폭넓은 대중조직이었음을 뜻한다. 스스로를 의병정신을 가진 동의대(同義隊)로 부른 이 집단의 활동은 일종의 국민적 항일운동이었던 것이다. 핵심인물인 최상길은 원래 경주의 토착 세력 후예였으나, 외삼촌 김종희와 뜻이 맞아 상주로 이사를 와서 광희묘 건설의 주역이 되고, 다시 확실한 성지를 찾아 대구로 황묘(皇廟)를 이전하며 뜻을 실천했을 정도였다. 영남지역 주민들이 매우 폭넓게 참여했고, 심지어 당시로는 꽤 먼 거리인 부산 거주 인사까지도 성금을 냈을 정도였다.[12)]

셋째로 평등한 조직이었음을 뜻한다. 그 조직에는 신분귀천을 별로 가린 흔적이 없다. 다양한 계층의 다양한 직종을 가진 인사들이 망라되었다. 여성도 꽤 열성이었고, 당시 축첩이 흔했던 사회에서 본처냐 후처(첩)냐를 가리지 않고 열성껏 참여했었다. 모든 사람들이 평등하게 참여했음을 뜻한다.

三. 이제묘 존황항일 투쟁의 인물론

1. 인물평가

1) 김종희(金鍾熺)

경북 상주 사람으로서 최초의 광희묘 건설의 주역이다. 당시 벌써 고령이었기에 생질인 최상길과 뜻을 같이 하며, 상호간에 외숙과 숙질을 뛰어 넘어서 의로운 일의 고문 겸 주역이 되었다.

초창기에 경찰에 잡혀가 곤욕을 치르는 것을 보면, 그가 최초의 제향

12) ㉠ 현대시대에 동의계가 시들어지자, 서돈수는 숭의계(崇義契)를 조직하여 동의계의 정신을 현대에도 계승시키기 위해 많은 노력을 했다.
㉡ 당시의 동지가 수십명이었다는 것은 오늘날의 인구 숫자로 보면 수백명이었고, 탄압받는 악조건을 감안하면 수천명에 해당한다고 해석된다.

운동의 기수였음은 분명하다. 매우 어려운 일을 동지를 규합하면서 선두에 나서서 성사시킨 공로는 지대하다고 생각한다. 특히 국내 항일운동의 독특한 양식으로서, 제향운동을 만든 것은 그의 착상이 큰 비중을 차지하는 것이었다고 생각된다. 광희묘는 그가 진두지휘하며 이끌어 나갔고, 그가 제향운동의 초기 주인공이며 정신적 지주였던 만큼 김종희의 애국활동은 뜻깊은 바가 있다고 사료된다.[13)]

2) 최상길(崔相吉)

최상길은 정말 훌륭한 제향구국 민족운동가라고 평가된다. 망국을 맞아서 3·1만세항쟁의 흐름 속에 경주에 망곡단을 설치하고, 한양 땅에 직접 상경하여 외삼촌인 김종희와 참배하였으며, 광희묘 건설의 실질적 주역이 되었다.

최상길은 단기 4224년(서기 1891년)생으로서 전생애를 완전히 제향구국운동에 바친다. 아마도 경술국치 이전의 그의 생활에 대한 상세한 기록은 없으나 훌륭한 애국인사였을 것이다. 그의 조부인 최병술은 병조참판 벼슬로 궁성호위를 했으며 특히 임오군란 때에 당시 동궁인 융희황제를 안전히 보호한 공훈을 세웠으며, 생가 조부인 최응술은 도사(都事)로서,[14)] 그리고 다시 아버지 최한봉은 통덕랑(通德郎)으로 나라에 헌신했으니 최상길과 그 아들들까지 합해 4대에 걸친 충효가문인 셈이다.

최상길은 경술국치를 당해 전가족이 왜놈들이 보기 싫다면서 만주땅 간도로 망명을 떠나 동포 수백명과 함께 본국탈환의 의용병 생활을 하다

13) 최상길의 작은 외숙부인 김종훈은 망국을 비관하며 목매어 자살하다가 동지들이 풀어 주고 설득하여 제향운동의 다른 주역이 된다. 김종희 가문의 항일정신도 매우 확실했음을 증명한다.

14) 최병술은 양자를 와서 친조부이고, 최응술은 본가의 조부로서 최병술과 형제 사이이다.

가 굶어 죽을 상황이 되어 3·1운동이 나기 한 해전에 8년간의 만주항쟁을 정리하고 29세의 나이로 귀국하며, 3·1운동 이후는 모든 재산을 다 바쳐서 광희묘와 이제묘를 건설한다. 특히 이제묘를 건설할 무렵에는 끼니를 대기가 어려운 위기를 맞기까지 했을 정도로 모든 것을 바쳐서 황실사당을 건설한 것이다.

최상길은 그의 전 가족이 한결같이 힘을 모아 황묘(皇廟)제향에 헌신한 것도 갸륵하다. 큰 아들 최형섭은 사당 건립과 제향에 헌신하다 쓰러져 순교자가 되었으며, 작은 아들 최용섭은 이제묘 건립에 헌신하다가 물자공출을 하러 왔던 남침 인민군에 의해서 쓰러지며 순교자가 된다. 말하자면 3부자가 한결같이 황실제향을 위해 모든 것을 바치고 순국한 것이다. 더군다나 그의 손녀사위인 서돈수까지도 성심성의껏 모든 것을 바쳐 제향운동에 헌신하여서 현재에는 서돈수가 모든 일을 보고 있으며, 점차 그가 너무 노쇠해지자 손자 최정승이 대를 잇는 단계에 있다.

경술국치의 비극을 맞아서 애국을 하는 길은 여러 가지가 있겠는데, 매월당 김시습의 전통을 이어받아서, 애국제향 운동을 정면으로 펼치면서 항일의 선봉에 섰던 최상길 가문의 찬란한 위업은 길이 칭찬받고 높게 평가받아야 할 것이다.

2. 인물해석

생각하면 김종희와 최상길, 그리고 최상길의 두 아들인 최형섭과 최용섭, 그리고 손녀사위 서돈수와 손자 최정승을 비롯한 그의 동지들은 기인형(奇人型) 애국자들이다.[15] 도대체 현대사에 이런 식의 애국을 한 사례가 거의 없다. 그리고 항일 독립운동사의 어디를 살펴 보아도 이런 유형의 독립운동은 존재하지 않는다. 의리와 법도를 유달리 강조하며 사상적 성향이 높은 경상도 특유의 항일운동 양식을 훗날 제대로 이해해 준 사람들이 없는 것이다(아니 오늘날의 경상도 사람들 스스로도 그 중요성을 깨닫지 못할 정도가 되었다). 경상도 지역은 3·1운동도 경상도 방식으로 했다고나 할까? 그렇기에 눈물겨운 그들의 충성은 외면 당하고, 잊혀졌으며, 심지어는 조롱당하며 오늘에 이르렀다. 그러나 그들의 충성을 그렇게 가볍게 평가해야할 것인가?

첫째로 그들은 독립국가 건립을 위한 기초작업을 위해 모든 인생을 제향독립운동에 바친 인물들이다. 전통적 형태의 정신적 독립운동이었고, 사상적 독립운동이었는데 그것이 숨겨져 있었던 것이다. 총검을 들고 만주벌에서 싸운 애국자도 중요하고, 국권을 찾기 위해서 임시정부를 세워 독립운동을 한 것도 중요하다. 그러나 국내에 잔류하여 일제의 간교한 식민통치에 의해 썩어가는 동포들의 정신을 가다듬고 사회의 소금이 되면서 청신한 민족의지를 지키고 심은 것도 매우 중요한 것이다. 국내에서 피압박 인질 생활을 한 국민들도 친일파만 있는 것이 아니라 생생히 살아있는 애국적 다수가 있었음을 웅변하는 그들의 의로운 행위는 길이 칭찬받아야 할 것이다. 그들의 제향독립운동에 있어 유의할 것은 광무황제와 융희황제만이 아니라, 망국에 처절히 항거한 최익현 그리고 국난을 맞아 장렬히 순절한 민영환, 조병세, 송병선같은 절대항일 애국자 4충신을 정통 충신으로 모신 정신에서 확실히 드러나는 매서운 독립정신이다.[16)]

둘째로 그들은 찬란한 민족사의 수호에 모든 것을 바쳤다. 그것은 매우 중요한 역사적 의미가 있다. 만약에 우리의 역사와 전통을 부정한다

---

15) 매월당 김시습은 역사상 방외인(方外人)으로 불리우는 바, 일종의 아웃사이더(outsider)라고 하겠다. 그러나 현대적 시각으로 보면 방외인이요 기인이지만 당시의 시각으로는 정상적인 것이 아니겠는가?

16) 이제묘에서 제향을 함께 모시는 네 분의 절대적 충신은 다음과 같은 장렬한 최후를 마친 분으로서, 망국의 황실에 최후의 지조를 바친 분들이다.

면, 우리는 정말 이승만 이후의 신생국으로 전락하는 것이다. 단기 4328년(서기 1995년)은 조국을 되찾은지 50년이 되는 것이지 결코 건국 50년이 아니다. 이 나라는 건국된지 반만년이 넘는 찬란한 역사를 가진 나라이다. 그 역사를 지킨 의로운 애국운동이 그들의 운동이었던 것이다. 그들은 조선사를 지켰고, 고려사를 지켰고, 삼국시대를 지켰으며, 머나먼 고조선사를 지킨 것이고, 유구한 역사를 지킨 것이었다.

셋째로 그들은 임금님께 의리를 지키며 황실수호에 온 정성을 다 바쳤다. 그들은 3·1만세항쟁이 끝난 것을 거부한 삶을 살았고, 융희황제의 붕어도 용납됨이 없는 것이었다. 조국이 되찾아지며 직수입된 해외의 대통령제가 아니었다면 지금의 이 나라가 이렇게 살고 있겠는가? 그들은 의연한 자세로 임금님께 충성을 바치며, 일본천황이 아닌 우리의 임금님께 지조를 지킨 것이다. '융희' 연호를 억세게 지키며 오늘에 있어서도 두 분 황제폐하의 제향을 정성껏 모시는 것이다.

---

① 민영환 : 시종무관장으로 재직할 때에 을사늑약이 맺어지자 조약폐기의 상소를 올렸으나 뜻을 이루지 못하자, 국민과 각국 공사에 남기는 유서를 남기고서 단도로 자살하였다.

② 조병세 : 중추원 의장을 끝으로 가평에서 은거하다가 을사늑약이 체결되자 그 조약의 폐기 상소를 올렸고, 뜻을 못 이루자 유서를 남기고 표훈원에서 음독자살하였다.

③ 송병선 : 대사헌 벼슬을 했고 충직한 정의의 성품을 가진 인물로, 을사늑약이 체결되자 수일간 단식을 하여 임금님으로 부터 시정개선의 약속을 받고서 물러 나왔다. 그뒤 다시 상소하러 가다가 일본헌병에게 잡혀 고향으로 강제 이송되니 울분 속에 북향4배를 하고 음독자살하였다.

④ 최익현 : 호조판서, 공조판서를 거쳐 퇴직하고서 을사늑약을 반대하여 전라도 순창에서 의병을 일으켜 항전하다가 체포되어 대마도에 잡혀갔고, 원수 왜놈들의 밥을 먹지 않는다고 굶어 죽고 말았다.
이홍직, 국사대사전(서울 : 지문각, 1968) 참조.

四. 이제묘 존황항일 유적의 역사적 가치

나랏님이신 광무황제 폐하의 급작스런 붕어에 직면하여, 전국에서 노도와 같이 일어난 3·1만세항쟁의 참모습은 앞으로도 계속 연구되어야 할 과제라고 생각된다. 본 논문의 주제인 제향구국 형태의 민족운동은 바로 3·1만세의 거센 항일 흐름 속에서 잉태되어, 현재까지 이어진 대표적인 민족운동인데도 역사의 뒤안길에서 잊혀져 오늘날에는 거의 세인의 주목을 받지 못하는 존재가 되고 말았다. 그러나 너무도 귀중하고 뜻깊은 이제묘의 참모습이 학자들의 조명을 받지 못했기에 숨겨져 있었지 그 어떤 보석보다도 나은 가치를 발할 민족적 재보가 바로 이제묘라고 생각한다.

1. 이제묘의 현실 모습

이제묘는 현재 대구의 변두리인 공산(公山)지역에 위치해 있다. 그 위치는 행정구역상으로, 대구직할시 동구 평광동 1219번지이다. 이제묘는 전체 넓이가 부속 논밭까지 합해 약 2800평이다. 이 중에서 핵심인 이제묘 즉 황묘는 300평이고, 최상길의 조부인 최병술 병조참판의 묘소가 도시계획으로 이전되게 되어 옮겨온 재실인 유강재가 200평이다.

예전에는 춘추로 두 번의 제향을 올렸으니, 음력 3월 초열흘과 음력 10월 10일에 두번이었다. 그러나 현재는 봄에만 약 30명쯤이 모여 제향을 모신다. (아마도 앞으로 3·1절 행사로 모셔 지면서, 전주의 경기전과 함께 쌍벽을 이루는 황제묘가 되어야 할 것이다. 3·1만세항쟁의 원초적 모습이 그대로 생생하게 남은 유일한 곳이기에 특히 그러하다.) 이제묘는 현재 대구 변두리의 불로동에서 푸른띠(green belt)지대로 한참 들어간 경치가 대단히 수려한 곳에 위치해 있어 유원지가 되어 가는 반면에, 이제묘 자체는 잊혀지면서 점차 황폐해가는 단계에 있다.

2. 이제묘 사적의 역사적 가치

이제묘가 가지고 있는 엄청난 의미의 역사적 가치는 다음과 같이 정리해 볼 수 있다. 국내외의 어디에도 없는 독특한 것으로서, 특히 3·1만세항쟁의 함성 속에서 싹튼 대표적 민족 유적이기에 그 의미는 매우 높다.

1) 대표적 제향항일 유적지

광무황제의 독살시해에서 비롯된 3·1만세운동이 창출한 망곡단은 전국 곳곳에 산재해 있었다고 한다. 지금도 전국 각지에서는 망곡단의 유적이 그런대로 남아 있다고 한다. 그러나 망곡단을 승화시켜서 황실사당으로서의 황묘(皇廟)를 짓고, 끈질기게 제향운동을 오늘까지 펼친 사례는 아직 이제묘를 제외하고는 발견되지 않고 있다.

이제묘는 그렇기에 항일민족 독립운동을 황실신앙으로 바꿔서, 우리의 나라를 되찾고 침략자를 쫓아내게 하려는 전통적 형태의 구국운동의 전형적 사례라고 하겠다. 민족사의 진행과정에는 국난도 닥쳐오고 민족적 괴로움도 겪게 될 수 있겠는데 그 경우에 대처한 민족신앙 형태의 구국운동은 현재로서 거의 사례가 발견되지 않고 있기에, 의외로 세인의 주목을 받지 못했던 제향 애국운동은 3·1만세항쟁의 단순한 만세부르기 수준을 훨씬 능가할 높은 뜻이 있는 것이다.

3·1만세항쟁이 낳은 대표적인 존재의 하나가 상해임시정부이다. 광무

황제를 망명하시게 하여 망명정부를 구성하려던 독립운동가들의 계획이, 일제침략자들의 광무제 독살시해로 무산됨에 할 수 없이 임시정부를 구성한 것이다. 그러한 극한적 국난시기에 국내에 잔류했던 많은 인사들은 숨죽이고 잠만 잤는가? 이에 대한 답변을 할 만한 대표적 사례가 그간 별로 발견되질 않았다. 그런데 이제묘는 국내잔류 항일운동도 매우 거세고 단호한 것이었음을 명증시켜 주고 있다.

이제묘는 항일유적으로 치면 아우내 장터, 탑골 공원, 명월관 분점인 태화관 등에 맞먹을 정도로 민족적 의미가 크다. 3·1만세항쟁의 전개과정에 따라 지방에서는 망곡단 운동이 있었고, 그것이 꽃피워져 황실사당인 황묘(皇廟)가 된 대표적인 유적인 이제묘는 민족교육의 살아있는 유적으로서도 높은 의미를 갖는다. 그간 영남지역에서 뚜렷한 항일유적이 쉽게 발견되지 않은 이유는 무엇인가? 영남지역도 3·1만세항쟁은 거세게 일어났고, 애국자도 많았는데, 다만 유난히 보수적이고 전통적인 성향에 의해서 이제묘같은 제향운동으로 발전된 것을 생각하지 못한 것이었다. 서돈수 할아버지의 얘기를 들어 보자.

> '나는 장조부이자 나의 스승인 최상길 어른과 30년쯤을 같이 살았다. 직접 공부도 배웠고, 인격도 배웠는데, 그 분의 모든 인생은 충효정신 뿐이고 철저한 독립정신으로만 사신 분이다. 왜놈에게는 절대로 굴복 않는다는 것을 평생 실천한 분이다. 최상길 어른은 만주 망명시에도 독립운동을 하며 효자로 이름이 높았고, 한학과 의학에 조예가 깊어 많은 존경을 받았었다.'

앞으로 해마다 3·1절을 맞으면, 이제묘에서 3·1절 행사는 천안의 아우내장터 행사같이 확실히 거행하되, 형태는 이제묘답게 치뤄지는 독특한 행사가 꼭 있어야 할 것이다. 3·1만세항쟁 당시와 꼭같은 형태가 재현된다고 할 경우에 어떻게 해야할까? 그것은 곳곳의 항일 망곡단 행사에서 출발하여 만세항쟁으로 이어지고 다시 제향행사로 이어지는 영남지역 특유의 흐름으로 진행되어야 옳다고 본다.[17] 그것을 그대로 지키는 것이 선열의 유업을 기리는 것이다. 해마다 천안의 아우내 장터에서는 유관순 열사의 뜻을 기리는 행사가 벌어진다. 그런데 왜 대구에서는 이제묘도 잊었고, 최상길 의사같은 위대한 인물도 잊었고, 심지어 역사도 잊었는가? 영남지역 인사들의 각성이 절실하다. 영남인사들은 왜 이제는 역사를 모르는 그토록 몽매한 사람들이 되었는가? 영남의 대표적 항일 유적이 무엇인가?

2) 대표적 황실수호 유적지

나랏님께 충성을 바치고 부모님께 효도를 해야한다는 철칙은 전통사회에서는 불문헌법과도 같은 것이었다. 그러나 임금님이 독살시해를 당하고, 국모님이 일본 깡패에게 처참히 시해를 당했을 때의 현실은 어떠했는가? 그러한 와중에도 이완용, 윤덕영으로 대표되는 8할에 가까운 그 시대 관리들이 임금님을 헌신짝같이 버리고 일제침략자의 관직을 받았었다. 그리고 침략폭압시대를 즐겼었다.

더군다나 침략자들이 물러간 이후 이승만정부에 의해서 황실은 일제 침략자들이 의도했던 것보다 더 확실하게 짓밟혀지고, 국민들에게 나쁘게 선전되어 국민들 속에서 거의 사라진 것이 오늘의 비참한 현실이다. 그렇기에 왜정폭압시대의 대부분의 국민들이 오늘날과 같은 의식을 가

17) 참고로 유의할 것으로서, 3·1항쟁 당시에 33인들은 태화관 2층의 동쪽 끝방에서 독립선언을 했다. 그 순서는 광무황제의 빈소가 있는 남쪽 창을 열어 놓고서, 독립선언서를 읽고 만세를 황제폐하를 향해 힘차게 외친 후 일본경찰에 알려 자진연행된 것이다. 이제묘행사와 비슷하지 않은가? 이제묘는 3·1항쟁의 원형이 남은 것이다.
이규태, 600년의 서울(서울 : 조선일보사, 1994), p.351.

졌던 것으로 착각할 가능성은 매우 높다. 그러나 당시의 대다수 우리 국민들이 갖고 있던 존황사상은 가히 대단한 것이었다.

3·1만세항쟁은 일제침략으로 국권이 침탈되는 데에서 비롯된 것이다. 그러나 그것보다도 더 중요한 것은 우리의 황제폐하를 왜놈들이 독살시해한 것이고, 황제의 비참한 붕어가 전민족을 격동시키며 일시에 폭발한 것이었다. 그렇기에 일제침략자들은 왜정폭압 시대에도 우리의 황실은 이왕가(李王家)로 격하시킨 형태나마 그대로 존치시키며 서서히 말려 없애는 전략을 썼었다. 3·1만세항쟁의 원인을 너무도 잘 아는 일제총독부는, 우리의 황실을 해치면 우리의 국민은 결코 좌시하지 않는다는 거대한 민족정서를 분명히 알고 있었던 것이다.

그러한 독실한 황실존중 의식! 전통적 사회의 전형적인 애국형태인 임금님을 향한 신앙적 충성심! 그것의 대표적인 표현이 이제묘인 것이다. 이제묘는 전주에 있는 경기전과 쌍벽을 이룰 정도로 중요한 것으로서 너무도 값진 황실유적이다. 아니 경기전보다도 더 중요하다고도 생각된다. 경기전은 황실발상 유적이라면, 이제묘는 전국민이 철저히 황실을 지키고 온몸으로 사수한, 황실사랑 정신의 화신이며 황실수호의 대표적 유적이기 때문이다. 그런 곳이 어디에 또 있는가?

임금님들의 능을 찾고, 황실유적을 찾는 등의 역사찾기 운동이 꾸준히 확산되고 있는 것이 오늘의 우리 사회이다. 민족의 자존심을 되찾는 과정에서 당연한 일이다. 그러나 옛시대의 옛유적을 찾으며 옛날을 기리는 것은 어찌보면 단순한 의식의 역사찾기일 수도 있다. 그렇기에 이제묘가 정말 보배같은 존재인 것이다. 그것은 단순한 역사찾기 수준을 뛰어 넘는다. 이제묘는 옛날의 황실유적이 아니다. 오늘날에도 '융희' 연호를 당당히 쓰면서 황실수호를 외치는 생생히 살아있는 대표적 유적이다. 전국의 어디를 뒤져도 이런 생생히 살아있는, 감격스런 유적이 존재하지 않는다.

전국의 다른 황실유적을 찾으면 우리는 경건히 옛날로 돌아가 옛날을 단순히 회상하게 될 뿐이다. 그러나 이제묘를 찾으면 살아있는 황실신앙을 찾는 감격을 싱싱하게 맛보게 된다. 김종희, 최상길 같은 애국자가 되어서, 다시는 일제침략 시대와 같은 비극을 맛보지 않겠다는 각오가 생김은 물론이고, 우리의 자랑스런 황실을 영원히 지켜야겠다는 독실한 신앙심이 생기게 된다. 그리고 우리의 황실은 꼭 재기하여 옛 영광을 되찾을 것이라는 최상길의사의 위대한 정신을 배우게 된다. 생각하면 이제묘는 한국 최고의 거룩한 황실 성지요 미래의 역사를 여는 성스러운 유적지로서 민족 최고의 애국교육장임이 확실하다. 왜냐? 민족 최고의 정치의식인 전통적 황제사상이 생생히 살아있고, 황실수호의 거룩한 뜻이 길이길이 남아있기 때문이다.[18]

3) 대표적 망국거부 유적지

이제묘는 왜정폭압 시대를 생각하는 다른 측면의 가치로서도 아주 뜻깊은 존재이다. 그것은 당시의 말없는 우리의 민중들이 절대로 망국을 수용하지 않았음을 뜻한다. 거의 전민족이 한마음 한뜻으로 뭉쳐서 민족정기를 수호하고 폭압침략을 거부했음을 뚜렷이 증명하는 것이다.

첫째로 이제묘는 전국적 통곡의 상징이다. 유사이래의 국난과 나랏님의 시해에 직면하여 전국의 우리 민족은 한 마음 한 뜻으로 처절히 울었었다. 그리고 절규했었다. 나랏님이 계신 한양땅을 향해서 전국민이 엎

18) 조국이 다시 찾아진 초기 무렵만 해도 옛 황제폐하 시종장이었던 충남의 곽방, 서울의 홍문관 부응교인 윤두병, 육군정위(正尉) 김현준을 위시하여, 해마다 전국에서 수백명이 성지순례하듯 찾던 곳인데, 자유당 말기 이후부터는 서서히 잊혀져 버려서 오늘날에는 찾는 인사가 거의 없게 되었다. 10년 전만 해도 100여명이 모였던 곳인데, 이제는 전국 유일의 황실수호 항일제향 유적지라는 중요성을 잊어가는 것이며, 이는 궁극적 독립정신 망실현상이라고 생각된다.

드려 통곡한 망곡단 유적의 대표적인 유적이 이제묘이다. 그럼에도 불구하고 단기 4328년(서기1995년)에 있었던 와다나베 망언에서, 우리 민족이 스스로 나라를 일본에 넘겨주었다는 발언이 나올 수 있는가? 당시의 우리 민족은 전 국민이 그토록 통곡하고 절규했음을 알고, 추호라도 반성이 있었다면 그런 망언이 나올 수가 있는가?

둘째로 이제묘는 전민족적 단결의 상징이다. 현재로서 이제묘 하나가 남아 있을 뿐이지만, 왜 황실사당이 다른 곳엔 없었겠는가? 이제묘는 그렇기에 더욱 귀중한 역사유적으로서, 모든 민족이 황실수호의 염원을 위해서 황실신앙심을 갖고 뭉쳤음을 뜻한다. 3·1만세항쟁 당시에 세계에 유례가 없이 전국 방방곡곡에서 총궐기하며 일시에 터진 단결심을 그대로 간직하고 있는 뜻깊은 유적으로서의 이제묘에서는 언제라도 민족분열 의식은 발견할 수 없다. 이제묘 제향독립운동가들은 이제묘에서 한마음이 되어 독실하게 일제타도와 황실재기, 국권회복을 빌었을 것이다. 이제묘는 후일을 기약하고 뭉치는 다짐의 장소요, 민족의 도장(道場)이었다.

셋째로 이제묘는 우리의 나라와 겨레는 물론이고 황실이 살아있음을 뜻하는 상징이다. 왜정폭압 시대에도 이제묘에 있어서는 망국이 없었고, 우리의 자랑스런 '융희' 연호를 당당히 썼었다. 왜정폭압 시대는 물론 현재에 있어서도 이제묘에 가면 우리의 융희황제는 건재하고 계시며 나라의 구심점이다. 그렇기에 단기4328년(서기1995년)은 이제묘에서 당당히 융희 89년이다. 황실은 생생히 살아있고, 절대로 죽지 않은 것이다.

넷째로 이제묘는 망국을 거부하기에 왜정폭압 시대가 존재함을 인정하지 않으며, 우리의 역사는 단군이래 연면히 이어진 한덩어리임을 상징한다. 이제묘에서는 역사단절이 결코 없다. 우리의 역사를 지키고 이끄는 황제폐하께서 영원히 살아계시기 때문이다.

다섯째로 이제묘는 외래문화 침투와 외세침입에 항거한 민족주체성의 상징이다. 침략자들이 물러간 이후 20년간을 더 산 기간에도 왜정폭압 시대를 포함해 일관되게 상투를 매고 살았고, 모든 것을 순수한 우리 민족 이길 고집하면서 살았던 최상길정신의 향기가 서려있기 때문이다. 감히 자랑스런 우리 문화를 누가 건드리고, 이 나라의 국권을 누가 상처낼 것인가? 평생 창씨개명을 거부함은 물론이고 일제의 신사참배를 강요하던 그 무서운 시대에도 정면으로 그것을 거부하고, 오히려 이제묘 참배를 통해 우리의 임금님을 모시고 민족의 본모습을 지킨 위대한 정신사적 거목이 살아있는 이제묘를 보면서 그 누가 경건한 애국자가 되지 않겠는가?

3. 이제묘의 사적지 지정 필요성

그런데! 이렇게 중요한 유적지요, 전국에 하나 밖에 없는 유적지인 이제묘에 정말 곤란한 일이 발생했다. 그것은 무엇인가? 이제묘를 지은 최상길 애국자는 모든 땅을 본인의 이름으로 해놓고 상속도 시키지 않으며 영구보전을 시키려고 했었다. 그런데 최병술 참판의 재실을 옮길 200평을 사기 위해서, 황묘가 있는 300평을 큰손자인 최정우 명의로 바꿔 놓았던 것이 화근이 되었다. 생각지도 않게, 그리고 꽤 효자였던 최정우씨의 뜻과는 다르게 사업이 실패가 되며 핵심인 300평만 경매에 넘어가 소유주가 바뀌게 된 것이었다. 현재 서돈수 선생님과 둘째 손자 최정승 선생님이 동분서주하며 이제묘를 되찾으려 뛰고 있다.

평생을 바쳐 이제묘를 보호해 온 서돈수는 물론이고, 최상길 의사의 후손답게 훌륭한 자손인 최정승은 어떤 일이 있어도 민족도장으로서의 성지는 되찾는다고 백방으로 노력을 하고 있는데, 이 모습을 보면서 생각할 것이 있다. 왜 우리 민족은 이토록 중요한 민족 제일의 뜻깊은 유적을 지금까지 방치하고 있었는가? 그리고 이제묘가 정말 어떤 개인의 사유물인가?

서돈수 할아버지는 이제묘가 문화재로 지정되어, 영구히 보전되며 민족의 문화재가 되길 갈망하고 있다. 결코 개인 소유물이길 원치 않는다. 민족의 이제묘가 되길 간절히 바란다. 그것이 위대한 최상길 의사와 최상길 가문의 신화같은 애국심에 보답하는 길일 것이다. 그토록 위대한 애국자와 신화같은 가문에 대해서 정부의 관련 당국은 즉각 응분의 답변이 있어야 한다. 그 동안 무관심했던 전민족의 이름으로 최상길 가문에 사과를 드리고, 숙연한 심정으로 자라나는 새싹들의 교훈을 삼아야 하겠다. 정부 당국이 해야 할 일은 무엇인가?

첫째로 즉각 사적지로 지정하고, 최초로 발견된 항일제향 유적지요, 신사참배를 정면거부하고 황실제향을 올린 이제묘 건물을 문화재로 지정해야 옳다. 최상길 가문의 피땀으로 얼룩진, 애국의 정성으로 만들어진 거룩한 건물! 이런 건물은 우리나라에 하나 뿐이기 때문이다.

둘째로 이름팔기를 거부하고 숨어서 애국의 길만을 간 최상길 의사에게 훈장이 서훈되어야 하겠고, 최형섭, 최용섭, 서돈수, 최정승에게 응분의 예우를 해야한다. 이래야 민족정기가 바로 잡힌다.

셋째로 천안의 아우내장터 행사와 같은 항일행사를, 경상도 전체에서 합심하여 완전히 재건해야 한다. 민족 최고 최대의 위대한 항일행사가 될 이제묘 행사를 왜 버려두고 있었는가? 대구시와 부산시, 울산시, 경상남북도는 즉각 역사의식을 되찾고, 최고의 보물이 영롱히 빛나게 해야 할 것이다.

넷째로 이제묘를 둘러싼 넓은 지역을 성역화시켜 민족공원을 만드는 것은 대구시, 경북의 문제가 아니라 국가적 과제이다. 이렇게 훌륭한 민족교육장을 만들 곳이 쉽게 발견될 수가 있을까?

다섯째로 이제묘 아랫 마을에 현재 폐교된 초등학교 교사와 운동장이 그대로 있다. 대구시와 경상북도는 이곳에 항일박물관을 만들고, 청소년 수련장을 건설하여 새로운 세대에게 이제묘를 영구히 가르쳐 주어야 옳다. 그리고 청소년 교육이나 민족교육 관광지가 되게 해야 하겠다.

여섯째로 교육부나 문체부 등에서는 이제묘를 널리 알리고 교육시켜서 영원히 잊지 못할 민족 교과서가 되게 만들어야 한다. 교과서에 넣을 것은 물론이고, 방송이나 신문을 통해 널리 알려야 한다.

일곱째로 대구시청 앞 혹은 최상길의 고향인 경주 등의 중요한 곳에 최상길 의사의 동상을 세우고, 기념비를 만드는 것도 고려할만 하다. 애국자가 태어난 곳이나 애국자의 혼이 깃든 곳이 얼마나 자랑스런 일인가? 최상길은 안중근, 유관순 등과 같은 수준의 인물이라고 해도 손색이 없을 인물이 아닌가?

맺는글

①

위대한 독립운동가는 기록이 거의 없다. 위대한 독립운동가는 결코 자신을 나타내고 이름을 파는 것을 거부한다. 일제침략에 의해 빼긴 국권을 찾고 영광의 역사를 다시 살리려는 위대한 독립운동가들은 청산리에서, 봉오동에서, 만주벌 곳곳에서 스스로의 이름도 남기지 않았고, 스스로의 업적도 자랑하지 않으며 묵묵히 사라졌다. 그러나 그들의 위대한 뜻이 살아 있었기에 오늘의 우리가 존재한다.

최상길! 그는 경주땅에서 태어난 이름없는 인물이다! 경술국치를 통탄하고 절규하며 망곡단을 쌓고 미친듯 눈물짓던 평범한 시골 사람! 김종희와 손잡고 영원한 망곡단으로서의 이제묘를 짓고 독실하게 구국을 빌고 일제타도를 기원하고 황실수호를 염원한 위대한 제향독립 운동가! 그러나 그는 처절히 잊혀진 채 오늘에 이르렀다.

그런데 최상길은 커녕 그의 모든 것을 바친 이제묘도 현재로서는 완전히 잊혀진 이름없는 전통사당일 뿐이다. 위대한 항일운동의 도장! 청사에 길이 남을 존황항일의 성지! 그러나 그곳은 잔인할 정도로 버림받으며 오늘에 이르렀고, 살아있는 애국자 서돈수 손녀사위, 그리고 손자 최정승만이 외롭게 지키고 있다. 그 누가 이제묘를 아는 이도 없고, 그 누가 이제묘를 칭송하는 이도 없고, 그 누가 이제묘의 높은 뜻을 알아주는 이도 없건만 조용히 이제묘를 지키며 가꾸고 있다. 최상길의 후계자로 손녀딸까지 주면서 선택한 살아있는 애국자 서돈수나 최정승이 사라지고 나면, 위대한 역사도 그냥 사라져야만 하는가?

②

최상길 독립사상의 핵심은 무엇인가? 이제묘 제향민족운동의 기수 최상길의 사상은 요컨대 무엇인가?

그것은 첫째로 절대 항일독립이다. 절대로 일제침략을 용납할 수 없다는 독실한 애국정신이다. 그렇기에 일본천황을 거부하고, 우리의 나랏님 제향을 어떤 난관을 뚫고서라도 계속했던 것이다. 최상길에게는 숙적 1호가 일본천황이었고 꿈에도 일제타도를 외쳤었다.

그것은 둘째로 절대 황실수호였다. 그렇기에 최상길은 일제침략자들의 임금님 공격도 용납할 수 없었지만, 이승만의 황실탄압도 용서할 수 없었다. 6·25의 전쟁통에도 자식까지 잃어가며 이제묘를 건설하는 오기는 이승만의 무도함에 대한 정면 항거일 수밖에는 없다.

그것은 셋째로 철저한 민족정신이다. 망국을 거부하고 '융희' 연호를 절대로 버리지 않은 가운데, 살벌한 식민지 생활 속에 일제경찰의 탄압을 달게 받으며 지켜나간 뿌리깊은 민족주의 사상의 전형이 최상길 사상이다. 최상길은 우리 민족이 낳은 위대한 국내 잔류형 민족주의자로서, 황실종교적 독립운동을 수행한 대표적 위인이다. 지금까지 국내에 잔류했던 평민들의 애국운동이 발굴된 두드러진 사례가 거의 없음을 볼 때에 최상길의 이제묘는 매우 특이한 가치를 가진다.

③

동양 정치 사상의 핵심은 가운데 자리 사상이다. 옛부터의 전통적인 정치철학인 그것을 우리는 가우자리(高句麗), 까우리(高麗)로서 끈질기게 갖고 있었고, 그 지도자를 황제라고 부른 것이다.[19] 서양의 제국주의적 황제는 침략사상을 전제로 하나, 동양의 황제는 정치적 정통성을 부여하는 국가철학에 가깝다. 그렇기에 황제사상은 동양사회에 있어서는 일종의 민족사상이요 정치철학이다.

전주의 경기전이나, 현재의 경기도는 황제사상의 상징이다. 경기(京畿)란 황제폐하가 계신 곳을 뜻하기 때문이다. 그리고 그것은 바로 정치적 가운데를 뜻하는 것이며, 우주의 가운데를 말하는 것이다. 이제묘는 그런 뜻에서도 절대적 중요성을 가진다. 이제묘는 우리의 황제사상을 수호한 민족철학적 의미가 강조된, 왜정폭압 시대와 현대의 유일한 존재이기 때문이다. 지금까지 왜정폭압 시대 이후에 황제사상을 강렬히 뒷받침한 유적이 전혀 없지 않은가? 그런데 우리는 전주의 경기전에 가보면 경악을 금할 수 없게 된다. 더구나 전통사회로서의 옛 우리나라의 유일한 국가 상징을, 거의 대부분을 훼손하며 전주 중앙초등학교를 지어놓고 짓

19) 가우자리, 까우리는 각각 고구려와 고려의 중국식 발음인데, 옛 시대의 음차 이두글이다.

밟은 일제침략자들의 저의를 알고나서 그곳을 본다면 누구나 절치부심하며 이를 갈 것이다.[20] 경기전을 짓밟는 것은 우리의 국가철학을 짓밟고, 우리 민족이 '가운데 민족'이 아님을 추구하는 간교한 정신적 침략 행위였던 것이다.

그런데 이제묘는 경기전이 짓밟히는 처절한 시대에 우리의 황제사상을 지키는 새로운 상징물로 등장했으니, 그 얼마나 기특하고 거룩한 일인가? 이제묘는 특히 '항일 민족운동적 황제사상'을 유일하게 왜정폭압 시대에 대변하고 있기에 가히 국보급 유적이다. 우리는 망국의 처참한 상황에서도 민족정기를 수호하고 국가철학을 지킨 위대한 국민임을 이제묘가 당당히 증언하고 있다. 뼈대있는 국가철학이 없이 어찌 국가를 논할 것이며, 국가철학을 모르고 어찌 민족을 제대로 알 것인가?

> 위대한 제향독립운동가 최상길! 거룩한 항일 민족운동적 황제사상의 성지 이제묘! 우리 민족의 살아있는 국가혼의 상징! 길이길이 후손들에게 귀감이 되고 영원히 청사에 빛나리라! 위대한 후손들이 꾸준히 갈고 닦고 보호하리라!

---

20) ① 전주 경기전을 일제침략자들이 철저히 모독하고 파손한 것은'동양국가철학을 모르면 전혀 이해가 되지 않는 것이다. 경기전을 파괴한 것은 우리의 제1 국가상징을 짓밟고, 국가철학을 짓밟은 것이다.
② 그렇기에 이제묘는 철저히 국가철학을 수호한 상징성도 대단히 높은 유적지이고, 매우 뜻이 깊은 것이다. 나라의 정신을 지킨 유일한 유적이기 때문이다.
③ 전주 경기전은 1997년에야 복원되고 중앙초등학교는 이전되었다.

※ 참 고

1) 본 논문을 집필하고 1년간이나 발표를 미뤘다. 서돈수, 최정승의 이제묘 수호 의지가 정부나 대구시에서 수용되길 고대한 것이다. 그러나 끈질긴 노력에도 불구하고 아무 반응이 없이 1년의 세월이 흘렀고, 일단 논문을 발표하기로 한다. 이제묘 수호를 위한 그들의 눈물겨운 노력은 단기4329년(1996년) 6월 현재도 계속되고 있다.(1996. 6)
2) 이제묘 참배를 개인적으로 수행하거나, 학생들의 수학여행 혹은 학술답사로 실시하는 것은 매우 의미있는 일이라고 생각한다. 필자는 많은 인사들에게 그간 이제묘 참배를 강조했으나 단기4329년(1996년) 6월 현재도 이제묘는 잊혀진 존재일 뿐이다. 천연기념물 1호인 측백나무 자생지가 10분거리에 있고 대단히 경치도 좋은 곳에 있는, 최고의 민족교육장소를 버려두는 것이 안타깝다. 이제묘는 자생적 독립기념관일 수도 있고, 자생적 민족교육원일 수도 있으며, 뜻깊은 관광지일 수도 있는데, 너무 방치하고 있지 않은가? 이 글을 읽는 즉시에 당장 일어나, 이제묘 참배를 위해 성스러운 땅을 다녀 와야 옳지 않을까?(1996. 6)
3) 그후 단기 4329년(1996년) 가을에 이제묘는 부동산업자들이 건물이전 소송을 제기했으나, 문화재의 가능성을 인정한 재판부의 배려로 피고가 승소했다. 판결내용은 정상적 가격으로 원소유주인 최정승 측에 되팔라는 것이었다.(1996. 10)
4) 그러나! 그후 이제묘는 새로운 변화가 없이 본 논문이 발표되는 순간을 맞고 있다.(1997. 3. 1)
5) 본서가 출판되는 순간에도 변동은 없다.(1998. 2. 1)

덕수궁 중화전 옥좌

궁궐의 정전과 편전의 중앙에 임금님이 앉아 국가대사를 다루던 곳이다. 용상의 뒤에는 임금님의 권위를 상징하는 일월오악도가 그려져 있다. 대대로 이어오던 국권의 상징이 비고, 그 빈곳을 메울 임금님의 실종은 항일애국자들에게 있어서 모든 것을 잃는 것과 같았다. 최상길 의사의 꿈은 살아 있는 옥좌를 만들고 임금님을 다시 모시는 것이었다. 대한황실의 영광을 되찾는 것이었다.

셋째 주제

황실복원운동의 횃불

- 단기4318년(서기1985년) 무렵부터 4328년(서기1995년) 7월까지 -

들어가는 글

一. 단기4328년(서기1995년) 무렵의 황실상황
  1. 대한 황실 붕괴의 핵심 원인
  2. 오늘날의 황실 상황

二. 황실복원운동의 씨앗이 된 3권의 책
  1. 분노의 왕국
  2. 왕조의 후예
  3. 잊혀진 황후 쥬리아(단군할머니론)

三. 초기 황실복원운동의 전개
  1. 이석황손의 등장
  2. 이석황손의 개인적 황실복원운동

四. 초기 황실복원운동 전개에 따른 사회변화
  1. 황실복원 정당성 인식의 확산
  2. 조선시대 역사 재조명의 심화
  3. 민족적 관심대상으로서의 황실정립

五. 초기 황실복원운동에 대한 반작용
  1. 전주이씨 대동종약원 측의 거부반응
  2. 이구황손의 귀국 추진

六. 황실복원운동의 미래예측
  1. 황실복원운동의 발전형태
  2. 황실복원운동 발전의 유의사항

맺는글

들어가는 글

①

뿌리 없는 나무는 살 수가 없고, 뿌리 없는 민족은 역사 발전이 있을 수 없다. 따라서 어느 민족이나 역사체계를 세우는 일은 민족의 정통성을 세우는 일이고, 정치사회적 전통을 갈고 닦음은 민족의 뿌리를 분명히 하는 일로서 매우 중요하게 다룬다.

그러나 우리 민족의 현실태는 어떠한가? 우리는 통상적으로 반만년 이상의 유구한 역사를 가진 위대한 민족이라고 당당히 말하고 있지만, 그 내면을 보다 깊게 파고 들어가면 웬지 심각한 공허감이 깔려 있는 것이 사실이다. 아니 때로는 2차대전 후에 새로 생긴 신생국이란 착각마저 밑바탕에는 깃들어 있다. 그 까닭은 도대체 무엇인가? 그것의 원인을 깊게 분석해 본 적이 있는가? 본 논문은 그 원인을 분석하면서 그것을 고치고자 하는 몸부림을 정치사적으로 정리한 것으로서, 특히 다음 몇 가지의 핵심요인을 주목하고 쓰여졌다.

첫째로 왜 현대 우리나라 정치사에 있어서는 일제침략에 의해서 끊긴 전통적 정치형태에 대한 논의가 없었는가에 대해 주목하고자 한다. 일본은 우리나라를 강제로 병탄하고서 체계적으로 민족말살 정책을 실시했고, 특히 정치적 뿌리를 잘라 없애려는 집요한 노력을 기울였다. 그러나 우리는 침략 일본을 쫓아내게 되면서 이에 대해 관심을 가져 본 적이 없었다. 일본이 끊어 놓은 정치적 뿌리를 당연한 듯이 인정하면서 살아 왔다. 아니 옛날의 전통을 잇는다는 생각은 커녕, 우리의 옛 모습을 차라리 부정하면서 일제침략자들이 원했던 바대로 우리의 과거를 깨끗이(?) 부정하며 현대 정치를 영위해가고 있다.

둘째로 왜 침략 일본을 쫓아내게 되면서 미국식 정치제도인 대통령제가 우리나라에 직수입되었는가에 대한 논의가 확실히 있어야만 되겠다. 대통령제란 무엇인가? 그것은 유럽에서 아메리카로 옮겨가 원주민의 땅을 강제로 빼앗은 부도덕한 집단이, 뿌리없고 족보없는 나라를 위장하고 합리화시키기 위해서 만든 정치제도가 아닌가? 소위 민주주의가 발달된 뿌리 깊은 나라에는 미국식 대통령제가 거의 없고, 미국식 대통령제는 대부분이 독재적이고 정의롭지 못한 나라에 이식되어 신대통령제(新大統領制)로 전락되었는데도 불구하고 우리나라에서 이어져온 그것에 대한 통찰력있는 논의가 없어 왔다.

셋째로 왜 침략 일본을 쫓아내게 되면서 우리는 우리의 정치를 우리의 눈이나 가치관으로 분석하지 않고, 서양적 기준에 의해서 형량하는 잘못된 흐름이 정착되었는가에 대한 논의가 없어 왔다. 서양적 안목으로 보아서 우리의 본모습이 옳게 보일 까닭이 없다. 그럼에도 우리는 미국식 서양정치대로 우리의 정치가 움직여야 한다고 말해왔고, 그렇지 않으면 비민주적이라고 말해 왔으며 많은 경우에 혹독한 비판까지 가해 왔다. 아니 보다 더 확실히 말하면 미국식 옷에, 집에, 음악에, 문화에 찌들어서, 우리 민족이길 부끄러워하고 차라리 미국인이 되려는 경향도 있었지는 않았는가? 그러므로 민주주의가 고도로 발달했다는 영국, 스페인, 네덜란드, 일본, 벨기에 등의 많은 나라에 임금님이 엄존하고 계신데도, 임금님이 계시면 크게 잘못된 것인양 생각하는 엄청난 우매성이 우리의 정치사에는 강하게 이어져 왔다.[1] 무언가 너무 잘못된 것이 아닌가? 민주주의의 껍데기만 직수입해다가, 잘못된 옷에 몸을 맞추려고 억지를 부리

1) 현대정치상황에도 입헌군주제가 선진국에 많이 남은 이유는 정치제도가 역사의 산물이기 때문이다. 따라서 뿌리없는 나라거나 정치적 격변이 있던 나라에만 임금님이 없게 된 것이다. 우리나라는 엄청난 역사적 뿌리가 있음에도 본의 아니게 뿌리 잘린 나라가 되고 말았다.

면서 살아온 것이 현대 정치사였고, 그렇기에 정치적 불합리와 어색함으로 이어져 온 것이 우리의 정치사였음을 왜 우리는 모르고 있는가?

②

현대 황실복원운동은 제 5공화국 무렵에 들어서 시작되었다. 그것은 우리 민족의 실질적인 정치적 각성이 있게된 때에 해당한다. 일제침략의 혹독한 질곡과 6·25전쟁의 폐허 속에서 어두움과 미망을 헤매던 정치방황사를 청산할만한 수준의 민족적 역량이 축적되면서, 민족 정치 스스로의 모습에 대한 자기각성이 움터나온 것이었다고 생각한다. 경제적인 수준은 물론이고, 학문적인 수준에 있어서도 민족적 자생역량이 만족할 만한 수준에 도달했던 순간에 당연히 찾게 되는 것은, 그간 우리의 정치사를 모질게 엄습했던 자기부정에 대한 강력한 반작용일 수밖에 없는 것이고, 그것의 표현이 황실복원운동으로 씨앗이 내려진 것이라고도 하겠다.

우리의 현대 정치사는 끊임없는 자기부정의 악순환이었다. 자유당정권을 쥔 이승만은 모든 정치적 잘못이 조선황실의 정치적 졸렬성이었다고 강조하며 자신의 부족함을 합리화시켰다. 따라서 대한제국의 정통 황태자였던 영왕(英王)은 당연히 제거되어야할 악한 존재로 전락되는 것이었다.[2] 그것은 그런데 묘하게도 일제침략자들의 논리와 정확히 일치하는 것임을 이승만은 간파하질 못했다. 이승만은 일제침략정책과 동일선상에서 자기부정을 행하며 역사와 전통을 잘라낸 공백에 완전히 미국정치를 이식하는 잘못을 저지르고 마는 것이다. 이승만의 정치적 잘못 중

---

2) 이승만의 황실탄압은 다음 서적에 상세히 기록되어 있다.
김을한, 인간 이은 : 해방에서 환국까지(서울 : 한국일보사, 1971).
이방자, 지나온 세월(서울 : 남영문화사, 1980).
강용자, 왕조의 후예(서울 : 삼신각, 1995).

에서 가장 큰 잘못은 족보없는 한국정치를 만든 것이었다고 하겠다.[3)]

5·16군사혁명에 의해 정권을 쥔 공화당시대에 있어서 박정희정권은 다시금 척결될 구악의 대상을 지나간 이승만시대로 규정한다. 이승만의 잘못에 의해 국가적으로 번진 부정부패로 국가는 중병에 걸려 신음했고, 민생은 기아선상에서 헤매며 보릿고개를 넘나들었는데 그것의 궁극적 책임은 물론 문민정권인 이승만이었다. 따라서 이승만은 자기가 판 자기부정의 함정에 스스로 빠지는 신세가 되었고, 특히 인생의 말기에 두드러지게 저지른 잘못에 의해 그의 모든 인생이 매도되는 비운을 맞게 된다.

그런데 더욱 서글픈 것은 30년의 군사정권 시대가 끝나고 새로이 정권을 잡은 김영삼정부에 있어서도 자기부정의 역사는 되풀이되고 있다는 점이다. 끊임없이 사고가 발생하여 전세계에 국가위신이 실추될 때마다 그 잘못은 예외없이 지나간 군사정부의 잘못이 되고 만다. 박정희시대에는 지난 문민정부가 엉망이란 뜻이고, 김영삼시대에는 다시 지난 군사정부가 엉망이라고 자기부정의 사슬이 이어지는 것이다. 한강다리가 추락해도 궁극적 잘못은 없는 정부요, 6·25전쟁이후 2000명에 달하는 사상자가 나온 최대의 비극인 전대미문의 삼풍백화점 붕괴참사에 있어서도 궁극적 잘못은 없는 정부라는 착각 속에서 위기를 모면하며 정권을 유지할 뿐인 허망함이 있을 뿐이다. 단일사고 하나에 500명 가까운 경악할 숫자의 사망자를 낸 삼풍참사의 기막힌 잘못에 대해 근본적 사과 한마디 없는 정부는 왜 만들어졌고, 그것에 대해 뼈아프게 바른말 한마디 못하는 사회는 왜 만들어졌는가?

스스로 책임을 지고 스스로 정치적 정당성을 창출할 정치적 능력과 자신감이 결여된 정권이 만드는, 날로 강화된 자기부정 논리의 출처는 무

3) 이승만은 원래 철학있는 정신적 지도자가 될 수 없는 사람이란 견해도 있다. 김운태, 한국정치론(서울 : 박영사, 1977), p.513.

엇인가? 일제침략자들이 쳐놓은 자기부정의 덫을 정권을 쥔 위정자들은 그것의 무서움도 모르며 계속하여 빠져드는 수렁으로 만드는 것이다.

황실복원운동이 이 시대에 등장함은 무엇을 말하는가? 그것은 누구도 못막을 강력한 힘! 자기부정을 강하게 다시 부정하는 힘찬 반작용으로서의 역사적 흐름이라고 생각된다. 일제침략의 후유증이[4] 잔존하면서 끊임없이 괴롭힌 고질병은, 우리 민족 스스로가 자기를 부끄럽게 알고 스스로의 역사와 전통, 과거를 부정하면서 자멸의 길을 가게 하려는 침략자들의 간교한 의도였음을 깨닫는 정치적 자성의 웅변이 황실복원운동인 것이다. 그것은 위에서 시킨 것도 아니고, 어떤 압력을 넣은 것도 아닌 것으로서 국민 속에서 저절로 움터나온 숭고한 민족의 소리였던 것이고, 5000년 역사의 기나긴 흐름을 되찾으려는 뿌리찾기 운동의 정치적 표현이었던 것이다. 아니 창조적 역사 개척력을 창출해내기 보다는 궁극적으로 안일한 자기안주형의 정치를 통해 정권안보에만 급급해왔던, 현대 한국 정치인들의 '자기부정의 법칙'과도 같은 자기부정 논리에 대해 정면으로 도전하는 국민적 저항운동이라고 봄이 옳다.

③

'자기부정의 법칙'으로서의 악순환! 그것은 어떤 의미를 갖는가? 현대 정치사를 고질병으로 몰고간 자기부정병은[5] 본질적으로 어떤 존재인가?

---

4) 자기부정의 악순환은 우리 민족의 말살을 꾀한 침략일본 교육정책의 후유증인데, 그것이 현대 한국정치사에도 맹위를 떨치고 있는 것이다.
신용하, 3·1독립운동(천안 : 독립기념관 한국독립운동사연구소, 1989), p.17 참조.
이달순, 일본의 한국통치(1910~1919), 한국외교사학회, 한국외교사II(서울 : 집문당, 1995), pp.107~140 참조.

그것은 첫째로 역사부정을 뜻한다. 그렇기에 우리는 무조건 과거를 부정하며 옛날을 잊다보니 침략일본을 몰아낸 뒤의 우리나라가 신생국이란 착각적 사고를 짙게 갖고 있었다. 그리고 이승만은 자기가 국부(國父)라는 망상을 갖고 역사를 부정하는 치기를 보이다가 4·19혁명을 맞는 것이다. 우리나라는 단군이래 유구한 역사를 가진, 장구하게 뿌리가 있는 나라임을 확실히 유념한 정치가 실종된 원인은 역사부정에서 비롯된 것이다.

그것은 둘째로 외세논리를 뜻한다. 그렇기에 그것은 사실상 일본이 뿌리내린 친일파들의 논리요, 친일인맥이 확대 재생산되면서 끊임없이 외세유입의 정당성을 설파하는 논리로서, 외세를 긍정하고 자기를 부정하는 흐름인 것이다. 이승만시대 이후의 이 나라 운영의 주도권을 쥔 친일인맥들은 궁극적으로 국가를 좀먹는 암적인 존재들로서, 막연한 세계주의는 주장해도 뿌리있는 민족주의를 짙게 사랑해 본 사례가 쉽지 않다.

그것은 셋째로 침략인정을 뜻한다. 일제강점 당시의 이 나라에서 관직을 가졌던 인사들의 8할 이상은 일제침략자들의 사탕발림 작위수여에 영광스럽게(?) 순응했다. 개인의 안일을 위해 침략을 기꺼이 수용한 인맥이 지금도 현실 정치와 사회의 주도권을 쥐고 있다 보니, 국정운영의 기본정서가 끊임없이 침략자를 옹호하는 흐름을 갖게 된다. 만주벌은 당시 항일의 최전선이었다. 그런데 만주벌 인맥이 이 나라에는 거의 없고, 일제시대의 친일파 인맥이 너무나 득세를 하고 있다. 이런 암울한 상황은 누가 만들었는가?

그것은 넷째로 창조부재를 뜻한다. 그렇기에 그것은 역사개척력의 부재를 뜻한다. 침략일본을 몰아낸 뒤의 현대사에 있어서 창조력량을 그런대로 강조했던 시대는 상대적으로 자기부정이 적었고, 나름대로 역사발

5) 한국정치사가 자기부정병을 갖게 된 것은 정치발전을 신생국 시각에서 본 번노크다. 정치발전 과제를 역사적 미해결 문제로 보아야 주체적 발전역량이 생긴다. 장을병, 한국정치론 : 정치발전과 정치참여(서울 : 범우사, 1977) 참조.

전이 있었던 시기였다. 누가 어떤 비방을 하더라도 새마을 운동이나, 경제개발 5개년계획 등으로 강력하게 자기긍정을 한 실적이 있는 때에는 역사부정이 상대적으로 적었다.[6] 그러나 조국을 다시 찾은 이후 가장 과거부정을 많이 했던 김영삼 시기는 끊임없이 사고로 얼룩지면서 창조력보다 방황이 국정을 이끌며 나라를 혼란시켰고, 개혁이란 이름을 내세운 사실상의 과거부정은 창조력 부재로 나타나며 국민의 전반적 외면을 받는 최악의 상태가 되고 만 것이다. 과거의 객관적 비판과 과거 부정은 같은 것이 아님을 모른 결과이다. 엄밀히 말해서 전자는 스스로 책임지는 것이고, 후자는 면피성 모면심리의 표현이기 때문이다. 역사는 창조적으로 개척함에 무게가 주어져야지, 저돌적으로 과거를 부정하고 파괴했다고 발전이 이루어지는 것은 아니다.[7]

그것은 다섯째로 문화부재를 뜻하고 사상이나, 이론의 부재를 뜻한다. 자기를 부정하다보니 스스로의 고유한 문화나 사상, 이론에 자부심이 있을 리가 없고 스스로의 것은 심지어 역겨운 존재로까지 전락되고 만다. 고유문화보다 외세문화가 어떤 지역을 자리잡고 있는 정도가 얼마나 되

6) 현대 정치사의 사료를 면밀히 조사하면 박정희시대는 황실에 대한 여러 정책조치가 유달리 매우 의미있었음을 발견하게 된다. 과거부정보다는 역사사랑을 상대적으로 보다 강조하고, 자기긍정을 한 시대에 나타나는 당연한 현상이라고 생각한다.
원희복, 박정희 '왕실복원'하려 했다, 경향신문사, 뉴스메이커 111호, 1995. 2. 16, pp.62~63.

7) ① 특히 유의할 일의 하나는 지나간 전두환, 노태우 시대는 근본적으로 정치적 정통성에 문제가 있었음이다. 그러나 경제적, 사회적, 문화적 제반 부문도 정통성이 없다고 몰아가다 보면 그 시대는 공백이 되어 버리고, 그 정부와 3당 합당하여 생긴 김영삼 정부 자체의 도덕성 문제까지 대두되는 것이다. 김영삼 정부의 개혁은 철학없는 자기부정으로 몰아가면서, 기묘하게도 5·18문제는 면죄부를 주며, 더구나 과거에 잘못이 많다고 몰면서 책임을 지우는 군사정부의 대통령 하나는 아들까지 집권당의 지구당위원장을 시키는 등 원칙도

는가는 역사발전을 추진하는 힘의 정도를 말한다. 고유문화가 거의 없다시피한 나라는 사실상의 식민지이다. 조선시대의 우리나라가 유교가 일어난 곳보다도 더 유교에 외곬으로 파고 들면서 유교일변도 국가가 되며 창의력을 상실했던 바는 항상 유의해야 한다. 요즘의 우리나라는 다시금 조선시대와 같은 전철을 밟고 있는 것은 혹시 아닌지? 왜 우리는 우리의 자생 정치이론이 없고 궁극적으로 수입이론에만 의지 하는지? 왜 우리에게는 뿌리있는 유구한 정치의 모습이 없어졌는지? 왜 우리의 뇌리에는 외래의 대통령제는 친숙해도 가까운 100년전에도 있었던 임금님은 상상도 못하게 되었으며, 최고의 민주국인 영국, 벨기에, 네덜란드 등에는 엄연히 있는 임금님을 임금님만 계셔도 비민주적인 듯이 생각하는 혼돈이 왜 생겼는지?

없고 중구난방인 자가당착에 빠지고 마는 것이다. 도대체 개혁이란 말의 진정한 의미를 모르게 된 것이다.

생각하면 전두환시대의 신군부세력은 정치적 잘못은 있었어도 경제적으로는 사상최대의 무역흑자, 최고의 수출 등으로 큰 업적을 이뤘는데, 잘못은 덮어주고 업적은 매도한 것이 개혁이었던 것이다. 김영삼 정부의 개혁을 개혁으로 국민들이 믿지 않게된 이유는 바로 그것 때문이다. 철학없는 개혁은 개혁이 아닌 자기부정적 폭력이 되기 때문이다.

② 그러다가 다시 정치상황이 바뀌니까 전두환, 노태우 두 전직대통령을 감옥에 넣었으니 김영삼시대는 원칙이나 철학보다는 폭력적 깜짝쇼의 시대였다고 하겠다.

一. 단기 4328년(서기 1995년) 무렵의 황실 상황

단기 4328년 무렵은 우리나라가 일제침략의 질곡 속에서 풀려난지 50년이 지난 무렵이며, 우리의 황실이 무너진지 85년이 되는 때이다. 100년전만 해도 나는 새도 떨어질 정도의 대원군이나 광무황제의 황권(皇權)이 살아있던 나라의 황실 상황이 어떻게 변했는가?

1. 대한황실 붕괴의 핵심 원인

일제침략은 극히 간교한 것이었다. 조선황실을 저절로 내분이 일어나게 유도하면서, 친일 매국노를 대량으로 만들어 놓은 뒤에 강제병탄을 했다. 그리고는 우리 민족의 구심점인 황실을 녹여 없애는 정책을 시행했다.

첫째로 대한황실은 별볼일 없고 미미하며, 무능하고, 부패한 존재로 끊임없이 부정적 선전을 해대어, 우리 국민들 스스로가 스스로의 정치체를 욕하고 부정하면서 친일화되게 유도해 나갔다. 그것은 전 민족적으로 자행된 친일화 정책의 핵심으로서 대한황실에서 우리 국민들의 마음이 떠나게 만들려는 것이었는데, 그것의 악독한 폐해는 너무도 강하여 지금까지도 대한황실을 매도하며 자기역사를 부정하는 것이 자랑인듯 생각하는 인간군이 우리나라에 많이 존재하게 되었다.

둘째로 대한황실을 일본황실에 혼혈화시켜 녹여 없애 버리는 정책을 썼다. 약혼했던 황태자 영왕을 강제파혼시키고, 강제로 방자여사와 결혼을 시켜서 사실상 국적없는 아들인 이구황손을 낳게 만들어 대한황실의 정통성을 유감없이 흔들어 놓았다. 그리고 황손들을 남김없이 일본인들과 강제결혼하게 하여 대한황족을 흔적도 없이 사라지게 만들어 나갔다.

2. 오늘날의 황실 상황

일제침략의 황실 공략은 유감없이 성공되어(?) 오늘에 이르렀다. 그러한 간교한 흐름에 말려든 이승만은 일제시대보다도 확고하게 황실을 궤멸시켜서 황실은 오늘날에는 아예 없어진 듯이 만들어 놓았다. 그래도 일제강점 시대에는 혼혈, 회유, 동화정책을 쓰면서도 우리 민족의 반발을 고려한 정책을 썼었다. 3·1만세항쟁 등의 거센 반발이 있었음을 유의한 것이었다. 그러나 이승만시대에는 노골적 탄압에 의한 단절, 말살 정책을 썼으니, 사실상 일제침략 정책의 완성이 이승만에 의해 이루어졌다. 오늘날의 황실 상황을 보면 이승만의 황실탄압 이후에 황실이 얼마나 비참한 상태에 있는가를 적나라하게 알게 될 것이다.

1) 황실의 범위

황실의 친족적 범위는 어떻게 보아야 할까? 그것은 일단 광무황제의 직계손을 말하며, 약간 확대한다면 10촌 이내의 가까운 근친으로 보아야 한다고 하겠다. 예전의 조선시대에 있어서도 황실은 일단 황실 종친부를 구성하는 10촌이내까지 였던 점을 유의한 정도로 황실을 규정함이 옳으리라고 본다.[8)]

그러나 일반의 우리 민족 모두가 공감할 역사적 정통성을 가진 황실의 실체는 쉽게 규명이 되기가 어렵다. 왜냐하면 일제침략의 가장 혹독한

---

8) 일반 개인적 가문에 있어서는 가까운 친족범위를 8촌으로 치나, 황실에서는 10촌까지를 종친부 혹은 종정부의 범위로 본다.
대원군 생가 인평대군계 종손 이해영 면담, 1995. 7. 23.

침략대상이 황실이었기 때문이다. 정리가 쉽진 않지만 다음과 같이 일단 정리한다.

① 광무황제 직계손

ㄱ) 영왕계 - 광무제의 큰아들인 융희(순종)황제의 자손이 없어서, 셋째아들인 영왕에게 황태자 책봉이 있게 되었다. 그리하여 일제침략의 피해를 가장 처절하게 겪는다. 약혼자와의 강제파혼에 이어서 일본여자와 강제결혼되며 평생을 인질생활을 하는 가운데 혼혈아들인 이구황손을 낳는 비극의 혈통이다. 처절한 결혼침략을 당한 것이다. 특히 이구황손은 침략일본을 몰아낸 뒤에 귀국하였으나 사회적응에 실패하고, 결혼에도 실패하며 폐인상태가 되어 일본으로 도망가듯 출국해 있을 뿐만 아니라 자식도 낳지 못해 혈통이 끊긴 참혹한 상태이다.[9]

ㄴ) 의왕계 - 광무제의 둘째아들인 의왕은 또 하나의 가장 비극적 삶을 산 인물이다. 황실내부 역학관계로 명성황후와 엄귀비의 세력에 밀리면서 황태자 책봉기회도 놓치고 평생을 방랑과 술로 지낸다. 그러나 위장된 술망나니였을뿐, 3·1만세항쟁의 실질적 최고 지도자였으며 황실독립운동의 기둥이었다.

의왕은 많은 부인에 많은 자식을 두어, 현재로서 여러 황족을 남겨 두고 있다. 다만 이승만탄압 이후에 거지같이 살면서 국내외에 흩어져 극히 비참한 삶을 살 뿐이다. 현재의 황실을 대표할 중심세력이나, 너무 어려운 상태에 있어서 전주이씨 대동종약원에서 조차도 비하하고 깔보는 비참한 상태에 있다.

② 인평대군 직계손

대원군이 양자로 입적되기 전의 본가 직계손을 말한다. 광무제의 사실상 본가라고 하겠는데 현재로서는 매우 미미한 상태에 있다. 그 까닭은

9) 이옥규, 조선왕조사 I (서울 : 조선왕조사편찬회, 1992), p.635.

직계손들이 전재산을 바쳐 독립운동을 하고 빈털터리가 되었기 때문이다. 현재 그 후손들이 생활전선에서 고생하고 있다.

③ 철종계 직계손

광무제는 철종의 자손이 없어서 철종의 가까운 황족이기에 황위를 잇는다. 그런데 철종이 강화도에서 임금님으로 모셔지기 전에 철종의 형님 직계손은 지금 남아있다. 나름대로 황실과는 약간 거리가 있어서, 일제 침략의 피해를 덜 받았다. 그 가운데는 대학교수로서 학문적, 인격적 존경을 받는 인물도 있고 그런대로 철종계는 안정된 황족이다.

2) 황실의 비참상

현재의 우리 황실은 일제침략자들이 원하던 대로 철저히 궤멸되어 비참한 상태에 있다. 심지어 공산국가의 모택동까지도, 더군다나 이민족인 만주족 황족들이었던 청나라 황실을 완벽하게 보호하고 예우를 했는데,[10] 일제침략자들이 망친 황실을 보호는 커녕 이승만이 선봉에 서서 짓밟았으니 황실도 망하고, 역사도 엉망이 되고, 민족의 뿌리도 심각히 흔들리는 비참한 상태가 되었다. 특히 더욱 비참하고 안타까운 것은 현재까지도 이승만의 아류들이 꽤 있어서 황실은 더욱 비참해지고 있음이다.

현재의 황실은 크게 몇 가지 형태로 잔존되고 있다. 첫째는 도피형이다. 많은 황손이 황실질시의 거센 흐름 속에 하나, 둘 고국을 떠날 수밖에 없었고, 미국 등에서 하층민으로 비참하게 생존하고 있다.

둘째는 은둔형이다. 숨어 사는 것이다. 황족이라고 말하지도 못하고 가급적 신분을 숨기고 평범하게 대중 속에 휩쓸리며 살 뿐이다. 그 가운

---

10) 모택동은 친일행각을 한 푸이황제를 빼고서는, 모든 황족을 사실상의 현역 국회의원보다 나은 대우를 했다.
길림대학 천정남교수 면담, 1995. 6.

데 유일한 돌연변이 예외가 있다면, 의왕의 9째 아들인 가수 이석황손 뿐이다.

셋째는 피해형이다. 상당한 피해의식에 젖어서, 남을 만나면 이상할 정도로 불안정하고 심지어 정신장애인인 듯한 모습을 보이는 경우이다. 상당히 심각한 상태에 있는 황족까지 있을 정도이다.

요컨대 우리의 황족들은 일제침략과 이승만탄압 이후에, 너무도 짓밟히고 심각하게 망해서 특별한 보전조치가 없다면 아마도 다음 세기에 들면 소멸되고 말 정도이다. 사실상 살아있는 문화재인 그들은 너무도 상처입고 훼손되어 내버려진 문화재들이다.

二. 황실복원운동의 씨앗이 된 3권의 책

역사창조와 발전에는 이론발전이 필수적이다. 그런데 그 이론을 담는 그릇인 서적 3권이 거의 동시에 출판되면서, 서서히 태동하던 우리나라의 황실복원의 흐름이 본격화되었다고 하겠다. 신기할 정도로 거의 동시에 출현한, 현대 황실사에서 확실히 기억되어야할 3권의 서적은 다음과 같다.

1. 분노의 왕국

'분노의 왕국'은 장편소설이다. 단기 4324년(1991년)에 신원문화사에서 출판된 책으로, 작가 문영남의 대표작이라 하겠다. 분노의 왕국은 특히 문화방송이 창사 30주년을 맞아 공모한 제1회 문학상의 당선작으로서도 주목을 받은 작품이다.

그런데 분노의 왕국이 더욱 황실사에 남을 계기는, 본 소설이 TV연속극으로 만들어져 방송이 되면서였다. 당시의 연속극에서 주인공인 숨겨진 황손이 일본 천황을 저격하는 장면이 방영되자, 공영방송에서 천황 저격을 다뤘다고 일본 대사관에서 정식으로 항의를 하며 외교문제로까지 비화가 되었다. 문화방송은 당시 단지 연극일 뿐이라며 방송을 강행했고, 많은 시청자를 모으면서 시청자들에게 황실복원 사상의 씨앗을 많이 뿌렸었다.

2. 왕조의 후예

'왕조의 후예'는 장편소설이다. 그러나 왕조의 후예는 작가인 강용자 여사가 삼인행에서 출판하였다가 개정판을 삼신각에서 출판한, 원래 경향신문사의 문화부장일 때에 계속적으로 황실 상황을 추적했던 신문기사를 소설화한 르포 소설이라고 하겠다.

왕조의 후예에는 황실의 모습이 그림같이 담겨져 있다. 망국을 헤매던 당시에서부터 오늘날의 황실이 놓여진 비참상까지가 그림 그리듯 그려져 있다. 분노의 왕국이 완전히 꾸며진 가공의 이야기인 소설임에 비해서, 사실을 정확히 추적하며 현장기자의 예리한 판단과 성찰을 가미한 현장 소설을 통해서 독자들에게 황실보전 인식을 뿌리내리게 함에 매우 기여를 했고 황실사에 있어서 의미가 큰 책이라 하겠다.

특히 작가인 강용자 여사는 소설의 정신을 그대로 실천하면서, 현재 황실복원을 위한 국민운동의 중심적 위치에 서 있다. 이론과 현실이 일치된 좋은 사례가 되겠다.

3. 잊혀진 황후 쥬리아(단군할머니론)

'잊혀진 황후 쥬리아' 는 필자가 민족문화사에서 펴낸 저서인 '단군할머니론' 에 실린 논문이다. 원래 필자는 '여성대통령은 언제 나올까' 란 제목의 책으로 출판한 것을 개정판에서는 제목을 단군할머니론으로 고쳤다.

잊혀진 황후 쥬리아는 앞의 두 소설에 비해서, 에세이 형태의 논문인 점이 다르다. 그리고 정면으로 입헌군주제를 주장한 최초의 논문인 점에서도 다르다.[11] 우리 민족의 현대 정치사가 끊임없이 방황의 역사가 되고 있는 까닭은 일제침략에 따른 역사교란으로 정통성 혼란이 생기고, 민족의 구심점이 없다 보니까 우리나라가 혼돈정치사를 이어갈 수밖에 없음을 지적한 것이다.

잊혀진 황후 쥬리아는 앞의 두 소설에서 제시한 국민적 공감대를 하나의 이론으로 묶으면서 황실복원의 정당성을 부여했다고 하겠으며, 필자가 그 후속 서적으로 인간사랑출판사에서 '황실은 살아있다(상, 하)' 를 출간하며 입헌군주제 이론은 국민적 수준으로 확산이 되게 되었다.

(※ 단군할머니론은 그후 개정판을 내면서, 책 제목을 원래대로 '여성대통령은 언제 나올까' 로 바꿨다. B.B.Books 출판사에서 2002년에 발간되었다.)

---

11) 민족을 살리려고 노력한 대표적 단체인 독립협회의 이상은 입헌군주제였었다. 이민원, 대한제국의 개혁과 그 실태, 한국민족운동사연구회, 한국민족운동사연구 9, 1994. 6, p.23.

三. 초기 황실복원운동의 전개

1. 이석황손의 등장

이석황손은 정치적으로 밀려나 비통한 삶을 산 의왕계 직계손으로서 10째 아들이다. 그는 다른 황손들이 황실중발을 사실상 묵인하며 도피하거나 숨어 지낼 때에 그것을 거부한 유일한 인물이다. 말하자면 역사를 역류하면서 거부한 특이한 인물인 것이다.

그는 일찍이 가수로서 인생을 출발한다. 경동고교를 졸업하고, 외국어대학 스페인어과에서 공부를 했으며, 사라진 황실이면서 더구나 황실에서 서열도 낮은 그는, 노래를 부르는 대중가수로서 고통을 잊는 삶을 보내며 젊음을 불태우는 길이 최선의 길이었는지도 모른다. 그가 부른 '비둘기집' 은 꽤 인기가 있어, 요즘에는 일종의 국민가요 같이 되었다.

그는 다른 황손들과 마찬가지로 10년쯤의 해외도피 생활도 경험한다. 미국의 로스엔젤레스에서 막노동 등으로 삶의 쓴 맛을 처절히 맛보다가 방자여사의 제사를 모시러 귀국하면서, 역사 발전에 본인을 던지게 된다.

2. 이석황손의 개인적 황실복원운동

1) 이석황손의 활동 성향

이석황손의 황실복원운동은 대중 설득에서부터 출발했다. 특히 그는 대중가수라는 대중성있는 직업을 가졌기에 일반인들에게 친근감있게 접근하며 황실을 살리자는 견해를 펴는데 유리했었다. 본인이 광무황제의 직계손임을 밝히고 황실을 살리는 일에 동참하자고 말했을 때에 거부 반응을 보인 사람은 쉽지 않았을 정도로 그는 인기도 있었고 많은 노력도 기울였다.

첫째로 그는 민중들에게 친화력이 돋보이는 인물이다. 일반인들에게 거부감을 주지 않으면서 접근하고, 결코 본인이 황손이면서 거만하거나 차별감을 주지 않는 자세를 보여 국민들의 관심을 충분히 모으고 있다.

둘째로 그는 광무제의 친손자라는 신분임을 누구나 알고 있기에, 많은 일반인들은 너무도 역사부정감에 찌들리면서 살아온 반작용으로서 그에게 색다른 관심을 쏟는다. 그리고는 대한황실의 비극을 다시금 절감하면서 역사 속에 서있는 국민으로 만들어져 가는 것이다.

셋째로 그는 대중적 폭이 넓다. 일반적으로 대중가요는 남녀노소를 가리지 않는 노래요, 직업이나 신분 등의 어느 벽도 없는 노래이다. 특히 그의 노래는 항상 기품있고 우아한 노래로써 국민들의 사랑을 받는다. 노래도 좋고 가수도 좋다보니 황실도 좋아지는 자연스런 흐름이 형성되는 것이다.

넷째로 그는 열의가 넘치게 황실복원에 진력한다. 어떤 일이든 인간이 하는 일은 열성이 있어야 열매가 맺어진다. 특히 일제침략과 이승만 탄압으로 만신창이가 되어 끊어진 황실을 복원하는 일같은 거창한 일은 미친듯한 열성이 있어야만 가능한데, 이석황손은 그런 인물이다. 누군가가 돌았다는 비판을 한다고 말해도 적절할 듯 하다.

2) 이석황손의 활동 내용

이석황손이 중심이 되어 전개한 초기 황실복원운동은 다음과 같은 것들이 있다. 이 내용들은 정도차가 있긴 하지만 상당히 의미있는 결과를 낳고 있다.

① 국민계몽

이석황손은 많은 국민들을 끊임없이 만나서 호소하고, 만남을 통해서 국민적 동지의식을 심어 나갔다. 전 국민이 일제침략으로 끊긴 역사를 되찾는 성스러운 길에 동참하자고 호소하여 끊임없이 공감대를 형성해 나갔다.[12)]

이런 가운데 그는 많은 유인물을 나눠주고 발송하였으니, 여러 종류의 인쇄전단이 국민들 손에 쥐어지게 되었다. 이 유인물 가운데 어떤 종류는 한국 사회를 변화시키는 결정적 구실을 했다고 할 정도로 위력이 있었다고 생각된다.

② 국민조직화

이석황손은 서서히 국민들을 조직화하여 '황실복원추진회'라는 명칭 하에 국민들을 하나로 묶어 나갔다. 황실복원추진회는 2가지의 형태로 조직원이 구성되어 있다. 하나는 정식으로 가입된 공식회원이고, 다른 하나는 공동의 마음을 갖고 공동의 활동을 진행하는 비조직화된 회원이다.

이석황손의 국민 조직화에는 많은 언론인들이 적극적 지원을 해주었다. 주요 신문사와 방송사마다 자발적으로 참여하여, 헌신적으로 황실보전 및 황실복원의 국민적 공감대 형성에 지원을 아끼지 않은 멋진 언론인들이 꼭 있었다. 뜻있는 언론인들의 자원봉사적인 역사단절 극복노력은 훗날 꼭 역사에 기록되어야 할 것이다.

③ 정치인 설득

이석황손은 정치인들도 가급적 꾸준히 만났다. 그러나 그는 정치에 관여하거나 정치를 추종하려는 것이 아님을 명백히 하고 접근한다. 황실복원은 특정 지역이나 종교, 씨족, 계층 등의 어느 것과도 편파적 연결점이 없어야 할 국민운동이다. 그간 이석황손을 연결시키려고 몇몇 종교의 집

---

12) 플래시 5호, 1995. 3. 22, p.16.

요한 노력이 있었으나 그것은 수용될 수 없는 것이었다. 그리고 황실후예 가문이라는 전주이씨 대동종약원에서 황실이 자신들 가문의 황실인 듯이 착각을 한 듯한 행태도 있었으나, 그것은 옳은 일이 아닌 것이며, 예전의 임금님은 임금님이 된 순간에 성(姓)이 없어지며 국민의 임금님이 되었음을 모르는 착각현상이다. 황실복원운동은 국민운동이지 결코 전주이씨 씨족종파운동이 아니다.

이석황손은 정치인들을 여·야에 관계없이 꾸준히 접촉하면서, 잃어버리고 끊긴 역사를 정상화시킴에 적극적 협조를 요청하여, 많은 정치인들이 동감을 표시하고 협조를 약속하게 만들었다. 정치인들은 모두가 우리 민족이고 모두가 나름대로의 포부와 경륜을 갖고 있다보니 당연히 협조자가 많을 수밖에 없는 것이었다.

④ **황실종정부 구성**

원래 황실의 실체는 황실종정(친)부로 구성되어 있었다. 현재의 전주이씨 대동종약원은 종약소로서 족보를 만드는 수준의 존재였고, 여타 다른 성씨의 화수회와 다를 것이 없는 것이었다. 요즘 언뜻 생각하길 황실도 전주이씨 대동종약원과 같은 줄 아는 것은 아주 생각이 미치지 못한 것이다.

전주이씨 대동종약원의 일부 생각이 얕은 구성원들은 그간 필자가 연구를 진행하며 방문했을 때에 엄청난 착각적 사고를 갖고 있었다. 첫째로 자기들 모두가 황실가문이니까 자칭 400만이란 숫자가 모두 황족이란 기막힌 생각을 갖고 있었다. 따라서 종약원 내의 각 파 가운데 숫자가 많은 쪽에서 거의 종약원을 좌지우지하고 있고, 황실직계손은 당연히 숫자가 적으니 제대로 취급도 않는 흐름이 짙었다. 더군다나 이승만탄압 이후에 황족은 재산도 없고 공부도 제대로 못했기에 극심한 천대를 받으며 애들 이름 부르듯이 호칭을 마구 부르는 기막힌 상황도 있었다.

둘째로 황실문제가 전주이씨 가문 문제인줄 알고 있었다. 따라서 종묘

제례나 태조 고황제 제례 등을 사실상의 가족 제사로 모시면서 그것이 정당한 듯한 분위기도 짙었다. 종묘제례나 태조 고황제 제례가 국민적 행사가 못되는 근본이유를 밝히지 못할 바에는 차라리 제례를 모시지 않는 것이 망한(?) 황실답지 않을까? 황실문제는 전주이씨 가문이 알아서 적극 협조하는 것은 옳아도, 전혀 일개 가문의 문제는 될 수 없는 것이 뚜렷한, 민족 문제임을 분명히 유의해야 할 것이다.

이석황손이 황실종정부를 구성한 것은 일종의 만용적 용기가 없이는 불가능한 것이었다. 극도로 씨족이기주의가 발달된 이 시대에 거대한 실체가 엄존하고 있는데, 아무리 많아야 100명도 되지 않을 황족들을 규합한다고 할 경우에 어떤 상황이 벌어지겠는가? 더군다나 현재와 같은 사회상황 내에서 어떤 반응이 나오겠는가? 그러나 이석 황손은 단기 4327년(1994년) 6월 15일에 용기있게 일단 국내에 있는 남자 황족들을 모으고 황실종정부를 구성하였다.[13)]

물론 어려운 여건 속에서 국내에 있는 의왕계의 남자 황손들만 모여서 조직화하는 것은 어떻게 보면 가족 모임같이 느껴질 수도 있으나, 그것은 매우 용기있는 일이라 하겠다. 현재의 황실은 어떤 움직임을 가져도 어차피 우스운 상태가 되게 전락되어 있기 때문이다. 생각하면 혹자는 황실종정부를 가소롭게 볼 수도 있고, 돈키호테 황손이 만든 희극 정도로 치부할 수도 있으나, 어차피 인간은 누구나 기저귀차고 있던 시대를 거쳐 어른이 되듯이, 다시 태어나는 황실이 기저귀차고 조롱받는 수준인들 어떻겠는가? 어떻든 이석황손이 만든 황실종정부는 국내외의 황족들을 점차 깨우쳐서 하나로 묶는 출발이 되리라고 본다.

13) 광화문의 로이얄 다방에 모여서 국내에 있는 남자 황족 가운데 최고 어른인 이경길 황손을 중심인물로 추대하였다.

四. 초기 황실복원운동 전개에 따른 사회변화

이석황손을 중심으로 한 황실복원운동가들의 집중적인 노력에 의해서, 한국 사회는 심대한 변화가 일어나기 시작했다. 단기 4328년(1995년) 무렵이 되면서는 이석황손을 중심하여 전개한 황실보전 및 황실복원운동 상황이 다양한 형태로 끈질기게 언론에 부각되면서, 이석황손은 대단히 주목받는 인사가 되었다. 이러한 상황을 정리하면 다음과 같다.

1. 황실복원 정당성 인식의 확산

사실 황실복원운동이 처음 시작될 무렵의 우리나라에서는 임금님을 거론하는 것조차도 이상하게 생각할 정도의 경직된 사회였다. 감히 말을 꺼내기도 어려웠을 뿐만 아니라, 이 나라에 100년전만 해도 서슬퍼런 황권(皇權)이 존재했었을까 하는 의문이 들 정도의 전반적으로 굳어있는 사회였다.

그러나 그와같은 얼어붙은 생각은 이석황손의 활동이 시작되고 얼마되지 않아 눈녹듯 녹아내려가기 시작했다. 곳곳에서 황실보전이 옳다고 얘기가 확산되기 시작했고, 도처에서 황실복원이 정당하다는 논리가 힘을 얻어 갔다. 사실상 요즘에 있어서는 이 나라의 정치형태가 대통령제이든 내각제이든 관계없이 임금님을 모셔서, 일제침략자가 끊어 놓은 상처입은 나라를 바로 잡는 것은 대단히 정당하다는 논리가 상당히 확산되어지고 있다.[14)]

---

14) 스페인에 임금님이 다시 모셔진 현대사를 목도하며, 동유럽 각국에 입헌군주

2. 조선시대 역사 재조명의 심화

조선시대 역사는 얼마나 정당성이 있게 서술되어 있는가? 특히 망국을 헤매던 때의 역사는 얼마나 정확한가? 이에 대해서 우리는 심각할 정도로 부정적 입장이다. 수없이 식민사관병이 깃든 역사요, 엄청나게 그것을 추인한 역적사관이 이 나라의 역사를 지배해 왔다.

예컨대 외세에 정면대결한 대원군은 궁극적으로 모든 것을 잘못했다고 기록했으니, 망국의 원인은 무조건 쇄국정책 때문이었다고 하는 논리는 누가 만들었는가를 생각해 본 적이 드물다. 어차피 나라가 망했으니 할 말은 없지만 침략자가 나빴다는 논리보다도 우리의 황실이 나빴다는 논리만이 횡행하니, 대한황실이 우리 정부인가, 일본황실이 우리 정부인가?

오늘날에 있어서도 일본인들이 만들어 놓은 잘못된 시각이 다분하게 우리를 지배하고 있다. 요즘에는 일본 대신에 서양 시각으로 대체된 모습도 흔하지만, 그러한 고질병은 원래 일제침략의 산물이다.

그러한 우리나라에 대한황실의 소멸 원인을 비롯한, 제반 역사가 근본적으로 오도된 흐름을 가진 것이었음을 밝혀주는 연구의 흐름이 그간 꾸준히 있었는데, 특히 요즘에 들어서 일제침략을 처절히 겪은 대한 황실에 대한 재조명이 매우 활발히 진행되었는데 그것은 이석황손의 활동 이후에 두드러진 현상이었다.

최근 몇년 사이에 있어서는 대한황실 연구의 중흥기를 이룬다고 할 정도로 황실에 대한 재조명이 매우 활발히 진행되었고, 그러한 흐름의 귀

제 회귀여론이 꾸준히 일어나고 있다. 루마니아, 불가리아 등이 대표적이고, 여타의 많은 왕족들이 재기를 꿈꾸고 있다. 국민들이 군주제에 향수를 갖고 있고 오랜 공산통치에 반감을 갖고 있기 때문이다.
리더스 다이제스트, 1992. 7, pp.43~48 참조.

결점은 그간 우리가 너무 맹목적으로 침략일본의 시각에 감염되었었음을 깨닫고 그것을 고치려는 거센 몸부림으로 나타나게 된 것이었다.

3. 민족적 관심대상으로서의 황실정립

망해버린(?) 황실은 그간 국민들의 뇌리에서 정말 완벽하게 사라져 있었다. 침략당한 황실이었지만 일제침략의 비극적시대에도 형체는 온전히 살아 있었다. 3·1만세항쟁과 독립운동으로 거세게 저항한 우리 민족을 생각할 때에 침략일본도 우리의 황실은 감히 일거에 궤멸시킬 수는 없었다.[15)]

그러나 침략자들이 물러가고 우리 민족 스스로의 정치가 시작되면서 그러한 상황은 상상도 못할 최악의 상황으로 급전직하의 길을 가게 되었다. 더군다나 그것은 미국에 망명하여 스스로를 왕자라고 떠들고 다닌 이승만에 의해 자행된 것이니 더욱 무슨 말을 하겠는가? 어느 정도라도 실체가 남아있던 황실을[16)] 흔적도 없이 말살시킬 정책을 이승만은 가혹할 정도로 밀고 나갔다.

특히 황실말살에 있어서 유의할 것은 황실에 대한 혹독하기 짝이 없는 정신적 매도행위를 가차없이 시행한 점이다. 모든 망국의 책임을 황실에 뒤집어 씌웠고, 모든 지난 잘못의 원흉을 황실이라고 몰아 갔다. 쥐구멍

15) 특히 대한민국임시정부의 헌법에 애초에 들어있던 황실우대 조항을 주목할 필요가 있다. 당시만 해도 황실의 위상은 국민들 정치의식의 중심에 있었다.
추헌수, 대한민국 임시정부사(천안 : 독립기념관 한국독립운동사연구소, 1989) 참조.

16) 왜정폭압 시대에도 우리의 황실은 이왕직(李王職)이란 형태로 나마 형체는 살아 있었다.

에 숨듯이 살다가 덧없이 고국을 등지고 이국땅으로 유랑의 길을 떠난 대부분의 황족들이 얼마나 비참한 삶을 살았던가? 국내에 남아 사실상의 거지 삶을 산, 이경길 황손으로 대표되는 황족들의 처참함을 누가 알고 있었는가?

최근까지 우리 민족은 황족들의 비참상은 커녕 황족의 흔적이 언제 있었는가를 잊고 살 정도였다. 그러나 이석황손의 활발한 활동 이후에 우리의 황실은 국민들의 뇌리에 확고히 재생되며, 민족적 관심대상으로 승격이 되었다. 우리에게도 황실이 있었고 뿌리가 있었다는 점을 분명히 확인시키게 된 것이었다.

특히 현실적 관심사항으로서 민족통일을 위한 임금님의 초월적 통합기능에 주목하면서, 통일이 되려면 임금님이 꼭 계셔야 되겠다는 견해를 펴는 인사도 많다. 그리고 순수내각제에 있어서도 과거의 제2공화국 때에 국무총리와 대통령이 사실상 권력분점을 하고 대립했던 경험에서도 임금님은 주목되어야 한다는 탁견도 나오고 있다.[17)]

五. 초기 황실복원운동에 대한 반작용

이석황손의 눈부신 활동에 의해 황실복원 분위기가 날로 고조되자, 전혀 상상을 못할 일이 생겼다. 상식적으로 생각해서는 가장 철저히 이석황손을 지원하고, 가장 황실복원을 지원하리라고 생각한 전주이씨 대동종약원에서 나온 유일한 반작용이다.[18)] 국민 모두가 묵시적 혹은 현시적으로 누구나 공감하는 일을 왜 유독 황실후예 가문이란 전주이씨 가문에

17) 플래시 창간호, 1995. 1. 1, p.35.
18) 일요신문 133호, 1994. 12. 7, pp.14~17.

서 유일하게 거부반응을 일으키게 되었는가?

1. 전주이씨 대동종약원측의 거부반응

현재로써 전주이씨 대동종약원측의 거부반응을 최종적으로 정리하기는 쉽지 않다. 아직도 역사가 진행되고 있기 때문이다. 다만 지금까지 노출된 사실들을 바탕으로 정리해 보면 다음과 같은 것들을 들 수 있겠다.

1) 황실복원의 주도권 상실

필자가 연구를 처음 시작할 때는 물론이고 최근까지에 있어서도 전주이씨 대동종약원은 황실복원에 대해서는 전적으로 비관적 견해를 가진 집단이었다. 그들의 종친회 모임에 가서 읽는 공식적 축사에까지도 확실하게 거론되는 것이 황실복원은 불가능하다는 것이었다. 필자와 같은 황실복원 신앙을 가진 학자가 듣기에는 반감이 생길 정도로, 황실복원은 되지 않을 일이란 것이 전주이씨 종약원 측의 공론이었다.

그리고 필자와 같은 이론을 주장하거나, 이석황손과 같은 복원운동가에 대해서는 무관심 혹은 냉소로 대했다고 보는 것이 옳은 분위기였다. 그런데 서서히 국민들 속에 황실복원의 분위기가 확산되어 가자, 전주이씨 대동종약원은 이석황손 측의 활동을 막는 모습으로 나타나게 되었다. 그것은 무엇보다도 황실복원운동의 주도권을 상실함에서 말미암은 것이라고 생각할 수 있겠다. 뒷짐지고 구경만 하고 있다가 밥상을 놓을 때가 되니 숟가락은 먼저 들려는 것과 다를 바가 없다고 할까?

2) 황실홀대에 대한 여론 의식

앞에서도 지적했지만, 전주이씨 대동종약원은 황실에 대한 특수입장에 놓여 있다. 다만 분명한 것은 선을 분명히 긋는 입장이면서도 황실을 돕는 것은 남달라야 한다고 생각한다.

그러나 전주이씨 대동종약원에서 황실존중의 흔적을 찾는 것은 쉽지가 않았다. 아니 처참히 몰락한 황실을 홀대하고 무시하는 지경에까지 이르렀다는 생각이 드는 경우도 많이 목격하게 되었다. 최초에 필자가 연구를 위해 방문했을 때에는 황손들의 이름을 불러서 필자가 애들 이름을 부르는 줄 알고 혼동을 했을 정도였다.

이러한 입장의 대동종약원과 황족들이 친화관계를 유지할 리가 없다. 필자가 만난 황족들은 거의 대부분이 대동종약원과 등을 돌리고 있었다. 그리고 많은 숫자가 분노하고 있었다. 그 까닭은 무엇인가?

이러한 상황에서 황족 중의 하나인 이석황손이 황실복원운동을 전개하고, 생각지도 않게 그 운동이 세력을 얻으며 국민적 공감대가 확산될 때에 대동종약원이 취할 행동은 거부반응이 오히려 자연스러운(?) 것은 아닌가? 비참한 상태에서 짐승같은(?) 삶을 살다시피 한 황손들의 재기가 대동종약원 측에 무엇을 말하는가는 자명한 일이 아닐까?

3) 실질적 이해관계의 등장

전주이씨와 같은 특수관계에 놓여 있지 않은 여타 성씨의 국민들은 황실복원에 의해 이해가 엇갈릴 것이 없다. 아니 정도차는 있지만 일제침략의 상처를 고치고 모두다 떳떳한 민족으로 승화됨에 열렬한 박수를 보낼 정도이다.

여타 성씨의 우리 민족들은 모두가 마음을 비우고 담백한 자세로 황실복원운동의 당위성을 생각한다. 그러나 일부 극소수 전주이씨는 스스로의 이해관계를 계산하며 사심을 가질 수가 있고, 부정적 현상이 드러나는 것이라고 밖에 해석이 되지 않는다.

이석황손과 같은 대중적 인물의 열성어린 노력이 없이 황실복원이 불가능하기에 뒷짐만 지고 있다가 실질적 이익 획득은 본인이 하겠다는 것을 국민들이 용납할 것인가? 아니면 이석황손도 물러나고 모두 다 뒷짐 지고 앉아서 망한 황실 그대로 살자는 말인가?

이석황손은 일찍이 이런 일을 예상하고 전국의 전주이씨종약원 지원 및 분원에 본인의 활동은 마음을 비운 것이라고 선언까지 했었다.[19] 그것은 옳은 일이다. 이석황손 스스로도 본인이 사심이 있다면 어느 국민이 따르고 언제 황실복원이 성공되겠는가? 오로지 역사를 바로 잡고 난 뒤에 임금님 모시기는 역사의 결정에 맡긴다는 담백한 자세를 누구나 가져야만 한다.[20] 그런 입장정리가 된다면 이석황손의 활동은 수없이 칭찬하고 도와야 할 일인데, 그렇지 못한 일부 전주이씨가 있는 것은 여타 성씨의 국민들로서는 정말 이해하기 어려운 일이다. 지금 이 시점에 있어서 훗날 임금님이 누가 되느냐가 중요한 것이 아니라 역사를 찾는 것이 중요한 것임을 겸허히 생각해야 할 것이다. 누구나 사심없이 뭉쳐서 돕고 역사를 다시 찾아야 할 것이다.

4) 역사적 정통성의 대두 문제

전주이씨 대다수가 그런 것은 아니지만, 대동종약원 핵심부는 친일성향이 높은 집단에 가깝다고 누군가 예리하게 지적할 때에 반론이 어렵지 않을까? 사실상 일제 침략자들이 사탕발림 작위를 내리고 포섭할 때에 (물론 다른 가문도 그런 가문이 꽤 있지만) 핵심부의 상당한 숫자가 망국을 인정하고 친일의 길을 간 집안이 전주이씨 가문이다. 황실후예 가문이라면 보다 거세게 항일의 선봉에 섰어야 하는데 그런 사례가 많지 않

19) 이석황손이 전국의 종친 및 국민들에게 대량으로 배부한 유인물이 있는데, 그곳에다 그는 황실복원이 되면 후선으로 물러날 것을 명백히 밝히고 있다.

20) 황실복원이 성공된 뒤에, 임금님 모시기는 전국민적 공감대를 가질 특별위원회의 구성으로 결정짓고 국민투표를 거쳐야 할 것이다.

았다.[21] 항일의 최전선 만주벌에서 장렬히 사라진 독립운동가들은[22] 모두 누구였는가를 겸허히 생각해 보라! 이 나라를 찾느라고 목숨을 내걸고 순국의 길을 간 애국자들은 누구였던가? 역사가 그것을 기록하지 않으리라고 안일하게 생각할 것인가?

그런데 특히 유의할 것은 영왕비 방자여사의 귀국을 맞아서의 행태분석이 확실하게 있어야 함이다. 영왕비 방자여사는 어떤 인물인가? 일본이 강제로 영왕과 민갑완여사[23]의 약혼을 파기시키고, 황실을 오염시키며 말살시키려고 강제결혼시킨[24] 장본인 아닌가? 당시까지도 민갑완여사는 비장한 항일자세로 망명했다가 귀국하여, 처녀로 늙어 당당히 조국을 지키는 사실상의 국모다운 삶을 살고 있었다. 위대한 여인의 꿋꿋한 삶 그대로 였다. 그런데 전주이씨 대동종약원은 민갑완여사에게 항일수절로 일생을 보낸 국모에게 드리는 예의를 갖춘 사례를 거의 찾지 못하는데, 방자여사에게는 헌신적(?) 환대를 했으니 정말 곤란한 일이다. 단 한번이라도 항일국모 민갑완과 침략국모 방자여사에 대한 입장논의가

---

21) 일반적인 전주이씨가 그랬던 것은 아니지만, 극소수를 제외한 핵심 전주이씨의 대부분은 거의 모두가 친일파가 되어 일제침략자의 작위를 받았고, 왜정시대를 편히 즐겼다고 한다. 이것은 침략일본의 회유가 집중된 측면도 부인할 수는 없겠다.

유력한 황실 증언자 면담, 1995. 7.

22) 이강훈, 역사증언록(서울 : 인물연구소, 1994), pp.14~126 참조.

23) ㉠ 민갑완, 백년한(서울 : 문선각, 1962).

㉡ 민갑완여사의 평생에 걸친 수절은 항일에 의한 황실복원과, 당당한 역사가 찾아진 나라에서 황후마마가 되려는 일편단심이었다. 그것은 광복과 황실복원을 굳게 믿은 수절이었고, 우리 민족 여성의 지조있는 항일정신을 대변하는 국모다운 의연한 삶이었다.

김정례, 민갑완 : 마지막 황태자 이은의 약혼녀(서울 : 교양사, 1990) 참조.

24) 방자여사의 강제결혼은 3·1만세항쟁의 중요한 원인일 정도의 핵심 침략행위였다.

국가보훈처, 3·1운동, 1991, p.21.

있어 보았는가? 민갑완여사는 무엇을 위해 평생을 수절하며 싸웠단 말인가? 당시의 독립운동의 대상은 국가 즉 황실수호였다는 점을 안다면 황실후예가문이 그럴 수가 있는가?

그리고 그토록 치욕의 침략의지가 깃든 침략국모 방자여사는 극진히 위했으나, 반면에 애꿎게도 이구황손의 너무도 사랑스런 미국부인 쥬리아여사에게는 가혹한 강제이혼의 길을 가게 만들었다. 단지 미국여인이었다는 죄(?) 하나만으로 건실한 쥬리아여사의 일생을 그토록 짓밟고, 그 누가 한번이라도 진심껏 찾아 보았는가? 쥬리아여사는 현재 너무도 곤혹스런 생활로 극도의 어려움을 겪고 있음을 그 누가 알고 있는가?

필자는 연구를 위해 전주이씨 대동종약원 본부를 찾아 다녔지만, 항일적 분위기를 느낀 사례가 별로 없다. 황실후예 가문철학이 없이, 일제의 사탕발림 작위를 받은 흐름이 지금도 혹시 대동종약원을 도도히 흐르고 있지는 않은가? 그렇기에 일제의 뜻에 따라서 아직도 황실을 짓밟고, 사실상 황실복원을 막도록 획책하는 것은 혹시 아닌가? 침략일본이 무엇을 원했었나? 어떻게 찾은 나라인데 아직도 친일잔재가 발호할 수 있는가? 침략일본을 단호히 꾸짖는 단호하고 의연한 모습이 정말 아쉬울 뿐이다.

2. 이구황손의 귀국 추진

전주이씨 대동종약원의 또 다른 조치는 일본에 도망가듯 출국하여 숨어 사는 이구황손을 귀국시키려는 일로 나타났다. 이구황손은 영왕의 외아들이니 황세손이고 황세손의 양자를 세운다는 어이없는 발상인 것이다.

이러한 움직임에 대해 뜻있는 전주이씨들도 필자에게 양자불가론을 정확히 얘기하며 대동종약원의 부당함을 분명히 거론한다. 그것에는 필자도 정확히 동의한다. 이구황손은 예전에 MIT공대 건축과를 우수한 성적으로 졸업하고 건실하게 성장하였을 때에는, 어떤 불리한 여건이 있어도 양해될 수 있고 황실의 기둥이 될 수 있었다.

그러나 이구황손이 귀국하자 그를 둘러싼 인사들, 특히 대동종약원의 일부인사들에 의해 쥬리아여사와의 이혼공작이 끈질기게 추진되었다.[25] 남녀의 이혼은 어떤 물질의 물리적 분리가 아니다. 쥬리아를 처참히 몰아내며, 이구황손도 극심하게 타락의 길을 갔고 사업마저 부도가 나면서 일본으로 비참한 도피의 길을 가게 되었다. 모든 것이 망한 나라에 걸맞는 비참한 황손의 모습을 누가 만들었는가? 현재의 이구황손이 황실복원의 구심점이 될 수 있을까?

역사는 제대로 바로 잡혀야만 하겠기에, 정말로 이 나라가 올바른 길을 가야만 하겠기에, 이구황손님에게는 인간적으로 못할 얘기를 논할 수밖에 없음을 송구하게 생각한다. 일제침략으로 처절히 상처를 입고서는 만신창이가 된 그대로 살고 있는 몰골 사나운 이 나라이기에, 눈물 속에 지부상소를 하듯이 망설이고 사죄하며 비판의 논술을 전개한다. 이구황손은 다음과 같은 이유로 절대 불가하며, 거기다 양자를 잇는 것도 망국의 비극을 다시 인정하는 것이 되어 확실히 불가함을 밝힌다. 불가론의 이유는 다음과 같다.

1) 일제침략 혈통의 산물

이구황손은 일제침략자들이 만들어 놓은 침략의 산물이다. 우리의 황실을 혼혈화시키며 흔적도 없이 말살시키려던 음흉한 침략의지가 깃들어 있고, 우리 민족의 국론을 혼란시키고 민족적 구심점을 흔들어 놓으려는 산물임이 명료하다.[26] 언제라도 그러한 것을 부인한다는 것은 침략

25) 우먼센스 1995년 2월호, pp.180～185 참조.

26) 이구황손 스스로도 그것은 잘 알고 있다고 한다. 핵심황족 중의 한 분이 전하

을 인정하는 것과 같다.

이구황손 개인에게는 정말 인간적으로 동정심을 금할 수 없고, 이구황손을 생각하면 그를 그렇게 만들어 놓은 침략일본 황실의 죄과를 통렬히 재론하지 않을 수가 없다. 그러나 우리 민족의 황통(皇統)을 바로 잡는 역사찾기에 있어서는 사사로운 인정에 좌우될 수는 없다. 어차피 처참히 망한 황실이기에, 황실복원은 재창업과 같은 입장이 되어야 할 것이고, 그렇다면 확실하게 우리 민족의 핏줄을 되찾아야 한다. 침략의지가 깃든 핏줄은 용납될 수가 없다.

필자가 그간 연구를 진행하며 만난 일반 국민과 젊은이들은 누구라도 속사정을 안다면 당연히 황실복원에서 이구황손은 제외되어야 함을 분명히 하고 있었다. 이것은 누가 보더라도 상식적인 당연한 논리이다. 그럼에도 불구하고 전주이씨 대동종약원에서 이구황손으로 황실의 정통을 다시 잇겠다는 것은 무슨 까닭인가?

그것은 친일인맥들이 종약원의 중심을 잡고 일제침략을 완성시키려는 것이거나, 종약원이 역사의식이 전혀 없는 집단이거나, 기초적 사회감각이나 이성도 없는 상태라는 비판이 있을 때에 무어라고 답변을 내리겠는가? 이구황손을 모셔서 침략의지를 인정함은 절대 불가한 망발적 견해임을 분명히 해야만 황실복원운동에 있어서 국민적 공감대와 지지를 얻게 될 것이다. 이구황손을 만약에 귀국시켜 젊은이들의 격렬한 공격이 가해지면 누가 막아줄 것인가? 이구황손은 어차피 역사의 희생양으로서, 조용히 여생을 마치게 해드림이 예의를 갖추는 것이다.

는 바에 의하면 이구황손에게 왜 귀국을 않느냐고 물으니, 본인이 혼혈이며 반은 일본인이라고 분명히 말하면서, 그래서 귀국이 어렵다고 말했다고 한다. 유력한 황실 증언자 면담, 1995. 6.

2) 일제 침략국 여인과의 결혼

이구황손은 일본으로 도피한 뒤에, 도저히 상상못할 새로운 결혼을 한다. 일본여인으로, 직업은 무당이라고 하며, 이혼경력을 갖고, 딸까지 셋을 데리고 있는 침략국 여인에게 몸을 맡긴다. 사랑에는 원래 장벽이 있을 수 없는 것이기에, 이구황손의 결혼을 탓할 수는 없다. 인간 이구가 인간으로서 한 여인과 사랑하며 가정을 꾸리면 되는 것이다.

그러나 이구황손을 우리 황실의 정통을 잇는 존재로 보면서, 공인의 입장으로 볼 경우에는 분명하게 결혼문제를 거론하지 않을 수 없다. 원래 황실의 존재란 역사성을 띤 존재이며, 혈통성과 민족정통성의 문제가 분명한 것이기에 더욱 그렇다.

이구황손이 우리 황실의 정통을 잇는 존재가 되려면 일본으로 출국하여 독신의 생활을 했던가 우리 민족 여인과 결혼을 했어야 옳았다. 더군다나 본인이 미국여인인 쥬리아여사와 결혼한 문제로 온갖 고통을 겪은 마당에 다시 외국여인과 결혼을 한 것은 옳은 일이 아니며, 더욱이 본인의 황실을 그토록 망친 침략국 일본여인과 결혼했다는 것은 용납될 일이 결코 아니다.

우리 민족은 간도 없고 쓸개도 없는 민족이라고 생각한다면 모를까? 그럼에도 불구하고 이구황손을 황통의 기둥으로 보는 전주이씨 대동종약원의 판단력이 정상적인가? 만약에 앞으로도 이구황손의 귀국을 추진하는 견해가 있다면 그것은 결코 순수한 동기가 아닌 것으로 보는 것이 백번 옳지 않을까? 이구황손을 민족의 구심점으로 생각할 정상적인 우리 민족은 결코 있을 수 없다. 이구황손은 어차피 결혼한 일본여인과 해로하며 사실상 일본인으로(?) 남은 삶을 살아야 옳으며, 귀국 논의는 무의미하다고 본다.

3) 민족적 자존심의 결여

이구황손은 비극적 국내생활의 도피처로 그가 태어나고 성장한 일본을 택한다. 왜 하필 일본인가? 일본이 한국 황실의 입장에 있어서는 치욕의 적대국이며, 모든 것을 망친 침략국인데 꼭 일본으로 가야만 했는가?

이에 대한 답변은 이구황손 개인의 입장으로는 언제라도 이해가 가능하다. 그는 반일본 반한국의 국적불명의 이중성 인간으로서 그가 낳고 성장한 외가집이 있는 일본이 보다 조국이란 의식이 더 컸는지 모른다. 더군다나 겉보기로 황손님을 받든다고 거짓(?)행세를 하면서 10여년만에 가정파탄, 인간파탄, 사업부도가 나면서 인생을 파멸로 가게 만든 허망한 한국생활에서, 믿을 것이 거의 없는 그가 택할 외길이 일본이었는지도 모른다. 그는 일본으로 출국하며 한국인은 모두가 사기꾼이요, 도둑놈이란 생각이 들 정도로 극심한 피해의식으로, 감옥행을 피해서 줄행랑을 놓으며 허겁지겁 일본에 닿으면서 한국인들에 대한 원망이 한두가지가 아니었을 것이다. 수없이 이해가 가는 일이다.

그러나 이구황손에 대한 자료를 수집해 보면, 한국실정을 모르는 이구황손을 파멸로 이끈 한국의 일부 전주이씨나 일부 못된 한국인도 있었던 것이 사실이지만, 그가 그러한 못된 인간들을 이겨낼 노력을 했다는 흔적이 많질 않다. 왜 한국에는 그를 망친 못된 인간같은 자들만 있겠는가? 수없이 훌륭한 인물이 많은 아버지 나라에서 일부 못된 인간들에만 말려든 이구황손 스스로의 책임도 크다. 누가 뭐래도 끝까지 사랑하는 아내였던 쥬리아 여사를 지키고 아껴주고, 본인이 모든 재산을 챙기면서, 자기 주변의 못된 인맥을 왜 정리 못했는가?

더구나 이구황손은 한국생활이 15년 이상이나 되도록 한국어도 확실하게 습득을 못했다고 하며, 한국 문화의 본모습에 접근하려는 의지도 별로 없었다는 증언들이 다수였다. 그렇다면 이구황손의 저변에 깔린 생각은 한국인을 근본적으로 사랑하고, 본인이 한국인임을 근본적으로 느낀 것이 아닌 이질적인 것이었다고 보며, 일본으로 가서 일본여인과 일본인이 되어 살고 있는 그의 오늘의 모습이 그의 본모습이 아닐까? 이구황손은 궁극적으로 우리 민족이 되길 거부하는 것이 분명하다.

그런데도 이구황손이 귀국해야 한다고 강변하는 일부 전주이씨들은 그가 황세손이라고 말한다. 그러나 영왕은 황태자 책봉을 정식으로 받았으나, 영왕의 아들이지만 언제 책봉절차를 밟았는가? 사실상의 일본인으로 일본에 젖어 사는 이구황손이 귀국해야한다는 논리의 저변에는 무언가가 숨겨져 있는 것은 혹시 아닐지? 이 나라에 아직도 친일향수에 젖은 인맥들이 많다보니 그런 강변논리가 나오는 것은 아닌지?

사실상의 일본인인 오늘의 이구황손을 귀국하라고 하기에는 이제는 때가 늦었다. 예전에 그를 잘 보필했어야지 다 망쳐놓고 무슨 귀국타령이 필요한가?

4) 국민적 존경심의 부재

오늘날의 임금님! 특히 입헌군주제의 임금님은 어떤 존재인가? 영국의 엘리자베스 여왕이나 스페인의 카르로스 임금님을 비롯한 여타국의 임금님들은 모두가 나름대로의 공통점을 갖고 있다.

첫째로 폭넓은 존경심을 갖고 있다. 국민들을 하나로 뭉치게 하는 신비의 마력을 가진 구심점으로서, 오랜 역사를 끌어 안은 민족적 실체로서 무한한 존경을 받는다. 둘째로 광범한 대중성을 갖고 있다. 국민 전체를 수용하면서 각계각층의 국민들을 하나의 마음으로 간추려 모아주는 구실을 한다.

그러나 이구황손에게 있어서, 현재의 그는 존경심은 커녕 국민들의 곤혹스러움의 대상이다. 그리고 대중성은 커녕 그를 제대로 만나본 국민들도 별로 없다. 다만 국민들에게 일본에서의 온갖 잘못된 사생활은 그런대로 널리 알려져 있다.[27] 사기죄를 짓고 일본 주간지에 나온 기사를 읽었다는 인사들도 의외로 적지 않았다. 그에게서 존경심의 근원을 찾을 수 있는 바가 현재로서는 거의 없다.

30대초의 싱그러운 젊은이로 망국의 역경을 헤치고 유능한 건축학도가 되어 귀국했던 예전의 그의 모습은 정말 국민들에게 신선감을 줄 임금님의 재목으로 충분했고 존경심을 자아낼 근거가 다분했다.[28] 그러나 그의 귀국 이후의 생활은 그의 삶을 파탄으로 몰아갔고, 현재로서는 국민의 마음을 끌어 모을 근거가 전무하다시피 되어있다. 그러한 인물을 내세워 황실의 기둥을 삼는다는 것이 털끝만큼이라도 가능성이 있는 일일까?

5) 황실복원 사명감의 부재

현재의 우리 황실은 처참히 망가져 있다. 일제침략과 이승만탄압 이후에 흔적을 찾기가 어렵게 망해(?) 버렸다. 그런 상태의 황실을 살리자는 것은 빼어난 용기, 사명감, 충성심이 없이는 불가능하다.

앞에서 필자가 이석황손을 돌연변이라고 표현했듯이, 완전히 망한 황실에서 사실상 혜성같이 유일하게 나타나 온몸을 던져 황실복원을 외치기에 그렇게 표현한 것이다. 처절히 망한 황실을 재건하려면, 그것은 결코 정상적인 흐름으로 되는 것이 아니다. 국회의원 뽑듯이 선거유세를 하고 선출을 한다면 무슨 걱정이 있겠는가? 그러나 흔적을 찾기 어렵게 망한 황실을 정상적 방식으로 되살릴 수는 없는 것이다.

이석황손에게는 그간 일각의 사실상 몰지각한(?) 인사들의 비방도 적지 않았다. 그리고 이석황손에게도 사람이기에 나름대로의 약점이 있을

---

27) 일본에 있는 방자여사 여동생(히가시구니)은 현재 진언종(眞言宗) 스님인데 이구황손의 재기는 어렵다고 말한단다.
이석황손이 단기 4327년(1994년) 11월 28일에 동려사(東麗寺)를 방문하여 면담.

수도 있다. 그러나 그 모든 것을 의연히 감수하면서 용기있게 황실복원운동을 밀고 나간 그의 용기와 뚝심을 누가 당하겠는가? 일각의 비방하는 인사들은 그가 가수생활을 한 것 등을 거론하며 헐뜯는다. 그러나 가수만큼 좋은 직업도 없다고 필자는 생각한다. 남들도 즐겁고 본인도 즐겁고, 온 세상을 기분좋게 해주고 사는 직업이 무엇이 나쁜가? 더 좋은 직업을 가진 자가 있다면 말해 보라! 처절히 망한 황실이기에 비참한 고생을 하며 살아왔고, 요즘에는 은행빚 얻어다 이자 갚기에 허덕이며 땀흘려 음식점 영업을 하면서 역사찾기에 동분서주하는 그를 돕지는 못할망정 비방하는 인사가 있다면 그 근거는 무엇일 것인가?

반만년 이상의 찬란한 역사를 등에 업은 태조 이성계 장군의 웅지가 못난 후손 때에 와서 엉망이 되었는데, 이석황손같은 발버둥이 왜 잘못인가? 심지어 지렁이도 밟으면 꿈틀대고 병아리도 때리면 항변을 하는데, 망한 황실을 위해 몸부림치며 항변하고 외치는 이석황손을 비방만 하는가?

지금 이 순간에도 신문과 방송에 계속 초청을 받으면서, 당당하게 황실복원의 정당성을 외칠 인물은 이석황손 외에는 없다. 그는 황실복원운동의 기수임이 분명하다.[29] 그러나 이구황손이 무너진 황실을 살리려고 그간 무슨 일을 했는가? 그가 가진 어떤 악조건이 있더라도, 돌팔매를 맞으면서라도 당당하게 역사찾기를 주장하고 황실복원을 한번이라도 외쳤

28) 이구황손은 MIT공대에서도 우등생이라 영왕을 그 대학에서 학부모로 초청까지 했을 정도로 우수했었다. 당시 이승만이 영왕의 여권을 내주지 않아 영왕은 할 수 없이 2개월에 걸쳐 화물선을 타고 태평양을 건넜고, 거기에서 오는 정신적 타격이 쌓이면서 쓰러져 식물인간이 되었다고 한다.
대원군 생가 인평대군계 종손 이해영 면담, 1995. 7. 23.

29) 눈부시게 활약한 이석황손의 활동중에서 대표적인 언론활동을 열거하면 다음과 같다. 국민들의 엄청난 시청률을 확보하며, 커다란 공감을 불러 일으킨 활

다면 국민들이 그를 보는 눈이 달라질 수도 있을 것이다. 그렇지만 그에게는 비극의 황실에 비극의 씨앗으로 태어난 본인의 운명을 극복할 용기도, 의지도, 사명감의 어느 것도 없었고, 아버지의 나라를 침략한 침략국에 가서 침략국 여인에게 의탁한 더럽고 비굴한 삶만이 있었다. 이구황손은 황실복원을 말할 기본자격도 없다.

六. 황실복원운동의 미래예측

1. 황실복원운동의 발전형태

역사발전에는 비약이 없다. 콩심은 데 콩나고 팥심은 데 팥난다는 상식적 진리가 역사발전에도 궁극적 진리이다. 지금까지 이석황손이 구심점이 되어 이루어진 황실복원운동도 꾸준한 노력이 있었기에, 비약이 아닌 돌계단 오르는 듯한 힘든 노력이 있었기에 오늘의 국민적 공감대를 만들었다. 그렇다면 앞으로의 황실복원운동은 어떤 길을 가게 될 것인가?

지금까지 황실복원운동에 참여했거나 도왔던 인사들의 의견을 종합해보면 황실복원운동의 미래 발전방향은 크게 두 가지로 나타나고 있다. 하나는 황실보전국민운동형이고, 다른 하나는 황실복원국민운동형이다.

동들이다.
SBS 그것이 알고 싶다(조선황실은 살아 있다) - 1995. 2.
두산 C.TV. 문학이야기(이석황손과 함께) - 1995. 5.
KBS 밤과 음악사이(이석황손과 함께) - 1995. 5.
KBS 인간극장(왕자의 노래) - 1995. 4.

먼저 황실보전국민운동형은 현실에 보다 비중을 많이 두면서 역사발전을 보는 인사들의 견해이다.[30] 침략자에게서 조국을 되찾은 이후 50년 가까이 미국식 대통령제로 이어온 현실을 감안하여, 경직될 대로 경직된 오늘의 상황에서는 일단 황실을 옛모습대로 살려 보전하는 수준으로 운동을 진행하자는 견해이다. 그들이 내세우는 견해는 일반적으로 황실을 '살아있는 문화재'로 보는 견해이다. 이 경우에는 특히 황실이 '살아있는 관광자원'이라는 입장도 강하다.[31]

그런데 다음의 황실복원국민운동형은 보다 적극적으로 우리나라를 입헌군주제로 바꿔 개헌을[32] 하자는 견해이다.[33] 이 경우에도 두 가지 견해가 있다. 하나는 영국, 스페인, 태국, 벨기에, 네덜란드 등과 같이 완전한 입헌군주제를 만들자는 견해와, 다른 하나는 현재의 대통령제는 그냥 그대로 두면서 한국에만 있는 독특한 형태로써 국가상징으로의 임금님을 모시자는 견해이다. 필자는 황실복원국민운동을 찬성하는 입장이다. 그러나 그것을 순수 입헌군주제로 하느냐, 한국형으로 대통령이 있는 특수입헌군주제로[34] 하느냐에는 어느 쪽도 상관없다는 입장이다. 왜나하면

30) 황실보전국민운동형은 최영한(불암) 국회의원 등이 대표적 주창자이다. 그는 간단한 정책초안까지 만들어 갖고 있다.

31) 황실관광자원의 좋은 안내서가 출간되어 있다.
이상용, 왕릉(서울 : 한국문원편집실, 1995).

32) 현재 한국의 대통령제는 내각책임제로 헌법기초안이 만들어진 것을 이승만 개인의 압력에 의해 하루 아침에 대통령제로 바꾼 데에서 출발한다. 이승만의 독재의지는 우리 헌법의 출발부터를 일거에 오도시켜 버렸다.
구병삭, 의원내각제의 연구(서울 : 화성사, 1991), pp.56~65.
송 우, 한국헌법개정사(서울 : 집문당, 1980) 참조.

33) 이승만은 대한민국 임시정부에서도 제헌당시와 비슷한 독주현상을 보여, 제1차 개헌으로 임시정부 헌법이 대통령제가 되게 만든다. 이는 임시정부 초창기의 최대파란으로서 이승만의 독재성은 시원적 뿌리가 깊다.
김철수, 헌법개정 : 회고와 전망(서울 : 대학출판사, 1986), p.19.

필자의 입장에서는 잃어버린 역사를 찾고, 일본이 끊어 놓은 황통을 이어 민족정기를 바로 잡자는 목적 외에는 다른 것은 부수적 목적이기 때문이다.

그리고 특히 덧붙여 말할 것은 위에서 말한 두 가지 견해도 소극형이냐 적극형이냐의 차이 뿐이지 사실상 차이는 없다고 본다. 왜냐하면 황실을 보전한다고 할 경우에도 실제적으로는 사실상의 입헌군주제가 아니고 무엇이겠는가? 앞으로 황실복원운동을 진행하면서 그 모습은 꾸준히 좋게 수정되며 진행되어야 하리라고 본다. 다만 모든 것을 다 갖춰 딸을 시집 보내려면 환갑까지 시집보내기 어려운 것과 같이, 일단 황실복원의 가능한 일부터 착수하며 역사를 찾고 계속 고치는 순환과정에 의해 미래개척을 해야하리라고 생각한다.

2. 황실복원운동 발전의 유의사항

꾸준히 폭을 넓혀 가면서 확대되어 가고 있는 황실복원운동에 대해서, 뜻있는 인사들은 많은 조언을 해주고 직간접적인 지원을 아끼지 않고 있다. 그러한 견해는 워낙 다양하게 표출되기 때문에 쉽게 체계적 정리가 되기는 어렵다. 그렇지만 그 가운데 중요한 견해 몇 가지를 정리하면 다음과 같다.

첫째로 프랑스의 파리에는 해외 망명 황족협회가 있으니, 그 곳과 유대관계를 가질 것을 조언하는 견해가 있다. 그 회원황족들은 우리나라의

34) 일본에서는 현재의 천황제는 그대로 두고 총리를 직선제로 하는 특수 입헌군주제 개헌의 움직임이 있다.
경향신문, 1993. 1. 29.

황족과는 달라서 나름대로의 경제적 실력이나 조직을 확고히 갖고서, 황실복원을 지원하기도 한다고 한다. 우리의 황실과 같이 침략국에 처참하게 망한 나라는 거의 없기에, 황실복원운동을 위한 국제적 공조체제 형성은 의미가 있으리라는 견해이다.

둘째로 황실복원운동을 위한 전국적 공식조직화를 촉구하는 견해들이 많다. 그러나 지금까지는 자원봉사적이고 자발적인 회원들의 기금 갹출과 헌신적 봉사에 의한 청교도적 운동으로만 진행해 온 것을 아직은 바꾸지 않고 있다. 성스러운 현대판 독립운동이기에 조용히 깨끗이 진행해 왔지만, 정당한 방법에 의한 정당한 조직화는 언제라도 긴요하다는 견해는 많다.

셋째로 황실복원운동의 심화를 위해서는 연구소나 연구단체가 활성화되어야 함을 지적하는 견해도 많다. 그것은 옳은 말이다. 아직까지는 황실복원운동이 초기단계에 있으나, 앞으로 보다 수준높은 운동전개가 있으려면 그것은 백번 지당한 얘기라고 생각한다. 국내의 지난 황실사를 폭넓게 연구함은 물론이고, 외국황실에 대한 심도있는 연구도 진행하여 황실복원운동의 질적 고양을 가져오게 함은 절실한 필요사항이라고 생각된다.

맺는글

①

단기 4278년 (1945년)의 조국탈환은 한편으로는 침략 일본이 연합군에 항복을 함에 따른 어부지리의 조국탈환이었고, 그렇기에 매우 불완전한 조국탈환이었다. 우리 손으로 일본군을 확실히 몰아내며 우리 손으로 독립을 쟁취했다면 역사는 전혀 다른 길을 갔을 것이다.

그렇기에 단기 4278년에 별안간 맞이한 조국탈환은 불완전한 것일 수밖에 없었다. 그리고 우리의 독립운동은 미완성 독립운동에 머무를 수밖에 없었다. 미군과 소련군이 남북을 분할하면서 북녘땅에는 족보없는 소련식 회의제(soviet) 정치형태가 가공과정도 없이 직수입되었고, 남쪽땅에는 족보없는 미국식 대통령제 정치형태가 무조건 직수입되었다. 이북땅에는 소련을 등에 업은 김일성이 그것을 주도했고, 이남땅에는 미국을 등에 업은 이승만이 독립운동의 정통세력을 거세하며 친일파와 영합한 가운데 뿌리없는 생소한 정치를 이식했다.[35]

이 나라의 새로운 출발! 침략일본이 물러간 뒤의 재출발을 근본부터 오도시킨 김일성과 이승만! 그들에게는 우선적으로 그들의 정권안보는 있었으나, 궁극적으로는 하나된 통일국가의 꿈도 뿌리있는 민족국가의 이상도 별로 관련이 없는 것! 이 나라의 역사는 그로부터 50년 가까운 방황을 하면서 오늘에 이르렀다.[36] 심지어는 남북이 총을 들고 동족상잔의 비극도 연출했고, 곳곳에서 버릇없는 정치싸움으로 세월을 보내기도 하면서 오늘에 이르렀다.

그러나 이 나라가 정상적인 나라였다면 일제침략자들이 그토록 끊어놓고, 그토록 말살시키려던 우리의 역사와, 전통과, 뿌리에 대한 깊은 성

---

35) 침략일본을 몰아낸 뒤의 정국 형성논쟁에 있어서 정치학계에는 외인론과 내인론 논쟁이 분단상황 논의가 있을 경우에 항상 있어 왔다. 정치제도가 남북 이질체제가 되고 전통이 끊기며 황실이 실종된 것은 완전히 외인론으로만이 설명된다. 당시의 우리 국민은 많은 다수가 영왕을 지지했기 때문이다.
한국정치외교사학회, 한국현대사의 재조명(서울: 대왕사, 1990), pp.20～26 참조.

36) 길영환, 이원웅 옮김, 남북한 비교정치론(서울 : 문맥사, 1989) 참조.

찰이 꼭 한번은 있었어야 했다. 일본이 끊어놓길 원하는 그대로, 침략자의 의도대로 구심점인 황실이 없이 처참하게 지역, 종교, 남북, 씨족, 계층으로 분열을 거듭하며 방황하는 이 민족의 깊은 속모습을 꿰뚫어 보아야 하지 않겠는가? 언제 제대로 된 우리의 역사를 찾을 것인가?

그리고 우리의 정치학이 해외에서 수입된 정치학으로서, 가공과정도 제대로 거치지 않은 생경한 존재임을 탈피할 방안도 꼭 거론되어야 한다. 민족의 본 모습을 외면한 정치학이 무슨 우리의 정치학이고, 뿌리도 없고 족보도 없는 정치학이 그 나라에 무슨 도움이 될 것인가? 그간 외면된 입헌군주제와 황실문제는 정치학 연구의 전면으로 분명히 등장되어야 한다. 황실은 일제침략으로 죽은 것이 아니며, 지금도 생생히 살아서 정치학 연구의 본토가 되길 기다리고 있다.

○

②

이석황손이 주도하며 요원의 불길같이 계속 타오르고 있는 오늘의 현대판 독립운동! 현대의 우리 정치사가 방황과 혼돈을 헤매며 겉돌아 온 것을 돌파하고 새로운 역사를 창조하게 만들 신선한 민족운동! 황실복원운동의 성격을 정리하면 다음과 같다.[37]

첫째로 역사찾기 운동이다. 일본이 망쳐놓은 역사요, 일본이 끊어 놓은 우리의 황실을 되찾는 운동이다.

둘째로 어른찾기 운동이다. 나라의 어른이 없이, 중심도 없고 방향도 없이, 버릇없는 나라꼴이 된 오늘을 직시하고 나라의 어른을 모셔서 방

---

37) 일제침략의 최대 후유증은 우리의 전통상실이었다. 잃어버린 우리의 전통을 찾는 것이 한국 정치발전의 주요 과제이다.
한배호, 한국의 정치(서울 : 박영사, 1984), pp.77~81.

황하는 역사의 새로운 내일을 열려는 운동이다.

셋째로 정신찾기 운동이다. 우리는 그간 민족적으로 제정신을 못차리고 살아온 민족이다. 의식주는 물론이고 삶의 모든 것에서 주체성을 잃고, 혼이 빠져 살아온 민족이다. 우리의 정신을 되찾는 것은 언제라도 시급하다.

③

이석황손의 지위는 무엇인가? 그는 우리 황실사에 있어서 위기시에 나타나는 흥미있는 인간상이라고 하겠다. 우리의 황실은 재미있고 묘한 흐름이 있어 왔다.

첫째로 세도정치의 모진 쇠사슬로 나라가 병들어 가고 있을 때에 상가집 개 대원군이 나와서, 신출귀몰한 처세로 나라를 바로 잡았었다. 둘째로 망국을 헤매는 일제침략 시대에 술망나니 의왕전하가[38] 나타나 3·1 만세항쟁을 주도하고, 황실독립운동의 실질적 지도자가 되어서 독립의 날을 향한 민족의 흐름을 이끌어 나갔다. 세번째로는 오늘날에 이르러서 모든 사회가 황실을 잊어 갈 때에 노래하는 가수 황손이요, 광대황손이 나타나 국민들의 주목을 받으면서 국민을 일깨우고 역사찾기 운동에 헌신하고 있다.

정말로 신기한 일이다. 세 분의 공통점은 모두가 현실을 초탈하고, 현실의 잘못을 뛰어 넘어 용기있고 과감하게 미래를 열려는 신비한 마력을 갖고 있는 점! 본인들이 역사를 열되 결코 역사의 주인공이 되지 않는 점! 그렇기에 보다 역사적 인물이 되고 보다 뜻깊은 인물이 되는 것이다. 훗날 역사를 찾은 뒤에 새로운 역사가 우리의 임금님을 모실 것이라고 외

38) 신복룡, 대동단실기(서울 : 양영각, 1982) 참조.

외치면서, 황실복원의 결과가 아닌, 과정으로서의 운동을 위해 헌신하는 이석황손의 발걸음이 날로 힘을 얻는 것은 언제라도 옳다. 그가 걷는 길은 정의롭고 당당하며, 사심없는 것이기에 더욱 그렇다. 우리의 황실은 이석황손의 힘찬 발걸음으로 머지 않아 화려하게 재기할 것이다. 역사는 우리 황실의 편이다.

※ 참 고

① 이경길 황손은 황실의 생존 최고어른이었으나 비참한 삶을 살다가, 4329년(1996년) 겨울에 조용히 사라져 갔다.

② 예전의 대한황실종정부 건물은 경복궁 옆의 옛 국군통합병원 터에 있었는데, 현재는 정독도서관 마당으로 옮겨져 있다.

③ 본 논문의 내용은 단기 4328년(서기 1995년) 7월까지의 황실복원 운동을 말한다. 그 이후에는 나름대로의 큰 변화가 있었다.

④ 본서가 출판되고 5년의 세월이 흘렀다. 본서의 4쇄본이 발간되는 단계에 이르러서는 매우 고무적인 현상이 있다. 우리 국민들도 수준이 높게 변모했지만, 본서에서 많은 지적을 받은 전주이씨 대동종약원을 비롯한 많은 관련자가 매우 바람직하게 재탄생이 되었다. 특히 새롭게 떠오르는 젊은 전주이씨의 신선한 움직임이 곳곳에서 나타남은 매우 고무적인 일이다. 여러 전주이씨 대동종약원 관계자나 많은 국민들의 뜻깊은 발전을 보며, 우리민족의 미래를 낙관하면서 고맙게 인사를 드린다.(2003년 5월)

※ 참고자료

광무황제

- 융희황제 (1874~1926)
- 의왕 (1877~1955)
- 영왕 (1897~1970)
  - 구(1931년생 일본거주)
- 덕혜옹주 (1912~1989)

이름	의왕이 지어준 아명 및 기타 사항	호적명	모 친
의왕비 덕인당 김씨 슬하에는 자녀없음			
건	용길 1남 1909년생 사망		수관당 정씨
우	성길 2남 1912년생 사망 * 부인 박찬주 슬하 아들 청(서울거주)		수인당 김홍인
빙	홍길 3남 1914년생 사망	해진	수현당 정운석
창	창길 4남 1915년생 사망	해직	조병숙
주	수길 5남 1918년생 사망	해일	수인당 김홍인
곤	명길 6남 1920년생 사망		수인당 김홍인
광	형길 7남 1921년생 사망	해청	송씨
현	경길 8남 1923년생 사망		수경당김씨
갑	충길 9남 1938년생 뉴욕거주	해룡	함씨
석	영길 10남 1941년생 서울거주	해석	홍정순
환	문길 11남 1944년생 캘리포니아거주	해선	김혜수
정	정길 12남 1947년생 LA거주	해준	홍정순
영	길순 1녀 1915년생 사망	해완	수덕당 이희춘
진	길운 2녀 1919년생 LA거주	해원	수덕당 이희춘
찬	길연 3녀 1920년생 서울거주	해춘	수완당 김씨
숙	길영 4녀 1920년생 사망	해숙	수길당 박영희
공	길상 5녀 1930년생 뉴욕거주	해경	김금덕
장	희자 6녀 1940년생 캘리포니아거주		김혜수
용	숙기 7녀 1944년생 아르헨티나거주	해란	홍정순
현	숙향 8녀 1950년생 서울거주	해련	홍정순
민	창희 9녀 1953년생 캘리포니아거주		김혜수

◎ 황실직계손을 말할 때에 현재로서 융희황제는 자손이 없고, 영왕의 외아들 이구황손도 자손이 없어 대가 끊겼다. 그리고 덕혜옹주의 외동딸 마사에는 현해

탄에 빠져 자살했다고 알려져 있는데, 최근에 나오는 정보에 의하면 마사에의 죽음은 타살일 가능성이 크다고 한다. 일제침략자들은 그 비극의 딸마저 비참하게 죽여 현해탄에 던졌다는 것인데, 어떻든 혈통이 끊겼다. 다만 의왕계열만이 번창하게 자손이 많은데, 워낙 자유분방한 삶을 살았던 의왕인지라 최종적으로 자손을 정리하기도 쉽지 않다.

◎ 필자가 쓴 황실은 살아 있다(인간사랑, 1994)에는 숨겨진 황손으로서 이초남이 등장한다. 그런데 이초남의 이야기는 뜻깊은 풍부한 내용을 갖고 있음에도, 그의 신분을 증명할 확실한 증거가 충분하게 없는 것이 아쉬웠었다. 필자는 일단 이진완, 이경길, 제순태 등의 증언을 채취하여 출판을 했었다. 그런데 책이 출판된 뒤에 2명의 증언자를 더 찾아 면담을 하였는 바, 이초남은 숨겨진 황손이 맞을 가능성이 매우 높다.

① 안채희 : 현재 86세로 금호동에 살고 있는데, 남편이 독립군으로 용맹스럽게 참가했다가 조국탈환 후에 귀국하여 그 후유증으로 앓으며 별세했다. 독립운동을 하던 당시의 남편은 급히 귀국했을 때에 딸의 이름을 유정순 여사와 같이 이정순으로 지으라고 했고, 그후 정순은 대단한 이름이므로 함부로 부르지 말라고 당부까지 했다고 한다. 안채희여사는 남편이 중상을 입어 만주의 교하로 갔었는데, 거기서 유동렬 장군을 만났다고 한다. 남편은 유동렬 장군의 부하였었다.

② 박위승 : 독립군 중대장 출신으로 현재 90고령임에도 정정하다. 경기도 분당의 노인회장을 할 정도로 건강한 그는 조국에 되돌아 온 직후인 미군정 무렵에 유동렬 장군과 자주 만나고 많은 일을 했다고 한다. 그는 부산에 갔을 때에 유정순 여사도 직접 만났다고 말했다. 필자가 유정순의 모습 등을 세세히 질문한 바에 의하면 이초남의 증언과 그대로 일치했다. 위대한 애국여성 유정순의 역사는, 너무나 안타깝게도 비밀 속에 살다가 조용히 사라지며 흘러갔다. 만주땅에서 청춘과 꿈을 바치고 사라져간 정통 애국자들! 그들의 역사를 어디서 찾을 것인가?

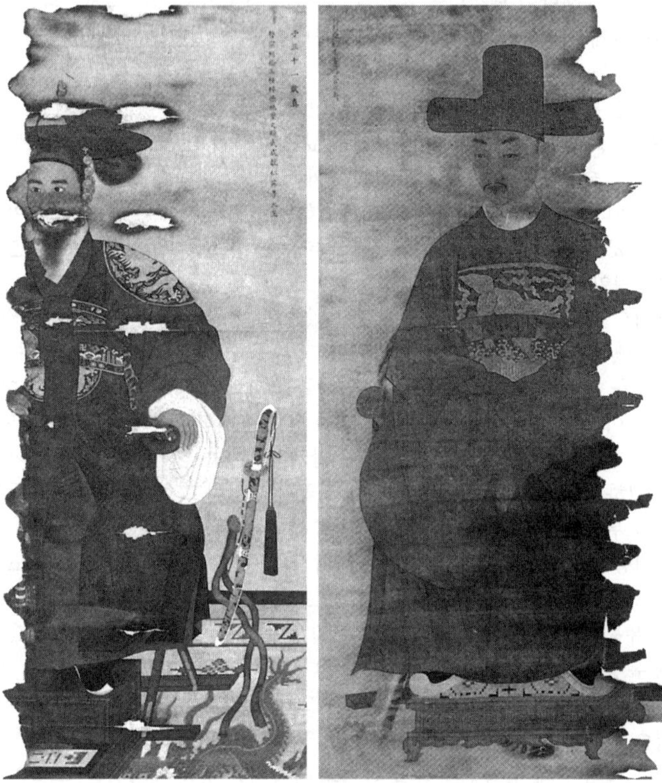

철종 어진(왼쪽)과 연잉군 영정(오른쪽)

대한황실의 임금님 어진은 6 · 25전쟁으로 모두 사라졌다. 오로지 타다 남은 두 개가 있을 뿐이다. 철종 임금님은 임금님이 된 것이 아주 특이하여, 일종의 역전승을 통해 등극했다. 그런데 어진도 그렇게 남은 듯하다. 철종 임금님의 어진이 남은 것은 대한황실의 재기를 상징하는 뚜렷한 증거가 아닐까? 하필 임금님들의 많은 어진 가운데 철종 어진만이 남았을까? 그것도 불에 타다가 신기하게 남았으니, 불타던 대한황실이 되살아나는 오늘날의 상황과 어찌 꼭 같은가?

넷째 주제

항일독립전쟁의 올바른 법통철학

문제제기 : 항일독립전쟁 기본철학의 혼돈성

1. 항일독립전쟁 철학의 실종

2 잘못된 독립전쟁철학의 기본성격

一. 항일철학 혼돈상의 본질적 성격

1. 개인성향이 과잉부각되는 정치풍토

2 김구, 이승만, 김일성의 비교 분석

二. 이승만의 친일법통과 상해임시정부 법통

1. 이승만 시대의 친일법통 비판

2 상해임시정부 법통의 문제성

3. 새로운 법통철학의 필요성

三. 황실법통 수립의 정당성

1. 헌법전문의 개정 필요성

2 독립운동사 재정리 및 역사인식의 수정

3. 황실사관 정립의 정당성

맺는글

문제제기 : 항일독립전쟁 기본철학의 혼돈성

1. 항일독립전쟁 철학의 실종

인간의 행동은 정신적 뼈대가 없다면 그 존재가치가 상실될 경우가 많다. 인간의 사회적 행동도 정신적 뼈대가 없다면 그 행위의 역사적 가치가 없어질 경우가 많다. 그런 경우에 아무리 많은 사회적 행위를 열심히 진행시켰다고 하더라도 덧없는 흐름이 되는 까닭은, 그것에 진정한 의미를 부여할 수가 없게 되기 때문이다. 그것은 바로 역사는 의미있는 행동만 기록하기 때문이기도 하다.

이러한 입장에서 볼 때에, 일제 침략자들의 혹독한 침략행위에 맞서서 싸운 독립전쟁사도 어찌 보면 그간 참된 의미가 실종된 덧없는 역사의 성향이 컸었다. 수많은 유명 무명의 애국지사들이 심지어 목숨까지 흔쾌히 바치면서 독립전쟁의 혈투를 벌였건만, 왜 그 의미가 그토록 희석되고 빛바래게 되었는가? 그것은 그간 독립전쟁의 기본철학을 생각할 겨를이 없이 세월이 흘렀기 때문이다.

우리는 일제 침략자들에게서 조국을 탈환한 뒤에 사뭇 이해가 되지 않을 정도로 정신적 방황을 했다. 그 까닭은 엄밀히 분석하면 이승만과 김구의 과잉부각에 의한 것이었다. 우리는 이승만을 상상도 못하게 추종하는 일단의 인사들과, 김구를 독립전쟁의 모든 것을 대변하는 상징적 거물로 보는 일단의 인사들에 감염된 흐름 속에서 역사의 본질을 잃고 정신적 방황을 하면서 오늘에 이르른 것이다. 지금까지 그것을 예리하게 분석한 경우가 거의 쉽지 않다.

이러한 법통불명 상황은 심지어 국가근본법인 헌법의 전문에 선언된 법통을 읽어 보아도 깊은 연구가 없이 법통을 정립시킨 것이 명쾌히 드러난다. 아니 법통선언이 지극히 상식적이고 궁극적으로는 막연한 느낌이 듦을, 예리하게 분석하면 명쾌히 알아차리게 될 정도이다.[1)]

그리고 분단된 이북에 있어서는 오로지 김일성 위주의 유일시각으로 독립전쟁의 시대를 보는 눈이 고정되어 있다가 보니까 완전히 절름발이 역사관이 지배하게 되고 말았다. 일제침략자와 혈투를 벌인 것은 사회주의 계열만도 아니었고, 김일성의 원맨쇼도 물론 아니었다. 북한측이나 만주 조선족 측의 일방적 역사해석도 역사의 본질을 잃고 방황한 것은 마찬가지였다.

2. 잘못된 독립전쟁철학의 기본성격

그렇다면 오도된 독립철학의 기본성격은 무엇인가? 왜 그와 같은 잘못된 항일철학관이 조국이 탈환된 뒤에 난무하게 되었는가?

1) 이승만 시대의 오도된 역사해석

이승만은 평생을 항일활동으로 보냈다고 말해지고 있다. 그러나 그의 위대한 애국활동에는 결정적 약점들이 많이 있다. 그러한 약점을 갖고 있는 이승만이 일제구축 이후의 정권을 무한권력으로 장악한 가운데에서 우리의 독립철학은 사실상 원천적으로 잘못된 길을 걷게 된다.

첫째로 이승만은 항일 독립전쟁의 최전선에 있질 못했다. 어디가 당시의 최전선인가? 그것은 물론 무장 독립군과 애국자들이 집중적으로 모여들어 항일혈전을 편 만주벌과 연해주이다.[2)] 나라를 빼앗기는 처절한 비

1) 권영성, 헌법학개론(서울 : 법문사, 1997), p.125, 1057 참조.

극의 순간에 나라를 찾겠다는 피끓는 충정의 애국지사들이 몰려들 최선의 입지를 갖춘 만주벌과 연해주의 역사가 항일 독립전쟁의 진짜 역사이다. 그리고 그 인맥들이 애국자의 정예들이다. 그러나 자유당시대에 있어서 정통애국자들은 거의 모두가 이승만의 정적이 되면서 매도되고 매장되었으며, 진짜 애국자들의 역사는 실종되거나 왜곡되고 감춰져 버리게 되고 말았다. 이승만의 독립운동은 외교를 한다는 미명으로 포장되었지만 가장 편하고 안정된 미국땅에서 글과 말로만 독립운동을 한 것에 가깝다. 본질에서 벗어난 겉돌은 애국지사가 진짜 애국자들을 몰아내고 대권을 쥐고 나니까 겉돌은 애국을 부각시키고 만주땅과 연해주의 진짜 역사를 짓밟았다고나 할까? 그것이 독립전쟁 철학 상실의 첫째 이유이다.

둘째로 이승만은 젊은 시절의 배재학당에서부터 미국식으로 살도록 세뇌를 받은 인물이며, 인생의 대부분을 미국에서 살다 귀국한 인물이다. 그런 만큼 그는 거의 모든 것을 미국식 흐름에 의해 생각했고, 미국식 제도를 채용했으며, 심지어 서양여자를 부인으로 맞은 인물이다.[3] 그러한 이승만이었기에 항일 독립전쟁도 그 본질을 몸에 사무치게 느끼고 정면대결을 하기 보다는 미국 일변도의 외세의존적 흐름을 통해서 침략자를 몰아내려는 입장이었다. 그렇다 보니까 항일 독립전쟁의 핵심 의의를 철저히 체득한 것이 아닌 서양적 시각으로 많은 것을 풀어나갔다. 조국을 되찾은 뒤에 있어서도 이승만이 집권하고 나니까 이 나라의 모든 것이 미국식 시각으로 풀어져 나갔던 것도 사실이다. 그렇기에 최전선 만주벌의 애국철학은 사실상 사라졌다.

---

2) 국가보훈처, 3·1운동, 1991, pp.15～16 참조.

3) 또한 4·19혁명으로 쫓겨나 망명생활을 한 곳이 미국의 하와이였고 죽을 때까지도 미국에 있은 셈이다. 그는 배재학당 시절이 미국입문 교육기라고할 때에 인생의 대부분을 미국에서 보냈고 미국변인 위주로만 산 인물이다. 사실상 미국인이었지 한국인이 아니었는지도 모른다.

셋째로 이승만은 훗날 씻을 수 없는 결정적인 역사적 실수를 저지른다. 그의 정권안정을 위해서 친일매국 인맥을 대거 등용시키다 보니까, 자유당 정권 10여년이 지나는 사이에 항일역사의 많은 부분이 사라져 버리고 왜곡되게 만들었다. 애국인맥이 잊혀지는 정도를 넘어서 친일인맥이 사실상 주도권을 쥐게 만드는 엄청난 역사적 죄업을 쌓게 되니, 훗날 이 나라의 민족정기가 흐려지고 성스러운 독립전쟁의 의미가 퇴색되고 꼬여지게 되고만 것이다. 이승만의 건국작업은 본인의 정권안보를 제일로 하여 허겁지겁 진행된 성향이 너무나 컸고, 국가운영의 주요 부분을 애국항일 인맥을 제외시키고서 건국의 토대를 쌓았기에, 거기서부터 시작된 원초적 잘못은 훗날 두고두고 고질병이 되었다. 사실상 자유당시대에 있어서는 본질적인 애국철학이 상실되고 친일인맥들이 대거 등장하면서 철학부재의 상황을 만든 것이나 마찬가지 상태였다. 아니 내면적으로 친일매국철학이 부활한 시기였다. 훗날 우리의 현대 정치사가 당리당략에 따른 당파싸움에 가까운 모습을 위주로 진행되게 하는 성향이 노골화되고, 자유당 이후의 18년을 집권한 민주공화당 정권도 일본군 장교출신의 박정희 인맥으로 이어지게된 것이나, 그후 제4공화국 이후의 정계를 이끈 많은 인사들도 친일인맥과 다분히 인연을 가진 흐름으로 이어진 것도 모두가 이승만의 건국초석에서부터 비롯된 것이었다. 그리하여 훗날 이 나라에는 친일후손들이 사실상 주도권을 쥐게 되었고, 항일인맥의 거룩한 뜻은 적지않이 증발되게 되는 단초가 되었던 것이다.

2) 김구 과잉부각의 문제점

김구! 그는 우리 민족이 낳은 위대한 항일 애국자이다. 조국을 강점했던 일본 침략자들이 물러간 뒤에 있어서, 그때까지 생존해 있던 애국자 가운데에서 매우 뚜렷이 돋보이는 걸출한 애국자였기에 그를 높게 평가하는 것은 백번 옳은 일이다. 특히 자유당 정권의 정권차원적 범죄행각에 의해서 비극적 암살을 당했기에, 그의 인생은 더욱 극적으로 부각되었다고도 생각된다. 그러나 그의 위상이 과잉으로 부각됨에 따른 문제점도 분명히 지적되어야 옳다.

첫째로 상해임시정부가 너무나 부각되게 만들었고, 심지어는 항일투쟁의 모든 것을 대변하는 유일한 것이 상해임시정부인 듯이 인식되게 만들었다. 그러나 상해임시정부는 항일운동사에서 중요한 위상을 갖기는 해도, 모든 것을 대변하는 대표적 존재는 아니다. 상해임시정부는 애초부터 깊은 생각없이 임시정부를 만든다는 생각만으로 모였다가, 논쟁만 가열시키면서 업적도 별로 없이 한 두해만에 사실상 유명무실한 존재로 전락되어 있었다. 항일 독립전쟁을 속속들이 제대로 인식하고 있는 인사들은 도대체 상해임시정부가 이봉창, 윤봉길 의사의 쾌거 이전까지 실질적인 업적이 없었다고까지 말할 정도이다. 그리고 김구에 대해서도 그때까지 뚜렷이 한 일이 없었다고 말하면서, 왜 본인은 나서지 못하고 이봉창, 윤봉길을 죽음의 길로 내보냈는가 되묻는 인사가 있을 정도이다. 예리하고 냉정하게 분석할 경우에, 김구가 항일독립전쟁의 모든 것을 대변하는 최고의 인물로 부각되는 것은, 항일전쟁의 본질적 의미를 오도시킬 중대한 계기가 됨을 분명히 인식해야 할 것이다.

둘째로 상해임시정부는 외형상으로는 번듯한 임시정부지만, 실제적으로는 이승만이 미국에서 편하게 있었던 것과 같이 가장 안전한 피난처의 하나인지도 모를 일이다. 상해는 북경에서도 남쪽으로 한참 떨어져 중국의 남부에 가까운 곳에 위치하고 있어서 물산도 풍부하고 기후도 따뜻한 곳이다. 더군다나 프랑스 조계에 있었기에 프랑스 정부의 주권이 미치는 치외법권 지역이라 일본 침략자들로부터 충분하게 보호를 받을 수가 있는 지역에도 가깝다. 상해임시정부는 만주벌이나 연해주와는 전혀 상황이 다른 곳임이 분명하며, 독립운동가들에게는 사실상 매우 안전한 피난처였던 것이다. 따라서 상해임시정부가 유난히 돋보이게, 아니 유일무이한 독립운동기구였던 듯이 평가될 경우에는 독립운동의 본말이 전도된 시각을 형성시키게 되어 있다.

3) 김일성 신격화의 오류

독립전쟁철학이 오도되게된 남한의 실정을 지금까지 지적했는데, 그것은 북한에 있어서도 마찬가지였다. 이북에 있어서는 김일성을 거의 신격화된 수준까지 부각시키면서, 심지어 제너럴 셔먼호 사건부터가 김일성 조상의 업적이며 유치원 다닐 나이의 김정일까지 항일애국자라고 우겨대고 있으니, 그 상태에서는 정상적인 독립운동 평가가 나올 리가 없다. 아무리 김일성이 위대하다고 해도 모든 것을 김일성이 주도했다는 논리도 이해가 되지 않고, 독립전쟁의 중심축은 사회주의 계열만으로 이루어 졌다는 입장으로 무슨 정상적인 역사해석이 되겠는가?

따라서 이북의 독립전쟁 철학은 첫째로 김일성 신격화 철학이 되는 오류를 범했고, 둘째로 독립전쟁의 기본정신을 사회주의계열의 시각으로만 편향적 정리를 한 것도 큰 잘못이다. 그 두 가지로만 축소시켜서 왜곡된 철학을 가질 때에, 이북정권의 독단적 정권안보는 이루어지더라도 그것이 어떤 역사적 평가를 받게 될 것인가는 자명한 것이다.

一. 항일철학 혼돈상의 본질적 성격

1. 개인성향이 과잉부각되는 정치풍토

정치형성 과정에 있어서 집단성향이 우선하는가, 지도자 개인성향이 우선하는가 하는 문제는 정치분석에 있어서 매우 중요한 요인이다. 다만 일반적으로 고도화된 다원사회일수록 집단성향에 의한 다변인적 의사결정이 우선한다고 하며, 그렇지 않은 사회에 있어서는 지도자 개인성향이 강하게 영향을 미치면서 개인주도적 의사결정이 된다고 말해진다.

그렇다면 우리나라의 정치과정에 있어서는 어떠했는가? 왜 조국탈환 이후의 이 나라에서 독립전쟁 철학의 본질이 상실되고 말았는가? 그러한 질문들에 대한 답변은 이 땅의 현대정치사가 다분히 지도자 개인성향이 거의 독주하면서 의사결정이 되는 정치풍토에서 말미암았다고 말해질 수 있다. 정치집단의 가장 대표적 존재인 정당이 만들어지고, 이끌어지며, 생명력이 이어짐에 있어서도, 이 땅의 풍토는 거의 모두가 지도자 개인을 중심한 명망가 정당의 성향이 짙다.

이승만의 자유당, 박정희의 민주공화당이 그랬고, 요즘의 3김씨 정당까지도 사실상 그렇다. 특정 지도자 개인중심으로 만들어지고 운영되면서 그와 함께 운명을 같이 하는 것이 정당이다. 그러므로 정치적 의사결정은 궁극적으로는 다분히 개인적이고 독선적인 성향까지도 크다. 이 나라의 현대정치사가 시작되면서 왜 독립전쟁의 본질 철학이 상실되고 말았는가? 그것은 현대 정치사의 주도권을 쥔 인물들이, 독립전쟁의 본질적 핵심 주류와 궁극적으로는 거리가 있던 인물이었음을 뜻한다. (예컨대 중국 모택동정권은 공산당 조직을 중심으로 체계있게 항일을 한 인맥이 중심축을 이뤘고, 대만 장개석정부는 반공조직을 중심한 항일인맥이 중심축을 이뤘다. 그러나 우리의 항일인맥은 이북 김일성도 중심축에 있질 못했고, 김구도 사실상 그렇질 못했으며, 이승만은 겉돌은 형편에 가까웠다. 그런데 그들 3인이 현대정치사의 주도권을 쥐어 역사전개가 오도된 것이다.)

2. 김구, 이승만, 김일성의 비교 분석

1) 안전한 곳에 있었던 독립운동가

김구와 이승만의 독립전쟁사에 있어서의 위상은 우선 상대적으로 가장 안전한 곳에서 독립운동을 했다는 점을 지적할 수 있다. 물론 그들은 독립운동가였던만큼 일반인들과는 다른 위험부담을 갖는 위상이었을 것이다. 그렇지만 그들을 날카롭게 분석할 경우에 그들은 상대적으로 매우 안전한 위치에서 독립운동을 했었다.

그들은 엄밀히 말할 때에 항일 독립전쟁의 최전선인 만주벌이나 연해주에서 정면으로 침략군과 대결하질 않았다. 특히 이승만의 경우는 그가 피난을 간 것인가 항일애국을 한 것인가를 분명히 말한다고 할 때에 명쾌한 답변이 쉽지 않다.[4] 요즘에도 만약 제2의 6·25전쟁이 일어난다고 할 경우에, 미국땅에 가서 애국을 한다고 떠들면서 사교나 하고 다닌다면 그를 애국자라고 할 것인가? 이승만의 항일애국은 입으로만 편한 곳에서 명목상으로 이루어진 것이란 혹평이 있다고 할 경우에 답변이 쉽지 않다.

심지어 이승만은 그 어려운 민족적 고난기였던 그 시대의 상황을 감안한다면 오히려 독립운동을 즐긴 것은 혹시 아닌가 생각해 볼 수도 있을 정도이다. 특히 이승만은 요즘의 한국 정치인들의 다수가 그렇듯이 겉으로 말로만 애국자이고, 실제로는 은인이었던 애국자 박용만 몰아내기를 비롯한 사리사욕적 정권다툼에 젖은 정치행태의 원조같은 행동도 했고, 훗날의 많은 정치인들이 그를 닮은 듯도 하다. 요즘 우리의 정치인 가운데에도 국난이 나면 1순위로 도망가고, 미국에 가서 말로만 애국할 사람

---

4) 이승만은 항일전쟁이나 윤봉길 의거를 어리석은 짓들이라고 조소하는 정도였다. 송건호, 이승만 : 애국자냐 독선자냐, 신구문화사, 한국의 인간상①, 1965, p.510.

이 적지 않기 때문이다. 그러한 이승만이 일제구축 후의 현대시대의 정국에 있어서 주도권을 쥐고 나니까, 감히 정통 독립운동 세력의 본질은 부각시키지 못하고 그것을 오히려 왜곡, 은폐, 오도시키는 길을 걷게 된 것이다.

이승만에 비교할 경우에 있어서, 김구는 사실상 독립운동을 보다 분명하게 이끌었다. 그렇지만 김구가 항일독립 전쟁을 수행한 곳도 외형상 임시정부란 틀 내에서, 실제로는 대체적으로 안전지대에 해당하는 상해의 프랑스 조계 구역 등에서였다. 그리고 윤봉길 의거 이후부터 먼 남쪽으로 피신하였고, 중경에서 귀국할 때까지도 사실상 침략 일본군과 일정한 거리가 있는 곳에 머물렀다. 김구의 항일행적은 엄밀히 말할 때에 일본군과 직접 대결되는 곳이 아닌 곳이 대부분이었으니, 그것은 어찌 보면 이승만이 안전한 미국에 머물러서 항일시대의 대부분을 보낸 것과 무엇이 다를 것인가?

끝으로 이북의 김일성을 말하면 그는 김구, 이승만에 비할 경우에는 상대적으로 비교우위에 있었다고도 생각된다. 보천보 전투 등의 정면대결이 있었고, 항일의 최전선인 만주벌과 연해주에서 항일전쟁을 수행했다. 그러나 김일성도 종국에는 씻을 수 없는 실책의 인생사가 있다. 아무리 일제 침략자의 공격이 거셌다고 하더라도 소련군 장교가 될 수는 없는 것이다.[5] 이승만이 미군 장교가 되었거나, 김구가 장개석군 장교가 되었다면 그는 이미 외국정부의 명령을 받는 존재요 민족의 지도자일 수는 없다. 그런데 김일성은 소련군의 말단 장교가 되어 스탈린의 수족이 되어 있었다. 그렇기에 그는 종국적으로 가장 안전한 생명보험을 들었었고, 스탈린의 동방정책을 수행하는 촉수로서의 앞잡이 지위를 갖게 되는 것이다.[6] 김일성이 훗날 독립운동에 정면으로 나선 정통 애국자를 어떤

---

5) 임은, 북한 김일성 왕조 비사(서울 : 한국양서, 1982).

시각으로 보았을 것인가는 자명한 것이다. 소련군 장교로서의 시각을 어떻게 벗어날 수 있겠는가?

2) 죽지 않고 살아 있었던 독립운동가

인간의 평생에 있어서 목숨이 가장 중요하듯이, 인간의 사회생활에 있어서 가장 중요한 기준의 하나도 생명이다. 그렇기에 스스로의 목숨을 바치면서 모든 것을 조국에 선사하고 사라지는 애국자를 높게 평가하는 것이다. 우리는 항일애국자를 평가하는 기준에 있어서, 이 기준 이상 더 높은 기준을 발견할 수가 없다.

그런데! 지나간 항일 전쟁사에 있어서는 오히려 비굴하더라도(?) 살아남은 자만이 높게 평가 받는 듯한 흐름이 짙었다. 왜 그렇게 되었을까? 그것은 어떻게라도 살아남은 자들이 모든 영광을 독식하면서 역사를 오도했기에 그렇게 된 것이다. 때로는 안중근, 안명근, 유관순, 이상설, 윤봉길, 김좌진, 이회영, 신채호를 비롯한 기라성같은 진짜 항일거성들은, 오히려 김구, 이승만 보다 낮게 평가되고 폄하되는 듯한 분위기까지도 있었다. 아니 그 후손들이 거의 빛을 보지 못했고, 심지어 신채호의 후손들은 쫓기듯 숨어 살면서 수없이 이사를 다니기까지 했었다.

최고의 애국자를 평가하는 기준은 무엇이어야 할까? 그것은 ① 평생에 걸친 위대한 애국활동 ② 역사에 부끄럽지 않은 삶 ③ 목숨을 비롯한 모든 것을 조국에 바친 애국심의 3가지이다. 그 3가지를 모두 갖췄을 경우에야 일단 위대한 A급 애국자라고 말할 수 있고, 역사에 찬란한 이름을 남길 수가 있는 것이다.

그러나 현대 정치사에 있어서의 주도권을 이승만이 쥐면서 진짜 애국의 의미를 많이 퇴색시켰다. 왜냐? B급이 스스로를 최고라고 추켜 세운

---

6) 이명영, 권력의 역사 : 조선노동당과 근대사(서울 : 종로서적, 1989).

상황에 A급의 진실을 말하면 B급은 B급임이 분명히 드러나는데, B급이 A급을 제대로 평가하게 만들겠는가? 그리하여 비굴하더라도(?) 살아 남아야만 제일이라는 논리가 만들어질 틈새를 만든 것이며, B급철학이 A급철학을 압도한 것이다.

그것은 김구에 있어서도 마찬가지이다. 김구는 이승만에게 희생되면서 밀려났지만, 그로 인해서 독재자 이승만이 미운 것에 대한 반작용으로 김구가 과잉으로 미화가 되었고, 결과적으로 그것도 진정한 독립전쟁철학의 의미를 퇴색하게 만들었다고 함이 옳다. 우리는 무조건(?) 김구를 위대하다고 말한다. 김구를 감히 비판하는 글을 못 보았다. 그러나 김구의 일생에 있어서, 그가 정면으로 용기있게 침략자와 맞서서 싸운 경우를 쉽게 찾기 어렵다. 김구는 안중근, 윤봉길, 김좌진, 신채호, 유관순, 이회영, 홍범도와 같은 위대한 애국자와 비교가 될 수 없는 인물이라고 봄이 옳다. 안중근, 안명근의 살신성인을 가장 가까운 거리에서 보고 배웠지만, 안중근을 따를만한 최고의 용기와 지략과 결단력은 없었던 인물이다. 아니 어떻든 자기는 목숨을 이으면서 이봉창과 윤봉길을 죽음의 길로 보낸 것도 분명한 사실이다. 김구의 일생은 위대한 만큼 분명히 비판도 받아야 한다. 그는 조국을 향해 마지막의 모든 것을 바칠 용기와 결단력은 없었던 인물이 분명하기 때문이다. 김구는 안중근, 김좌진, 이회영, 홍범도 등과는 다른 인물이다.

끝으로 죽지 않고 살아 있던 인물이란 점에서는 김일성도 같다. 김일성의 경우가 정통 독립운동 세력의 정통 후계자였다면 역사의 오도는 없었을지 모른다. 그러나 김일성은 나름대로의 독립운동을 했으나, 종국에는 소련군에 의탁하여 생명보험을 확실히 든 까닭에 살아 남은 것이다. 따라서 김일성도 그의 잘못된 처신을 합리화하다 보니 진짜 독립운동가의 진짜 정신을 흐리게 만들었고, 본인을 신격화시키면서 항일철학의 본질을 오도시킨 것이다.

3) 양반출신이 아닌 독립운동가

우리 민족에는 이상한 현상이 있다. 민주주의라는 빛좋고 아름다운 이름의 무소불위의 칼을 내세우며 조선시대의 양반사회를 모질게 비판한다. 그것이 민주적인 평등사회라고 이구동성으로 말한다. 그러나 당신이 상놈출신이냐고 물으면 대부분이 아니라고 말하고, 거의 대부분이 본인은 양반이라고 한다. 아니 상놈출신이 본인이라고 말하는 경우를 사실상 본 사례가 없다.

그렇다면 이 사회를 구성하는 모든 인사들은 겉으로는 모두가 다 양반이요, 좋은 가문출신으로서, 자랑스런 종친회를 가졌다고 입에 침이 마를 사이가 없이 자가발전형 선전을 하면서도, 가혹하게 양반사회를 질타해야 민주주의가 된다는 모순 덩어리의 흐름을 갖고 있다. 스스로가 스스로를 비판하고 욕하는 이런 흐름은 왜 만들어졌는가? 본인들이 양반이라고 모두 다 말하며 양반욕을 해야 민주주의라는 일종의 이중구조적 의식이요, 모순 덩어리의 가면화된 사고가 왜 나왔는가?

그것은 첫째로 일제침략 후유증이라고 하겠는데 침략사관에 의한 조선시대 매도에 감염된 증후군에서 비롯되었다고 하겠다. 일제 식민사관은 우리 역사를 어둡게 질타함에서 식민화의 정당성 논리를 찾으려고 했고, 특히 조선시대의 역사를 깎아내면서 부정적 심상을 만들어 우리 민족과 이간질을 시켰다. 그러나 우리 민족의 조선시대 지도층은 그렇게 어둡고 당파싸움만 했던 집단은 아니었다. 긍정적 업적이 수없이 많음에도 일제 식민사관이 그렇게 오도된 역사를 만든 것 뿐이다. 무엇보다도 임진왜란 등에서 정면으로 싸운 도처의 의병들은 주류가 양반층의 지도에 의했었다.[7] 그리고 조선말기의 일제 침략기에도 최초의 의병집단은 유림세력을 중심으로 한 정통 지식인 출신이요 양반계급이었다. 그리고

---

7) 이태룡, 의병찾아 가는 길 Ⅰ,Ⅱ(서울 : 다물출판사, 1995).

만주벌에서 항일의 모든 자금을 제공한 대종교 세력도 유림세력의 정예들이 민족종교 형태로 재조직된 것이었다. 많은 양반 지식인들이 항일혈전을 펴면서 수없이 죽고 사라졌다.[8] 죽은 자는 말이 없으니까 그들의 역사가 훗날 제대로 평가를 받지 못할 뿐이다. 독립운동사를 면밀히 분석할 때에 양반지도층의 위상은 결코 낮게 평가될 수가 없으며, 그간 수입된 민주논리에만 꿰 맞추면서 너무나 양반 매도의 흐름이 강했고 조선시대의 양반은 누구나 탐관오리, 못된 폭력자인 듯이 만든 풍조는 잘못된 것이 분명하다. 양반층의 독립운동은 제대로 연구가 되지 않아서 그렇지 독립운동의 근본 주류였다.

그리고 특히 강조해서 유의할 것으로서 '국난기 양반상'에 대한 관점정립이 필요함이다. 임진왜란 이후 국난기마다 양반층은 유학을 배운 유교세력으로서 나라를 지키는 최선봉에 섰었는데, 조선말기에 있어서도 항일운동의 지도층은 대다수가 양반 지식인(유학)층이었다. 만주벌의 청산리 전투 등을 이끈 지도세력은 거의 다수가 양반으로서, 그들은 고려말의 지식인들이 국난기에 단군을 부각시키듯 유교를 단군대종교로 만들어 국민을 뭉치게 하고 애국심을 북돋으며 철저항일 옥쇄의 길을 갔었다. 다시 말하면 우리 민족은 특이한 '국난극복 패턴'이 있어서 예로부터 국난을 당하면 단군을 강하게 부각시키며 민족을 하나로 똘똘 뭉치게 했는데, 조선말기에는 고려말같이 단군을 부각시키는 수준을 넘어서서 아예 민족종교의 수준으로 단군을 극대화시켜 침략자들에게 정면대결했던 것이다. 그리하여 대종교는 유림 양반세력이 단군사상을 기치로 내걸고 철저항일의 길을 가는 비밀결사와[9] 같은 존재로 되었으며, 만주땅 항일의 주류는 대종교 인맥에 대종교 자금으로 이끌어졌다고 해도 과언이

8) 이강훈, 역사증언록(서울 : 인물연구소, 1994), p.223.

9) 그러므로 대종교는 단군대종교라고 부르는 것이 더 맞고, 그것은 유교와 같은 존재이면서 단군민족종교 형태로 재정립된 '민족주의 유교'라고 보면 맞다.

아니었다. 요컨대 조선시대 지도층은 결코 비겁하지 않았고 국가와 민족을 위해 목숨까지 서슴없이 바치는 애국집단이었으나, 그들이 사라지고 나니 일제식민사관이 압도하며 사무라이는 대단하고 조선양반은 허망한 존재라고 역사를 쓴 것이었다. 그리고 우리의 다수는 아직도 그 거짓말을 믿고 있는 것이다. 그러나!

오죽하면 일제침략자들은 대종교가 '단군으로 뭉친 유학자 비밀종교 독립운동체' 임을 간파하고 대종교 금지령을 내렸을 정도였겠는가? 요즘 대종교가 멸종되다시피 된 것은 대종교가 항일전쟁에 모든 것을 바치고 사라질 정도로 일제의 가장 큰 탄압을 받았고, 그리하여 신도들이 거의 모두 죽었는데다, 조국탈환 이후에는 이승만의 정적세력이라 견제되고 매도되며 스러지고만 것이기 때문이다. 요컨대 우리의 국난기를 장식한 대종교는 단군을 내세운 유교 양반지도층의 고급종교! 애국집단! 그것이었고 그들의 대부분은 양반 집단이었음을 분명히 유의해야 한다. 그러나 그들이 항일전쟁으로 모두 죽고나니 역사가 알아주질 않는 것이며, 이승만이 키운 해외유입 신참종교들이 조선시대 역사에 있어서 가장 멋진 애국집단의 하나였던 단군대종교를 별볼일 없는 미신이라고 매도하면서 이제는 거의 사라진 종교가 된 것이다. 그리하여 이 땅에는 도처에 천민문화가 난무하며 현대정치사를 얼룩지게 만든 것이다. 단군도 양반도 조선역사도 엉망이 된 흐름을 예리하게 보는 안목이 없이 역사의 진실은 보이지 않는다.

둘째로 정통적이고 옛부터의 전통적인 민족의 사상적 뿌리가 잘린 공백을, 현대시대에 들어 일제침략자들이 물러가면서 별안간 직수입된 미국식 사고가 급격히 파고 들면서 이 사회의 역사부정 의식이 강하게 나타났다. 우리는 민주주의를 다분히 명목적 껍데기로만 받아들였다. 영국을 예로들면 임금님도 계시고, 영국식 양반인 귀족이 있어서 상원이 당당히 존재해도, 세계 민주주의의 모국임을 누구나 부정하지 못한다. 미국은 사실상 영국에서 밀려난 인맥이 주류가 되어 탄생된 나라이고, 미국 민주주의는 영국 민주주의에 뿌리를 둔 것이다. 아니 노골적으로 말하면 영국 민주주의는 고급 양반 민주주의로서 민주주의 모국의 것이라면, 미국 민주주의는 영국판 평민 민주주의의 성향이 높은 것인데, 우리나라에는 원색적으로 미국식만 들여왔고 임금님이나 양반 얘기만 꺼내도 비민주적인 것인 듯 생각하는 껍데기 민주의식이 자유당시대 이후 전국을 장악하게 된 것이다.[10] 더군다나 이승만이 그토록 받들어 모신 미국의 최고 지도층은 영국 유학을 거의 모두가 꼭 다녀 오며, 영국사가 200여년 된 미국사의 뿌리임을 묵시적으로는 누구나 인정하고 있다. 그럼에도 우리는 민주주의란 미명하에 거의 미국의 민주주의만을, 그것도 기계적이고 형식적으로만 받아들이면서 무조건 권위를 부수고, 역사를 파괴하며, 조선시대를 욕하면 민주주의가 된다는 얄팍한 생각을 많이 가져왔다. 그러니 조선시대의 임금님 문화나 양반문화는 항상 욕하는 대상이 되기가 쉬웠고, 본인들은 상놈이 아니라면서 양반문화는 싫어하는 코메디에 가까운 모순이 생긴 것이다. 이 나라의 지난 역사를 살필 때에 민주주의가 수입되며 좋게 바뀐 것도 많지만 그 역기능 또한 매우 많았다는 사실을 모르면 역사의 본모습은 바로 보여지지 않는다. 이러한 모순논리를 타고서 우리의 품위있고 격조 높았던 조선시대가 중우(衆愚) 정치형태의 천민문화 시각으로 전락한 것을 어떻게 바로 잡을 것인가?

셋째로 70년만에 실패로 끝난 소련 사회주의의 검증안된 사상이 이북을 압도했고, 남쪽에도 많은 영향을 끼치면서 양반전통사회를 질타했다. EU를 비롯한 전통적인 유럽사회가 번영을 구가하고, 미국이 전통적 호

---

10) 이승만은 제헌국회 기초과정에서 내각책임제로 만든 원안을 단 하루 사이에 미국식 대통령제로 바꾸게 만들었었다. 대통령제의 출발은 이승만 1인에 의했다고 해도 과언이 아니다.
구병삭, 의원내각제의 연구(서울 : 화성사, 1991), pp.56~65.

름을 이어받아 자본주의의 꽃을 피우고 있는데도, 이 나라에는 아직까지 사회주의적 환상이 잔존하고 있는 것도 사실이다. 박제화된 도식적 사회주의 사고에 의해서 이북 주민 전체가 사망 직전의 기아선상에서 헤매고 있는 흐름은 무엇에서 비롯되었는가? 사회주의는 역사발전을 의도적으로 왜곡하고 오도시킨 시각으로 본 사상임이 명증되지 않았는가? 그러한 잘못된 사회주의적 시각으로 우리의 조선시대를 보면 잘못이 오히려 옳고, 정상적인 역사적 유산도 모두가 잘못으로 보일 것이 왜 이해되질 않는가? 우리는 역사를 담백한 시각으로 제대로 볼 필요가 있다. 도식화된 사회주의 이념의 시각이 아닌 담백한 시각의 회복이 긴요하다.

그런데 무엇보다도 네 번째로 가장 중요한 것이 한 번도 학계에서 거론되질 않았음을 우리는 누구나 간과하고 있다. 그것은 일제구축 이후 현대사를 이끈 인맥들이, 주도적 핵심인사들은 거의 모두 평민 혹은 천민계열임을 무시한 것이다. 양반 지도층이 처절히 싸우며 옥쇄당하고 마니 천민들이 다수가 남게 되었다고 할까? 특히 이 땅의 현대 정치사에 초석을 놓은 이승만의 출신 성분은 매우 중요한데, 그는 조선시대를 증오할 만한 위치에 있는 하층민 출신이었다. 이승만 스스로가 대권을 쥐는 순간에 본인의 자서전으로 구술하여 저술된 서정주의 이승만 전기는 이승만이 하녀와 함께 지내는 신분임을 사실상 분명히 밝히고 있고, 책 전체에서 이승만의 신분이 적나라하게 풍겨진다. 그로 인해서 그 책은 출간 즉시 묘한 핑계를 대면서 폐간되는 비운을 맞았던 특이한 경력의 책이다.[12] 현재 서점에 있는 그 책은, 그 책에 담긴 기구한 사연을 독자들이 몰라서 서점 귀퉁이에 숨겨지듯 꽂혀 있는데, 현대정치사상 최초의 정치

11) 서정주, 우남 이승만전(서울 : 화산 문화기획, 1955), p.31.

12) 서정주는 당시 이승만 부친에게 존칭을 쓰지 않아 폐간 당했다면서, 그것에 분개하며 이해할 수 없다고 단언한다.
서정주 면담, 1995. 12. 19, 자택.

적 탄압을 받고 판금되었다가 자그만치 46년만에 2판이 나온 희한한 책이다. 생각하면 이승만의 심리는 매우 복잡한 바가 있다. 그는 본인이 조선황실의 황통을 이은 전주 이씨라고 하면서도, 황실을 가혹하게 짓밟아 끊는 이율배반적 행동을 했다. 그의 행동! 거기서 중요한 것은 행동이다. 그는 황통을 끊어야만할 심리적 배경을 가진 신분이었다. 그렇기에 이승만시대는 사실상 잔인할 정도로 조선시대가 부정되었던 것이다. 그러므로 조선황실이 지독히 욕을 먹는 존재가 된 것도 이승만시대의 여파가 확대 재생산되었던 점도 강하다.

이러한 상황을 보면서 특히 유의할 것은 서양인들의 양반철학인 '노블리스 오블리제'라고 부르는 것으로서, 지도층 인사들이 솔선수범하며 전쟁이 터지면 앞장서고, 생활에 있어서도 근검절약하고 품격높게 처신하던 것이 우리 역사에는 없다는 착각이 왜 생겼는가를 생각할 필요성이다. 그러나! 그것은 이승만시대 이후부터 이승만식으로 국난기에 가장 안전한 피난처인 미국에 가서 입으로 항일을 한 것을 내세우고, 만주땅이나 연해주의 진짜 애국인맥을 망각시켰기 때문이다. 우리의 양반지도층은 다수가 침략 일본군에 맞서서 수없이 죽고 죽으면서, 만주벌의 혹한에 옥수수밥이나 좁쌀죽을 즐겨 먹으며 정면항일을 한 노블리스 오블리제를 실천한 위대한 인물들이었다.[13] 그러나 조국탈환 이후 이승만, 김일성이 이 땅의 남북을 분할하여 오도시키니 위대한 애국자들의 진짜 역사가 사라진 것이다. 만주땅에서 사라지고 죽은 위대한 애국자들은 다수가 유학을 배운 정통 지식인이요 양반층이었고, 그들이 오늘날에 살아 있었다면 정말로 겸손한 생활에, 국산품을 애용하는 검소한 삶에, 항상 책을 읽고 공부하며 무예도 닦는 건강한 지성인으로서, 국난기에는 목숨까지 바치는

---

13) 의병항쟁 때의 항일 운동가들은 대부분 양반층의 지도에 의했다.
이태룡, op.cit. 참조.

진정한 지도자들일 것이다.[14] 그러나 이승만 이후 나타난 천민문화가 조선시대의 양반들은 모두가 쓰레기 탐관오리인듯이 몰아간 것이다. 신흥무관학교를 이끌어간 찬란한 인맥, 청산리전투의 거대한 인맥, 수많은 만주땅 항일 애국인맥을 속속들이 음미하며 독립운동사를 읽어 보고서도, 우리의 전통 지도자들이 '노블리스 오블리제'를 외면했다는 소리를 할 수 있겠는가? 현대 사회를 모질게 엄습한 천민문화의 폐해를 어찌 고칠 것인가? 이 사회의 품격을 어찌 높힐 것인가? 국가와 민족은 어찌되든 외제 고급차에 고급 아파트나 갖고 골프채 들고서 양담배 피우며 해외유람이나 다니는 천박한 천민문화의 뿌리는 4278년(1945년) 이후 단절된 '노블리스 오블리제 양반문화'의 사라진 공백에 핀 악의 꽃일 뿐이다.[15]

그리고 양반문화상실을 다른 측면으로 재음미해 볼 것은 일제 침략자가 우리를 매우 곤경에 빠뜨린 국난이었던 고려말의 왜구격퇴, 그리고 최초의 전면전 형태 침략인 임진왜란 7년 전쟁의 왜군격퇴가 끝내 우리 민족의 승리로 끝났는데도, 일제 식민사관은 교묘히 일본 위주의 해석을 강조했음이다. 만약에 일제강점 만 35년이 없었다면, 그 역사는 지금같이 해석되지는 않을 것이다. 조선 태조 이성계의 역사적 위상도 보다 적극적 영웅으로 해석하면서, 일본사의 영웅인 오다 노부나가, 도요토미 히데요시, 도꾸가와 이에야스 등과는 월등히 뛰어난 인물로 받아 들여질 것이지만, 일제는 왜구를 격퇴한 이성계 장군에게 보복적 역사 해석을

14) 양반이란 문반과 무반을 합한 것으로서, 학문적 배경을 가진 경세가와 무예를 익힌 장군을 뜻한다. 그런데 전통적 양반은 나약한 학자가 아니라 문무를 겸한 지도자가 됨을 매우 중요히 여겼다.

15) 일본이 왜 세계제일 경제국가가 되었는가? 그것은 전국민이 평균 한해에 30권의 책을 읽으며 맡은 일에 인생을 걸고 연구함에서 비롯되었다. 무사도 검객문화의 최고 검술연마 자세가 남은 것이다. 우리도 즉각 천민문화의 굴레를 벗고 철저히 독서하고 연구하며 제1의 인격을 갖춘 지식인이 되려는 지도층문화를 회복해야 하겠다. 그것의 출발은 독서운동과 품격향상운동이다.

한 것이며 자기들의 지도자는 영웅사관으로 역사를 쓴 것이다.[16] 그렇게 되니까 두 번째 전면적 침략에는 수치스럽게 만35년의 강점을 당하니, 이 나라에는 임금님이나 양반 지도층이 하나같이 인간 이하로 매도되는 역사가 만들어진 것이며 노블리스 오블리제는 커녕 썩은 지도층만이 있다는 생각을 우리 민족에게 심어 놓은 것이다. 그런데! 이렇게 일제강점기에 버려진 역사에 다시금 칼질을 하며 천민문화 시각이 자유당시대에 가세한 것이다.

우리는 일본사는 항상 좋은 때만 있는 줄 아는데, 그들이 명치유신을 통해 천황문화를 재정립하기 이전에는 무사들끼리의 난투극 역사로 점철된 더러운 어둠의 역사가 줄줄이 이어졌다. 다만 그들은 천황문화에다 무사도(武士道) 문화를 접목시켜 체계화시키는 것을 근대화 과정에서 성공시킨 것이 우리와 다를 뿐이다.[17] 만약에 우리도 임금님 문화에 양반 지도층 문화를 접목시킨 품격높은 지도원리 정립이 보다 일찍 확립되었다면, 예컨대 한국판 명치유신이 있었다면 우리 역사가 어디로 갔겠는가? 그러나 이승만은 한국판 명치유신이 아니라, 우리의 임금님과 양반을 짓밟고 공백화시킨 곳에 미국문화를 억지로 이식시켜 놓은 것이다.

현대 정치사의 방황과 부패, 부조리는 임금님 문화와 양반문화의 상실에서 시작되었다. 우리의 국가 지도층인 공무원이 천황과 무사도정신으로 무장된 일본 공무원 사회를 능가할 계기는, 임금님과 양반선비정신으

---

16) 우리는 항일의 선봉에 섰던 이성계, 대원군, 안중근 등이 얼마나 일제 역사가들에게 비정한 공격을 당했나를 알아야 한다. 만약에 일제 침략자들의 식민사관적 오염이 없었다면, 이성계 장군은 동양의 한니발 수준은 되고, 대원군은 위대한 개혁 정치가였을 것이다. 그러나 항일선봉에 섰던 이성계, 대원군에게 일제 역사가들이 어떤 시각을 투입시켰는가? 지금도 왜놈 치하에 있다면 세기의 영웅 안중근은 영원히 범죄자로 기록되고 말았을 것이다. 그것이 침략자들이 만든 역사이다.

17)) 서현섭, 일본은 있다(서울 : 고려원, 1995), pp.30~35 참조.

로 뭉쳐진 품격 높은 전통 지도력을 찾는 것에서 출발되어야 할 것이다. 공무원들 모두가 임금님을 중심으로 뭉친, 애국지사로서의 양반지도자라야지 밑바닥 천민문화로 어찌 국민을 이끌겠는가? 한국판 명치유신은 지금이라도 늦지 않은 것이다. 국난을 맞아서는 목숨을 바치고, 국가를 위해서는 모든 삶을 기울여 멸사봉공한 양반정신의 회복이 없이 우리 민족이 세계 제1민족이 되겠는가?

우리는 아무리 개혁정치를 한다고 떠들고 멋있는 정치를 한다고 내세웠어도 전통과 뿌리를 잃은 허망한 정치의 생생한 사례를 현대 정치사에서 정확히 목도를 했으니, 군부독재를 타도하고 민주주의의 꽃을 피운다며 큰소리를 친 김영삼정부가 문민독재라는 평가를 받으면서 역사상 없는 성수대교 추락사건, 삼풍 백화점 붕괴 사건 등의 줄줄이 이어지는 연속된 사고나 내면서 집권기간 내내 허망한 정치를 했고, 사상 최악의 외채, 최악의 수출적자, 최악의 외환보유고라는 고개 못들 신기록을 내면서 국가 전체를 파산직전으로 이끌도록 부패천국을 달린 것은 어디서 이유를 찾을 것인가? 흡사 떼도둑들이 달려들어 곳곳의 나라창고를 털듯한 정치로 천문학적 금액의 한보사태 같은 일만 벌이며 국가공황에 가까운 상태를 만들었으니, 그것은 국가운영의 정통적 뿌리를 잃은 천민 정치문화의 결과이다.

그러므로 김영삼 정부의 비극상은 김영삼 스스로의 잘못이라기 보다는 이 사회가 가진 원초적 잘못이며, 그 누구 다른 사람이 대통령이 되어도 결과는 같지 않았을까도 생각한다. 정치문화도 역사와 전통과 뿌리가 있는 중요한 삶의 형태요 일종의 예술과 같은 것인데,[18] 단순히 외국이

---

18) 정치문화는 일종의 정치적 밭과 같은 것이다. 밭이 나쁘면 어떤 농부도 좋은 농사를 지을 수 없는 것이다. 따라서 정치문화의 접근에서는 지도자 개인보다는 그 사회의 역사, 전통, 뿌리와 주어진 상황을 보다 중요하게 여긴다. G.A.Almond & S.Verba, The Civic Culture : Political attitudes and democracy

론을 들여와 기술적 이식을 했다고 품격 높은 정치가 되는 것이 아니고, 이 나라의 현실이 옛날과 단절되어 천민문화화 되었으니 결국 천민문화의 구렁에 빠져 온갖 정쟁과 부패, 부조리 속에서 허덕이는 정치가 되는 것은 아닐까? 어떻든! 국정운영의 정신적 뿌리가 일제침략자에 의해 잘리고 이승만시대에 단절된 뒤에, 족보도 없는 미국식 제도만을 갖다가 무작정 운영하는 가운데 사실상 이승만 스쿨에서 나온 김영삼 정권[19]이니 그것이 어디로 갈 것인가는 자명한 것인지도 모르겠다. 잃어버린 정치문화의 뿌리와 품격을 어디서 찾을 것인가?

(단군개국 이래 가장 인기가 있었다고 생각할 정도의 상종가를 달리던 김영삼 정권이, 말기에 가서는 최악의 밑바닥 정권이 된 까닭은 무엇인가? 그것은 소련의 골바쵸프와 비교하면 쉽게 이해가 될 것이다. 골바쵸프와 김영삼은 모든 것이 같은 길을 갔다. '페레스트로이카(개혁)=개혁'과, '글라스노스트(개방)=세계화'의 두 가지가 너무도 똑같고, 그 사회가 가진 전통을 송두리채 뒤흔들며 정치를 한 것도 같다. 어떤 사회의 전통과 역사, 뿌리를 무시한 정치의 말로가 무엇인가를 보여 주는 극명한 사례인데, 김영삼 정부는 흡사 종기가 난 팔을 치료한다며 팔을 자르고 부스럼난 다리를 고친다고 다리를 자르는 듯한 느낌이 들게 정치를 하며, 개혁이란 미명을 내세웠으나 결과적으로는 정적타도와 정략적 정권안보 위주로 이끌며 실정을 남발했다는 평가를 받으면서 최악의 국가공황 상황을 맞은 것이다.

그런데 왜 최초에는 그토록 인기가 높았나? 그것은 국민들을 잠시는

---

in 5 nations(Princeton, New Jersey : Princeton U.Press, 1972) 참조.

19) 김영삼 정권을 상징한 대표적 평가는, '혼돈, 철학빈곤, 무능, 독선'으로서 사상 최악의 정치로 나타났다. 설문결과는 잘못했다 52.3%에 잘했다는 19.7%에 불과했다. 왜 이런 최악의 정치를 하게 되었을까?
주간조선, 1997. 2. 27, p.44 참조.

현혹시킬 수 있어도, 진심으로 국리민복을 위한 개혁 정치가 아닐 경우에는 곧 거짓이 드러나는 것이다. 깨끗한 정치를 한다며 수많은 사람을 몰아 냈는데, 그것이 본인의 정치적 반대파를 잔인할 정도로 몰아낸 것과 겹쳐지면서 깨끗한 정치는 점차 국민 기만의 구호로 인식되었고, 끝내 한보부정 사건으로 스스로의 깨끗한 정치가 원색적 거짓임이 드러나며 국민들이 김영삼 정부의 말은 모든 것을 거짓말 시리즈로 인식하게 된 것이다. 특히 김영삼정부의 종착점이 최악의 상황을 맞은 것은 개혁이란 만능칼을 써가면서 국민 모두를 불안하게 하는 공포정치로 시종일관 했기 때문이다.

프랑스 대혁명 때의 로베스피에르 시대에 흡사한 듯한 공포의 정치! 불안의 정치! 미래를 믿기 어려운 정치가 이어지는 가운데 '정치는 국민들을 안심하고 생업에 전념하게 만들고 미래를 설계하며 희망으로 살게 만드는 것' 이란 정치의 A, B, C를 저버렸기 때문인 것이다. '경제와 안보', 그것은 국정운영의 변함없는 최고 지표이다. 국민을 배불리 먹게하고 철저히 국가안보를 꾀하는 것에 실패하고 정치가가 성공할 수는 없는 것이다. 여기서 경제발전은 물론이지만 무엇보다도 특히 국가안보에 있어서는 차선책이 전혀 존재할 수 없는 것이 국정지표의 대원칙이다. 그러나 경제도 최악이고 국가안보도 제2의 6·25전쟁이 날듯한 상황이 해마다 연속되도록 불안한 정치를 하는 가운데, 역사상 최악의 부패를 기록한 한보사건이 터지니 누가 김영삼 정부를 믿겠는가?

생각하면 묘하고 재미있는 일인데, 김영삼 정부는 프랑스 대혁명 때의 로베스피에르와도 어쩌면 그렇게 똑같은가? 깨끗한 정치를 한다는 국정지표도 똑같고, 썩은 자는 철저히 응징한다며 사정의 칼날을 드높게 세운 것도 똑 같고, 그리하여 사실상의 공포정치를 한 것도 똑같다. 그리하여 점차 전체 국민을 불안에 떨게 하며 민심이반이 가속화되고, 무서워서 움추린 공무원사회를 복지부동이라고 질타하여 점차 국정 전체가 동맥경화

증에 걸리면서 국가공황 상황이 초래되었으며, 동맥경화증을 치료한다고 계속 강경책을 쓰다가 한보사태로 도덕성이 땅에 떨어지니, 김영삼 정부의 말에는 전혀 공포(恐怖)를 느끼지도 않고 마비상태의 불감증 사회가 되었던 것이다. 그후 땅에 떨어진 권위를 되찾으려고 발버둥치며 쏟아낸 말들은 모두 공포(空砲)탄이 되어 어린애들도 눈깜짝하지 않는 상황이 된 것이다. 그 상황에서 본인의 측근 다수가 한보부정 사건의 핵심 주역임이 드러나니까, 본인 스스로도 스스로가 만든 깨끗한 정치의 올가미에 걸려들어 단두대에 가는 듯한 상황도 어쩌면 똑같은가? 로베스피에르나 김영삼이나 똑같이 공포의 칼을 휘둘렀고, 그것이 역흐름을 타고 본인들을 공격하게 된 것이 어쩌면 그렇게 똑같은지 모르겠다.

참고로 본인의 실정과 자식(차남)관리 부재에 의한 거국적 원성을 바탕으로, 4330년(1997년) 2월 25일에 있은 취임4주년 담화는 임기 1년을 남긴 말기 김영삼 대통령의 참담한 사죄선언이 되었다. 그날 나온 신문 촌평들은 김영삼 정부의 모습을 적나라하게 보여준다.

그러나 김영삼 정부 실패의 가장 큰 핵심은 역설적 지적이겠지만, 원초적으로 전두환, 노태우의 두 전직 대통령을 감옥에 넣으면서 시작된 것이다. 아무리 죄를 지은 대통령이지만 국가상징의 최고인물들이 감옥에 갇히면서 한편으로 국민의 마음을 이끌 '정치적 구심점 공황'이 일어난 것이다. 국민들이 마음을 둘 정치적 안전판이 무너진 가운데 한보사태가 터지며 김영삼 정권의 무능, 부패, 거짓말이 폭발적으로 부각되었으니, 잃어버린 구심점을 어디서 찾을 것인가? 단군이래 계속된 나라의 어른이요, 정치적 구심점이었던 임금님이 사라지고 나니까 국민의 마음이 원초적 뿌리가 잘린 허전한 상태인데, 전두환, 노태우, 최규하의 전직 대통령들을 잘잘못을 논하기 이전에 모두 집단적 바보 병신을 만들었으니 본인도 대통령인데 본인마저 우습게 보이는 씨앗을 뿌린 것이다.

이제 국민들은 전두환, 노태우, 최규하도 우습게 보지만 사실상 김영

조선일보 (홍사중 칼럼)	우리가 때를 잘못 택해서 태어난 듯 하다. 우리는 완전한 정치 부재의 진공상태 속에서 사는 것 같다. 일정한 직업도 없는 일개 대학원생이 거창한 연구소를 꾸리는 것을 모르는 아버지를 믿고 국민이 어찌 따라 가겠는가?
동아일보 (집권4년 총평)	부작용을 양산(量産)한 변화와 개혁시대였다. 김대통령의 독선적 즉흥적 정치스타일과 인사왜곡, 집권세력 내부의 정책적 난맥과 도덕적 붕괴가 실정의 원인이었다. 개혁의 방법이 독선적 신권위주의 형태라 국민불안이 가중되고 여론수렴은 없었다. 공직사회의 사정은 공정성없는 표적사정의 시비를 낳고 공직사회의 복지부동 상황을 유발하는 역효과를 가져왔다.
중앙일보 (집권4년 총평)	아들(차남)의 국정 및 이권 개입으로 고립무원 상태에 빠졌다. 실정과 무능, 측근의 비리, 최악의 경제난에 대한 냉엄한 비판과 질타가 이어지고 있다.
경향신문 (사설)	경제는 외채와 무역적자로 파탄지경에 이르렀고 측근 가신들의 잇단 비리는 문민정부의 도덕성과 청렴성에 큰 흠집을 남겼다. 개혁작업은 그때 그때의 정치논리에 따라 추진되어 말로만 하는 슬로건 개혁, 불완전한 개혁에 그치고 숱한 부작용과 시행착오만 남았다. 특히 오만하고 독선적인 통치행태와 측근 실세 중심의 밀실정치는 결정적으로 민심이반을 낳았다.
세계일보 (사설)	가장 큰 과오는 집권중 반드시 실현하고자 하는 목표와 비전이 허술했고 일관성이 결여되었다는데 있다. 방향성과 일관성의 흔들림은 공직자들의 무사안일주의와 무책임 풍조를 낳았다. 임기응변적이고 성과주의에만 매달려 과정의 적법성과 적시성을 소홀히하여 국정효율의 손실을 자초한 경우도 적지 않다.
한국일보 (특별기고)	역사바로잡기니 과거청산이니 하는 한풀이에 정신을 놓는 동안 대형참사가 일어났고 경제는 도탄에 빠졌으며 간첩들이 장안에 우글거리게 됐다. 국가기강은 땅에 떨어 졌다. 한보사태로 대통령의 주위에는 부패한 관리들이 득실대는 것처럼 보인다.

도 우습게 보게 되고 만 것이다. 국정의 최고지도자를 우습게 보는데 김영삼정부의 말기가 왜 엉망이 되었나는 쉽게 이해가 되는 것이다. 그러나 이렇게 만든 것은 결코 김영삼 대통령의 악의가 아니라 국가와 민족

족을 위한 진짜 어른을 모시려는 정지작업을 한 것은 아닌가 하고 생각도 해본다. 아니 임금님을 모시게 되는 것은 김대통령의 의지는 물론 역사의 숙명이 아닐까도 생각해 본다. 아쉽고 아쉽게 사라진 임금님! 세계적 민주국인 영국, 스페인, 스웨덴, 일본, 네델란드 등에 생생히 살아계신 임금님! 그 임금님이 왜 필요한지를 절실히 깨닫게 된다.[20] 아무리 바지저고리라도 존경받는 아버지가 있는 집이어야 하듯이, 품격있는 국가상징 어른으로서의 중심잡힌 나랏님은 꼭 필요한 것이다.)

다음으로 김구에 대해 얘기하면 그는 광무황제에 의해 감옥에서 풀려나면서 목숨을 구하게 되는 성은을 젊은 시절에 입는다. 그는 많은 경우에 황실에 대한 은혜를 잊지 않았다. 그러나 그가 백범일지에 분명하게 밝혔듯이, 그도 분명한 상놈 신분이다.[21] 그의 어쩔 수 없는 출신 성분! 그것을 그는 끝내 벗어날 수가 없는 의식구조를 갖고 있었다. 당당하고 분명하게 조선시대 역사를 옹호하고, 끊어진 황통의 적자였던 영왕의 귀국과 옹립을 주장한 적극적 사례가 없었다. 왜냐? 그것은 김구도 본인의 밑바닥 신분이 다시 드러나는 시대가 오는 것은 추호도 바라지 않았을 것이기 때문이다. 황통을 짓밟는 이승만의 패륜적 정책에 김구라도 철저히 반대하며 영왕의 귀국을 적극적으로 추진했다면 역사는 달라졌으련만, 이 점에 대해서 김구도 이승만에 사실상의 묵시적 동조를 했다.

따라서 이승만과 김구가 쌍벽을 이루면서 이끈 초창기 현대 정치사가 어떤 방향으로 갔을 것인가는 분명한 것이다. 그들 둘이 본인들의 신분적 장식용으로 초빙해가길 원했던 정통양반 출신 이시영이 귀국 후에 창

---

20) 일본의 명치유신은 일본정치가 어렵고 힘든 막다른 골목에 갔을 때에 나온 구국의 결단이었다. 임금님을 다시 국가의 구심점으로 모시고 국가체제를 재정비한 그 결단에 의해서 새로운 일본이 탄생했던 것이다. 우리나라에도 그러한 결단은 긴요하다. 그리고 그것이 가장 절실한 때가 지금이다.

21) 김구, 백범일지(서울 : 성공문화사, 1990), p.11.

덕궁 앞을 지나만 가도 차에서 내려 절을 올리고 간 의식구조를 그들은 오히려 내심으로 혹은 단호하게 거절하는 입장에 있었던 것이다. 그들이 주도하면서 이끈 초창기 현대정치사에서 정통 독립운동 철학은 전혀 논의될 수가 없었고, 그들의 뜻에 맞는 흐름만이 날로 강화되어 나갔던 것이다. 만약 이시영이 집권을 했는데도 황실이 처참하게 거지신세가 되었을 것인가를 생각해보면, 이승만, 김구의 위상이 명쾌히 보일 것이다. 그러한 면에서 보더라도 이승만의 등장은 우리 현대사의 엄청난 비극이다.

4) 조직을 갖고 있던 독립운동가

이승만과 김구는 초창기 현대 정치사의 주역이 될 수 있는 분명한 조건으로서 나름대로의 조직 혹은 패거리가 분명히 있었다. 그것은 이북에 있어서도 같아서 김일성은 조직이 없던 조만식이나 엉성하고 열세였던 박헌영에 비해서 분명한 세력이 있었다. 그렇기에 일본이 물러간 뒤의 정권을 쥘 기반을 갖게 된 것이다.

이승만은 미국에 있을 때의 조직 혹은 인맥이 있었다. 그러나 이승만은 미군정의 지원을 얻게 되면서, 자신보다 월등한 조직력을 갖고 있었던 김구를 좌절시킨다. 이승만은 김구보다 독립전쟁의 정통세력을 대표하지 않았지만 미국에 있던 세력이나 반김구세력을 바탕으로 하면서, 친일세력을 대거 영입한 거대조직을 만들어 자유당시대를 장악한다.

김구는 이승만보다 월등한 조직을 갖고 있었으나 이승만에게 밀리면서 그의 의지가 꺾이게 되었지만, 그의 조직은 살아 있었다. 김구는 상해에서 가장 큰 경쟁자였던 안창호의 흥사단 조직을 윤봉길 의거 때에 꺾어 버린다. 김구는 윤봉길 의거의 날에 본인의 인맥에게는 모두 피하게 하고서도 안창호에게는 알리지 않아 안창호는 일제에 잡혀가 옥살이를 하고, 사실상 그 후유증으로 사망하고 만다. 윤봉길 의거는 김구에게 일석이조의 이득을 주었던 것이다. 흥사단은 자유당시대에 조직은 있으나

지도자가 없는 존재였다. 그것은 김구에게 안창호가 좌절된 결과였다. 그런데 조직과 지도자가 있던 김구세력은 이승만 세력에 의해 좌절되고 만다.

어떻든 이 땅의 항일철학은 이남에 있어서는 이승만, 김구, 안창호 등과 같이 패거리 조직이 살아있는 세력이 만드는 방향으로 만들어지게 되었다. 같은 조직 패거리들이 서로 뭉치면서 자신들의 조직을 미화하는 활동을 하고, 그것이 이어지면서 그 3계열에 끼지 못한 애국자들은 사실상 퇴색되는 길을 걷게 되었다. 특히 이승만 패거리들은 자유당 집권세력이었던 만큼 상당히 큰 세력이 있었고, 항일철학의 오도와 은폐, 왜곡에 상당한 기여를 했다고 생각된다.

그리고 이북의 김일성 패거리는 논의의 여지가 없이 김일성 신격화의 외길을 갔으니, 다른 항일 애국자가 설 땅도 없었고 올바른 항일철학이 정립될 수도 없는 상황이었다. 아무튼 남북한에서 공통으로 맹목적일 정도로 뭉치는 충성심의 패거리들이 준동(?)하며 항일철학은 올바른 정립의 길과는 매우 멀게 이끌어졌던 것도 사실이다. 제대로 된 항일철학이 사라지게 된 주요 계기의 또 하나가 바로 그것이었다.

二. 이승만의 친일법통과 상해임시정부 법통

1. 이승만 시대의 친일법통 비판

이승만 시대는 현대 정치사의 초석을 놓은 지극히 중요한 시기였다. 일제침략자들의 식민사관 굴레를 벗고 새로운 헌정질서를 마련해야 할 대단히 중요한 현대사의 출발점에 해당한 시기였다. 그러나 그 시대를 이끈 이승만에게는 근본적으로 명쾌히 정립된 법통철학이 없었다. 그는 외형상 항일을 내세우고 반일감정이 투철한 애국지사로서 처신했다.

그렇지만 정치의 실제 운영을 맡은 거대한 공무원 조직을 친일법통으로 채워 나갔다. 이승만은 김구의 정통 독립군 세력에 대항해 주는 세력이면, 누구라도 자기세력으로 편입하는 듯한 정책을 폈다. 결과적으로 일제강점 시대에 득세하다가 침략자들이 물러간 뒤에 숨죽이고 있던 친일영합 세력들에게 재기의 발판을 분명히 제공하게 되었던 것이다. 그리하여 친일세력들은 박정희시대에도, 그리고 전두환, 노태우 시대는 물론이고, 김영삼 정권에도 분명한 수준의 절대세력을 형성하게 되었다. 김영삼시대의 총리대신들을 둘러보면서 냉소를 자아내는 인사들이 많은 이유는 무엇인가? 그 뿌리는 이승만이 내린 것이다. 아니 김영삼부터가 이승만 시대의 인맥이 아니던가?

이승만시대의 특징은 무엇이었는가? 우선적으로 헌정질서의 법통을 송두리채 흔들어 놓은, 사실상의 법통마비 상황이었음을 지적할 수 있겠다. 그것은 바로 나라를 세운다는 건국의 철학이 없이 무조건 나라를 세웠다는 것을 뜻한다. 당시 이북에서는 친일세력에 대해서 단호히 응징하고 대청소를 실시했던 바에 대해서, 이승만은 당리당략적 정권장악에만 관심이 있었지 나라를 세우는 법통의식은 없었다. 이런 측면에서 이승만은 김일성에 비해서 전혀 차원이 다른 인물이었음을 뜻한다.

사실상 그것은 이승만이 미국땅에 편히(?) 있으면서 한맺힌 항일운동을 하지 않았음을 뜻한다. 이승만은 침략일본에 한을 품기보다는 차라리 대한황실에 한을 품었다는 표현이 더 맞을 것이다.[22] 왜냐? 이승만은 본인이 7번이나 떨어진 과거시험에 맺힌 깊은 사감이 있었고, 20대 후반에

22) 이한우, 이승만 90년 상권(서울 : 조선일보사, 1995), p.52.

이미 황실타도에 연루되어 감옥에 간다. 이승만의 감옥행은 항일이 아닌, 당시의 역적행위에 관련된 것이었음을 훗날에 예리하게 분석하는 안목이 별로 없었다. 감옥에서 쓴 독립정신은 공화제 찬양과 미국찬양으로 가득한[23] 글이었다.[24] 그러다가 이승만은 감옥을 나와서도 단지 3개월만에, 미국 대통령에게 도와 달라고 청원을 한다며 미국을 가서 나라보다는 개인을 위해 편안히 박사학위 공부를 시작한다.

이승만은 구국을 위한 밀사로서 미국에 갔다고 말하지만, 밀서전달도 못하고 도착한지 한 달만인 4238년(1905년) 2월에 조지 워싱턴대학의 학생이 되고 5년후에 프린스턴 대학에서 박사학위를 받는다. 이것은 이승만이 미국유학을 간 것이 근본목적이었다고 보아도 되는 흐름이다. 이승만이 항일외교가 그토록 절실했다면 민영환, 박승환 같이 자결하거나 제2의 이준이[25] 되던가 수없이 미국정부 인사를 찾아 다녔지 즉각적으로 대학이나 들어 갔겠는가? 최소한 6개월이라도 눈물의 통곡을 외치는 노력이 있어야 애국자라고 할 수 있지 않을까? 그러나 이승만은 최초의 박사라는 직함을 얻기 위해 발빠른 입학절차를 밟고 한 달만에 입학하여 다른 위대한 항일애국자들이 생사를 걸고 처절히 싸울 때에 30세부터 35세까지의 황금기를 사실상 편히 보냈다. 그후 그는 박사학위를 내세우며 그것을 본인의 위상을 높이는데 이용이나 했다고 할까?

그런데 이승만이 박사학위를 받고 귀국한 당시는 신민회가 중심된 피눈물나는 항일혈투가 계속되고 있었다. 안명근 의사의 테라우찌 응징 미수의거와 105인 의거 등으로 국가 전체가 극도로 뒤숭숭하고, 망국을 맞

---

23) Ibid., p.56.

24) 이승만, 독립정신(서울 : 정동출판사, 1993) 참조.

25) 이준 열사의 자결은 당시 이회영이 선전용으로 내세운 것이라고 한다. 원래는 단독에 의한 사망이었다고 한다.
안천, 신흥무관학교(서울 : 교육과학사, 1996), p.221.

은 통탄할 상황에서 많은 애국지사들이 눈물 속에 만주벌로 떠나 신흥무관학교 등을 세우며 항일혈전을 펴는 때였다. 그렇지만 이승만은 귀국후 17개월간을 (물론 애국언행도 있었겠지만) 사실상 조용히 종교활동에만 전념하며 보내고서, 정통 애국항일과는 먼 일만 하다가 미국으로 다시 가 버린다.[26] 그 당시에 이승만이 진짜 애국자였다면 통곡하며 만주벌로 달려가 옥수수밥에 좁쌀죽을 먹으면서 살을 에이는 엄동설한에 독립전선을 달렸어야 했다. 그러나 이승만은 사실상 안일하게 조용히 보내다가 미국의 품으로 가서 안전한 삶을 택한다.[27] 그리고는 미국에서 교민들을 규합하며 독립운동을 한다는 시기를 맞는다. 그리고는 그것을 외교를 했다고 말한다.

그후 3·1항일운동 때에 어이없는 일이 벌어지는데, 이승만 본인도 없는데 느닷없이 임시정부 수반이 된다. 생각하면 엉뚱한 얘기라고도 하겠는데, 도대체 당시 이승만은 국내에서나 만주에서나 당당히 항일구국의 전면에 선 적도 없는데 지도자가 된 것이다. 어수룩하던 시절에 최초의 미국박사라는 놀라운 위업(?) 때문에 그냥 추대된 성향이 짙다. 그리고 당시 임시정부를 세운 인맥들이, 3·1항쟁 당시로서는 만주땅 등에서 목숨을 건 항일혈전을 편 인맥이 아니라 국내에서 숨죽이며 준비하던 수준의 그런 인맥들이었다는 생각도 든다. 왜냐? 그때까지 이승만이 국내나 만주에 제대로 있지도 않았고, 항일운동의 최전선에 서 본 적도 사실상 없었기 때문이다.

그런 그가 임시정부 수반이 되었다고 함은 임시정부를 세운 사람들의 당시 수준이나 입장을 알 만한 것이다. 그는 상해임시정부 초창기에 상해를 잠깐 들렀다가 쫓기다시피 미국에 가서 다시는 상해에 가질 못했

26) 이한우, op. cit., p.110.
27) 이현희, 이야기 이승만(서울 : 신원문화사, 1995). pp.79~83.

다. 그저 미국에서 교민들을 모아 연설하고, 여기저기 찾아다니며 외교를 한다면서 세월을 보냈고, 그렇게 늙다가 귀국하여 대통령이 된 것이다. 이승만의 일생에서 처절하게 한맺힌 항일철학이 나올 이유가 없는 것이다. 이승만이 평생을 피부에 닿는 정면항일과는 멀게 보냈다는 사실을 아는 서재필이, 그를 그러한 수준의 애국자로 평가하게 된 근본적 이유가 이해될 만하다.

2. 상해임시정부 법통의 문제성

이승만시대 이후부터 비롯된 법통철학 방황이 세월이 흐르며 정박한 곳은, 상해임시정부를 현대정치 출발의 법통으로 본 정당성 모색이다. 그러니까 상해임시정부 법통은 법통방황의 최대 탈출구로 등장을 했다고나 할까? 그리하여 상해임시정부는 제6공화국 헌법부터 헌법전문을 당당하게 장식하면서, 현대사의 정당성을 부여하는 거대한 상징물로 등장하게 된다. 많은 인사들은 상해임시정부를 항일애국의 모든 것을 대변하는 유일무이의 존재로 인식하는 흐름을 갖게도 되고, 김구는 부동의 애국거인으로서의 위상을 갖는 것으로 인식하게 되었다. 그러나 상해임시정부 법통도 실제로는 이승만시대 보다야 낫지만, 위대한 착각(?)을 역사형성에 부여한 것이라고 해석해야 옳지 않을까? 왜냐?

1) 지역 대표성의 부족

상해임시정부는 항일 독립운동의 지역 대표성을 부분적으로 밖에 대변하지 못한다. 상해임시정부는 어려운 국난기에 훌륭한 일을 한 애국기구임은 분명하다. 그러나 상해임시정부는 항일의 최전선이 아닌 중국땅의 양자강 입구로서 머나먼 안전지대이고, 그 중에서도 프랑스 조계라는 치외법권이 보장된 특수안전지대이다. 사실상 일본 침략군의 마수가 뻗쳐오기 어려운 가장 안전지대 가운데 안전지대로서의 중국땅이 바로 상해의 프랑스 조계였고, 그것은 이승만이 미국땅에서 편히 지내며 독립운동을 구호로만 외친 것과 사실상 오십보 백보에 불과한 것이 아닐까?

항일 독립전쟁의 상징적 지역은 누가 무어라고 말해도 만주벌과 연해주이다.[28] 항일전쟁의 최전선이었고 정면으로 항일혈투를 벌이면서 침략자들과 죽음을 각오한 공방전을 벌였던 성스러운 땅이 법통철학의 상징이라야지, 상해는 최고의 성스러운 지역성을 갖고 있지 않다. 신흥무관학교가 있던 통화나, 애국자들이 밀집해 있었던 연변 혹은 흑룡강, 아무르강 연변의 연해주 신한촌 등이 항일성지의 최고봉을 차지해야 함에도 그간 상해가 그것을 대신하고 있었던 것은 대단한 착각의 소산이다. 아마도 만주가 현재 우리땅이라면, 유관순 열사의 고향이라 천안에 세운 독립기념관도 그곳에 세워질 것이 아니라, 기라성같은 애국자가 운집하여 천인대회를 열고 빛나는 애국청년이 수없이 몰려 들어 피나는 훈련을 했던 신흥무관학교 옛터의 통화 삼원포가 적격지가 아니겠는가?

상해는 제2의 6·25전쟁이 난다고 할 경우에 차라리 전쟁의 위험이 없는 일본땅의 대마도나 후꾸오까 정도에서 전쟁논의와 선전문을 낭독하면서 편하게 지낸 것과 다름없는 지역이라는 생각은 들지 않는가? 상해는 만주땅 최전선에 비할 때에 위험성, 생활여건, 추위 등의 모든 것을 비교해도 상대적으로 너무 좋은 곳이다. 그 못된 일본 침략자들이 상해나 중경 등에서 임시정부가 존재하는 것을, 사실상 존치시킨 이유는 침략자의 직접적 독수가 미치지 않는 바로 그 수준에 임시정부가 안전히(?) 있었음을 역설적으로 뜻한다고 보아야 옳다.

28) 이강훈, 역사증언록(서울 : 인물연구소, 1994), p.289.

2) 운동 대표성의 부족

침략자를 물리치기 위해 싸운 항일혈전을 그간 독립운동이라고 불러왔다. 그러나 최근에 들어서 그것은 만주땅을 중심으로 벌인 독립전쟁이었다고 보는 해석이 날로 강해지고 있다.[29] 그러므로 일제침략 만 35년도 왜정시대라고 불러서 침략자의 정치가 있었다고 보던데서, 이제는 '항일전쟁시대' 로 보아 침략자의 강제점령이 있다가 만 35년만에 독립전쟁으로 몰아낸 것이란 해석이 되는 것이다. 그러므로 4278년(1945년) 8월 15일은 조국해방이 아니라 '조국탈환' 이 적절하다고 하겠다. 왜냐하면 망국을 인정하지 않고, 정통세력이 독립전쟁을 하며 살아 있었기 때문이다.

만 35년간의 성스러운 애국활동을 독립운동으로 보건 독립전쟁으로 보건 간에, 상해임시정부는 실질적으로 독립혈투의 대표성을 갖는 존재가 못된다. 실제로 이북에서는 상해임시정부의 대표성을 전혀 인정하지 않고 있다. 그렇다면 이남에서의 상황은 어떠한가? 이남에서는 이승만, 박정희 시대를 거치면서 법통철학에 대한 깊은 생각이 없다보니까, 막연하게 상해임시정부는 임시정부란 빛좋은 허울이나마 있으니까 대표성을 띠는 것으로 생각했다고 밖에 볼 수 없다. 그렇지만 그것은 독립운동시대의 본질을 모른 결정에 가깝다고 본다.

독립운동의 실질적 핵심조직들은 만주땅에 있었다. 특히 유의할 것은 많은 숫자의 진짜 독립운동가들은 감히 임시정부라는 말을 쓰지 않았다. 임시정부를 감히 만든다는 것을 대한제국의 실체를 유의할 경우에 상상이나 할 수 있는가? 현재 이남지역에 대한민국이란 정치적 정통성을 가진 정부가 있는데도, 일부 인사가 대마도에 가서 이것을 부정하고 다른 임시

---

29) 윤병석, 독립군사 : 봉오동, 청산리의 독립전쟁(서울 : 지식산업사, 1990), pp.30~32.

정부를 세웠다면 그는 최고의 국사범이 된다. 당시 대한황실이 일제침략으로 처참한 상태에 있었다고 하더라도 일부의 역적적 사고를 가진 자들을 제외하고는, 감히 대한황실의 실체를 부인하지는 않았었다.[30] 아니 생각이 바로 잡힌 독립운동가들은 임시정부에 갈 생각도 갖지 않았었다.

그렇기에 막연하게 임시정부가 허울이라도 있었다고, 그것을 정통적 법통으로 보는 것은 본질을 보지 못한 얕은 생각의 소치이다. 일제가 물러나고서 이 땅에 일제가 끊으려고 온갖 획책을 한 황실이 그들 뜻대로 끊어져서 그렇지, 만약 그대로 황실이 살아있고 입헌군주제가 되었다면 아마도 상해임시정부는 역적행위를 한 집단으로 규정될지도 모른다. 어찌 뚜렷한 독립전쟁 활동도 없이 머나먼 중국땅에서 임금님을 부정하고 자기들이 정권을 쥐는가? 허울좋은 외형만을 만들어서 벼슬자리를 나눠갖고, 그것도 권력이라고 정략싸움이나 하면서 세월만 보낸 집단이 항일전쟁의 대표성을 가질 수 있다고 봄은 차라리 우매성의 표현이다.

3) 인적 대표성의 부족

요즘 우리 사회에는 이상한 기류가 있다. 그것은 무엇인가? 첫째로 애국자 기념사업회의 유행이다. 물론 위대한 애국자를 높게 기리고, 그의 위업을 선양하는 것은 옳은 일이다. 그러나 그로 인해서 역사가 왜곡되고 은폐되면서 불공정한 해석이 되는 일은 없어야 한다. 요즘 우리나라에서는 몇몇 후손을 잘 둔 애국자들은 온갖 자가발전을 하면서 사당을 세운다, 기념 학술대회를 연다, 전기집을 편찬한다는 등에 의해서 정말로 '만들어진 애국자' 가 되는 분위기이다. 그러나 후손을 잘못 두거나,

---

30) 임시정부가 설립될 때에 있어서 망국을 인정하느냐 않느냐는 대단히 중요한 것이다. 요즘의 독립전쟁론에서는 망국을 인정하지 않는다. 그러므로 당시 임시정부가 아닌 팔레스타인 해방기구(PLO)같은 단체를 만들어 '조국탈환성전' 을 벌였어야 옳다. 그렇지만 상해임시정부는 그런 기구가 아니다.

조직 패거리가 없는 애국자들은 이름 석자도 사라질 상황이다.

둘째로 보훈처 등에서 시행하는 '이 달의 애국자' 제도가 나름대로의 역기능을 보이고 있다. 처음 제도를 창안하고 시행할 때는 좋은 것이었으나, 매달 나오는 상투적인 흐름에 신선미도 없고 국민들의 관심도 사실상 날로 무뎌지고 있다. 그리고 애국자들을 매달 한 분씩 나열하듯이 뽑아내는 기준도 불투명하고, 국민들이 명쾌하게 납득할 근거도 없이 불쑥불쑥 등장하듯 하니까 오히려 애국자의 가치(?)가 날로 평가절하되고 있다고도 생각된다. 또한 수없이 나열하다 보면 애국자들의 업적이나 삶 등이 국민에게 사실상 중구난방으로 전달되고, 결과적으로 국민의 관심 수준을 최저화하는 길을 걷게 된다고 본다. 이 제도는 처음의 의도와는 다르게 실패한 제도가 되어 버렸지 않은가 한다.

어떻든 요즘의 우리나라에 있어서는 항일 애국자들의 본모습을 명쾌하게 알아보기도 어려운 사회가 되었다. 이러한 흐름 속에 김구와 같은 인물은 과잉으로 부각되면서 항일전쟁의 대표자같이 되고 말았다. 그러나 김구는 물론이고 상해임시정부를 거쳐간 인맥들은, 대부분이 항일전쟁의 궁극적 인맥 대표성을 띠고 있다거나 그들만을 법통으로 볼 수준들이 아니다. 진짜 애국자들은 만주벌에서 차례차례 죽어갔기 때문이다.[31)]상해임시정부는 편한 곳에 앉아 기록이라도 남겼으나, 진짜 애국자들의 다수는 침략자들과 혈전을 펴며 이름도 못 남기고 사라져갔다.[32)] 진짜 애국자들이 언제 이름을 남기려고 애국을 했겠는가? 그리고 기록을 남길

---

31) 독립군이 되고 의병이 된 다수는 복벽운동으로서의 존황주의자였고, 상해에 있던 사람들은 서양물을 먹은 공화주의자가 많았다.
박영석, 한민족독립운동사연구(서울 : 일조각, 1993), p.227 참조.

32) 만주땅에는 당시 70여개나 되는 독립군, 독립운동 단체가 있었다. 상해임시정부는 사실상 만주땅의 독립운동가들이 볼 때에는 그 70여개중의 하나였다고 보는 수준이었다. 그런데 그 많던 만주땅의 독립운동 조직은 일제침략자와 혈전을 치르면서 죽고 사라졌고, 상대적으로 안전한 지대에 있던 상해임시정부

틈이나 있었겠는가?

상해임시정부의 대표자로 부각된 김구는 그의 평생을 예리하게 분석할 때에, 동학접주로 안중근 가문에 쳐들어 갔다 운좋게 살아서 오히려 교육까지 받고서 상해로 가서 평생을 보냈으나 딱 부러지게 두드러진 항일전쟁을 벌인 것이 윤봉길, 이봉창 의거 외에 없다고들 말한다. 중국에서의 20년간에 덧없이 세월만 보냈고, 윤봉길 의거 뒤에 멀리 중국 남부지역으로 숨어 들어 있다가 중경을 거쳐 귀국한 것 외에 무엇을 했는가? 김구가 진짜 피끓는 애국자였다면 독립군이 되어 만주벌에서 이미 산화했어야 하고, 홍범도같이 최전선을 달렸어야 했다. 그러나 김구는 안중근, 안명근의 위대한 삶을 한 식구같이 바로 옆에서 보고서도 스스로는 결단도 용기도 업적도 쌓지 못하고 세월만 보낸 것이며, 백범일지나 쓰고 앉아 있었던 것이다. 위대한 백범일지는 그러나 김구가 상대적으로 편한(?) 독립운동을 했음을 증언하는 거대한 증거물이다. 예리한 안목으로 볼 때에 김구가 어찌 독립운동가의 최고대표가 되겠는가?

4) 사상 대표성의 부족

항일 독립전쟁 시대의 애국자들을 이끈 사상은 무엇이었는가? 그런데 그 사상들은 아쉽게도 대부분이 해외에서 들어온 수입사상들이었다. 그 수입사상들은 크게 나눠 미국계의 공화주의와 소련계의 사회주의 정치사상이었다. 그러다가 훗날 이북은 소련군의 진주와 함께 사회주의로 귀착되고 이남은 미군의 진주와 함께 대통령제 형태로 정착된다.

그러나 독립운동 시대의 초창기에는 해외 수입철학이 설 땅은 거의 없는 것으로서 옛부터의 존황양이 민족주의 철학이 중심을 이룬 구국운동

는 시간을 끌며 20여년이나 남아 있었던 것이다. 수없이 사라져간 정통 애국자의 역사를 누가 찾아줄 것인가?

이었다. 초기 의병운동에서부터 시작하여 독립운동의 정신적 중심추는 존황사상이었다. 그들은 사실상 진짜 충성스러운 존황 애국자였다고 함이 옳다. 그러한 진짜 애국자들인 최익현, 허위, 유인석 등을 중심한 정통 애국자들의 집단은 일제 침략자들과 싸우면서 처절히 죽어 갔다.

그렇지만 아무리 정통 애국자들이 수없이 죽었다고 하더라도 망국을 맞은 참담한 상황에 있어서도 대부분의 국민들이 갖는 독립철학은 존황사상이었지, 남은 애국자들의 중심철학이 변할 리는 없었다. 그런데 일본에 영향을 준 서양세력인 네덜란드, 영국 등이 임금님을 모신 전통적 존황철학의 국가였다면, (아마도 일본의 명치유신은 임금님이 계신 네덜란드, 영국의 영향이 컸을지도 모른다) 우리나라에는 불운하게도 극단적 혁명성을 가진 것이 남북 양쪽에서 대립적으로 유입되며 국민을 오도하고 분열시켜 나갔던 것이다. 그러나 초기의 미국식 공화철학이나 소련식 소비에트철학은 소수에 불과한 것이었고, 정통 애국자들은 만주벌과 연해주에서 존황철학을 바탕으로 처절한 항일전쟁을 수행해 나갔었다.

그런 시간이 흘러간 뒤에 3·1만세항쟁의 흐름을 타고서 나타난 것이 상해임시정부였다. 상해임시정부를 구성한 인맥들은 그렇지만 다수가 정통 애국인맥들이 죽고 남은 수준의 사람들이며, 상대적 차이가 있었지만 망국 무렵에 유입된 미국식 사고에 물든 인사들도 있었다. 그리하여 존황파와 민주파가 극단적 대립을 하면서 싸우다가, 민주파가 주도권을 쥐면서 타협안으로 임시헌장 8조에 '구황실을 우대한다' 는 우스꽝스런 조문을 넣고서 공화제가 된다.

그렇기에 존황사상을 가졌던 옛부터의 정통 애국자들은 만주와 연해주에서 상해로 오지 않았고, 이회영, 신채호 같이 일부 단호한 인사들은 결별하고 북경으로 옮겨 갔을 정도였다.[33] 상해는 엄밀히 말해 미국식 공화제를 수입하여 새로운 혁명을 한 것이고, 전통적 시각으로 보면 역적집단에 불과한 것이었다. 그리고 진짜 애국자들이 볼 때에 정부수립이란 아무리 임시정부라도 용납될 수가 없는 것이었다.[34] 왜냐? 아무리 일제 침략자들에게 조국을 강점당했어도 정통 애국자들은 망국을 인정할 수 없었기 때문이다.

더군다나 3·1항쟁 무렵은 나랏님이 돌아가신 국상중이었고, 융희(순종)임금님이 엄연히 생존해 계셨을 뿐만 아니라, 황태자 영왕이 일본에 인질로 가 있는 상황이 아니었는가? 상해임시정부에 있던 사람들은 도대체 어느 나라 국민이기에, 나랏님의 3년상도 치르지 않고 광무황제 능침의 잔디가 뿌리도 박히기 전인 국상중에 임시정부를 만드나? 이북의 김정일은 이 시대에도 아버지 김일성의 3년상을 치르는데, 80년전의 그 시대에 그렇다니 그들은 결코 국민 다수의 사상을 대변할 입장이 아니지 않은가? 요즘 '독립전쟁론'[35]의 등장과 함께 '망국불인정론' 이 대세를 잡아가고 있는데, 그렇다면 '대한황실' 이 그대로 이어지는 것이 백번 옳은 것이다. 이승만이 없었다면 황실도 다시 살아났고 그대로 이어졌을 것이 아닌가? 맥아더도 대한황실에 대한 존경심이 매우 컸었으니 당연했을 것인데, 이승만시대가 모든 것을 오도했다고 하겠다.

---

33) 상해임시정부가 설 무렵에 있어서 만주지방에는 다수의 복벽 존황주의자가 있었다.
박영석, 항일독립운동의 발자취(서울 : 탐구당, 1991), p.161 참조.

34) 당시 북경에서는 정부형태가 아닌 의열단, 다물단 등이 존재하면서 항일혈전을 폈다. 생각하면 그것이 옳은 것이고 임시정부는 정당한 것이 아니라고 생각된다. 그럼에도 요즘에는 임시정부는 대단하게 보고 의열단, 다물단은 테러단체라고 보듯 하니, 어찌 제대로 된 역사인식인가 의아스럽다.

35) 신재홍, 독립전쟁사(천안 : 독립기념관 한국독립운동사연구소, 1991).

3. 새로운 법통철학의 필요성

이승만시대와 박정희시대를 이으며, 그간 우리의 현대 정치사는 국가운영의 철학적 법통이 망실되거나 오도되고 왜곡되며 오늘에 이르렀다. 초기의 이승만시대는 나라를 세우는 법통철학에 대한 깊은 인식이 없이, 사실상의 철학공백 시대가 나타났다. 그렇다 보니까 이승만은 본인의 정권안보에만 혈안이 되어, 친일파를 대거 등용하는 현실적 친일법통을 만들어 놓고 말았다.

그후 박정희시대 이후는 점차 법통철학의 필요성이 대두되었으나, 연구의 미흡에 의해서 시간을 끌다가 제6공화국에 와서 느닷없이 상해임시정부를 법통으로 세우는 착각을 했다.[36] 진정으로 세우려는 확실한 법통정체성이 없었다면 현대정치사의 법통철학은 차라리 '독립운동정신' 혹은 '독립전쟁철학' 혹은 '항일성전사상' 등으로 했어야 했다. 그런데 막연히 생각하고 상해임시정부를 법통의 핵으로 보다 보니, 역사인식이 오도되고 법통이 흔들리게 되는 것이다.

그런데 일제가 물러가고 50년이 지난 지금에 있어서, 분명히 생각할 때에 우리는 일제 강점시대가 끝난 뒤에 시대정신의 정리가 없이 무작정 시간을 보낸 통한의 반성이 있어야만 한다.

첫째로 일제가 끊으려고 온갖 악행을 자행한 대한황실의 존재를 생각했어야 했다. 대다수의 진짜 애국자들은, 나라를 찾고 임금님(나랏님)을 지키려고 항일전쟁에 목숨을 바쳤다는 점을 살아있는 인간들은 전혀 깨닫지 못하고 시간을 보냈다는 반성이 있어야 한다. 우리가 제대로 된 민족이었다면 침략자들에게 11세에 인질로 잡혀가 평생을 고생하며 늙은,

36) 김철수, 헌법학 개론(서울 : 박영사, 1995), p.69 참조.

황태자 영왕의 귀국을 단호히 추진했어야 했고, 못된 일본의 강요로 황후가 되지 못한 애국여인 민갑완[37] 여사를 다시 모시며 침략전범에 불과한 방자여사를 단호히 쫓아냈어야 했다. 그리하여 황실의 위상을 재정립했어야 했다.

둘째로 수없이 죽어간 만주벌과 연해주의 정통 애국자들의 혼령을 위로하는 역사정리와 그들의 뜻에 맞는 법통철학을 수립했어야 했다. 그러나 우리는 이북은 소련군에 맞는 소비에트 철학, 이남은 미군에 맞는 미국식 정치철학에 짓눌리며 세월을 보내다가 50년이 지난 것이다. 50년! 길다면 길고 짧다면 매우 짧은 기간이 흘렀다! 우리는 지금이라도 늦지 않았다는 생각으로 진짜 정통 독립운동가들의 뜻에 보답하는 법통을 세워야 하지 않을까?

三. 황실법통 수립의 정당성

1. 헌법전문의 개정 필요성

우리나라의 제헌헌법은 4282년(1949년) 7월 17일에 만들어졌다. 그때부터 시종일관 등장하는 것이 3 · 1만세항쟁이다. 그런데 3 · 1항쟁을 기본정신으로 하는 것은 백번 옳지만 제헌 당시의 헌법전문을 명쾌히 분석하면 실소를 자아내게 된다. 그것은 '3 · 1항쟁으로 대한민국이 만들어졌다' 고 보는 것 때문이다.[38] 이 나라는 조국이 탈환되고서 이승만시대 이후

37) 민갑완, 백년한(서울 : 문선각, 1962).

해외사조에 감염되면서, 그런 시각으로만 역사를 보고 사료를 해석하는 일각의 오도된 흐름이 있다.

분명히 말하건대 3·1항쟁은 우리의 국민들이 임금님을 타도하고 민주국을 세우려는 혁명행위가 아니었다.[39] 그것은 정반대로 침략일본으로부터 우리의 황실을 지키고 나라를 지키려는 것이었음을 예리하게 알아야 한다. 임금님 수호! 그것이 핵심이었고 임금님 타도가 아니었는데 어찌 대한민국이 되는가? 임시정부는 바로 대한민국이란 등식이 애초에는 없었다.[40] 그러다가 끝내 대한민국의 길을 갔지만 처음에는 그런 것이 아니었고 엉거주춤한 타협형태였다.

3·1만세항쟁은 일제침략자들이 명성황후를 시해하고서 나라를 뺏고 모든 재산을 뺏는 극악한 침략을 자행한 가운데, 강제로 퇴위된 광무(고종)황제마저 경악스럽게도 독살시해가 되었다는 얘기를 듣고 전국민이 총궐기했던 것이다. 직접적 발발원인으로서의 핵심은 광무제 시해! 우리 임금님의 비참한 최후에 분노해서 전체 민족이 들고 일어난 것을 민주국을 세우려 했다니 얼마나 기막힌 해석인가?

이 나라의 헌법을 만든 인사들은 생각컨대 독립전쟁에 모든 것을 걸며 피부에 닿는 애국운동을 하지 않았던 인사였다는 생각이 짙게 든다.[41] 단지 외국에서 만들어진 헌법책을 읽고 공부만 했지, 왜 그 헌법이 만들어졌는가 하는 점은 생각해 보지 않은 인사들이 헌법전문을 쓴 것이 분명하다.[42] 그러다가 4295년(1962년)의 제3공화국 헌법부터 3·1항쟁이

---

38) 김철수, 헌법개정 : 회고와 전망(서울 : 대학출판사, 1986), p.442.

39) 안천, 황실은 살아있다 하권(서울 : 인간사랑, 1994), p.7~36.

40) 당시 상해에서는 임금님의 위상에 대한 격론이 있었다. 그리하여 '구황실 우대' 조항이 삽입되며 타협안을 만드는데, 최고 지도자가 공석이다. 그리고 국무총리가 대행하는 타협적 형태였다. 당시의 법통의식이 드러나는 바라고 하겠다.

41) 구병삭, 의원내각제의 연구(서울 : 화성사, 1991), p.56 참조.

42) 송우, 한국헌법개정사(서울 : 집문당, 1980), p.23 참조.

독립정신의 화신임을 부각시킨 것으로 헌법전문이 바뀌었는데 이것은 아주 옳은 것이다. 3·1항쟁의 정신을 제대로 평가하기 시작한 것이라고 본다.[43)]

요컨대 조국탈환 이후 3·1만세항쟁을 보는 학설이 이남에는 이승만시대부터 민주항쟁설[44)]이었고, 이북에 있어서는 사회주의적 혁명설이었다. 그러다가 생각지도 않게 80년 무렵부터 운동권계열에서 이남에 민중항쟁설[45)]이 등장했다.[46)] 그런데! 이런 이론들은 현대인이 서양식 머리를 하고 다니니, 과거의 고구려나 고려시대에도 그런 머리를 하고 다닌 듯이 해석하는 역사인식이다. 민주항쟁, 사회주의 혁명, 민중항쟁을 할 만큼 이 나라는 3·1항쟁시대에 서구화되지 않았고, 당시에도 우리는 전체 국민이 임금님을 철저히 생각하는 시대였음을 분명히 해야한다. 당시의 3·1항쟁은 황실수호를 위한 소박하고 순수한 민초들의 '존황항일설'로 설명되어야 옳다. 우리의 제헌헌법 제정자들은 역사의 본모습을 너무 몰랐다고 생각된다.

---

43) 김철수, op.cit., p.455.

44) 3·1항쟁이 민주공화제를 만들려 했다는 것은 전혀 해석이 잘못되었다고 본다. 당시 세워졌던 여러 임시정부의 하나인 상해임시 정부는 임시정부를 세운 자체부터가 문제가 있었으나, 그 임시정부를 아무리 분석해도 공화제를 세우려는 원색적 표현은 없고 타협적 흐름이 짙다. 당시 상해에는 공화파도 있었으나, 존황파도 다수였다. 애초에 공화제를 만들려 했다는 것은 잘못이다.
신용하, 3·1독립운동(천안 : 독립기념관 독립운동사연구소, 1989), p.205 참조.

45) 한국민중사연구회, 한국민중사 Ⅰ, Ⅱ(서울 : 풀빛, 1986) 참조.

46) 민중항쟁설은 민주공화항쟁설 만큼이나 허황한 견해이다. 특히 민중항쟁설이 등장하는 것은 공화항쟁설이 억지이론을 만드니까 그것에 질세라 반작용 이론으로 나온 성향도 짙다. 그러나 당시의 우리 민족은 그런 고차적 이론이 아닌 순수한 상태에서 나랏님 시해에 경악하며 총궐기한 소박한 것이었다. 임금님 수호의 소박한 마음을 민중사관에 의한 사회주의 혁명이론으로 해석하는 저의는 무엇인가?
안병직, 3·1운동(서울 : 한국일보사, 1975) 참조.

그런데! 제6공화국 헌법이 제정되면서 대한민국임시정부가 법통으로 삽입된다. 이것은 매우 의미가 있으면서도 의미가 없는 법률인식이다. 왜냐하면 앞에서 논했듯이 상해임시정부는 독립운동사의 위상에 있어서 문제가 적지 않기 때문이다. 따라서 삽입함에 따른 문제가 오히려 발생할 수도 있다. 상해임시정부를 항일법통의 상징으로 내세우는 것은, 항일전쟁의 모든 것을 이승만 혹은 김구로만 상징하면 큰 잘못이 있는 바와 같은 잘못을 낳는 것이다.(그렇다! 제6공화국 헌법에 나온 법통 그대로 한다면 훗날 새로운 국난이 도래할 경우에 누가 국난에 정면으로 대처하겠는가? 누구나 이승만, 김구가 되지 안중근, 윤봉길, 이회영이 나오겠는가? 홍범도, 김좌진이 나오겠는가? 유관순이 되겠는가? 누가 조국을 위해 모든 것을[47] 바치겠는가?)

2. 독립운동사 재정리 및 역사인식의 수정

항일독립 운동사 혹은 독립전쟁사에 대한 연구는 그간 학계에서 열심히 연구가 진행되어 왔다. 그리하여 나름대로 많은 성과가 나오고 새롭게 밝혀지는 바도 많다. 그런데 독립운동사의 연구는 전반적으로 살펴볼 때에 아직까지 문제점도 꽤 많은 듯 하다. 아직도 절름발이 역사다.

첫째로 역사관의 부족현상을 지적할 수 있다. 지금까지 이루어진 독립운동사는 크게 이북계열의 사회주의 사관 위주로 된 것과 이남계열의 민주주의 사관으로 중심을 잡은 것으로 크게 나눌 수 있다. 그런데 이러한 양대 흐름이 중심되다 보니까 엄청난 공백이 생긴다. 우선적으로 지적할 것은 두 흐름에 속하지 않는 독립운동사를 버려둔 공백을 무시하고 있음

---

47) 김창수, 항일의열투쟁사(천안 : 독립기념관한국독립운동사연구소, 1991).

이다. 우리의 근현대사에 있어서 민주주의나 사회주의는 미국 등의 서양 세력과 소련 등의 공산세력이 우리에게 밀려오기 전에는 사실상 없었던 것이다. 특히 우리를 침략한 일제는 사실상 이 양대 세력과는 달리 독립적 성향이 컸고 전통적 존황사상의 사회였기에, 망국되는 무렵까지도 우리 사회는 거대한 주류가 존황사관적 역사의식의 흐름이 지배했었다.[48] 물론 일제강점시대에도 무너진 황실은 그대로 존재했고, 모든 국민의 의식은 정도차는 있어도 모두가 존황사상에 바탕을 두고 있었다. 그러나 그후 그 역사를 제대로 기록하지 않으면서 진실의 역사는 거의 모두 사라졌다. 단군이래 민주국가요 사회주의국가인 듯한 역사가 많다.

둘째로 외래종교에 바탕을 둔 역사관에 의한 왜곡이다. 외래종교에 중심된 바탕을 두고 민족사는 객체가 된 듯한 역사해석의 흐름도 적지 않음이다. 이 땅에 존재하는 일부의 종교는 우리의 망국에 철저히 기여했던 종교였고, 항일독립운동 시대에 철저히 친일종교였었다. 그 종교가 없었다면 이 나라가 결코 망국을 가지 않고, 이 나라의 오늘이 전혀 다른 모습일 가능성도 높다. 그러나 그런 종교! 그 종교가 현대시대에도 사실상 외세를 업고 득세하며 역사를 그들 위주로 아전인수식 해석을 하면서 왜곡시키는 가운데, 망국을 헤매던 시절의 우리 역사는 진짜 역사가 많이 사라졌다.[49] 그러한 흐름 속에 독립운동사가 왜곡되고 사라진 것을

---

48) 사회주의 국가이면서도 아직 전통사회 가치를 잔존하고 있는 김정일의 김일성 3년상은 무엇을 말하는가? 이승만시대 이후 서구식 껍데기 민주주의가 몰려오며 모든 전통과 뿌리를 자르다시피한 이남에 비해서, 그토록 경직된 공산국인 이북에는 세계가 놀라는 '동양윤리로서의 3년상'이 생생히 남아 있는 것이다. 우리의 존황사상도 생생한 모습으로 살아있던 때가 엊그제인데도 까맣게 잊고 있을 뿐이다.

49) 우리나라에서는 종교를 비판하기가 지역장벽을 넘기보다도 어렵다. 그렇지만 역사를 쓰는 사관(史官)은 목에 칼이 들어와도 직필로 단호히 기록을 남겨야 한다. 이 나라에는 그러나 특히 종교에 오염된 인사에 의한 곡필이 의외로 많

어디서 되찾을 것인가? 그런 종교가 지금 득세할 명분이 있는가?

셋째로 시대정신의 변화를 혼동함이다. 독립전쟁사는 사실상 일제의 운양호사건부터 출발된다고 본다. 그런데 이 무렵에는 전통적 사회체제로서, 아무리 조선시대가 썩었다고 일제침략사관이 매도했어도 최익현, 허위, 유인석을 필두로 한 올바른 정신의 쟁쟁한 양반지도층이 살아 있었고 존황양이 민족주의의 기치를 내걸고 정면애국을 했었다. 그러나 그러한 본질적 역사를 고루하다고 매도하고, 썩었던 시대라고 조롱하는 흐름들이 왜 생겼는가? 독립전쟁사의 전반적 시대정신이 아마도 존황민족주의였을텐데, 현대에 들어서 외래 시각적 역사해석을 일삼으면서 역사의 본질이 너무나 사라져가고 말았다.

넷째로 궁극적으로 볼 때에 비겁한 자들의 합리화 역사가 횡행함이다. 항일독립전쟁의 진짜 애국자들은 정면애국을 하면서 장렬하게 산화했다. 조국의 제단에 모든 것을 바치고 여한없이 사라진 애국자가 진짜 애국자였다. 체첸민족 투사들이 소련의 압제에 정면항거하면서 조국을 구하듯이 사라진 애국자가 진짜 애국자들이었다. 전민족이 안중근의사가 되고 유관순의사가 되며 신채호열사가 되었다면 일제강점 35년은 결코 그렇게 길지 않고 단시일에 끝났을 것이다. 그러나 사실상 기회주의적으로 조용히 몸보신이나 하면서, 다른 사람들만 죽음의 길을 가게 만든 뒤에 본인만 살아남은 자들이 스스로를 합리화하는 방식으로 쓴 역사가 참역사를 가린 경우도 많다. 차라리 비겁한 역사였다고 할까? 비겁한 자들의 패거리나 후손들이 억지로 조작한(?) 성향이 높은 역사 서술도 적지않음이 예리하게 파악되어야 한다. 어떻게라도 살아 있거나, 후손이 잘되어 자가발전을 하는 자들만 돋보이는 역사는 정말로 배격되어야 한다.

다. 심지어 국사편찬의 주도권을 쥔 인사도 그런 곡필가가 있을 정도이니 어찌 나라의 법통이 서고 바른 역사가 기록되겠는가?

그러나 우리의 학계에서는 그것을 사실상 간과하며 오늘에 이르렀다.

다섯째로 친일파들의 역사가 아직도 횡행함이다. 일제 식민사관도 문제지만, 친일파 의식은 매우 우려되는 것이다. 예컨대 친일영합적 행위나 하던 자들이 윤봉길 의사는 테러리스트요, 유관순 의사는 극단주의자며, 신채호는 국수주의자라고 하며, 철저항일 독립전쟁단체인 의열단, 다물단을 폭력단체라고 하는 등의 발언을 하는 흐름이 지금도 적지 않이 잔존함을 예리하게 보아야 한다. 나라를 침략자들에게 강점당한 암울한 시대의 애국자들을 일본 침략자들은 범죄자로 보았다. 우리는 초현대시대인 최근까지도(약 1995년경) 안중근 의사를 살인범 취급을 했던 놀라운 종교가 있었고, 그 종교가 저지른 추악한 범죄행위에 대해 사죄하는 진정한 모습을 보지 못했다. 그러면서도 그 종교의 최고지도자는 나라의 제일가는 어른인 듯이 위선적 처신을 하며 오늘을 살고 있다. 일제침략자들은 민족주의 학교는 깡패학교라고 했고, 민족종교는 범죄집단이라고 했으나, 친일파 학교는 모범학교라고 하고 친일종교는 건전종교라고 했던 흐름이 아직도 잔존하고 있다. 일제강점시대의 너무도 어두운 시대, 조국의 명운이 다해가는 처절한 시대에, 죽어가는 조국에 침략자와 함께 비정한 칼질을 하며 교세확장이나 꾀하던 당시의 대표적 건전종교가, 이 시대의 최고 애국종교로 둔갑한 사실을 무시하고 올바른 역사정립이 될 수 있는가? 당시에도 우리의 국권이 살아있었고 집권자가 대원군이라면 절대로 용납했을 리가 없는데, 아마도 지금쯤 그렇게 죽은 자는 위대한 순교자로 둔갑되어 있을 것이다. 그러면서 대원군 욕이나 하고 있을 것이다. 정말로 아쉬운 일인데 민족최고의 애국자이며, 그 종교의 독실한 신자였던 영웅 안중근의사를, 그 종교에서는 정말 거대한 애국자에 걸맞게 대우하는 사례를 보지 못했다. 변함없는 살인자로 보는 흐름이 아닐까? 이런 시각으로 본 독립전쟁시대의 역사는 모두 바로 잡아야만 한다. 그것을 그대로 두고 이 나라의 바른 미래가 있겠는가?

3. 황실사관 정립의 정당성

잃어버린 정통 역사의식! 수입이론에 밀리면서 사라져 버린 유구한 역사의 황실사관! 그러나 민족정치의 뿌리인 황실사관은 적어도 조국탈환 무렵까지는 분명히 존재했었다. 조국이 탈환되는 무렵까지도, 우리의 국민은 창덕궁 앞을 지날 때는 소수 역적사고를 가진 자들을 제외하고는 모자를 벗고 목례를 올리고 가는 것이 당연한 것이었다. 반일정신을 다짐하는 사실상의 항일운동을 하면서 임금님을 다시 모시겠다는 비장한 존황선언을 하는 것과 같은 행위였으며, 우리의 황실은 분명히 살아 있음을 다짐하는 행위였다고 하겠다.

그러나 이승만시대 이후 약 50년 사이에 우리는 최근까지 그런 때가 있었음을 까맣게 잊고 있을 뿐이다. 아래 도표에서 A는 상실되고 B의 시각으로만 A를 보는 것이다. 이것은 우리의 고대 3국시대에 당당히 존재하던 황제의식과 존황제도를, 김부식이 고려말에 삼국사기를 집필하며 격하시켜 쓴 뒤에 항상 잊는듯한 국민이 된 것과도 같다. 격하가 없었던 일본은 천황을 그대로 쓰고 있는 것도 우리는 깊게 생각해 본 적이 별로 없다.

황실사관지배기(A) 해외유입사관지배기(B)

대한황실(임금님)	인질임금님 / 침략천황	대통령
항일의병항쟁기	독립군활동기	현대국군출범

1875 1897 1905 1910 1919 1945

(운양호사건) (대한제국선포) (을사늑약) (국치) (3·1항쟁) (조국탈환)

일제침략시작 일제강점시작 일제구축

(상해임시정부)

우리의 현대 정치사에서 황실사관을 되찾는 것은 어떤 정당성을 갖는가? 첫째로 일제침략의 부당성을 증명하게 된다. 조국탈환 이후 우리가 황실사관을 부정한 것은 어찌보면 일제침략이 정당했다(?)는 강변적 억지논리가 가능해질 수 있다. 일본이 짓밟아 놓은 그대로 살았기 때문이며, 어찌 보면 일본이 끊어 버리려고 온갖 간악한 획책을 한 황실대통의 끊어짐이 오히려 정당한 것이었던 듯이 살아온 것이다. 이것은 우리 민족 전체의 잘못이라기 보다는 강권적 개인독재 논리가 지배했던 현대 정치사의 초기 주도권을 쥔 이승만, 김일성의 2인이 가진 문제점이 더 큰 것으로서, 2인 모두가 역사를 보는 제대로된 법통철학이 없이 외래사조에 영향을 받으며 전통적이고 줏대있는 민족정치의 뿌리를 찾을 입장이 못되었기 때문이다. 날마다 독립정신을 강조한 이승만이 진짜 독립정신을 깨닫고, 주체사상을 강조한 김일성이 진짜 주체사상을 터득했다면 임금님이 즉각 생각났을텐데, 겉껍데기 수입철학에 노예가 되어 그들의 정권안보용으로 입으로만 독립과 주체를 내세워 본질을 잃은 것이다. 그런 그들이 임금님에 해당하는 대권을 쥐고 나니까 역사를 오도시키며 이 나라를 어떻게 끌고 나갔을까는 자명한 것이 아닌가?

이것은 조선시대의 지도층이었던 학자집단이요 양반집단이 일제침략에 거의 모두 죽고 사라져버리니까 온통 임금님욕과 양반욕으로 보낸 시기가 만들어지면서 일제침략이 옳았다고 보는 역설적 시각이랄까? 침략일제역사관에 의해 만들어진 조선양반 매도는 (일본인들은 꼬이고 오도된 역사서술을 했던 점을 감안할 때에) 일제침략자들의 침략을 막는 선봉에 오히려 양반 유학자들이 있었음을 말한다. 임진왜란 이후 수많은 의병, 애국자는 지도층에서 나왔다. 그들이 모두 죽고 나니까 그들을 변호해줄 세력이 없을 정도이다. 어떻든 50년의 세월이 흐르며 그들의 뜻대로 이끌어진 이 나라가 되었고, 현대 정치사의 초창기에 법통상실 공백기가 길다 보니까, 이제는 황실사관이 망각되다시피 되었는데 그것은 일제침략자들이 그토록 원하던대로 된 것임을 분명히 주목해야만 한다. 조선시대 역사는 조속히 명예회복이 되어야 할 것이며, 황실의 영광은 다시 찾아져야만 할 것이다.

둘째로 잃어버린 토종 민족정치를 되찾게 된다. 그렇다! 그간 이 나라의 현대정치사를 이끈 법통철학은 하나같이 외래 수입사상이다. 토착정치의 뿌리요 전통적인 토종정치의 원형은 단군 이래로 계속되어온 임금님에서 찾아져야 할 것이다. 황실사관의 상실에서 우리의 정치적 뿌리가 상실되었음을 직시하고, 그것을 되찾는 것이 정치적 민족주체성임을 분명히 해야 하겠다.

셋째로 어른문화의 실종상태를 벗어날 수 있다. 이 나라는 일제침략자에게서 조국이 탈환된 뒤에 사실상 천민문화가 지배했고 민족의 어른이 사라졌다. 민주주의라는 무소불위의 칼을 내세우며 천민문화는 이 나라의 모든 전통에 가차없는 칼질을 했다. 그 칼질에 희생된 대표적인 것이 어른문화이다. 해외 수입시각으로 볼 때에 옛부터의 우리 민족정치의 뿌리는 모두가 우습고, 비과학적이며, 미신적인 것이 되었다. 그간 지나간 시대의 임금님들은 일부 예외사례를 빼고는, 개인적 정도차는 있더라도 거의 모두가 폭군이요 전제군주였던 듯이 매도되어 왔고 얼마나 이단시되어 왔던가? 그렇다! 이승만은 이 나라의 남쪽을 미국식 해외문화 천국으로 만들었고, 김일성은 북쪽을 소련식 해외문화 천국으로 만들었다. 그런데 이러한 50년 역사의 흐름 속에 기묘한 일이 생긴다. 이북은 김일성 스스로가 최고의 어른이 되며 현대판 사회주의 임금님으로서의 위상을 만든 뒤에 그 자리를 아들에게 인계했다. 그러므로 이북은 김일성 역성혁명이 일어났다고나 할까? 그런데 이남에 있어서는 어른문화가 상실되니 되는 일이 없고 항상 정치혼란만이 이어졌다.

넷째로 신생국 사고에서 벗어날 수 있게 된다. 우리는 놀랍게도 지난 현대 정치사의 많은 부분을 신생국사고로 살아왔다. 이승만이 미국의 워싱턴 흉내를 내면서, 본인도 워싱턴과 같은 국부라는 정치상징 조작을 하며 정권을 쥔 까닭에 정착되기 시작한 엉뚱한 생각인 것이다.

다섯째로 민족문화를 되찾는 출발점이 된다. 우리의 민족문화는 일제 침략과 이승만 시대의 맹목적 서구화로 너무나 단절되고 사라졌다. 우리는 예컨대 설날, 대보름, 단오, 추석 등의 민족문화를 생생한 모습으로 되살리는 것을 민족정치 정립을 위한 역사찾기의 일환으로 확실히 해야 하겠다. 세계에 내놓을 체통있는 명절문화! 우리 민족다운 그것을 다시 재생시켜야 하겠다. 그리고 다양한 전통문화 재개발사업이 필요하다. 그간 너무 우리 문화를 잃었지 않은가? 예컨대 매주 일정한 시각에 궁궐의 도처에서는 전통 복장을 한 궁성호위병이 전통의식을 거행하며, (이것은 훗날 본 논문에 따라 시행되었다.) 취타대의 행진이 있고, 곳곳에서 전통문화 행사가 재현될 수는 없는가? 보신각종은 제야의 종으로만 칠 것이 아니라, 매일 정오에 치는 종, 혹은 저녁 무렵에 청소년 귀가시간을 알리는 종으로 활용하는 등의 문화적 운치는 되살릴 수 없는가? 제야의 종은 양력이 아닌 전통적 명절인 음력에 치면서, 멋진 설날 축제와 어우러진 세계적 관광상품이 되어야 옳지 않을까? 청와대 사정비서실 혹은 감사원 내에 특수한 임무를 띤 암행어사를 둘 수는 없는가? 정치인이나 외교사절이 국립묘지에 가기 전에 우선 종묘에 들러서 국궁4배를 올리고 예의를 갖추는 품격 높은 의전행사는 왜 생각을 못하는가?

(요즘 종묘앞에서 온갖 일이 온갖 무리에 의해 무시로 행해지는 참상을 보면 이 나라가 철저한 천민문화의 족보없는 주워온 나라가 된 것은 아닐까 생각된다. 온 세계의 관광객이 꾸준히 찾고 있는 국가제일의 사당인 종묘는 경건하고 품격 높은 역사적 성지로서의 새로운 관리방식을 택해야 옳다. 지금같이 방치상태에 가까운 상황은 벗어나야 한다. 창덕궁에 입장하듯이 시간제로 안내자가 안내하여 창경궁으로 빠져 나가게 하는 형태로 바꾸고서, 입장객 전원을 엄숙한 참배절차를 밟게 하고 관

광을 시켜야할 것이며 임금님께서 하사하는 간단한 기념품을 주어 영원한 추억이 되게 할 수는 없을까? 태국의 왕궁을 입장하는 관광객이 규제가 엄격해도 불평은 없고 오히려 당연하다고 생각하는 것을 유의해야 옳지 않을까? 국가사당인 종묘의 입장은 입장 자체의 존엄성과 엄격성이 오히려 관광상품이 되는 것이고,[50] 이 나라의 품격을 높인다는 생각을 왜 못 하는가?)

(그리고 이왕 황실 유적에 대한 얘기를 꺼냈으니 경복궁, 창덕궁의 전면(前面) 재정비에 대한 의견을 꼭 말하고 싶다. 현재 내부정비는 그런대로 열심히 잘 하고 있으니 차근차근 진행하면 되겠는데, 경복궁과 창덕궁의 궁궐문이 지금 같아서는 정말 문제거리다. 너무나 위엄이 없고 한편으로는 궁궐을 모독하는 형상인데, 일제침략자들이 도시계획을 하면서 궁궐을 모독한 것이 그대로 남아서 그렇다고 생각한다. 경복궁 앞은 품격높은 어도설치와 함께 진입로 정비가 이루어지게 하고 최소한 광화문 근처에서부터 엄숙한 자세로 걸어 들어가게 재설계해야 한다. 창덕궁 앞도 최소한 단성사 근처에서 경건히 걷게 만들되, 도로를 광화문 수준으로 확대하고 역사성이 돋보이게 재정비해야 하겠다. 특히 종묘와 창경궁을 끊어 놓은 일제침략의 만행을 지금도 그대로 두고 있는 것은 옳지 않다.[51] 즉각 복개공사를 하던가 대책을 세워야 하겠다. 이러한 도시 재정비는 국가의 품격을 높힘은 물론이고 수도 서울의 얼굴을 혁신시켜 관광수입도 폭발적으로 증가시킬 비책이라고 생각한다. 그리고 일제가 자

50) 종묘 앞에 세운 이상재 선생의 동상은 이전해야 옳다고 본다. 종묘앞을 그렇게 막고 있는 동상이 있을 수 있는가? 그 동상은 종묘와 이상재 선생을 모두 욕보이는 바라고 생각된다. 이상재 선생이 종묘를 지키는 수위도 아니고, 종묘를 막고 서있을 몰상식한 인물도 아닐텐데, 그 동상을 세운 사람들의 한심한 식견이 문제라고 하겠다.

51) 그것은 일제침략자들이 우리의 조상과 역사와 뿌리를 끊어 놓은 대표적인 상징이다. 우리는 일본이 끊어 놓은 바 그대로 사는 것이 한 두가지인가?

행한 황궁모독행위를 꾸짖는 문화적 독립운동의 성격도 크다고 생각한다. 또한 옛부터의 나라어른 공경의식을 재생시키고 국민심서를 가다듬는 데에도 좋은 영향을 미치리라고 본다.)

여섯째로 민족단결과 통일문화형성에 큰 기여를 할 것이다. 옛부터 임금님의 존재는 민족을 단결시키는 구심점이었다. 우리는 본 논문을 마치는 이 단계에서, 특히 우리의 민족통일 문제를 임금님을 모셔서 해결하는 방안을 신중히 고려해 볼 필요가 있음을 강조하고 싶다. 현재 이북은 적화통일을 공공연히 주장하고 있고, 이남은 흡수통일을 강조하기도 하는 흐름이 있다. 그러나 그것은 양측이 똑같이 못났다는 뜻이다. 그것은 남북 모두가 잘못이고, 제2의 6·25전쟁이나 유발하며 동족의 가슴에 선전포고를 하는 민족적 범죄행위가 될 가능성이 높다. 우리는 중국이 홍콩을 반환 받으면서 1국2제 통일국을 만든 것을 유의할 필요가 있다. 현재 대만은 독립을 원하며 중국을 철천지 원수로 보고 항거하고 있으나, 우리 민족은 군사대립을 하면서도 확고히 통일을 원하는 것이 남북간에 일치한다. 그렇다면 사고를 전혀 획기적인 방향으로 바꿔서[52) 임금님을 공동으로 모신 1국2제 통일국가를 만드는 것을 우리 민족의 통일정책으로 세울 필요가 있다고 본다. 남쪽이나 북쪽이나 동족이 살고 있고 다른 이민족이 없는데, 생각하면 통일은 이미 이루어진 것이고 정치적 분단상태에 불과한 것을 적절히 해소하면 되지 않겠는가? 남북이 다른 정치체제 국가형태로 운영하면서도 독자성을 서로 인정하고 협조하면서 절대로 전쟁을 않고 자유로 오갈 수 있으면 통일이 된 것 아닌가? 그리고 공동의 임금님을 영연방같이 모시면 되지 않을까?

이북에서도 '임금님을 모시는 1국2제 통일안' 은 기꺼이 찬성하리라고

52) 통일정책수립에 있어서 전통문화의 재발견은 긴요한 핵심이다.
한정일, 한국정치발전론(서울 : 전예원, 1982), pp.150～152.

본다. 이 시대에도 아버지 3년상을 모시는 김정일의 효성을 생각할 때에, 이북 주민들 모두는 우리의 임금님을 모시기만 한다면 충성으로 모실 훌륭한 동포들이 분명하다고 추론했다고 해서 틀리지는 않으리라고 본다. 그리고 이남에 있어서는 그간 잘못된 수입이론에 오염되어 껍데기 민주논리의 노예가 된 흐름이 강할 때도 있었지만, 요즘에는 조상의 뿌리와 역사를 찾고 민족의 자존심을 찾는 흐름이 날로 강화되고 있는 기분좋은 분위기를 도처에서 볼 수 있게 되었다. 흉물스런 총독부 청사를 헐고 경복궁을 복원하는 마당에, 그 곳에 살고 계실 임금님이 계셔야 한다는 견해는 날로 강해지고 있다. 우리의 임금님을 공동으로 모시고 평화롭게 사는 남코리아와 북코리아가 세계의 강대국으로 떠오르는 그날은 결코 멀리 있는 것이 아니며, 그렇게 살다가 훗날 자연스럽게 하나가 되면 되는 것이다. 일제침략의 상처는 보다 현명하게 치유되는 '임금님 특효약'으로 해결해야 옳다.

맺는글

통(統)사상! 그것은 동양정치 사상의 뼈대를 말하는 핵심적 존재이다. 그리하여 가정의 뼈대를 가통(家統)이라고 불렀고, 학교의 뼈대는 학통(學統)이라고 했으며, 절의 뼈대는 승통(僧統)이라고 불렀고, 나라의 뼈대를 국통(國統)이라고 했다. 그리하여 우리는 그것이 제대로 잡혔을 경우에 법통(法統)이란 말을 쓰며, 뼈대가 잡혔다는 뜻으로 정리해 왔다. 그런 입장에서 볼 때에 우리나라의 법통인 국가법통에는 문제가 적지 않다.

첫째로 부끄럽기 짝이 없는 대통령(大統領)이란 호칭에 대한 검토 필요성이다. 3·1항쟁 당시에 임시정부가 곳곳에 세워질 무렵 나타난 정부

수반의 호칭을 살펴볼 필요가 있다. 아래 표[53]에서 보듯이 대통령은 정도령(正都領)과 함께 당시로서 3·1항쟁의 최고지도자였던 최고의 독립운동가 손병희가 추대되며 나타난다. 그리고 집정관, 혹은 집정관 총재도 등장한다는 점을 주목해야 하겠다. 특히 상해임시정부는 애초에는 정부수반이 없는 국무총리제임을 유의해야 한다. 당시의 독립운동가들은 임금님의 존재를 분명히 의식했었다고 보아진다. 대통령은 임금님을 의식한 위상인데, 현대정치사에 있어서는 그것을 미국의 President로 오해하고 쓴다고 생각된다. 대통령은 President란 뜻이 아니라 정도령, 집정관 총재 등과 같은 수준의 임금님 밑의 정부수반이 분명하다.

정부호칭	대한국민의회	조선민국 임시정부	대한민국 임시정부	신한민국정부	한성정부	대한민간정부
설립년도	1919. 3.21	1919. 4.10	1919. 4.13	1919. 4.17	1919. 4.23	1919. 4.1
설립지	연해주	서울	상해	평안도	서울	기호지방
수반이름	손병희	손병희	없음 (최초에는 없었음)	이동휘	이승만	손병희
수반호칭	대통령 (大統領)	정도령 (正都領)	국무총리 (국무總理)	집정관 (執政官)	집정관총재 (執政官 總裁)	대통령 (大統領)
참고 (이승만)	이승만은 국무총리	이승만은 부도령 및 내각총무	이승만은 국무총리로 정부수반 대행	이승만은 국무총리	유일한 이승만 최고수반	이승만은 국무총리

53) 이연복, 대한민국임시정부 연구, 경희대학교 대학원 박사학위논문, 1982. 12, pp.12~13.

둘째로 본 논문에서 논의한 핵심으로서 그간 본의 아니게 우리나라의 남북을 지배한 해외 수입법통에 대한 결단을 조속히 내려야 할 것이다. 아무리 외국의 침략이 있었다고 하더라도 정치체제의 오장육부를 다 바꾸고, 외국에서 온 정치문화가 아니면 모두 다 잘못된 듯이 보는 오도된 시각은 이승만, 김일성의 잘못에서 비롯된 것이다. 조국이 탈환되면서 영왕을 모셔와 임금님으로 모시고 정치를 하자는 법통정립의 논의가 없었음은, 우리의 정치지도자들이 해외 수입이론에 압도되며 전혀 법통철학이 없었던 창피한 일임을 분명히 직시해야할 것이다. 황실법통의 수립! 그 논의는 지금이라도 늦지 않다.[54)]

셋째로 우리 황실의 황통(皇統)에 대한 예리한 논의가 요망된다. 일제는 침략정책의 제1정책을 황통의 단절과 오염, 말살에 두었었다. 그리하

---

54) 1896년에 만들어져 독립문 정초식 때에 불려진 원초적 애국가는 윤치호가 작사하고 스코틀랜드 민요인 올드 랭 사인에 맞춰 불렀다. 최초의 애국가로서 많은 학생, 청소년, 의병이 부른 내용은 다음과 같다. 그런데 그것을 상해임시정부에서 후렴을 제외한 가사를 오늘날과 같게 바꾸고, 임정말기에 안익태의 작곡으로 곡조를 바꿔 오늘에 이르고 있다. 곡조를 외국곡에 맞춰 부른 것은 잘못된 것이라, 그것을 새로 작곡한 것은 옳다. 그러나 최소한 30년이상이요, 길게는 윤봉길 의거 무렵 근처까지 40년쯤을 부른 정통 애국가의 가사를 바꾼 상해임시정부의 독립운동철학이 부끄럽다는 생각은 들지 않는가? 애국가에서 민족의 뿌리를 잘라낸 것이다. 특히 '동해물과 백두산이 마르고 닳도록...'같은 가사는 애국가의 첫 귀절부터 부정적이고 패배적이다. 상해임정이라는 허울을 만들어 놓고서, 정면대결보다는 프랑스 조계에서 안주하며 세월만 보내던 패배주의자들의 의식이 은연중에 깃든 창피한 가사이다. 분명히 재고해야 한다. 아니 임금님을 분명히 다시 모시고, 이 시대에 맞게 약간 수정은 하되 자랑스런 원래의 가사로 되돌아가야 백번 옳다.(독립군가보존회, 광복의 메아리 : 독립군 가곡집, 1991).

〈1절〉 성자신손 천만년은 우리 황실이요
산고수려 동반도는 우리 본국일세

〈2절〉 애국하는 열혈의기 북악같이 높고
충군하는 일편단심 동해같이 깊어

여 조선시대 역사와 임금님은 물론 조선시대 양반문화를 집요하게 헐뜯어서 우리 민족 스스로가 우리의 정치문화를 욕하며 잊게 만들었다. 그런데 무엇보다도 놀라운 것은 조국이 탈환되면서 우리의 황통을 바로 잡을 논의와 결단이 없었다는 점이다. 일제침략자들이 이 나라의 황통을 망치려고 강제결혼시킨 특수전범 방자여사의 폐비조치가 분명히 있었어야 하고, 황태자 영왕의 정통을 계승하는 바른 길이 무엇인가를 진지하게 논의했어야 했다. 그럼에도 이 나라에서는 온통 법통마비 의식이 횡행하며 세월이 흘러 오늘에 이르렀다. 그리고 가장 놀라운 일은 4329년(1996년) 겨울에 있었던 경악스런 일로서 이구황손의 귀국에 따라 생긴 일이다. 이구 황손은 일제가 우리의 황통을 망치려고 방자여사와 강제결혼시켜 탄생된 50% 침략피의 인물이다.(그를 귀국시켜 노후를 품위있게 살게하는 것은 국가적 책무이다. 왜냐하면 우리 민족은 이구황손을 정치적으로는 용납할 수 없으나 인간적으로는 언제라도 감싸야 하기 때문이다. 그리고 그는 역사적 산물로 나온 희생적 인간임도 분명하기 때문이다. 따라서 그가 비참하게 일본에서 죽는다면 국가적 창피이기 때문이며, 우리의 국력으로는 이제 그만한 일은 당연히 해야 한다.)

그런데 그를 황통의 적통으로 보는 일부의 친일매국 시각이 아직도 있다. 일제침략의 뒷처리는 아직도 끝나지 않았고, 항일독립운동은 아직도 미완성 상태에 있음을 분명히 인식하고서, 이 시대의 역사를 만들어나가야 하는데 전혀 역사의식이 마비된 시각이 난무하고 있다. 이구황손을

〈3절〉 이천만민 오직한맘 나라사랑 하야
사농공상 귀천없이 직분만 다하세

〈4절〉 우리나라 우리임금 황천이 도우사
국민동락 만만세에 태평 독립하세

〈후렴〉 무궁화 삼천리 화려강산
대한사람 대한으로 길이 보전하세

황실계승의 적통으로 본다는 것은 일제침략자의 의도에 정확히 영합하는 매국노 의식의 소산이며, 침략자들이 옳았다는 것이나 똑같은 경악할 일이다. 생각컨대 이 나라가 친일파 정리나 친일의식 정리가 없이 50년의 세월이 무작정 흐르다 보니 지금까지도 경악할 일이 생기는 것이다. 이것은 일제침략을 지금까지도 인정하는 경악할 시각이며, 이것은 또한 친일매국의 잔재는 지금도 분명히 살아 있음을 뜻하는 생생한 증거인 것이다. 일제침략자들의 침략의지가 생생히 살아있는 오염혈통의 이구황손은 절대로 황통논의의 대상에서 제외되어야 하며, 그에게 양자를 들여 황통을 잇는다는 희극적 얘기는 입밖에도 내지 말아야 할 것이다.

끝으로 당시에 있었던 고개들 수 없는 역사적 추태가 지적되어야 한다. 그것은 일제침략자들이 이 나라 황실의 법통을 없애려는 흉계로 태어난 비극적 역사의 인물인 이구황손을 황실가문인 전주이씨대동종약원의 총재로 추대한 일이다. 이구황손을 잘 모시는 것과 총재추대는 전혀 다른 개념이다. 아무리 양보해도 양보할 수 없는 결정적 실수로서, 일제의 황실침략 과정을 제대로 안다면 삼척동자라도 놀랄 일이며, 상식적 수준의 역사인식마저 무시된 처사로서, 일제의 침략이 옳았다고 (흡사 조선황실은 잘 망했다는 듯이) 이 시대에 다시 추인해주는 바와 같은 망발 행위가 그것도 황실가문에서 일어났다는 것은 상상도 못할 일이다.

황실이 잘 끊어졌고, 일제침략자들의 침략이 옳았단 말인가? 소위 황실가문이라고 말하고, 태조 고황제의 후손들이란 집단이 아무리 법통의식이 마비되었다고 하더라도 그런 추태가 가능한가? 다른 가문에서 이런 엄청난 역사적 실책을 저지른다고 해도 앞장서서 막아야할 가문이 솔선해서 일제침략을 추인하는 망칙스런 추태를 저질렀으니, 전 국민이 이것을 어떻게 보겠는가? 그렇기에 일본 정치인들이 일제강점은 합법적이었다느니 하는 망언이 연속하여 나오는 것이다. 전주이씨 가문의 성을 바꾸던가 역사를 잊던가 했다면 몰라도 있을 수가 있는 일인가?

특히 유의할 것으로 이구황손은 일본천황의 가까운 친척으로서, 방자 여사가 바로 침략전범 천황의 부인이 될 순위의 4촌간이 아니었던가 하는 점이다. 전주이씨 가문이 침략천황의 5촌을 총재로 추대하고 침략천황의 가까운 친척으로 전락된 것을 법통의식이 마비된 그 가문에서는 경축했을지 모르나, 역사를 아는 모든 국민은 하나같이 통곡, 통곡으로 울었다는 사실을 아는가? 지하에 계신 태조 고황제 이하 모든 조상들이 부끄럽지 않은가? 역사모독! 항일전쟁에 모든 것을 바친 수많은 독립운동가를 모독하고, 빛나는 애국지사를 조롱하는 참담한 행위가 아니고 무엇인가? 이 나라의 법통을 끊으려던 일제침략의 상처는 이토록 깊고 깊은 것인가? 이 나라가 침략국의 친척으로 전락되다니, 어린 자식들 보기가 민망하고 역사가 부끄러울 뿐이다. 태조 고황제 폐하께 지부상소하는 자세로, 통곡하는 마음으로 논문을 끝맺는다!

※ 참 고

① 뜻있는 전주이씨 대동종약원 관계자들은 처절히 상처를 입은 황실법통을 잇기 위한 노력을 오늘에도 계속하고 있다고 한다. 다만 이구황손이란 역사적 수렁에 빠져서 상쾌한 해결책이 쉽게 등장하지 않는다고 한다. 그러나 황실법통 회복은 결코 외면할 수 없는 중대한 과제임을 유의하고 가능한 최선의 답을 찾아야 옳다.(2003년 5월)

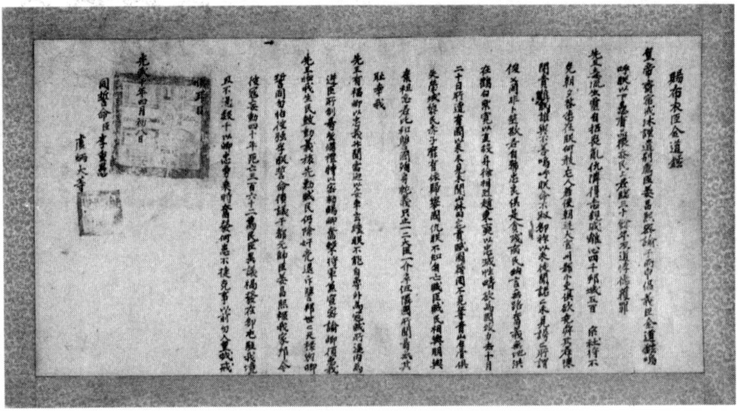

광무황제 밀지

광무황제는 믿을 만한 국민들에게 계속적으로 비밀 교지를 은밀히 전달하여 구국항전을 촉구했다. 독립기념관에 가면 그것들을 쉽게 볼 수 있다. 항일의병과 독립군은 황제폐하의 어명을 받든 정통 애국군인이었음을 뜻하는 명백한 증거이다. 항일전쟁은 존황사상의 혈투였었다. 단순한 항일이 아니었었다.

다섯째 주제

이승만의 황실탄압심리

들어가는 글

一. 이승만 전기의 중대한 의문점

1. 이승만 전기가 가진 6대 의혹

2. 이승만 전기의 의혹사항 발생 원인

3. 서정주의 이승만 전기 조판해체 사건

二. 황실 탄압의 기저심리 해부

1. 이승만 비밀의 증언자 추적

2. 황실 탄압의 잠재심리 분석

三. 황실 탄압의 표출심리 분석

1. 황실탄압의 실상

2. 황실탄압의 표출심리에 대한 논의

맺는글

들어가는 글

①

일제강점시대를 마감하고 나서의 새로운 시대가 전개됨에 있어서, 우리의 현대 정치사는 외인적(外因的) 변인이 내인적(內因的)변인을 압도하면서 전개된다. 우리의 조국탈환도 히로시마 원자탄과 함께 왔고, 38선도 미군과 소련군이 분할 점령하여 만든 것임을 분명히 알고 있다. 그리고 조국이 탈환되고 5년만에 터진 6·25전쟁도 스탈린과 모택동의 의지가 김일성을 앞세우고 남침한 외인전쟁임을 소련외교문서가 공개되어 이제는 뚜렷이 알게 되었다.[1)]

사실상 김일성과 이승만은 서글프게도 외세를 대변하며 외세를 업고 외인논리(外因論理)에 편승하며 정권을 잡은 인물들이다. 이북에서 김일성이 왜 권력투쟁에서 승리했는가? 그것은 김일성이 박헌영, 조만식보다 소련에 고분고분하고, 소련의 확실한 앞잡이였기에 소련이 최대한 지원해준 것에 불과하다.[2)]

이남에서 이승만이 왜 당시의 정국을 주도하며 권력투쟁에서 승리할 수 있었는가? 그것은 미군정 3년간에 분명하게 미국과 손을 잡게 되었기

---

1) 그간 좌파 수정주의 계열에서는 6·25 전쟁이 우리 민족의 내부갈등이 증폭된 내인전쟁이고, 스탈린이나 모택동은 무관하다고 선전해 왔었다. 더욱 한심한 것은 국내학자들의 다수설이 소련문서 공개 이전까지는 모택동 무죄설이었음이다. 모택동은 주범임이 최근에야 밝혀졌기 때문이다.
안천, 남침유도설 해부 (서울 : 교육과학사, 1993) 참조.

2) 조만식은 이북 최고의 거물이었고, 박헌영은 뛰어난 공산주의 이론가였다. 그들은 소련이 뜻대로 요리할 인물이 못되므로 소련은 김일성을 택하는 것이다.
중앙일보사, 조선민주주의 인민공화국, 1992 참조.

에 가능했던 것이다.[3] 우리의 정치사는 많은 경우에 미군정 3년간을 너무 가볍게 다룬다. 이 3년간에 우리는 엄청난 정도로 미국의 흐름 속에 빠져 들어간 자기상실(?)의 출발기였음을 간과하고 있다. 우리는 그 3년 사이에 심각한 수준으로 미국화되는 길을 갔다. 그리하여 반세기 밖에 흐르지 않은 오늘에 있어서는 정치 · 사회 · 경제 · 문화의 다방면에 걸쳐서 너무나 우리의 본모습을 잃게 되었다.

이렇게 우리를 잃어가는 흐름 속에 이북의 김일성은 우리의 황실을 생각해 본 적도 없고, 이남의 이승만은 황실을 처절히 짓밟아 재기불능 상태에까지 빠뜨리고 만다. 김일성은 사회주의자라 그렇다고 하더라도, 미국유학을 가서 자칭 왕자라고까지 행세했던 이승만은 왜 그토록 잔인하게 우리의 전통 황실을 짓밟았는가?

그것에 대해서 우리의 정치학에서는 전혀 관심을 기울인 적이 없는데, 그것부터가 바로 이승만의 외세추종적 전통탄압 조류에 휩쓸린 편향적 학풍의 결과라고 생각된다. 오도된 정치풍토 속에서 눈가리고 정치현상을 보거나 색안경을 끼고 정치세계를 살핀 까닭에, 현대 정치학에서 너무나 소홀히 다루고 백안시했던 우리의 정치적 뿌리! 기나긴 정치사의 표상! 우리의 황실은 다시금 주목되며 연구될 것이 확실히 요망된다고 본다. 그러한 입장에서 본 논문은 황실궤멸의 선봉에 섰던 이승만의 탄압심리를 주목하고 연구를 진행시키고자 한다. 현대의 정치학에서 전혀 다루지 않았던 이승만 박사의 황실탄압은 어떤 이유에서 비롯되었는가?

---

3) 이상우, 국가와 정권의 운명을 좌우해 온 소국·강대국 관계, 월간조선 1993년 부록, p.311.

②

현대 정치학 연구의 사각(死角) 지대에 놓여 있었기에, 그리고 이승만 독재에 의해 처절히 궤멸되어 거의 죽어버린 상태에 가까운 약자(弱者)들에 관한 이야기이기에 외면당했고 전혀 학자들의 연구의 손길을 거치지 않아서, 극히 완전하게 은폐되어 있었던 이승만의 황실탄압 심리를 분석함은 어떠한 정치적 의미가 있는가?

첫째로 일제침략자의 손에서 조국이 탈환된 뒤의 정치학 연구가 전통 및 뿌리를 상실하게 된 직접적 원인을 발견하게 된다. 우리의 현대 정치학은 솔직히 말해서 다분히 수입정치학이다. 학문연구의 철학은 물론이고, 내용학은 물론이며, 심지어 방법론에 이르기까지, 우리다운 학문 정체성(正體性)을 정치학에서 쉽게 찾을 수가 없다. 그 원인을 천착해 들어가다 보면 이승만의 현대사 뿌리내리기가 심각하게 주체성이 없고, 족보를 찾기 어려웠음을 발견하게 되고, 거기에서 한국 정치학의 전통상실이 비롯됨을 알게되는 것이다.

둘째로 조국탈환 이후의 한국 정치사가 방황한 원인을 찾을 수 있게 된다. 지나간 현대 정치사를 되돌아 보면 정말 너무도 혼란과 방황의 연속이었음을 누구나 쉽게 느끼는 것인데, 그 이유는 일제 구축 이후 우리의 정치사가 본질이 실종된 정치에서 비롯되었음을 알게 된다. 우리의 지나간 기나긴 역사는 전혀 도외시하고 미국식 제도를 직수입해다가 그대로 정치를 했으니, 겉으로 민주주의를 한다면서 미국식은 무조건 좋고 우리의 임금님체제는 무조건 욕을 하는 흐름으로 살아오면서 일종의 소화불량 혹은 적응불능 증세의 심화에 시달린 것이 현대 정치사였다고 생각된다. 그 씨앗은 다분히 이승만이 제공한 것이다.

셋째로 조국탈환 이후의 한국 사회 전체가 근본적으로 자기의 본모습을 잃고서 표류하게된 심층원인을 발견할 수 있다. 우리는 반만년 이상의 오랜 세월을 임금님을 모시고 우리의 삶을 살아 왔다. 그것이 우리의 정치적 본모습이었다. 그러다가 일제침략 35년간에 있어서도 침략국이긴 하지만 천황이란 이름의 침략 임금님이 계신 침략문화의 흐름이 있었다. 그런데 조국을 침략자에게서 되찾으며 우리의 모든 것을 바꿔 놨다. 민주주의를 하는 것은 옳은 일이다. 그러나 민주주의의 이름하에 우리의 본모습은 철저히 부정되고 파괴되었다. 그 까닭은 '우리의 민주주의'를 한 것이 아니라, 외래의 '굴러 들어온 민주주의'가 우리의 민주주의를 만들었고, 그러다가 보니 굴러 들어온 미국의 모든 것만을 민주주의인줄 아는 착각 속에 우리를 잃게 된 것이다. 그 원인은 첫출발이 우리의 정치 본모습인 임금님의 실종에서 비롯되었음을 우리는 모르고 있다. 그리고 그것의 출발이 이승만의 황실탄압에서 출발되었음도 깨닫지 못하고 있다.

③

현대의 우리나라 정치사를 첫 단추부터 완전히 잘못 끼워서 국민을 끊임없이 고통 속에 헤매게 만든 정치방황의 출발! 민족정치의 구심점인 임금님의 실종을 만든 이승만시대의 흐름을 제대로 이해하려면, 이승만의 정치의식이 어떤 성장과정을 거쳐서 어떻게 형성되었나를 아는 것은 매우 긴요하다.

도대체 이승만의 출생배경은 어떻고, 성장과정은 어떠하며, 독립운동의 전개과정은 어떠했는가? 그 흐름의 저변 핵심을 정밀분석하면 이승만의 황실탄압이 나온 근본이유가 나름대로 명쾌히 추적될 수 있다고 본다. 본 논문에서는 그것을 추적함에 의해서 우리 정치사가 조국탈환 이후부터 출발이 오도되게 된 뿌리를 명쾌히 밝혀 보도록 하고자 한다.

一. 이승만 전기의 중대한 의문점

이승만의 황실탄압 심리를 지배한 밑바탕은 무엇인가? 그것은 그의 성장과정을 분석하면 나름대로 뚜렷하게 드러난다. 특히 유의할 것은 그의 성장 속에는 침략일본 구축 이후 등장되며 미화된 내용이 적힌 여러 전기들의 내면에 숨겨진 엄청난 의혹 혹은 비밀들이 발견된다는 점이다. 그것을 면밀히 추적하고 나면 이승만의 황실탄압이 어떻게 비롯되었나를 정확히 알 수 있게 된다고 본다.

1. 이승만 전기가 가진 6대 의혹

이승만의 여러 가지 출판된 전기들을 보면 묘한 것을 발견하게 된다.[4] 고향도 엄밀히는 확실치가 않고, 조상도 명쾌하지가 않고, 기묘하게도 격동의 구한말 혼란기의 3세 때에 황해도에서 서울로 이사를 온 것으로 되어 있다.

1) 뿌리의 의문점

첫째로 이승만은 전주이씨 양녕대군파 16대손이라고, 이승만 전기에는 어디나 쓰여져 있다. 그런데 예컨대 언론인 송건호는 명백하게 이승

4) 이승만의 오랜 독립운동 기간에 있어서 오른팔의 구실을 한 이원순의 저서에는 첫 문장부터가, '우남 이승만의 탄생을 에워싼 이야기들은 퍽으나 구구하다.'이다. 의심이 갈이 분명함을 오랜 측근이 정면으로 밝히고 있다. 특히 이원순은 그의 책 서문에 본인의 책은 나름대로는 정확하고 객관적임을 명백히 강조하고 있다. 이원순, 인간 이승만(서울 : 신태양사, 1965), p.23.

만의 뿌리가 정확한지 사실여부를 알 수 없다고 까지 밝히고 있다. 왜 그럴까?

당시만 해도 소위 내노라하는 양반가문에 있어서는 족보를 분명히 만들어 갖고 있던 시기였는데,[5] 서울에서 성장했다는 이승만의 뿌리가 확실하다고 말할 수 없다는 것은 무엇을 말하는가? 이승만의 혈통이 확실한 것이 아니고 혹시 조작된 것은 아닐까? 짙은 의문을 유발시킬 수 있는 전기의 기술내용이다.

특히 이승만이 출생할 시기인 광무(고종) 황제 12년인 단기4208년(서기1875년) 무렵은 대원군에서 명성황후로 권력의 실권이 이양되던 때였고, 나라가 나름대로는 안정적인 반석 위에 있던 시기였다. 그러한 때에 출생한 이승만의 뿌리를 전기에서 명백히 밝힐 수 없다고 함은, 특히 그 무서운 절대권력자였던 이승만의 뿌리가 명료하지 않음은, 그가 뼈대있는 집안의 후손이 아님을 정확히 표출해 주는 것이 아닐까?

2) 고향의 의문점

둘째로 그의 고향은 더욱 의심스럽다. 출판된 전기에 쓰였으되, '그의 집은 대대로 서울에서 살아온 것 같으나' 로써 옛부터의 고향을 확언하지 못하고 있다. 옛부터 살아온 고향이 명쾌한 것이 아님을 뜻한다. 이승만 같은 서슬퍼런 절대권력을 소지했던 인물의 지역적 뿌리를 상쾌하게 밝혀주지 못하는 이유는 도대체 무엇인가?

더군다나 더욱 기묘한 것은 서울에서 쭉 살다가, '할아버지 대에 황해

5) 이승만의 성장기는 조선시대 족보문화의 난숙기라고 하겠다. 이미 100년전인 18세기에 족보는 우리나라 양반사회에 널리 유행했고, 족보를 외우는 보학(譜學)이 양반사회의 필수조건이었던 것이다. 그럼에도 이승만의 뿌리가 확실치 않다고 함은 그의 족보가 분명치 않음을 뜻하지 않을까?
이기백, 한국사신론(서울 : 일조각, 1974), pp.254~255 참조.

도 해주 방면으로 이사를 가고, 다시 그의 아버지 대에 [능안골]이라는 빈촌으로 이사한 것' 으로 되어 있다. 또 어떤 책에는 황해도 '평산' 이 자주 등장하고 있다. 무엇 때문에 서울에서 대대로 살아온 집안이 조부와 부친 때에 황해도로 이사를 갔고, 왜 거기서도 붙박이로 못 있다가, 다시 이승만이 아기 때에 서울로 왔을까? 이승만 전기에 있어서 그의 고향은 예리한 시각으로 분석하면 꾸며낸 가공의 전기가 혹시 아닌가 하는 의혹을 짙게 갖도록 만든다.

왜냐하면 고향이나 뿌리를 은폐할 의도가 있는 경우에 사람들은 일반적으로 이사를 다니며 떠돌았다고 꾸며대는 것이고, 사실상 구한말에는 노비제도가 느슨해지면서 많은 노비들이 떠돌아 다니며 양반들이 갖고 있는 성(姓)을 본인들도 가졌다고 거짓으로 꾸며대며 참칭하는 흐름이 있던 시기였기 때문이다.[6] 그러므로 당시는 기존 양반층이 안정적으로 존재했다면, 반면에 전통사회가 변질되면서 노비사회는 점차 전통적 틀이 무너져가던 시기였음을 말한다.

그러한 시기에 조부와 부친이 떠돌아 다닌 이유를 명쾌히 밝히지 못하는 이승만의 전기에는 중대한 은폐사항이 있다고 보아야 옳지 않을까? 당시는 우리 인구의 거의 반 가까운 많은 인구가 성이 없던 시기였고, 노비사회가 흔들리며 많은 노비가 거주지를 옮기면서 성을 가졌다고 우기던 흐름이 생기던 때였음을 날카롭게 주시해야 하지 않을까? 이승만의 부친도 성이 없는 노비수준의 신분인데 전주이씨를 참칭하며 전주이씨라고 우긴 것은 혹시 아닌가? 특히 유의할 것은 노비들이 여러 성을 각자 가졌지만 주로 많이 참칭한 성은 이(李)씨, 김(金)씨 등의 숫자가 많은 성

---

6) 출판된 이승만전기 하나에는 이승만의 부친 이경선은 나귀를 타고 지남철 하나를 들고 수없이 떠돌았다고 되어 있다. 몇달씩 혹은 1년이 넘게 집을 나갔다 왔다한 사람이 부친이라고 했다. 그런 일을 하는 직업이 무엇일 것인가?
서정주, 이승만박사전(서울 : 삼팔사, 1949), pp.32~33.

이었음도 유의되어야 하겠으니, 그러한 성을 가져야 노비신분이 들통이 나지 않았기 때문이다.[7][8]

3) 3세 서울상경의 의문점

셋째로 여러 이승만의 전기에는 이승만이 '느닷없이' 3세에 황해도에서 서울로 부친과 함께 이사를 왔다고 썼다. 여기서 왜 필자가 느닷없이라고 썼는가를 말하면, 일반적으로 어떤 인간이 스스로의 뿌리가 명쾌하지가 않고 숨길 것이 있을 때에 이사를 왔다고 하면서 스스로를 감추기에 적절한 나이를 말해 보려니까 그렇다. 앞에서 말한 두 가지의 의문점을 전제로 할 경우에 이승만 전기의 '서울상경 3세' 주장은 무언가 거짓된 가공의 냄새가 짙게 난다.

그럼에도 불구하고 이승만 전기마다 3세에 서울로 상경했다는 주장은 꼭 나온다. 그렇다면 '3세'라는 것 만은 혹시 가장 정확한 것은 아닌가하고 거꾸로 생각할 수도 있다. 다만 3세에 담긴 비밀이 문제인 것이다. 여기서 필자는 일단 3세를 인정한다고 해도, 3세는 뿌리가 불명인 사람이 스스로의 명쾌하지 않은 과거를 말하기에 가장 적절한 나이인 것만은 분명히 지적한다. 3세 상경 주장은 의외로 확실하기에 의외로 더욱 믿을 수 없다는 점을 칼같이 통찰해야 하지 않을까 하는 문제제기를 하는 것이다. 이승만 전기의 3세 상경설은 무언가 깊은 비밀이 있을 가능성이 크

7) 노예해방 시기에 노비들이 가진 성은 대체로 좋은 성이었다. 미국의 노예해방에 있어서도 흑인들이 가진 성은 거의 모두 저명한 가문의 좋은 성이었다. 따라서 소위 명문 거족의 성에 상놈도 많다. 우리나라에도 그것은 같아서 명문이 많은 김씨, 이씨에 돌상놈도 다수가 편입되어 숨어들어 갔다.

8) 예컨대 운현궁의 노락당 할머니는 생전에 항상 개탄하길, '전주이씨에는 상놈이 많으니 차라리 완산(完山)이씨로 고쳐 불러라'라고 항상 말했을 정도였다고 한다. 노비들이 많이 편입된 것을 개탄하는 얘기라고 하겠다.
유력한 황실증언자, 1995. 8. 20 면담.

다. 왜 3세에 서울로 왔을까?

4) 가족의 의문점

넷째로 이승만의 부모는 서울로 이사를 올 때에, 딸 둘과 어린 이승만을 포함하여서 다섯 식구가 함께 서울로 왔다고 되어 있다. 말하자면 적절한 크기의 알맞은 가족임을 분명히 밝히고 있다. 그러나 매우 정상적인 가정임을 말한 이 글에, 이승만 전기를 꾸민 자가 있다면 큰 실수를 범한 것 같다.

왜냐하면 이승만은 기나긴 독립운동의 기간에 있어서 예전에 망국 무렵에 결혼한 첫부인 박승선여사의 얘기가 심심치 않게 수집된다. 심지어 첫부인은 상해에까지 이승만을 찾아 왔었고, 서울에 살 때에 이승만이 심하게 박대했다는 얘기까지도 수집된다. 어떻든 이승만의 첫부인이 분명하게 존재했다는 것을 말한다.

더군다나 이승만의 첫 부인은 이승만이 조국을 되찾고 귀국하자 당시의 경무대(훗날 청와대로 개칭)로 이승만을 만나러 찾아 까지 왔고, 이승만은 이에 쌀쌀하게 모르는 여자라고 쫓아 보냈다는 얘기까지 생긴다. 이승만은 첫 부인과의 사이에 이태산이라는 아들까지 있어서, 그를 데리고 미국에 망명했었는데 필라델피아에서 장티푸스로 죽었다. 14살의 나이에 유일한 혈육이 사라진 것이다. 박승선 여사는 이승만의 기나긴 독립운동 기간에 수절을 하며 시아버지를 모시고 친정조카를 양자로 삼아 외롭게 기다렸으나 이승만은 외면을 한 것이다.[9)]

그런데 박승선 여사의 자료가 확실히 남아있고 박승선여사는 이승만의 아버지를 모시고 살았다는데, 일제강점시대 이후에는 어디에도 이승

---

9) 김교식, 이승만의 첫부인 박승선 스토리, 동방출판사, 정풍 12, 1987, pp.213~223.

만의 두 누이에 관련된 얘기는 거의 없다.[10] 물론 어떤 전기에는 이승만의 큰누이는 해주의 우(禹)씨댁으로 시집을 갔고, 작은 누님은 평산의 심(沈)씨댁으로 시집을 갔다고 했는데, 그것도 의문점이 크다. 왜 두 누이는 나이 차가 그리 크게 나며, 일찌감치 황해도로 둘 다 시집을 갔고, 그 뒷얘기는 거의 없는가? 왜 서울에서는 시집을 못 갔나? 더군다나 이승만 같이 외로운 인물에게 두 누이의 자손들이라도 있었어야 하는데 별로 거론되는 인물이 없다.[11] 무소불위의 절대권력을 휘두르며 약간이라도 과거에 개인적 신세를 진 사람은 벼슬을 주었을 이승만이, 그리고 사람이 없어 인물찾기에 고심하며 '인물 천거함'까지 설치했던 시대에 두 누이와 관련된 친척에게 벼슬을 준 얘기가 수집됨이 없다는 것은 도무지 이해가 가지 않는 일이다.[12]

그렇다면 이승만의 두 누이는 이승만과 관련이 없는 가공의 꾸며진 얘기라는 논리도 성립될 수 있다. 또는 이승만과 배다른 형제들이거나 매우 거리가 있는 누님들일 가능성도 크다. 어떻든 다복한 한 가정이 이사온 것으로 미화하려니까 두 누이를 등장시켰는데, 그것의 후속적인 근거자료가 아귀가 맞는 바가 없다보니 그것이 석연치 않음을 뜻하는 핵심요인이 되었다고나 할까?

특히 이승만의 공식 전기 하나에는 이승만이 가난한 모친과 함께 계집

---

10) 또 어떤 전기집에는 이승만의 두 누님과 형님이 있었고 나이 차가 매우 컸으며 형도 어려서 천연두로 세상을 떴다고 되어 있다. 어떻든 이승만과 거리가 크게 있음을 암시하는 바가 많다.

11) 심양섭, 인터뷰 - 이종률 (전)공보수석 비서관, 월간조선 1993년 신년호 부록, p.29.

12) 이원순 지음의 전기에는 두 누이의 자손 얘기가 나온다. 그러나 그 자손들이 있음에도 이승만이 그들에게 큰 관심을 보였다는 얘기보다는, 이승만은 외로운 인물이었음을 강조하는 자료가 많다. 이승만을 상당히 감싼 이원순 전기에도 혈혈단신으로 쓰여져 있다.
이원순, 인간 이승만(서울: 신태양사, 1965), p.28.

종 복녀를 포함한 셋이 잠을 잤다고 했고,[13] 아버지는 떠돌아 다녔다고 했다. 어찌 그 가난한 집에서 심지어 끼니도 제대로 못 잇는 경우도 있다는 집에 복녀라는 계집종이 있을 수 있는가? 그것은 거꾸로 해석하면 함께 잔 모친이나 부친이나 이승만이나 복녀와 같은 수준임을 뜻하는 것이 아닐까? 떠돈 아버지는 떠도는 일을 맡은 하인은 혹시 아닌가?

세밀하게 관찰하면서 이승만의 심리분석을 해보면, 여기서 이승만의 부친에 대한 단서가 어렴풋이 잡히지는 않을까? 이승만이 부친을 본인과 신분상 떨어뜨리려는 심서가 깔려있거나, 이승만의 부친 이경선의 신분이 그런 것인데 차마 말을 못하고, 술먹고 산천경개 구경이나 하며 떠돌았다고 밖에 말을 못한 것이라고 생각도 된다.

더욱이 이승만은 퇴직대신 이건하의 형수의 외아들 범교(範喬) 덕분에 같은 서당에 다닌 것이 분명히 감지되며, 갑신정변의 난리가 나자 이건하나 범교가 모두 집을 비우고 충청도 아산으로 피신을 갔을 때에 집을 본 것으로 되어 있다. 그러면서 난리통에 범교나 이건하가 위태해도 본인은 위태하지 않은 신분임을 뚜렷이 노출시키고 있다.[14] 양반집을 보아주는 신분에, 정변에도 위태롭지 않은 신분! 그것이 무엇일까?

그리고 그후 21세가 되기까지 10년을 다녔다는 도동서당은 양녕대군의 종손인 이근수의 집 서당이고, 이승만이 그 근처 오막살이에 살면서도 서당은 양반집 서당을 다녔다는 모순된 주장은 무엇인가? 도무지 앞뒤가 맞지 않는 모순 투성이가 이승만 전기가 아닌가? 그리고 이승만 전기에 자주 나오는 이근수 집 청지기 최응원과 이승만이 매우 가깝고, 심지어 그림선생, 노래선생이 될 정도였음을 밝히는 것은 물론, 청지기의

---

13) 계집종 복녀는 이승만의 성장기에 매우 가깝게 위치했고 친이승만적 존재였던 것 같다. 복녀와 이승만은 궁극적으로 어떤 관계일까?
이원순, op.cit., p.60 참조.

14) 서정주,op.cit., pp.67~69.

집에도 자주 가 있었음을 말하고 있음은 무엇을 뜻하는가? 청지기와 직결된 무엇이 혹시 있지는 않은가?

5) 6대 독자의 의문점

다섯째로 이승만이 6대 독자라고 하는 것도 앞에서 거론한 바들을 전제로 하고 분석할 경우에는 극히 의심되는 바라고 본다. 6대 독자라는 주장은 극히 가공적으로 조작한 경우에 써먹기에 너무도 좋은 주장이기에 하는 말이다.

6대 독자설은 우선적으로 이승만이 사고무친의 지극히 외로운 인물임을 뜻한다고 본다. 외롭다는 것은 엄밀히 말하면 친척이 전혀 없음을 뜻하는데, 이승만은 정말로 고아같이 혈혈단신으로 친척이 없었다. 가까운 친척은 커녕 먼 친척도 없었다.[15)]

따라서 이승만의 6대 독자설은 이승만의 뿌리를 숨기기 위해 중대한 위장용으로 등장한 것임을 뜻하지 않을까 한다. 왜냐하면 친척이 없는 외톨이를 미화하기에는 6대 독자라고 하면 그럴듯한 것이고, 더군다나 6대 독자라면 매우 귀하고 소중한 자식인 듯한 느낌까지 주니까 하는 말이다.

특히 이승만의 전기에 보면 훗날 미화된 전기와는 달리 초기에는 어느 곳에도 이승만의 생육과정이 별로 자세히 등장하질 않는다. 어떤 사람들이나 위인의 전기를 쓸 경우에 나오는 당연한 소재의 하나는 위대한 위인의 위대한 부모가 있음을 강조하는 것이 상투적이다. 그럼에도 불구하고 이승만의 전기에는 이승만을 기른 어머니의 훌륭함도 별로 강조되질

---

15) 이원순의 전기에는 이승만의 부친도 무녀독남(無女獨男)이고, 모친에도 친척이 없음을 분명히 밝히고 있다. 부모 양쪽에 친척이 없음은 무엇을 뜻하는 것일까?
이원순, op.cit., p.24.

않고, 아버지의 위대함도 거론되지 않는다. 아니 아버지는 사실상 떠도는 건달에 가깝다.[16] 그렇다면 이승만은 거론할 만한 당당한 부모의 실체가 마땅치 않음을 말하는 것은 혹시 아닐까?

그런데 매우 기이한 것은 이승만의 부친은 약간 등장함에도 모친은 별로 거론된 문헌이 없다. 그렇다면 이승만의 부친은 별볼일 없으나마 존재했다는 얘기가 되고, 모친은 존재하지도 않았다는 희한한 논리도 될 수 있다. 그리고 모친의 친척조차 없다는 것도 의문이 크다. 도저히 정상적인 가정집이라면 상상할 수도 없는 일이, 아니 이승만의 부모를 중심한 그 가계도에는 자료마다 상호간에 비교하면 도처에 아귀가 맞지 않으며 엄청난 비밀이 숨겨져 있음을 뜻하는 것을 우리들은 모두가 그냥 지나쳐 버린 것이 분명하지 않을까? 이승만은 심지어 '주워온 아이'거나 '고아'라는 느낌까지 드는 전기를 갖고 있는 것이다. 너무도 큰 비밀! 그것이 무엇일까?

6) 태몽의 의문점

여섯째로 이승만의 초기 전기에는 등장하지 않던 태몽이 이승만의 최종적 절대권력 시대에 별안간 등장한다. 이승만의 어렸을 때 이름인 아명(兒名)은 승룡(承龍)이었던 듯하다. 그런데 성장하면서 승만으로 개명이 된 듯하다. 따라서 어려서의 아명을 바탕으로 창작이 된 듯한 느낌이 짙다. 왜냐하면 초기의 이승만의 전기에는 전혀 없던 것이 등장하였기에

16) ① 더군다나 이원순은 이승만과 그 부친 사이를 다음과 같이 적고 있다.
'그의 아들인 이승룡(만)은 40대쯤 잠깐 아버지와 함께 지낸 것 밖에는 별로 가깝게 지내지 못했다. 아버지의 성격이나 기질은 전형적인 구식 한국에 속하는 것이었으므로 아들 승룡과는 커다란 냇물을 사이에 둔 것 같았다.'
Ibid.,p.24.
② 그렇다면 아버지도 자식을 하찮게 보거나 꺼렸던 존재였다고 보아야 옳다. 40대에 생각 밖에 생겨 귀찮은 존재가 이승만은 아니었던가?

그것은 창작된 것으로 의혹을 받기에 충분하다고 보겠기 때문이다.

이승만 신격화의 대표적인 전기는 단기4291년(서기1958년) 11월로서, 4·19혁명이 나기 약 1년전쯤에 나온 '우남노선'이다. 이때는 이승만 철권정치의 전성기에 해당한다. 이승만의 아호인 우남(雩南)을 따서 책이름을 지은 것인데, 이승만 신격화의 정도가 너무나 극심하다. 우리는 이북의 김일성 신격화에 대한 얘기를 누구나 상식적으로 알고 있다. 그런데 우남노선은 김일성 신격화의 수준과 별로 차이가 없을 정도로 만들어 놓았다. 참고로 우남노선에 있는 이기붕의 추천사를 읽어 보자.

> 배달민족의 영원의 지도자이시요, 세기의 영도자이신 국부 리승만 박사님께서 파란곡절과 가시덤불을 헤치시며 우리들을 이끄시는 길은 이 겨레가 잘 살기 위하여 인류가 자유와 평화를 누리기 위하여 모름지기 따라야 할 하느님의 노선입니다.
>
> 이조말엽의 어둠을 깨뜨리고 민족의 태양, 자유의 사도로 탄생하신 박사님께서는 이십대의 약관으로서 벌써 전제정치와 사대주의를 개혁하시려다가 철창에서 사선을 넘으셨고 일제의 침략에 항거하시여 해외유세와 三·一 의거로 동분서주 하셨으며 八·一五 해방을 전취하신 후로는 용공친일의 군정을 철거시키시고 탁치안의 음모를 쳐부수어 대한민국을 재건하셨으며 六·二五의 적침(赤侵)이 발발되자 재빨리 그 十자군을 푸시어 이를 격퇴하신 후 반공 애국청년을 모조리 석방하시고 자유진영을 영도하시며 멸공통일에 숙야 진취하고 계십니다.
>
> 이렇듯 겨레와 나라의 자유와 번영을 위하여 九十평생을 아낌없이 헌신하여 오시는 국부님의 위대하신 투적과 탁월하신 정치노선을 밝힌 이 책자는 국토통일, UN가입, 경제안정 등 조국중흥의 기본과업을 앞에 놓고 온 누리가 다같이 애독실천하여야 할 생생한 교훈으로 생각되어 이를 강호제현에게 추천하는 바입니다.

우남노선의 제1장 탄생과 환경 편을 보면, 그 신격화의 정도가 너무나 놀라울 정도이다. 소제목이 '①어둠 속에 먼동이 트다, ②천사가 한반도에 내리다, ③고결한 애국자의 혈통'으로 이어지고 있다. 이것만 보아도 놀라울 정도인데, 그 내용은 한결같이 어마어마한 신격화 내용들이다. 거기에 별안간 등장하는 것이 태몽이다.

태몽 내용은 이승만의 어머니 김씨부인이[17] 잉태할 적에, '꿈에 용이 태극을 물고 하늘로 오르는 것을 보았다'는 것이다. 이것은 사실상 누구도 증명이 불가능한 것이다. 누구나 태몽은 모친이나 부친이 꿈을 꾼 것을 말하는 것이니 그대로 따르는 것이고, 이승만의 경우도 태몽이 용꿈이라면 그런줄 알아야 한다.

다만 의심스러운 것은 왜 그의 태몽이 그의 초기 전기에는 없고 독재적 절대권력의 전성기에 나온 신격화된 전기에 가서야 용꿈으로 미화되어서 등장이 되는가 하는 점이다. 그것을 정말로 믿어야 할까?

2. 이승만 전기의 의혹사항 발생 원인

이승만의 전기에 앞에서 거론한 바와 같은 중대한 의혹사항이 발생한 원인은 무엇일까? 물론 이에 대한 답변은 논술전개의 해석에 맡기는 것이 되겠는데, 다음과 같은 이유들을 거론할 수 있다고 본다.

첫째로 이승만이 스스로 무언가를 숨기기 위해 꾸며낸 허구의 논리일 가능성이 크다. 이승만은 스스로의 탄생에 얽힌 엄청난 비밀을 알고서, 나름대로는 어느 정도 둘러대며 본인의 뿌리를 합리화시킨 내용이 전기

17) 이승만의 어머니는 어떤 문헌이나 김씨부인이다. 이름이 없다. 그 이유는 무엇일까? 이승만의 어머니는 가공의 인물은 아닐까?

로 남게 되었다고 생각할 수 있다. 이승만 스스로는 전혀 스스로의 입으로 말못할 엄청난 비밀이 뼈아프게 내재되어 있다면, 이런 정도로 밖에 둘러대기가 어려울 것이다. 웬만큼 창피한 내용이 있거나, 웬만큼 평범한 얘기라도 일반인들은 탄생시의 것이라면 숨김없이 밝힐 수 있다. 그러나 그것이 너무도 가슴 아프고 결정적인 내용이라면 감추는 것이 인지상정일지도 모른다.

둘째로 이승만의 가까운 주변인물이 이승만의 뿌리가 너무나 곤란한 내용이라 얼렁뚱땅 둘러댄 것의 전승이 아닐까하고 생각할 수도 있다. 예컨대 이승만이 전주이씨도 아닌 '주워온 아이'거나 사고무친의 고아에 가깝다는 등의 이유로 너무도 심각한 비밀이 있을 경우에는 본인에게도 차마 말하기가 어려운 것이 일반적이다. 이승만의 출생에 관한 내용들이 너무나 엉터리인 것이 사실이라고 할 경우에, 이 논리도 나름대로는 설득력이 꽤 있을 것이다.

셋째로 이승만의 전기 집필자들에 있어서 1차적 집필자가 사이비 필자일 가능성이 크거나 이승만이 거짓된 정보를 들려 주어 그에 따라 집필한 결과일 가능성도 크다.[18] 예컨대 T.올리버는 이승만의 절친한 미국 친구였으며, 엄밀히는 이승만의 어용세력이었는데, 그가 쓴 내용들의 객관적 진실성을 얼마나 믿을 수가 있을까? 올리버는 스스로가 미화했을 수도 있고, 스스로가 이승만의 말의 진실성을 검증하지 않았거나 검증할 생각도 없이 썼을 가능성도 있다. 특히 우남전기편찬위원회에서 펴낸 우남노선은 사료검증이 별로 없이 썼거나 극단적 미화의 성향도 크다. 다만 이승만 측근인 이원순은 본인의 전기를 '편저'로 분명히 밝히고 썼으

18) 이승만 전기의 대부분은 과잉 미화의 글들이다. 많은 책이 비판없이 예찬하고 있는데, 이승만시대의 분위기로 말미암았다고 생각된다.
한승인, 독재자 이승만(서울 : 일월서각, 1984), p.179.

니 매우 양심적인 사람이고 객관적으로 보려는 노력도 크나[19] 원사료(原史料)가 잘못된 것이 많으니 불가항력적 잘못도 많지 않을까 한다. 그럼에도 불구하고 이승만에 관련된 여러 자료들은 이것을 계속적으로 옮겨서 인용하다 보니, 거짓 전기가 계속 퍼지게 되면서 의혹이 의혹을 낳으며 확대재생산이 된 것은 혹시 아닐까? 여러 전기가 깊은 판단도 없이 베낀 것이 많이 눈에 띄는 것이 사실이다. 여러 이승만 전기는 많은 것이 창피한 저작이고, 틀린 것을 짜집기한 것을 계속 옮겨쓰고 있다.

넷째로 이승만의 전기가 잘못된 까닭은 일부 오도된 언론인들의 잘못일 가능성도 크다. 자유당 시대의 소위 어용 관변 언론인들이 정론을 펴기 보다는 권력자인 이승만의 얼굴 세워주기에 이용당하면서, 곡필을 휘둘러서 이런 결과가 나올 수도 있는 것이다. 우리 사회에는 물론 다수의 훌륭한 기자들이 있는 반면에, 현재 심각할 정도로 썩은 언론인도 있어서 그 피해가 크다. 지나간 시대에 있어서도 그런 성향은 항상 있었지만, 김영삼 정부가 그것은 가장 우심하다는 것이 많은 여론이다. 따라서 그런 한심한 현상마저도, 그것이 워낙 심각하여 원천적으로 교묘히 감싸고 뭉개 국민이 썩은 언론이 있는지도 모르게 만든 언론이 되어 버린 것이다. 김영삼정부는 여러 핵심 각료에다, 집권당 대표, 그리고 청와대 및 각 부처 공보관을 포함해 핵심부마다 어용 관변언론인들이 시시각각으로 장악하고서 철저히 국민의 눈과 귀를 흐리는 흑색 언론정치를 하고

---

19) 이원순은 매우 양심적인 인물이라고 본다. 그는 본인이 쓴 책이 요즘의 일반적 저서 수준의 잘 쓴 책인데도 편저라고 했고, 일반적으로는 편저가 아닌 수준이 확실한데도 편저라고 할 양심을 분명히 가졌기 때문이다. 그가 편져라고 하는 까닭은 무엇인가? 그것은 첫째로 본인이 구한 자료들을 끝까지 못 믿는다는 뜻일 수도 있고, 둘째로 본인이 무언가 속 내막을 알지만 못 밝히고 주어진 자료로만 쓴다는 뜻일 수도 있다. 그리고 셋째로 집필자의 겸허한 자세일 수도 있다. 아무튼 요즈음 많은 인사들이 짜집기 글을 쓰고도 저서라고 하고, 외국책을 번안하고도 저서라고 하는 창피한 시대에 이원순 편저는 좋은 귀감이 될 것이다.

있다는 비판이 많다.[20] 이러한 정언유착형 공보정치에 의해 궁극적으로 정론마비 상태에서 쓰인 김영삼 시대의 신문기사를 얼마나 최종적으로 신빙성있게 믿을 수 있을까? 김영삼 시대에 쓰여진 언론에는 궁극적으로 정론의 필봉을 휘두른 역사에 남을 확실한 언론인이 많지 않기에 궁극적으로는 신뢰할 여지가 거의 없음을 유의해야 하지 않을까? 도대체 그렇게 많은 비율의 언론인을 각료로 기용하는 나라도 지구상에는 드물 것이고, 그렇게도 권력이 좋다고 달려들며 붓을 꺾는 언론인이 널려 있는 나라도 드물 것이며, 그것을 거의 모르고 맹목적으로 신문이나 방송을 대하는 독자가 널려있는 나라도 드물 것이다.[21] 물론 언론인 송건호의 이승만전기는 상당히 객관성이 돋보이고 훌륭한 것과 같이,[22] 모든 언론인

20) 언론인이라고 정치를 못하거나 출세하지 말란 법은 없다. 다만 언론인이 대거 등장하여 어용 언론정치를 하는 것이 문제이다. 국민의 눈과 귀를 막고 성공한 정치가는 없다. 김영삼대통령이 언론정치를 뛰어나게 잘해 대통령이 되었다는 것은 잘 알려진 사실인데, 그는 그에 의해 건전한 비판을 못 받게된 것이다. 야당시에는 좋았으나, 집권시에는 결정적 해악이 되고 말았다.

21) ① 이러한 언론 상황에 대해 양심적인 기자가 스스로를 고발한 자료를 보면 언론의 심각성이 잘 드러난다. 사진기사를 예로 쓴 전민조(동아일보 출판사진부장) 기자의 언론고발은 독자들에게 좋은 언론평가기준이 될 것이다.
전민조, 조작 · 연출 · 오보 대행진, 신동아 1995. 9, 통권432호, pp.496~512 참조.
② 특히 월간조선 조성관 기자가 언론비판의 글을 쓴 것을 읽으면 한국언론이 얼마나 저급한 수준에 있는가를 통감하게 된다. 한국사회를 망치는 장본인들이 언론인이란 생각이 들지 않을 수 없다.
조성관, 기자들이 한국사회를 후진시키고 있다, 월간조선 1995. 11, 통권188호, pp.416~447.
③ 이것을 김대중 칼럼에서는 "언론의 위선"이라고 진단하고 있다.
김대중, 이해할 수 없는 나라, 조선일보 1995. 11. 19.

22) 송건호의 이승만 비판을 비판하는 인사도 있다. 그러나 곡필아세하는 기자가 아니라면 송건호 같은 분석 수준은 꼭 필요한 것이 아닐까? 송건호는 누구도 공식적으로 문제제기를 않은 이승만의 뿌리에 공식적으로 의문점을 던진 가장

이 다 죽은 글을 쓰는 것은 아니나 관변언론이 너무 판을 치고 곡필아세가 너무 흔해 하는 말이다. 단기4328년(서기1995년) 무렵에 일부 언론사에서 대대적으로 전개하는 의도적 이승만 재평가도 훗날 확실히 재평가될 것임이 분명하다.[23] 참다운 기자정신을 갖고 예리하게 파고드는 기자가 정말 아쉽다.

요컨대 이승만 전기의 중대한 의혹 사항들은 어떻게 만들어졌든지 간에 지금까지 누구도 눈여겨 보지 않고 지나쳐 왔다. 한번 무언가를 감추고 오도시키며 곡필을 휘둘러 놓은 것이 많은 경우에 그냥 후세에 남는 경우도 적지 않겠는데, 이승만의 경우는 그것이 매우 두드러진다는 생각

예리한 자료를 남기고 있다. 가장 객관적이고 예리한 직필(直筆) 시각을 갖고 이승만을 본 대표적 인물이 아닐까?

송건호, 이승만 : 애국자냐 독선자냐, 신구문화사, 한국의 인간상①, 1965, pp.500~515.

23) ① 일부 신문사가 대대적으로 전개한 이승만 재평가의 의도와 현실에는 놀라움을 금치 못한다. 예컨대 본 논문의 관심사인 '이승만의 성장기'를 쓴 기사를 보면 연구자의 기초자세인 사료검증이 거의 없이 주어진 사료를 그냥 정리해서 썼음이 명료히 드러난다. 그리고 그 후의 전개도 이승만을 위한 변호사가 쓴 듯한 흐름으로써 일방적 사료섭렵과 편파적 사료해석의 성향도 적지 않다. 무엇 때문에 친이승만적 변론 성향이 확연히 드러나는 이런 특별기사를 썼는지 의아하다. 역사평가는 공정해야 한다.

그리고 이승만을 살리기 위해서 다른 많은 애국자는 매도되어야 하는가? 예컨대 미국에서 이승만에 의한 최대 피해자인 박용만의 입장에서 약간이라도 생각을 해 보았는가? 역사연구는 학계의 장기적 연구결과에 맡겨야지, 신문사 편집 기획에 의해 역사를 일거에 정리할 수는 없는 것이다. 최근에 김영삼 대통령이 정치학적 연구가 끝나지 않은 현대사의 정치적 사건들을 스스로 혁명, 쿠데타로 용감히 정리하며 학계를 이끌어 주는 모습이 얼마나 희화적인가?

② 그러나 앞에서 지적한 문제점이 있음에도 불구하고, 연구자들의 모든 연구가 완벽할 수 없다고 할 때에, 집필기자의 개인적 연구물로는 나름대로 의미있는 좋은 저작일 수 있다. 그러나 신문사의 의도적 편집기획일 때에는

이 크다.

이승만의 전기들은 어느 것을 보거나 출생 당시를 상당히 얼버무리고 흐리게 만들어 놓았고, 무언가 전후좌우가 엇갈리며 확실하게 규명할 수 없게 만들어 놓았다는 것만은 여러 전기들을 비교 대조하고 면밀히 분석하면 쉽게 드러난다. 다만 그것의 정확한 이유를 모르겠고, 그 숨겨진 비밀을 알 수 없을 뿐이다. 이승만의 전기에 담긴 심각한 비밀은 무엇인가?

3. 서정주의 이승만 전기 조판해체 사건

이승만전기의 의혹사항 발생에 중대한 판단기준이 될 숨겨진 필화사건이 있었다. 그것은 언론에 나지도 않았고 조용히 처리된 비밀역사이기에 세상 사람들이 거의 모르는 것인데 이승만의 출생비밀을 판단함에 매우 중요한 증거가 될 사건이다.

당시는 이승만이 귀국하고서 얼마쯤 지났을 때였을 것이다. 일약 일국의 위대한 지도자가 된 이승만은 본인의 위대한 삶을 기록으로 남기길 원했고, 그리하여 미당 서정주 시인을 필자로 택하여 집필을 위촉했던 것이다. 물론 이승만은 서정주 시인에게 본인의 지나온 삶을 몇달씩이나 스스로가 분명히 얘기도 해주고, 관계되는 자료도 확실히 제공해 주었으

성격이 달라지는 것이다. 특히 언론사의 편집의도가 전제될 경우에 그 연구는 이미 순수성을 잃는 것으로 '의도된 신문사의 견해'가 된다.

③ 1995년에 들어 긍정일변도의 이승만 평가를 쓴 글들이 한꺼번에 쏟아진 경위에 대해서는 정상적인 역사관을 가진 학자들의 다수가 의아롭게 생각하는 바이다. 1995년의 이상한 현상이 나오게 된 뒷배경은 다음 자료에 암시되어 있다.
이현희, 이야기 이승만(서울 : 신원문화사, 1995), 서문 참조.
조선일보, 1995.1.1. 참조.

며, 집필에 관련된 뒷받침도 충분히 해주었다고도 밝혀져 있다. 이승만 생애에 쓰인 최초의 전기인 만큼, 이승만이 직접 여러 달에 걸쳐 불러준 내용을 쓴 대표적 전기이다.

이승만 스스로도 큰 기대감으로 철저히 서정주의 집필을 지원했을 것이다. 왜냐하면 그 전기집에는 앞부분에, 당시의 국무총리 이범석의 서사(序詞)를 비롯하여, 국방장관 신성모, 내무장관 김효석, 문교장관 안호상의 서문이 각각 화려하게 쓰여져 있고, 심지어 책 뒷면의 판권에는 어마어마하게도 국방부, 내무부, 문교부 공동 추천도서임을 밝혔을 정도였다.[24] 이토록 거창한 관청의 뒷받침을 받는 거국적 책도 쉽지 않을 것이다.[25]

출판사는 특이하게도 38사(三八社)로 되어 있고, 발행인도 특이하여 이름이 이북(李北)씨로 되어 단기 4282년(서기 1949년) 10월 15일에 발행된 것으로 되어 있다. 출판된 때는 이승만이 대통령으로 등극하고 약 1년이 지난 때이고, 6·25전쟁이 일어나기 약 8개월 전인 때이다. 그러니 이승만은 서정주씨의 집필기간을 감안한다면 귀국하고 얼마 지나서부터

---

24) 참고로 서정주 전기보다 꼭 10년 뒤 이승만 전성시대인 1959년에 나온 이승만 신격화 전기 '우남노선'의 추천자를 보면, 민의원 의장 이기붕, 내무부장관 최인규, 공보실장 전성천의 3인으로 되어 있는데, 이상 3인 외에 저명한 34명을 추가로 명단만 나열하여 추천자로 기재되어 있다. 극단적 예찬 전기인 '우남노선'보다 서정주의 전기는 추천자가 뒤떨어짐이 없고, 더군다나 서정주의 전기가 최초로 나온 점을 볼 때에 서정주의 전기는 국가적 추천도서가 확실하다. 그럼에도 즉각 조판 해체가 된 것은 깊은 사연이 있다고 밖에 더 이상 해석의 여지가 없다.

25) 이승만은 조국에 돌아온 초기에 마포장에 살면서, 직접 시인 서정주씨에게 어린 시절의 얘기를 상세히 설명해 주었다고 한다. 그리고 서정주 시인은 매우 고지식하게 그것을 그대로 썼다고 생각된다.
리 프란체스카 지음, 조혜자 옮김, 대통령의 건강(서울 : 보건신문사, 1988), p.85 참조.

본인의 미화작업인 전기집필을 시작하게 했던 듯 하다.

그런데 이렇게 거국적으로 만든 전기집인 이 책을 이승만이 직접 읽고서 노발대발을 하며 폐기시키라고 하여, 당시에는 활자를 하나하나 뽑아 조판하던 시대로서 활자판을 즉각 해체시키고 말았던 숨겨진 필화 사건인 것이다. 다만 당시의 견본으로 찍었던 한정본의 약간 숫자가 귀중하게도 현재까지 몇 권 남아 있어서 학자들의 연구자료가 되고 있는 것이다.

서정주의 이승만전기를 읽으면 이승만이 위촉한 필자답게 이승만을 결코 해롭게 하려고 쓴 책이 아니다. 특히 당시의 사회분위기에다 거국적 관심을 정부에서도 쏟은 작품이며, 일종의 국민교과서로 쓰려고 했었던 것이었다고 보면 될 정도의 전기이니 나름대로 이승만을 시인 서정주의 양심상 허락하는 범위에서는 분명히 미화하고 두둔하면서 썼다고 보아도 무리가 될 책이 아니다. 아마도 일반적인 전기라면 대체로 당사자 누구나가 무난하다고 보고 좋아할 내용이 분명하다.

그런데도 이승만은 이를 즉각 해체시킨 것이다. 서정주 시인이 무언가 틀린 글을 썼거나, 양심을 접어두고 확실하게 칭송하는 글을 쓰지 않았다는 얘기 이상의 더 무슨 뜻이겠는가? 서정주 지음의 이승만전기 해체 사건을 볼 때에, 이승만 시대에 나온 이승만 전기를 믿는다는 것은 심하게 말해서 거짓말을 믿는 것과 같다는 뜻은 혹시 아닐까?

참고로 서정주 시인을 직접 만나 증언을 들어본 바, 그는 다음과 같이 말하고 있으나 이승만의 조판해체 동기는 보다 깊은 비밀이 있으리라고 보인다.[26] 왜냐? 서정주 시인이 쓴 전기를 면밀히 읽어보면, 이승만의 분노는 단지 아래 증언에서 말한 경칭문제 같은 사소한 사실 뿐은 아닐 것이 분명하기 때문이다. 그것은 사소한 핑계 뿐일 가능성이 높다.

---

26) 서정주 면담, 1995. 12. 19.

나는 1946년 당시에는 부산 동아대학교 전신인 남조선대학의 국문과 전임강사로 있었다. 그런데 다음해 여름인 7월에 서울에서 민중일보사 사장으로 있는 윤보선 씨가 전화를 해서 만났더니 이박사 전기 집필을 권유했고 돈암장을 찾아가 구두로 계약을 맺은 후, 대학도 사직하고 집필에만 전념을 했다. 모든 지원을 해준다고 해서 대학도 사직하고 썼던 것이다.

47년 7월 중순부터 그해 겨울까지 1주일에 두 번씩 꼭 만나서 불러주는 대로 공책에 상세히 받아서 썼다. 그 무렵에 이승만 박사는 돈암장에서 마포장으로, 그리고 다시 이화장으로 이사를 갔는데, 이사간 곳을 모두 찾아가서 화기애애한 분위기 속에 모든 것을 다 받아 적었다. 그러다가 12월이 되어 정부수립이 가까워지니, 이승만 박사는 너무 바빠 만나질 못하게 되었다. 그렇게 되자 이박사는 본인의 일기장인 항해일지(航海日誌)를 나에게 주어 그것까지 참조하며 집필을 했다. 한창 집필에 열중할 때에, 나는 다시 동아일보에 취직이 되었고 사회부장으로 재직하면서도 온 정력을 쏟아 집필을 했다.

그리하여 49년 가을에 출판을 했으니 약2년에 걸친 작업이었다. 그런데 출판 직후에 하루는 치안국 과장 명의의 서신이 날아와 출두하니, 그는 나의 시를 좋아 한다면서 웃으며 말하길 모든 책을 몰수했다는 것이다. 그는 자기도 내 시의 애독자이고 나를 좋아 하지만, 경무대 각하께서 명령을 하시니 할 수 없이 전국 서점의 모든 책을 경찰을 동원하여 완전히 압수해 버렸다는 기막힌 말을 하는 것이었다.

나는 당시 이승만 박사를 하늘같이 존경했고, 모든 내용을 하늘같이 생각한 대로 썼는데 모두 폐기되었다니 너무도 분노했다. 귀가 즉시 나에게 기증본으로 주어진 책이 몇 십권쯤 있었는데, 모두 부엌에 갖고 가 불질러 버렸다. 그렇게 되자 나는 얼마 후에 해명을 듣기 위해서 경무대를 찾아 가게 되었는데, 이승만은 나를 면담도 안 해주고 당시 공보비서였던 시인 김광섭이 만나 줘서 그의 얘기를 듣고 귀가했다.

> 김광섭은 처음에 가만히 앉아 있다가 조심스럽게 말하길, 본인이 추측하건대 그 책의 이승만 부친에다 경칭(敬稱)을 붙이지 않아서 이승만 박사가 노했다는 것이었다. 나는 간곡히 이박사 면담을 요청했으나, 김광섭은 이박사 지시가 있는 듯 단호하게 거절을 하여 그대로 왔다. 그후 오랜 시간이 흘러 김광섭이 작고하기 얼마 전에 한국일보에 '나의 이력서'라는 글을 쓰면서, 존칭을 붙이지 않아 폐기된 얘기를 다시 썼던 것을 읽은 적이 있다.
>
> 나는 사실 모든 것을 가감없이 정확하게 썼고, 지금도 변함없이 이승만을 존경하듯 이승만 박사를 하늘같이 알고 썼던 나의 전기집이 폐기된 것에 너무도 큰 의아심을 갖고 있다. 이박사의 부친에 대한 경칭은, 예컨대 나폴레옹, 링컨, 징기스칸 등도 전기에는 객관화된 호칭을 쓰듯이 쓴 것일 뿐인데, 그것이 빌미가 되어 폐기될 것은 정말 상상도 못한 일이었다.

사실 서정주 시인의 이승만 전기는 이승만 시대에 단호하게 매도되고 탄압받은 역사기록으로써 필화사건까지 일으킨 것이며, 훗날 이승만 연구에 있어서 너무도 중요한 사료인데 그간 잊혀져 왔다. 다른 사료들이 거의 관제사료로 이승만 신격화를 위해서 쓰여 졌는데 반하여, 이승만이 낱낱이 불러준 대로 시인 서정주에 의해 정확히 묘사된 매우 신뢰도가 높은 전기로써, 거의 유일한 것인데도 그간 잊혀져 온 것이다.

그런데 이승만의 말못할 특급 비밀만을 빼고는 모든 것이 상세히 기록된 그것은 사실상 이승만을 너무 상세히 알려준 자료로서 귀중사료임에도 묻혀 있다가, 무려 46년이 지난 4328년(1995년) 초에 2판이 인쇄가 되어 나왔다. 그러니 우리의 출판사상 반세기가 거의 되어 2판이 나온 거의 유례가 없는 희한한 책이 아닌가 한다. 다만 서글픈 것은 새로 출판된 이 책의 가치를 지금도 제대로 이해해주는 사람이 없고 서점가의 귀퉁이에 외롭게 꽂혀 있는 점이다.[27)]

이런 풍토 속에서 이 나라에도 학문적 정의가 구현될 수 있을까? 자유당 시대의 대표적 판금 서적이었던 서정주 전기는 꼭 각광을 받아야 하는 저서라고 본다.

二. 황실 탄압의 기저심리 해부

1. 이승만 비밀의 증언자 추적

1) 증언자 추적

이승만의 출생 비밀에 관한 정확한 기록이 현존하고 있을까? 그 가능성 여부를 면밀히 분석하고 조사한 결과, 그것은 불가능하다는 결론이 나올 수밖에 없었다. 앞으로 훗날 혹시 나올 수도 있겠지만 현재로서는 이승만이나 그 주변인물이 그것을 기록으로 남겼을 가능성은 전혀 없다고 봄이 옳다고 생각한다. 이승만의 인격구성을 보거나, 너무도 무서웠던 자유당시대를 생각할 경우에 그것은 분명히 그렇다는 결론이 나온다.

그렇다면 이승만의 출생 비밀을 정확히 말해줄 증언자가 없을까? 그런데 그것도 쉬운 일은 아니다. 이승만은 단기4208년(서기1875년)생으로서, 지금부터 120년전에 출생했기 때문이다. 그와같이 불가능한 상황임에도 불구하고 이승만의 완전범죄형 증거인멸은, 그가 저지른 엄청난 죄로 인해 죄값을 받으며 본 논문에 최초로 공개가 되게 되었다. 이승만의 엄청난 죄는 무엇인가?

첫째로 이승만은 마지막 남은 황실의 여성 최고 어른인 윤황후 마마에

---

27) 서정주, 우남 이승만전(서울 : 화산문화기획, 1995).

게 너무나 몹쓸 짓을 했다. 이승만이 융희(순종)황제의 부인인 황후마마를 처절히 박대한 계기는 세 가지 견해가 존재한다.[28] 하나는 당시의 영국대사가 부임하면서 영국의 관례대로 대통령보다 황후마마에게 먼저 인사를 해서 노발대발했다는 견해이고, 다른 하나는 1·4후퇴 당시에 미군이 윤황후와 이승만을 비행기로 급히 부산에 피난 시킬 때에 미군들이 윤황후를 이승만의 옆에 감히(?) 나란히 앉게 했다고 이승만이 노발대발했다는 견해이고, 끝으로는 이승만이 황실을 짓밟는 일환으로 황후마마를 창덕궁의 낙선재에서 내쫓고 정릉의 산골짝에서 외롭게 사시게 했다는 견해이다. 어떻든 세 가지 모두가 천하에 없는 몹쓸 짓을 저지른 이승만의 패륜성 행위임은 분명하다.

둘째로는 우리의 황실을 철저히 짓밟고 궤멸시킨 바에 의해서 황족들에게 심어준 원한 깊은(?) 처절한 심서가 오늘날에도 그대로 남았고 그에 의해서 비밀이 밝혀지게 된 것이다. 소위 본인도 전주이씨로 양녕대군 16대손이요 자칭 왕자라면서도 황족을 궤멸시킨 죄가 황족들에게서 잊혀질 리가 있겠는가? 일반적인 보통 사람들도 이 세상을 살면서 몹쓸 짓을 하거나 죄를 지었을 경우에 정당한 죄값을 언젠가는 치루게 된다. 이승만의 잔인한 황실탄압을 가장 처절히 당한 광무황제의 직계손과 근친들은 이승만에 대해서 어마어마한 원한을 갖고 있었고, 그에 의해서 이승만의 비밀은 고이 간직되었다가 이승만의 사후 120년만에 공개가 되는 것이다. 이승만 출생의 엄청난 비밀은 무엇인가?

2) 증언자 면담

수없는 추적의 노력을 경주한 필자에게, 강제병탄 이후에 처절히 피해를 입었고 더욱이 조국이 탈환되면서는 존재말살을 당할 정도로 잔혹한

28) 안천, 황실은 살아있다 상권 (서울 : 인간사랑 출판사), pp.248~266 참조.

이승만 탄압을 경험한 약자들인 황족들 편에 외롭게 서서 약자를 위한 연구를 한 것을 기특하게 생각하며 필자에게 황실에서 준 엄청난 선물! 그 선물을 안겨준 증언자는 현재 서울 동부의 장안평에서 평범히 어렵게 살고 있다. 이름은 이해영으로서 현재 70대 중반의 고령이다. 인생을 마무리하는 입장에서 담담하게 마음을 비우고 정확히 증언을 해 주었다. 단기 4328년(서기1995년) 7월 23일 오전에 그의 집 마루에서였다. 수만 석의 엄청난 재산을 송두리채 독립운동에 바치고 손바닥만한 연립주택에 기거하는 그의 정신은 늙을수록 빛나고 날카로운 진주와도 같았다.[29)]

이해영할아버지는 전주이씨 인평대군 직계의 종손이다. 그의 조부가 광무황제와 6촌이며, 대원군이 양자를 온 본가로서 현재 남아있는 황실의 핵심 구성원이라고 하겠다. (특히 이해영할아버지는 현재로서 황실의 핵심실체를 증언할 유일한 생존자이다.) 정통황족의 핵심인 이해영할아버지가 손바닥만한 누옥에서 절규하듯 단호하게, 그러나 담담히 마음을 비우고 쏟아놓은 증언은 도대체 무엇인가?

3) 증언내용

이해영할아버지는 6·25전쟁이 끝난 뒤에, 윤황후 환갑을 맞이하여 이승만에게 쫓겨나 정릉의 산골짝에서 외롭고 불쌍하게 기거하시는 윤황후 마마를 뵈러 갔었다고 한다. 전쟁후의 어려운 상황이지만 계란 10꾸러미를 사들고 세배를 갔었던 것이다.(부인과 함께 갔었다.) 계란은 모두 소금물에 넣어서 가라 앉은 것만 골라 갖고서, 정성껏 새 양은그릇에 넣고 전차를 타고 갔다고 한다.

29) ① 이해영 제 1차 면담, 1995. 7. 23.
② 2차 면담시에는, 당시에 다시 이병주씨 다음으로 예식과장을 맡은 84세의 유예종씨도 동석하고 있었다고 한다.
이해영 제 2차 면담, 1997.1.9.

그곳에 전주이씨 양녕대군 직계 종손인 이병주(전 이왕직 예식과장 및 문화재관리국장)씨가 와 있었다고 한다. 예전 같으면 많은 장관과 대학 총장, 기업인 등의 수많은 인사가 정초면 세배를 왔던 곳인데, 6·25전쟁 후에 이승만 대통령이 환도하면서 낙선재에 들어가지 못하게 하여 할 수 없이 정릉의 백상규씨 별장에 계시니, 이대통령이 윤황후를 박대하는 눈치를 알고 방문객이 거의 없었다고 한다. 이러한 한심한 상황에서 이병주씨와 이해영씨가 윤황후와 썰렁한 분위기로 앉게 되니, 이병주씨가 비통한 얼굴로 털어 놨는데 그 내용을 이해영씨가 들은 대로 옮기면 다음과 같다.

당시 이대통령의 야욕이 날로 심해지자 방문객이 하나도 없다시피 되고 이병주씨는 참담한 얼굴로 한숨을 쉬면서 앉았다가 말하길, 내가 늙은 나이로 이제 얼마 있다가 죽으면 마지막인데 무슨 말을 못하겠느냐면서 비밀을 털어 놓은 것이다. 어떻든 무시무시한 이승만 독재 시대에 황후마마 앞이라 거대한 비밀이 터진 것이다. 그리고 이병주씨라 할 수 있는 말이 나온 것이다.

> 나의 집은 전주이씨 양녕대군파 종가집이다. 당시 우리 집에 떠꺼머리 총각 하나가 하인으로 들어와 양녕대군파라면서 하인이 되길 원하여 집안 일을 보게 되었다. 우리 집은 수많은 재산이 있었는데, 황해도 연백에도 8만석 거리의 많은 추수가 있어 매년 수확 때가 되면 그곳을 갔다.
>
> 언젠가 담당 청지기가 바빠서 할 수 없이 그 하인을 동행하고 수확을 위해 함께 간 적이 있었는데, 그 하인은 신분이 낮아 함께 자지 못하고 연백의 어느 주막집에서 자게 되었고, 당시의 여주인은 40대 과부였는데 그 과부와 눈이 맞은 것이다. 그 하인은 과부에게, 자기가 하인이 아닌 청지기인체 하면서 훗날 자기가 마음을 변하고 이곳에 와서 집장만하고 당신과 잘 살겠다고 말하며 정을 통한 뒤에 한

양으로 가버린 것이다.

그런데 그 청지기는 다시 연백으로 오질 않았고, 그 과부가 아주 대가 센 여자라 몇년만에 노량진의 양녕대군 종가집을 찾아와 그 청지기를 만나 욕하면서 당신의 애가 태어나서 3살이라고 말했다. 그런데 당시의 청지기는 청지기가 아닌 말단하인으로 마당청소를 하고 있는 한심한 상황을 목도하고는 이 애기는 당신 애기니까 잘 기르라고 말하고는 황해도로 가 버린 것이다.

별안간 아기를 인계받고, 우는 아기를 안고서 쩔쩔 매는 말단하인의 얘기를 주인마님인 저희 어머니께서 들으시고 어떻든 집에 들어온 업(業)이니 잘 키우라고 해서 키운 애가 이승만이다. 우리 집에서 이승만에게는 친자식같이 길렀으니, 우리 어머니는 옷이 들어와도 하나가 들어오면 먼저 이승만을 입히고 본인 자식인 나는 새로 구해 입힐 정도로 잘 키웠다.

훗날 이승만이 어느 누구도 전주이씨 집안을 거들떠 보지 않았는데, 오로지 나에게는 찾아와서 소원이 뭐냐고 말해서 조상의 비석을 세우는 것이라고 말했다. 당시 이승만은 다른 어느 곳에서도 절대 비석을 못세우게 했는데 나의 말은 들어 주었으니, 내 어머니께서 베푼 데에 대해 은혜를 갚은 바라고 생각된다.[30] 우리 어머니는 이승만의 교육도 시켰고, 아마도 미국가는 경비도 댔으리라고 생각한다. 그런데 그 수준의 뿌리를 가진 자가 감히 황후마마에게 이런 푸대접을 하다니 천하에 없을 몹쓸 일이다.

---

30) ① 서울 영등포구 상도동 지덕사에 있는 이 비석은 1956년에 이승만이 대통령에 재직하면서 친필로 썼을 정도이다.
이한우, 이승만 90년 상권(서울 : 조선일보사, 1995), p.44참조.
② 당시 양녕대군 종손인 이병주씨는 어찌 어머니 비석만 세우고 아버지 비석을 세우지 않겠느냐고 이승만에게 말하여, 이승만은 아버지 비석도 세우라고 했다고 한다. 다만 분명한 것은 이승만이 평생에 잊지 못할 은인인 양녕대군 댁 이병주씨 어머니의 비석을 대통령이 되고서 세워 드린 것이다.
이해영 제 2차면담, 1997. 1. 9.

전주이씨 양녕대군 직계 종손인 이병주씨는 물론 이승만의 개인적 은혜를 입은 친이승만 세력일 것이다.[31] 이승만이 이병주씨의 집에서 입은 개인적 은혜를 갚으려고 이병주씨에게 관직에 기용까지 해 주었을 것이니 더욱 그렇다.[32] (당시 이승만은 이병주씨만은 항상 감싸고 관직을 주었는데, 그것은 이병주씨의 어머니가 이승만과 이병주를 항상 평등하게 잘 길러준 은혜를 잊지 않은 것이라 한다.) 그렇지만 이승만이 황후마마에게 하는 무엄하고도 천인공로할 패륜적 푸대접에 정의감이 발동하고 분노에 끓으면서 그 집안에서만 알고 있을 어마어마한 비밀을 털어 놓은 것이다.

그런데 이해영할아버지가 황족이니 이해영씨의 아들들도 물론 황실의 핵심혈통이다. 둘째 아들 이택주씨의 분노어린 얘기를 다시 들어 보자.[33]

> 이승만은 그 뿌리도 전주이씨로 인정할 수 없는 인물입니다. 그런 인물이 황실을 완전히 짓밟아 망친 것입니다. 혈통도 분명치 않은

---

31) 이병주씨는 양녕대군 직계 종손으로서, 이근수 판서댁 서당에서 이승만, 최을룡, 신흥우 3형제 등과 함께 공부한 서당 동창생 사이이다.
이원순, 인간 이승만(서울 : 신태양사, 1965), p.34.
이현희, op,cit., p.23.

32) 이승만과 서당 동창으로서 그 형인 신긍우 덕분에 배재학당에 이승만이 입학했고 평생의 대부분을 같이 지냈으며, 자유당 시대에 주일 대사까지 지낸 신분이면서도, 감히 1952년에 이승만에게 도전하여 대통령 출마를 한 신흥우의 의식흐름을 예리하게 볼 필요가 있다. 신흥우는 이병주 못지 않게 이승만의 뿌리를 속속들이 아는 사람이 아닌가? 신흥우는 이승만의 오장육부를 모두 알기에 감히 도전했고 이승만도 묵인할 수밖에는 없지 않았겠는가? 아마도 일본에서 비참히 탄압받는 황태자 영왕을 항상 뵙고 보살핀 신흥우의 분노에 찬 정의감이 출마의 내면을 지배했다고도 보아야 할 것이다.

33) 이택주 면담, 1995. 7. 16.

> 이승만이기에 저희 집에서는 그의 혈통을 인정치 않으며, 그를 '돌' 이씨 라고 평소에 부릅니다.
>
> 그리고 분명히 말하건대, 이승만이 황실을 철저히 탄압하면서 모든 재산을 다 뺏은 것은 옳은 일이 아닙니다. 그럼에도 그는 구황실의 장례그릇 창고였던 이화장을 본인 소유로 했는데, 그것은 황실재산이지 이승만의 것이 아닙니다. 황실재산을 완전히 뺏은 것도 잘못이지만, 법을 마음대로 해석하며 본인재산을 축적한 것은 더욱 큰 잘못입니다.

이러한 분노는 황족들에겐 공통된 것이고, 광무황제의 가까운 친척으로서 이해영 할아버지의 큰 아들인 이성주씨는 이승만 얘기만 나오면 그의 부친이 증언한 내용을 똑같이 열변 토하듯 반복하여 증언하고 분노로 떨면서 규탄을 한다.[34)]

> 이승만은 용서할 수 없는 인물입니다. 전주이씨인지 확실치도 않고, 제대로 뿌리도 모르는 '돌' 이씨가 나라를 모두 망쳤습니다.

사실상 그간 숨겨져 왔고 외면당해 와서 그렇지 황족들의 이승만 규탄은 공통적인 것이니, 의왕의 자손들인 이석 황손을 비롯한 형제 조카들이 모두가 분노하고 있고, 핵심황족인 철종계 이우진 교수(중앙대) 등이 갖는 처절한 심정은 일반인들의 상상을 넘어서고 있다. 이승만! 그는 잘못을 해도 너무 했다는 생각 뿐이다.

4) 증언의 의미

이병주씨의 증언은 상당히 균형있는 증언이라고 생각한다. 왜냐하면

34) 이성주 면담, 1995. 8. 27.

우선 그는 이승만에게 일방적으로 피해를 입은 사람이라 이승만을 편파적으로 나쁘게만 말한 사람이 아니다. 오히려 그는 이승만의 은혜를 입은 사람으로서, 이승만의 절대권력이 생생하게 살아 있을 때에, 다만 이승만이 황후마마에게 몹쓸 짓을 가혹히 함에 분노한 정의감으로 말한 것이다. 그렇다면 이병주씨의 증언 상황은 매우 정확한 것을 말했으리라고 생각된다.

그러면 그것을 듣고 전하는 현존 황실의 원초적 뿌리인 인평대군 직계 종손의 입장은 어떠한가? 그는 이승만의 황실궤멸에 몹시 분노하는 입장에 있었다. 사실 이승만은 일본이 형체나마 남겨둔 우리의 황실을 궤멸시켰다고 할 정도로 탄압했고, 일제침략의 연장선에서 일본의 침략을 완성한 것이나 같은 짓을 저질렀다. 따라서 인평대군 직계 종손 같은 황실 핵심의 인물이 갖는 분노감은 당연한 것이다. 그러나 그는 핵심 황족답게 의연하고 당당하면서, 매우 품격높게 처신했으며 역사를 바로 잡기 위한 사명감을 갖고 분명한 자세로 증언을 했다. 그리고 늙어서 얼마 못 산다는 자세로 담백히 유언을 하듯 말했다.

그런데 그러한 증언을 보완하는 입장에서 서정주 시인의 '이승만박사전'은 상당한 의미를 지닌다. 그것은 당시에 이승만의 얘기를 그대로 옮겨서 작성한 사실상의 관제 전기인데도 이승만시대에 빛을 못 보고 활자조판본을 전격적으로 해체하는 상상밖의 운명을 맞았다. 그것의 이유는 차라리 이승만 본인이 읽고서 노발대발한 것이 아니라, 이승만의 뿌리를 너무도 잘아는 측근이 읽고서 철저한 충성심으로 조언한 것일 가능성이 짙다. 왜냐하면 이승만의 증언일 것이 확실할 그 내용을 면밀하고 예리하게 제정신을 차리고 읽으면, 이승만의 증언에 비약과 꾸밈이 많고 그의 뿌리가 비천한 것이 역력히 드러나기 때문이다. 주변에서 조언한 바는 차라리 과거를 밝히는 전기는 완전히 없애라는 원천적인 문제에 관한 것이었을 가능성이 크고, 이승만은 그리하여 서정주 전기는 완전히 없애고 다른 전기물에서도 그의 뿌리를 극히 약간만 남기고는 미화하거나 없애버려 원천적 증거인멸을 시도했다고 봄이 옳다. 그럼에도 서정주 전기는 약간 숫자의 한정본이 남아서 이승만의 숨겨진 뿌리를 사실상 증언하고 있으니, 그것은 이승만의 황실탄압에 대한 죄값을 치르는 것이 아니고 무엇일 것인가? 인간이 세상을 살면서 몹쓸 짓을 않고 살아야 함을 말하는 대표사례가 아닐까?

5) 약간의 보조증언

그런데 이상의 증언을 보완해 줄 약간의 보조 증언이 있다. 아래의 보조증언들은 이병주씨 증언을 이해함에 매우 시사하는 바가 큰 증언이고 가치도 높다고 본다.

① 강병규(전 국회의원, 전 한성대총장) 증언[35)]

이승만 박사는 골수 기독교도인데도 불교에 유달리 깊은 관심이 있었다. 자유당 때에 이승만 박사가 조계종 중심으로 불교를 정화하게 된 근본적 원인은, 이박사의 심저에 숨어 있는 불교에 대한 깊은 심서에서 비롯된 것이다. 이승만 박사가 불교를 정화하게 된 것은 그의 내면에 흐르는 기초적 의식에서 비롯된 것이고, 그것은 그의 인간적 뿌리에서 비롯된 무의식의 작용과 같은 것이었다.

이승만 박사는 1948년 9월에, 대통령에 당선된 직후로서 바쁜 와중에도 불구하고 경찰관의 등에 업혀서 북한산 문수암을 찾아 갔다. 그 경찰관은 지금도 노인으로 미국에 생존해 있다. 그 바쁜 시기에 만사 제폐하고 그곳을 찾아간 까닭은 그의 인간적 뿌리를 생각해야만 이해가 되는 일이다. 특히 유의할 일은 이승만 박사가 문수암을 다녀온 뒤에 전국 사

35) 강병규 면담, 1995. 12. 16 및 1996. 1. 21.

찰의 대처승을 모두 내쫓고 조계종을 비구니 중심으로 확실하게 정화했음이다.

② 서의남(국방정신교육원 교수) 증언[36]

북한산 문수암은 이승만 박사와 인연이 깊은 절로 알려져 있다. 그곳에는 이박사의 모친이 120일간을 찾아와 기도를 한 뒤에 잉태가 되었다는 글이 현재도 쓰여져 있다. 이승만 박사는 대통령이 되자마자 문수암을 직접 찾아와 불공을 드리고 갔는데, 그것은 그의 출생 사연과 깊은 관련이 있는 것이다.[37]

※ 참고 : 북한산 문수암(文殊庵)은 북한산성에서 서울 시내에 가장 가까운 곳으로서 극히 경치가 아름다운 산꼭대기에 있다. 더군다나 그 높은 곳에서 샘물이 나와 신비감을 주면서 등산객의 오아시스 구실을 하고 있다. 북한산 국립공원의 구기매표소에서 출발하여 곧바로 대남문(大南門)을 향해 올라가면, 조선시대 성문인 대남문 바로 옆에 위치하고 있다. 천연동굴에 절묘하게 부처님이 모셔져 있고, 원래의 절은 6·25전쟁 때에 불타고 가건물로 모셔져 있다. 무려 120년전부터 이승만의 출생신화가 만들어진 절답게 6·25 이전에 이승만과 프란체스카 부부가 등정하여 스님들과 촬영한 사진이 걸려 있고, 찾아오는 등산객들에게 밥과 국을 무료로 줘서 등산객도 많고 옛부터 이름난 영험있는 절이라고 불공드리

---

36) 서의남 면담, 1995. 12. 17.

37) ① 이승만은 북한산 문수암을 여러 번 방문한 듯 하다.
이원순, op.cit., p.33 참조.
② 문수암은 이승만의 양모인, 이경선의 처가 다니던 절이었던 듯하다. 이승만은 황해도 주막집 여주인이었던 진짜 생모는 전혀 알 수 없었고, 양모가 둘러댄 것을 믿었던 듯하다. 이승만은 평생 생모를 못 찾았다고 하며 이병주씨 어머니가 생모같은 은인이었다.

러 올라오는 신자도 많아서 방문객이 줄을 잇고 있다. 4329년(1996년) 1월 20일 현재로 절 입구에 세워진 설명문은 다음과 같다.

> 본 절은 오대산 상원사, 고성(固城) 문수사와 함께 국내 3대 문수도량으로서, 고려 예종 16년(서기 1109년)에 처음 지어져 문수암이라 하였고, 약 30평의 자연동굴은 문수굴이라 하였다. 뒤로는 문수봉, 앞으로는 보현봉(普賢峰)에 둘러싸인 해발 600m의 제비집 모양 터에 자리 잡아 국내 제일의 기도도량으로서 널리 알려져 기도를 성취한 사람의 숫자는 헤아릴 수가 없다.
>
> 조선 영조 때의 박문수 어사, 근세의 이승만대통령도 그 모친께서 이 문수굴에서 기도하여 얻어진 분들이다. 한때 고종황후(?) 윤비, 영왕 이은, 방자여사 등의 소원을 비는 황실사찰이기도 하였다. 4·19직전 이승만대통령은 82세의 고령에도 불구하고 친히 올라 "문수사(文殊寺)"란 친필 사액(寺額)을 남기기도 하였다.[38]

③ 익명의 제보자 증언

이승만은 그의 부친과 얼굴이 거의 닮지 않았다. 그것에는 중요한 의미가 숨겨져 있을 가능성이 있다.[39]

④ 주관중 (경희대 교수) 증언[40]

---

38) ① 문수보살은 지혜의 보살, 보현보살은 만행(萬行)을 닦고 그 몸과 덕행을 널리 나타내 보이는 보살이다. 문수암에서 이승만이 탄생했다는 출생신화는 문수보살과 보현보살 사이의 성스러운 터에서 비롯되었다는 신비성을 띠어 더욱 널리 퍼진 듯하다.

② 절 입구에 세워진 설명문에는 그 입간판을 세운 때가 1989년 8월로 되어 있는데, '이승만 대통령'이란 귀절이 두 번 쓰인 것을 이승만에 대한 악감정을 표시한 듯 모두 짓뭉개서 반쯤 지워진 상태로 세워져 있었다.

39) 이승만, 독립정신(서울 : 태평양 출판사, 1954), 책머리의 화보 참조.

40) 주관중 면담, 1996. 1. 8.

이승만 박사는 구황실을 지독히 싫어했다. 내가 박정희대통령 시절에 청와대 정무(문교, 보사, 내무, 법무)담당 비서관으로 재직할 때에 하월곡동에 있었던 옛 홍인군(대원군의 형님)의 땅에 대한 처리를 맡아 본 적이 있다.

그 땅은 이박사가 구황실을 싫어하여, 홍인군의 땅인데 빼앗아 본인의 모교인 배재학교에 줬었다. 그런데 5·16 이후에 이승만이 물러나니, 홍인군의 후손들이 되찾으려고 하여 문제가 된 것인데, 당시 나는 일단 교육재단으로 넘어간 것이니 배재학교 땅으로 그대로 있는 것이 좋다고 보아 배재학교 땅으로 굳혀 주었다. 훗날 그 땅을 팔아서 배재대학을 지은 것이다. 이박사가 구황실을 싫어한 것은 철저한 것이었고, 그에 따른 사건 뒷처리가 나의 시대에까지 이어진 것이다.

2. 황실 탄압의 잠재심리 분석

이승만의 조국탈환 후 황실탄압 의식을 지배한 밑바탕의 심리는 과연 어떤 것이었을까? 어떤 정치인의 정치행위에는 행동화에 영향을 미치는 수많은 변인이 존재함이 일반적인데, 그 변인 가운데 외부에서 오는 변인을 일단 고정화시켜 놓으면, 그 정치인의 내부에서 잠재적으로 영향을 미치는 변인을 알아볼 수 있게 될 것이다. 그러한 내부변인은 일반적으로 어린 시절의 성장과정에서 저절로 형성되면서, 젊은 시절을 거쳐 구체화되고, 정치인으로 성장된 뒤에는 잠재적으로 강한 영향을 미친다고 하겠다.

이승만의 항일외교노선, 박정희의 민족중흥노선 등은 결코 어느날 하루에 형성된 것은 아니며, 이승만과 박정희의 전체 인격을 대변하는 것일 것이다. 본 논문의 연구대상인 이승만의 경우에 있어서 그의 '항일'

과 '외교'로 요약되는 독립운동의 철학은 오랜 성장과정의 산물임이 분명하다. 그렇다면 앞에서 분석해온 이승만의 성장배경이 어떤 잠재심리를 만들었다고 보아야 하겠는가?

1) 원초적 반항심리

이승만은 성장시절에 본인이 처한 사회계층 의식상 매우 특이한 경험을 한 인물이라고 보아야 한다. 완전한 하인 노예의 삶으로서 확실히 고정된 삶을 살았다거나, 완전한 최고계층 가문의 삶으로서 영광을 누리면서 살았다면 사회적 심서의 형성이 매우 안정적이고 갈등요인이 존재했을 까닭이 없다.

그러나 이승만은 매우 극단적인 갈등구조 속에서 성장한다. 아마도 최악의 갈등구조였다고 생각된다. 본인의 부친은 철저히 하인인데, 최고수준 가문의 정경부인 마님의 자애로운 온정으로 대감댁 서당에서 같이 교육을 받을 배려를 받는다. 그리하여 이승만은 최고수준 양반자제의 실질적 대우는 받으면서, 명목상 대우는 하인이어야 하는 극단적 계층괴리 상황의 내부갈등 속에서, 사회적 모순에 정면으로 항거하는 심리가 형성되었다고 생각된다.

이승만은 매우 열심히 과거공부를 했다고 전기에 기록되어 있다. 그런데 그것이 성공되었다면 심리적 갈등요인은 많이 해소되었을 수도 있다. 그러나 그는 13세부터 매년 떨어지면서 7회나 낙방을 했고, 마지막에는 과거제도가 없어지면서 모든 것이 완전히 무너지는 좌절을 겪는다. 그렇다면 왜 이승만은 과거시험에 장원급제는 커녕 초시에도 합격을 못하는 처절한 좌절을 겪었을까? 이승만의 일생을 보거나, 전기집을 보더라도 이승만이 그토록 우둔한 사람은 아니리라고 봄이 옳겠는데 연전연패를 했던 이유는 무엇일까?

이승만의 처절한 과거시험 실패에는 말못할 기막힌 내막이 숨겨져 있었던 것일 가능성이 높지 않을까? 이승만의 전기에는 많은 것을 변명한 냄새가 나는데, 그는 과거낙방 원인을 당시 사회의 부정부패를 강조는 했으나 근본적인 변명은 못했다는 생각이 짙게 든다. 그것에는 변명도 못할 눈물겨운 이유! 하인이기에 넘지 못한 처참한 신분의 벽이 있었던 것은 아닐까? 아무리 능력이 있고 노력이 뛰어나도, 절대로 넘을 수 없는 서류심사의 장벽이 있었던 것이 분명하지 않을까?

다만 이승만은 조선시대 말기의 혼란시대를 맞아 신분사회가 전국적으로 엉망이 되고, 그리하여 부친이 말하길 몰락 양반이라고 둘러 댔던 바를 고지식하게 믿고 계속 시험을 본 것은 혹시 아닌가? 만약에 그가 그것을 훗날 알았다면 아마도 조선사회 자체에 대한 무시무시한 혁명심리로서의 반항의식이 생길 것은 빤하지 않겠는가?

특히 유의할 것은 일반적인 '주워 온 아이 심리'이다. 그것은 한편으로 아무리 잘해줘도 충족시키기가 어려운 심리라고 하겠다. 예컨대 서양사회같이 개인주의가 발달되어 어떤 자식이나 궁극적으로 각자 알아서 사는 사회일 때에는, 입양아에 있어서 심리 갈등이 적을 수도 있다. 그러나 극도로 가족 공동체 의식이 끈끈하게 발달된 주정적(主情的) 분위기 속에서는 아무리 잘해줘도 주워 온 아이는 주워 온 아이로서 제 갈길을 간다는 표현이 옳을 수 있겠고, 이승만의 사회심서에는 주워 온 아이의 원초적 반항심리가 너무도 강하게 인지되고 있다. 이승만은 아마도 조선중기에 태어났다면 망이, 망소이, 홍길동 같은 반항아가 되었을지도 모른다. 그는 차라리 하인으로 평생을 보냈다면 그렇질 않았을 텐데, 주워 온 아이로서의 업(業)이면서도 하인혈통을 갖고 대감마님 손에서 혜택을 많이 입은 복잡한 심서로 형성된 반항심리는[41] 항상 만족이 없는 복잡한

41) 이승만의 측근 이원순은 이승만을 기질적 반역아라고 정의하고 있다. 이원순, op. cit., p.44.

반항의 행진이 아니었겠는가?

2) 원초적 의존심리

이승만 스스로가 여섯 달에 걸쳐 서정주 시인에게 상세히 불러준 자신의 과거! 그것을 고지식하게 그대로 반영하여 전기를 집필한 순진한 서정주씨의 '이승만 박사전'을 읽어보면, 이승만이 왜 평생의 독립운동을 국제적 강자(强者)인 미국에 기대는 외교로 일관했는가를 나름대로는 분명히 알게 된다.

이승만의 삶에 있어서는 자기 스스로 혹은 자기 가족 스스로가 스스로의 삶을 중심적, 주체적으로 개척해 나간 것을 궁극적으로 찾기가 어렵다. 이승만의 성장은 근본적으로 부친 이경선이 하인으로 일하는 주인집이었던 양녕대군 종손댁의 시혜에 의존하는 것이었다. 사실상 이승만으로서는 하인혈통으로서는 분에 넘치는 대감 마님의 은혜를 입었고, 거기에 기대서 성장시절의 난제들을 풀어 나갔을 것은 분명하다. 그렇기에 그의 내면에는 항상 강한 자에게 의존해야 산다는 잠재심리가 강하게 각인되었을 것이다.

첫째로 그의 사회생활이나 정치생활은 모든 것이 미국에 기대는 것에서 출발하여 미국의 힘으로 풀어 나간다는 논리에 의존하고 있다. 7년에 걸친 처절한 과거시험 낙방의 도피처도 미국인들이 만들어 놓은 배재학당이었고,[42] 해외에서 귀국하기 전까지 그토록 오랜 동안을 몸을 맡긴 나라도 미국이었다. 이승만은 자랄 때는 양녕대군 종손댁 같은 곳에 정

---

42) ① 초기의 현대 학교는 정통 우리 민족이었다면 애초에 관심이 없었고 심지어 배척대상이기도 했다. 그러기에 최초의 서양식 학교에는 거지, 하인들까지도 있었다. 이승만이 배재학당을 택한 심리는 과거 실패와 함께 처절한 사연이 있을 것이라 생각된다.
② 과거에 급제하고 성균관 박사였던 정통 엘리트인 단재 신채호가 당당하게

면으로 붙어사는 하인이었다면, 성장 이후의 모든 삶은 미국에 정면으로 빌붙어 산 국제적 하인의식에 충실한 삶을 살았다고 봄이 옳다. 미국무성이 그를 끝없이 백안시해도[43] 오로지 미국 밖에 없다는 짝사랑 외교로 일관한 것은 어떤 의식인가? 이승만의 정치생활은 미국이 없이는 존재할 수 없는 것이었다.[44] 그리고 그것은 엄밀히 말하면 모든 것을 미국의 논리에 맞출 경우에만 가능한, 미국 국익의 연장선에 놓여질 숙명성을 띤 것일 수밖에 없었다.

둘째로 그의 독립운동은 모든 것이 '외교'였다. 외교란 무엇인가? 그것은 선결조건으로 내실있는 국내정치가 분명히 존재하고 있는 것임을 뜻한다. 그럼에도 이승만은 아무 것도 없는 망한 나라에서 자나 깨나 미국같은 강대국에 호소하는 외교만이 독립운동의 핵심이라고 생각하고, 주변에도 그것을 강조하며 실천해 나갔다. 그것은 엄밀히 말하면 강한 나라에 계속적으로 구걸하고 다닌 것이었는데, 겉으로는 외교행위로 표현된 것이었다. 본인이나 본국이 강력함이 없을 때의 외교는 언제나 구걸외교가 될 것은 분명하다. 그런데 당시에는 본인이나 본국이나 침략일본에 강점된 비극적 신세에 불과했다. 궁극적으로 아무것도 없는데 외교가 무슨 의미가 있겠는가? 미국 국무성이 거의 항상 백안시하는 것이 당연한 일[45] 아닌가? 그럼에도 이승만을 지배한 잠재의식은 언제라도 강한 자에 의존해야 산다는 철저한 강박의식이었다고 하겠다.

셋째로 그의 독립운동은 강한 자의 품에 안겨서 벗어남이 없는 것으로 일관되었다. 일제시대의 최전선은 만주벌판이다. 혹한의 겨울과 삭막한

무장항일노선을 걸었는데, 과거에 낙제하고 배재학당을 나온 이승만이 친미외교 구걸노선을 걸은 것은 인간적 배경의 이해가 없이는 불가능한 것이다.

43) 김용식, 역대 대통령의 외교, 월간조선 1993년 신년 특집호, p.266.

44) 이원순, 인간 이승만, op.cit., P.13.

45) 이강훈, 역사증언론(서울 : 인물연구소, 1994), p.107.

대자연 속에서 일제침략자의 밀정과 싸우고 일본 경찰에 쫓기면서 침략 일본군과 정면으로 싸운 곳이 만주벌판이다. 그러나 이승만은 결코 만주벌에서 정면으로 독립혈전을 벌여본 적이 없다. 그는 정면으로 주체적인 삶을 열어갈 용기도 의지도 근본적으로는 없었다고 봄이 옳다. 그는 언제라도 따뜻한 정경부인 마님의 시혜가 그리운 성장과정을 보냈듯이, 모든 것을 미국의 품에 안겨서만이 존재하는 일생을 보냈다. 그렇기에 그는 만주벌에서 정면항쟁을 벌인 항일 선구자들에게 고개를 들 면목이 없는 인물이고, 소위 대통령이라면서도 상해 임시정부에 와서 항일의 선봉에 설 용기도 없었고, 침략자들과 정면으로 싸워 죽음을 맞을 생각도 없었으며 가장 안전하고 편한 미국에게 입으로만 독립운동을 하며 사실상의 사이비(?) 독립운동을 했다고 말해도 변명이 쉽지 않을 것이다. 그의 눈으로 보아서는 살신성인한 안중근 의사나 정면항쟁한 홍범도, 김좌진, 윤봉길 의사가 아마도 바보스럽기 짝이 없는 인물은 혹시 아니었을까?[46)]

46) ① 이승만 박사가 대통령으로 재직시에 발생한 엄청난 범죄행위인 김구 주석 암살사건은 국회 법사위원회에 설치된 암살진상조사위원회에서 2년간에 걸친 조사활동으로, 50년 가까이 시간이 흐른 뒤에야 자유당 정부의 정권적 차원 범죄라는 결론을 맺게 되었는데, 김구 암살은 면밀하게 준비된 조직적 범죄이며, 이승만의 사전개입 및 지시는 아직 불명확하나 도덕적 책임이 있고, 사후처리에도 개입되었다고 정리했다. 특히 범죄자들은 이승만의 심복들이었던, 장은산, 김창룡, 채병덕, 전봉덕, 원용덕, 신성모 등으로서 모두가 직간접적으로 연결된 조직적 범죄행위라고 결론을 내리고 있다. 이승만이 사실상의 범죄자란 결론과 다름없는 것이다. 김구의 암살범죄행위를 자행한 자유당정권의 심리는 근본적으로 무엇인가?
동아일보, 조선일보, 199. 12. 16 참조.

② 국회 백범암살 진상규명소위 위원장 강신옥 국회의원의 얘기를 들어 보자.
「김구선생 암살사건은 군부에 의해 면밀하게 준비되고 자행된 정권적 차원의 범죄였다. 범죄자 안두희, 김지웅, 홍종만 등은 모두 정권적 차원의 비호를 받았다. 그 일반적 배후는 군부쪽이었다. 장은산은 암살을 명령했고, 김창룡, 채병덕 총참모장, 전봉덕 헌병 부사령관, 원용덕 재판장, 신성모 국

3) 원초적 공허심리

이승만은 모든 삶이 내면적으로 공허한 부정적 바탕에서 전개되었다. 원초적으로 주워 온 아이의 심리를 벗어남이 없었고, 굴러 들어온 업(業)의 의식을 벗어남도 없었다고 보아야 옳다.

중요한 사료인 서정주 전기에 쓰인 내용을 정밀 분석할 때에, 그는 부친에 대한 정을 느끼며 산 적이 거의 없다. 그리고 모친에 대한 것도 절실한 것이 없다. 어찌 보면 부친은 본인 주변에 없었다고 볼 정도로 멀게 쓰여져 있고, 모친은 어렵게 산 것으로만 쓰였는데 (실제의 어머니를 모르듯이) 모자간에 있어야할 애틋한 관계가 거의 없는 특이한 존재이다. 그리고 기이하게도 그의 옆에는 하녀 복녀가 가까이 등장한다.

이승만은 16세에 부친이 정해준 첫 부인을 가혹히 차버렸다. 그리고 부친의 작고에 있어서도, 그리고 미국까지 찾아온 외아들의 죽음에 있어서도 전혀 울지 않은 것으로 쓰여져 있다. 그렇다면 그는 자신의 뿌리를 부정하고 증오하는 끈질긴 잠재의식을 가지고 있었다고 보아야 옳지 않을까? 하인이었던 부친, 그리고 하인이었던 아버지가 정해 주었을 첫 부인도 신분은 빤한 것이고, 거기서 태어난 아들을 어떻게 생각했을까도 명료히 추리되어지는 것이 아닐까? 이승만의 삶은 공허한 것이었다. 어딘가에 뿌리를 내리고 정면으로 살 수 없는 무적(無籍)심리가 항상 지배했던 것이 이승만의 의식이었다고 보아야 하겠다.

이승만은 첫 부인이 국내에 엄연히 살아서 부친을 모시고 자기를 기다

방장관 등이 사후처리를 주도한 조직적 범죄였다.」

「모든 것이 철저히 계획하에 이루어졌다. 직접적으로 개입한 군부와 간접적으로 개입한 혐의가 있는 이승만 박사에 이르기까지 모두 관련되어 있다. 암살 사건에 관한 일련의 조치는 이승만 대통령이 무인없이는 불가능할 것으로 판단된다.」

김성호, 일요서울, 1995. 12. 31, 제86호.

리고 있음에도, 미국땅에서 여러 차례의 결혼을 시도한 것으로 여러 자료에 나타난다.[47] 아니 서정주 집필의 전기에는 첫 부인이 딴길을 간 것으로 쓰여져 있고, 본인의 새로운 부인찾기는 정당한 것으로 나타나 있다. 그러나 첫 부인은 조국을 되찾은 후에까지 정확히 기다리다가, 귀국한 이승만을 찾아 왔다가 쫓겨난 것으로 다른 자료에는 나타나 있다.

이승만은 정치세계에 있어서도 끊임없이 자기를 부정하는 공허한 방황의식으로 본인의 의지를 폈다고 생각한다. 엄밀히 말해서 우리나라의 과거가 이승만에게는 항상 부끄러운 것이었고, 본인의 혈통만큼이나 부정하고 없애고 싶은 것이었을 것이다. 따라서 이승만 시대의 우리나라는 신생국이요 새출발의 나라였다. 유구한 역사를 논한다는 것은 겉으로 표명할 때는 존재해도 실질적인 현실정치에서 과거는 엄밀히 부정되는 것이었다. 그렇기에 이승만에 있어서 정권을 쥐고 척결할 대상은 침략일본이기 보다는 국가의 뿌리인 황실일 수밖에 없는 것이었다. 그는 친일파를 척결은 커녕 사실상 재등용하며 이 나라를 민족정기도 없는 친일후예 국가로 만들었다.

이승만이 모범을 보인 형태대로 하면 앞으로 우리에게 새로운 국난이 오면, 침략자와 정면으로 싸우면 바보이고 가장 안전한 미국에 가서 입으로만 애국하는 것이 옳은 길이며, 조용히 실리를 채우고 친일행위를 하다가 편한 여생을 보내는 것이 옳지, 안중근, 홍범도, 신채호, 유관순, 이회영, 윤봉길은 천하에 없는 못난이인 것이다. 아마도 이승만 논리대로라면 그것만이 옳지 않을까하는 생각도 일반인에게는 짙게 들 것이다. 안중근, 홍범도, 신채호, 유관순, 이회영, 윤봉길의 후예가 조국 탈환 후의 이 나라에서 크게 빛을 본 기억이 별로 없다. 더욱 서글픈 것은 조국 탈환 후에 계속되어 온 친일인맥 우세가 끈질기게 오늘날까지도 이어지

47) 안천, 단군 할머니론(서울 : 민족문화사, 1995). pp.60~72.

면서, 일제강점시에 국내에서 편히 산 인맥이 총리대신에는 계속 등용되고 심지어 독립군 잡던 사람의 자식도 큰 소리를 치고 있다.[48)]

그리고 이승만은 스스로의 개인적 뿌리는 물론 부끄럽고, 스스로의 민족적 뿌리도 원초적으로는 부끄러운 의식을 가졌었다고 보아야 옳다. 미국 유학을 가서 윌슨 대통령의 딸과 염문을 뿌리고 본인이 왕자라고 떠들고 다닌 것은 물론, 끝내 프란체스카 여사와 결혼을 했다. 이승만은 내면의식에서 우리 민족과 본인의 혈통에 애착이 거의 없었고, 그렇다 보니까 우리 민족의 여성도 궁극적으로는 눈에 차지 않았다는 해석도 가능하다. 철저히 조국을 사랑하는 민족주의자로서 한마음 한뜻의 독립투사였다면 어찌 벽안의 서양 여인과 결혼이 가능한가? 그것도 독립운동가로서 일생을 보내고 환갑이 다 된 노인으로 국제외교를 한다고 유럽에 가서 전격적으로 결혼을 했으니, 그의 잠재의식은 무엇일 것인가?

이승만을 지배한 공허한 부정의식으로 우리나라는 조국탈환 이후 정치는 물론 모든 경제, 사회, 문화가 본질이 실종된 한심한 사회가 되었다. 친일파가 그대로 득세한 가운데 친미문화가 휘몰아치며 미국의 문화식민지가 되는 출발은 모두가 이승만에서 비롯되었다고 봄이 옳다. 심지어 이 나라가 미국의 1개주가 된 듯한 분위기가 내면으로는 상당히 강한데, 그 뿌리는 시원적으로 이승만의 족보없는 잠재의식에서 출발된 것이다. 이승만같은 인물이 조국탈환 후에 첫출발의 주역이 된 이 나라는 사실상 국운이 없는 것이고, 이승만이 버려놓은 이 나라의 밑바탕을 언제나 바로 잡을지 아득하기만 하다.

---

48) 국립묘지에 있는 이승만의 묘소에는 정통 독립운동 가문에 있어서는 누구도 가보지 않는다고 한다. 조국탈환 이후에 이 나라를 친일파의 나라로 만든 바에 대해서 그들은 너무도 분노하고 있었다.
이규창(이회영 3째 아들) 면담, 1996. 2. 4.

三. 황실탄압의 표출심리 분석

1. 황실탄압의 실상

이승만의 황실탄압은 정치학 연구의 사각(死角)지대에 놓여 있어서 누구도 크게 주목을 함이 없이 오늘에 이르렀다. 전통적 정치형태를 대변하면서, 일제를 쫓아내기 직전까지만 해도 해외에 있던 독립운동단체 외에 내부의 국민을 하나로 묶어주는 잠재적인 정신적 지주로 우리의 황실은 엄연히 살아 있었다.[49] 그렇기에 일제강점 침략 시대에는 해외의 항일단체와 국내의 황실이 존재하는 2원체제였었다고도 생각된다. 심지어 일제강점 때에도 황실의 정치적 기능은 엄존했고, 엄밀히는 항일단체들도 그 하부기구라고 봄이 옳다.

그런데 조국탈환후 항일애국인맥들이 이승만시대에는 이승만의 정적세력이 되어 연구의 공백기였으나, 그후 이승만이 사라진 뒤에는 학술적으로 점차 주목을 받으며 지금까지 연구가 활발히 진행되어 왔다. 그렇지만 융희황제 이후의 황실은 사라진 것인양 전혀 학계의 관심 밖에 놓여져 왔었다. 항일전쟁 시대에 있어서도 국민통합의 보이지 않는 구심점이었던 황실의 실체에 대해 학문적 연구가 앞으로 긴요하다. 왜냐하면 항일전쟁 시대의 독립운동 전개에 있어서 황실은 매우 중요한 존재였는데 그것을 빼고 지금까지 연구가 진행되다 보니 독립운동의 진실이 많이 왜곡되어 왔기 때문이다.

49) 조국이 탈환되기 직전까지 일제강점 시대에도 이왕가(李王家)로 강등되어 있었으나, 엄연한 실체가 존재했었다.

일제강점 시대에 있어서 사실상 황실은 독립전쟁의 구심점이었고, 독립전쟁의 숨겨진 최고 지휘자였다. 많은 독립전쟁 자금이 황실에서 나갔고 독립전쟁의 핵심인물이 황실에서 파견되었으며, 황실에서 독립전쟁을 지휘해 나갔다.[50] 그럼에도 그후 황실은 항상 제외되고서 독립전쟁사가 논해졌다. 조국탈환 이후 우리의 역사학이나 정치학에 있어서, 일제 침략 시대에 황실은 흡사 증발되고 사라진 존재같이 인식되고 그 부분은 완전히 공백인 것이다.

상해 임시정부의 핵심인 김구 주석이 환국 즉시 종묘와 동구릉, 홍유릉을 참배한 까닭은 무엇이며, 이시영 선생님이 창덕궁 앞을 지날 때에 차를 타고 가다가도 내려서 절을 올리고 갔음은 무엇인가? (심지어 일제강점 시대에도 창덕궁 앞을 지날 때에는 많은 인사들이 모자를 벗고, 버스 안에서도 목례를 올렸다고 한다.) 독립운동의 정통세력으로 마지막 남은 상해임시정부마저도 조국탈환후 이승만시대의 오도된 흐름 속에 철저히 탄압 당하며 핍박을 받던 시대가 있다가 6·25전쟁도 끝나고 많은 공백기를 지나 연구가 되다 보니, 상해임정의 본질 정신은 상당히 사라지고 지엽적 정신을 근간으로 연구가 된 것이며, 많은 것이 잘못된 것이 독립전쟁사인 것이다.

건전한 백성의 후예였던 수많은 독립운동가들은 궁극적으로 황실수호의 역군들이었고, 항일운동의 기본정신은 황실수호 즉 국가보위였던 것이다. 임금님이 나랏님이고 나랏님을 지키는 것이 애국이던 시대를 훗날 잘못 해석하여 독립운동이 왜곡된 이면에는 너무도 중대한 은폐사항이 있어 왔다. 그것은 무엇인가? 이승만의 처참한 황실궤멸 과정이 숨겨져 있는 것이다. 그것에 의해서 오늘의 우리들 머리 속에는 황실이 까맣게 사라지게 되었고 온 국민들이 황실을 잊게 된 것이다. 그 진상은 어떠한가?

---

50) 안천, 황실은 살아있다(서울 : 인간사랑, 1994).

1) 망국책임의 황실전가

이승만은 본인의 정권안보를 위한 안전판을 황실공격에서 찾았다고 하겠다. 대부분의 모든 정치체는 자체의 정치적 취약점을 외부공격으로 감싸고 해소시키는 것이 통상적이다. 이승만은 정권을 쥐고서 크고 작은 실수를 저지르게 되고, 그 경우에 공격처가 필요했을 것이다.

그런데 이승만은 매우 기묘한 선택을 하는 것이다. 현실 정치가 잘못 되는 원죄추궁을 당연히 일제침략에서 찾아야 할 텐데, 물론 그는 항일 의식도 강조는 했으나 끈질기게 영왕을 중심한 황실을 공격해 나갔다.

영왕을 공격하는 핵심은 영왕이 일제강점 때에 일본에 가서 일본여인과 편안히 산 친일파라는 것이었다. 인질 영왕의 삶을 영왕이 좋아서 그렇게 산 것으로 몰아간 것이다. 인질로 일본에 끌려간 영왕에 비할 때에, 본인은 미국에 스스로 가서 독립운동을 내세우며 사실상 편히 산 사람이란 생각은 혹시 없는가? 우리 민족 거의 모두가 고통받던 어둠의 시대에 이승만이 보다 더 고통받거나 위해를 받은 것은 어떤 것이 있나? 아니 미국에 있었기에 국내에 있던 누구보다 안전했고 오히려 독립운동을 편히 즐긴 것은 혹시 아닐까? 이승만은 광무황제에게 항거하여 감옥에 갔지, 일본에 항거하여 감옥에 갔는가? 이승만은 영왕을 사실상 일본과 동일시하며 공격하는 형태를 취했다. 그런데 그것은 엄청난 실수의식이 개재된 행위였음을 그는 인식하지 못한 것이다.

첫째로 영왕이 일본 침략의 철저한 희생물이었음을 생각하지 않은 것이다. 차라리 영왕이 아닌 다른 인물을 친일파로 몰아 공격했다면 얘기는 달라질 수 있을 것이다. 그러나 이승만은 영왕이 본인의 정치적 경쟁자임을 의식한 일방으로 영왕이 일본 천황이기나 한듯이 공격의 대상으로 삼은 것이다. 그러나 영왕은 망국에 대한 책임을 질 일은 거의 없고 망국에 따른 철저한 희생자였음을 누구나 아는 일이었다. 오히려 동정받고 위로 받을 희생자를 공격했으니, 공격대상을 전혀 잘못 잡은 것이다.

철부지 어린이 때에 끌려간 영왕을 친일파라고 모는 것은 공격자가 나쁘다는 인상 외에 더 심어줄 것이 없고, 이승만에게서 인심을 떠나게 만들 핵심 변인이 그것이었음을 이승만은 모른 것이다.[51)]

둘째로 황실공격은 본질적으로 일본이 공격했던 바와 노선이 같음을 모른 우매한 정치행위를 저지른 것이다. 황실은 일제가 우리나라를 공격한 정치적 핵심이었다. 일제가 공격을 진행하여 반쯤 죽여 놓은 것을 다시 살리지는 못할망정, 본인이 도맡아 완전히 궤멸시키며 나머지의 침략행위를 완성시켰으니 이승만은 일본이 원하는 대로 깨끗이 황실을 짓밟은 것이다. 사실적 친일행위를 한 것이고, 일제침략을 완성지은 것이다. 우리 민족의 구심점을 없애려는 일본의 의도에 너무도 충실하여 구심점을 완전히 짓밟는 정치 행동을 한 것이다.

셋째로 망국책임을 황실에다 모두 전가한 정치적 선전은 일본의 식민사관과 공통의 흐름이 됨을 망각한 것이다. 일제침략자들이 만들어 놓은 식민사관은 우리의 황실을 매도하는 것이며, 그리하여 우리 민족과 황실을 이간시키는 것이었다. 그럼에도 이승만은 우리의 황실을 다시금 살리지는 못할 망정, 철저히 매도했으니 누가 좋으라고 그렇게 했는가? 부모욕을 실컷하고 자신이 떳떳하길 바란 것과 무엇이 다른가? 만약에 일본이 패망하고서 조국이 탈환되며 황실이 부활되었다고 가정할 경우에, 우리나라의 역사가들이 지금도 황실을 그렇게 매도하며 우리 역사를 쓸 것인가? 우리 민족이 지금도 갖고 있는 역사 모멸감이나 열등의식은 일본

---

51) 만약 이승만이 영왕을 친일파라고 해서 황실을 탄압한 것을 인정한다고 해도 독립운동의 정면에 섰던 의왕은 왜 생각을 못했는가? 이승만의 황실탄압은 그가 내세운 오도된 명분 이전에 원초적 이유가 있었다고 봄이 옳다. 모택동은 친일행각 황실인사인 푸이는 벌을 주었지만 나머지 황족들은 확실히 예우를 했다. 모택동은 황실예우의식이 있었고 이승만은 탄압을 위한 탄압을 한 것이다. 특히 유의할 것은 모택동이 예우한 청나라 황실은 이민족이고, 이승만은 본인이 자칭 황족이 아니었는가 하는 점이다.

이 심어 놓은 것인데, 조국을 탈환하고서도 그것을 고치기는 커녕 이승만의 황실매도에 의해 심각하게 악화시켜 놓는 결과를 낳은 것이다.

2) 황실재산의 완전박탈

이승만은 황실매도를 진행하는 가운데 황실의 재기를 완전히 막기 위해서, 황실의 재산을 완전히 몰수했다. 따라서 영왕을 비롯한 황족들은 끼니를 걱정하는 수준으로 전락되며 철저히 제거 되는 길을 갔다. 황실재산을 몰수하되 영왕의 집은 물론이고 하다못해 가장집기는 당연하고, 심지어 화분이나 액자까지 모두 내놓고 빈털터리로 거리 노중에 나앉으라고 몰아쳤다.

정치는 돈이 있어야만 가능한 것이다. 당시 영왕의 재기 가능성이 보이자 이승만은 영왕을 가혹할 정도로 몰아치며 모든 재산을 빼앗아, 영왕은 전혀 운신을 못하는 수준이 되었다. 더군다나 모든 인맥을 차단할 정도로 영왕이 고립화될 분위기를 만들어 나가, 끝내는 거의 영왕을 찾는 사람이 없게 만드는 정도로 영왕을 탄압했다.[52] 그것은 어떤 결과를 가져 왔는가?

첫째로 모든 황실 문화재가 유실되는 출발이 되었다. 우리의 황실 문화재는 일제침략 시대에 일본인들이 만주땅에서 제주도 까지의 전국을 샅샅이 뒤져서 대청소하듯이 쓸어 갔다. 언젠가 확실하게 반환을 받아야 만할 약탈 문화재가 수없이 일본열도에 있다. 그러고 나서 어느 정도 남

---

52) 이승만의 오랜 동지 신흥우가 왜 이승만의 정적이 되었을까? 그것은 이승만이 자행하는 영왕의 탄압을 보면서, 대통령 출마를 하며 이승만의 정적이 되었다고 보아야 하지 않을까? 이승만의 영왕 박해에 있어서, 신흥우는 이승만의 냉대에 대해서 영왕에게 죄송함을 보인 유일한 사람에 가깝다고 김을한 기자는 증언하고 있다.
김을한, 인간 이은 (서울: 한국일보사, 1971), p.43.

아있는 문화재나마 사실상 남아있는 것이 드물다. 그것은 조국을 되찾게 되면서 낱낱이 흩어져 나간 것이다. 현재 우리의 귀중한 황실 문화재로써 제대로 남은 것이 무엇이 있는가?

둘째로 황실관련 토지가 무수하게 팔려 나가는 출발이 되었다. 이승만 당시부터 황실 건물과 토지는 불하라는 등의 이름에 의해서, 부정부패가 난무하는 가운데 연속 사라져갔다. 필자의 자료수집에 의하면 너무나 놀랍게도 자유당 시대에 불하된 황실토지는 자그만치 2천여건이라는 천문학적 수준이었으니,[53] 자유당정권의 총체적인 국유재산 거덜내기라고 말할 정도로 국유재산을 팔아넘겼고 부패천국을 만든 것이었다. 이러한 기막힌 상태가 이승만시대에 만들어지니, 다시 박정희시대에도 토지불하는 이어졌고 현재는 궁궐이나 임금님 묘소 등의 어쩔 수 없는 곳을 빼고는 황실관련 토지는 모두 없어졌다. 모든 것이 이승만의 뜻대로 된 것이다. ((참고로 4297년(1964년) 6월 20일자로 대통령 비서실에서 대통령에게 보고된 보고번호 392호(정무 제 1084·23-204호)에는 놀라운 내용이 담겨져 있다. 구황실 재산 불하는 필수적으로 구황실 재산 심의 위원회의 심의를 거쳐 불하하게 되어 있으나, 자유당 시대에 불하된 2천여건의 구황실 재산은 그 심의를 전혀 거치지 않고 이승만 독단으로 전결 처리한 것으로 명기되어 있다. 기막히게도 이승만의 완전 범죄행위였던 것이다.

특히 더욱 놀라운 사실은 본 배재학교 불하토지에 관한 소송이 최초의 사례로서, 4297년 7월 10일에 대법원 판결로서 불하가 부당하다는 판결이 나왔다. 그리하여 대법원 판례도 무시하고서 배재학교 토지불하 소송은 제3공화국 시대에 정치적 해결로 결말이 나고 만 것으로 되어 있다.

53) 이승만이 본인의 모교인 배재학교에 넘겨준 하월곡동 토지 하나로 현재 배재대학이 만들어졌을 정도이니, 2천건이 넘는 토지는 현금으로 바꾸면 상상도 못할 천문학적 내용인 것이다.
주관중, op.cit., 참조.

(당시 배재출신 정치 실세였던 국회부의장의 막후 압력설도 있다.) 박정희 대통령은 전임 이승만 대통령의 엄청난 불법비리를 인수받고 뒷처리에 너무나 고심하다가 천문학적 수준의 금액인 2천여건의 엄청난 소송이 줄줄이 이어질 것을 우려하여 정치적 해결로 차단시킨 것으로 보인다.

본 배재학원에 이승만이 모교라고 불법불하한 토지가 최초의 대표적 구황실 재산 관련 소송인 점에 비추어, 그리고 당시에 대법원에서 배재학원이 패소했던 점으로 생각할 때에 자유당 시대에 불하된 2000여건의 구황실 재산은 원칙상 모두가 불법불하였다고 해석된다. 이승만 시대의 최대의 불법부정 사건인 구황실 재산 처리는 역사상 유례없는 부패사례로 언젠가 정치적으로 완전 재해석되어야 옳다. 왜냐하면 자유당시대 이후에 황족들은 거지생활을 지속해 왔기 때문이다. 그리고 너무나 많은 문화재가 소실되었기 때문이다.)

셋째로 정치적 움직임에는 돈이 필수적이기 때문에 황족들에게 재기불능의 족쇄를 확실히 채워주게 되었다. 황족들은 세계의 어느 곳에 있어서도 유례가 없게 끼니를 걱정하는 수준이 되게 되었고, 그 결과로 정상적 흐름의 교육도 제대로 못받아 생활전선에서 허덕이며 사는 평범한 사람들이 되게 만들어 놓았다. 이것도 완전히 이승만의 뜻대로 만들어졌다.

3) 잔존황실의 궤멸조치

이승만은 훗날 정치적 재기가 가능한 황실 직계는 철저히 탄압했다.[54] 영왕을 재기불능의 상태로 만든 것은 물론이고, 정신병 상태의 덕혜옹주마저도 일본 땅에서 귀국을 못하게 만들었다. 더군다나 영왕의 직계손인 이구황손이 미군부대 점원을 하다가 사귄 미국인에게 도움을 받아 미국

54) 이해영 제 2차 면담, 1997. 1. 9.

유학을 가는 데에 여권을 내주지 않았고, 미국에 가서도 여권 갱신을 해주지 않음은 물론이며 특사까지 보내 왕자님 행세를 말라는 치졸한 압력까지 넣을 정도였다. 시종일관 철저히 방해한 것이다.

그러한 상황에서도 이구황손이 MIT공대를 장학생으로 졸업했다는 것은 대단히 칭찬받을 일이라 하겠고, 이승만 탄압을 이겨낸 대표적 쾌거라고 생각이 된다. 당시로서 이구황손은 망한 황실의 희망이라고 할 정도로 훌륭한 성장을 했었던 것이다.

다시 의왕의 직계손을 살피면 그들은 거리에 내쫓긴 뒤에 거의 하층민 생활을 했다. 국회수위, 세종호텔 보이, 대중가수, 도서관 사서, 기념품점 주인, 주유소 막노동꾼 등의 처절한 하층민 생활이 의왕의 직계손 들이다. 어찌 광무(고종) 황제의 둘째아들이 낳은 자식들인, 광무제의 손자들의 생활이 그럴까하고 놀랄 정도이다. 이러한 상황이 만들어진 것은 무엇을 뜻할까?

첫째로 이승만의 뜻대로 황족들이 다시는 재기하지 못하게 철저히 숨통을 조여놓은 결과라고 생각된다. 황족들은 자기들이 주변인들에게 감히 본인이 황족이라고 말도 꺼내지 못하는 처참한 분위기에 숨어서 죄인같이 살아오게 되었다. 그리고 그것을 견디지 못하고 미국땅으로 가서 조국과는 인연을 끊고 숨어 지내는 황손들도 다수이다.

둘째로 황족들이 사실상 존재하지도 못하게 만들었다. 현재 전주이씨 대동종약원이란 씨족조직이 만들어져 있다. 그런데 그 조직이 사뭇 이승만의 뜻대로만(?) 사실상 움직이고 있다. 예컨대 MIT공대를 제대로 졸업하고 귀국한 이구황손의 부인이 미국여인이라고 강제이혼을 시키는 무모한 짓을 하며 정통황손을 점차 폐인이 되게 몰아가는 만행을 저지르는 등의 일을 주도함에 의해 황실궤멸의 가속화를 재촉했다. 더군다나 전주이씨 집안의 소수 인원에 불과한데다 못배우고 못산다고 업신여기며 깔보아 황족들이 대동종약원 출입을 꺼리는 정도로 되어 있다. 황족을 선두에서 아끼고 보호할 집단이 이렇게 되게 만든 출발은 무엇인가?

셋째로 황족들이 별볼일 없이 된 상황에, 자칭 400만이라는 큰 숫자의 전주이씨 집안이 만들어지며 황실궤멸은 촉진되고 있다고도 생각된다.[55] 물론 훌륭한 전주이씨들이 많이 있지만 일부 종약원 집단이 문제인데, 도대체 전주이씨 대동종약원이 황실문제를 국민적 차원으로 끌어올리는 제대로 된 지도력을 갖고 있던가, 그렇지 않으면 아예 다른 성씨의 집안같이 순수한 씨족 친목모임이 되던가 한다면 무슨 걱정이 있겠는가? 수준 높은 역사인식의 제대로 된 지도력도 없고 확고한 철학도 없으면서 400만이 모두 황족집단인 듯이 처신하며[56] 국민들에게 이질적 거부감을 주면서 사실상 황실보호의 걸림돌이 된 것이[57] 오늘의 전주이씨 대동종약원 의식이랄까? 과감하게 씨족적 좁은 시각에서 탈피하여, 거시적

---

55) ① 전통적으로 황족을 '현재의 임금님'으로 계신 분의 '10촌'으로 엄격히 제한하는 것을 원칙으로 했는데, 그것은 정치적 이유가 분명히 있었던 것이다. 10촌까지 종정부를 구성했었다.

이해영 제 2차 면담, 1997. 1. 9.

② 그런데 이승만이 황족을 없애니까 공백화된 황족의식을 400만 전주이씨가 모두 황족이란 엉뚱한 발상으로 채우는 오류가 배태될 가능성이 생긴 것이고, 국민 전체를 넓게 끌어안아 포용함에 큰 장애물로 작용하게 된 것이다. 황족을 제외한 전주이씨들도 평범한 국민임을 유의해야 황실복원은 이룩되는 것이다. 400만이 황족이라면 국민적 코메디가 아닌가?

56) 황실복원운동에 있어서 전주이씨 400만은 특수한 위상을 갖는 존재라야 영광스런 황실가문이 될 것이다. 그것은 무엇인가? 전주이씨들이 취할 행동형으로서의 이념형은 ① 표나지 않게 돕는형 ② 표나지 않게 방해하는 형 ③ 조용한 방관형 ④ 생색내며 돕는형 ⑤ 생색내고 떠들며 실제로는 방해하는 형 ⑥ 생색내는 듯 하며 방관하는 형 등이 있을 수 있다. 여기서 제일 바람직한 형태는 ①번이라야 태조 고황제의 후손들이라고 할 수 있겠는데, 현재로서 ①은 거의 없고 대부분이 나머지 형태이다. 이 상황에서 다른 씨족들의 호응이 나올 수 있을까?

57) 400만 전주 이씨 모두가 황족이라고 생각하는 것은 그들 스스로에게는 하등 문제가 될 것이 없다. 그러나 국민적 차원으로 확대될 때에는 어떤 현상이 나

황실문제를 거시적 수준에서 거족적으로 이끌게 함을 위해 대동종약원은 어떤 입장이 되어야 할까를 겸허히 생각해야 할 것이다.[58] 그렇지 못할 바에는 단호히 씨족이기주의의 굴레를 벗고 조용히 물러나서 황실복원을 철저히 지원이나 해야 황실후예 가문이 아닐까? 무너진 황실은 지금도 비극 속에 처참히 몸부림치고 있고, 지하의 태조 고황제는 목놓아 통곡함을 직시하고 있는가?

4) 황실복원의 철저봉쇄

이승만의 이상과 같은 황실탄압은 근본적으로 일제패퇴후 조국이 탈

오겠는가? 황실 복원의 걸림돌이 되지 않기 위해 전주이씨대동종약원이 어떻게 위상정립을 할 것인가? 전주이씨대동종약원은 일반 사가(私家)의 종족 친목모임 이상도 이하도 아닌 점을 분명히 유의해야 된다. 400만 황족이란 의식은 결과론적으로 다른 씨족의 조롱이나 받고, 황실복원 혹은 황실문제를 방해하려는 의식이 본질을 차지하게 될 가능성이 높다. 황실을 현대 시대에 다시 복원하고 영광을 되찾으려는 열망이 존재한다면 그것은 국민적 열망이지 전주이씨 가문의 열망만은 결코 아니다.

58) 조선시대에 있어서도 황족은 벼슬을 할 수 없게 제도화되어 있었음은 무엇을 뜻하는가? 현대에 있어서도 대통령의 친인척이나 아들딸이 발호할 경우에 어떤 일이 생기는가? (현대시대에 있어 나름대로 친인척 관리가 엄격했던 박정희 시대와 아들딸, 친척이 발호하여 지탄을 받는 다른 대통령 시대는 엄밀히 비교되고 유의되어야 할 것이다.) 그런데 400만 모두가 황족이란 의식을 갖고 있는 집단이 있다고 할 경우에 국민들이 어떻게 수용할 것인가? 전주이씨대동종약원은 제대로된 황실가문으로 재탄생되어야 한다. 그것은 무엇인가?
황실을 영광스런 모습으로 되살리는 일에 어떤 봉사를 할 것인가를 생각하되 본인들이 영광을 차지하려는 사심을 버려야 한다. 그렇지 않을 경우에는 정말 이승만 같은 가문이 되는 것이다. 그런데 현재의 일부 종약원 인사들은 다분히 사실상의 이승만 성향이 짙음을 유의하고 분명히 입장을 재정립해야 한다. 태조 고황제의 직계손들이 역사회복의 견인차는 못되어도 방해물이 되어서야 되겠는가? 자칭 황실가문이면서도, 황실을 돕지는 않고 황실의 영광을 짓밟으며 본인이 영광을 독식한 이승만의 잘못은 꼭 이승만만이 저지르는 것은 아니다.
힘(HIM), 1997. 1, pp.62-73 참조.

환된 상황에서 우리의 황실이 다시 복원될 것을 원천봉쇄하기 위한 것이었다. 이승만은 조국을 되찾은 초기에 있었던 황실복원의 움직임을 확실히 차단했고, 이에 덧붙여 완전히 궤멸될 상태를 만든 것이다. 사실상 그 후 황실은 철저히 무너졌다고 함이 옳다.

박정희시대에 박대통령의 넓은 배려에 의해 영왕부처와 덕혜옹주가 무사히 귀국을 했고 황실다운 최후를 마치게 되는 은혜를 받았다. 그리고 박대통령의 배려에 의해 이구황손에 대한 지원도 나름대로는 성실히 해줬고, 경제발전의 덕분에 국민의식이 높아지면서 최근의 지난 10년쯤 사이에 새로운 황실복원운동이 일어난 것은 정말로 박대통령의 넓은 배려에 의해서 황실의 재기를 위한 숨통이 트인 덕분이지, 이승만시대라면 전혀 어림도 없는 얘기이다. 이승만의 황실복원 차단은 어떤 정치적 의미가 있는가?

첫째로 그것은 조국탈환 후의 우리나라를 신생국 수준으로 전락시킨 것과 같이 되었다. 우리를 아프리카 토인국 수준으로 낮추면서 모든 과거의 역사를 부정한 듯한 흐름이 황실복원 차단인 것이다. 사실상 조국을 되찾을 무렵의 우리는 세계 각국에서 보는 시각이 노예상태의 토인국 수준이었는지도 모른다. 그러나 그것은 일제침략자들이 만든 것이지 명치유신 이전까지는 계속 일본의 선진국이었던 나라가 어찌 신생국이 되어야 하는가? 이승만이 본인을 국부(國父)라고 스스로 높히며 자칭 한국의 워싱턴 대통령인양 처신한 내면은, 국민을 깔보고 역사를 모독하며 우리를 신생국으로 몰아간 치졸함이 깃들어 있는 것이다.

둘째로 그것은 우리의 기나긴 역사를 단절시키고, 지난 과거를 부정하는 흐름인 것이다. 그리하여 유구한 역사를 이어오면서 정치적 구심점이었던 임금님을 국민들의 뇌리에서 축출하고, 본인이 현대판 단군이나 된 듯한 착각의식으로 이 나라를 이끌어간 것이다. 조국탈환 이후 우리들은 부지불식간에 과거를 너무 잊어왔다. 그리고 역사를 너무 부정하고 우리의 민족적 자화상을 부끄럽게만 생각했었다. 그 이유는 많은 변인이 있겠지만 역사단절과 과거부정에서 온 것이다. 우리는 사실상 조국탈환 이후에 족보도 없이 주워 온 민족이 되어 버렸던 것이다.

셋째로 그것은 우리 민족의 역사적 자아(自我)를 원천적으로 부정하는 것이었다. 부모를 부정하고 자식이 존재할 수 있는가? 부모가 없이 자식이 탄생할 수 있는가? 그러나 이승만의 황실복원 차단은 근본적으로 그와 같은 것을 의도했다고 보아진다. 임금님은 예부터 꾸준히 나라의 얼굴이고 나라의 어른이었다. 그리고 역사적 정체성을 갖고 우리 민족의 마음을 이끌어 왔다. 그러나 조국탈환 이후 그것을 완전부정하다 보니까, 이 나라는 어른이 없는 나라요 역사가 없는 나라요 거국적으로 방황하는 구심점없는 나라가 된 것이다.[59] 민족적 자아상실증에 시달리면서, 역사적인 '나'의 실종 상태에서 우리 민족 모두가 방황하게 만든 것은 모두가 어디서 비롯된 것인가?

2. 황실탄압의 표출심리에 대한 논의

1) 원초적 기저심리의 형상화

① 원초적 의문사항

이승만을 일반적으로 말할 때에 도무지 이해가 가지 않는다고 일반인들은 얘기한다. 첫째로 본인이 양녕대군의 후손으로서 정통 전주이씨라고 했다면서 어째서 그렇게 황실을 철저히 탄압하고 끊어 놓았을까하는 의문이다. 남들이 끊으려고 하는 것도 잇겠다고 해야 옳은데, 어쩌면 그

59) 일제구축 이후 등장했던 역대 대통령들이 거의 모두가 비극적 말로를 보낸 것은 민족적 자아상실에 의한 역사적 방황의 산물이 분명하다.

토록 단호하게 마음 먹고 단절시켰는가 도저히 이해가 가지 않는다는 것이다.

둘째로 황실단절을 시킨 수준이 아니라 잔인할 정도로 영왕을 괴롭히면서, 본인의 원초적 적(原初的 賊)이 영왕이나 되는 듯이 인간적 모독을 가하고 정신적·물질적 폭력을 서슴지 않았다. 심지어 적대국의 원흉에게도 그렇게는 못했다고 할 정도로, 살던 집에서 나가는 것은 물론 화분, 액자까지 내놓고 맨몸으로 나가라고 잔악하게 몰아낼 수 있을까? (아마도 영왕이 당시에 국내에 있었다면 어떤 죄목을 씌워서라도 영왕을 감옥에 넣거나 제거시켰지 않았을까?) 남들이 그렇게 해도 말려야할 사람이, 남들은 영왕을 감싸는데 본인이 선두에 나서서 확실히 짓밟았으니 누가 생각해도 이해가 가지 않을 일이다.

셋째로 본인이 조선황실을 일으킨 태조 고황제의 후손이라면서 일본인보다도 조선황실을 더 매도하고 부정했다고 생각될 행태를 보였다. 황실의 명예를 최악의 상황으로 추락시키고 짓밟은 것이다. 어차피 나라가 망하고 조국강토가 침략자들에게 강점되는 국가적 치욕을 겪었으니 욕먹어도 할 수야 없겠지만, 욕하는 것을 막고 감쌀 사람이 선두에서 더 욕을 했던 것은 이해가 가지 않는 일이다. 왜 본인이 먼저 감싸고 두둔하지 않았을까? 더군다나 확실한 절대권력을 갖고 임금님보다 더한 권력을 휘두르던 그가 아니었는가?

② 원초적 기저심리의 추적

이승만이 정권을 쥐고 행한 황실탄압의 원초적 의문사항은 지금까지 완전히 증거가 인멸되어 감춰졌던, 이승만의 뿌리에 대한 분석이 없이는 사실상 불가능하다고 생각된다. 심지어 정신병적이라고 할 정도로 잔인하게 황실탄압을 했던,[60] 매우 비정상적인 행태의 근원은 '주워 온 아이'의 심리에서 비롯되었다고 해석해야만 올바른 해석이 가능해지는 것이다.

첫째로 그 까닭은 본인의 미천한 혈통에 의한 증오감이나 열등의식의 표출이었다고 생각이 되어 진다. 주워 온 아이였기에, 아니 대감댁 하인의 어설픈 바람피우기가 낳은 돌출물이 본인이었기에, 내면을 파고드는 잔인한 열등의식이 강박관념으로 항상 자신을 짓눌렀을 것이며 그것에 의해 잔인하게 황실을 탄압했다고 보아야 옳다. 그는 사실상 본인이 전주이씨라는 생각도 밑바탕에는 근본적으로 없었다고 하겠으며, 그렇기에 본인이 미천하게 빌붙어 살았던 대감댁의 친척들인 황실을 처절히 끊었다고 생각이 되어 진다.

둘째로 그 까닭은 본인이 과거시험에 처절히 연전연패하고, 그 어떤 희망도 없었던 상황에 대한 반항적 도전이라고도 생각한다. 이승만은 일제침략이 없었다면 엄밀히 말해서 본인이 대통령으로 출세할 상황은 절대로 없었고, 옛날로 돌아간다면 과거시험은 평생을 보아도 떨어질 것이란 심리가 내면화되어 있었기에, 옛날의 악몽같은 본인의 위상을 생각하며 황실복원을 원천적으로 차단했다고 보아야 옳다. 이승만에게 있어서 황실이 복원된다는 것은, 개인적으로는 옛날의 하인으로 돌아가는 것과도 똑같은 것이란 생각이 항상 뇌리를 짓눌렀을 것이다.

셋째로 그 까닭은 주워 온 아이의 뻐맺힌 한풀이였기에 그렇게 잔인했다고도 생각되어 진다. 주워 온 아이가 한 가문을 끝내 차지하고 한풀이 형태로 완전히 농락한 것 같은 흐름인데, 특히 황실가문인 전주이씨였기에 임금님은 물론 황통을 끊는 한풀이를 했다고 보인다. 원래 주워 온 아이는 마루 끝에서 추위에 떨며 앉아서, 그 언젠가 안방의 아랫목을 차지할 기회가 있길 항상 축수할 심리상황에 젖어있기 마련이고, 그러한 흐름이 본인의 뜻대로 성사가 되는 마당에 옛주인을 다시 임금님으로 모시고서 본인이 그 아래에 앉겠는가? 이승만이 '굴러 들어온 주워 온 전주이씨'가

---

60) 이한우, op.cit., p.52 참조.

아니라 '뼈대있는 진짜 전주이씨' 였다면, 아마도 일제구축이 되고 조국이 탈환된 초기에 황실복원이 우선적으로 이루어졌을 가능성이 높다.

임금님이 계시던 나라를 짓밟던 침략자가 물러난 뒤에, 임금님이 다시 모셔지는 것은 너무도 당연한 일이 아니겠는가? 정면항일 투쟁을 했던 여러 항일애국자들의 다수 인원이 귀국하여 의왕을 찾아 뵙고, 종묘와 동구릉, 홍유릉을 즉시 참배했는데, 이승만은 그렇지 않았다는 것이 황실의 여러 증언이다. 옛날의 하인의식이 있었다면 감히 이승만이 찾아갈 수도 없었을지 모르고, 이를 악물고 스스로의 지난날을 잊고도 싶지 않았겠는가? 아마도 의식적으로 가지 않았을 것이다.

이상의 내용들은 이원순 전기에 명백하고 깨끗하게 암시되어 있다.[61] 이승만은 ① 조상숭배 혹은 족보 암송을 철저히 미워했고 ② 죽어서도 양반은 지옥에 간다는 뼈맺힌 의식이 있었으며 ③ 어려서부터 과거는 돌아보지 말고 미래로 향하도록 확실히 신념화되었음을 강조하고 있다. 뼈아픈 뿌리 증오, 뿌리 매도의 심리 흐름이 아니고 무엇인가? 이승만이 왜 황실을 잔인하게 짓밟았겠는가? 그 답은 명백하다.

2) 현대 정치형성의 무적화(無籍化)

호적에 없는 아이 혹은 주워 온 아이의 원초적 공허심리나, 어딘가의 힘있는 세력에 빌붙어서 살아야 본인을 생존시킬 수 있다는 원초적 의존심리가 지배했던 이승만은 현대의 한국정치 형성도 사실상 호적없는 상태를 만들었다.

① '자기부정의 법칙' 의 정착

이승만의 뿌리없는 정치의식에 의해서, 그후 한국정치는 생각지도 않

61) 이원순, op.cit., p.26~27.

게 자기부정의 법칙이 생긴다. 정권을 쥔 위정자들은 정권을 쥐고 나면 스스로 어려움을 극복하고 정면으로 미래를 열어나가는 것이 아니라, 모든 잘못을 지난날에다 전가하며 책임을 모면하기에 급급한 졸렬한 심리가 이승만에서부터 씨뿌려진다.

이승만은 조선황실에 모든 책임을 뒤집어 씌웠고, 박정희는 문민정부인 이승만을 탓했으며, 김영삼은 모든 잘못이 군사정부에 있었다고, 당연한 법칙과도 같이 책임전가를 하는 출발은 이승만에서 비롯되었다 하겠다.

한국정치에는 이승만 이후부터 궁극적으로 책임을 지는 사람이 없다. 항상 잘못은 과거의 인물이 저질렀다며 발뺌하는 무책임 정치의 보편화! 그것은 자기부정의 법칙이 보편화되면서, 자기의 지난 역사는 항상 매도되고 사실상 책임을 지난날에 떠넘기며 누구도 책임을 지지 않게 되어 버린 것이다. 이승만시대에 잃어지기 시작한 정치적 책임의식은 어떻게 되찾을 것인가?

② 족보없는 한국정치의 출현

이승만의 과거부정적 역사부정 행위에 의해서 한국정치는 족보없는 정치가 된다. 주워 온 아이 대통령이 주워 온 정치를 하는 나라를 만든 것이다. 이 나라는 대통령제를 미국에서 주워 왔고, 그 이하의 크고 작은 모든 것을 외국에서 주워 왔다. 그래서 온통 주워 온 제도만이 좋은 줄 아는 나라가 되었다. 도대체 우리나라에 토종문화나 토종정치는 전혀 없었던 나라같이 되었다.

외국에서 대통령제를 주워다가 생각지도 않은 정치를 하다보니, 이 나라의 어른이 실종되어 버렸다. 도대체 위 아래도 없고, 버릇도 없으며, 근본적 도덕율도 무너진 나라는 왜 만들어졌나? 주워 온 업둥이 하인이 자신을 따뜻하게 키워준 황실의 임금님을 몰아내는 나라! 민주주의라는 이름의 전천후 무기를 내세우며 모든 역사와 전통과 가치관을 송두리째 파괴한 나라! 민주주의의 참뜻도 모르며 사이비 민주주의로 모든 전통을 뒤집어 엎은 나라! 족보 없는 주워 온 나라의 주워 온 정치는 언제나 고쳐질 것인가?

③ 민족적 통합점의 상실

이승만의 주워 온 아이 심리가 짓밟은 민족의 구심점에 의해서, 이 나라는 민족 전체의 정치적 통합점을 상실하게 되었다. 우리의 국민들이 유난히도 지역, 종교, 씨족, 계층, 학맥 등의 제각각이 처한 사사로운 작은 인연은 끈질기게 매달리면서, 그리하여 분파적인 소속감에 극단적으로 충실한 가운데 엄청난 갈등을 유발하면서도, 커다란 조국애나 민족애로 보다 높게 승화시키기 어려운 사회흐름을 갖고 있는 근본적 이유는 무엇인가? 무엇 때문에 그토록 분파갈등이 곳곳에서 증폭되는가?

지역이기주의에 매달리며 민족을 모르고, 종교이기주의에 눈멀어 국가도 생각을 못하고, 씨족이기주의에 충실하며 민족문제를 소홀히 하고, 학맥이기주의를 위해서 민족적 문제를 가볍게 다루는 한심한 인간군이 도처에 널려 있게 된 근본적인 원인은, 우리 민족이 민족의 통합점을 잃었기 때문이다. 많은 나라에서 임금님을 지금도 정치적 중심으로 모시고, 입헌군주제를 철저히 가꾸는 이유는 바로 통합점 구축, 그 이유가 핵심이다.

수많은 독립운동가들이 독립전쟁의 최전선 만주벌에서 목숨을 내놓고 정면으로 침략자와 혈투를 벌일 때에, 가장 안전하고 편안한 곳인 미국에 머물면서 표피적 민주주의 이론을 배워다가 민주주의의 미명하에 민족 통합점을 없애고 각자가 모두다 저만 잘난 사회를 만든 책임은 분명히 규명되어야 한다. 민주주의는 역사적 제도이지 수입 제도가 아니다. 어느 나라에 있어서나 뿌리있는 나라는 역사적 정치제도를 갖고 있지 맹목적으로 역사를 부수지는 않는다.

④ 외세 의존정치의 고착

이승만은 세칭 외교의 천재란다. 외교를 너무도 잘해서 모든 것을 외교로 해결한다는 뜻일 것이다. 그러나 외교란 본질적으로 강한 국력을 배경으로 국내를 튼튼히 한 뒤에야 성립되는 성향이 짙다. 힘이 있으면 외교는 사실상 저절로 되는 것이다. 실속있는 내실이 없는데 겉을 아무리 잘해야 무슨 의미가 있는가?

그렇기에 이승만은 외교라는 명분을 내세우며 이 나라를 끈질기게 외세의존형 국가로 만들어 나갔다. 이승만은 외교를 너무 잘해서, 부인은 물론이고 정치제도, 경제제도, 사회제도의 기본골간을 확실하게 외세에 의존시켰다. 조국에 되돌아오자 독립운동을 하다가 귀국한 상해임정이나 광복군 세력은 본인의 정권안보를 해칠 정적이라고 보아서 철저히 견제했고, 친일인맥을 대거 등용하여 외세에 의존하는 정치풍토의 초석을 마련했다.

백번 강조하지만 외교는 힘을 배경으로 갖고 있어야만 외교가 되는 것이다. 힘이 없는 외교는 말장난에 불과한 것이다. 이승만의 독립운동은 사실상 말장난의 연속이었고, 사실상 사교를 한 것이 아닌가? 그리고 힘이 없다 보니 외국에 의존하는 외세영합 밖에 더 나올 것이 없는 것이다.

⑤ 고유정치문화의 실종

이승만이 도입한 미국식 대통령제에 의해서 우리의 고유한 정치문화는 사실상 완벽히 단절되었다. 우리의 정치는 과거가 없고 역사가 없는 정치가 되었다. 민주주의라는 무소불위의 수입칼에 의해서 정치제도가 단절된 것은 물론이고, 모든 고유한 정치문화는 뿌리가 잘려 나갔다.

민주주의란 만능칼 앞에서 전통적 민족정치는 미개정치가 되고, 민족종교는 미신이 되며, 민족교육은 고루한 옛이야기로 전락되는 처참한 신세가 되어 왔다. 문화는 원래 옛부터의 자생성을 띤 것으로서, 내면에서 움터나오는 독창적 힘이 있어야 제값을 발휘한다. 그러나 우리나라에 퍼진 수입 정치문화는 근본적으로 우리의 피부에 닿질 않는다.

그렇게 되니 국민들은 우리의 정치에 애착을 갖지 않게 되고, 우리의 나라에 대해서도 밑바탕에는 무시하는 듯한 생각이 배태될 수도 있다. 수입문화는 고유문화와 조화가 되어야만 하는데, 완전한 수입문화 세계가 된 것이 우리의 정치문화이다. 우리의 정부에 왜 옛부터 내려오는 좋은 제도를 하나라도 도입 못하나?

맺는글

1. 황실탄압이 현대 정치사에 미친 영향

이승만! 그는 미국의 입장에서는 미국의 동방진출사에 빼놓을 수 없는 기특한 인물이다. 미국인들의 마음에 가장 꼭 맞는 최선의 인물이었던 것이다. 미국은 배재학당을 설립하면서 첫째로 친미 기독교 인맥의 씨앗을 뿌리길 원했고, 둘째로 우리나라가 친미 기독교 국가가 되길 바랐으며, 셋째로 미국의 정치제도인 대통령제를 비롯하여 미국의 모든 것을 이식하여 제2의 미국을 동아시아에 만들길 원했을 것이며, 많은 것이 미국논리로 굴러가는 나라가 되길 바랐을 것이다. 이승만은 미국의 그런 의도에 가장 확실하게 충실한 삶을 거쳐서, 이 나라를 미국이 원하는 대로 만들어준 인물이다.[62] 이러한 견해에 반론을 제기할 약간의 근거를 찾자면 찾을 수도 있을 수는 있다. 그러나 이승만은 궁극적으로 이 나라를 동방의 미국으로 만든 인물이다.

이승만은 배재학당에서 배운 바를 바탕으로 스스로 솔선하여 상투를 자르고 서양문화를 정면으로 전파시키면서 28세 때에 이미 임금님을 없애고 미국과 같은 나라를 만들어야 할 것을 논문으로 쓴다. 19세에 배재학당에 입학한 그가 기독교로 개종하고 기독교를 미친듯 전파하며 9년만에 스스로 임금님 타도의 글을 썼으니, 미국의 논리대로 하면 얼마나 기특한 인물인가? 그러나 당시는 우리의 광무황제께서 엄연히 살아 계시고 있는데도, 임금님의 폐위를 논하며 미국의 논리를 대변한 것이다. 시대가 뒤바뀌어 일제구축 이후의 이 나라가 강력한 미국세력을 배경으로, 이승만이 만들어 놓은 대로만 움직여 왔기에 그렇지, 이 나라의 뼈대있는 정통 국가혼이 살아 있다면 이승만이 추호라도 용서될 인물인가? 필자는 미국이 6.25전쟁을 비롯하여 많은 경우에 이 나라를 지켜주고 도움을 준 바에 대해서 대단히 고마움을 느끼며 미국에 우호적인 입장이다. 그러나 미국과 친밀한 외교관계를 갖는 것과, 이 나라의 오장육부와 혼을 미국화시키는 것은 같은 것이 아니다. 우리의 민족주의라는 흐름을 전제로 할 경우에 이승만은 절대로 용서못할 최악의 몹쓸 인물이 아닌가?

---

62) ① 이승만은 젊은 시절부터 이미, 미국 정치제도를 미국 교육을 받고 그대로 수용한 인물이다. 광무황제가 버젓이 황제로 계실 때에 황실 타도를 생각한 인물이 왜 탄생되었는가?

이한우, op. cit., pp.39~58 참조.

② 만약 영국 정치제도가 우리나라에 수용되었다고 할 때에도 황실타도 사상이 나올 수 있었을까? 미국은 사실상 영국에서 쫓겨난 사람들이 주축이 되어서 설립된 반역아 국가일 뿐이고, 미국다운 모든 것을 이 나라에 뿌리내리게 함에 최선의 인물로서 선교사들에게 선택된 인물이 이승만이 아닌가? 오죽하면 이원순은 이승만을 타고난 반역아라고까지 썼겠는가?

이원순, op. cit., p.50 참조.

이승만은 독립운동 과정에 있어서도 철저하게 친미주의자로서 모든 것을 미국 변인을 중심으로 풀어 나갔다. 이승만은 미국이 그의 국익증진을 위해 해외에 심은 인맥에 있어 최고 모범상을 탈 정도로 대표적인 성공작이다. 물론 그가 미국변인을 바탕으로 하면서 이 나라의 독립도 외치고 애국도 부르짖었을 것은 당연하다. 그러나 그러한 흐름은 항상 외교라는 이름을 내세우며 미국의 의지와 일치하는 길을 만들어 나갔다고 보아야 옳다. 그러한 바탕에서 이승만은 조국이 탈환되며 확실하게 황실탄압을 진행한다. 사실상 조국탈환 전후 무렵의 역사를 살피면 맥아더는 영왕의 훌륭한 인품과 뛰어난 역량에 탄복하며 황실복원을 생각한 때도 있었고, 동경의 미군들은 이구황손을 돕는 등 황실에 우호적이었다.

그럼에도 이승만은 잔인할 정도로 황실을 탄압하면서, 이 나라를 미국인들의 생각보다도 궁극적으로 더욱 확실히 미국화시키는 과잉 친미정책을 추진한 결과를 낳았다. 조선시대의 우리나라가 과잉 유교문화국을 추구하여 창조력을 상실하며 외곬정치를 했던 것과 같은 흐름을 다시금 재연한 것이다. 생각컨대 미국은 우리나라가 동방의 친미우호국이 되는 것은 원해도 사실상의 미국이 될 것은 원하지 않았을 것이다. 그러나 이 나라는 사실상의 미국같이 되고 말았다고 해도 부정하기 어려운 바가 크다. 그 흐름에는 이승만의 과잉미국화가 가졌던 흐름이 강하게 영향을 미친 것이다.

과잉 서구화! 과잉 미국화의 흐름 속에 지난 50년간의 우리들은 임금님은 구시대의 골동품이요, 임금님을 지금도 모시고 있는 영국이나 일본은 후진국인듯이 생각하는 착각 속에 살아왔다. 역사와 전통의 단절! 그리고 임금님과 황실의 상실, 그것이 이승만의 황실탄압이 낳은 핵심이었으며 우리의 뿌리와 본모습을 잃은 과잉 서구화가 낳은 열매가 또한 그것이었다. 이승만! 그는 미국에 이 나라의 오장육부와 혼을 선사한 현대한국인이다. 그러나 그것은 궁극적으로 미국도 원하지 않는 것이었으리

라. 미국은 궁극적으로 이승만의 황실탄압같이 잔인한 나라가 아니었음을 미국사가 증언하고 있기 때문이다. 하물며 패전일본에도 임금님을 남겨둔 나라가 미국이 아닌가?

2. 이승만 황실탄압의 궁극목표

그렇다면! 이승만이 그토록 모질게 황실을 짓밟아 궤멸시킨 가장 궁극적 이유는 무엇이었을까? 그것은 단지 주워 온 아이의 강박적이고 정신병적인 열등의식의 폭발이라는 단순한 것이었을까? 아니면 오직 대통령으로서의 본인의 정권안보를 의식한 정치적 탄압이 그렇게 나온 것이었을까?

그러나 이에 대한 가장 확실한 대답은, 그런 정도의 것이 아니다. 그것들도 황실탄압의 분명한 이유가 되겠고 대단히 몹쓸 정치탄압 행위였음은 분명한데, 이승만의 황실탄압은 가장 궁극적인 근본 이유가 다른 데에 있었다. 그것은! 궁극적으로 본인이 스스로 임금님이 되어서, 다시 새로운 황실을 개창하는 황실찬탈에 있었던 것이다. 생각하면 그의 뿌리를 분명히 알고 말할 때에 실질적 역성혁명을 도모하는 역적적 심정이었고, 그리하여 이승만같은 초대 대통령은 종신 대통령이 된다는 세계사에 유례가 드문 억지 개헌까지 하며 정권연장을 꾀하다가 4·19혁명으로 정치적 철퇴를 맞게 되는 것이다.

자유당시대의 정치사를 면밀히 재검토할 경우에 이승만의 정치추진은 끈질기게 그것을 밀고 나갔던 것이다. 그런 이승만이었기에 영왕을 비롯한 황실 직계손들은 언제나 눈엣가시 같은 존재였고, 철저히 탄압하고 철저히 거지를 만들며 짓밟았던 것이다. 그것을 웅변하는 확실한 증언을 들어보자.[63] 이승만의 분신에 가까웠던 올리버가 기자에게 한 발언 외에 더 정확한 답변을 찾을 길이 있겠는가?

> 15년전에 이승만 대통령의 비서겸 고문이었던 올리버박사를 서울 메디칼 센터에서 인터뷰 했을 때에 그가 들려준 토막 평전은 결코 유쾌한 것이 아니었다. 이승만은 '민주주의의 신봉자 였음엔 틀림 없으나, 다른 한편 자신을 늘 이씨왕가를 계승할 인물로 여긴 분이었다.'

특히 이승만은 궁궐 등에서 이따금 임금님의 용상에도 앉아보며 흡족한 얼굴로 다음과 같이 말하곤 했다고 한다.[64]

> 이래서 임금 노릇도 할만한 것이군!

3. 맺는 글 : 우리 정치의 밝은 미래를 기대하면서

뿌리도 없이 굴러 들어온 하인 하나가 40대 술집 과부와 눈이 맞아 얼결에 낳은 아이! 그가 자라서 자기를 길러준 가문인 황실가문을 짓밟고, 임금님이 나랏님이요 나라의 모든 것이었던 나라의 황통을 일제침략의 뒤를 이어 일제의 뜻에 너무도 충실하면서 잔인하게 끊어낸 이 나라의 지난 100여년 역사! 생각하면 너무도 기가 막히고 어이 없는 흐름이었다. 불쌍한 핏덩이라고 받아서 키워준 그 아이가 가문과 나라를 완전히 뒤집을 줄을 누가 알았을 것인가?

이승만의 나라세우기! 그것은 너무도 어려운 것이었기에 무조건 칭찬

---

63) 김승웅, 대통령의 진단서, 문화일보 1996. 7. 25.
64) 이해영 제2차 면담, 1997. 1. 9.

을 해야 한다는 일부의 강변논리가 요즘 등장한다. 가장 안전한 미국에서 독립운동을 했으므로 다른 독립운동가들이 거의 남기지 못한 자료는 수없이 가지고 있었기에, 항일의 최전선에서 수없이 죽어간 애국자들보다 오래 살았기에, 그리고 가장 힘있는 우호국인 미국과 손을 잡아 조국을 되찾은 뒤의 새로운 정국의 승리자가 되었기에, 그를 다시금 정당하게 평가해주자는 일부의 논리들이 등장도 하고 있다.

그러나 이승만이 지금도 살아서 모든 독립운동의 과정을 낱낱이 정리한 학자들의 연구를 다시 검토하고, 옛 독립운동가들의 피맺힌 항일투쟁을 모두 접한다면 스스로의 독립운동을 그토록 내세우지는 못할 것이다. 진정한 항일 애국자들이 한장의 사진도 기록도 제대로 남기지 못했고, 심지어 이름마저도 남기지 못하고 사라졌음을 이승만도 내심으로는 알고 있을 것이다. 어마어마한 사진, 기록, 자료를 갖고 장수만세를 부른 이승만도 물론 애국은 했을 것이나, 진정한 애국자들의 무언의 금자탑을 어찌 따를 것인가?

그렇지만 이승만은 항일애국을 한 나름대로의 업적이나마 조국탈환 정국의 주도자가 되면서 완전히 뒤집어 엎은 것이다. 지금까지 일제 침략과 이승만 탄압에 의해 처절히 죽어가며 현대사에서 버림받고 조롱받고 무시당하며 매도당해온 정치적 약자(弱者)였고, 그렇기에 누구도 관심을 두지 않았던 천덕꾸러기로서 정치학 연구의 사각(死角)지대였던 황실을 사랑하는 입장에서 볼 때에 이승만은 이 나라가 낳은 유사이래 최악의 인물중 하나이다.

이승만의 나라세우기는 일본이 짓밟아 만신창이가 된 황실에 마지막 비수를 꽂은 최악의 정치폭력으로서, 일본에 무장해제된 허약하고 허약한 황실에다 다시금 정치적 부관참시를 가한 약자(弱者) 죽이기이며, 이 나라를 족보없는 나라로 만든 것이었고, 빼대없는 나라를 세운 것이었고, 혼을 팔아먹은 것이었다. 우리의 미래 정치사를 바로잡는 길은 이승만이 팔아넘긴 우리의 민족혼을 다시 찾고, 토종정치를 부활하는 것이다. 이승만이 짓밟고 궤멸시킨 황실을 다시 살려 민족의 구심점인 임금님을 다시 모시는 것이다. 그것이 항일독립전쟁을 완성하는 정답이다.

※ 덧붙이는 글

① 본 논문을 완성하고 나서도 책상 서랍에 꽤 오랜 동안을 넣어두고 주저하며 발표를 미뤄왔다. 어느 정도의 수정 보완이 있었으나 논문 완성은 일찍이 마치고서도 출판을 못했다. 우리 사회의 풍토는 극단적인 지역, 씨족, 종교, 집단 이기주의가 팽배하여 그것을 연구한 글은 전혀 쓰기가 어려운 사회이다. 비극의 황실이요, 처참히 쓰러진 허약한 황실에 불과한 역사의 사각지대를 정면으로 연구한 학자였기에, 누구도 주목하지 않고 버려진 황실을 사랑했기에 본 논문같은 논문을 쓰게는 되었으나 일부 소수집단의 잘못된 이기주의와는 배치되기 때문이다.

학자들의 논문은 항상 그 시대를 초극하며 새로운 경지를 보이는 것이기에 당시의 눈으로는 전혀 이해가 될 수 없을 경우가 많다. 갈릴레이의 지동설은 기독교도들의 뭇매를 맞고 설 땅을 잃었었고, 레오날드 다빈치의 나르는 새는 허황된 것이었다. 잃어버린 황실! 그것은 현재로서 가소로운 존재일 수 있고, 허망한 역사적 잔존물일 수도 있다. 그러나 그것은 우리의 자랑스런 정치적 뿌리요, 원초적인 신토불이 정치체(身土不二 政治體)이기에 소중한 것이다. 그리고 그 싹을 자른 행위는 결코 눈감아 줄 수 없는, 미래정치 전개를 살피는 중대한 실마리이다. 그것은 정면으로 파헤쳐져야만 한다. 그것을 위해서라면 어떤 어려움도 순교자적 즐거움일 수 있지 않겠는가? (1995년 12월 31일)

② 조국탈환 50주년이 되는 4329년(1996년) 광복절! 온 나라가 기념분위기에 젖고 언론 매체에서는 애국자의 의미를 되새기는 특집물이 연속해서 나오고 있다. 그러나 본 논문의 발표는 아직도 요원하다. 기이하게도 이승만을 다시금 의도적으로 추켜세우려는 일각의 오도된 흐름이 강하게 나타나 뜻있는 인사들을 놀라게 하고 있고, 이승만이 속했다는 가문의 일부문은 역사의 진짜 속사정은 모르면서 원색적인 씨족주의적 태도로 일관하는 것을 미덕으로 아는 미망 속에 놓여져 있다.

학문연구를 학자들에게 일임하고 후손들은 후손의 길을 가는 품격있는 사회풍토는 언제 마련될 것인가? 애국자를 언론조작으로 만들고 고치는 일각의 고질병은 언제 고쳐질 것인가? 역사적 인물 평가는 학자들의 학문적 영역에서 냉혹하고 준엄하게 다뤄져야 한다. 이 시대에 이승만을 애써 재건축했다고 훗날 제대로된 평가를 받으리라는 이기적 착각이 안타까울 뿐이다. (1996년 광복절)

③ 본 논문에 결정적 증언을 해준 이해영 선생님은 본 논문의 출판을 보지 못하고 4330년(1997년) 9월에 노환으로 돌아 가셨다. 황통의 최고 어른이 또 사라진 것이다. 그의 절실한 꿈인 황실복원은 언제 이뤄질 것인가? 삼가 이해영 노인의 명복을 빈다. 가장 뼈대있는 황실의 기둥이 사라짐에 무한한 허망함을 느낄 뿐이다.

④ 본 논문에서 바라는 정치적 이상을 실현하려는 젊은이들의 사이버까페가 생겨서 활발하게 움직이고 있다. 이 시대에 새로 자라나는 젊은이들에는 이승만이 만든 어둠의 세계를 극복하려는, 품격높은 행동과 식견이 생동하는 다수가 존재하고 있다. 그들의 사이버 주소는 다음과 같다.

http://www.koreanempire.org-대한황실재건회.

연(輦)

임금님이 타고 다니던 가마의 하나이다. 원래는 바퀴를 달아 사람이나 말이 끌던 수레였다. 그러나 이것은 앞뒤에서 10여명이 들게 되어 있었다. 임금님의 상징적 수레인 연은 하늘이 낳은 임금님이 타는 것으로써, 민심과 천심을 반영한 존경스러운 위상을 뜻했다. 하늘의 뜻을 거역한 혹심이나 사심으로 탈 수 없는 거룩한 것이었다. 하늘의 뜻을 타고 하늘이 낳아야만 되었다.

여섯째 주제

제5공화국 시대의 숨겨진 개헌논의

문제제기 : 유일 최초의 존황개헌 논의를 찾아서

一. 존황개헌 연구의 학문적 중요성

1. 사라질 사료의 정리와 기록
2. 정치의식과 정치문화의 다양화
3. 헌정철학에 있어서의 뿌리찾기 운동

二. 존황개헌안 출현의 배경

1. 조선태조 고황제 이성계 등극사의 재조명
2. 이구황손의 정치사적 의미

三. 제5공화국 초 존황개헌 추진의 과정

1. 추진의 출발
2. 추진의 과정
3. 추진과정에 대한 해석
4. 추진과정에 대한 뒷얘기

四. 존황개헌 추진의 미래전망

1. 미래의 존황개헌 추진전망
2. 존황개헌 추진과 미래의 임금님
3. 이구황손 절대 불가론

맺는글

문제제기 : 유일 최초의 존황개헌 논의를 찾아서

①

단군성조의 개국 이래로 이 땅의 정치주체는 항상 임금님이었다. 임금님을 모신 체제로 연면히 이어오던 우리의 정치체제가 변동된 사례가 없었다. 그러다가 100년쯤 전부터 서양세력이 밀려오며 임금님이 없는 민주공화국 형태와 사회주의 공산국 형태 등의 사조가 약간씩 침투해 들어오며 국가기반이 흔들리기 시작한다.

그리하여 조선말기의 국가혼란이 초래되는 상황에서 일제침략자들이 우리 국토를 강제점령하고 겁탈하는 가운데, 우리의 임금님 체제는 사상 유례가 없는 공격을 당한다. 우리의 황통을 끊으려는 일제의 잔인하고 모진 침략정책으로 인해, 우리의 황실은 일본 황실과의 강제 피섞기에 의해 오염되고 서서히 단절시켜 흡수를 당해가는 치욕적 수모를 겪었었다. 그러다가 4278년(1945년)에 조국이 별안간 침략자에게서 탈환되며 우리 손에 의한 정치가 시작되었다.

그러나! 우리의 국토는 남북으로 분할되면서 이북은 소련식 사회주의가 강제적으로 이식되었고, 이남은 미국식 대통령제가 미군정 3년을 거치면서 정착되고 만다. 아무리 일본 침략자들에게 인질로 잡혀서 오염되고, 단절되어 가던 처참한 상태에 있었으나, 우리의 황태자가 엄연히 생존해 계셨고 우리의 황실은 비참한 몰골이지만 분명히 살아 있었는데도 임금님 체제가 실종되고만 것이다.

우리를 침략한 일본은 시종일관 천황제 형태로 오늘에 이르고 있다. 그러나 임금님 체제인 일본의 강제점령기에 있어서 인질임금님(영왕)이나마 사실상 잠재적 임금님이 있었던 우리의 정치체제가,[1] 침략일본 천황은 현재도 살아 있는데도 우리의 임금님은 사라지게 되는 비운을 겪은 것이다. 그 이유는 엄밀히 무엇인가?

첫째로 국민들의 존황입국(尊皇立國) 의지가 별로 명쾌하질 못했음을 지적할 수 있다. 조국탈환의 희망찬 순간에 있어서, 우리 민족의 다수는 존황입국의 뜻을 갖고 있었다. 임금님이 계시던 나라를 일본이 끊어 놓으려 했는데, 침략자가 물러나게 되었다면 당연히 임금님이 다시 모셔지는 것은 상식이었기에 우리 민족의 다수가 존황입국 의지를 갖는 것은 당연한 일이었다. 그렇지만 그 의지는 체계화되고 응집된 것이 아닌 산발적 주장일 뿐이었다. 그런 가운데 용기있고 단호하게 주장하는 개인도 없고, 그런 단체도 나타나지 않으니 존황입국이 실현될 수는 없는 것이었다.

당시 존황입국의 뜻이 컸던 대표적 지역은 유림세력이 나름대로 강하게 남아 있었던 영남지역이었다. (물론 호남지역도 포함된 전국적 분위기가 있었으나 영남지역이 가장 강했었다.) 영남지역에서는 그런대로 뭉쳐진 의견 개진도 나타나고, 모임 결성의 징후도 있었다. 그러나 단호한 세력이 형성되지는 못하고 시간을 끌었다. 그런 상황에서 무서운 이승만 시대가 도래하며 존황의식은 고개를 숙일 수밖에 없었다. 무릇 어떤 정치적 의지가 구체화되기 위해서는 단호한 의지의 실천집단이 존재해야만 한다. 그런데 당시에는 그것이 없이 우왕좌왕 하다가 이승만 시대를 맞는 것이다.

둘째로 황실종정부를 구성하는 황족들의 단호한 결단과 지도력이 있었고, 그것을 구체화해 주는 뒷받침 세력이 있어야 했으나 그것이 사실상 부재했다. 당시 일본에 있던 영왕(英王)은[2] 이승만이 어떻게 하던 간

---

1) 일제강점 시기는 공화제가 아닌 천황제 임금님 체제였고, 내부적으로 우리의 인질임금님도 살아 계셨다고 하겠다.
김운태, 일본 제국주의의 한국통치(서울 : 박영사, 1986), pp.493~506 참조.

에 죽음을 각오하고 단호히 귀국했어야 했다. 그리고는 침략국모 방자여사와 단호히 이혼하고 새로운 황권정립의 길을 선언하고 실천했어야 했다. 만약 그것이 어려우면 일본에서라도 선언과 실천이 있어야 했다. 그러나 영왕은 우유부단했고 그것을 실현시켜줄 후원조직도 없었다.

당시 국내에 있던 의왕(義王)이라도 분명한 의지를 갖고 확실하게 나서며 후원세력을 결집하고 황권의 위상을 재정립했다면 이승만은 등장할 수가 없었을 것이다. 의왕이 당당히 맥아더를 만나고 하지를 만나서 우리 정치의 미래상에 대한 확실한 의견 개진을 하고 국민을 결집시켰다면 역사는 전혀 다른 길을 갔을 것이다. 그러나 그것이 없었고 황실가문이라는 다수의 전주이씨 가문마저 뚜렷한 의식도 없고 사실상의 잠자는 콩가루 집안이 되어 안방에서나 한탄하는 가문이 되었고, 국민의 민심을 얻거나 희생하고 포용하려는 자세는 전혀 없이 세월만 보내다가 오늘에 이른 것이다.

셋째로 해외유입 정치이론이나 사상에 맞설 당당한 전통적 정치 이론과 경륜을 세울 기회가 없었다. 우리를 침략한 일본은 내내 우리보다 후진국이었으나 명치유신과 동도서기(東道西器) 국가건설 철학을 정립하고서, 국론을 가다듬으며 국력을 키우고 강한 나라를 만들어 나갔다. 그러나 우리는 모든 것을 해외이론에만 따르고, 모든 생각을 해외에 종속시키는 가운데 현대 정치사를 외국 정치이론의 실험장으로 이끌어 왔다. 그렇다! 이 나라에는 그간 자생적인 토착 정치이론이 없었고 토종 정치

---

2) 영왕의 호칭을 영친왕이라고 부르는 것은 잘못이다. 충남 아산 외암리에는 영왕이 9세때에 친필로 남긴 현판이 현재도 남아 있는데, 정확히 '9세의 영왕'이라고 밝히고 있다. 영친왕은 일본이 줏대없이 중국에서 받아들인 것을 강요한 일본식 호칭이다. 특히 유의할 것은 친(親)자가 붙는 것은 황태자 아래의 등급을 말하는 것이다.
충남 아산군 외암리 민속마을 현판 참조.

문화가 실종되어 오늘을 맞았다. 모든 것을 외국이론에 의한 외국시각에만 맞추면서 오늘에 이르렀다.

만약 이 나라에 중심된 정치철학과 뿌리있는 이론추구에 바탕을 둔 국가건설의 철학이 마련되었다면 이 나라의 역사전개가 어디로 갔겠는가? 그러나 그것이 없이 정권장악을 위해 부나비같이 유아등에 달려드는 맹목적 정치꾼들이 도처에서 날뛰는 듯한 정치상황이 전개되며, 현대 정치사를 어둠과 부패, 방황의 길로 이끌었다.

②

그런데! 지난 50년간의 현대 정치사에 있어서, 일제침략자에게서 조국을 탈환한 뒤에 유일하게 단 한 번! 정말로 믿어지지 않을 제3의 개헌논의가 이 땅에 한 번 있었다. 그것은 전두환 대통령이 집권할 무렵인 제5공화국 초에 잠깐 있었던 일로서, 정치적 해프닝에 가까운 것일 수도 있으나, 너무나 유일한 일이면서 의미있는 숨겨진 개헌논의였기에 학술적 정리가 꼭 필요하다. 당시 전두환 대통령은 몇 가지 개헌안을 생각하는 중에 입헌군주제 개헌을 생각하기도 했었으나, 그 일을 추진했던 전주이씨 가문 일부 인사의 눈 먼 사리사욕적 추진에 의해 무산된 아쉬운 결과를 낳았고 사상 최초의 기회가 허망하게 사라진 비밀역사였다. 정말 아쉽게 사라진 역사지만 학술적으로 너무나 중요하고, 정치사적으로 매우 가치있는 것이므로 꼭 기록에 남겨야 할 것이다.

③

다만 본 연구를 진행함에 있어서 가장 곤혹스러운 바는 연구자료의 미비와 연구방법의 제한성이다. 그 까닭은 무엇인가? 그것은 현대 정치사상 유례가 없는 유일 최초의 개헌논의이고, (당시 개헌논의가 초기에는 다 그랬듯이) 어느 정도의 범위에서 극비리에 진행되다가 좌절된 것이기에 관련된 극소수 당사자를 제외하고는 언론기관에도 전혀 감지되지 않은 희귀사례였기에 그렇다. 그렇지만 이 나라의 정치사가 그간 해외에서 수입된 정치이론에 의해서, 특히 그것도 미국이나 일본 및 약간의 서유럽 국가에서 제조된 이론을 직수입해다가 사실상의 가공과정도 없이 현실정치에 투입시켜서 현실실험과 시행착오를 거듭하면서 이루어졌기에, 스스로의 자생적 정치의식에 의해 정치적 뿌리를 찾으려 했던 희한한 사례였던 이것은 역사학적, 정치학적, 헌법학적인 의의가 매우 크다는 점이 강조되어 지적되어야 하겠다.

본 연구는 그러므로 관련 자료가 거의 없고, 관련된 당사자가 극히 면담이 어려울 뿐만 아니라, 연구방법도 제한적일 것은 당연하다. 본 연구에서는 그간 본 사례와 연관된 연구를 집중해 온 본 연구자의 학문적 경험을 토대로 하면서, 그와 관련된 곳에 대한 정치인류학적 참여관찰법(participant observation)을 중심으로 진행하도록 한다. 또한 보조적 방법으로서 면접법이나 대담분석(discourse analysis), 문헌자료 조사법 등을 활용하도록 하면서, 현지조사 등을 통한 보완을 병행하도록 한다.

一. 존황개헌 연구의 학문적 중요성

1. 사라질 사료의 정리와 기록

존황사상은 현대정치사에 있어서 학문적 사각지대에 있었고, 한편으로는 학계에서 잊혀진 존재에 가깝게 되어 오늘에 이르렀다. 우리 민족의 기나긴 역사가 최근의 가까운 100년쯤을 제외하고는 완전히 임금님 정치체제였건만, 이승만 이후부터 서양세력의 도래와 함께 우리의 정치적 뿌리는 사라지고, 존황사상은 단지 먼 옛날의 이야기 정도로 치부되게 된 것이 오늘날의 학계 실정이다.

그러나 현재 지구상에는 생생히 임금님 체제가 살아있는 나라들이 적지 않다. 그것은 크게 세 가지로 대별해 볼 수 있겠는데, 하나는 영국, 일본, 태국, 스페인, 네덜란드 같은 입헌군주제요, 두 번째는 사우디 아라비아, 요르단, 브루나이 같은 전제군주제요, 그리고 아프리카 등에 남아있는 원시적 군주체제가 세 번째라고 하겠다. 곳곳에 임금님을 모신 나라가 널려 있고, 캐나다, 뉴질랜드 등의 여러 영연방 국가들은 영국 임금님을 공동으로 모시고 있으니, 임금님을 모신 나라가 상당수 존재함을 알 수 있다. 그럼에도 불구하고 우리에게는 자유당시대 이후부터 주입된 잘못된 고정관념으로, 지구상에는 임금님나라가 거의 없는듯한 착각을 갖고 있으며 임금님이 계신 나라는 무언가 잘못된 비민주국인 듯한 착각에 까지도 빠져 있다.

우리는 우리 사회를 이끌어가는 사상체계나 이론체계가, 지난 현대정치사에 있어서 너무 서구사회 일변도였음을 분명히 인지해야 한다. 그것도 특히 미국 일변도로 된 것에 따른 역기능에 의해서, 다른 사상이나 이론을 사뭇 백안시하는 듯한 풍조가 만연되어 왔다. 심지어 대중문화까지도 미국화된 사회이니 사상이나 이론이야 얼마나 미국화가 심하겠는가? 미국과 친밀관계를 갖는 것과, 모든 것이 미국에 종속화되는 것은 같은 것이 아니다. 그럼에도 불구하고 그런 잘못된 흐름 속에서 우리는 미국적 사료에 가깝거나 그런 안목에 맞는 것만을 부지불식간에 취사선택하여 이론화하면서 우리의 이론세계를 만들며 오늘에 이르렀다.

예컨대 본 논문의 주요 관심 사항인 입헌군주 정치체제에 대한 것도, 이론 황무지 상태에 있던 우리나라에 미국정치론이 액면 그대로 원색적 상태에서 이식되는 것이 자유당 때에 시작되고 나니까, 당시의 이론이 훗날의 이론을 그 방향으로만 동종번식시킨 이론을 만들면서 우리의 사상이나 이론을 미국적인 방향으로만 끌고 나가며 사라지게 된 것이다. 그리하여 지난 50년 동안에 우리는 임금님을 비롯한 과거의 전통적인 정치사상이나 이론은 전혀 관심 밖으로 두며 방치시키고 백안시하며 오늘에 이르렀다. 우리는 제5공화국 초에 있었던 존황입국 개헌논의가 역사상 유례가 없는 희귀사례요, 귀중한 사상적 영역 확대임에도 불구하고 대부분의 우리들 마음에 황심(皇心)이 없으니까 깊은 생각없이 그냥 흘려 버리면서 오늘에 이르렀다. 그것은 훗날 한국정치 발전에 주요한 씨앗이 되고, 매우 중요한 시금석이 될 것이란 생각을 누구도 갖지 않은 가운데 사실상 버려졌던 사료지만 그것의 기록이나 정리는 훗날 매우 중요한 도움을 주리라고 생각된다.

기록문화의 중요성! 그것은 백번 강조해도 잘못될 것이 없다. 그러나 황실문화의 가치를 누구도 인식하지 못하고 기록하지 않았던 제5공화국 초의 황실입국 개헌논의는 그 기록문화에서 아예 소외되며 오늘에 이르렀다.[3] 본 논문은 아마도 숨겨진 제3의 개헌논의를 기록하는 유일한 논문이 되리라고 생각한다. 먼 훗날 80년대 초에 있었던 전두환시대 '민주화의 봄' 개헌논의에서 누구도 상상치 못했던 입헌군주제 개헌 논의가 있었다는 것을 생각하며 한국 정치사를 다르게 기록하리라고 본다.

전두환! 그에 대한 평가는 훗날 생각하기에 따라 다양하면서도 극단과 극단을 달리는 평가가 나올 것이다. 80년대초! 당시 광주에서 있었던 거

3) 한국의 사료는 본 논문과 같은 헌법관계는 물론이고 대부분이 공식적 발표사료를 중심으로 한다. 그런 사료는 대체로 결과로서의 사료는 되는데 과정으로서의 사료가 못되는 점이 문제점이다.
김철수, 헌법개정 : 회고와 전망(서울 : 대학출판사, 1986) 참조.
송 우, 한국헌법개정사(서울 : 집문당, 1980) 참조.

대한 비극을 홍경래란 정도의 일부 빨갱이에 조종된 민란설로 보는 측에서는 위대한 결단의 애국자로 평가할 것이고, 그것을 민주주의 수호를 위한 거룩한 민중항쟁으로 보는 측에서는 천하에 없는 못된 독재자로 볼 것이다. 그는 최초로 평화적으로(?) 정권을 내놓고 물러나 백담사 수도(?)기간을 거쳐, 본 논문을 쓰는 순간에는 감옥에서 득도(?)의 길을 걷고 있다. 다만 분명한 것은 아직도 전두환에 대한 역사적 평가는 완료된 것이 아니고 진행형이란 점이며, 그를 감옥에 넣은 김영삼과 위치가 역전될지도 모른다는 점이다. 훗날의 역사적 평가! 그러나 그것은 훗날에 맡기고, 전두환이 한국 정치사에 있어서 입헌군주제를 고려라도 해본 최초의 최고 권력자란 점에서 그것은 분명히 기록으로 남겨 두어야 한다는 점이다.

2. 정치의식과 정치문화의 다양화

정치제도는 정치적 옷과 같은 것이다. 우리가 입는 옷은 오랜 세월에 걸쳐서 서서히 변모되며 우리 몸에 맞는 옷이 되었다. 정치제도도 옷과 전혀 다를 것이 없기에, 오랜 세월에 걸쳐서 서서히 변모되며 우리 사회에 꼭 맞는 정치제도가 되는 것이다. 그렇게 만들어진 정치제도라야 우리의 삶을 올바른 길로 이끌게 된다.

그러나 한국의 정치제도는 미국을 중심으로 서구사회에서 직수입되었다. 지난 자유당시대에 그 어떤 실험도 없고 조정과정도 없이 무조건 직수입되었던 것이다. 그리하여 나타나는 문제점이 수두룩한데 첫째로 거론할 것은 그 정치제도가 나타난 혼(魂)은 없고 무조건 서구제도만 따르는 단순한 기교(technique) 위주에 가까운 것을 들여왔다고 생각되어진다. 우리 몸에 맞지 않는 옷을 입고 기교에 가까운 정치나 하니, 그것이 얼마나 꼴불견일 것인가를 음미해 본 경우가 얼마나 있는가? 지난 50년간의 우리 정치사는 수없는 시행착오와 방황, 혼란을 거듭하며 오늘에 이르렀다. 우리는 그 이유를 찾는 것까지도 서구적 논리에만 따르는 성향이 있는데, 그 이유의 핵심은 무조건 빌려다 입은 서양옷이었다는 점을 유의해야 하겠다. 그리하여 우리의 지난 정치사는 잠옷을 입고 회의에 나가고, 야회복을 입고 장례식에 가며, 장례복을 입고 결혼식에 참여하는 것과 같은 중구난방의 정치 혼란사를 계속한 것이다.

둘째로 정치제도에 대한 철학이 없는 정치인들이 널려 있었다는 점을 지적해야 하겠다. 정치지도자가 국리민복을 위한 심도있는 철학이 없다면, 그 정치지도자는 정치꾼으로 전락하고 만다. 그런데! 이 나라의 지난 정치사에 명멸했던 정치인들은 거의 다수가 서양 것만 맹목적으로 따르는 철학이 없는 정치꾼이 아니었나 한다. 우리는 때때로 정치인들이 구사하는 미사여구에 현혹될 경우가 많고, 정치인들은 그렇게 하여 우매한 민초들을 눈멀게 하며 오도하곤 해왔다. 왜 지난 정치사에는 그런 정치인들이 수없이 출몰해 왔는가? 그것은 정치를 이끄는 철학이 없이 맹목적으로 정치에 입문하고 무작정 정치를 했기 때문이다. 옷은 옷을 입었다고 옷이 아니라, 옷철학이 있고서 옷을 입어야 온 몸에서 품위가 돋보이며 인격이 있는 사람을 만들게 된다. 그러나 지난 정치사의 대다수 정치인들은 옷철학이 없이 옷 입은 정치인에 가깝다. 우리는 지난 시대의 대통령에서 옷철학이 뚜렷했던 정치인을 찾기가 쉽지 않다. 정치란 국리민복이 핵심인데, 그것에 가장 근접했던 대통령은 그래도 박정희가 되겠고, 이 나라의 오늘은 박정희의 옷철학에 의한 국가 기반닦기에서 세계 10위권의 경제력을 갖춘 중견국가가 되지 않았나 한다. 가장 철학이 없었던 맹물시대 노태우 대통령이야 논외의 인물이라고 하겠지만, 최고의 미사여구를 나열하면서 지난 시대의 대통령을 몽땅 단체로 매도하며 두 대통령을 감옥에까지 넣었던 무서운 대통령의 시대가 자유당시대와 함께 국리민복과는 너무나 거리가 멀었지 않았나 한다.

왜 그렇게 되었을까? 정치란 국민을 잘 살게 하고 국가를 부강하게 하는 것이 A, B, C인데, 민주주의라는 수입사상으로 구호만 요란하고 옷철학이 없으니 임기 내내 대형사고만 연발하고, 역사상 최대의 부패사건에다, 파산상태에 가까운 국가경제를 만들었으니, 소위 철학과를 나왔다는 김영삼 대통령이 가장 옷철학이 없는 정치를 했던 것이다. 분명히 유의하건대, 의사는 환자를 편안하게 하며 병을 고쳐 주면 되는 것이지 미사여구나 학벌, 외모 등은 필요 없다. 정치인도 사실상 의사와 같은 것이다. 이 나라의 지난 시대 정치인에 있어서 참된 의사는 누구였던가? 누가 가장 말치장만 번드르한 빈수레 정치꾼이었던가? 예컨대 김영삼시대 같이 이 사회의 병을 고치며 개혁을 한다면서 그 병든 환자를 고친 것이 아닌 아예 환자를 죽인듯한 정치가 왜 나왔는가?

셋째로 외형적 제도는 알고 내면적 의미는 모르는 정치를 해 왔다. 그렇기에 지난 50년 정치사에 있어서 영국같은 최고의 민주주의 국가에도 엄연히 존재하는 임금님을 임금님만 있으면 비민주적인 것이라고 욕하는 흐름이 계속되어 왔다. 그 누군가가 민주주의를 껍데기로만 받아 들이고 본질은 모르면서, 임금님이 계시면 전근대적 후진정치가 된다고 했던 견해에 숨은 저의는 모르고 그 말을 무조건 계속하여 앵무새같이 따라하는 가운데 오늘에 이르른 것이다. 따라서 이 나라에는 정치제도 논쟁이 나오면 대통령제와 내각책임제를 대표적으로 거론하면서도, 내각책임제에는 임금님을 연결시켜서 생각하지 않는 것이 당연한 것으로 되어 왔다. 그러나! 우리는 왜 영국, 스페인, 태국, 일본, 네덜란드, 핀란드, 덴마크 같은 세계적 선진국에서 임금님을 오늘날에도 모시는가를 깊게 생각해 보아야 하겠다. 도대체 그 나라에는 임금님이 계셔서 어떤 좋은 점이 있을까? 만약 우리 나라에도 임금님이 계시면 어떤 장점이 있을까?

우리는 정치제도를 볼 때에 보다 폭넓은 정치의식으로, 다양한 형태의 정치문화를 고려하면서 유연성있게 시각형성을 시킬 것이 요망된다. 임금님이 계시던 100년전을 되돌아 보면서, 지난 역사의 숨겨진 뜻을 철저히 음미하며, 우리에게 맞는 정치제도로서의 옷철학을 재정립하는 것이 얼마나 의미있는 일인가? 자유당 시대 이후에 이승만의 집권 합리화를 위해 생긴 화석화된 수입철학의 옷은 이제 과감히 고쳐 입어야 옳다. 미국식 대통령제에만 노예가 된 경직화된 정치의식을 탄력성있게 고쳐야 하겠다.

3. 헌정철학에 있어서의 뿌리찾기 운동

우리나라의 헌법은 자생적 뿌리가 없다. 식물학으로 말하면 꺾꽂이하여 이식한 것에 가깝다고나 할까? 그렇다면 우리나라의 헌법은 어디서 꺾어 온 것인가? 많은 질문을 해보지만, 한국 헌법의 발생계기는 그리 명쾌하지가 않다.

일각의 학계에서는 그 정통적 뿌리를 4252년의 상해임시정부 임시헌장(1919. 4. 11)으로 보는 견해도 있다. 그러나 상해임시정부는 독립전쟁사에 있어서 매우 중요한 위상을 갖기는 하지만, 그것이 독립전쟁사의 모든 것을 대변하는 존재와는 거리가 있다. 그리고 상해임시정부를 설립한 것을, 당시 광무(고종)제가 독살시해되어 전국민이 총궐기한 3·1항쟁시기에, 국가가 결코 망한 것이 아닌데도 새 국가를 세운 것을 용인해야 하는가하는 문제점도 크다. 항일독립군이나 항일단체를 만들어서 철저한 항쟁을 하는 것이 아니라, 새정부나 세워서 벼슬싸움이나 했다면 그것은 결코 옳은 것일 수는 없다. 엄밀하게 말할 때에 상해임시정부를 현대 헌정의 뿌리로 보는 것은 옳은 것일 수가 없다.

그렇다면! 우리의 헌법은 일제 침략자에게서 조국이 탈환되며 만들어진 것인데, 제헌헌법의 뿌리는 무엇인가? 그런데 제헌헌법은 많은 비판을 받아야 한다고 본다. 우선 법통철학에 대한 깊은 논의가 없었다는 점이다. 요즘 독립운동을 연구하는 학계에서는 만 35년의 일제침략에 의해 조국이 망한 것이 아니라 단지 강제점령된 것에 불과하고, 민족의 주체세력이 독립전쟁을 하는 독립군이나 독립운동가로 생생히 살아 있었으며, 따라서 4278년(1945년) 8월 15일은 '해방'이 아니라 '조국탈환'이라고 개념정리하고 있다. 그렇다면! 망하지 않은 나라였다면! 우리의 황실이 살아 있었다고 보고서 법통정립을 했어야 하는데 그렇질 못했었다. 사실상 '망했다가 다시 세운다'는 입장에서 헌법을 만든 것이니 잘못된 것이다.

물론 당시에 존황사상을 갖고 있는 다수가 있었으나, 확고한 결단과 실천력을 가진 조직체가 되질 못했었고, 이승만의 독선적 주장에 따르면서 먼 옛날부터의 전통적인 법통이나 뿌리를 잃게 되는 것이다. 그리고는 이승만의 독단과 독선에 의해 미국헌법을 하루 아침에 전격적으로 이식해 놓고 마는 것이다. 이 나라의 헌정사는 그렇기에 뿌리가 없다고 보거나, 미국헌법이 뿌리라고 보아야 할 한심한 위상을 가진 것이다. 뿌리 없는 나무는 바람에 흔들리고 제대로 자라지 못하듯이, 우리 현대정치사의 뿌리가 없으니 그것이 어떻게 전개될 것인가는 자명한 것이었다.

그러면 우리 헌법의 뿌리는 궁극적으로 무엇인가? 그것은 단군 이래로 계속되어온 임금님 체제에서 해답을 찾는 길밖에 없다고 본다. 유사이래 계속된 임금님 체제가 100년쯤 전까지는 계속되어 오다가 일제침략으로 단절되었는데, 그 뿌리를 찾을 길은 우리의 기나긴 역사에서 찾는 것 외에 다른 방안이 있을 수 있겠는가? 그러므로 일제강점 상태에서, 그것이 해소되며 조국탈환이 된 것을 생각하더라도 그 뿌리는 전통적, 역사적인 데에서 찾을 길 밖에 없는 것이다.

우리의 헌정적 뿌리는 그렇다면 논의의 여지없이 임금님 체제요, 영국이나 태국, 스페인, 노르웨이, 일본과 같은 입헌군주제를 만드는 것이라고 하겠다. (물론 입헌군주제는 내각제를 원칙으로 하나, 일본의 소수의견에 천황은 그대로 존치하며 대통령제로 개헌하자고 하는 사례가 있듯이, 우리나라도 내각제가 아니면 대통령제에 임금님을 상징적으로 모실 수도 있다.) 어떻든 우리의 헌정사가 현대정치사가 진행되면서 뿌리없는 상태 혹은 족보없는 허망함을 벗어나기 위한 '뿌리찾기 운동'의 차원에서 임금님 모시기로 거대한 결단을 내려야 옳지 않을까 한다. 뿌리없는 정치가 그간 얼마나 현대정치사를 방황, 답보, 퇴보하게 만들었던가의 심각한 반성도 절실하다고 본다.

二. 존황개헌안 출현의 배경

1. 조선태조 고황제 이성계 등극사의 재조명

현대시대에 있어서 임금님 모시기를 논하는 문제가 대두되면, 필연적으로 미리 논해져야 할 것이 있다고 본다. 그것은 단기 3725년(1392년)에 있었던 역성혁명(易姓革命)에 대한 입장정리를 말한다. 당시에 고려시대가 조선시대로 바뀌면서 임금님 혈통이 바뀌는 상황을 어떻게 해석해야 옳은가?

1) 역성혁명을 보는 관점

① 찬탈론

조선태조 이성계에게는 부정적 심상으로 대표적인 두 가지가 있다. 그 하나는 위화도 회군이요, 다른 하나는 역성혁명이다. 그간 우리의 역사에서는 이성계의 정치행위를 긍정적이기 보다는 부정적으로 해석하는 견해가 나름대로 강세를 이루면서 오늘에 이르렀다. 이성계는 임금님 자리를 찬탈했다는 것을 부각시키면서 이성계가 전주 이씨임을 뚜렷하게 부각시켰다. 그리하여 나타나는 잘못된 정치해석의 대표적인 것이 찬탈론이며, 역성혁명이란 찬탈을 강조하기 위한 용어이기도 하다. 이러한 잘못된 해석에는 의도적이고 악의적인 정치적 저의가 있다고 본다.

일제침략자들은 조선시대가 불명예스럽고 타도될 대상이라는 점을 확고히 해야만, 우리의 민족정서에서 조선시대가 멀어질 것이란 점을 예리하게 파악하고 역사해석을 그런 방향으로만 집중시켰다. 그리하여 최대의 피해를 입은 대표적 인물이 태조 이성계였다고 하겠다. 그러한 점을 열거해 보기로 한다.

첫째로 일본천황은 성(姓)이 없으나, 우리의 황실에는 신라는 김씨, 고구려는 고씨, 백제는 부여씨, 고려는 왕씨이고 조선은 이씨인 점에 착안하여 조선시대가 이성계 일파의 특정파벌 정권에 불과하다는 점을 집중적으로 부각시켰다. 그리하여 나타난 해괴한 용어가 '이씨조선'이다. 아마도 일본인들은 이씨조선을 우리나라의 모든 마을을 '부락'이라고 불렀듯이 천민국가로 부른 개념이었을 것이다. 부락이란 원래 일본 천민촌을 말하는데 우리나라를 모두 그렇게 불렀고, 지금까지도 무식한 사람들은 부락이란 말을 거리낌없이 쓰고 있다. 예컨대 우리가 일본 마을을 우리의 천민동네를 뜻하는 '부곡'이라고 했다면 그것을 지금도 쓰고 있을까? 일제 침략자들은 죠센징(조선인)이란 말을 천민집단같이 불렀을 정도이니 '이씨조선'이 무슨 뜻이었을까는 자명한 것이다.

둘째로 조선시대가 전주이씨라는 특정 가문의 정권인 듯이 오도시킨 점도 분명히 거론되어야 하겠다. (현대시대에도 일부 국민이나 전주이씨 집단이 그런 잘못된 착각을 갖고 있는데) 원래 임금님은 임금님으로 등극하는 순간에 개인적 지위를 떠나고 정치적 지위가 된다. 그리하여 임금님은 전주이씨라는 성도 떠나는 것이며 금상(禁上)의 지위가 되는 것이다. 모든 국민의 지도자로서의 임금님이지 특정 가문과의 인연은 깨끗이 떠나는 것이 원칙이다. 조선시대의 6백년 역사는 전통적인 정치흐름에 비추어 볼 때에, 확고하게 국통(國統)이 세워진 가운데 연면히 이어진 것이지 개인 집안의 사사로운 집안일이 아니었다. 그러나 침략 여파에 의해 그것이 무너졌다. 그리하여 나타난 잘못된 폐해는 많지만 특히 두드러지는 것으로서 조선황실의 위상전락 현상이 가장 큰 것이다.

요즘 그 후유증은 매우 강하게 남아서 동구릉의 태조 고황제 황릉은 그 후손들의 조상묘소에 불과한 듯이 되었고, 각 임금님릉은 그 후손들이나 찾아가는 곳인 듯이 전락해 버리고 말았다. 더군다나 종묘는 세계문화유산에 등록된 위대한 문화유산임에도 불구하고 누구도 거들떠보지 않는 옛 유적인 듯이 되고 말았다. 이러한 후유증은 날로 강화되어 전주이씨대동종약원이 현대에 탄생하면서 그들이 황릉문화를 독식한듯한 상황을 만들었고,[4] 다른 국민들은 더욱 이질감을 느끼면서 황릉을 소풍가는 놀이터로나 아는 참담한 상황이 만들어졌다. 침략자들의 침략후유증은 혹심할 정도로 잔존하고 있으니, 사실상의 이씨조선같이 된 의식구조랄까? 침략자들이 원하는 대로 되고 말았다.

셋째로 역성혁명을 악의적으로 부각시켰다. 역성혁명은 중국사를 보면 사례가 수두룩하고, 일본서기를 보면 일본사에도 분명히 역성혁명이 존재하며, 온 세계의 어느 나라 역사에도 존재하는 정치현상인 그것을 유독 태조 이성계의 경우에만 부도덕한 듯이 부각시켰다. 그 까닭은 무엇인가? 생각하면 우리 민족에게는 그 언제부터인가 이상한 현상이 있다. 그것은 민족 최고의 조상인 단군이 상실된 현상을 말하는데, 이상하

4) 조선시대에 있어서도 이러한 문제는 정치적으로 매우 중요한 요소였다. 따라서 황실을 임금님의 10촌 이내로 구성하여 종정부를 구성했고, 정치가 개인 가문의 사사로운 정치로 전락되는 것을 확실히 경계했다.

게도 단군을 사실상 잃어 버렸다. 왜 그런 현상이 나왔을까? 그것은 일제 침략의 최대 후유증의 하나가 그것임을 우리가 망각하기 때문이다. 일본 침략자들은 고려말이나 조선말에 있어서 우리 민족을 뭉치게 해준 최고의 구심점이 단군이었음을 간파하고 단군에 대한 모독작업을 끈질기게 계속해 나갔다.[5] 그리하여 이제는 단군을 모독하고 깔보는 오도된 인간이 꽤 많이 있게도 되었다.

그런데 이성계의 역성혁명을 강조하며 이성계를 매도한 일제사학자의 저의는, 단군을 상실시키면서 우리 민족을 각 씨족별로 분리시켜 싸우게 하려는 이이제이 전략에 가까운 것이었음을 날카롭게 숙지해야 할 것이다. 태조 고황제 이성계는 결코 전주이씨의 시조라는 개인 혈통이 아니다. 우리 민족 누구나 똑같듯이 단군의 후손이다. 단군의 후손으로서의 태조 고황제 이성계라는 폭넓은 시각을 가질 경우에는 역성혁명을 보는 눈이 아주 달라질 것이며 역성혁명이란 용어 자체가 잘못된 것이란 생각도 들 것이다.[6] 그리고 침략사관의 저의가 보다 명쾌히 보일 것이다. 온 세계에 있는 정치현상을 태조 고황제 이성계에게만 강조하는 것은 옳지 못함이 뚜렷이 보여질 것이다.

② 천명론

조선태조 고황제 이성계의 역성혁명을 천명설(天命說)의 입장에서 해

5) 우리 민족의 정치철학적 법통은 가장 상층부에 하늘의 뜻을 이어받은 천명(天命)사상이 있고 민족 최고의 시조인 단군사상이 있으면서, 거기에 이어져 임금님의 황통(皇統)이 존재하는 위계로 되었다고 봄이 옳다. 그럼에도 단군을 제거시킨 것은 황통말살 정책의 전제작업이었다고 하겠다. 천명과 단군이 없으면 황통도 없는 것이 확실하게 된다.

6) 우리 민족은 단군의 거대한 한 가족집단이란 생각으로 바꿔 역성혁명을 보면 전혀 시각이 달라질 것이다. 역성혁명은 미시적 씨족에 묶인 편협한 사고인데, 거시적 단군의 입장에서 보면 보다 잘난 후손에게 천명이 옮겨진 것 뿐이고, 같은 후손인데 편협한 역성의식을 가질 필요가 없다고 하겠다.

석하는 것은, 당시의 집권세력은 물론이고 조선시대를 계속 이어온 정통적 해석론이었다고 하겠다. 우리 민족의 대부분이 알고 있는 용비어천가, 월인천강지곡은 물론이고, 세계적인 천문도인 천상열차분야지도[7] 등은 모두가 천명설을 뒷받침하는 대표적 사료들이라고 하겠다.

그런데! 정치세계의 속성으로 볼 때에 조선시대의 생생한 권력세계가 존재하던 때에 천명론을 헐뜯고 찬탈론을 얘기하는 것은 감히 불가능한 것이었을 것이다. 그리고 정치가 안정되던 조선시대 초기를 지나면서는 찬탈론을 말함이 거의 불가능하거나 사라졌을 텐데 왜 천명론이 조선말기가 되면서 흔들리게 되었는가? 생각하면 이성계 장군의 위화도 회군을 의도적으로 헐뜯고 찬탈론을 악의적으로 강조했다고 보는 흐름이 왜 등장했을까?

우리는 정치현상을 냉정하게 주어진 현상으로 파악하면서 정치사를 볼 필요가 있다. 이성계 장군의 위화도 회군은 그의 4불가론을 바탕으로 한 생생한 현실이었다고는 생각하지 않는가? 당시로서 도저히 승산이 없고 준비가 보다 확고한 때를 택하자는 전략적 사고를 꼭 부당하다고만 볼 것인가? 물론 요동정벌을 성공시키고 민족발상지 만주땅을 다시 찾자는 웅대한 계획을 반대할 까닭은 없다. 그러나 이성계 장군의 친손자인 세종대왕에 의해서 평안도와 함경도에 해당하는 넓은 땅이 다시 찾아진 것은 왜 생각을 않는가? 세종임금님의 4군 6진 회복은 태조 고황제 이성계의 집권에 의해서 가능했다고 보는 해석은 왜 없는가?

또한! 태조 고황제가 집권을 않았다면, 평안도와 함경도 회복은 커녕 졸렬한 정치에 의해서 전국토를 상실했을지도 모른다는 가정은 왜 못하는지 모르겠다. 생각컨대 고려말의 정치상황은 망국을 초래할지도 모르

7) 이용복, 조선의 석각천문도인 천상열차분야지도에 관하여, 한국황실학회, 황실학논총 창간호, 1997. 3. 1, pp.1-19.

는 극단적 국난기였다. 끊임없이 침노하는 일본왜구는 물론이고, 한족(漢族) 황건적 무리에 의해서 국가는 피폐할 대로 허약해졌었고 국력은 극도로 쇠잔해 있었다. 그러나 그 상황에서 국가운영의 중심이 잡히지 않고 방황하는 가운데 힘있는 정치세력으로 교체되는 천명을 따랐다는 해석은 없고 찬탈했다는 해석만을 왜 강조해야 할까? 이성계의 등장은 사회모순과 국난 극복을 통해 이상사회를 만들려는 것이었다고 하겠다.[8] 우리는 태조 고황제 이성계의 역성혁명을 국난 극복을 위한 숙명이며 천명을 이은 정치결단이란 해석이 왜 희석되었는가를 예리하게 분석할 필요가 있다.

그것은 첫째로 조선황실의 단절을 꾀하려는 침략사관의 명분축적에서 비롯되었다고 본다. 태조 고황제부터 잘못되었으니 어차피 끊어져야 할 황통이란 논리를 만들기 위한 악의적 역사해석이 그것이었다는 말이다. 발해가 멸망된 이후부터 민족사에서 멀어졌던 평안도와 함경도를 찾은 위업은 태조 고황제의 기초작업과 태종(이방원) 임금님의 실력축적, 그리고 세종임금님의 실천에 의해서 이룬 쾌거일 텐데 그것을 제대로 해석하는 안목이 없다.[9] (그것은 현대사에 있어서 세계 10위권의 경제강국을 만든 것은 박정희 시대의 눈부신 실적이 있었기에 가능한 데도, 김영삼 정권이 과거를 헐뜯으며 무조건 과거는 틀렸고 자기만 위대한 듯이 허장성세로 정치를 이끌다가 국가파산에 가까운 상태를 만들며 망신을 톡톡히 당한 것과 같은 역사인식이다. 역사를 만든 실제의 업적을 무시하면 김영삼시대와 같이 임기 내내 졸렬한 정치만 하다가 역사적 망신을 당하게 되는 것이다.) 세종대왕의 찬란한 시대는 태조, 태종의 두 임금님이 있었기에 가능했던 것이다. 세종대왕은 하늘에서 그냥 내려온 임금님이

---

8) 국사편찬위원회, 한국사 23, 조선초기의 정치구조, p.1.

9) 권연웅, 세종, 일조각, 한국사 시민강좌 13집, 1993, p.45.

아니다.

둘째로 침략사관의 덫을 깨닫지 못한 우리의 정치적 미망에서 비롯된 성향도 컸다. 역사를 적극적이고 당당하게 파악한다면 태조 고황제의 천명이 올바로 보일텐데, 이성계 장군의 업적은 보이지 않고 찬탈만을 강조했던 것이 눈먼 후세 사람들에게 전승되며 확대재생산되었던 것이다. 침략사관대로 한다면 당시 국난에 제대로 대처하지 못하면서 망국에 이르렀을 지도 모른다. 정치는 강한 곳으로 흐르는 물과 같고, 정권은 유능한 인물에게 주어지는 것이 순리이다. 태조 이성계의 위대한 결단이 세종대왕 시대를 만든 것이고 평안도, 함경도를 되찾은 것이며, 유능한 인물로 정권이 옮겨진 것이 순리란 해석이 꼭 필요하다.

셋째로 가장 분명한 것은 정치파악의 현실성 문제이다. 정치는 당시의 현실상황으로 해석되어야 한다. (우리는 예컨대 박정희 시대의 한일회담을 비판하면서, 오늘의 기준으로 당시를 보는 것이 일반적이다. 그러나 당시의 한일회담 상황은 그 당시의 맨주먹 현실과 기아선상에 가까운 국가상황, 그리고 당시의 어려운 국제상황을 감안하고 해석되어야 한다. 우리는 오늘의 시각을 벗어나 당시의 박정희가 되었다고 생각하고 역사를 보면 전혀 다른 해석이 나올 것이다.) 우리는 고려말의 절박한 국가상황은 생각을 않고 평화시대의 안방에 앉은 시각으로 당시를 해석하면 전혀 역사를 오도시킨 길을 가게 된다. 그렇기에 일제 침략자들이 태조 고황제를 헐뜯고 매도하기 위한 조작적 해석으로써 위화도 회군이나 역성혁명을 부정적으로 강조한 것을 맹목적으로 추인한 것은, 당시의 정치현실을 외면하고 침략사관에 부화뇌동한 것은 아니었던가를 냉정히 생각해 볼 필요가 있다. 그러므로 침략흐름 속에서 나온 '역성혁명'이란 말은 없애 버리고 '천명이동(天命移動)'으로 쓰는 것이 옳다고 하겠다. 정치는 유능한 인물이나 집단으로 흐르는 물같은 것이 분명하다. 물론 위화도회군도 '위화도결단'이 옳다.

2) 조선시대의 명예회복에 의한 조선시대사 재구성.

지금까지의 조선시대의 역사는 다분히 어둡고 불행한 역사해석이었다. 물론 어느 정도의 기존 사료가 있었기에 그것에 근거해서 역사가 정리되었지만, 역사해석의 주도권을 침략자들이 쥐고 진행시켰다. 침략자들이 쓴 역사의 도덕성을 얼마나 믿어야 하나? 그러나 이 나라의 역사는 아직도 침략자 시각이 도처에 횡행하고 있다. 도대체 주인이 썼는지 손님이 쓴 역사인지를 모르는 역사해석도 도처에 널려 있다. 그리고 조선역사를 잘되게 하려고 쓴 것이 아닌 악의적 역사해석도 쉽지 않게 발견된다. 명예가 밟힐대로 밟힌 역사였다고나 할까? 조선시대의 역사는 진정으로 명예회복 조치가 되어야 한다. 그것은 어떤 방향으로 회복되어야 할 것인가?

첫째로 조선시대사는 '황실은 살아있다'는 황실사관의 입장에서 다시 쓰여져야 한다. 그러나 지금의 조선사는 황실죽이기 역사서술이었고, 황실모독의 역사해석이었으며, 황실을 끊으려는 역사해석이었다. 이 나라의 정치적 뿌리를 끊고 짓밟는 역사해석을 했으니 단군은 못난 허상으로 전락되고, 황실은 조롱받는 존재가 되었으며, 태조 고황제 이성계 장군부터 모든 임금님은 사실상 나쁜 면을 가급적 부각시키며 매도하는 역사가 만들어 졌었다. 그래야만 이 나라가 침략일본의 발밑에 놓일 것이란 악의적 계산하에 만들어진 역사가 지금도 사실상 온전히 살아 있는 것이다.

둘째로 조선시대사의 주체가 명쾌히 재정립되어야 한다. 주인정신이 분명한 역사해석이 절실하다. 도대체 손님이 와서 훈수두듯이 쓴 역사가 왜 지금도 남아 있는가? (예컨대 일제침략자의 시각에 의해서 쓴 것도 문제지만, 서양세력이 물밀 듯 밀려오면서 쓰여진 역사도 도대체 주인의식을 발견할 수가 없고 서양인들 비위나 맞추고 눈치 보기에만 급급한 듯이 쓰여진 역사가 수두룩 하다. 어떤 부분은 시종일관 모든 뼈대가 서양위주이고,[10] 우리 입장을 거론만해도 잘못된 듯이 공격을 당하는 분야까지도 있다.) 서세동점 시대의 역사는 우리가 망국으로 가던 암울한 시기였었다. 그러나 그 어둠의 시대였기에 무조건 그들의 논리로 쓰여져 오늘에 이어진 바에 의해서, 민족시조 단군부터가 미신이요 우상이라며 애들 노리개같이 전락된 나라에서 스스로의 정치적 전통이며 뿌리인 황통은 얼마나 가엾고 처량한 존재가 되겠는가?

셋째로 민족적 애정을 되찾은 역사가 만들어져야 하겠다. (우리는 못난 부모와 조상을 가졌어도 가정에 애착을 갖는다.) 그러나 우리의 조선시대사는 욕하고, 조롱하며, 모독하는 대상이었던 듯하게 서술된 역사해석 성향도 매우 강하게 남아 있다. 결코 타국의 역사에 비해 못나고 잘못된 역사만도 아닌데도 부끄럽게 잊고 싶은 듯한 역사로 만들어진 부분도 많다. 우리의 역사에 대한 깊은 애정을 갖고 역사를 본다고 할 경우에는 전혀 역사가 다시 보여질 것이 많다는 점을 유념하고 새롭게 조선시대사는 재탄생되어야 하겠다. 단군 이래의 역사는 물론이고, 조선시대사에 철저히 애정을 쏟고 관심을 쏟아야 하겠다.

3) 천명론의 현대적 재조명

찬탈론의 잘못된 점을 지적하고 천명론의 중요성을 앞에서 지적했는데, 그렇다면 그것은 현대시대에 있어서 어떤 정치적 의의가 있는가?

그것은 우선적으로 현대 사회에 있어서 존황개헌 논의의 근원적 정당성을 부여하게 된다. 일제침략으로 무너진 황실이지만 다시금 살려서 민족정치사의 법통을 분명히 세운다고 할 경우에 천명론은 대단히 높은 의미가 있는 것이다. 말하자면 현대정치의 뿌리를 분명히 세우고 역사적 정당성을 부여한다고 할 경우에, 일제 침략사관의 악의적인 태조 고황제

10) 예컨대 1997년에 천주교 인천교구에서 병인양요가 천주교도들의 잘못으로 된 것임을 분명히 하고, 외규장각 도서 반환운동을 펴겠다고 선언한 것은 경탄할 역사의식 발전이다. 우리나라 역사에는 서양위주로 쓴 것이 종교분야에 특히 많은데, 이것이 최초의 양심선언이라고 할 만하다.

에 관한 역사를 천명으로 극복하고 오늘의 정치적 흐름을 천명설로 중심 잡는 단초가 된다는 뜻이다.

그리고 보다 중요한 것으로서 일제 침략자들이 끊어 놓은 우리의 황통을 다시 복원하는 정당성을 부여하게 된다는 점이다. 우리의 임금님은 다시 모셔져야 한다. 그리고 영국, 태국, 벨기에, 스페인, 네델란드와 같이 나라의 어른이 계셔야 한다. 그것은 특히 (우리의 자의가 아니라) 일제 침략자들이 끊어 놓은 것이기에 다시 이어지고 복원되어야만 한다. 그리고 그것은 천명을 다시금 받드는 것이 된다. 천명으로 탄생된 황통을 침략자들이 끊었다면 그것을 잇는 것은 천명계승이 되고, 항일 독립운동을 완성짓는 위업도 천명을 따르는 것이 되는 것이며, 그 당위성을 천명론이 부여하게 된다는 것이다. 미완성독립운동을 완성하라는 천명의 성스러운 부름은 꼭 성공되어야 한다.

2. 이구황손의 정치사적 의미

1) 이구황손이 갖는 정치사적 배경

이구황손! 마지막 황태자 영왕과 침략국모 방자여사 사이에서 태어난 인물로서의 이구황손은 어떤 정치사적 입장에 있는가? 그에 대한 논의는 황통논의에 있어서 분명한 입장정리가 선행되어야 하고, 본 논문에 있어서도 미리 논의되어야 할 핵심적 분석대상이 된다.

그 까닭은 무엇인가? 그것은 현대 시대에 있어서 존황개헌 논의에 필수적으로 등장하는 인물이 그이기 때문이다. 그는 일단 마지막 황태자 영왕이 남긴 유일한 자손이요, 황통연결의 서열상으로 볼 때에 위치상으로 1번에 놓였다고 (착각적으로) 생각될 유일한 인물이기 때문이다.

따라서 겉보기의 피상적 해석을 하면 태조 고황제 등극이 갖는 천명론을 계승할 제1순위에 놓여져 있으며, 막연한 입장에서 보면 그가 논의의 여지가 없이 잠재적 황태자이다. 그러나 그는 침략국모 방자여사의 아들이라는 치명적 약점을 갖고 있다. 말하자면 이구황손은 일본 침략자들이 우리의 정치를 교란하고, 법통을 망치며, 국민혼란을 꾀하기 위해 만들어 놓은 정치적 덫이요, 올가미와 같은 입장에 놓여진 인물이다. 그러므로 그의 등장은 침략자에 의한 천명교란이며 황통 재찬탈 성향이 아주 농후하다.

그 정치적 덫은 세월이 갈수록 우리의 황통논의의 입장을 옥죄고 괴롭히는 암적 존재같이 되면서 오늘에 이어지고 있다. 그의 일생 전체가 국민들의 태양이 되기에는 너무나 어둡고 난잡한 흐름이며, 침략자에 의해 오염된 혈통임이 요지부동으로 각인되어 있으니 황통을 생각하는 뜻있는 국민들에게 얼마나 큰 짐이 되겠는가?

2) 이구황손의 정치적 지위

이구황손은 황통이란 관점으로 보면, 마땅히 정치학적 논의의 대상이 될 살아있는 정치적 공인(公人)이 분명하다. 그러면서도 긍정적 공인이 절대로 될 수 없는 숙명을 안고 태어난 비극의 주인공이다. 이구황손은 일제 침략자들이 우리의 황통을 단절시키기 위해서 태어나게한 불행의 주인공이기에, 현재에 있어서도 우리 민족을 괴롭히는 불행의 씨앗이다. 이구황손은 일제침략자들이 우리의 마지막 황태자 영왕과 약혼한 민갑완 여사를 강제로 갈라서게 하고, 방자여사와 강제결혼시켜 탄생된 비극의 혼혈인물이다. 그를 탄생시킨 침략자들의 의도는 무엇인가?

첫째로 우리 민족을 정치적으로 무력화시키고 구심점을 없애 버리려는 고도의 침략행위였다. 일본 황실과 피섞기를 하여 우리 민족의 고유한 황통을 오염시켜 소멸시키면서 우리 민족을 구심점이 없는 방황하는 민족으로 전락시키려는 것이었다. 둘째로 황통단절을 꾀해서 전통적인 정치의 단절을 꾀하려는 것이었다. 그리하여 일제 식민지화를 정치적으로 완성시키려는 전략이었다.

그런데 그 혼혈이 계속 이어졌으면 침략자들의 뜻대로 되었을텐데, 50%만 피가 섞인 이구황손이 태어나고서 조국이 탈환된 것이다. 그리하여 오늘의 우리에게 골 아픈 침략유산으로서의 악의적 인물로 남게 된 것이, 그의 정치적 지위이다. 물론 우리나라가 침략자들에게 되찾아진 조국탈환 때에 황통에 대한 단호한 입장정리가 있었다면 이구황손은 논의의 여지가 없는 존재이다. 그러나 몽매한 이 나라는 황통정립은 커녕 침략전범에 불과한 방자여사에 대한 입장정리도, 그 자손인 이구 황손에 대한 입장정리도 전혀 없이 세월을 보냈다.

그리하여 몽매한 이 나라에서는 침략일본이 만든 정치적 덫인 그를 통해 성스러운 황통을 모독하며 짓밟는 일을 계속 잇게 된다. 이구황손을 통해서 침략일본의 침략행위는 지금도 계속 이어지고 있는 것이다. 이구황손은 어떠한 정치적 존재인가?

① 국론분열의 씨앗

도대체 올바른 황통이 무엇인가를 정립하기 어렵게 만드는 씨앗이 되었다. 물론 단호한 황통의식이 조국탈환 이후 정립되어졌다면 걱정이 없겠는데, 그것이 없다가 보니까 몽매한 일부인사들은 침략의 씨앗도 씨앗이라고 감싸고 돌게 되고, 그것에 단호히 반대하는 인사들의 반론을 유발하면서 국론분열의 악의 씨앗이 되고 말았다. 침략자들이 원하는 대로 되고 만 것이다.

② 민심이반의 씨앗

국민들이 황실을 멀리하고 이질감을 느끼게 만드는 장본인이 되고 말았다. 도대체 50% 일본인을 황통이라고 우기는 전주이씨 대동종약원의 일부 인사들을 대부분의 국민들은 이해를 할 수가 없다. 아무리 망했다고 해도 자존심도 없는 수치스런 가문으로 전락한 황실가문으로서의 전주이씨 대동조약원을 보는 국민들의 시선은 싸늘할 수밖에 없다. 심지어는 그러니까 왜놈들에게 망했다는 견해까지 나오고 있다. 국민들은 진짜 황통에 사랑을 쏟아넣지, 우리말도 제대로 못하는 50% 침략황통에는 누구라도 등을 돌린다. 국민모독 행위가 그를 감싸는 행위이기에 민심이반은 당연하다.

③ **황통단절의 씨앗**

현대시대에 있어서도 침략일본이 끊은 황통이요, 옛부터의 정치적 전통이기에 황실을 살려야 한다는 황실복원의 염원을 가진 국민은 적지 않고, 그 열기는 날로 높아가고 있다. 그러나 50% 일본인을 임금님으로 모시려고 황실을 복원할 사람은 없다. 그럼에도 그를 등장시킨 전주이씨 대동종약원의 우매한 행위에 의해 황실복원의 열기는 급속히 위축되고 있다. 현대의 황실복원 열기는 소위 태조 고황제의 후손이란 일부 인사들에 의해 분명히 짓밟혀지고 있는 것이다. 그러니까 더욱 기막힌 일이라고나 할까?

④ **친일매국의 씨앗**

침략자들은 50년전에 물러갔고 조국이 되찾아졌다. 그러나 침략자들이 만들어 놓은 매국인맥들은 그대로 살아 있었다. 그리하여 그 매국인맥들의 구심점이 될 장본인이 바로 이구황손이다. 왜놈들의 주구가 되어 민족을 팔고 짓밟던 인맥들이 도처에 잠복해 있다가, 이구황손을 구심점으로 하여 친일매국 인맥을 재구축하는 것의 씨앗이 바로 그였다. 이구황손을 받드는 그 인맥들은 바로 침략자들이 원하는 행위를 그대로 잇는 장본인들이다. 침략자들은 지금도 그것을 원하고 있고, 일제침략은 지금도 결코 끝난 것이 아니다.

⑤ **역사모독의 씨앗**

항일애국자들! 그들은 황통을 지키고 나라를 수호하려고 모든 것을 바치면서 침략자들과 싸웠다. 당시의 독립투사들은 방자여사를 보았다면 그 자리에서 용서없이 처단했을 것이며, 이구황손의 존재도 용납할 수가 없는 것이었다.[11] 독립운동가들의 처단대상 1순위, 2순위들이다. 그럼에도 불구하고 방자여사를 철저히 모신 인맥은 누구이며 이구황손을 감싸는 인맥은 누구인가? 항일애국자들 모두가 통곡하며 절규할 일을 현대에 자행하는 인맥은 누구인가? 어차피 황실이 끊어졌고 황실이 망했다고 본다면 논란은 필요없다. 그러나 황실이 살아 있다면 이구황손의 지위는 전혀 달라진다. 이구황손은 항일애국자와 역사를 모독하는 비극의 씨앗이다. 역사를 모독하는 씨앗은 역사형성에는 언제라도 제외되어야 옳다.

⑥ 정치답보의 씨앗

수입정치가 아닌 토종정치를 부활하고, 단군 이래의 뿌리를 갖고 역사발전을 꾀하려는 논의에 찬물을 끼얹는 존재가 이구황손이다. 그 법통을 흐리게 하고, 정치적 뿌리를 흔들리게 할 혈통이기 때문이다. 그런 인물이 존재하여 우리의 정치가 혼란해지길 원한 것이 침략자들의 의지임이 분명한데, 그는 지금도 분명히 침략자들의 뜻에 맞게 위치해 있다.

⑦ 황통퇴화의 씨앗

우리는 조선말기의 국정을 농락하면서 나라를 망친 몇몇 세도정치 가문의 횡포를 정확히 기억하고 있다. 씨족 파당정치의 전형으로서 국가전체를 특정 가문의 사유물같이 다루면서 일제침략을 자초했던 그들은 임금님을 가능한한 허수아비가 될 인물로 뽑았었다. 그런데 일제침략자들도 그와 같이 했었다. 광무(고종)황제의 큰 아들인 융희(순종)황제는 황태자 시절에 아편을 강하게 넣은 커피를 마시고서 독살은 면했으나 사실상의 준식물 인간이었고 허수아비에 불과했기에,[12] 헤이그 비밀특사의

11) 영왕과 방자여사의 결혼 당시에 방자여사가 탄 마차에 폭탄투척 사건이 있었고, 그 결혼을 반대하는 전화와 편지가 매일 날아왔을 정도였다.
김을한, 인간이은(서울 : 한국일보사, 1971), pp.116~117.

12) 김명길, 낙선재 주변(서울 : 중앙일보사, 1977), pp.30~33.

거 이후에 광무제를 강제퇴위시키고서 침략자들이 임금님으로 세운다.[13] 그리고서는 다음의 황태자를 선정함에 있어서도 뛰어난 인물이었던 둘째 의왕(義王)을 제치고[14] 어린 막내 영왕(英王)을 세운다.

영왕도 훌륭했으나 의왕의 인품이나 용기, 결단력, 총명성, 지도력은 도저히 따를 수 없는 인물이었다. 그렇기에 일본인들은 온순하고 조용한 영왕을 택했던 것이고, 그러고서는 침략전범 방자여사를 강제결혼시켜 옆에서 철저히 감시하며 인질정책을 폈던 것이다. 거기서 특히 중요한 것은 침략자들이 상대적으로 가장 열등한 쪽으로만 택한 장본인이 영왕이고, 거기다가 침략혈통까지 가미한 열등혈통이 이구황손이란 점이다. 그것을 지적함이 없이 황통문제는 진실부각이 어렵다. 생각하면 이구황손의 일생은 침략자들이 생각한 그대로의 퇴폐성 퇴행인생에 불과했었다. 그의 일생을 면밀히 살필 때에, 그는 아마도 임금님으로 모셔진다면 침략자들이 와서 권총만 뽑아도 국가를 내주거나, 스스로 알아서 외갓집인 일본침략자에게 나라를 선물로 내줄지도 모를 기막힌 인물이 아니겠는가?

3) 이구황손의 일생[15]

① 출생과 귀국

이구황손의 출생은 한일 양국의 비극사를 바탕으로 한 기구한 삶을 적나라하게 투영한 것이었고, 사실상의 오발탄과 같은 것이었다. 어찌 보면 태어나지 말아야 할 비극적 인생이랄까, 아니 더러운 침략 후유증으로서의 더러운 일생이 확실할 출생이기에 더욱 오발탄적인·출생이라고 하겠다.

이구황손은 4264년(1931년)에 동경에서 출생한다. 부친은 11세의 나

13) 안천, 황실은 살아있다 하권(서울 : 인간사랑, 1994), pp.37~43.

14) 신복룡, 대동단실기(서울 : 양영각, 1982), pp.86~90 참조.

15) 박윤석,「미아」된「반백의 왕자」17년만의 귀국, 신동아, 1996. 12. 참조

이에 억지로 침략국에 끌려가 인질생활을 하면서 침략국 여인과 치욕의 강제결혼을 당한 비운의 황태자 영왕이고, 모친은 이 나라를 망치고 엉망을 만드는 일을 위해 침략자들이 투입시킨 여인이니 이 나라의 황통오염과 단절이라는 특수한 공작임무를 띤 사실상의 전범 방자여사였다. 일본인들의 침략적 음모에 의해서 기구한 일생이 확실할 이구황손은 한일관계가 투영됨이 없이 조용히 일본에서 살고 있거나, 한국 밖의 외국에 있을 경우에는 큰 문제가 있을 리가 없었다.

그는 일본에서 자라다가 17세에 미국으로 가서 MIT공대 건축과를 졸업했다. 그리고는 건축회사 사원이 되고 미국여인 쥬리아여사와 결혼하여 4년간의 행복한 생활을 한다. 그러나 박정희대통령이 집권하면서 대한황실에 대한 정치적 탄압이 없어졌고, 30대초의 발랄한 젊은 나이에 귀국을 하게 된다. 희망을 갖고 귀국한 그의 일생은, 귀국이 바로 비극의 출발이었다. 그가 조용히 미국에서 살았다면 그는 (여러 약점이 있지만) 지금쯤 민족의 잠재적 구심점이 되었을지도 모를텐데, 잘못된 일생이 귀국에 의해 시작되고 말았다.

② 국내생활[16)]

인간의 삶은 잘못된 선택에서 비극이 출발하는 것으로서, 이구황손은 귀국이라는 잘못된 선택으로 비극적 삶의 출발이 시작된다. 이구황손은 4296년(1963년)의 어려운 국가사정을 감안할 때에, 귀국 당시의 삶이 비극적이었다고만 말할 수는 없다. 박정희 대통령은 당시로서는 일단 품위유지 수준은 충분히 마련해 줬다고 본다.

일각에서는 박정희시대에 조선시대의 황실재산을 모두 내주지 않았다고 서운해 하지만, 황실을 짓밟고 황통을 끊은 이승만에 비교할 때에 박정희는 매우 고마운 인물이었다. 특히 이승만에 의해 시대가 완전히 바

16) 강용자, 왕조의 후예(서울 : 삼신각, 1994), pp.316~331 참조.

뀐 상태에서도 영왕과 이구황손을 비롯한 황족을 귀국시켜서 낙선재에 살게 하고 생활비를 나름대로 제공하며 이구황손에게는 훗날 사업바탕이 된 부동산을 제공한 것등은 박정희의 큰 그릇을 말해주는 바라고 생각된다.

그러나 문제는 이구황손의 주위에 몰려든 가까운 친인척들이 암적 존재였다. 아무리 어려운 상황이라도 비극의 혈통을 타고난 이구황손을 잘못되게한 국민은 거의 없었고, 마음으로나마 잘되게 빌은 것이 순박하고 선량한 우리 민족이었다. 그런데 음흉한 사심을 품고 이구황손을 이용하고 등치려는 일부 잘못된 소수 인사들에 의해서 이구황손은 치욕의 길을 가게 된다. 그것은 크게 두 가지로 나타났다.

그 하나는 건실하고 화목한 부부간이었던 이구황손과 쥬리아여사를 끊임없이 이간질하며 가정파탄을 시키고, 끝내 이구황손의 인간파탄을 유도한 것이다. 특히 종친이라는 인물들이 제대로된 식견도 없이 이구황손을 강제로 이혼을 시키는 길로 이끌었고, 미국여인이란 죄밖에는 없는 훌륭한 부인을 쫓아낸 죄업은 언제라도 용서되기 어려운 일이다.[17] 한 인간이 가정파탄이 된다는 것은 인생파탄이 되는 것과 같은 것인데 이구황손을 그렇게 만든 장본인들은 역사적 평가를 분명히 받아야할 것이다. (특히 유의할 일로서 최근에 이구황손이 귀국한 뒤에도 과거의 잘못을 뉘우치지 않고 이구황손을 재혼시키느니, 그리하여 후사를 보거나 양자를 들이겠다는 등의 일을 도모하는 바는 결코 순수하고 바른 길이라고 볼 수 없다. 이구황손을 공인(公人)으로 볼 경우에는 국민들에게 그것을 물어

17) 쥬리아여사는 매우 훌륭한 여인이었고, 아기를 못 낳는 것도 본인 탓이 아니었다고 말한다. 다만 미국여인이란 죄로 쫓겨난 것이다. 그토록 황통의 순수성을 꾀한다면 이구황손 자체가 침략혈통이라 문제지, 우리 민족을 6.25전쟁 등에서 철저히 도운 우방국 미국 여인이 왜 잘못일 것인가?
안천, 단군할머니론(서울 : 민족문화사, 1995), pp.101~149.

야할 것이고, 사인(私人)으로 볼 경우에는 그냥 놔둬야 한다. 그러나 전주 이씨종약원에서 그를 귀국시킬 때에는 공인의 성향을 상당히 표방하면서 국가에서 생활비까지 내라고 요구한 형편이다. 그렇지만 그에게 모순되게도 사인의 길을 강요하는 흐름도 크다. 이구황손의 결혼생활에 대한 잘못을 또 다시 획책하는 인사들이 있다면 그 저의는 무엇일 것인가?)

또 다른 하나는 이구황손의 사업을 돕는다고 몰려들어, 이구황손의 사업을 잘되게 이끈 것이 아니라 사업파탄과 함께 인생파탄을 최촉한 죄업이다. 그들도 대부분이 가까운 종친들이었다. 대한황실은 조국이 일제침략자들에게서 되찾아진 뒤에 종친이라는 이승만에 의해 확실히 끊어졌고 가까운 종친이란 인물들에 의해서 수렁에 빠져 엉망이 되는 것이다. 이구황손이 부도를 내고 야반도주하는 상황은 일부 소수 종친들에게 큰 책임이 있다.

③ 일본 도피

이구황손을 망친 인사들은 가까운 종친들이었으나, 반면에 그를 도운 제대로 된 인사는 종친들이 아니었다고 하겠다. 박정희에 의해서 귀국 후의 생활기반이 마련되었고, 두번에 걸친 부도도 죽은 김재규가 막아주었다고 한다.[18)]

특히 강제로 이혼 당한 쥬리아여사의 위자료는 물론이고, 훗날 방자여사가 큰 수술을 받게될 때의 보증은 물론이며, 수렁에 빠진 황실에 대한 뒷처리에는 종친들이 큰 기여를 하지 못한 듯 하다. 쥬리아여사 같은 비

18) 1차부도는 김재규가 보안사령관 시절에 막아주었다. 그런데 2차부도는 김재규가 중앙정보부장으로 있을 때에 발생했는데, 김재규가 그 반을 막아 주었다고 한다. 당시 부도가 나자 김재규가 이구황손을 불러 부도금액을 물으니 이구황손은 주저하면서 부도금액의 반 만을 말했다고 한다. 그것을 김재규가 갚아주고 10·26 사건이 났고 김재규는 사형되며 이구황손은 빚장이에 몰려 해외도피를 한 것이다.
김상렬 면담, 1996년 초봄.

극의 여인에게 주어진 위자료도 얼마되지 않았고, 전세금에 불과한 수준의 돈이나마 가정파탄을 획책한 장본인들은 누구도 내지 않았다고 한다. 또한 매일같이 황실을 위한다고 주변을 맴돈 인사들이 방자여사가 큰 수술을 받고 사경을 헤매게 될 때에, 친척이라고 나서서 수술서에 도장을 찍은 인사도 없었고 치료비를 내거나 찾아온 인사들도 없었다고 한다. 눈물로 옛 일을 회고하면서 비극의 황실을 한탄하는 뜻있는 인사의 얘기는 차마 듣고 있기가 민망할 정도였다.[19)]

일본에 도망간 이구황손의 삶은 망한 황실의 망한 황손다운 부끄럽고 비참한 것이었다. 너무도 부끄러워 말하기가 곤란한 정도이다.

첫째로 아무리 망했다고 하더라도 침략일본으로 도망갈 수는 없는 일인데, 그곳으로 도망갔다. 황실을 망치고 모든 것을 앗아간 일본이 안식처가 될 수 있는가? 미국유학을 했으며 친구가 많이 있을 미국에는 가질 않았고 최악의 장소로 다시 찾아간 것이다. 이구황손은 외갓집인 일본이 더 편안한 곳이었단 말인가? 그러니까 16년을 한국에 살면서도 한국말을 못 익혔고, 60이 넘은 이 나이까지 우리말도 제대로 못하는 것은 아니겠는가? 한국인이길 거부하는 심서가 분명하다고 생각될 정도이다.

둘째로 침략일본의 하급 무당 여자와 17년간의 결혼생활을 하고, 그 딸들을 자기 자식으로 입양함은 물론이며 일본국적을 갖고서[20)] 일본에 살았다는 것은 변명의 여지가 없다. 일본에 귀화하여 일본인으로 살았다는 경악할 사실은 언제라도 용서될 수 없다. 그러다가 그 여인이 쓰러져 식물인간이 되자 깨끗이 손을 털고 귀국한 사람이니 인간적으로도 밑바

---

19) 김상렬 면담, 1994. 11. 24.

20) 방자여사도 노년에 이구황손의 귀화는 막아보려고 무진장 애를 썼었다고 한다. 본인 자식의 잘못된 선택을 막으려는 것이었으나, 방자여사의 간곡한 부탁으로도 귀화를 못 막았다고 한다.
이해영 면담, 1995. 7. 23.

닥 도덕성에 가깝다. 같이 살 때는 무엇이고, 아무리 그런 여자라도 17년을 산 여자가 식물인간이 되자 차버릴 수 있는가?

셋째로 일본에서의 모든 사생활이 건실하지 못하여, 주간지에나 오르내리는 사기범으로 전락한 인생이었다. 일본정부에서도 전혀 믿질 못하는 인물이 되었고, 재일 한국인 가운데 조국을 망신시키는 대표적 인물로 존재하면서 17년을 보냈으니 무슨 말을 하겠는가? 오죽하면 일본 정부가 방자여사의 조의금을 아들에게는 절대로 전달을 하지 않았을 정도로 못 믿었겠는가?

④ 2차 귀국

단기 4329년(1996년) 겨울에 그는 65세의 나이로 다시 귀국했다.[21] 그러니까 속사정을 전혀 모르는 대부분의 국민들에게 사죄함도 없이 귀국했던 것이다.[22] 그의 지난 생애는 결정적 순간이 되면 국민들에게 소상히 알려져야 한다. 국민들은 공인으로서의 이구황손이라면, 그에 대해서 소상히 알 권리가 있고, 그가 존경받을 입장이 되어야 궁극적 공인이 될 것이다.

그러나 그의 귀국은 별안간 이루어졌고 국민들을 사실상 기만하며 순식간에 이루어졌다. 아무리 세월이 지났다고 하더라도, 품격높은 우리의 국민들은 대한황실의 황손을 무엄하게 보지 않는 수준높은 입장이라 그냥 지나간 것이라고 해석된다. 그렇지만 일제침략의 뒷처리를 분명히 재점검할 단계가 도래하는 순간에, 그의 지난 일생은 명쾌히 검증되어야

21) 이구황손의 귀국은 공소시효 만료까지 기다린 것이다.
이택주 면담, 1995. 7.1 2.

22) 이구황손은 비밀리에 국내에 왔다 간적도 있으나, 공소시효가 끝날 때까지 기다리다가 최근에야 귀국한 것도 별로 품위있는 행위가 아니라고 하겠다. 그에게 빚을 주고 돈을 못받은 사람들은 어떻게 할 것인가? 최소한 제1순위의 황손이라면 그에게 공소시효가 의미가 있을 것인가? 만약 공인이라면 채권자들에게 지금이라도 갚아야 하는 것이 공인의 도리이다.

한다. 그리고 그를 그런 지옥의 길로 가게 이끌어간 장본인들에게도 역사적 책임을 물을 때가 올 것이다. 대한황실을 그렇게 욕보인 것은 황실모독 범죄가 분명하다(그후 이구황손은 잠시 머물다가 일본으로 되돌아가서 이따금 한국에 왔다가 갈 뿐이다).

三. 제5공화국 초 존황개헌 추진의 과정

1. 추진의 출발[23)24)]

전주이씨 대동종약원을 최초에 답사했을 때의 심정은 기묘한 것이었다. 일제침략으로 끊긴 황통을 잇고 국가를 바로 잡아야 한다는 학문적 견해만을 갖고 막연히 찾아간 종약원은 황실복원문제에 대해서는 체념과 침체의 종친회에 불과했었다. 그들에게 황실복원의 당위성을 말하니, 정말 신기한 견해를 가진 대학교수가 찾아왔다는 정도의 반응이었고 크게 반기는 분위기도 아니었다.

---

23) 존황개헌의 추진이 1차로 이승만 시대에 있었다는 견해도 있다. 그러나 이승만이 개인적 사심을 갖고 본인이 임금님이 되려는 것을 미국이 막아서 무산되었다는 것이다. 그렇지만 아직까지 확정적인 사료나 분명한 증언자가 없기에 일단 각주로 처리한다. 훗날 계속하여 학계에서 주목하면서 연구되어야할 일이라고 본다. 그것은 이승만 연구에도 중요하고 미국이 보인 정치적 행태연구에도 매우 중요하며, 정치학 연구에 여러 가지로 중요한 사항이기 때문이다.

24) 이승만은 국회의원 2/3가 동의하면 국체를 바꿀 수 있다고 호언장담했으나 미국의 반대가 있어 무산되었다고 한다.
이택주 면담, 1995. 7. 12.

그러나! 모든 정치변화는 정치적 격변기에 생기듯이, 제5공화국 초에 있었던 민주화의 봄에서 새로운 움직임이 태동한다. 당시에 전주이씨 대동종약원 이사장을 맡고 있던 이삿갓(가명)은 전두환대통령과 상당히 돈독한 관계에 있었고, 전두환 대통령의 정치적 간판 구실을 하는 지위에 서게 되었다. 아니 군인출신 전두환의 모든 것을 논의하는 최고의 민간인 실세였다.

그런데 당시 전두환 대통령은 제5공화국 헌법을 만들기 이전에 어떤 형태의 정부를 만들 것인가로 많은 고민을 하고 있었고, 이삿갓은 돈독한 친밀관계를 바탕으로 전두환에게 이구황손에 대한 상세한 설명을 하면서 입헌군주제의 가능성을 타진했었다고 한다. 전두환! 그는 훗날 정치적으로 어떤 평가를 받을 것인가? 박정희를 이어 집권한 군부출신 대통령이 되었고, 당시에 발생한 광주에서의 불미스러운 비극에 대한 책임을 지고 감옥에 가는 신세가 되었다. 그러나 그의 집권시기는 우리 역사상 최초의 무역흑자에 눈부신 경제성장을 갖고 왔으며 세계 10위권 경제국가로 진입하는 위업을 달성했던 시기였음은 분명하다. 그리고 그를 감옥에 넣은 김영삼은 과거의 경제성장을 엉망으로 만들면서 사실상의 국가공황 상태를 만들고 국민을 참담한 절망상태로 만든 것도 사실이다.

전두환은 원래의 시원시원한 성격 그대로, 당시 일본에 도주해 있었던 이구황손의 귀국을 추진하고 낙선재로 모시라는 통쾌한 수준의 결정을 즉각 내리게 된다. 당시의 우리 국민들의 정치의식 수준이나 국가적 상황으로 보아 전두환의 결정은 놀라운 일이라 하겠다. 그 때에 이삿갓은 전두환의 답변을 듣고서 전두환이 이구황손에 대한 모든 지원을 아끼지 않겠다는 것으로 이해하고[25] 일을 추진해 나갔다. 그러나 모든 일은 이삿갓에 의해서 실패하고 만다.

---

25) 박윤석, op.cit., p.380.

2. 추진의 과정

본 존황개헌 추진과정은 이 논문에 있어서 가장 핵심적 부분이다. 그러나 아쉬운 점은 본 개헌과정이 기자들에게도 노출되지 않았고, (아니 노출되지 않았다기 보다는 관심권 밖에 있었으며) 전두환과 이삿갓을 직통라인으로 한 극비과정에 의해서 진행되었기에 사료가 거의 없다는 점이다. 다만 본 추진과정의 실패에 대해 분노하는 황족들의 증언에 의해서 근본 줄기가 잡혀지며, 훗날 새로운 사료가 등장하면 보완과정이 있어야 하리라고 본다.

다만 극도로 아쉬운 것은 본 개헌과정이 우리의 역사를 완전히 바꿀 것은 물론이고, 전두환이 훗날 감옥에 가지도 않았을지 모르며, 광주에서 엄청난 비극이 일어나지 않게 될 수도 있는 빅카드였었는데 이삿갓에 의해 무산되고 말았다는 통탄할 사실이다. 우리의 민족 구심점인 임금님이 모셔지며 역사가 밝은 길을 가게 될 것을 오도시킨 흐름은 무엇이었는가? 복잡하고 간교한 심성의 때문은 정치가가 아니고 충직으로 뭉친 외골 무인이기에 전두환이 시원스럽게 직선적으로 성공시켰을 미완성 독립운동의 대미를 무참히 망친 책임은 얼마나 막중한 것인가? 그 엄청난 비밀은 무엇인가?

그 거대한 극비사실은 바로 황실의 핵심인 이구황손 스스로에 의해서 밝혀진다. 그 극비사실은 일각의 잘못된 견해를 가진 인사들에 의해서 비극적 인생을 살아야만 했던 이구황손이 일본에 도망가 있을 초기의 일이었는데, 그후 황실 핵심인사들이 그의 귀국을 종용하는 과정에서 비밀이 드러나는 것이다. 방자여사는 이구황손의 어머니이니, 그는 일본에 도망가서 절대로 귀국을 않다가 어머니의 부음을 받고서 상주 자격으로 할 수 없이 참여하게 된다. 단 며칠이지만 국내에 머물게 된 때에도 (야

꾸자라고 일반인들은 말하는데, 몸집 좋은 몇 명의 경호원을 데리고 있었기에) 핵심황족 몇 명만이 면담이 가능했었다고 한다.

당시 이구황손에게 간곡하게 국내로 다시 올 것을 권유하면서 뜻깊은 얘기를 나눈 장본인은 이해영 선생님이었다. (배석자로는 이해영의 세 아들과 이석황손 등 소수 뿐이었다.) 이해영은 그렇다면 어떤 인물인가? 현재 이해영은 서울시내 동부지역인 장안동에서 곤궁한 노년에 중풍을 앓다가 운좋게 다시 일어난 노인으로서 거동도 불편한 가운데 힘들게 살고 있다. 그러나 평범하게 숨어사는 노인인 이해영은 핵심 황족 가운데에서도 정신적 뼈대가 가장 확실한 핵심황족이다. 이해영은 현재 정신적으로 보아서는 아마도 최후의 황족이 아닌가할 정도로, 불편한 몸에도 불구하고 정신은 확실하여 황심(皇心) 혹은 황족의식이 유난히 강하다. 그는 바로 마지막 임금님인 광무(고종)황제와 융희(순종)황제의 할아버지인 남연군(대원군 부친)이 양자로 나오기 전의 본가 종손으로서, 인평대군의 직계종손이다. 어찌보면 황통의 뿌리를 상징하는 최고의 인물이라고 하겠다. 거대한 재산이 있었으나 조부때부터 모든 재산을 독립운동에 바치고 허탈한 노년을 보낼 뿐이다.

황통의 최고 혈맥을 자랑하는 이해영 노인은 방자여사의 장례식에 있어서도 이구황손의 바로 옆에서 상례에 참석할 최고위 서열에 있었고, 존황사상으로 뭉친 충성스러운 심정으로 이구황손에게 간곡하고 간곡하게 귀국을 종용했었다고 한다. 그러니까 어느 누구에게도 마음의 문을 열지 않던 이구황손도 이해영과 그 아들들에게는 차마 입을 다물 수가 없었고, 거기서 이삿갓의 행각이 낱낱이 밝혀지는 것이다. 그 비밀은 무엇인가, 이구황손의 얘기를 이해영 부자가 옮겨서 말하는 대로 옮겨 보자.[26)]

---

26) 이해영 면담, 1995. 7. 23.

1980년 무렵에 이삿갓이 연락을 해서 두 번이나 이구황손과 이삿갓이 만났습니다. 그 까닭은 이삿갓이 전두환에게 황실의 어려운 상황을 소상히 얘기했고, 전두환은 의협심이 강하고 정이 많은 사람이라 쾌히 돕겠다는 의사를 밝혔다는 것입니다. 그렇게 되자 이삿갓은 거대하게 잔치상같이 음식을 차려 놓고 이구황손을 비밀리에 초청하여 대접하면서 귀국 후의 모든 뒷받침과 앞날에 대한 보장을 상세히 말하며 설득했었다고 합니다.

그런데 문제는 상상도 못할 조건이 붙어있는 것이었습니다. 당시는 물론이고 지금도 자식이 없는 이구황손에게 이삿갓의 직계손을 양자로 들여야만 전두환에게 이구황손을 면담시키고 모든 일처리를 하겠다는 말도 되지 않는 조건을 붙인 것입니다. 그것은 물론 입헌군주제가 된다고 할 경우에 이삿갓의 직계손을 임금님으로 등극시키겠다는 거대한 음모였던 것입니다. 아마도 당시에 이구황손이 무조건 승낙을 했다면 역사가 전혀 다른 길을 갔을 것입니다. 이구황손이 임금님이 되고 전두환은 총리대신이 되어서 (내각제에는 임기가 없으니까) 지금도 전두환이 집권을 하고 있고, (그리고 전두환이 대구에서 컸지만, 원래의 뿌리는 전라남도이며 전라도 출신의 핵심심복 장세동 등이 있어서[27] 지역갈등도 고질병이 되지 않고 자연히 치유될 수 있었을 것이며) 이삿갓의 직계손이 황태자가 된 나라가 되어 있을 것입니다. 물론 광주의 비극도 없었을 것이고 엄청난 국가혼란 없이 정치발전이 이루어졌을 가능성이 높습니다.

그런데 이구황손은 단호하게 그것을 거절하고 말았던 것입니다. 이구황손은 정치적으로 이용 당하는 것도 싫고, 이삿갓의 직계손으로 양자를 대고 싶지도 않다면서 단호히 거절하면서 일본으로 가버리고 말았다는 것입니다. 두 번에 걸친 시도가 무산되자, 이삿갓은 다시 방자여사를 찾아 가서 이구황손을 폐하고 본인의 직계손을 방자여사의 아들로 입적시켜 주면 황실에 대한 모든 뒷받침을 하겠다

27) 황인 옮김, 五島隆夫 지음, 제5공화국 정치비사 : 비밀접촉, 중원강좌9(서울 중원문화사, 1987) p.42.

> 는 제의를 하게 되었지요. 이샷갓은 방자여사에게 본인의 직계손을 양자로 들이고, 그의 직계손을 대한황실의 적통으로 만든 뒤에 전두환에게 말하여 입헌군주제를 실시하게 하려는 계획을 세웠던 것입니다.
>
> 그렇게 되자 이번에는 방자여사가 노발대발하면서, 내 아들이 생생히 살아있는데 무슨 양자냐면서 이샷갓을 쫓아내다시피 하고, 다시는 낙선재에 발도 들여 놓지 말라고 할 정도로 악화된 관계가 되고 말았다는 것입니다. 이렇게 되자 개인적 이익이 없는 일을 이샷갓이 추진할 필요가 없게 되었고, 차일피일 시간을 끌게 되니 전두환은 할 수 없이 제5공화국 헌법을 만들면서 본인이 7년 임기의 대통령이 되었던 것입니다. 모든 일이 이샷갓의 사사로운 탐욕으로 추진되었다가 그 탐욕으로 중단된 통탄할 흐름이었던 것입니다.

이에 대해서는 당시 이샷갓과 극비리에 그 개헌작업 추진에 동행한 김상렬 노인도 분명히 보충 증언을 한다.

> 당시 이샷갓씨와 나만 알고서 아무도 모를 정도로 극비리에 추진된 것입니다. 제2공화국의 장면정권 시대와 꼭 같은 방식으로 개헌을 하되, 임금님을 다시 모신다는 것이 획기적으로 다른 것이었습니다. 당시에 전두환씨도 동의를 했었는데 이구씨가 귀국을 하지 않아 시간을 끌다가 무산되고 말았습니다. 처음에 전두환씨가 동의하고 순조롭게 진척되자 이구씨를 국내에 납치하는 한이 있어도 귀국만 시키면 될 상황이었는데 너무도 아쉽게 되고 말았습니다. 지지부진하게 되니까 점차 반대의견을 얘기하면서 대통령제를 건의하는 의견도 나오게 되고, 이샷갓씨와 전두환씨가 사이가 벌어지게 되면서 이샷갓씨가 국회의장도 그만두고 탈당까지 하게 되고 말았지요.[28]

28) 김상렬 면담, 1997. 7. 25.

3. 추진과정에 대한 해석

역사발전에는 우연이 없다고 말하는 학자도 있고, 많은 우연적 일이 역사를 바꾼다고 말하는 사람들도 있다. 그러나 본 존황개헌 추진은 조국탈환 이후에 있었던 유일한 개헌 추진이었으나, 아쉽게도 이삿갓과 그 측근 몇몇에 의해서 극비리에 추진되다가 무산된 비통한 사례였던 것이다. 그것을 우연적 돌발사태라고 할까, 필연적 비극이라고 해야 할까? 이해영의 아들 이택주는 대단히 뼈대있고 정의감이 강한 황족으로서, 가난한 살림에 어렵게 살면서도 황족답게 의연한 자세로 분노하면서 다음과 같이 말할 정도이다.[29)]

> 이구황손에게 양자를 대려는 일이 실패했지만, 그 이면에는 당시에도 거대한 뒷거래가 개재된 것이었습니다. 현재에도 이구황손을 귀국시켜서 양자잇기를 시도하고 있는데, 거기에는 무언가가 엄청나게 개재되어 있는 것입니다. 양자잇기는 결코 순수한 것이 아닙니다.

그렇다! 이 사회에는 아쉽게도 순수하고 진실된 애국충정으로 사는 사람이 너무나 적다. 개인의 사사로운 이익이나 밝히면서 역사를 오도하는 인사들에 의해서 100년전의 이 나라가 망국의 길을 갔는데, 현대 시대에 있어서도 황실을 향한 확실한 충성심은 없고 사사로운 탐욕이 곳곳에서 지배하고 있으니 무슨 말을 할 것인가?

그런데 이와같은 이해영부자의 증언을 보충하는 증언을, 당시에 방자여사의 최측근이었던 김상렬 노인이 다음과 같이 말하고 있다.

---

29) 이택주 면담, 1995. 7. 12.

> 방자여사는 본인이 암말기가 되어 사경을 헤맬 때에 저한테 백지 위임장을 써 주어서 그것을 제가 지금도 갖고 있습니다. 백지 위임을 한 내용은 본인의 아들이 일본에 가서 상상도 못할 상태에 있으니 양자를 대어서라도 대를 잇게 해야 겠다는 것입니다. 이삿갓과 과거에 있었던 일 등을 생각한 최후의 결정이겠지요. 방자여사는 죽을 때가 되니까 마음을 정리한 것인데, 양자는 순수한 한국피로 정해야 하며, 정통 황족 가운데 적절한 사람이 있다면 무조건 동의한다면서, 저에게 백지위임을 하고서 얼마 있다가 돌아가신 것입니다. 범위는 황족이어야 한다는 점은 분명합니다. 돌아가실 때에는 모든 것을 정리하고 그런 결정을 내린 것입니다.[30)]

4. 추진과정에 대한 뒷얘기

이삿갓은 그후 방자여사에게 사실상의 보복적 행태를 보였다고 여러 사람들이 말한다. 방자여사를 냉대했고, 말년의 병든 할머니에 불과한 여인을 너무나 외롭게 했다고 한다. 눈물로 통곡하며 당시를 회고하는 김상렬 노인! 존황사상을 갖고 이 시대를 사는 최후의 대한제국 백성이라고 말할 충성스러운 김상렬 노인의 얘기는 차마 듣고 있기가 어려울 정도였다.[31)]

> 그렇게 방자여사를 위한다며 찾아 다니던 인사들이 누구도 찾지 않게 되었습니다. 사경을 헤매는 수술을 받게 되었는데, 누구도 수술동의서에 도장을 찍지 않았고, 누구도 오지 않았으며, 누구도 돈 한푼 내지 않았습니다. 물론 병문안을 온 사례도 거의 없지요. 그러

30) 김상렬 면담, 1997. 7. 25.
31) 김상렬 면담, 1994. 11. 24.

다가 돌아가시니 장례에는 모여들어 언론에 나오게 행세나 한 것이지요.

그렇지만! 당시 이삿갓은 전주이씨대동종약원 이사장으로서 장례를 지휘한다고 다니면서, 무엄하게 지팡이를 들고서 휘두르며 모든 사람이 신발을 벗고 제단에 오르는데 유독 본인만 신발을 신고 제단에 올라서 종횡무진으로 나다녔었다고 한다. 황족들치고 그의 무엄함에 분노하지 않는 사람들이 없을 정도였고, 그 분노의 얘기는 곳곳의 황족들에게 심심치 않게 들었을 정도였다. 이석황손의 통탄스런 얘기를 들어보자.[32)]

그래, 지팡이를 들고 신발을 신고서 제단에 올라가 황족들에게 호령을 하는 것입니다. 도대체 상례를 모시는 정중함이나 엄숙함은 전혀 없었습니다. 그래서 보다 못한 제가, 당시만 해도 팔팔한 젊은 나이라서 이삿갓에게 호통을 치며 혼을 냈을 정도입니다. 당시 큰 소동이 났으나 주변에서 말려서 진정이 됐고, 이삿갓도 자숙하게 되었지만 말도 되지 않는 일입니다.

특히 이해영의 큰 아들 이성주의 견해는 단호하다.[33)]

천벌이 내릴 것입니다. 당시에 방자여사를 금곡릉에서 하관하여 모셔 드리려니 별안간 하늘이 칠흙같이 어두워지면서 엄청난 소나기가 내리고 천둥번개가 치는데, 커다란 바퀴만한 벼락이 떨어져 모든 사람들이 다 도망갔을 정도입니다. 황실의 혼령들이 대노한 것이 아닙니까?

32) 이석 황손 면담, 1995. 12. 1.
33) 이성주 면담, 1995. 8. 3.

四. 존황개헌 추진의 미래전망

1. 미래의 존황개헌 추진전망

역사발전에는 역사발전의 역량이 축적되어야 하는가? 전두환시대에 성공되었을 뻔한 존황개헌 논의가 4323년(1990년) 무렵에 들면서 서서히 우리 사회에 대중적으로 확산되기 시작했다. 4323년(1990년) 무렵부터 우리 사회의 일각에서 나타나기 시작한, 임금님을 모셔서 일제침략의 상처를 고치고 민족의 구심점을 정립시키자는 견해는, 현실 정치인들의 무능, 타락, 무정견, 무철학 현상으로 정치가 계속하여 혼란되는 가운데 날로 힘을 얻어 가고 있다.

본 논문이 쓰여지고 있는 4329년(1996년)말에 있어서는, 아마도 국민투표를 한다면 과반수 이상으로 가결될 만큼 사회분위기가 성숙되어가고 있다고도 생각된다. 그럼에도 불구하고 최종적 결단의 분위기가 없고, 정치인들이 개인의 현실이익에 집착하면서 역사의 흐름을 제대로 파악하지 못해서 현실화가 되지 않는다고 말할 정도까지 사회가 변모되었다.

그간 자생적으로 형성된 국민운동으로서 대한황실복원추진회가 만들어지고, 거기를 중심으로 황실복원운동이 계속 확산되었으며, 동참의지를 갖는 인사들은 꾸준히 늘어나고 있다. 그렇게 되자 다시금 다급하게 전주이씨 대동종약원에서는 이구황손을 귀국시키는 일을 추진하게 되고, 4329년(1996년) 겨울에 그는 다시 전격적으로 귀국하게 된 것이다.

전주이씨 대동종약원의 일부 인사들은 사실상 그간 황실복원운동에 있어서 뒷짐지고 있었고, 황실을 진짜 위한다기 보다는 종친들 모임에서 잘난 혈통자랑이나 계속하면서 사실상 일반 국민들에게 위화감을 조성하는 분위기들이나 조성시키고 있을 정도였다고 생각되지는 않을까?

예컨대 대구에 있는 이제묘(二帝廟)는 황실이 무너진 일제강점 시대에 있어서도 끝까지 항거하며 존황항일 제향을 모신 성스러운 곳이다. 현재 유일하게 남아있는 민간주도 종묘라고 할까? 매우 의미있는 곳이건만 그 곳을 찾는 인사는 사실상 하나도 없는 실정이다. 일제강점 시대에 소수 애국자를 빼고는 모두 다 숨죽이며 죽어지내거나 도망가서 제 살길만을 찾거나 심지어 작위를 받고 친일매국노가 되었던 인사들이 현재에 와서 황실종친이라고 하는데, 이제묘의 퇴락한 참상을 보면서 왜 전주이씨 대동종약원이 존재하는지 이유를 모를 지경이다. 이 시대에도 이제묘를 지키고 있는 서돈수 노인의 격렬한 항변은 사실상 절규에 가깝다.[34]

> 무엇 때문에 일제강점 시대부터 그 어려운 역경을 이겨내면서 전 가족이 전재산을 바치며 이제묘를 수호하고, 존황제향을 모셨는가 요즘은 점차 후회가 됩니다. 물론 국민된 본분을 다한 것에는 영원한 자부심을 느낍니다. 그러나 황실의 직계손 집안이 100만명이다, 400만명이다 떠들면서 찾아와 보는 사람은 누구도 없습니다.[35] 제가 죽고 나면 장인어른의 애국위업은 어떻게 될지 아득할 뿐입니다.

그렇다! 현대 황실복원운동에 있어서 국민전체와 전주이씨 대동종약원은 겸허히 반성을 해야 옳다. 역사를 다시 살리겠다고 그토록 살을 깎는 노력을 하는 사람들이 있는데도, 황실직계손들이 방관하거나 사실상

---

34) 서돈수 면담, 1996. 6.

35) 서돈수 노인은 최후의 존황제향 독립운동가로서 매우 훌륭한 분이다. 그 훌륭한 분의 분노는 이제묘의 참담한 처지에서 그것을 지키려는 수호의지의 표현일 뿐이다. 그를 찾아가 도움을 주기는 커녕 격려의 얘기 한마디 없는 이 사회가 야속할 뿐이다.
안천, 이제묘 존황항일 독립운동에 관한 연구, 황실학 논총 창간호, 1997. 3. 1.

뒷짐지고 혈통자랑만하고 있던 바를 죽어서 태조 고황제의 혼령께 무엇이라고 변명할 것인가? 이제묘의 사례를 볼 때에, 이 나라에서 황실을 아끼고 돕자고 아무리 혼신의 노력을 쏟는다고 해야 서돈수 노인같이 밖에 더 되겠는가? 아마도 90년대에 일어난 황실복원운동은 어느 단계에 가서는 혹시 사그러들어 버릴지도 모를 일이다. 제2의 서돈수가 되려고 헛고생을 계속할 사람들이 앞으로 존재할 것인가?

2. 존황개헌 추진과 미래의 임금님

존황개헌 운동이 성공하여 일본 침략자들이 끊어 놓은 임금님을 다시 잇게 될 경우에 누가 임금님이 되실 것인가? 그것에 대해서 가장 촉각을 세우며 이해타산을 나눌 집단은 물론 (국민이어야 하는데 그렇지가 않고) 전주이씨 대동종약원이다. 그러나 황실복원이 제대로 성공되려면 전주이씨 대동종약원은 마음을 비워야 한다. 더군다나 황실복원운동에 방관적 자세를 취하다가, 최종 열매만 따겠다는 행동의 도덕성도 문제가 크다.

이 시대에 많은 인사들의 눈총을 받으면서, 예전에 만주벌에서 독립운동을 하듯이 온갖 고초를 겪으며 황실복원운동을 오늘의 수준으로 이끌 때까지 전주이씨 대동종약원의 야속스러운 방관은 미래의 그 후손들에 의해 비판받아야 옳다. 그들 집안 내에서라도 양심을 가진 정의의 소리가 나와야 한다. 현대 황실복원운동을 추진한 핵심인사는 소수이다. 그리고 그 소수를 도운 몇십명의 인사들에 의해서 이 사회가 오늘과 같이 품격높게 황실을 아끼는 사회로 변했고, 계속하여서 날로 변하고 있다. 그렇게 되자 이구황손을 황급히 모셔오고 (거기에 양자를 대겠다던가 하면서) 황통이 모셔지면 신속히 이익이나 취하려는 행태는 국민들이 용납을 않을 것이다.

그것의 결정권은 국민에게 있다. 결코 전주이씨 대동종약원에 있질 않다. 지금까지 조국탈환 이후 황실이 망한 것은 이승만을 비롯한 전주이씨들의 사욕이 주류였다. 전주이씨들은 다시금 역사의 죄인이 되고, 황통복원이 영원히 무산되지 않게 해야 한다. 마음을 비우고 분명히 돕거나 차라리 조용히 물러나 있어야 한다. 그리고 이구황손! 그는 절대로 용납될 수 없다. 왜 명백히 불가한가?

3. 이구황손 절대 불가론

앞으로 황실복원이 되어 임금님을 모시게 되면 국가차원의 위원회가 구성되어 임금님을 모시고서 국민투표 절차를 거쳐야 한다. 그러나 그 선정대상에서 이구황손은 절대로 불가하다. 그는 마지막 후보도 될 수가 없다. 그 까닭은 무엇인가? (융희 90년인 1996년 겨울에 이구황손을 재귀국시켜 전주이씨 대동종약원의 총재로 만든 것은 역사적 실책이 분명하다.) (※그러나 이구황손은 얼마후 일본으로 다시 가버렸다.)

황실복원을 꼭 성공시켜야할 역사적 당위성을 생각할 때에 그는 결코 등장될 수 없다. 그것이 역사의 명령이다. 그 외의 황족은 왕자던 공주던 상관없이 누구라도 좋다. 누구라도 훌륭한 분이 뽑히면 되고, 국민들이 가장 원하는 분이 정중히 임금님으로 모셔지면 된다.[36)]

이구황손은 본 논문의 앞에서도 상세히 밝혔듯이, 황통을 이을 부적격

36) 황족들은 왕비에서 난 대군이든 후궁에서 낳았던 적서관계 없이 임금님이 될 수 있으나, 서열의 차등이 있을 뿐이었다. 국민적 공감대를 이룰 선정이면 되는 것이다.
유시원, 풍운의 한말 역사산책(서울 : 한국문원, 1996), p.75 참조.

자임을 누누이 지적할 수 있다. 그러나 50% 침략혈통의 그의 부적격성을 한마디로 다시 못박아 말하면, 그를 옹립하는 것은 일제침략을 추인하며 용납하는 것이 됨이 가장 큰 이유이다.[37] 건실한 황족들이 충분히 있는데 왜 침략혈통일 수 있는가? 일제침략을 바로 잡으려고 임금님을 다시 모시려는 것인데, 일제침략 정책이 옳았다고 추인하는 망발은 절대로 용납되지 않고 어느 국민도 동의할 수 없는 것이다.

특히 침략혈통을 잇는 것은 천명을 저버리는 것이며, 황통을 사실상 침략자들에게 다시금 찬탈 당하는 것과 같은 것이 되는 것이다. 이구황손을 내세우면 황실복원 반대운동이 일어날 것은 불을 보듯 환한 일이며, 그에게 양자를 잇는 것도 침략정책을 추인하여 잇는 것이니 국민투표에 통과될 리가 없다. 그럼에도 불구하고 이구황손을 추대한다면 이성을 잃었거나 사심을 가진 일이라고 밖에 볼 수 없다.

그런데! 이구황손을 절대로 옹립할 수 없는 엄청난 이유가 또 있다. 필자를 4329년(1996년) 가을에 찾아온 초로의 할머니가 말한 증언은 실로 경악할 일이라고 하겠다. 정치학 연구의 사각지대에 놓여서 세인의 관심 밖에 있던 황실을 아끼며 유일하게 연구를 해온 필자였기에, 상상 밖의 놀라운 애국증언자들이 그간 필자의 연구실을 많이 찾아 왔지만 본 증언은 정말 경천동지할 놀라운 사항이다. 그리고 너무나 엄청난 증언이라 글로 쓰기가 어려울 정도인데, 다만 학자의 책무가 역사를 위한 최후의 보루요, 정의의 증언자로서, 만난을 무릅쓰고 어떠한 협박과 곤혹을 치루더라도 비겁하게 피하지 않고 진실을 기록할 의무를 가졌기에 현 시점에서 일단 분명하게 사료로 남긴다. 본 사료는 훗날을 위해서 꼭 기록해

---

37) 50% 침략혈통에 대해서는 이구황손이 스스로가 잘 알고 있었고 그에 대한 심각한 인식을 하고 있다고 한다. 일본에 있을 때에 귀국을 종용하면 그것이 불가한 이유의 첫 번째가 50% 일본피 때문이라고 본인이 말했다고 한다. 이택주 면담, 1995. 7. 12.

두어야 할 긴요한 내용이다.

그 여인의 이름은 이정자! 나이는 50대초로서 보는 사람의 눈을 놀라게 할 정도로 광무(고종)황제를 빼 닮았다. 첫 눈에 광무황제가 그대로 나온 듯할 정도이다. 그런데 전주이씨가 아닌 학성이씨다. 그가 말하는 놀라운 황실독립운동 비극사를 들어보면 다음과 같다. 소설에나 나올 기막힌 얘기가 황실비극사인 것이다.

> 저는 1944년 8월 26일에 일본 후꾸오까(福岡)현에서[38] 태어났다고 호적에 기록되어 있습니다. 저는 원래 전주이씨로 태어났는데, 그것도 황태자였던 영왕의 딸이었습니다. 그런데 영왕이 저를 비밀리에 학성이씨인 저의 양아버지에게 거대한 생육자금과 함께 맡겼는데, 1945년이 되어 독립이 되자 저의 양부모는 생육자금이 탐나서 그것을 챙기고 시골집 깊숙이 저를 숨기고 교육도 시키지 않고서 본인들의 딸로 입적시켜 버린 것입니다. 그래서 저는 평생 막일만을 하면서 배운 것도 없이 오늘까지 살아 왔습니다.
>
> 그러나 저는 공주입니다. 저는 황태자 영왕이 몰래 독립운동을 하면서 낳은 딸입니다. 영왕은 일본에 강제로 인질이 되어 끌려가 있다가 방자여사에게 치욕적 강제결혼을 당했지요. 그러나 인질이 되어서 숨죽이고 있던 영왕이 그냥 잡혀만 있었던 것이 아니고, 비밀리에 측근들을 시켜서 독립운동도 했습니다. 다만 그것이 기록으로 남거나 알려지질 않아서 일반인들이 모를 뿐입니다. (필자의 기존 연구에 있어서도 의왕이나 관련자가 결정적 순간에는 영왕을 찾았다는 기록들이 존재한다.)
>
> 그런데 우리는 일반적으로 영왕과 방자여사 사이에 첫아들 진왕자(이진황손)가 태어났는데 7개월만에 귀국했다가 서울에서 독살당했다는 사실과 그 후 10년후에 둘째인 구왕자(이구황손)가 태어났

38) 필자에게 보여주는 주민등록 등본에는 그 여인의 주소가 福岡縣 八中番市 大字熊 315번지로 되어 있다.

다는 것을 알고 있습니다. 그러나 영왕은 10년만에 태어난 아들(이구)에 대해서, 그 아들이 본인의 친아들이라고 생각을 않았습니다. 영왕은 아들을 진짜 아들로 보질 않았던 것입니다.

얼굴도 이상하게 본인과는 다르고, 결혼생활의 모든 속사정을 낱낱이 아는 영왕이니까 더욱 의심을 했던 것입니다. 원래부터 과묵하고 신중한 분이기도 했지만, 알 것을 거의 모두 깨닫고서 입을 다물고 계셨던 것입니다. 그러니 사실상 황통이 끊길 것을 안 영왕은 측근을 시켜 비밀리에 가까운 친척 여인(영왕의 고모에 해당한다고 함)을 통해서라도 황손을 낳아야겠다고 자손을 낳았는데 그만 딸을 낳았고 그 딸이 바로 저입니다.

당시 일본정부는 침략정부답게 오염황손을 낳아 50% 일본인의 임금님 혈통을 만들려고 했는데, 10년이나 되도록 자손이 없자 음모를 꾸민 것이지요. 방자여사의 몸에 극비리에 일본 씨를 넣은 것입니다. 방자여사를 통해서 100% 일본인인 아들을 낳았던 것이지요. 방자여사는 어떤 나쁜 일이라도 못하는 일이 없던 최악의 침략국의 침략전범에 해당하는 여인이었고,[39] 침략을 위한 정략 결혼도 서슴없이 감행하면서[40] 평생을 일본을 위한 일에 바친 비정할 정도로 무서운 여인이니[41] 어떤 일인들 하지 않았겠습니까? 평범한 여인이라면 그런 평생을 살겠습니까? (일본인들 대부분이 본 마음을 숨긴 2중성으로 살 듯이) 인자한듯한 얼굴로 위장한 무서운 여인이었습니다.

---

39) 방자여사는 한국에 와서 애초에 거의 한국어를 쓰지 않았고, 심지어 영어를 쓰자고 할 정도였다고 한다. 그리고 그것을 고치자고 바른말을 하는 이해영씨 같은 분의 출입을 싫어할 정도였다고 한다. (이구황손이 16년을 한국에 살다가 도망간 사람인데 지금까지 한국말을 거의 못하는 것은 방자여사로 볼 때 당연한 일인 듯 하다. 그들은 한국인일 수 없는 사람들이 분명하다.)
이택주 면담, 1995. 7. 12.

40) 방자여사 스스로도 본인의 결혼은 사랑을 전제한 것이 아님을 분명히 실토하고 있다. 은연중에 자서전에 본심이 나온 것이다.
이방자, 지나온 세월(서울 : 남영문화사, 1974), p.221.

41) 방자여사는 낙선재를 찾아간 손자들에게 웃으며 따뜻한 행동을 보인 사례가

본 증언은 실로 놀라운 일이다. 그러나 침략 일본이 세상에서 하지 못할 일이 없는 흉악한 침략자들임을 감안할 때에 당연히 저지른 만행일 수 있는 일이다. 그들은 비밀리에 100% 일본인을 만들어 놓고, 우리의 황통을 완전히 100% 일본화시킨 뒤에 입을 다물고 있었다는 얘기다. 실제로 이구황손의 성장시나 젊은 시절의 사진들을 면밀히 대조해 보면, 그는 어머니와는 빼닮듯 닮았어도 아버지와는 상당히 다르다. 아버지 영왕은 광무제나 마찬가지로 둥글고 넓은 얼굴인데 전혀 그렇질 않다. 그리고 10년만에 아들을 낳고는 다시 전혀 자식이 없다가 별안간 낳은 것도 너무나 이상하다.

그러나 그 비극의 여인은 그 비밀을 독립운동을 했던 시아버지한테 들은 뒤에 누구에게 말해도 미친여자라고 해서 지금까지 사실상의 실성한 미친 여자가 되어 떠돌며 살아 왔다고 한다. (그리고 필자를 찾아 보라는 어떤 사람의 권유로 필자에게 왔다는 것이다.) 말하자면 마지막 황태자 영왕의 딸이니, 영국같이 딸이 여왕이 된다면 현재 우리의 임금님이 될 여인이다. 매일같이 골방에만 갇혀서 제대로 먹지도 못하고 심지어 매까지 맞으며 일만하고 공부라고는 해 본 적이 없는, 너무도 철저히 비극적 성장을 한 그 여인! 식당일, 여관일, 술집여자, 사창가 창녀, 공장일, 바닷가 해녀 일 등의 어느 것도 해보지 않은 일이 없이 떠돌며 기구한 미친여자로 살아온 그 여인이 진짜 마지막 황통을 이을 여인이라면, 정말 이 나라의 역사는 너무나 기구하게 침략자들에게 농락되고 능욕당했다는 생각 밖에 들지 않는다.

그리고 사실상의 100% 일본인이 고개를 들고 서울거리를 제 1황통이

없었다고 한다. 한 번 찾아간 어린 손자들이 다시는 세배를 가지 않을 분위기였다고 한다. 평생 일본인이었지 내심으로는 한국인이길 단호히 거부하고 사실상 경멸하는 분위기이니 다시 찾아갈 엄두가 나지 않았다 한다.

이일주 면담, 1994년 8월.

라며 활보하는 비극의 역사를 생각하며 피눈물로 통곡하지 않을 수 없다. 오늘 이 순간에도 비극의 대한황실사는 계속되면서 우리의 진짜 임금님은 거리의 여인으로 비참하게 헤매고 있고, 가짜 황손은 임금님같이 행세하며 당당히 살아가고 있다.

맺는 글

①

한 번 오기 어려운 천재일우의 기회! 침략일본이 물러가고 유일하게 단 한 번 추진되었던 존황개헌 시도가 물거품이 된 비밀의 역사는 흘러갔다. 최고권력을 쥔 자의 개인성향이 강하게 영향을 미치는 우리의 정치풍토로 보아서 정말 놓치기 어려운 기회였는데 덧없이 흘러가 버린 역사가 되었다. 시원스럽게 결단력을 갖고서, 본인이 생각하여서 옳은 일이라면 단호히 추진했던 직선적 정치의 전두환시대! 사명감을 갖고서 어떤 일이든지 한다면 해낸 그가 존황개헌의 중요성을 올바르게 깨달았고 기회가 충분히 주어졌었다면 전격적으로 일제침략의 상처가 고쳐지고 우리의 임금님은 모셔졌을 것이다. 더군다나 당시 이삿갓은 집권당의 대표요 엄청난 실세 정치인이 아니었던가?

그러나 전두환도 불운하고, 우리의 국운이 제대로 무르익질 못해 무산되고 말았으니, 전두환은 지금 감옥에 앉아서 득도의 길을 가고 있고 우리의 임금님은 언제 모셔질지 아직도 기약이 없다. 그토록 좋았던 천재일우의 기회를 놓친 실패원인은 무엇인가?

첫째로 그것은 궁중암투식의 비밀정치로 추진되었기에 실패했다. 그토록 옳고 대의에 맞는 정의로운 역사책무를 왜 숨어서 도둑질하듯 추진해야만 했는가? 무언가 떳떳지 못한 면이 있었기에 그렇게 했는가? 역사창조에 대한 당당하고 의연한 자세정립이 없이 좀스러운 꼼수정치에 의존해 갖고 거대한 역사가 만들어질 수는 없다. 정치는 정의를 실천하는 것이다. 정의를 실천하는 길을 떳떳하지 못한 부정의한 방법으로 개척할 수는 없다.

둘째로 그것은 사심을 갖고 전형적인 탐관오리 방식으로 추진되었기에 실패한 것이다. 국리민복을 위한 정정당당한 마음이 없이 개인적 탐욕심에 의해서 추진되면 그 결과는 자명한 것이다. 역사를 만드는 사람은 마음을 비워야 한다. 마음을 비우지 않으면 결코 역사를 바로 만들 수 없다. 역사를 만드는 거대한 일을 추진하면서, 내 자식을 밀거나 사사로운 이익을 따져서 적당히 양자나 대겠다면 누가 그것을 인정하겠는가? 당시에 특정 인사의 양자만들기에 부화뇌동하며 역사를 오도한 몇몇 인물들은 결코 언제라도 반성하는 기회가 없어서는 안될 것이다. 역사 앞에서는 언제라도 정직해야만 한다.

셋째로 공개적으로 국민들에게 열어 놓고 공론화시킨 가운데, 국민들의 소리를 넓고 겸허하게 들으면서 추진했어야 했다. 폭넓은 국민적 공감대가 없으면 언제라도 정치행위는 공허한 결과를 낳는다. 누구에게 말해도 제대로 설득만 되면 정말 옳은 일임이 분명한 것인 만큼 인내심을 갖고 꾸준히 설득하며 개헌작업을 했어야 했다. 그러나 한 줌 밖에 되지 않는 전주이씨 종친 인사들이 숨어서 흑심을 품고 도둑질하듯이 일거에 임금님을 사사롭게 되찾으려는 것은 대도(大道)가 아닌 대도(大盜)가 분명하다. 생각하면 당시에 임금님이 모셔지지 않은 것은 어쩌면 당연한 것이라고 하겠으며, 그런 임금님은 차라리 모셔지지 않은 것이 다행이라고 할 수도 있겠다. 그런 엉터리 임금님이 모셔지면, 그 사상누각 임금님이 며칠이나 가겠는가? 임금님을 몇 사람의 장난으로 모시는가?

②

정말 묘한 일이다! 이 나라의 현대사에 나타났던 존황개헌의 흐름은 모두가 소위 황실가문이란 전주이씨들에 의해서 무산이 되곤 해왔다. 황실이 어차피 전주이씨 혈통이기에 이런 현상이 나왔을텐데, 조국이 탈환된 초기의 임금님을 모시려는 국민적 분위기는 이승만의 탄압으로 끝났다. 그리고 아직 풍설에 떠도는 수준이고 최종적 미확인상태에 있지만 이승만 스스로가 개헌을 추진하려 했다는 움직임도 그 스스로가 임금님이 되려다 미국의 반대로 무산되었다. 이승만의 최측근이었던 올리버는 이승만 스스로가 임금님이 되려는 의도를 갖고 있었음을 분명하게 증언하고 있다.[42]

그리고 제5공화국 초기에 있었던 본 논문의 핵심주제인 존황개헌 시도도 이삿갓을 비롯한 소수 측근에 의해서 무산되었다. 정말로 어처구니없는 일인데, 왜 이렇게 되고 말았는가? 결론은 오직 한 마디 뿐이다. 역사를 사리사욕적으로 보지 말라는 것이다. 그 관련자들은 정말 조상 앞에 겸허하고 양심적인 자세로 반성하고 반성해야 황실복원이 성공될 것이다. 훗날 땅 속에서 태조 고황제를 무슨 낯으로 만날 것인가? 임금님 모시기는 개인적 흑심으로 되는 것이 아니라 민족적 충심으로 되는 것이다. 지금까지 흑심을 가진 인사들이 나섰으니 될 일이 있었겠는가? 물론 황통복원에는 전주이씨들이 큰 기여를 해야 하되, 흑심을 버려야 한다. 사심으로 그간 모든 일을 망쳐 왔다. 그리고 결단코 황실가문 일이 아닌 민족운동이 되게 이끌어야 한다. 마음을 비우라. 역사를 만드는 사람은 마음을 비워야 한다. 마음을 비우고 정명대도를 걸어야 한다. 마음을 환하게 열어야 한다.

42) 김승웅, 대통령의 진단서, 문화일보 1996. 7. 25.

③

그러나! 지금 이 순간에도 대한황실의 비극은 고쳐지지 않고 있다. 지금 이 순간에도 당당한 역사의 대도는 찾아지지 않고 있다. 그리고 우리의 여자 임금님 폐하는 거리의 여인이 되어 비극적 역사를 통곡하며 끝없이 헤매고 있다.

방자여사의 적의(翟衣)

방자여사가 침략결혼 당시에 입은 대례복이다. 51마리의 붉은 꿩을 수놓은 것으로 대한황실 최고의 여성복식이었다. 적의(翟衣) 속에 깊게 간직한 적의(敵意)를 품고, 대한황실을 끊을 비수를 꽂은 비정한 침략여인은 지금도 영왕 묘소에 합장되어 영왕을 인질로 잡고 있다. 침략은 끝나지 않았고 치욕의 역사는 계속되고 있다.

일곱째 주제

민족 최고지도자의 바람직한 호칭

들어가는 글

1. 정치공황 현상의 출현
2. 수입 민주주의의 폐해
3. 최고지도자들의 위상갈등

一. 대통령과 주석 호칭의 비판

1. 대통령(大統領) 호칭의 출현
2. 대통령 호칭의 분석
3. 주석(主席) 호칭의 분석

二. 민족 최고지도자 호칭의 변천과정

1. 독창적 호칭들
2. 수입된 호칭들

三. 새로운 최고지도자 호칭의 추적 : 천황할매를 찾아서

1. 천황(天皇)할매
2. 천황사상의 추적
3. 새로운 최고지도자의 호칭

맺는글 : 새로운 최고지도자 호칭의 정립

들어가는 글

1. 정치공황 현상의 출현

정치공황! 21세기를 눈 앞에 둔 대단히 중차대한 시점에서 우리 민족이 맞은 처절한 상황이다. 도대체 제대로 된 정치적 지도력을 눈에 띄게 발견할 수가 없고, 정치 지도자들은 국정을 아무렇게나 내버려 두고 표류하는 나라를 만들고도 무책임한 자기변명으로만 세월을 보내는 듯한 상황이 만들어졌다. 운전사 없이 제멋대로 달리는 자동차와도 같은 나라가 된 듯할 뿐이다. 도대체 이런 허망한 정치상황이 왜 만들어졌을까?

먼저 이북동포들의 정치를 보면 김일성이 죽고 나서, 권력을 이은 그의 아들 김정일의 무단 독재의 허망함을 지적하지 않을 수 없다. 도무지 정치의 기본원리를 모르는 집단이 이북정권이 아닌가? 대다수의 국민들을 기아와 병마의 수렁에 쓸어 넣고서 전쟁준비에만 광분하면서도, 지상낙원은 곧 찾아온다고 거짓말만 되풀이하는 정치상황이 왜 만들어졌는가? 지구상의 어떤 야만국가에도 없는 한심한 정치폭력의 누적에 의한 동물농장형 지옥을 만들어 놓고서 그것을 정치라고 말할 수 있는가? 전체 국민이 굶어 죽어가는 정치는 결코 제대로 된 정치일 수가 없다.

다음으로 이남의 정치상황은 어떤가? 그것은 일제침략이 끝나고서 조국이 되찾아진 뒤의 흘러간 지난 50년을 재평가하면 자명하게 이유가 나올 것이다. 그간 이남을 이끌어온 서양식 민주주의의 정치실험이 확실하게 실패한 것이며, 냉정하고 정확하게 말할 때에는 우리의 정치상황에는 맞지 않는 것을 억지로 지금까지 이끌어 왔다고 함이 옳지 않을까? 도대체 우유와 버터와 치즈에 햄버거, 콜라만 잔뜩 먹여 놓고서는 배탈나고 설사를 한다고 한탄하는 듯한 정치의 연속이었다는 생각이 지금도 들지 않는다면 어떤 다른 상쾌한 해결책이 있겠는가?[1)]

2. 수입 민주주의의 폐해

수입 민주주의! 그간 수입 민주주의 만능이란 맹목적 사고가 이 나라의 정치를 너무나 망쳐 놓았다. 서양식이라면 무조건 받아들이다시피 했고, 특히 강대국인 미국식이라면 어떤 검증과정도 없이 수입해다가 정치현장에 투입하면서 오늘의 난국은 만들어진 것이다. 왜냐하면 이 나라의 현실정치는 단군 이래의 기나긴 임금님 의식이 짙게 작용하고 있으면서, 부지불식간에 임금님체제가 사실상 작동됨에도 불구하고 외형적 실제정치는 서양식(미국식) 정치제도이다 보니까, 항상 아귀가 맞지 않는 헛도는 정치가 이어졌던 성향이 크다. 그것이 가장 강했던 때는 이승만, 김영삼 시대가 아니었는가 하며, 가장 안정되었던 때는 박정희 시대가 가장 흡사했었다고 생각된다. 그것을 시대별로 간단히 짚어 보자.

첫째로 이승만 시대는 왜 망했는가? 그의 정치력은 왜 현대정치사에 있어서 4·19와 같은 최악의 상황을 낳았는가? 그것은 그의 내면을 도도히 흐르는 전주이씨 양녕대군파의 임금님 혈통이란 착각을 갖고서 미국식 민주주의를 장식용으로만 수입했기 때문이다. 그는 평생의 대부분을

1) 한국 정치학의 개념이나 분석틀은 거의 전부가 서구, 더 좁혀 말한다면 미국 정치학계의 산물이다. 한국의 정치는 한국 또는 한국인의 특수성으로 설명되어져야 한다. 우리의 정치학계는 서구의 개념으로 설명하는 학자는 많은데, 동양 혹은 한국 선현의 개념으로 설명하는 경우는 극히 취약하다. 이 약점이 한국정치학의 한국화 혹은 토착화를 막는 장애물이다.
김학준, 한국정치론 : 연구의 현황과 방향(서울 : 한길사, 1984), p.427.

미국에서 보내고 서양여인을 아내로 까지 맞아 모든 것을 미국문화에 젖어 정치를 한 인물임은 분명하다. 그러나 여러 사료에서 이승만은 본인이 조선황실을 이을 인물이며 임금님이 되길 바랐던 열망이 있었음을 뚜렷이 보여주고 있다. 따라서 이승만은 수입된 미국 민주주의를 통해 정치를 하되, 근본은 사실상 임금님 행세를 했으니 4·19를 맞은 것이다. 차라리 임금님이 확실히 되어 버렸다면 발췌개헌, 사사오입개헌을 비롯한 온갖 독재폭거가 없었고 4·19도 없었을 텐데, 임금님이 아닌 상황에서 임금님 착각에 빠져 정치를 했으니 종국적으로는 지도력 파탄이 야기될 수밖에 없었던 것이다. 이승만의 실패는 자명한 것이었다.

둘째로 박정희 시대는 왜 독재였다고 욕을 먹었으면서도 민족중흥을 향한 경제적 기틀 마련에 성공을 했는가? 그는 외형상 대통령제를 운영했으나, 실제의 정치는 전통적 임금님 의식을 갖고서 임금님 체제를 운영하는 듯한 정치를 하여 안정적 정치를 했기 때문이다.[2] 그는 일제강점시대였던 때의 일본 천황정치에 따른 교육을 철저하고 철저하게 받은 인물이다. 그리하여 일제강점 시대의 사범교육을 받고 선생님이 되었다가, 다시 사관학교 교육을 받고 관동군 소위가 된 때에 조국을 되찾게 되었으니, 그의 머리를 지배하는 근본은 철저한 임금님 의식이었다. 그렇기에 박정희시대는 실질정치도 외형은 대통령제였으나 본질은 임금님체제같이 운영되었고, 역설적이지만 안정적 정치운용이 되었던 것이다.[3] 그러나 박정희 정치가 유신시대를 끝으로 좌초할 수밖에 없었던 것은, 수입된 대통령제도가 그가 실제로 운영한 임금님체제와 맞지 않으면서 3선

2) 박정희는 현대 실학사상에 의한 민족정치가였기에 성공했다는 견해도 있다. 실학의 현대화가 박정희철학이었다는 말이다.
박정진, 왕과 건달(서울 : 화담, 1997) 참조.

3) 박정희는 현대 한국 정치사에 있어서 모든 밑그림을 만든 인물이다.
조갑제, 유고 (서울 : 한길사, 1987) 참조.

개헌에 유신개헌을 겪는 무리수가 탄생되면서 종말을 고하게 된 것이다. 따라서 박정희는 무(無)에서 유(有)를 창조하는 한강의 기적을 이룬 성공적 정치를 했으면서도 군사 독재 정치가였다는 오명도 동시에 수용해야 하는 엉거주춤한 입장이 된 것이다. 박정희시대의 말년에 단행된 10월유신은 일본식 명치유신의 출발이었다는 견해도 있는데, 정말로 박정희가 입헌군주제를 만들고 임금님을 모신 정치를 했다면 그의 비극적 퇴진은 없었을 것이다.

셋째로 전두환시대는 왜 광주비극의 모든 오명을 뒤집어 쓰고서, 현대 정치사의 가장 어두운 시대였다고 평가받게 되었는가? 전두환 시대는 그러나 우리 역사상 경제적으로는 가장 눈부신 괄목상을 이루면서 국민을 풍족하게 살게 만든 시대였었다. 박정희시대의 제2의 꽃을 피우면서 한강의 기적이 튼튼한 뿌리를 내리게 되었고, 세계 10위권에 육박하는 경제적 강국이 만들어졌었다. 그럼에도 전두환은 광주비극의 모든 책임을 지고서 감옥에 가는 신세가 되었던 것이다. 전두환은 박정희정치의 수제자였고 박정희신앙을 갖고 정치를 한 인물이었다. 그를 지배한 것은 처음부터 끝까지 박정희신앙이었고, 철저한 사명감으로 무장된 박정희신도였기에 그의 시대는 박정희 시대의 연장선에서 가장 안정적인 정치적 산출이 있었다고 보아야 옳다. 가장 가혹한 독재시대였다고 혹평을 하지만 한편으로 그것은 정권싸움을 하는 정치인들의 논리가 중심되었다고 하겠고, 국민들에게 가장 경제적 풍요를 주었고 배부르고 안정된 민생을 만든 것은 엄연한 현실이 아니었는가?

넷째로 노태우시대는 사실상 모든 것이 헛바퀴를 굴린 시대였다고 하겠다. 박정희신앙을 가진 철저한 수제자인줄 알았는데 사이비 신도였었고, 맹목적 맹물정치에 가까운 시대를 만들며 국민적 방황을 만든 시대가 그 때였다. 어렵고 어려운 때에 무능하고 부패한 인물이 대통령이 되어, 대통령을 함부로 하면 감옥에 간다는 교훈을 준 것이 소득이라면 소득이라고나 할까? 노태우는 궁극적으로 머리도 둔하면서 노력도 않은 박정희 학교의 열등한 제자였고, 지도자가 잘못 뽑히면 국민들이 어떤 상황을 초래하게 되는가를 보여준 대표적 사례가 되었다.

다섯째로 김영삼시대는 왜 경악할 깜짝쇼만 계속되다가 국민적 지탄 속에 주저앉게 되었는가? 생각하면 김영삼의 정치가 허망하게 끝날 것은 이미 예정된 것인지도 모른다. 필자는 일찌감치 그의 정권초기에 그의 좌절을 사실상 분명히 예언했었다.[4] 그 당시는 김영삼의 인기가 상종가를 달릴 때인데, 왜 그런 충고성 예언을 했나? 김영삼은 한풀이 정치를 하다가 좌절하게 될 인생역정을 걸어 왔기 때문이다. 그는 이승만시대에 이승만의 오른팔 노릇을 한 장택상의 비서를 하면서 이승만 정치학교의 어두운 것을 먼저 배우며 자유당 국회의원으로 정계에 입문한 인물이다. 그는 4·19 이후에 발빠르게 변신을 했으나, 자유당이 계속되었다면 그 길을 갔을 가능성이 높다. 그러나 젊은 정치인이었던 그는 이승만의 추락과 함께 야당의 길을 걸어서 야당지도자가 되었다. 김영삼은 이승만 학교에 입학하여 졸업장도 받지 못하고 중도하차한 아쉬움 많은 학생에 가깝고, 기나긴 야당생활에서 거친 투쟁은 배웠어도 수준높은 경륜을 배우지 못했다. 정치는 투쟁만이 아니다. 그러나 그의 주변에는 투쟁에는 능했으나 경륜 높은 인물들이 별로 없었다. 임기 내내 국가 전체를 끊임없는 정쟁시대로 이끌면서, 더군다나 다수의 부패한 직계부하들과 썩을대로 썩은 아들을 데리고 덧없이 시간을 보내며 최악의 정치공황 시대를 만든 것이다. 그렇다면 김영삼좌절의 본질은 무엇인가? 그것은 예리하게 분석할 때에 이승만 학교에서 어설프게 배운 바를 초현대시대에 다시 쓰려다가 그의 최초 스승과 같은 길을 간 것이다. 국민들이 혁명을 일으키지 않았을 뿐이지 김영삼의 말로가 이승만의 말로와 무엇이 다를 것인가?

---

4) 안천, 황실은 살아있다 상권 (서울 : 인간사랑, 1994), pp.86~93.

3. 최고지도자들의 위상갈등

우리의 정치학계에서 그간 버려뒀던 핵심 변인이 있다. 그것은 바로 임금님 변인으로서, 일제강점 시대인 4278년(1945년) 까지 생생히 살아 있었던 것이다. 이승만은 그것이 철저히 몸에 배어 있던 성장기를 보냈고, 박정희는 일본천황을 향한 것이지만 가장 철저히 교육받은 청소년기를 보냈다. 아울러 인질임금님이지만 당시에는 영왕(英王)이 사실상 임금님으로 생존해 계셨었다.

그렇다면! 이승만과 박정희는 그들의 정치의식 구조가 임금님체제를 결코 벗어날 수 없는 것이었고, 그것을 빼고는 그 당시의 정치를 분석하기 어려움에도 우리는 그것을 버려두고 오늘에 이르렀다.

이승만의 자유당시대는 임금님과 대통령을 혼동한 지위갈등(status conflict or roll conflict)의 정치가 이루어지던 시대였다. 현실정치는 혼동의 정치인데 그것을 분석한 기준은 서양이론이었으니 현실정치가 제대로 보일 수가 없다. 이승만을 이끈 정치의식이 완전한 대통령제였거나, 완전한 군주제 였다면 당시의 정치는 달랐을 것이다. 그런데 박정희의 민주공화당시대는 차라리 혼동성이 적었었다고 하겠다. 이론은 서구에서 가져 왔으나 나름대로는 내면적으로 소화된 임금님 체제로 영위된 정치의 시대였다고 생각된다. 그것은 일본정치를 교육 받으면서 성장한 박정희가 서구에서 수입되어 일본화된 정치를 몸에 배게 체득했기 때문은 아닌가 한다.

어떻든! 현대 한국정치를 이끈 정치지도자들은 이승만학교와 박정희학교 출신으로 크게 나눠볼 수 있겠다. 그렇다면 박정희학교 출신이었던 전두환, 노태우의 의식구조는(본인들은 의식하지 못했는지 모르나) 차라리 임금님체제였고, 이승만학교 출신인 김영삼은 엉거주춤한 임금님체제였는데, 외형상으로만 대통령이었다는 논리가 된다. 그리고 박정희, 전두환, 노태우 시대가 국리민복적 민족중흥에 상대적으로 효율적이었다면, 이승만, 김영삼 시대는 국리민복과는 거리가 먼 비효율적이고 구호로만 민주주의를 내세운 성향이 컸다는 말이 된다. 국민을 못살게 만들고나서 정치적 변명이나 정치적 미사여구는 필요없기 때문이다.

요컨대 현대정치사를 흘러간 최고지도자였던(윤보선, 최규하는 논외의 인물이고) 다섯 대통령은 각자의 정도차는 있었지만 임금님과 대통령의 혼동화된 상황에서 지위갈등의 덫을 벗어나지 못하고 좌초하는 비운의 끝맺음을 했었음이 분명하다. 이승만, 박정희가 그러했으나, 그 학교에서 나온 전두환, 노태우, 김영삼이 전혀 그 스승을 뛰어넘지 못한 평범한 인물들이었음이 아쉽다. 욕을 많이 먹었으나 전두환은 사명감이라도 철저하여 정치효율성이 꽤 높았으나, 노태우나 김영삼은 되는 일이 거의 없는 맹물정치에다 거대한 사고나 연발하는 사고공화국을 만들면서 정치효율성이 너무도 낮은 정치공황 시대를 맞은 것이다. 그렇다면 최고지도자의 혼동된 지위갈등 의식은 어떻게 바로잡을 것인가? 그것을 이북의 주석(主席)호칭과 이남의 대통령(大統領) 호칭 분석에서 찾아보자.

一. 대통령과 주석 호칭의 비판

1. 대통령(大統領) 호칭의 출현

대통령이란 호칭은 현재로서 사뭇 희화적이다. 정치 코메디에 가까운 용어가 바로 대통령이라고 하겠다. 그간 우리는 일제침략자들에게서 조국을 탈환하면서 최고지도자의 호칭으로 깊은 생각없이 갖다 쓴 용어가 엄밀히 무엇을 뜻하는가도 모르는 국민적 무관심 혹은 국민적 무식의 상황에서 오늘에 이르렀다. 그러므로 하나라도 완벽한 대통령이 출현하지 못하는 것은 아닌가 할 정도이며, 그러니까 대통령이 최고 코미디언에 가까운 지위에 있는 듯한 상황까지도 만들어졌다고 하겠다.

요즘 우리나라에선 대통령이 되겠다고 무조건 달려드는 특정 소수의 인물들도 있으나, 차라리 대통령이 되지 않는 것이 다행이란 국민적 흐름도 강할 정도이다. 조국탈환 이후의 50년 사이에 명멸해간 대통령으로서 제대로 된 대통령은 커녕 비운의 최후를 맞은 이승만, 박정희, 바지저고리 대통령이었던 윤보선, 최규하, 그리고 감옥에 까지 가면서 참담한 삶을 사는 전두환, 노태우, 그리고 자식을 감옥에 보내고 본인도 뒷날을 보장받지 못하고 잠 못이루는 김영삼 대통령까지 모두가 기막힌 대통령의 모습이다. 그 이유는 여러 가지가 있겠지만 대통령 호칭부터가 틀렸으니 그럴 수밖에 없지 않은가?

대통령이란 호칭은 3·1만세항쟁 무렵에 등장한다. 일제 침략자들에게 광무황제가 강제폐위되고 독살시해까지 당하고 명성황후가 침략자 깡패들에게 칼로 난자당해 불태워지며, 융희황제를 허수아비로 몇 년 잠깐 세웠다가 그것도 내쫓다시피 몰아내고 비정한 총독정치를 자행한 침략정치의 시대에 있었던 거대한 독립항쟁의 와중에 대통령이란 호칭은 등장한다.

그 당시에 전국적으로 임시정부를 세워야 한다는 국민적 흐름이 태동되고 곳곳에 임시정부가 나온다. 그런데 그 임시정부의 성격규명이 분명히 있어야 한다. 3·1만세항쟁 부터가 광무황제가 독살된 바에 대한 임금님을 향한 충성심에서 터져 나온 것이다. 그럼에도 불구하고 당시의 임시정부는 민주국가를 세우려는 것이었다는 망발이론들이 일각에서 횡행하고 있는 바, 당시의 민초들을 지배한 정치의식은 다분히 임금님 지향적이었다. 정치의식적으로 말하면 입헌군주 지향이었다고 보겠고, 엄밀히는 그런 의식도 없이 임금님을 지키려는 단순하고도 소박한 항쟁이었다고 함이 옳다.

그렇다면 그러한 와중에서 각 임시정부에서 나온 최고지도자 호칭들을 어떻게 해석해야 할 것인가? 당시 등장한 임시정부는[5] 연해주의 대한국민의회(1919. 3.21)와 기호지방을 중심한 대한민간정부(1919. 4. 1)에서 대통령(大統領), 서울의 조선민국임시정부(1919. 4. 10)는 정도령(正都領), 상해의 대한민국임시정부(1919. 4. 13)는 국무총리, 평안도의 신한민국정부(1919. 4. 17)는 집정관(執政官), 서울의 한성정부(1919. 4. 23)는 집정관 총재라고 각각 호칭을 정한다. 그것은 무엇을 말하는가?

첫째로 상당히 시간적 즉흥성이 있는 호칭이라고 하겠다. 물론 3·1항쟁의 과정이 있고서 등장하고, 생각의 시간도 어느 정도는 있었겠지만 사실상 조급하게 등장한 호칭이 분명하다. 국민적 합의를 거칠 상황도 물론 아니었겠지만, 소수의 집단에서 짧은 시간에 합의를 보아 만든 것이 분명하다.

둘째로 3·1만세항쟁의 정신을 분명히 반영하는 호칭이라고 생각된다. 임금님이 침략자들에게 독살시해되고서 요원의 불길같이 폭발된 만세항쟁의 뜻은 임금님에 대한 절대충성이지 다른 것일 수가 없기 때문이다. 존황사상을 바탕으로 국권을 수호하려는 강력한 의지의 표현이 만세항쟁으로 나타난 것을 명쾌히 주시해야 할 것이다.

셋째로 시원적이지만 입헌군주제적 의도가 분명히 나타났다고 생각된다. 당시 한성정부를 제외하고서는 국민, 민간, 민국 등의 단어가 들어가 있다. 그렇다면 그것은 임금님을 모시고 민간이 뭉쳐서 나라를 다시 살

---

5) 이연복, 대한민국임시정부 연구, 경희대학교 대학원 박사학위논문, 1982. 12, pp.12~13.

리자는 뜻일 것이며, 일단 민간이 총궐기하여 나라를 다시 세우자는 것일 것이다. 일부 학계에서는 단순히 그 단어만으로 임금님 타도라고 생각하는 잘못을 범하고 있는데, 그 단어와 임금님의 존재는 전혀 별개의 문제이다.[6] 당시 상해로 광무황제의 망명을 추진하고, 의왕의 망명을 실천에까지 옮기려 했던 사람들이 임금님을 짓밟는 길을 침략자와 함께 동행했겠는가?

2. 대통령 호칭의 분석

대통령 호칭은 동양사상의 통(統)사상에서 나온 것이다. 예로부터 동양사회에서는 주어진 사회의 정신적 뼈대를 통(統)이라고 불렀다. 그리하여 사회조직의 법통(法統), 집안의 가통(家統), 절의 승통(僧統), 학계의 학통(學統)이나 교통(敎統)이란 말이 존재하게 된다.

특히 통사상은 정치사상적 성향이 높은 것으로서, 각 지역의 수령을 뜻하는 호칭을 통령(統領)이라고 불렀으며 중앙의 최고지배자를 총통(總統)이라고 불렀던 것이다. 3·1만세항쟁 당시에 중국에는 원세개 총통이 집권하고 있었고, 각 지방에는 통령이 있어서 원세개 총통의 지배를 받고 있었다. 그렇다면 당시에 등장한 대통령은 통령을 높여 부르되 총통이 되지는 못한 고육지책적인 사고방식으로 만들어진 것에 불과하고 생각하면 부끄럽기 짝이 없는 것이다. 현재 대만에서는 총통을 그대로 쓰고 있는데, 대만을 비롯한 동양사람들이 우리를 대만이나 중국의 하위에 있는 나라로 보기에 적절한 표현이 혹시 아닌가?

6) 영국, 스페인, 네덜란드, 노르웨이, 태국 등의 입헌군주제 국가는 민주주의와 임금님이 충돌하는 관계가 아니라 상호 승화되는 관계이며 보완관계이다. 임금님의 존재와 민주주의 개념은 전혀 별개의 문제이다.

그러나 필자는 대통령 호칭의 출현을 그 당시의 애국선열들의 입장에서 해석해야 옳다고 본다. 첫째로 대통령은 결코 우리의 최고지도자를 원세개 총통 밑에 두려는 것이 아니었을 것이라고 본다. 당시에 우리의 황제폐하가 강제로 폐위되어 비운의 시해를 당했지만 감히 임금님의 위상을 넘보는 지위를 만들지는 않은 것이고, 임금님 바로 아래에 있는 최고지도자를 만든 것이리라 생각된다. 언젠가 최고지도자인 임금님을 꼭 다시 모신다는 것을 전제로 한 것이지, 결코 애국선열들이 무식해서 그런 것이 아닐 것이다.

둘째로 당시는 외국 제도에 익숙하질 않아서 일단 대통령, 정도령, 국무총리, 집정관(총재) 등으로 불렸고, 서서히 체제를 바로 잡으며 정치제도를 정비하려는 것이었을 것이다. 그런데도 훗날에 대통령이란 호칭을 미국의 President로 억지로 직역하면서, 당시에 미국식 대통령제를 하려고 했던 듯한 착각적 사고의 씨앗을 뿌리는 것이다. 대통령은 President가 아니다. 차라리 애써 무리해서라도 직역한다면 총통이 President가 됨이 옳다. 당시의 대통령이란 깊은 생각도 없이 총통이 되기에는 미안하기에 큰 대(大)자를 붙인 통령으로서의 엉거주춤한 지위를 만든 것에 불과했던 것이고, 이 시대에 미국의 Presidentialism을 번역한다면 그것은 대통령제가 아닌 전혀 새로운 용어를 창작하여 번역했어야 백번 옳다. 대통령이란 호칭은 미국식 대통령제나 영국식 내각제로 직역되는 단어가 아니기 때문이다.

셋째로 대통령이란 호칭의 등장은 훗날 황실복원을 꼭 실현하겠다는 의지가 깊게 내재된 것이었다고 생각된다. 당시의 우리 민족에게는 임금님의 상실이, 자식이 부모를 잃은 것보다도 큰 것이었을 것이다. 당시의 조상들은 군사부(君師父)라고 해서 임금님, 스승, 아버지를 동일선상에 두되 임금님을 최상위에 두었었는데 임금님이 상실된 상황을 가볍게 생각을 했겠는가? 언젠가 기필코 임금님을 다시 모시고 당당한 독립국이 되겠다는 절실한 서약이 깃든 것이 바로 대통령 호칭이었다고 하겠다. 그리하여 만주땅을 중심으로 세계 곳곳에서 진행된 독립전쟁은 황실복원을 위한 성향이 대단히 높았다고 생각해야만 옳다.[7)]

3. 주석(主席) 호칭의 분석

현재 이북 최고지도자의 호칭인 주석은 민족사를 통해서 볼 때에 극히 생소한 것이다. 사회주의 국가의 이념인 공산주의 이론이 마르크스나 레닌 이후에 새로 만들어진 이론이듯이, 그에 따라서 나타난 주석 호칭도 새로 만들어진 것이 분명하다. 주석 호칭의 정치적 의미는 어떻게 정리되어야 옳은가?

첫째로 최소한 러시아(소련)나 중국을 비롯한 이웃나라의 최고지도자 밑에 놓인 하위 개념이 아니며, 당당히 동렬계급에서 국가를 통치하는 최고지도자의 호칭이라고 하겠다. 어떤 나라의 최고지도자를 뜻하면서 이웃나라의 하위개념을 갖는다는 것은 결코 상쾌한 것이 되지 못한다. 대통령이란 호칭이 총통의 밑에 놓이는 개념임을 생각할 때에 이북에서 쓰는 주석 호칭은 일단 좋은 호칭이라고 생각된다.

그러나 둘째로 생각할 것은 주석 호칭은 전혀 이 나라의 역사적 전통을 반영하지 못하는 것이며 독자성도 없다는 점이다. 그것은 중국에서 주석을 쓰는 것을 수입한 것에 불과하기 때문이다.[8)] 물론 상해임시정부에서 처음에는 그렇게 쓰지 않다가 나중에 중국 호칭을 흉내내어 주석

7) 안천, 신흥무관학교(서울 : 교육과학사, 1996)참조.

8) 이북에서 주석이 헌법기관으로 공식화되는 것은 1972년 12월 27일의 개헌에 의한 조선민주주의 인민공화국 사회주의 헌법 제 89조에 등장하면서 부터이다. 김영수 편, 사회주의 국가 헌법 (서울 : 인간사랑, 1989), p. 589.

호칭을 쓴 전례가 있기는 하나 전혀 독창성이 없는 견해이다.[9] 김일성이 이북 정권을 수립하면서 소련의 하수인이었고 중국의 영향을 짙게 받았다고는 하더라도 독창성이 전혀 없는 수입 호칭인 점은 부끄러운 것이다. 3·1항쟁시에 나온 대통령, 정도령, 집정관, 국무총리는 독창성이 있는 것이나 주석은 완전한 수입품이다.

셋째로 주석은 버릇없는 호칭일 가능성이 높다. 3·1만세항쟁시에 나온 호칭들은 앞에서 대통령을 분석하면서 그것이 임금님을 의식한 호칭이라고 보았듯이, 임금님을 전제한 예의바른 사고가 정도령, 집정관, 국무총리에 모두 깃들어 있다고 하겠다. 그러나 사회주의 이념의 노예가 되어 조상도 역사도 버리고 임금님을 짓밟는 호칭인 주석이란 호칭이 왜 있어야 하나? 공산주의를 하더라도 최고지도자의 호칭은 독창적이고 주체적이며 민족전통적인 것을 가급적 써야 옳지 않을까? 주석(主席)호칭을 갖고 주체(主体)사상을 강조하니까 경우에 따라서는 주석(主席)이 아니라 주석(酒席)으로 착각하는 현상이 생기는 것은 혹시 아닐까? 이북의 주석 호칭은 결코 바람직하지 않다. (중국 공산당에서 수입한 것이 아닌 경우라면 주석도 꼭 나쁘다고만 할 수는 없으나, 중국 공산당의 입장에 있어서는 주석은 역사말살 의식이 확고한 것이기에 특히 그것을 직수입한 것은 조상도 역사도 모르는 것이란 해석이 가능한 것이다.)

넷째로 그렇기에 이북에서 그간 김일성에게 붙이던 불세출의 영웅, 백전백승의 용장, 혹은 수령이나 원수같은 것이 더 창의적이란 역설적 해석도 가능하다. 여기서 영웅, 용장, 원수가 보통명사라고 한다면 수령이 그래도 가장 좋은 것이 아닐까 한다. 수령이라고 할 경우에는 그런대로 이북 나름의 역사성과 독자성이 있고, 정권적 주체성도 보이며 임금님을 모신다고 해도 무리가 없는 예의바른 호칭이 될 수 있겠다고 생각된다.

---

9) 상해임시정부에서는 1927년의 제3차 개헌에서 주석이란 지위가 등장한다. 김운태, 일본제국주의의 한국통치(서울:박영사, 1986), p.411.

二. 민족 최고지도자 호칭의 변천과정

대통령과 주석 호칭을 지금까지 분석한 바를 종합할 때에, 두 가지는 모두가 부끄러운 것이다. 둘 다 주체성이 없는 것이고 뿌리를 파고 들어가 보면 한편으로 창피한 것일 수도 있는데, 지금까지 무비판적으로 쓰여 왔다. 그렇다면 우리의 바람직한 최고지도자 호칭을 찾기 위해서, 기나긴 민족사에 나타난 호칭을 분석해 보기로 하자.

1. 독창적 호칭들

우리 민족사에 나타난 우리 민족 계열의 자랑스런 독창적인 최고지도자 호칭은 크게 3가지로 대별해 볼 수 있다. 어느 것도 모두가 자랑스럽고 독창적이지 않은 것이 없다.

1) 단군(檀君)

단군은 우리 민족 최고 지도자 호칭에서 최초로 등장하는 가장 유서깊은 것이다. 고조선 시대부터 최고지도자의 호칭이 된 단군은 토착언어인 텐그리, 텐글, 탄글, 단굴, 당골, 단골과 같은 말이며, 엄밀히는 토착언어의 이두식 음차호칭이라고 하겠다.

그런데 우리나라의 역사서에는 심각한 오류적 사고가 이따금 존재한다. 그것은 단군이 몽골언어인 텐그리, 즉 하늘 혹은 하느님에서 따온 음차글이란 것과 같은 투의 얼토당토 않은 해석을 말하는 것이다. 그렇다면 고구려가 망한 옛터에서 고구려 멸망후 약 500년만에 등장하는 몽골말을 소급하여 고조선 시대에 사용했다는 엉터리 논리가 되는 것이다.

단군은 차라리 원래부터 순수한 우리말인 토착언어 단골의 이두라고 봄이 옳다. 그리고 몽골 언어도 고조선 언어의 일부 변형으로써 몽골 지역에 훗날 뚜렷이 남은 언어로 보아야 옳지 않을까?

단군은 일제 침략의 피해를 매우 강하게 받은 최고지도자 호칭이다. 침략일본은 우리의 역사를 왜곡·위축시켜서 소위 말하는 친일사관을 만들려고 했고, 우리 역사를 위축시키려면 고조선을 말살시켜야 할 것은 필연적이었다. 그리하여 고조선사는 믿을 수 없는 신화시대에 불과했다고 몰아 나갔으며, 단군은 신화에 불과하다고 했다. 그러나 요즘의 눈부신 학문연구 결과는 단군이 분명히 실존했었음을 밝히고 있다. 단군연구는 앞으로도 꾸준히 이어질 것이며, 고조선 시대는 훗날 찬란한 모습으로 날로 새로운 탄생을 계속해 나갈 것이다.[10)]

2) 임금(王儉)

감(감)은 순수한 우리말로 신(神)을 뜻한다.[11)] 그러니까 한자말인 신(神)이 들어와서 우리말을 죽여버린 대표적인 사례가 아닌가 한다. 우리 민족 계열이고 사실상 우리의 동생나라인 일본에는 옛 고유언어인 가미(神)가 그대로 살아 있는 것과는 좋은 대조를 이루는 것이 우리의 현실이 아닐까 한다.

감이 최초로 등장하는 나라는 고조선이다.[12)] 왕검(王儉)이란 한자는 임금의 이두식 음차글이라고 보아야 한다.[13)] 그러므로 왕검은 가장 으뜸

---

10) 이북에서의 단군연구는 이남 학계를 상상도 못할 정도로 따돌리며 앞서 나가고 있다. 고조선 강역의 대동강설을 깨는 데에 있어서 이남이 이북에게 한참 뒤지고, 연구가 부진했었음은 이제 공지의 사실이 되었다. 단군연구도 꼭 같은 길을 걷는 듯 하다.

이형구 엮음, 단군을 찾아서(서울 :살림터, 1994)참조.

11) 안천, 만주는 우리땅이다 (서울 : 인간사랑, 1994), pp. 201~258.

12) 신채호 지음, 이만열 주석, 조선상고사(서울 : 형설출판사, 1988), p.109.

가는 감(神)이라는 뜻이 되겠는데,[14] 제정일치 시대의 냄새가 짙게 풍기는 지도자 호칭이라고 하겠다. 그것이 점차 세월이 지나면서 '임금님'이란 용어로 정착되어 나갔고, 단군은 오히려 '단골'로 되면서 제사장을 뜻하는 용어가 된 것이라 하겠다.

생각하면 임금님을 훗날 수입된 최고지도자 용어인 왕(王)이나 황제로 부르는 것은, 우리의 고유한 최고지도자 용어를 없애고 수입용어를 쓰는 것과 같은 것이라 하겠다. 요즘에 우리의 지도자를 king이라고 부른다면 어울릴 것인가? 그리고 단골을 요즘 무당이라고 번역하는 것도 기나긴 세월의 왜곡을 보여주는 대표적 용어라고 본다. 단골은 종교적 성향이 짙은 최고지도자 호칭이었지 원래가 무당은 아니다.(아니 엄밀히는 무당이 바로 옛날 감을 뜻하는 단골의 후신이라고 볼 수도 있다.) 임금님은 요즘까지도 생생히 살아 있는 토착언어로서, 전통적 최고지도자로서의 임금님을 호칭하는 순수한 국산언어요, 전통적 최고지도자를 뜻하는 가장 좋은 언어로서의 지위를 갖고 있다.

그런데 신라 시대에 쓰이던 감(神)을 뜻하는 최고지도자 호칭이 있었다. 그것은 니사금(尼師今)으로서, '잇감'을 이두식으로 쓴 것으로 해석되고 있다. 그러니까 이어지는 신(神)이라는 뜻이요 계승되어지는 최고지도자란 용어가 되겠다. 신라의 임금님 호칭을 보면 3대 유리 니사금에서 16대 흘해 니사금까지의 14명의 니사금이 이어진다. 니사금은 사실상 임금(王儉)과 다를 것이 전혀 없는 호칭이라고 하겠는데, 신라의 임금님들은 제사장의 성향을 강하게 가지고 있는 종교적 지도자 겸 정치 지도자였다는 뜻이 된다. 신라의 임금님은 훗날 왕(王)으로 바뀌며 수입된 중국 호칭을 공식용어로 쓰는데, 김춘추의 굴욕외교 이후에 나타난 부끄러

13) 고조선에서는 최고 통치자를 한(韓 또는 汗) 또는 검(儉 또는 險)이라고 불렀다. 윤내현, 한국고대사 (서울 : 삼광출판사, 1989), p.72.

14) 동아출판사, 새국어사전, p.649.

운 호칭이 남은 것이라고 하겠다. 다만 민간에 있어서는 임금님(니사금) 호칭이 지금까지 꾸준히 쓰이고 있으니, 민초들에 의한 수입용어 배격운동이 아닐까 한다.

다만 재미있는 것은 신라의 진흥왕 이후부터 외교문서에 씨족명을 쓰다보니, 감(神)을 받들던 집안답게 성씨를 김(金)으로 써서 오늘날 우리 사회의 최대 성씨가 되었다.[15] 그런데 특히 유의할 일로써 고구려 옛터에서 발흥한 여진족(만주족)이 훗날 그들의 나라이름을 금(金)나라라고 했으니, 신국(神國)이라는 뜻이요, 옛부터의 임금님 나라의 전통을 이으며 중국땅을 석권하고 금나라, 청나라를 만들었다는 해석이 된다.[16]

3) 칸(干, 汗, 韓)

칸이란 호칭은 징기스칸으로 잘 알려져 있고, 몽골족을 중심한 유목민족의 최고지도자를[17] 뜻하는 호칭으로[18] 쓰이고 있다.[19] 앞에서도 말했듯이 몽골족은 고구려 옛터에서 발원한 만큼, 우리 민족과 같은 동족계열이라고 보아야 하겠다. 그들의 최고지도자를 말하는 칸은 그러므로 결코 독창적인 것이 아니다.

12세기에 그들이 쓴 칸 호칭은 이미 신라 초기부터 우리의 최고지도자 호칭이었다. 박혁거세는 거서간(居西干)이라고 불렸다. 역사서에 나타나는 최초의 칸이 박혁거세가 아닌가 한다. 그 후 17대 내물부터 실성(18

---

15) 현재 한국에는 약 2할의 김씨가 있어 최대의 성씨가 되겠는데, 감(神)사상의 흐름이 남긴 거대한 사회적 잔재라 하겠다.
안천, 만주는 우리땅이다, op.cit., p.245.

16) 금관(金官)가야도 나라의 뜻은 금(金)나라와 같다.

17) 신채호 지음, 이만열 주석, op. cit., p.147.

18) 元史 권1 본기 제 1태조.

19) 김정학, 한국민족형성사, 고려대학교 민족문화연구소, 한국문화사대계 I, 민족 · 국가사, 1964, p.412.

대), 눌지(19대), 자비(20대), 소지(21대)까지의 다섯 임금님은 마립간(痲立干)으로 불렸으니, 마리칸 → 머리칸으로서 가장 우두머리에 있는 칸을 뜻했다.

신라에 있어서는 당시 부족 연합정권적인 성격이 강했는데, 그들의 관직체계인 17관등 가운데 최고위직인 오늘날의 수상에 해당하는 이벌찬을 그들은 이벌간(伊罰干), 간벌찬(干伐湌), 각간(角干), 서발한(舒發翰) 등으로 불렀다. 여기서 주목할 것은 모두가 칸(干, 翰)이 들어간 호칭이었음이다.

그리고 그것은 가야국에 있어서도 같았다. 6가야국이 형성되기 이전의 가야 부족의 아홉 추장을 부르는 호칭은 아도간(我刀干), 여도간(汝刀干), 피도간(彼刀干), 오도간(五刀干), 유수간(留水干), 신천간(神天干), 유천간(留天干), 신귀간(神鬼干), 오천간(五天干)의 아홉 칸이었으니, 가야국이 아홉 칸나라의 연합체에서 출발되었음을 뜻하는 것이다.

참고로 터키의 전신인 우리 민족계열의 돌궐족에 있어서도 칸을 쓰는 것은 같아서 최고수령은 큰 칸(大可汗)이고, 그 아래에 작은 칸(小可汗)이 있었으니[20] 칸(可汗)[21]이 지도자였음[22]을 뜻한다.[23]

20) 칸을 최고지도자의 호칭으로 쓰는 것은 우리 민족 계열은 공통된 것으로서, 몽골족은 당연하고, 돌궐, 철륵, 위그르, 거란족이 똑같이 쓰고 있다.

21) 우리나라의 옛 삼한(三韓)은 바로 한국(汗國)을 뜻하는 것이다. 마한, 진한, 변한은 바로 한국(汗國)을 뜻하는데, 오늘날에는 우리 국호가 한국(韓國)이 되어 있다.

22) 그런데 몽골족이 유라시아 대륙을 정벌하고 세운 나라들의 국명도 모두 한(汗)국이다. 킵착 한국(汗國), 자가타이 한국, 오고타이 한국을 주목해야할 것이다.

23) 금관(金官)가야는 관(官)을 '마을 관'으로 보아 감마을 가야로 해석할 수도 있으나, 관(官)을 칸의 이두로 보아 감칸 가야로 해석할 수도 있다.

2. 수입된 호칭들

1) 전통적 수입호칭

우리나라의 조선시대에까지 이어진 왕(王)이란 호칭은 수입된 것이고, 많은 경우에 우리를 침략하여 우리 민족에게서 우리 민족이 태어난 민족 발상지 만주가 떨어져 나가게 만든 한족(漢族)들이, 그들의 주변국 최고 지도자를 지칭하는 용어이다. 따라서 엄밀히 말하면 왕이란 호칭은 부끄러운 것이다.

삼국사기는 우리나라에서 가장 오래된 정통 역사서이다. 그런데 그것은 김춘추의 굴욕외교 이후에 우리의 최고 지도자 호칭을 왕으로 격하시켜 놓은 뒤의 모습을 그대로 역사기록화 시켜 놓은 것이다. 따라서 우리나라에 오랜 시간 동안 쓰여온 왕 호칭은 김춘추의 굴욕외교 이후의 왕 호칭을 김부식이 고착시켜 놓은 것이라고 하겠다.

고조선은 물론이고 삼국시대에 있어서 고구려, 백제, 신라는 결코 이웃 중국에 종속될 수 없는 외교관계에 있었다. 굴욕외교로 동족을 친 신라를 제외하고서, 고구려, 백제는 멸망할지언정 중국에 고개를 숙일 수 없는 당당한 강대국이었다. 무서운 호랑이가 죽으면 죽었지 목숨을 구걸하고 구차한 삶을 살지는 않는다. 고구려와 백제는 (물론 신라도 처음에는) 당당히 자국의 국가적 권위를 지켰다. 고구려와 백제의 남겨진 사료에는 결코 중국에 종속된 비굴한 지위가 남아있지 않다. 수나라 및 당나라와 당당히 맞섰고 당당히 교류하다가 의연하게 사라졌을 뿐이다.

어떻든 통일신라 이후 고려시대에서 조선시대의 철종 임금님까지는 공식적으로 왕이란 칭호를 써 왔고, 엄밀히 말하면 그것은 부끄러운 것이었다. 그후 광무(고종)임금님 이후 융희(순종)임금님까지의 짧은 기간이지만, 굴욕의 왕 칭호를 버리고 황제 칭호를 쓴 시기가 있었다. 그러나 황제란 칭호를 써서 중국과 대등한 입장이 되기는 했으나 수입된 외래호칭이란 점에서는 계속적으로 부끄러움이 남는다. 우리의 막강하던 고대시대에 가졌던 고유한 호칭들을 잊고 나니까 중국의 것을 수입해다 썼고, 수입호칭이 갖는 시대의 정치가 얼마나 당당할 것인가는 눈에 선한 것이다.

그러한 측면에서 볼 때에 많은 정치제도를 중국에 종속화시킨 김춘추 외교와 그것을 고착화시킨 김부식 사관은 지탄받아 마땅한 것이다. 그리고 이와 같은 논리에서 볼 때에 일제침략자들에게서 조국을 되찾은 뒤에 이승만이 수많은 제도를 깊은 생각없이 미국화시켜서 오늘에 이른 바에 대해서도 심각한 비판이 있어야 할 것이다. 김춘추의 굴욕외교는 논외로 할 정도로, 사실상 정치는 물론이고 사회의 오장육부와 모든 문화, 경제, 정신 세계의 대부분을 미국화시켜서 우리의 본모습을 잃게 만든 이승만의 정치적 책임은 결코 회피될 수 없을 것이다.

2) 새로운 수입 호칭

새로운 수입 호칭으로서의 최고지도자 명칭은 앞에서 논한 대통령과 주석이 있다. 두 가지는 모두가 이 시대에 적절치 못한 칭호라고 함이 옳다. 이남과 이북으로 정권이 갈려 있어서 국권이 나뉜 상태를 역사적 과도기라고 보고서 백번 양보하여 이해한다고 할 수는 있으나 조속히 고쳐야할 것이다.

대통령은 지금에 있어서라도 물론 임금님을 모시고 나면 상관이 없으나, 용어 자체가 총통의 하위개념이라는 입장에서 즉각 고치는 것이 당연하다고 하겠다. 이웃나라 최고지도자의 하위 호칭을 갖고 당당한 국제외교가 가능하겠는가?

그리고 주석은 사회주의 중국에서 직수입해 온 것이기에, 언뜻 생각하기에는 중국과 대등하다는 해석이 된다고 보겠으나, 엄밀히는 중국의 어용 위성 국가라고 봄에 잘못이 없게 될 호칭이다. 더군다나 3·1항쟁시에 등장한 모든 호칭들이 임금님의 위상을 고려한 예의바른 것임에 비해서 주석은 결코 그렇게 보기가 어려운 면도 크다. 이북 정권에서는 주석 호칭을 고쳐서 그들이 항상 쓰는 수령(首領)등으로 바꾸는 것이 좋지 않을까?(이북에서는 김일성이 죽고서 아들 김정일이 국방위원장이 되었다. 군사령관 냄새가 짙기는 한데 독창성이 있고, 한편으로는 임금님을 의식한 것은 혹시 아닐까?)

三. 새로운 최고지도자 호칭의 추적 : 천황할매를 찾아서

1. 천황(天皇)할매

우리 민족을 이끌 영원불변의 최고지도자 호칭! 우리 민족 모두를 하나로 뭉치게 만들 기나긴 역사성이 깃든 최고지도자의 칭호! 그것은 생각하면 고대시대에는 분명히 존재하고 있다가 중국식 칭호가 수입되면서 사라지고 말았다. 앞에서 살펴 본 단군이나 임금, 칸 등은 매우 좋은 이름이고, 독자적 역사성도 매우 높은 호칭들이다. 그러나 세월이 흐르며 잊혀지고 변질되고 빛바랜 면도 크다. 그러한 입장에서 예리한 시각으로 분석할 때에 우리에게 상쾌한 생각을 선사할 좋은 사료가 있다. 그것은 지리산 정상을 지키던 천황할매님이다. 천황할매! 우리 민족의 최고지도자 호칭을 찾을 중요한 씨앗이 분명하다.

1) 천황할매의 사료

천황할매! 듣기에도 생소한 이름이겠지만 지리산 근처에서 오래도록 터를 잡고 살아온 사람들에게는 결코 낯선 이름이 아니다. 예로부터 지리산 근처에 사는 사람들은 봄이면 꼭 지리산 꼭대기를 올라가는 관례적 행사를 치렀다는데, 그들이 지리산을 오르는 이유는 '천황할매를 만나서 인사도 드리고 치성도 올리는 것' 이며, 그렇게 해야 한 해의 삶이 평안하기 때문이란다. 지리산 토박이 주민들은 천황할매를 매우 친숙하면서도 한편으로 신성스럽게 여겨서, 예컨대 개고기를 먹고서 천황할매 근처에서 자던 사람을 산신령이 데려가 온데간데도 없이 사라졌다는 등의 신비스런 얘기들을 많이 했다. 요컨대 지리산 토박이들에게 있어서 천황할매는 그들 생활에 깃든 절대자에 가까운 위상을 갖고 있었다.

그렇다면 천황할매가 지리산 꼭대기의 천황봉에 언제부터 모셔져 있었고, 지리산 꼭대기의 천황봉을 신성스런 곳으로 받들게 된 것은 언제부터인가? 주민들의 답변은 다음과 같았다.

> 천황할매가 언제부터 지리산 꼭대기에 모셔졌는가는 누구도 정답을 모릅니다. 왜냐하면 옛부터 올라갔던 사람들은 올라가 보니 천황할매가 그곳에 계셨다는 얘기는 있어도 언제부터 모셔졌는가를 말하는 사람은 없기 때문입니다. 이미 고려시대의 학자인 이승휴가 당시에 모셔져 있었다고 말하고 있으니 그 이전부터 모셔져 있은 것은 분명합니다.[24]

그렇다면 지리산 꼭대기의 천황할매는 공인된 역사서에 기록된 것으로만 쳐도 제왕운기(이승휴)가 3620년(1287년)에 나왔으니 이미 700여년이 넘은 것이요, 제왕운기에 쓰인대로라면 고려 태조 왕건 임금님의 어머님이시라니 1천여년이 넘은 오래된 존재가 천황할매라고 하겠다. 천황할매에 관한 공식 사료를 살펴 보면 다음과 같다.

---

24) 1997. 6. 29 지리산 천왕사 유석순보살 면담.

① 제왕운기(帝王韻紀 : 이승휴, 1287년)

고려말에 몽골군사가 침입한 국난기를 당해서 삼국유사에 이어 등장한 제왕운기는, 국난을 당한 국가의 기세를 돋구고 국민적 애국심을 되살리려는 뜻깊은 의미를 갖고 쓰여졌다. 당시의 기록은 고려 임금님 가계를 당당한 황실(皇室)로 표기하였으니, 일반에 알려진 바와 같이 (삼국사기 등의 공식기록에 쓰인 바와 같이) 왕조로 쓰여지지 않은 당당한 모습을 보임에 있어서도 이채롭다.[25)]

특히 유의할 것은 왕건 임금님의 조상 호경(虎景)이 구룡산이란 신비로운 산의 정기(山精)를 받은 천왕(天王)임을 강조한 것이다. 그리고 그 후손이 성모(聖母)와 함께 낳은 아들이 고려 태조 왕건이라는 것이다. 여기서 성모에 대해 유의할 필요가 있다.

우리는 요즘 생각하길 성모(聖母)라고 하면 기독교의 마리아를 생각한다. 그러나 기독교에서 성모를 말하기 이전에, 이미 700여년 전의 제왕운기에 성모라는 호칭이 등장함을 유의할 필요가 있다. 성모라는 호칭은 근대사 이후에 서양세력이 밀려오기 이전에 우리 민족이 쓰던 고유한 용어임을 알게 된다. 더군다나 보다 유의할 일은 제왕운기에서 성모는 바로 지리산의 천왕이라고 함이다. 이곳 지리산 꼭대기에 도선(道詵)스님이 시켜서 천하의 명당이며 제왕기지(帝王基地)가 분명하다면서 성모의 사당을 세웠다는 것이다.

따라서 예리하게 헤아려 볼 것으로서, 왜 당시의 이승휴가 제왕운기에 지리산을 강조하고, 천왕(天王)을 강조했으며, 성모(聖母)를 강조했는가 하는 점이다. 당시까지의 정치사상에 있어서 전통적인 통치이념으로 산정(山精) 혹은 산신령을 강조하고서 그 최고의 지도자로 천황 혹은 천왕

25) 김경수, 진성규 옮김, 동안거사집 ; 부 제왕운기(서울 : 한글터, 1995), 삼척시 발행, 1995, pp.316~319.

을 강조하면서, 천황을 낳은 어머니로서의 천황할매를 강조한 것이 제왕운기에 남았다고 생각 되어 진다.

② **동국여지승람(東國輿地勝覽**, 1481년)

고려나 조선시대에 있어서는 정치에 관한 지식을 제공하는 인문지리서가 국정운영을 위해 절실히 필요했다. 각 지방의 자연, 연혁, 인구, 인물, 성씨, 토질, 전결, 토산, 학교, 역원, 봉수, 절 등에 관한 지식이 정치인들에게 필수적으로 필요했기 때문이다. 이런 요구를 충족하기 위해서 세종임금님 14년인 단기 3765년(1432년)에 8도지리지가 편찬되어 세종실록에 수록되어 있다.[26] 이것을 수정증보한 것이 성종12년(1481년)에 동국여지승람으로 편찬되었고, 다시 중종25년(1530년)에 신증동국여지승람으로 증보판이 나와 오늘에 이르고 있다.

신증동국여지승람에는 제31권 함양군의 사묘(祠廟)편에 다음과 같이 쓰여 있다.

> 성모사(聖母祠)는 사당이 둘이다. 하나는 지리산 천왕봉 위에 있고, 하나는 함양군 남쪽의 엄천리에 있다. 고려시대 이승휴의 제왕운기에, 성모는 고려 태조의 모친인 위숙왕후(威肅王后)라고 한다.[27]

따라서 신증동국여지승람에 있는 바로는 천왕봉 꼭대기에 있는 사당을 제왕운기의 내용을 그대로 인정하면서 재확인하고 있다는 점이다. 여기서 특히 신증편에 수록된 김종직의 시를 유의해 읽어볼 필요가 있다.

> 말방울 울리며 마천(馬川)에 들어오는데, 빈종(賓從)도 또한 점잔하구나. 그늘진 구렁엔 얼음이 장차 합하고, 양지쪽 벼랑엔 단풍이

26) 이기백, 한국사신론(서울 : 일조각, 1974), p.227.
27) 민족문화추진회, 신증동국여지승람 4, 1989, p.252.

> 아직도 곱다. 눈이 신모묘(神母廟)를 덮었고, 우뢰가 칩룡연(蟄龍淵)에서 울려온다. 굽은 언덕엔 시참(柴慘 : 형벌의 일종)을 남기고, 수목 우거진 사당엔 지전(紙錢)이 걸려있네. 나무를 깎아서 시냇가엔 자귀밥 있고, 숯을 굽느라 골짜기엔 연기가 난다. 일하는 사람은 메밀을 베고, 작은 색시는 목화를 거둔다. 그럭저럭 임기가 가까워졌다. 이 놀이를 응당 그리워하리라.[28]

이상에 쓰인 김종직의 시를 읽으면 지리산의 모습이 생생하게 떠오르면서, 지리산 꼭대기의 천황할매 사당을 신모묘(神母廟)로 쓰고 있음을 알 수 있다. 이승휴의 성모(聖母)가 신모(神母)로 바뀐 것이 다른데, 이것은 당시 사람들의 '성스럽고 신비한 할매'란 표현을 이승휴나 김종직이 각자의 나름대로 쓴 것으로 상호간에 차이는 없는 것이라고 생각된다.[29] 어떻든 지리산 꼭대기의 천황할매는 김종직의 증언에 의해서도 생생하게 그 존재가 명증되는 바라고 하겠다.[30]

2) 천황할매의 이야기

지리산의 최고봉인 천황봉에 모셔져 온 천황할매는 언제 누구에 의해서 모셔졌는가는 기록이 없어서 알 수 없다. 분명한 것은 최소한 제왕운기가 나온 700년 전이요, 또한 제왕운기의 기록대로라면 고려 태조 왕건

---

28) Ibid., pp.252~253.

29) 삼국유사에는 신라 2대왕인 남해왕의 왕비인 운제(雲帝)부인이 운제산의 성모(聖母)가 되었다고 하고, 동국여지승람 21권에는 박제상의 아내가 치술산 신모(神母)가 되었다고 한다. 또한 동국여지승람 30권에는 해인사의 천왕사에 가야국 왕후가 사후에 산신이 되어 있다고 한다. 말하자면 예전의 산신들은 거의 모두가 여성임을 특징으로 하고 있다.
김장호, 한국명산기(서울 : 평화출판사, 1995), pp.340~341.

30) 구봉산, 모악산, 월출산, 천황산, 지리산을 비롯한 대부분의 천황봉, 천황단이 있는 곳에는 으레 천황사 혹은 천왕사라는 절이 꼭 있다.

임금님의 어머니이니 1100여년이 넘는 동안을 눈보라 비바람 몰아치는 지리산 천황봉을 지키고 있던 분이 바로 천황할매이다.

그런데! 천황할매에 대한 오늘의 해석은 어떠한가? 그에 대해서는 지리산 천왕사 혜범스님의 얘기가 걸작이다.[31)]

> 천황할매를 부르는 호칭은 오늘날 제각각입니다. 마야부인이라고 부르는가 하면, 성모(聖母)라고도 하고, 마고라고도 하면서 모든 종교가 각자 자기대로의 이름을 붙여서 오늘에 이르고 있습니다. 그런데 천황할매는 그 종교들을 생각하면 모두가 그 종교 이전에 모셔진 것이고, 모든 종교를 감싸고 모든 중생을 포괄하는 어머니 중의 어머니요 최고의 어머니라고 봄이 맞습니다.
>
> 누구도 천황할매가 모셔진 때를 모르며, 누구나 올라가 보니 그곳에 천황할매가 모셔져 있었다니, 그 분은 모든 어머니의 어머니가 분명하지 않습니까?

그렇다! 천황할매는 이 땅의 현존하는 역사적 사료가 분명히 증언하는, 가장 오래된 민족의 어머니가 분명하다.

> 그러므로 천황할매는 현존하는 대종교, 천도교, 유교, 불교, 기독교(개신교, 천주교), 증산교 등의 모든 종교 위의 최초의 어머니가 분명합니다. 또한 단군의 어머니가 분명합니다.

지리산 천황할매의 모습은 불교, 유교, 기독교의 영향을 받기 이전의 원초적 모습을 보여 준다. 5500년 된 만주 심양 근처 우하량(牛河梁) 유적의[32)] 여성조각과 전혀 다를 것이 없다.[33)] 따라서 오랜 세월에 걸쳐서

---

31) 1997. 6. 29, 지리산 천왕사 혜범스님 면담.

32) 우하량 유적은 1980년대초에 중국과 북한 학자가 공동발굴하여 나온 거대한 유

이어지는 천황할매의 이야기도 다종다기하다. 그것들은 묘하게도 각 종교나 민족신앙과 짙게 연결되어 있는데, 그것을 순서대로 살펴보자.[34)]

첫째로 천황봉에는 이미 1천년전에 성모사라는 사당이 세워져 있었고, 성모석상까지 봉안되어 있었다. 그리하여 이 사당을 찾는 사람들의 발길이 끊이지 않을 정도였다. 성모 마야고는 '마야고 전설'을 통해서 지리산 능선의 곳곳에 생생하게 살아 있는데, 그 내용은 다음과 같다.

> 마야고는 반야를 사랑했다. 어느날 반야는 돌어 오겠다고 약속하고 마야고의 곁을 떠났으나 영영 오지를 않았다. 마야고는 기다리는 초조함으로 나무를 할켰다. 이것이 지리산 주능선 부근의 고사목이다. 그리고 할켜서 얻은 올로 베를 짜던 자리가 세석평전이다. 지금도 천왕봉의 돌무덤 위에 앉아서 서쪽 하늘을 보면 낭군봉인 반야봉이 마치 달려올 듯한 산세로 눈에 들어온다.

둘째로 무조설(巫祖說)의 입장에서의 얘기로, 먼 옛날 천신의 딸 성모마고가 지리산에 하강하여 딸 여덟명을 낳아 모두 무당으로 길러서 팔도에 보내 민속을 다스리게 했다는 얘기다. 여기서 무당은 예전에 있어서는 신녀(神女)를 뜻하는 것이니, 천황할매나 그 딸들이 모두 신성스런 여성임을 말한다고 하겠다.

셋째로 불교계열의 얘기로서, 성모석상은 석가여래의 어머니 마야부인을 산신령으로 모신 것이란 견해이다. 옛 문헌에는 지리산을 地利山으

적지로, 고조선의 요동문화가 대단히 찬란했음을 보여주는 놀라운 증거이다.

33) 우하량 유적에서 나온 사람 모양을 한 실물크기 그대로의 여성조각을 중국에서는 동양최고의 여신상으로 부른다. 그들의 직계조상이 아니므로 단지 동양최고라고 했으며, 우리 민족의 최고 조상이기 때문에 그렇게 부르는 것이다. 그런데 우하량 유적의 여신상은 세밀히 관찰할 경우에 천황할매와 다를 것이 없다. 그렇다면 천황할매의 연세도 5500년 쯤으로 상정할 수도 있지 않을까?

34) 신동아 1997. 7, 통권 454호, pp.586~588(필자보완).

로 표기한 사례가 많은데, 그것은 불교의 영향을 받은 것으로서 지리산을 문수도량으로 부른데서 유래했다고 보는 것이다. 지혜의 보살인 문수대성이 지리산에 머물며 불법(佛法)을 지키고 중생을 깨우치는 도량으로 삼았는데, 그리하여 문수사리(文殊師利)의 利자를 따서 地利山으로 표기했다가 그것이 훗날 地理山으로 변했다고 보는 것이다.[35)]

3) 천황할매의 수난

1천여년 이상에 걸쳐서 지리산 꼭대기를 지켜온 천황할매의 기나긴 삶은 그러나 결코 순탄한 것이 아니었고, 굴곡 많고 사연 많은 우리나라 역사 만큼이나 기구한 이력서를 갖고 있다.

① 왜구침략 : 고려말의 황산전투에서 명장인 이성계 장군에게 쫓긴 왜구의 패잔병들이 천황할매의 머리를 칼로 쳐서 이마에 깊은 상처를 냈다. 현재도 천황할매의 왼쪽 이마는 당시의 상처가 그대로 남아서 안타까운 모습을 보여 준다.

② 일제침략 : 만35년에 걸친 일제강점기에 있어 천황할매는 심각한 피해를 입는다. 일제침략자들은 그들의 신사참배를 강요하면서, 우리나라의 곳곳에 있는 민간사당이나 민간신앙 유적을 철저히 파괴해 나갔다. 그리하여 천황할매가 민초들의 신앙적인 지주가 되는 것을 알고서 사당은 철거하여 없애 버리고, 천황할매는 낭떠러지 아래로 굴려 버렸다.

③ 이불보쌈 : 그 뒤 일제가 물러가고 조국이 되찾아지자 지리산 주민들이 여러 가지로 노력하여 어려움을 극복한 가운데 천황봉에 다시금 천황할매를 모셨다. 그러자 이번에는 시간도 얼마 지나지 않은 4278년(1945년) 11월에 천황할매를 너무도 사랑한 한 주민에 의해 이불보쌈을 당해서 숨겨졌다가 다음해에 다시 돌아왔다.

---

35) 신경남일보, 남강5백리 69회, 1991. 3. 20 참조.

④ 최악의 비극 : 이렇게 돌아온 천황할매는 약 25년간을 지리산 꼭대기에 모셔져 천황봉을 지키게 되었는데, 당시의 사진이 남은 것을 보면 너무도 기가 막힌 생각이 든다. 철사줄로 얼기설기 꽁꽁 묶어 놓아서, 보호하는 것인지 포박해 묶어 놓은 것인지 구별이 쉽지 않을 정도였다. 그런데! 가장 기막힌 최악의 비극이 천황할매에게 닥쳐왔다. 4305년(1972년) 5월에 천황봉 꼭대기에서 철야기도를 마친 한 종교 단체 신자들이 아예 목과 몸통을 잘라서 멀리 내어다 버린 것이었다.[36] 이리하여 1천여년 이상을 천황봉에 모셔져 있던 유구한 민족문화재가 최악의 파괴를 입고 사라지는 비극적 상황을 맞았던 것이었다.[37]

4) 혜범 스님의 활약

지리산 천왕사는 경남 산청군 시천면 중산리 785번지에 있다. 천왕사의 주지인 혜범스님은 예전에 왜구가 쳐들어 왔을 때에 사명당과 함께 왜적을 쳐부신 승병대장이 연상될 정도의 호걸 스님이다. 웬만한 사람들이 팔씨름을 했다가 이길 사람이 거의 없을 정도로 탄탄히 단련된 무쇠근육의 의로운 스님의 활약이 없었다면 천황할매는 영원히 사라져 버렸을 것이다. 인생을 걸고 천황할매를 찾아서 모신 혜범스님이 있었기에, 천왕사 경내에 현재 엄숙히 모셔져 있다. 천황할매에게 헌신한 혜범스님의 무용담을 옮겨 보자.[38]

① 계속된 추적 : 혜범스님은 지리산 전체를 약 10년간에 걸쳐 수없이

36) 그 무렵에 정호연이란 분이 천황할매를 지키려고 많은 돈을 들여 누각을 짓고 사당을 만들었는데, 단지 한 달만에 누군가가 불질러 버렸다고 한다. 그리고는 일부 종교의 광신도들이 철야 기도하면서 천황할매도 부숴 없앤 것이다.

37) 당시 대동공업주식회사 초대회장의 어머니가 천황할매 옆에 관세음보살상을 음각해 놓은 것도 있었는데, 그것도 함께 깨부숴 버렸다고 한다.

38) 1997. 6. 9, 지리산 천왕사 혜범스님 면담.

오르내리고 샅샅이 뒤지면서 민족의 문화유산을 찾는데 혼신의 노력을 쏟았다. 그것은 지리산 전역에 걸친 저인망식 탐색이요 추적이었다. 그런데 천황할매의 머리 부분은 상상도 못할 먼 곳에 버려져 있었다.

> 멀리 진주 비봉산의 과수원에 가서야 머리 부분을 찾았습니다. 그 전날 밤에 군인이 총쏘는 꿈을 꾸고서 총알이 날아간 곳을 찾아가 보니 그곳에 머리 부분이 있었던 것입니다. 1986년 1월 12일 이었습니다. 그렇게 되자 머리 부분을 내놓지 않으려는 과수원 주인을 설득해야만 했고, 당시로서는 매우 큰 돈인 30만원을 지불하고 모셔오게 되었습니다.

② 주민들과의 싸움 : 모셔온 천황할매의 머리부분은 약 10년에 걸친 마을 싸움의 발단이 된다. 그러나 워낙 튼튼한 체구의 혜범스님이라 일당백으로 용감히 지켜내어 오늘에 이르고 있다.

> 당시 비봉산에서 천황할매의 머리를 모셔다가 지리산의 관리사무소에 갖다 주고 천황봉에 모시라고 했습니다. 그런데 누구도 거들떠보지 않고 한낱 돌맹이로 치며 갖다 버리라고까지 하는 것입니다. 그렇게 되니까 천황봉에 올려다가 모셔도 그간 겪었던 천황할매의 기구한 고통을 생각할 때에 온전히 꼭대기에 모셔져 있을리도 없는 것이고, 할 수 없이 내가 다시 모시고 와서 천왕사에 직접 모시기로 했습니다.
>
> 그리고는 그해 4월 초파일입니다. 다시 영험스런 꿈을 꾸고는 불현듯 일어나 초파일 내내 지리산의 꿈에 본 지점을 뒤졌습니다. 수없이 찾는 중에 겨우 손바닥 만큼만 보이는 돌이 천황할매의 머리돌과 색깔이 같아 땅을 파보니, 오랜 동안 흙 속에 묻혔던 천황할매의 밑동부분이 나온 것입니다. 그리하여 밑동을 모셔다가 머리 부분과 합하고 정중히 기단부분을 만들고서 천왕사에 모셨습니다.

그렇게 되어 천왕사에 모셔진 천황할매가 점차 소문이 나자 마을 사람들이 계속 몰려와 다시 천황봉 꼭대기에 모시라고 요구하게 되고, 그곳에서 온전히 모실 수 있겠느냐는 혜범스님의 항변이 맞부딪치며 격렬한 싸움이 일어난다.

> 마을 주민들이 떼로 몰려와서 내놓으라며 협박을 하기 시작했습니다. 심지어는 뭇매를 맞고 28일간을 입원까지 했었습니다.

더군다나 마을 주민들이 잠잠해지니까, 이제는 이웃 함양군에서 내놓으라고 지역 분쟁이 생기고, 또한 전라도에서도 소문을 듣고는 지리산은 경상도의 산만이 아니니 내놓으라고 몰려오기까지 했으나 혜범스님은 철저히 천황할매를 수호해야 한다는 매운 신념으로, 오늘에 이르기까지 천황할매를 모시고 있다고 한다.

> 천황할매는 제가 철저히 보호할 것입니다. 천황할매가 그렇게 고통을 당할 때에 내버려둔 사람들이 천황할매를 모실 자격이 있습니까?

그렇다! 천황할매는 이제 천황봉 꼭대기에 다시는 올라가고 싶지 않을지도 모른다. 그간 왜구와 일제침략자를 비롯한 숱한 사람들에게 당해온 고초가 얼마인가? 심지어 꼭대기에 올려다가 군인들이 보초를 서서 보호해 줄 리도 없고 철사줄로 죄인같이 묶어서 보호하는 기구한 신세일 거라면 왜 그곳에 다시 올라가겠는가?

특히 유의해서 생각할 것은 혜범스님의 피맺힌 노력 자체가 역사이고 혜범스님이 천황할매를 천왕사에 모시게 된 것 자체가 바로 살아있는 역사가 아니겠는가? 제왕운기나 동국여지승람에 까지 나오는 유구한 문화재를 그토록 방치하고 훼손하는 민족이 지구상에 쉽게 있겠는가? 그런데도 용기있게 천황할매를 지키고 수호한 의로운 혜범스님이 있었다면, 그가 보호하는 것이 천황할매가 바라는 뜻이 아니겠는가?

> 제가 모시려는 노력도 쉽지가 않았습니다. 먼저 비각을 지으려고 신청을 하니까 허가가 나질 않아요. 최근까지 수없이 싸우다가 금년(1997년) 3월에야 허가가 났습니다. 그런데 신기하게도 천왕사가 있는 위치가 지리산의 중심(中心)골이란 지명입니다. 지리산의 가장 가운데에 있다는 뜻이니 천황할매를 모시게 되는 가장 적절한 곳이요, 천황할매의 높은 뜻이 아닐까요?
>
> 저는 천왕사를 개인의 절이 되게 하고 싶지 않습니다. 본 절을 잘 가꿔서 법인화시키고, 제가 죽고난 뒤에는 민족의 정신적 도장이 되게 민족재산으로 만들어 영원히 보존시킬 생각입니다.
>
> 또한 아울러 밝힐 것은 천황할매를 뜻깊게 생각하고 보호하려는 사람도 적지 않다는 점입니다. 대다수의 국민들은 모두가 천황할매를 1천년 이상이 넘는 기나긴 역사성를 생각하면서 잘 보살피고 있고, 천황할매의 영험한 신통력을 믿는 사람들도 아주 많습니다. 덕분에 천황할매가 경상남도 지정문화재로 최근에 등록이 되었습니다. 이제는 당당하게 법으로 보호받는 문화재가 되었습니다.

5) 나라를 살리는 천황할매의 신통력

천황할매는 호국신앙과도 깊게 연결되어 있다고 생각된다. 각각의 임금님시대마다 모든 국가창업자는 천황할매에게 찾아와 기도를 드리고서 창업을 하고 나라를 지켰으며 국운을 빌었었다고 한다.

> 천황할매는 마을 주민들에게는 신라 박혁거세 임금님의 어머니인 선도성모로 알려져 있습니다.[39] 최초의 어머니라는 뜻이겠지요. 그

---

39) 일본천황의 최초 인물인 히미코는 여자이다. 그 히미코는 가야국의 김수로 임금님의 딸이라는 견해가 있다. 그렇다면 지리산 꼭대기에 모셔진 천황할매는

> 후 고려시대의 태조 왕건 임금님의 아버지께서 도선국사를 만나서 얘기 듣길 부인이 기도하면 임금님이 될 아들을 낳는다고 하여 치성을 드리고 아들을 낳은 기념으로 천황할매를 세웠으니, 태조 왕건 임금님의 어머님을 모신 것이란 얘기도 있지요. 그 얘기가 이승휴의 제왕운기에 기록되어 있지 않습니까?

또한 조선 태조 임금님인 이성계 장군에 얽힌 얘기도 적지 않다. 이성계 장군은 지리산 천황할매의 도움으로 왜구를 대파하고 큰 공훈을 세웠다고 널리 알려져 있다. 아무튼 마을 토박이 주민들에게는 천황할매가 국가를 지키는 신통력을 가진 수호신으로 받아들여지고 있었다.[40)]

> 지리산에는 태조 이성계 토굴이란 것이 있습니다. 이성계 장군은 그 곳에서 6년간을 기도한 후에 천황할매를 찾게 되었고, 창업의 계시를 받게 된 것입니다. 그러므로 조선황실은 천황할매의 뜻에 따라 만들어진 것이고, 천황할매는 이 나라의 앞날과 국운융성을 비는 수호신입니다. 그리고 모든 왕조의 창시자는 하나같이 천황할매를 찾아서 절을 하고 갔고, 그 이후에 창업에 성공을 했습니다.

2. 천황사상의 추적

우리나라의 곳곳에는 천황사상이 깃든 곳이 많다. 대부분이 이름 높은

바로 최초의 지도자들을 형상화한 것은 아닐까?
이종기, 춤추는 신녀(서울 : 동아일보사, 1997) 참조.

40) 하늘의 신통력을 뜻하는, 하늘에서 내려쬐는 빛으로 임신하여 태어난 사례는 고구려의 주몽, 신라의 혁거세, 알지, 일본의 천일창(天日槍), 몽골의 징기스칸, 거란의 야율아보기 등이 있다.
천관우, 한국고대사(서울 : 정음문화사, 1983), p.33.

명산의 꼭대기에 있는데, 그것은 매우 중요한 정치사상적 뿌리가 된다고 생각한다. 이북 쪽의 산은 현재로서 살펴보기가 어려워 일단 이남 쪽에 있는 주요한 곳들을 살펴 보자.[41)]

• 지리산 천황봉(1915m) : 지리산은 전라남북도와 경상남도의 3개도의 경계를 이루는 거대한 산이다. 그만큼 우리나라 사람들의 기나긴 삶과도 깊게 연결되어 있는데, 하늘로 향하는 통천문(通天門)을 옆에 두고서 천황봉이 최고봉을 자랑하며 묵직하게 버티고 서 있다. 그리고는 본 논문에서 주요하게 다룬 천황할매가 성모사(聖母祠)에 모셔져 있었으며, 그 옆에는 만고 천황봉 천명유불명(萬古 天皇峰 天鳴猶不鳴)이란 청석표주(靑石標柱)가 세워져 있었다고 하나 현재는 없다.

특히 지리산 3대 주봉의 하나인 노고단(老姑壇, 1506m)은 능선의 서쪽 끝을 이루는데, 정상은 길상봉(吉祥峰)이라고 부르는 30만평의 넓은 고원을 이룬다. 이곳에는 옛날 신라시대부터 지리산의 산신인 선도성모(仙桃聖母)를 모시는 남악사(南岳祠)가 있었고 전통신앙의 성지로서 성모신을 국토수호의 성신으로 받들어 나라에서도 해마다 봄 가을이면 국태민안(國泰民安)과 시화연풍(時和年豊)을 비는 제사를 지냈는데, 그것은 고려를 거쳐 조선시대까지도 이어 졌었다. 노고단 아래에 있는 구례군 고유의 민속명절인 곡우절(매년 4월 20일), 약수제 민속제전도 여기서 유래가 된 것이며, 노고단이란 명칭도 그 잔재가 남은 것이다. 신라시대에는 노고단이 성모상을 모신 가운데 화랑도의 훈련장이었으니, 왜 그곳이 성지로서의 교육장이 되었는가 이해가 되는 바라고 하겠다.[42)]

---

41) 이북에도 적지 않은 천황유적이 있으리라고 본다. 소설 임꺽정에 나오는 천황동이는 백두산 천황단에서 기도하여 낳았다고 하고, 김구의 백범일지 등에는 백두산의 제천당 기록이 분명히 보이는 등으로 짐작이 간다.
김구, 윤병석 직해, 백범일지(서울:집문당, 1995), p.53.

42) 이고봉, 지리산 : 국립공원 가이드 1 (서울:평화출판사, 1995), p.23.

• 계룡산 천황봉(845m) : 계룡산은 충남에 있는 영험스런 산으로 널리 알려져 있고, 예로부터의 전통신앙의 보물창고와 같은 곳이다. 계룡산 꼭대기에는 최고봉이 천황봉이고, 이어서 또 천왕봉(605 m)이 존재한다. 재미있는 것은 천왕봉 건너편에 임금봉이 존재하고 있음이다.

• 속리산 천황봉(1058m) : 속리산은 충북에 있는 법주사가 유명한 커다란 명산이다. 최고봉이 천황봉이고 관광객이 많이 찾는 곳이 문장대이다. 천황석문을 거쳐 천황봉에 이르게 되어 있다.

• 월출산 천황봉(812m) : 월출산은 전남에 있는 빼어난 경관을 자랑하는 산이다. 월출산의 최고봉이 천황봉으로서 매우 신령한 모습을 보이고 있다. 통천문을 거쳐 오르게 되어 있고 천황사라는 좋은 절이 있다.

• 천황산 천황봉(1189m) : 경남 밀양에는 아예 산이름이 천황산인 아름다운 산이 존재한다.

• 태백산 천황단(1567m) : 태백산 꼭대기에는 천황단(일명 천제단이라고도 부름)이 존재하여 산신령께 산신제를 지내며 국태민안을 빈다. 그런데 그것을 일본인들이 천왕단으로 만들었다가 아예 헐어 없애 버렸다.[43] 현재도 태백산 밑의 당골에는 단군성전이 있다.

• 희양산 천황봉(998m) : 소백산맥 줄기를 타고 충청북도의 아름다운 산을 이루는 최고봉이 천황봉이다.

• 무등산 천황봉(1189m) : 광주에 있는데 지왕봉, 인왕봉을 거느리고 있고, 봉황대 가까이에 천제단이 갖춰져 있다.

• 도솔산(336m) 천왕봉 : 전북 고창의 선운사가 있는 곳으로서, 도솔암은 대표적 지장보살이 모셔져 있어 유명하다. 일제침략자들이 동학소굴이라고 헐어 내기 전에는 중국의 용문석굴이나 돈황석굴은 따라 오지도 못하게 줄줄이 수없는 암자와 절이 꽉 들어찬 대표적 불교 유적지였

43) 박성수, 단군기행(서울 : 교문사, 1988), pp.52～61.

다는데, 일제침략으로 국보급 문화재들이 수없이 사라져 아쉽다. 일본에 있는 수많은 우리나라 불교문화재 가운데 상당량이 이곳에서 탈취해간 것일 것이다. 소더비 경매장에서 항상 최고가로 팔리는 고려시대 불화가 겨우 한국에 10개뿐인데 일본에는 공개된 것만 120개이상인 이유를 알 만하다. 천왕봉을 중심으로 찬란했던 불교문화는 사라졌으나 관광객이 끊이지 않을 정도로 기기묘묘한 산세와 암석이 재미있다. 시인 서정주의 아름다운 시가 바로 이 터에서 나왔을 정도로 신묘한 정서가 듬뿍 깃들어 있다.[44)]

지금까지 살펴 본 여러 유명한 산 꼭대기에 있어서 최고봉의 이름이 천황봉으로 남았다는 것은 무엇을 뜻하는가? 그것은 우리나라의 산이름이 원초적으로 우리 민족의 고유한 토착사상인 천황사상 계열에 의해서 만들어지기 시작했음을 뜻한다고 하겠다. 그리고 나서 점차 불교 계열의 산봉우리 이름들이 나타나기 시작했고, 그후에 유교사상의 영향을 받은 산이름이 등장하여 오늘의 산 이름들이 형성된 것이다.

이상의 명산들에 남아 있는 천황사상의 잔재를 보면서 생각할 것은 무엇인가? 우리나라에는 머나먼 옛부터 천황님을 존중하는 사상이 널리 남아 있었음을 뜻한다. 가장 좋은 산의 최고 꼭대기는 어디나 천황님이 모셔져 있고, 천황사상은 민족의 원초적 최고 사회철학이 분명하다. 태백산 꼭대기의 천황단은 그 제단이 남은 대표적인 것이며, 그 외에 지리산 꼭대기의 천황할매가 있고 또한 제사를 지내는 노고단(老姑壇)이 남아 있다는 것은 천황숭배 사상의 전형적인 사례라고 하겠다.[45)]

---

44) 도솔암 주지 재훈스님에 의하면 도솔산 계곡에 있던 수많은 암자는 모두가 선운사나 도솔암과 같은 수준의 빼어난 것이었다는데, 세계적 문화유산을 일제가 불태우고 부쉈다고 한다. 현재도 도솔암은 가히 경탄할 정도로 아름답고 빼어난 위상의 불교문화재이다. 특히 육당 최남선이 극찬을 아끼지 않았을 정도로 절묘한 위치에 있는 도솔암의 지장보살은 보물로 지정되어 있고, 전국에서

그런데 우리나라에 널리 퍼져 있던 천황사상이 일본에는 천황으로 남아서 최고지도자의 호칭이 되었는데, 왜 우리나라에는 봉우리 혹은 제단 등으로만 남았을까? 그것은 일본이 탄생되고, 우리나라가 통일신라가 되며 고구려, 백제가 멸망되는 전체적 흐름을 보면 자연스레 이해가 될 것이다. 그 당시만 해도 우리나라에는 천황사상이 매우 널리 퍼져 쓰이고 있었는데, 김춘추의 굴욕외교에 의해 공식적으로는 수입제도로서의 왕을 도입했으니, 공식적 관제용어가 아닌 민간에만 통상적으로 쓰이던 것으로서의 잔재가 남은 것이 천황봉이나 천황단으로 되었고, 일본에는 김춘추가 없었기에 옛날 것이 그대로 공식적인 최고지도자의 호칭으로도 남았다고 하겠다.

일본이 천황을 칭하는 것은 7세기로서, 고구려와 백제가 망하고 신라가 삼국을 통일하는 무렵이다.[46] 그리하여 그것을 합리화해 주는 일본서기가 8세기에[47] 집필되는 것이다.[48] 따라서 옛부터의 것이 그대로 남은 일본은 오늘날에도 옛날 우리의 천황사상을 갖고 있는 것이다.

일본에서는 그들의 천황이 수나라 역사책인 수서에 쓰였으되, 서제동

불공의 효험이 크다면서 찾아오는 사람들이 줄을 잇고 있다.

45) 안천, 단군할머니론(서울 : 민족문화사, 1995) 참조.

46) 최재석, 일본고대사연구비판(서울 : 일지사, 1990) 참조.

47) 일본서기는 모두가 목판, 금속활자본이 아니고 필사본이며 현존하는 것이 40여종에 이른다. 옛 고본은 완질이 없고 몇 행 혹은 몇 권만이 남아 있다. 필사본 사이에도 상이한 곳이 많고, 계속하여 교정본이 나온 것이다.
최재석, 백제의 대화왜와 일본화과정(서울 : 일지사, 1990), p.27.

48) 일본서기는 서기 720년에 완성된 일본에서 가장 오래된 역사서이다. 일본서기에는 삼국사기를 비롯한 모든 역사서에 있는 서문이나 발문이 없다. 따라서 편수책임자가 누구인지도 모르며, 지(志)나 열전(列傳)도 없다. 그래서 위서(僞書)라고 하는 학자도 있다. 그래서 일본서기에 기재된 것을 그대로 믿는 학자는 일본에도 없다. 1984년에 일본을 방문한 우리의 대통령에게 일본 천황이 6,7세기 때에 일본 건국에 도움을 준 바에 대해 감사를 한 것도 의미있는 것이다.
전용신 옮김, 일본서기(서울 : 일지사, 1990), pp.해설 1~5.

천황(西帝東天皇)이라고 했다는 데에서 근거를 잡는다. 그러나 당시의 일본은 수나라가 나라 취급도 않던 저급한 미개 수준이었는데 그렇게 대등히 보아줄 리가 없고, 특히 머나먼 바다 건너의 일본을 수나라가 그렇게 불렀다는 것은 우스개 소리에 해당한다.

수서에 쓰인 것은 바로 수나라가 싸우다가 망한 당시의 선진 강대국 고구려를 뜻하는 것이 분명하다. 그러므로 당시의 우리나라에서는 천황을 널리 썼었는데, 김춘추의 굴욕외교 이후에 그것이 산봉우리 이름이나 제단으로만 남았고, 먼 바다에 막힌 일본에는 그것이 그대로 최고지도자 호칭으로 남아 있는 것이다.

그렇다면 천황은 단군과 어떻게 다른가? 천황은 결코 단군과 다른 것이 아니다. 당시의 토착어인 하느님(텐그리)을[49] 부른 텐그리의 이두가 단군, 당굴, 텡글은 물론 천황(텐홍) 등으로 남은 것에 불과하겠기 때문이다. 생각컨대 텐그리 → 텡글 → 단굴 → 당굴 → 단군 → 천황으로 변해 나간 흐름이었다고 하겠으니 천황은 그것을 가장 한자식으로 쓴 것이다.[50] 따라서 우리나라에는 단군이 더 남았고,[51] 그것이 천황으로 변해서 정착하는 가운데 김부식 이후부터 왕이 쓰인 것이고, 일본에는 완전히 변한 천황이 정착했음을 알 수 있다.[52] 일본이 당시에는 가장 변두리에

---

49) 몽골족에는 원래부터 텐그리 신앙이 존재했다.
조선일보사, 몽골 : 바람의 고향, 초원의 말발굽, 1993, p.57.

50) 천황이란 지위는 원래 제사장과 깊은 관련이 있다.
장진한, 오상현 옮김, 천황과 천황제(서울 : 한원, 1989) 참조.
서현섭, 일본인과 천황(서울 : 고려원, 1997), p.179.

51) 김해에 있는 수로왕릉은 구지봉(龜旨峰)에 있다. 일본 여신인 천조대신(天照大神)이 하강하는 곳은 구시후루(觸峰) 혹은 구시히(旨日), 구시후루(久士布流)이다. 구시후루는 구시마을과 같은 뜻이다.
윤명철, 동아지중해와 고대 일본(서울 : 청노루, 1996), p.58.

52) 여기서 '구지'를 어떻게 볼 것인가? 그것은 '굿'으로 보아야 할 것이다. 굿은 제정일치 시대의 정치적 의식과 같은 것이었고, 구시나 구지는 굿의 이두글자

있는 오지이므로 가장 나중에 변한 것이 갈 수밖에 없는 것이며, 가장 변두리라 옛날 것이 오늘날까지 그냥 남은 것이다.[53)]

3. 새로운 최고지도자의 호칭

앞으로 나올 새로운 최고지도자 호칭은 어떤 것이 바람직할 것인가? 이에 대해서는 일단 대통령과 주석을, 이남정권과 이북정권이 바람직한 것으로 바로 잡는 것에서 출발하면 되겠다. 먼저 이남에서는 많은 경우에 내각제와 미국식 President제의 논쟁이 있는 바, 그 논쟁이 최종적으로 정착되는 데에 따라서 결정되어야 하겠고, 이북은 중국식만이 아니면 되겠으니 타국에서 수상(首相)이라고 하는 것과 사실상 별 차이가 없는 수령(首領)이 좋지 않을까 한다.

그런데 필자는 앞으로 우리나라가 제대로 국제사회에 고개를 들고 다니고, 국내적으로 제대로 된 정치를 하려면 일본침략에 의해 끊어진 임금님을 다시 모시고 입헌 군주제를 정립하여 영국, 스페인, 태국, 네덜란드, 말레이지아같이 어른문화가 살고 역사가 생생히 빛나는 뿌리있는 정치제도로 바뀌어야 하리라고 본다. 그렇다면 지금까지 논해 온 것을 바탕으로 볼 때에 어떤 것이 적절한가?

여기서 우선 중국식 황제는 제외되어야 옳다고 본다. 그러면 옛부터의 뿌리가 길고 좋은 호칭인 천황을 쓰겠는가? 그것도 일본과의 관계나 그

라고 보아야 할 것이다.

53) 일본 규슈의 초기 국가 건설은 물론이고 초대 지도자인 히미코가 가야에서 건너간 세력이며, 고대 일본 자체가 가야의 분국(分國)이었다는 견해도 있다.
윤석효, 가야사(서울 : 민족문화사, 1990), pp.129~157 참조.
이종기, op.cit., 참조.

간에 중국식 왕을 쓰면서 단절되었던 역사를 고려할 때에 상쾌한 바가 못된다. 따라서 앞으로 학계에서 많은 논의가 있으면서 새로운 것을 정해야 하리라고 보겠는데, 일단 다음 몇 가지를 시안으로 제시한다.

첫째로 단군 + 제왕이란 의미에선 단제(檀帝)를 쓰는 것을 생각할 수 있다. 단군에 대한 존경과 제왕입국의 의지가 듬뿍 담긴 좋은 호칭이라 생각된다.

둘째로 예전의 역사서에 예컨대 고주몽 임금님을 천제지자(天帝之子)로 썼던 것을 고려하여 천제자(天帝子)도 바람직한 호칭일 수가 있겠다. 다만 3자로 된 것이 거칠게 보이나 자주 쓰면, 대통령도 3자인데 불편할 리가 없을 것이다.

셋째로 단굴, 당굴, 텡글이 하느님을 뜻하는 고어이고,[54] 그것의 음차인 단군은 당연히 하느님을 뜻하는 것이니 천제(天帝)도 결코 잘못된 것이 아니라고 본다. 천황이나 천제가 다를 것이 없지 않은가?

맺는글 : 새로운 최고지도자 호칭의 정립

정치제도는 우리의 정치적 옷이다. 그간 우리는 외국에서 수입된 옷에 우리의 몸을 맞추려고 너무나 고생을 많이 해왔다. 옛부터의 우리 옷은 사실상 모두 버려버린 나라가 바로 우리나라가 아닌가?

최고지도자의 호칭은 (일제 침략자들이 끊어놓은 임금님을 당연히 나

54) 부여의 영고, 예맥의 무천, 진한과 변한의 계음, 마한의 소도는 하느님을 섬기고 노래하며 춤추는 것을 뜻한다. 그리고 소도에서 제사 지내는 일을 주관하는 사람을 천군(天君)이라고 했다.
김교현 지음, 고동영 옮김, 신단민사(서울 : 한뿌리, 1992), pp.42~43.

라의 어른으로 다시 모시고서) 단제, 천제자, 천제 등으로 즉각 고쳐야 옳다. (나라의 어른이 사라진 버릇없는 나라를 만들어 놓고서 그간 정치가 안된다고 한탄만 했는데, 정치가 되게 해놓고 정치를 탓해야 옳지 않은가?) 그리고 국가의 많은 부분을 옛부터의 우리 고유의 것으로 과감히 바꿔야 옳다.

예컨대 국무총리가 무엇인가? 영의정이란 좋은 호칭이 있는데 왜 그것을 써야 하나? 그리고 우의정, 좌의정이 옆에서 도우며 합좌행정을 할 수는 없을까? 그리고 내각이나 국무회의가 아니라 의정부를 다시 부활해야겠다. 또한 일본식 장관, 차관이 아니라 판서, 참판이 다시 쓰여야 옳지 않을까? 또한 서울시장이 무엇인가? 한성판윤이 얼마나 멋진 이름인가? 그리고 도지사가 아니라 관찰사라야 옳지 않을까? 생각하면 좋은 이름들을 너무나 많이 버리고 사장시키면서 오늘에 이르렀다.

> 「임금님을 자랑스럽게 모시고 만조백관이 함께 모인 당당한 나라에서 해외사절들이 존경스럽게 신임장을 제정하는 품격높은 나라는 언제 만들어질 것인가? 일제침략의 정치제도적 상처는 언제나 고쳐질 것인가? 지하에서 통곡하는 애국선열의 애절한 호소가 들리지 않는가?」

여덟째 주제

3·1 만세 항쟁의 참뜻

들어가는 글

一. 기존의 3·1만세 항쟁 학설들
1. 기존의 학설
2. 기존 학설의 문제점

二. 과학적 항일사관으로 본 3·1만세 항쟁
1. 분석의 전제
2. 분석틀
3. 분석의 실제
4. 해석의 입체화 필요성

三. 3·1만세 항쟁의 역사적 의의
1. 3·1만세 항쟁의 정치학적 위상
2. 거대한 항일성전의 출발
3. 3·1만세 항쟁의 영향

맺는글

들어가는 글

우리 민족은 영원히 번영할 생생히 살아있는 민족이다. 우리 민족은 어떤 침략자도 지배가 불가능한 민족이다. 유사이래 가장 가혹하고 교활한 일제침략에 있어서도 우리 민족은 처절히 항쟁하며 국권의 존엄성을 지켜 왔다. 그렇기에 우리의 역사인식은 항상 의연하고 단호한 흐름이었다. 일제침략자들이 물러간 단기 4278년(1945년)의 조국탈환 이후 우리의 역사해석은 3단계의 흐름을 갖고 이어졌다.

1) 맹목적 항일사관 시기 : 자유당 시대

첫째 단계는 맹목적 항일사관의 단계였다고 하겠다. 이승만 정권의 자유당시대가 바로 그 때에 해당한다. 일제침략자들이 물러간 뒤에 그들의 잔인했던 침략과 폭력에 치를 떨고 분노를 토로했으나, 사실상 구호는 있으나 내실 없는 항일사관의 시기였다고 하겠다. 그렇기에 실제적으로는 이승만 정권의 정권안보를 위해 친일행각이 뚜렷하고 매국성향이 농후한 인사들까지도 다시 등용하며 훗날 이 나라의 민족정기가 흐려지는 씨앗을 뿌린 것이다. 그러므로 이승만 시대는 사실상 말로만 항일을 했고 실제로는 친일흐름이 도도히 이어진 맹목적인 항일을 외치던 시대였다고 하겠다.

2) 주관적 항일사관 시기 : 민주공화당 시대 이후

둘째 단계는 주관적 항일사관의 단계가 있었다. 그 시기는 최근까지도 이어졌고, 이제야 서서히 그것에서 벗어나고 있다고 하겠다. 그 시기가 왜 주관적 항일의 정신이 지배했다고 보는가? 그것은 많은 것을 고치고 바로 잡으면서 친일매국 사관에서 벗어나려고 몸부림쳤으나 일제침략자들이 교묘히 왜곡, 은폐, 오도시켜 놓은 역사적 덫에 걸려 역사적 본모습을 모르던 시기였기에 그렇다. 그러므로 우리의 주관적 시각으로는 항일을 분명히 말했고, 역사를 바로 본다고 자체인식을 했으나 결과적으로 날카롭게 말해서는 침략을 궁극적으로는 인정한 것과 같은 시기였음을 말한다. 주관적 항일사관에서는 맹목적 항일사관의 시대보다는 분명히 침략사관에서 탈피되었고 올바른 역사를 썼던 것도 사실이다. 그러나 아직도 활용하는 사료의 대부분이 크던 작던 간에 침략사관의 테두리에서 벗어나질 못하고, 그것을 지탱하는 정신은 아직도 맹목적인 성향이 잔존되어 있었다.

3) 과학적 항일사관 시기 : 21세기 진입 무렵

그렇다면 오늘의 역사해석은 어떠한가? 그것은 셋째 단계로 과학적 항일사관의 단계가 되겠는데, 정치, 경제, 사회, 문화적으로 각 방면에 걸쳐 의연한 역사인식이 가능할 만큼의 성숙이 이루어진 오늘날의 역사해석을 말한다. 요즘의 역사를 보는 눈은 지난날의 눈과 사실상 전혀 다르다. 우선적으로 항일운동의 최고 주체를 북만주에서 체첸반군, PLO, 하마스 조직과 같은 방식으로 싸우며 처절히 조국탈환을 위해 몸바친 항일집단에 두려는 움직임이 강하다. 그들이 그간 역사 속에서 사실상 사라져 있었으나 그들이 진짜 항일역사의 주체라고 하겠다. 그러므로 독립운동은 독립전쟁으로 보고, 일제침략시대는 왜정시대라는 말을 쓰기 보다 일제강점시대라고 생각하며 보다 적극적으로는 항일성전시대(抗日聖戰時代)로 본다. 생각컨대 왜정(倭政)이란 분명히 항일적 용어지만, 그것은 엄밀히 말해서 왜놈들의 정치를 인정한 용어이므로 옳은 말이 아니고 일제침략자들의 강제점령과 노략질이 있었다는 수준으로 보는 것이며, 보다 적극적으로는 침략자들과 싸운 전쟁영웅들을 기준으로 그 시대를 봄이 옳다. 따라서 4278년(1945년) 8월 15일은 결코 해방이 아니다. 해방이란 일제침략자들에게 억류되어 있었던 동포들을 주체로 본 용어인데, 그 당시의 주체는 억류당한 동포가 아닌 항일애국자들이라고 봄이 옳은 것이고, 나라를 되찾은 것은 항일애국자들이 주체가 되어 조국을 탈환한 것이라고 함이 옳은 것이다. 그러므로 해방이 아닌 조국탈환이 맞는 말이다.

침략사관	주관적 항일사관	과학적 항일사관
폭동, 범죄행위	독립운동	독립전쟁
종전(終戰)	해방	조국탈환
일정(왜정) 시대	일제강점시대	항일성전시대
범죄자	독립운동가	항일애국자
내선일체시기	망국시기	항일성전시기
살인범	안중근의사	항일영웅
테러범	윤봉길의사	항일영웅

우리는 그간 침략자들에게 조국강토가 만 35년에 걸쳐 유린되는 치욕의 일제강점시기를 망국의 시기였다고 막연하게 학생들에게 가르쳤고, 그렇게 대부분의 국민들이 인식을 해왔다. 그러나 과학적 항일사관에 있어서는 결코 망국을 인정하지 않는다. 당시 항일애국자들이 하나도 없었고 모든 민족이 침략자들에게 억류되어 있었다면 망국시대라고 봄이 옳다. 그러나 그 시대에는 만 35년에 걸쳐서 절대숫자의 숭고한 애국집단이 혹한의 북만주에서 옥수수밥, 좁쌀죽을 먹으며 항일구국 전쟁을 위해 처절히 싸우면서 생생히 살아 있었고, 그들이 사실상 그 시대의 영광스런 민족주체이므로 망국시대가 아닌 항일성전의 시대인 것이다.

일제 침략자들은 결코 우리 민족을 지배하지 못했고 세계사에 남을 침략자란 오명을 쓰고 섬으로 되돌아 갔을 뿐이다. 그러므로 우리 민족의 그 시대는 이스라엘 민족의 엑소더스보다도 더 자랑스럽고 멋진 항일성전의 시기였고, 항일성전의 기록인 독립전쟁의 역사는 성경책보다도 멋진 애국기록인 것이다. 그리고 우리는 침략자를 궁극적으로 그들의 섬으로 쫓아내고 승리한 전승국이라고 해석해야 옳다. 우리는 당당한 연합국의 일원이었음이 분명하다.

그간 우리의 항일애국 시대에 있어서 위대한 민족사인 3·1항쟁의 역사도 맹목적 항일사관과 주관적 항일사관의 범위를 벗어나지 못하는 성향이 짙었다. 어찌보면 오도된 역사해석도 많이 눈에 띄는 것이 3·1운동의 역사였다. 본 논문에 있어서는 3·1항쟁의 진짜 본모습을 부각시켜, 그 항쟁의 참된 의미를 찾아 보도록 한다.

一. 기존의 3·1만세 항쟁 학설들

1. 기존의 학설

1) 민족주의 학설

민족주의 학설은 3·1만세 항쟁을 연구하는 그간의 중심된 통설에 해당한다. 항일민족사관에 토대를 두고서 일제침략의 범죄성을 부각시키고, 우리 민족의 위대한 항일애국 역량을 확인하는 흐름에 의해서 연구가 진행되었다고 하겠다. 이러한 흐름은 그간 국사편찬위원회를 비롯한 일반적인 역사학계의 연구성향에 있어서도 주류를 이루는 것이었고, 여타 학문분야의 학계에 있어서도 중심된 견해였다고 하겠다.

민족주의 학설에 바탕을 두고 3·1만세 항쟁을 연구한 대표적 학자로 신용하 교수 등을 들 수 있다. 그가 보는 3·1항쟁의 역사인식은 독립운동이다. 그의 저서명 부터가 3·1독립운동이고[1] 전반적인 역사인식이 민족주의적 독립운동의 흐름임은 곳곳에서 명백히 드러난다.[2] 특히 신용하 교수는 본인의 전공이 사회학인 만큼 사회사적 성향이 농후한데, 연구의 전체를 일관하는 정신은 민족주의 정신임이 뚜렷하다.

민족주의 학설은 그러나 많은 연구업적에도 불구하고, 아직 주관적 항일사관의 테두리를 완전히 벗어나지 못한 듯하다. 그간 맹목적 항일사관을 극복하고 항일항쟁의 본모습을 보다 확실하게 구체화시킨 업적은 크게 인정하나, 아직도 3·1항쟁의 나무는 보되 숲을 보지 못하는 성향을 갖고 있다. 어찌 보면 코끼리의 전체 모습을 보되 겉의 껍데기는 거의 다 파악했으나, 코끼리의 오장육부와 코끼리의 신경망, 두뇌중추, 정신 등은 아직도 제대로 파악되지 못한 것과 비슷한 상태에 있다. 어찌보면 3·1항쟁의 근본적 혼백이 사라지고 핵심중추가 없이 되었으니, 제대로 된 연구가 이루어졌다고 할 수 있겠는가?

2) 민중주의 학설

민중을 중심된 주체로 보면서 3·1항쟁의 역사를 인식하는 흐름은 민족주의 학설과 사회주의 학설의 중간 위치에 놓인다고 하겠다. 민중이란 무엇인가? 단순한 의미에 있어서는 다수의 군중(mass)을 뜻한다. 그러나 민중이란 점차 '의도를 가진 다수' 혹은 '의도된 다수'로서의 민중 집단을 뜻하는 것으로 되었고, 밑바닥 사회계층을 구성하는 다수로 파악되게 되었다.

민중을 3·1항쟁의 중심된 존재로 보려는 시도에 근접한 연구를 하는 대표적 학자는 조동걸, 안병직 교수 등이라고 하겠다. 그들은 3·1항쟁이 전민족의 궐기라면서도 민중이 민족독립운동의 사실상 주체라는 입장에

1) 신용하, 3·1독립운동(천안 : 독립기념관 독립운동사연구소, 1989).

2) 운동주체에 있어서 33인과 민중을 균형있게 보려는 입장은 중요한 것이다. 신용하, 한국민족독립운동사연구(서울 : 을유문화사, 1986), pp.326~360 참조.

서서, 3·1항쟁의 움직임을 사회계층이란 측면을 강조하면서 파악한다.[3] 따라서 사회계층을 강조하다 보니까 좌파이론적 시각으로서의 민중이 부각되게 되고, 민중의 중요성을 강조하는 성향의 견해를 펼치게 된다. 그럼에도 불구하고 민중주의 학설에서는 예리하게 살필 때에 민족주의 혹은 자본집단의 뚜렷한 위상을 부인하지는 못하며[4] 엉거주춤한 가운데 민중을[5] 부각시키고 있다.[6]

민중주의 학설은 사회현상을 현상으로서 파악하기 이전에, 민중이란 존재의 의미를 먼저 생각하기 때문에 3·1항쟁의 본질을 오도시켜 해석할 가능성이 높다. 색안경을 끼고 현상을 보면 현상이 제대로 보일 수는 없는 것이다. 3·1항쟁은 사회현상 그 자체로 파악됨이 우선이다. 어떤 사회현상이던 간에 그것을 있는 그대로의 순수한 사회현상으로 파악함이 우선되어야지, 다른 변인을 우선하고서 그것을 보면 본질변인이 오도되게 해석됨은 당연한 일이다. 민중주의 학설은 3·1항쟁을 일단 민중이 주인공이라고 함을 전제하고 분석을 출발하니 결과가 어떻게 될 것인가는 명료한 것이다.

민중주의 학설이 왜 엉거주춤한 학설이 되고 말았는가? 그것은 차라리 완전히 좌파이론도 아니면서 사실상 좌파를 타협적으로 인정하다 보니까 민중이란 수렁에 빠져서 본질을 잃는 것과 같은 결과를 낳은 것이다. 학문은 담백한 심서를 갖고 출발해야 옳다.

3) 사회주의 학설

우리 민족에게 있어서 사회주의란 무엇인가? 이 이념은 이 나라의 역

3) 안병직, 3·1운동(서울 : 한국일보사, 1975) 참조.
4) 조동걸, 일제하한국농민운동사(서울 : 한길사, 1976), pp.83~192.
5) 망원한국사연구실, 한국근대민중운동사(서울 : 돌베게, 1987), pp.248~276.
6) 한국사연구회, 3·1민족해방운동연구(서울 : 청년사, 1989) 참조.

사를 따라 명멸했던 여러 이념, 종교, 철학, 사상과 마찬가지로 해외에서 수입된 수입사상이다. 불교에 노예가 된 고려시대, 유교에 노예가 된 조선시대가 수입종교로 극단적 경직화가 되며 국력을 흐트리고 무디게 했듯이, 근현대에 이 나라를 엄습해 오면서 이 나라를 경직화시킨 수입사상 가운데 대표적인 것의 하나가 사회주의 이념이다.

그 이념은 우리 민족 전체에게 적지 않은 악영향을 주었으니, 심지어 제1, 2차 세계대전에 맞먹을 정도의 6·25 동족상잔을 유발하면서 전민족의 3할에 해당하는 희생자를 내며 오늘에 이르렀다. 특히 이북에 있어서는 일제침략자에게서 조국을 되찾은 뒤에 현재까지 50여년을 사회주의로 이어지며 이북동포들을 절망, 기아, 죽음으로 몰아 도탄에 빠뜨린 것이 사실이다. 절박한 식량난으로 온 세계의 주목을 받는 가운데에서도 끊임없이 제2의 동족상잔을 획책하는 집단을 합리화해 주는 비극적 이념이 바로 사회주의인 것이다.

사회주의 학설에 의해서 3·1항쟁을 보는 것은 특정한 경직된 이론에 사회현상을 꿰어 맞추는 것 외에 다른 것이 아니다. 구두에 발을 맞추는 것과 같은 방식으로 사회현상을 해석해서는 사회의 본모습이 제대로 보일 수가 없는 것이다. 이북학계에 있어서 3·1항쟁에 대한 연구결과를 보면 대단히 모순된 측면을 보이는 억지논리의 성향이 크다.[7)]

무엇보다도 전 민족에 걸쳐서 거족적으로 일어난 것을, 사회주의 이론에 맞춰서 평범한 다수의 군중만이 중심에 섰었다고 몰아가니까 결과적으로 3·1항쟁의 전체적 모습이 보이지 않고 왜곡된 부분만을 의도된 흐름으로만 보게 되는 것이다. 그리고 지도층을 자본가 부르조아라고 매도하고 나니까 3·1항쟁의 전체적 모습은 파악이 불가능하고 사회주의화된

---

7) 이종현, 근대조선역사(서울 : 일송정, 1988), 북한 사회과학원 역사연구소 발행 재인쇄본 참조.

주문생산형 이론만이 나올 수밖에 없는 것이다. 그러면서도 3·1항쟁의 실패원인으론 빼어난 수령의 지도력이 없어 실패했다며 김일성사관의 정립을 위한 억지해석을 하니까[8] 전체적으로 '이론을 위한 이론'으로[9] 전락해 버린 것이 이북의 사회주의 이론이다.[10]

4) 민주주의 학설

민주주의가 본질적으로 이 나라에 상륙된 것은 일제침략자들이 물러간 뒤로서, 그것은 특히 미국 민주주의 일변도라는 표현이 맞을 정도로 미국화된 민주주의가 조국탈환 이후 이남지역에 보편화되었다.[11] 그런데 민주주의는 가장 멋진 사회제도라는 환상에 의해서, 이북지역에 뿌리내린 사회주의에 가까운 경직화된 시각을 또한 만들어 준다. 그간 이남지역에서 민주주의란 미명의 전천후 이론으로 통하지 않는 일이 없을 정도였다.

말하자면 이북이 사회주의라는 구두에 발을 맞추듯이, 이남은 미국식 민주주의라는 구두에 발을 맞추면서 50여년의 세월을 보냈다. 그리하여

---

8) Ibid., p.332.

9) 이북의 3·1항쟁 해석은 고유한 사회주의 이론적 해석도 아니고, 북한사관(北韓史觀)이라고 봄이 옳다.
서대숙, 3·1운동에 대한 북한사관, 동아일보사, 3·1운동과 민족통일 : 3·1운동 70주년 심포지움, 1987, p.161.

10) 3·1항쟁의 발원지가 평양일뿐 아니라, 3·1항쟁을 주도한 영웅인 김일성 아버지 김형직과 외가친척 강진석에 의해 인민봉기가 성공했으며, 8세의 어린이인 김일성도 반일봉기의 대열에 참여하여 평양 보통문에 까지 나왔다는 등으로 서술한 것은 김일성 영웅화를 위한 북한사관의 적나라한 모습을 보여주고 있다.
Ibid., p.164.
윤경로, 기독교가 3·1운동에 미친 영향과 그의 재조명, 대한예수교 장로회 총회, 3·1운동과 한국교회의 역사참여, 1989, p.83.

11) 김학준, 한국정치론 : 연구의 현황과 방향(서울 : 한길사, 1984), p.427.

역사인식의 주류를 미국식 민주주의에 억지로 꿰맞춘 억지논리가 곳곳에 횡행했다. 우리는 무조건 우리의 과거를 옹호하고 우리 민족의 전통만을 강조하는 오류를 범하는 것도 경계해야 하지만, 그간 너무나 우리 민족의 뿌리나 전통을 무시한 미국식 민주주의 사고가 역사인식을 오도했던 것도 분명히 논의해야 옳다.

본 논문에서 다루는 3·1만세 항쟁도 미국식 민주주의 사고에 억지로 맞추는 해석을 하면서 본질이 오도된 바가 적지 않았다. 3·1만세 항쟁이 벌어지던 시대의 항일흐름은 결코 미국식 상황과는 다른 것이었고, 당시의 시대를 살던 인간상이나 정치문화는 도저히 오늘날의 사람들과 같은 개념도식으로는 이해가 되지 않는 것을 고려함이 없이 3·1항쟁이 연구되어 왔다.

지금으로부터 80년전에 해당하는 4252년(1919년)의 항일애국항쟁을 4·19혁명과 같은 민주항쟁으로 본다는 것이 얼마나 어리석은 일인가 하는 생각은 전혀 없이, 요즘 나온 일부의 젊은 학자들 글에서는 민주주의라는 무소불위의 칼을 휘두른 논문이 심심치 않게 보인다. 심지어는 4·19혁명 마저도 당시의 순수한 상황을 모르면서 민중혁명 운운하던가, 사회주의적 움직임이 있었다고 보는 등의 희화적 연구물을 보면 이 나라의 학문연구가 얼마나 토착화 정도가 낮고 해외시각에 찌들어 있는가 하는 점을 절실히 느끼게 된다.

3·1만세 항쟁은 당시의 사회로 돌아가서 당시의 순수한 정치, 사회 현상으로 담백하게 파악할 때에 참모습이 제대로 보이는 것이다. 그 어떤 이념이나 사상이 우선한 것이 아니라 침략일본의 압제에 신음하던 동포들이 총궐기한 사회상황으로 진솔하게 파악되어야만 한다. 그 당시의 우리 사회는 전통적인 옛부터의 사회 그대로였고, 침략 일본의 총칼에 억눌려 있으면서 극도로 통제된 가운데 놓여 있었기에, 민주주의는 물론이고 사회주의, 민중주의 등을 논할 만큼 성숙된 사회가 전혀 아니었다.

2. 기존 학설의 문제점

3·1만세 항쟁을 연구한 기존의 흐름을 지금까지 민족주의, 민중주의, 사회주의, 민주주의 계열 학설의 4가지로 나눠 논의를 해 보았다. 그간 일반적으로 민족주의 학설이 우리 학계의 통설로 받아 들여져 왔으나, 그 학설도 아직은 상당한 문제점이 있음을 지적했고 여타 학설들은 받아들이기 어려운 점이 크다는 것도 지적했다. 그렇다면 왜 3·1항쟁 연구들에 그런 문제점들이 생겼는가?

3·1만세 항쟁 연구가 오도되게 된 근본원인은 여러 가지 착인현상(錯認現象)을 무시하고 연구를 진행했기 때문이다. 역사적 착인현상을 고려함이 없이, 단순히 이론화시킬 경우에 나타나는 오류가 3·1항쟁 연구에도 많이 나타나고 있다.

첫째로 시간적 착인현상을 지적할 필요가 있다. 80년전의 시간을 고려하지 않고서 초현대시대인 오늘날의 시각으로 역사를 보아서는 역사가 제대로 이해될 리가 없음에도 불구하고 3·1항쟁 연구는 많은 곳에서 그것을 무시하고 있다. 물론 외국이론에 접한 극소수 인사의 글에서 당시에도 민주주의 냄새가 약간 풍길 수도 있었을 것이나, 당시의 대다수 국민들은 전통적이고 보수적인 당시 사람들 그대로였었다. 80년전 사람들 그대로이지 오늘날의 사람들이겠는가? 그럼에도 오늘날의 우리들이 미국식 민주주의에 젖어들어서 살고 있다고, 부지불식간에 그 때에도 민주시민의식으로 항일항쟁을 했다고 봄은 오해일 뿐이다.

둘째로 공간적 착인현상을 지적해야 하겠다. 그것은 3·1항쟁이 일어날 당시의 우리나라를 무의식중에 다른 사회로 오해해서 생긴 착인현상이다. 당시의 우리 사회는 사회주의나 민중주의를 논할 수준의 사회가 아니었다. 이북에서 나온 연구물이나 일부 소수 학자들의 견해를 보면 당시에 이미 노동자, 농민이 혁명봉기를 일으킬 수준으로 성장되어 있었다는 억지논리를 펴고 있다. 그러나 당시 우리 사회는 대다수가 전통적인 윤리에 바탕을 둔 전통적 인간군상이었을 뿐이다. 나름대로의 고도화된 산업사회가 되어야 그런 흐름이 자생적으로 나오는 것인데, 우리 사회는 아마도 박정희시대 후반기 이후부터, 그리고 전두환시대 이후 세계 11위 경제대국에 들어서면서 본격적으로 산업사회의 노동인맥이 절대숫자가 확보되면서 근대화된 사회의 모습을 보이게 되는 것이다. 3·1항쟁의 그 당시는 분명히 전통적 사회일 뿐이었다.

셋째로 인간적 착인현상도 심각하다. 일본학자들이 연구해 놓은 것을 깊은 생각없이 그대로 활용할 때에 나타나는 위험을 말한다. 일제침략자들은 당시 3·1항쟁의 중심부에 있었던 최고 애국자인, 광무황제의 둘째 아들 의왕(義王)과 손병희를 모함하고 매도함에 전력을 경주했었다. 그리하여 의왕을 천하에 없는 난봉꾼에 술주정꾼으로 몰아가고 있었고, 33인의 애국자들이 손병희와 함께 의왕 저택인 사동궁 앞의 술집인 태화관(명월관 분점)에서 독립선언서를 낭독한 바에 대해 엄청난 매도를 가하고 있다. 그럼에도 불구하고 이북에서 나온 역사책에는 술집에서 독립선언서를 읽었다고 일본인과 동일선상에서 33인을 헐뜯고 있다.[12] 그 삼엄한 상황에서 그러면 어디서 하는 것이 최고 정답인가?

12) 이종현, op. cit., pp.317~318.

二. 과학적 항일사관으로 본 3·1만세 항쟁

1. 분석의 전제

과학적 항일사관은 무엇인가? 그것은 기존의 맹목적이거나 주관적인 항일사관을 극복함을 뜻한다. 그간 주관적 항일사관에 있어서도 과학적인 접근을 위한 노력은 많았었다. 그러나 3·1항쟁을 연구하는 과학적 접근 이전에 민족주의, 민중주의, 사회주의, 민주주의 등의 이념적 주관성이 우선되다 보니까 사회현상의 본질을 제대로 파악하지 못했던 것이다. 과학적 항일사관은 주관성을 탈피할 것이 전제가 된 접근이라고 할 입장에서 연구를 출발한다. 3·1항쟁 당시의 모습을 있는 그대로의 담백한 모습으로 놓고서 연구를 출발하자는 것이다.

과학활동의 첫출발은 사회현상을 그대로 순수하게 파악함에서 출발해야 한다. 그러나 그간의 3·1항쟁연구는 과학활동의 바른 길을 벗어난 접근에 흡사했다고나 해야 할까? 색안경을 끼고 현상을 보는 듯한 흐름이었다고나 할까? 그간의 3·1항쟁 연구는 연구의 기본전제부터가 상당히 정상성을 벗어난 것이었다.

첫째로 시간적 변인을 보았을 때에 기존의 연구는, 대다수가 3·1항쟁을 독립선언서 낭독 혹은 그것을 준비한 시점, 혹은 동경의 유학생 독립선언 등의 표출된 행위를 시원점으로 본다. 그러나 그러한 출발시점 설정은 궁극적으로 오도된 해석의 시작이 될 가능성이 높다. 3·1항쟁의 근본원인은 그러한 표출된 행위 이전의 근본적 원인이 있기 때문이다. 결과적 사료만 보고, 출발도 과정도 없이 사회현상을 보아서 될까? 3·1항쟁이 발발한 날이 광무황제의 장례일인 인산날이라면 최소한 광무황제가 돌아가신 날부터는 연구의 기산점을 잡아야 할 것이고, 별안간 붕어하셨다면 왜 돌아가셨는가 하는 원인분석이 있었어야하나 기존의 연구에는 그것이 없다. 그렇다면 정상적 연구는 이미 불가능한 것이다. 시간적 전제를 전혀 생각함이 없이 주어진 결과로서의 사료로만 연구해왔던 것이다.

둘째로 인간적 변인을 보았을 때에 핵심이 없다. 왜냐? 광무황제의 붕어가 원인일 경우에 붕어를 외부에 알린 사람은 누구이며, 그간 최고의 지휘자로 알려진 손병희 선생에게 그 정보를 알려준 인물은 누구인가 하는 것에 대해 기존의 연구는 거의 모두가 추호의 관심도 없었다. 그 거대한 사건을 겉에 나타난 공표된 사료로만 연구하는 순진성, 아니 우매성을 갖고 제대로 된 연구가 가능하다고 보는가?

셋째로 공간적 변인을 보았을 때, 사실상 3·1만세 항쟁의 공간을 의식하지 않은 연구를 진행해 왔다. 그와 같은 거대한 항쟁이 있으려면 공간적 핵과 공간적 보조핵, 그리고 항쟁 주변부가 당연히 존재하는 것이다. 그러나 당시의 상황을 면밀히 분석하지 않은 연구를 진행하다 보니까 3·1항쟁의 핵을 공간적으로는 거의 의식하지 않은 듯한 연구가 대다수이다.(요즘의 정치에 있어서도 정치의 핵은 청와대요, 그것을 빼고는 논의가 불가능한 것이 대부분의 경우이다. 그럼에도 불구하고 일제 통감부의 핵심 침략행위나 통감부가 공격한 황실에 대한 것이 사실상 없다. 궁궐이 당시의 핵심지인데 그것이 제외된 연구를 해 갖고 올바른 연구가 가능할까?)

2. 분석틀

3·1만세 항쟁의 분석틀을 그에 관련된 시간(T), 공간(S), 인간적(M)

변인을 고려하여 만들어 보면 다음과 같이 다양하게 만들어 볼 수 있겠으나, 일단 시간 및 공간만을 생각한 틀에다, 그에 함유된 인간적 변인을 고려하여 분석해 보기로 한다. 이와같은 틀을 만들어 분석할 경우의 실익은 무엇인가? 그것은 무엇보다도 소홀히 다루거나, 제외된 변인이 생길 가능성을 가급적 막아보자는 것이다. 그간의 연구가 가졌던 불균형적인 연구를 보다 과학화하기 위함이다.

		공간분석		
		핵(S1)	2차핵(S2)	3차주변부(S3)
시간분석	항쟁이전(1919. 3·1이전) T1	I	II	III
	항쟁당시(1919. 3·1이후항쟁시) T2	IV	V	VI
	항쟁이후(1919년말이후 무렵) T3	VII	VIII	IX

3. 분석의 실제

1) 핵심지 분석(S1)

① 항쟁발발 이전(S1T1)

현재까지 연구된 3·1만세항쟁사에서 사실상 증발되어 있던 부분이 핵심지 분석이다. 적의 침입이 있었다면, 그 핵은 무엇보다도 우리 정치체의 핵심부를 공략할 것은 당연한 것이며, 물론 우리 정치체에 있어서도 그에 대한 분명한 대응이 있었을 것이다. 그렇지만 당시로서 가장 중요한 핵심 정치체인 황실은 제외된 연구가 사실상 지금까지 이어져 왔다.

그러므로 3·1만세항쟁에 있어서는 최고의 주인공이 증발되어 있다. 당시의 최고 주인공은 누구인가? 그는 논의의 여지가 없는 광무(고종)황제인 것이다.[13] 광무황제는 침략을 막으려고 처절히 항쟁을 하다가 우선

부인인 명성황후가 비참하게 시해를 당한다. 그리고는 본인마저 시해를 당한다. (물론 3·1절이 바로 광무황제의 인산일이었기에 사람들이 모였었다고 역사에는 얘기되고 있다. 그러나 광무황제는 3·1항쟁의 먼 조연자에 불과하게 기술된 것이고, 항쟁의 주체는 전혀 다른 곳에 있다는 듯한 연구물 뿐이다. 그것들은 잘못된 것이 분명하다.)

그렇다면 광무황제가 시해를 당하는 것이 단순한 살인에 의한 것인가? 광무황제가 고분고분하게 나라를 넘겨 주고 침략일본의 말을 그대로 들었다면 왜 시해를 당하였겠는가? 그는 모든 역량을 다해서 침략에 처절히 항거했었던 것이다.

첫째로 최대의 항거는 헤이그비밀특사 파견이다. 헤이그 만국평화회의에 황제의 친서를 가진 특사를 파견하여, 일본의 선전이 거짓이고 잘못된 것이란 것을 온 세계에 알리려고 하였다. 그러나 그것은 일제침략자들의 방해로 좌절이 되었다. 다만 이것은 일본 정계에 심대한 충격을 주었고, 일본측으로서는 대한황실에 엄청난 압력을 가하게 된다. 남산에 대포까지 설치하고 위협하면서 광무황제를 강제퇴위시키고, 당시 식물인간에 가까웠던 융희(순종)황제를 임금님으로 세우게 된다. 임금님 자리에서 강제로 밀려날 정도로 항일을 한 대표적인 사례라고 하겠다.

둘째로 전국의 뜻있는 인사들에게 암암리에 비밀교지를 내려 보내어 전국적인 항쟁이 일어나는 원초적 촉발자의 구실을 한다. 대한제국시대에 일어난 항일의병이나 훗날의 독립군들은 사실상 황제폐하의 어명을 직간접적으로 받은 황실수호를 위해 일어난 황군(皇軍)이 분명하다. 핵심의병들의 지도자는 대부분이 황제폐하의 밀지를 받고 거병했다. 그러므로 의병과 독립군의 원초적 출발이 황제폐하에서 비롯되었다는 것은 대단히 중요한 일이다. 다만 그것이 지금까지 무시되어 왔다. 독립기념

---

13) 안천, 황실은 살아있다 하권(서울 : 인간사랑, 1994), pp.7～68 참조.

관에 가면 그런 밀지를 쉽게 발견할 수가 있다. 그러나 핵심을 무시한 그간의 연구에 의해서 그것이 거의 무시되었던 것이다.

셋째로 망명정부 수립을 위해 국외탈출을 꾀하다가 독살시해를 당한다.[14] 그러니까 죽음을 각오하고까지 항일투쟁을 했던 것이다. 그간 광무제가 망명을 하려고 하다가 일제에 독살시해 된 것을 침략일본 정부가 철저히 비밀로 하였으며, 오늘날까지도 그 범죄를 숨겨 두어 진상이 밝혀지지 않은 엄청난 범죄행위인 것이다. 다만 황실의 핵심 인사들만이 알고 황실가문 내에서만 알려져 왔던 것이다.[15] 광무황제의 최후는 단군 이래의 수천년을 이어온 빛나는 역사가 치욕의 공격을 당함에 있어서, 최후의 죽음을 맞을지언정 침략자들에게 그대로 물러날 수 없음을 분명히 한 것이다.[16] 그리고 광무제의 죽음은 죽음으로써 전체 민족이 총궐기하여 국권을 수호하고 침략자를 몰아낼 것을 선언한 것이었다.[17]

그런데 이상의 3가지 외에도 광무황제의 항일투쟁은 매우 많이 있을 것이나, 이것들 3가지가 가장 두드러진 것이었고 3·1만세항쟁이 일어나게 만든 핵심 진원구실을 했던 것이었다. 그렇다면 지금까지 그것은 왜 감춰져 왔고, 그것을 빼놓은 3·1항쟁 연구가 정상적인 것이었는가?

---

14) 이완용이 왜 제1매국노가 되는가? 당시까지 매국의 1순위는 윤덕영이었다. 윤덕영이 2순위로 밀리는 것은 최후의 친일공로가 이완용에게 뒤졌기 때문이다. 이완용이 침략천황의 밀지를 받고 광무제를 독살하여 윤덕영이 2위로 밀리는 것이다. 당시 이완용보다 작위가 1개 낮게 된 윤덕영은 영문도 모르고 일본 동경에까지 가서 항변하는 추태를 폈던 일까지 있었다.

15) 광무황제의 붕어는 워낙 갑작스런 죽음이라, 당시에는 자살설까지 나돌며 국민들에게 심각한 충격파를 던졌었다.
신복룡 옮김, C.W. 켄달 지음, 한국독립운동의 진상(서울 : 탐구당, 1975), p.43.

16) 정범진, 김창숙의 생애와 선비정신 : 백번 꺾어도 꺾이지 않은 민족의 자존(서울 : 성균관대학교 출판부, 1995), p.35.

17) 국가보훈처, 3·1운동, 1991, p.22.

그것은 사실 우리의 항일투쟁사에 있어서 대부분의 역사가 일제침략자들의 사료 인멸, 왜곡으로 사라진 것의 대표적 사례의 하나일 뿐이다. 일제침략자들은 문명세계의 역사에 있어서 세계사에 유례가 드문 잔인무도한 침략을 자행하며 상대국가 임금님에 가했던 가혹하고도 비인도적인 독살시해를 공표했을 리가 없는 것이었다. 그들의 죄악의 범죄를 은폐할대로 은폐하고 교활한 거짓선전을 했던 바에 의해서 사료공백이 생기며, 그 역사는 그간 사라졌던 것이다. 그러나 80년이 흐르는 사이에 그것이 없어진 것이지, 80년 전에는 그 엄청난 범죄를 알만한 국민들은 모두가 알고서 폭발적으로 3·1만세항쟁이 터져 나왔던 것이었다.[18)]

그간 우리의 역사정리에 있어서, 3·1만세항쟁의 역사인식은 근원적으로 허망한 것이었다. 핵심역사를 빼놓고서 무슨 역사해석이 바로 되겠는가? 그러므로 그간의 3·1항쟁 연구에 있어서는 주변부 사료만을 갖고 주변부 역사를 정리한 것에 불과하다. 그간 우리의 역사서에 나오는 것은 다만 "광무황제의 인산날에, 국민들이 애통하여 모인 그 날에 3·1항쟁이 폭발했다"는 것 뿐이었다. 도무지 핵심이 없는 역사가 만들어진 이유는 자명한 것이었다.

② 항쟁발발 당시(S1T2)

광무황제의 죽음을 통한 항일성전 선포를 현실화한 장본인은 그럼 누구인가? 당시 완전범죄를 꾀하면서 급성 뇌출혈 사망이라고 공식발표를 한 일제침략자들은 장례절차를 밟지 않을 수는 없는 것이었다. 거기에서 광무제 시해의 비밀은 터져 나오는 것이었다.

첫째로 건강하고 정상적이던 광무황제가 급격히 쓰러지며 돌아가시게 된 것을 궁궐의 상궁이나 내시들은 모두가 알고 있었기에 완전 범죄가 어려웠다. 아무리 숨긴다고 하더라도 무수한 숫자의 궁궐가족들이 있는

---

18) 이선근, 대한국사 9 (서울 : 신태양사, 1973), p.325.

데 별안간 붕어하신 황제폐하의 죽음의 진상을 숨길 수가 있겠는가? 발 없는 말이 천리를 간다고 삽시간에 궁궐 내에는 귓속말로 독살시해가 퍼지게 되었고, 그것은 급격히 궁궐 밖으로 퍼지면서 알만한 국민은 모두가 아는 사실이 되고 말았다.

둘째로 완전범죄를 꾀했지만 두 아들인 융희황제와 의왕(義王)에게 마지막으로 폐하의 모습을 보이지 않을 수는 없었던 것이었고, 거기에서 침략일본의 범죄는 알려지게 된다. 여기서 융희황제는 사실상 식물인간이었다고 보는 입장이고 마지막 황제요 상주로서 자리를 지키고 있을 수밖에 없었기에, 3·1항쟁사에 있어서는 크게 중요한 인물일 수가 없다. 그런데 당시에 술주정꾼 행세를 하면서 난봉꾼으로 위장한 의왕은 광무제의 비참한 최후를 목도하고 독살시해라고 판정을 내리고서, 이것을 즉시 본인의 오른팔 구실을 한 의암 손병희에게 알렸던 것이다.[19]

셋째로 완전범죄를 획책하고 옆에서 식혜를 나눠 마신 2명의 상궁의 시체를 즉시 끌어내 증거를 없앴으며 주변에 있던 증인이 될 사람들은 남겨 두지 않으려고 했으나, 그것이 쉽게 되는 일이 아니었다. 지밀상궁급에 해당하는 핵심상궁 두 명이 증발되어 없어 졌고, 급격한 소란을 겪었는데 그것이 완전한 비밀이 되겠는가? 독살시해의 소문은 오히려 더욱 증폭되면서[20] 국민전체를 극도의 분노로 끓게 만들었던 것이었다.[21]

그런데 이상의 3가지에 의해서 광무황제의 붕어가 독살시해임이 명백해진 것을 누가 외부에 알렸는가가 매우 중요한 것이다. 당시에 슬퍼 통곡하면서 장례만을 치뤘다면 3·1만세항쟁은 일어나지 않았을 것이다. 그런데! 3·1만세항쟁사에 남을 희대의 애국인물 2인이 있어서 항쟁은 폭발되는 것이다. 그는 의왕과 손병희 선생이었다.

19) 이현희, 한국의 역사 9(서울 : 학원 출판공사, 1988), p.193.
20) 이현희, 한국사대계 8 : 일제강점기(서울 : 삼진사, 1973), p.77.
21) 국사편찬위원회, 한국사 21 : 3·1운동 전후의 사회와 경제, 1981, p.176.

무엇보다도 광무황제의 둘째 아들 의왕의 역사적 지위는 중요하다. 그는 쓰러져 가는 대한황실을 다시 일으켜 세우기 위해서 모든 것을 걸고 항쟁을 한 사실상 희대의 애국자이다. 다만 그가 자신의 항일을 숨기기 위해서 일제순사와 밀정들 앞에서 술주정, 방탕으로 위장한 행동만을 일본인들은 역사기록으로 남겨 놓아 그의 진면목이 제대로 남지 않았을 뿐이다. 의왕은 광무제의 독살시해를 목도하고는 즉각 손병희에게 알려서 민족 총궐기의 계획을 실천해 나간다.

다음으로 손병희는 항일 항쟁사에 길이 남을 거목 중의 거목이다. 현재 탑골공원에 그의 동상이 우뚝 솟아 있는 것은 너무도 당연한 일이다. 왜냐하면 3·1만세 항쟁의 출발은 3인에 의해서 이루어진 것이니, 광무황제가 죽음으로써 항쟁선언을 했고, 그것을 현실화시켜서 의왕이 지시했으며, 총체적 항쟁전개는 손병희에 의했기 때문이다. 의왕은 일찍이 일본에 머물며 귀국을 못하고 있을 때에, 일본을 방문한 손병희와 깊은 교분을 쌓고 천도교에 입교까지 한 상태에 있었기에 손병희와 의왕의 관계는 상상을 못할 정도로 가까운 관계에 있었다. 의왕이 광무제의 시해를 목도하고 즉시 손병희에게 알리는 것은 당연할 일일 정도였었다.[22]

③ **항쟁발발 이후**(S1T3)

3·1항쟁의 촉발은 손병희가 전국에 뿌린 격고문으로부터 출발한다. 그런데 손병희의 격고문이 언제 나오는가? 그것은 바로 광무황제가 독살시해되고 즉시 인쇄되어 약 7일만에 비밀리에 뿌려진 것이었다. 그것은 사실상 매우 놀라운 것으로서, 광무황제가 독살시해된 1월 21일의 그 날에서 정확히 약 7일 밖에 되지 않는 것이었으니, 의왕의 신속한 활약과 손병희의 협조에 의해서 나오게 된 것이었다.[23]

---

22) 천도교사편찬위원회, 천도교백년략사, 1981, p.329 참조.

23) 이현희, op.cit., p.196.

거의 전격적으로 만들어졌지만 손병희의 천도교 조직이 있었기에 격고문은 비밀을 유지하면서도 전국에 신속하게 전달되었고,[24] 만세항쟁의 근본적 도화선이 될 지존무상 황제폐하의 비극적 시해라는 경악할 소식이 전국적으로 알려져 나갔다.[25] 황제폐하의 시해 소식은 3·1만세 항쟁사에 있어서 매우 중요한 것이다.

첫째로 모든 정치운동은 정치문화적 바탕과, 정치심리나 의식의 상황이 매우 중요하다. 그것들을 구성하는 각 변인들이 적절한 수준의 충족을 이루며 적절히 조합될 경우에 정치운동은 성공되는 것이다. 3·1만세 항쟁이 그토록 거대하게 터지는 폭발력을 가졌던 것은, 전통적 사회였던 당시에 나랏님을 비참하게 잃은 충격적 슬픔이 있었던 때문이다. 그것은 폭탄으로 말하면 뇌관과도 같은 구실을 하면서 일시에 폭발할 엄청난 기폭제 구실을 했던 것이다.

둘째로 모든 정치운동은 구심점이 꼭 있어야 성공적으로 진행된다. 당시의 우리 민족에게는 구심점으로서의 임금님이란 존재가 분명히 있었다. 그 구심점으로서의 나랏님이 비극적으로 돌아가셨다는 사실에서 모든 민족이 하나로 뭉칠 수 있었던 것이다. 광무황제의 시해! 그것은 국민을 똘똘 뭉치게 하는 최대치의 극약처방이었던 것이 분명하다. 그런데도 지금까지의 3·1만세항쟁 연구에서는 그것이 간과되었다. 말하자면 정치적 문화토양이나 정치적 상황분석이 없이 죽은 사료에 죽은 글자를 꿰맞추는 방식의 연구로는 역사의 본모습이 제대로 보여질 수 없는 것이다.

그렇지만 그토록 엄청난 황제폐하 시해 특보를 전국에 알리면서 3·1항

---

24) 3·1만세항쟁은 원래 천도교에서 손병희가 중심이 되어 약 9년전부터 구체화시켜오던 것이었고, 발발되기 2년전에는 매우 구체적인 준비가 무르익었었는데, 광무황제의 독살시해 참변을 맞아 전격적으로 실천시킨 것이다.
이현희, 3·1운동사론(서울 : 동방도서주식회사, 1979), pp.42~116.

25) 이선근, op,cit., p.340.

쟁을 촉발시킨 의왕과 손병희의 그후의 삶은 어떠 했는가? 그들은 광무황제와 함께 3·1항쟁의 최고 주인공이요 핵심 3총사라고 하겠으나, 사실상 외면당하는 인생을 살았다. 아니 그들이 3·1항쟁을 일으킨 장본인이라는 인식도 없고, 어찌보면 바보들이었다는 시각도 존재하는 듯 하다.

우선 광무황제는 일제 식민사관이 너무나 바보에 병신을 만들어 놓아 단군이래 대표적인 바보 임금님에 해당하게 국민의 뇌리에 인식되었고, 3·1만세항쟁을 만든 최고의 지휘자인 의왕은 3·1항쟁이 끝나면서 비밀리에 망명길에 올랐다가 국경도시인 만주 신의주에서 압송되어 와서는 실의의 말년을 보내게 되었다. 물론 의왕의 삶은 대한황실의 마지막을 장식하는 황통의 본 모습을 보이는 기개있는 독립운동의 길이었으나, 술주정꾼에 난봉꾼으로 위장한 삶만이 일제식민정책으로 부각된 것이 오늘에 남았다. 의왕은 특히 말년에 가서는 전 재산을 금치산선고를 당하며 빼앗기고, 철저히 감시를 당하다가 고통스럽게 늙은 몸으로 인생의 끝을 맞게 된다.

손병희는 어떠한 말년을 보냈나? 손병희는 3·1항쟁 당시에 있어서 우리 민족의 꽃이었다.[26)]

당시는 의병항쟁이 극도로 퇴조하고, 국내에 있어서는 안명근의거 이후에 독립운동이 거의 씨가 마른 상태에 가까웠는데, 그 암울한 흐름에서 애국의 금자탑을 세운 것이었다. 그러나 그러한 거물이었기에, 당시에 등장한 임시정부 6개중 자그만치 3곳에서 최고수반으로 추대될 정도

26) 당시 연해주의 대한국민의회, 서울의 조선민국임시정부, 기호지방의 대한민간정부에서 모두 손병희가 최고수반으로 추대된다. 그 무렵에 거의 동시에 생긴 상해의 대한민국임시정부에는 최고수반이 없었고, 평안도의 신한민국정부는 이동휘, 서울의 한성정부는 이승만이 추대된다. 손병희의 당시 정치적 위상이 짐작되는 바이다.
이연복, 대한민국임시정부연구, 경희대학교 대학원 박사학위논문, 1982. pp.12~13 참조.

의 거대한 인물이었는데[27] 그의 말년은 사실상 일제침략자들의 서슬퍼런 감시 속에 사그러든 것이라고 하겠다.

특히 손병희가 역사 속에서 그리 크게 대접을 못 받는 까닭은 우선 자유당시대에는 이승만이 본인보다 몇 배 훌륭한 인물이기에 손병희를 견제하는 흐름이 있었고 (물론 당시에는 사실상 독립운동 계열은 미국의 이승만계를 제외하고는 거의 다 견제를 받은 시대였다고 하겠는데,) 국민 대다수의 모든 사람들이 못살고 어렵던 때에 독립운동 자체를 주목할 겨를도 없이 세월이 흐른 것이다. 그런데 그후 나라의 경제사정이 호전되고 국가상황이 좋아진 뒤에도 사실상 손병희는 잔인하게 잊혀지는 길을 강요당해 왔다. 그 까닭은 이 나라가 종교이기주의(씨족, 지역, 계층이기주의를 포함하여)의 극단적 나쁜 흐름이 엄연하고도 도도하게 흐르는 속에, 소수 종교의 지도자라는 의식으로 손병희를 보니 애써 잊혀지게 된 것이다.

손병희! 그는 특정 종교 이전에 3·1항쟁의 거대한 애국거성이다. 결코 특정 종교를 앞세울 일이 아니다. 특히 유의할 것은 천도교가 왜 교세가 약화되었는가 하는 점이다. 항일 애국에 앞장선 대종교와 천도교가 왜 요즘 사경을 헤맨다는 표현이 맞을 정도로 교세가 약화되었는가를 예리하게 살펴야할 것이다. 탑골공원의 손병희 동상을 크게 생각하는 인사들의 숫자도 미미하고, 쓰레기가 흩날리는 가운데 할 일없는 노인분들이나 모여있는 아픈 상황이 손병희를 보는 이 나라의 현주소이다. 이 나라의 민족정기가 바로 설 수 있는가?

2) 2차적 보조핵 분석(S2)

① 항쟁발발 이전(S2T1)

27) 김운태, 일본제국주의의 한국통치(서울 : 박영사, 1986), p.391.

앞에서 지금까지 S1분석을 해왔는데, 그것은 3·1만세항쟁의 가장 중요한 변인이면서도 그간의 연구에서 다루지 않았거나 사실상 사라졌던 것이다. 항쟁발발 핵심지에 있어서 핵심 3인에 대한 연구가 없다가 보니까, 3·1항쟁에 대한 그간의 연구는 흡사 소설쓰는 듯한 흐름도 있었다. 그리고 지금부터 논하는 S2분석인, 제2차적이고 보조핵에 가까운 것이 진짜 핵인줄 아는 착각적 연구가 대부분이었다. 그러므로 본 논문의 체제적 특징은 다른 논문들이 버려둔 S1변인들을 살려낸 것이고, S2변인을 S2변인으로 제대로 다루는 시각을 갖고 논술을 전개함이다.

3·1만세 항쟁이 발발되기 이전에 있어서 S2변인은 사실상 주어진 상황에 불과했다. 그러나 많은 연구들이 3·1항쟁을 마치 소설을 쓰듯이 연구하다 보니까 S2변인이 핵심위치에 있는 듯이 인식하고 연구를 해왔다. 정치학의 학문적 소양이 기초적으로만 있었다고 해도 당연히 생각할 권력핵의 문제, 즉 3·1항쟁의 운동핵을 뺀 2차운동핵의 과대평가는 고쳐져야 한다. 예를 들어 보자.

그러한 것의 대표적인 것으로써 일본에 있던 우리 유학생들의 2·8독립선언이다. 단기 4252년(1919년) 2월 8일 오전 10시경에 조선기독교청년회관에서 약 200명이 모여 독립선언을 발표했다. 그들은 기념식이 끝나고 나서 독립선언서, 결의문, 민족대회 소집청원서를 각국 대사 및 공사, 일본 정부, 일본 의회, 조선총독부, 일본 각지 신문사와 잡지사, 여러 학자들에게 우송하였다. 이를 일반적으로 3·1항쟁의 서곡이라고 학계에서는 인정하며, 이에 의해서 3·1항쟁이 시작되는 촉매제가 되었다고 보고 있다.

그러나 그간의 2·8독립선언 인식은 과잉평가된 면이 컸다고 본다. 왜냐하면 2·8독립선언이 있었다고 당시의 우리 민족이 거족적 항쟁을 할 만큼 성숙되어 있는 것이 아니었기 때문이다. 차라리 2·8독립선언은 손병희의 비밀격고문을 비롯한 국내 소식과 광무황제의 급격한 시해의 소식을 전해 듣고 젊은 청년들이 피끓는 의협심으로 독립선언을 했다고 봄이 옳다. 광무제 시해후 7일만에 나온 격고문이 원주를 비롯한 곳곳에 전달이 되었는데, 2월 8일은 광무제가 시해되고 18일째이니 격고문이 분명히 그들에게 입수되었다고 봄이 옳다. 특히 그들은 당시로서는 높은 수준의 지식층이었고, 동경에 있었기에 국제정세 및 식견도 나름대로는 갖추고 있었으며, 격고문이 입수되고서 피끓는 젊은 충정으로 독립선언을 했을 것이다.[28] 그간의 3·1항쟁 역사는 우리 민족의 각계 각층은 모두 다 알아서 3·1항쟁을 스스로 시작한 듯이 서술되어 있다. 정말 그럴까? 모든 정치운동의 발발은 급격한 혁명과정을 빼고서는 핵심 지도변인이 없이는 불가능하다. 3·1항쟁사를 보면 정치학자들의 눈에는 분명히 핵심부가 있는데도, 그간의 연구는 변인들끼리의 상호작용이나 역학관계를 사실상 무시한 것이며 각자 알아서 운동을 일으킨 것으로 되어 있다.

2·8독립선언은, 그간의 3·1항쟁사가 모두 그렇듯이 과잉평가되면서 3·1항쟁 드라마의 서막으로서 절대적 지위를 갖는 듯이 나왔지만, 광무제 붕어의 소식을 듣고서 특히 비참한 시해의 소식을 듣고서 나온 2차적 진행과정의 서막임이 분명하다. 당시 상해에 있던 신한청년당은 존황사상으로 뭉친 애국청년들의 모임이었는데,[29] 그들의 독립운동은 매우 활발했다.[30] 그리고 만주와 연해주에 있어서도 독립항쟁의 열기는 드높았

---

28) 2·8독립선언의 생생한 당사자인 윤치영은 그 사료가 하나같이 다르고, 주인공, 지도자, 비중있는 인사 등에 관한 기존의 기록은 사실과 무관하다고 밝힐 정도이다. 왜 그럴까? 당사자들은 핵심인사를 빼고는 모두가 동원된 2차인물이라 그러리라 생각된다. 2·8독립선언의 역사에도 핵은 사료에 남지 않았다고 생각된다.
윤치영, 윤치영의 20세기(서울 : 삼성출판사, 1991), pp.82~83.

29) 신한청년당은 광무황제를 상징적 최고위에 올려 놓는 정통 애국집단이었는데, 당시 신한청년당이 3·1항쟁의 준비과정에 폭넓게 영향을 미치는 것은 매우 중요한 것이다. 황실변인이 3·1항쟁의 주요인자였음을 보여주는 주요 증거이다.

었다. 그리고 동경의 젊은이들도 그것은 마찬가지였다. 다만 그런 것들은 3·1항쟁의 토양이요 상황이었을 뿐이고 항쟁발발의 직접적 출발은 아니었다고 봄이 옳다. 2·8독립선언은 광무제 붕어가 공식적으로 발표되고서, 또한 비참한 시해의 소식을 들은 충격이 당시의 정치문화적 토양과 접목되며 나타난 2차적 전개였고, 그 서막이었다.

② 항쟁발발 당시(S2T2)

㉠ 손병희 선생

3·1항쟁이 전개되는 때의 연출 지휘자는 손병희였다. 물론 의왕이 감독으로서의 지위에 있었으나 일제경찰의 극심한 감시 속에 행동이 자유롭지를 못했고, 손병희가 구체화의 총책을 맡게 된다. 손병희의 연락과 지시, 기획에 의해 숨막히는 항쟁준비가 비밀리에 진행되었으며, 그의 능력은 대단히 탁월한 것이었다. 그의 연출지휘가 탁월한 까닭은 무엇인가?

첫째로 그는 의왕을 통해 사실상의 어명을 부여받은 항쟁의 연출 책임자였다는 점이다. 그렇기에 사실상 무너진 황실이었지만 황실이 공인하고 후원하는 위상을 갖고 있었던 것이다. 그렇기에 각계 각층이 그에게 호응하는 사실상의 법적 공인력 혹은 나름대로의 힘있는 공권력 같은 것을 부여받은 존재였다. 그는 각계 인사들에게 분명히 의왕전하의 피맺힌 뜻을 사실상의 어명으로 전달했을 것이었다.[31)]

둘째로 그는 천도교의 최고지도자로서의 지도급 인사였었다. 요즘에

신용하, 한국근대 민족운동사연구(서울 : 일조각, 1992), pp.216~225참조.

30) 신한청년당은 사실상 3·1항쟁의 진원지와도 같았다. 그들의 이상이 존황항일(尊皇抗日)이었음은 예리하게 유의되어야만 한다.
신용하, 한국민족독립운동사연구, op.cit., p.211참조.

31) 그리고 그 당시만해도 우리의 국민들이 광무황제는 물론이고, 그 둘째 아들인 의왕전하를 하늘같이 알고 모시는 정치심서를 가졌었다는 점이 유의됨이 없이는 3·1항쟁이 제대로 이해될 수 없다.

야 다른 종교들이 크게 득세함에 따라서 천도교가 사라진 듯이 되어 있지만, 당시의 천도교는 커다란 조직을 가진 힘있는 민족종교였었다. 그리고 재산도 충분히 갖고 있었기에 힘있는 지도자였을 것이고, 사실상의 나라어른 혹은 원로지도자였을 것이다. 요즘 외세를 등에 업고 대단한 듯이 국가원로 행세를 하는 일부 종교지도자 보다도 더 큰 사회적 위상을 가졌었기에, 의왕이 모든 것을 믿고 지시를 했었다고 보아야 옳다.

셋째로 그는 거대한 천도교 조직을 갖고 있었으니, 정치적 인맥을 확실하게 갖고 있었다. 어떠한 정치행위나 정치항쟁도 조직과 돈이 없이는 어려운 것인데, 그에게는 그 두 가지가 분명히 갖춰져 있었다.[32] 그리고 그 조직원들은 그에게 절대충성을 했고, 나라를 위한 애국충정으로 채워진 인물들이었다. 당시 3·1항쟁의 전개를 맡은 행동실천자들에 천도교도들이 다수였었던 까닭은 어찌보면 당연한 흐름이었다. 손병희의 인맥들이 바로 그들이었기 때문이다.

ⓛ 3·1항쟁의 실천 장소

손병희가 33인의 애국자들과 함께 태화관에서 독립선언서를 낭독하면서 3·1만세항쟁을 출발시킨 것을, 그간 3·1운동사에서는 항쟁 출발의 모든 것을 대변하는 듯하게 생각하는 연구가 진행되어 왔다. 그러니까 지금까지 본 논문에서 논한 S1핵심변인은 사실상 사라지거나 무시되며 연구가 된 것이고, 심지어 S2T2가 3·1항쟁의 모든 것인 듯이 얘기되는 경우도 많았다.

---

32) 당시 손병희의 포용력과 조직력, 자금력은 상상못할 대단한 것이었다고 하겠다. 기독교(개신교) 계열에 대한 자금도 모두 손병희가 제공한 것이고, 3·1항쟁의 거사자금은 모두 천도교에서 나온 것이다. 손병희는 심지어 이완용까지 찾아가 포섭하여 거족적 항쟁이 되게 하려 했으나, 이완용이 거부했다. 그러나 이완용도 3·1항쟁은 밀고하지 않았을만큼 국민적 단결도는 높았고 손병희의 지도력은 절대적이었었다.
이종률, 3·1운동과 민족의 함성(서울 : 인문당, 1984)참조.

그간 3·1항쟁연구에 있어서 3·1만세항쟁이 손병희가 중심된 천도교 인맥이 중심이 되고, 손병희에 의해서 소집된 33인이 핵이었다고 생각하다 보니까 마치 3·1항쟁이 평화시절에 학교에서 월요조회를 서는 듯이 행해진양 착각을 하는 흐름도 있었다. 그러니까 일각에서는 어찌 33인이 고급술집 태화관에서 독립선언을 하는가라고 힐난하는 연구가 나올 소지도 있는 것이다.

그러므로 33인의 독립선언을 논하려면 우선적으로 태화관에 대한 논의가 필요하다. 원래 태화관은 매국노 이완용의 개인 소유 가옥이었다. 그런데 매국노가 나라를 팔면서 호화롭게 사는 것을 반영한 서양식 건물인 그것을 당시의 유명한 고급술집인 명월관에 팔아서 명월관 분점이 되어 있었다. (훗날 명월관 분점인 그것이 기독교 개신교 재단에 매각되어 혹자들은 개신교 건물에서 독립선언이 있었다는 등의 발언을 하는데 3·1항쟁시에는 고급요정이었다.[33]) 그런데 하필 왜 태화관에서 독립선언을 했는가?

33인이 태화관에 모일 수밖에 없었던 데에는 분명한 까닭이 있었다. 첫째의 이유는 삼엄한 일본 침략경찰과 밀정들의 감시를 뚫고 독립선언을 할 경우에 위장전술에는 가장 적격적인 장소였기 때문이다. 원래부터 모질고 독하게 감시하면서 헌병정치를 하던 때였지만 광무황제의 붕어에 의해 특급비상령이 내려진 상황에 어디서 모일 수 있겠는가?

둘째로 가장 가까운 곳에 탑골공원이 있어서 군중들이 모인 가운데 독립선언서를 읽을 곳과 유기적인 연결이 가능한 위치였다. 도보로 걸어서

33) 그런데 그 유명한 태화관 건물이 1980년 무렵에 헐려서 빌딩이 들어서고 말았다. 부동산 가치만 생각하면서 역사와 민족도 없는 통탄스런 결정을 내린 대표적 사례가 아닐까 한다. 그토록 역사적으로 중요한 유적이고 희대의 관광명소일 그곳이 사라진 책임은 누구에게 있는가? 지금이라도 그곳을 복원하여 성역화시켜야 옳지 않을까?

5분 남짓이면 도착할 곳에 젊은이들이 모여서 독립선언서를 읽게 만들고, 원로들은 그와 동시에 독립선언서를 낭독하고 일제경찰에 정면으로 알리며 잡아가라고 할 도전적 행위에 가장 적절한 곳이라고 하겠다.

셋째로 무엇보다도 가장 중요한 것이면서도 지금까지 감춰져 있었던 것으로서 바로 담 너머가 광무황제의 둘째 아들인 의왕의 저택이었으니, 사동궁이 바로 옆에 붙어 있었던 것이다. 의왕은 앞의 S1분석에서도 상세히 밝혔지만 3·1만세 항쟁의 실질적 최고 지휘자가 아닌가? 그렇다면 3·1항쟁에 담긴 가장 중요한 비밀로서 태화관이 바로 최고지휘자의 옆집이었다는 말이 성립되는 것이다. 인간은 어떤 일을 할 경우에 가장 입지조건이 좋은 곳에서 일을 벌이는 것이며, 특히 항일운동같은 긴박하고 위기상황에 해당할 일은 가장 완벽히 처리할 곳에서 하게 된다. 따라서 최고지휘자의 옆집이고, 그것도 단골집이면서, 가장 익숙한 방을 택해서 거사장소로 삼았다는 것은 불을 보듯 뻔한 것이다.

ⓒ 3·1항쟁의 전개

손병희를 중심한 33인 애국자들의 3·1항쟁 전개과정은 그간 나름대로 연구가 많이 되어 왔다. 더 이상의 연구가 불필요할 정도로의 연구가 이미 되었다고 할 정도이다. 그 까닭은 그것이 바로 3·1항쟁의 진원이라고 보는 연구들이 진행되어 왔기 때문이며, 그것은 나름대로의 공개된 자료가 연구를 충분히 진행할 만큼 적절하게 존재하고 있었기 때문이다.

그런데 이것을 보는 연구자들의 시각에 따라서 너무나 판이한 견해가 나오는 것이 문제이다. 그것은 앞의 제1장에서 지적했지만 주어진 입장이나 이념에 따라서 상상도 못할 큰 견해차가 생기는 것이다.

첫째로 민족주의 학설에 있어서는 33인의 애국을 매우 높게 평가하면서 3·1항쟁의 중심축이 바로 여기에 있다고 할 정도의 시각을 보인다. 그런데 둘째로 민중주의 학설에 있어서는 33인의 가치를 상대적으로 폄하하면서 다수의 민중이 중심축이 아니냐는 반론을 펴는 입장에 선다.

다음 셋째로 사회주의 학설에 있어서도 33인의 가치를 평가절하하며, 술집에서 술판을 벌이며 독립선언을 했다는[34] 등의 비방을 하는 정도의 입장을 갖고 있다. 사실상 33인을 자본주의 부르조아계급을 대표하는 퇴폐집단 정도로 인식하는 것이다. 그리고 넷째로 민주주의 학설에 있어서도 33인은 거대한 민초집단에 포함된 사실상의 부수적 존재로 파악된다.

그렇다면 이상의 4가지 상이한 시각을 배경으로 볼 때에 33인의 애국자들은 세월이 흘러 갈수록 나날이 위상이 낮아진 것이라고 함이 옳다. 원초적 입장에서 볼 때에 3·1만세 항쟁을 이끈 공식적 지도세력인 그들의 위상이 그렇게 변한 것을 어떻게 해석할 것인가?

그것은 그간 3·1만세 항쟁 연구가 오도된 원인의 대표적인 것이 되겠는데, 정치현상을 현상 이전의 이념에 맞춰서 해석하고 있기에 그렇게 된 것이다. 정치현상은 정치현상 그대로 연구되어져야 한다. 아무리 민중이 중요하고, 민초가 중요하며, 계급이 중요하다고 말하지만 그것은 정치현상을 보는 부분적 시각일 뿐이다. 당시에 손병희나 33인을 비롯한 지도세력이 없이 민초, 민중, 프로레타리아 계급만으로 3·1항쟁이 이루어질 수가 있었나? 그리고 그 당시에 성숙된 민초, 민중, 무산계급이 3·1항쟁을 폭발시킬 수준으로 존재했는가?

③ **항쟁발발 이후(S2T3)**

일제침략은 교활하고 가혹한 것이었다. 그리하여 침략의 주된 공격대상이었던 항일세력은 심지어 오늘날에 까지도 처절히 고통을 겪고 있다. 당시 매국친일세력에게 일본은 적절히 작위와 지위를 주면서 그들의 침략을 정착시켜 나갔다. 그리고 애국자들은 철저히 소멸시켜 나갔다. 33인의 애국자들은 침략일본의 회유, 위협, 강요 등에 의해서 서서히 변절당하는 길을 걷게 되어, 종국에는 소수의 인사를 제외하고는 철저한 항

34) 이종현, op.cit., p.318.

일의 길을 가기가 어려웠었다.

그리하여 어떤 인사는 사실상 철저한 친일매국인사로 전락하여 버린 비참한 사례도 있었고, 사실상 끝까지 지조를 지킨 대표적 인사는 한용운스님 한 분 뿐이었다고 말해질 정도로 침략일본의 33인 공략은 집요하고 간교한 것이었다.[35)]

어떻든! 오늘날에 있어서 항일애국 계열의 정통 후손들이 크게 된 사례를 발견하기가 쉽지 않다. 해외에서 떠돌거나 국내에서 처절히 핍박 받다가 맨주먹으로 돌아와서 6·25전쟁 등을 거치는 사이에 헐벗고 굶주리는 지경에 머물면서 사라져 버린 경우가 다수이다.[36)]

그러나 친일매국 혹은 기회주의적 인사들은 적절한 자산을 갖고,[37)] 사회분위기도 적절히 알기에 원만히 적응하면서 오늘에 이르러 곳곳에 득세해 있는 경우가 많다. 요즘의 김영삼 정부에까지도 최고수준인 국무총리에 등용되는 인사들의 면면을 보고 어이없어 하는 인사들이 많은 까닭은 바로 그 때문이다. 골수 친일파로서 독립군 잡으며 호의호식하던 검찰수사관의 아들이 고개를 높게 들고 떳떳하다고 우기며 득세하고, 편하게 잘 지내다가 많은 돈을 갖고 6·25전쟁이 터지자 유학을 가서 전쟁종료가 되니 박사가 되어 돌아온 잘난(?) 인물이 각광을 받는 나라가 되었으니

35) 신복룡, 한국정치사론(서울 : 박영사, 1978), p.179참조.

36) 항일인맥은 일제침략자들의 눈에는 모두가 범죄자였고 극도로 탄압을 받는 신세에 있었다. 애국자를 잡는 일제 침략 앞잡이가 바로 순사, 밀정, 고등계형사, 검찰수사관, 검사였었는데 그 후손들이 현재 얼마나 득세하고 있는가를 예리하게 보아야 할 것이다. 그리고 애국자 후손들은 어떻게 되었나?
정광형, 판례를 통해서 본 3·1독립운동사(서울 : 법문사, 1978) 참조.

37) 3·1항쟁에 모든 자금을 대고 모든 것을 지휘하다가 일제에 잡혀서 옥고를 겪다가 병보석으로 나와 곧 돌아가신 손병희는 1922년 5월 19일 62세로 세상을 떠났는데, 사후에 남은 유산은 전혀 없었다.
이용락 엮음, 3·1운동실록, 3·1동지회, 1969, p.33.

무슨 말을 할 것인가? 김영삼정부가 정치공황 상태를 맞으며 5년 임기도 제대로 수행 못하며 급격히 허망하게 전락한 것은 순서대로 등장한 최고위 친일본당 인사들의 면면을 보면 오히려 당연한 것이 아니었을까?

3) 주변부 3차변인 분석(S3)

① 항쟁발발 이전(S3T1)

3·1항쟁이 발발되기 이전에 있어서의 민초들은 정치적으로 어떠한 의미가 있는가? 그간 민중주의 혹은 사회주의 계열은 물론이고 심지어 민주주의적 흐름에 있어서 까지도 민초들의 정치적 위상을 가급적 높게 평가하려는 흐름이 최근까지 계속 이어져 왔었다.

그러나 3·1만세 항쟁이 단순한 민란이거나 민중적 봉기로서 폭발된 것은 전혀 아니다. 다만 당시에 있어서 명성황후의 시해에 이어서, 다시 나랏님인 광무황제까지 시해를 당한 데에 대해서 처절한 분노가 퍼져있는 분위기였던 것은 분명하다.[38] 그렇지만 3·1항쟁같은 거대한 활화산이 삽시에 일어날 상황도 물론 아니었다. 탄약은 만들어져 있는데 뇌관도 없고 성냥도 없는 상태였다고 함이 맞을 것이다.

그럼에도 불구하고 민중, 사회, 민주주의 계열의 3·1항쟁 연구에서 민초(S3)들은 강조하면서, 33인으로 대표되는 지도급 인사(S2)들을 폄하하는 연구가 강행된 것은 무엇을 뜻하는가? 그것은 훗날의 연구들이 이론이나 이념에 3·1항쟁의 정치상황을 꿰맞추면서, 이론이나 이념이 현상에 우선하는 도치된 연구를 진행했기 때문이다.[39]

---

38) 3·1항쟁의 항쟁모임은 민족적으로 총 1542회였고, 모인 인원은 연인원 202만명이었다. 당시 인구로 보아 거족적 항쟁이 분명한 것이었다.
신용하, 한국민족독립운동사연구, op.cit., p.279.

39) 이북에서의 연구는 33인을 극단적으로 비하하고 있다.
국사편찬위원회, 한민족독립운동사 12, 1993, p.113.

민초들이 대단히 중요하고 역사의 중심부 구실을 함은 사실이다. 그러나 민초들을 깨우치고 조직화하면서 이끌어주는 지도부가 없이 민초들은 의미있는 존재가 되는 경우가 드물다. 3·1항쟁을 면밀히 살필 때에 민초들은 거대한 민초로서의 항쟁 이상도 이하도 정치행위를 하지 않았음이 분명하다. 무시할 것도 없지만 과대평가를 할 것도 아니란 말이다. 민초들은 어차피 민초였고, 항쟁발발 이전의 위상은 더욱 그러하였다.

② 항쟁발발 당시(S3T2)

항쟁발발 시기에 있어서 민초들은 대단히 중요한 위상으로 승화된다. 제주도에서 함경도까지에 걸쳐서 전국적으로 전민족적으로 일어났다. 심지어 러시아, 중국은 물론이고 미국이나 유럽에까지 3·1만세항쟁은 들불같이 삽시에 번져 나갔다. 당시에 있어서 민초들의 정치적 의미는 무엇인가?

첫째로 전체 민족 모두가 동시에 하나가 되어 떨쳐 일어났다는 점에 의미가 있다. 처절한 침략을 받고 침략자들에게 강점당한 뒤에 황실을 말살시켜 민족의 구심점을 없애고, 점차 이 나라를 노예상태로 만들어 나감에 처참한 심서로 분노하고 있던 민초들이 동시에 폭발할 화약고 상태가 되어 있었다는 점이 중요하다.[40] 온 세계의 어떤 나라도 우리 민족을 강제 지배함은 불가능하다는 것을 만천하에 선언할 준비가 되어 있었던 것이었다.

둘째로 내면적 조직이 분명히 살아 있었고, 면밀히 계획된 흐름 속의 민초집단이었음이다. 내면적 조직화의 기초는 물론 전국적인 천도교 조직이었다. 이미 만들어진 조직이 있는데다가, 그 조직의 최고 책임자가 손병희였기에 전국적 봉화불이 동시에 올라갈 수가 있었던 것이었다. 다

40) 천관우, 민중운동으로 본 3·1운동, 윤병석, 신용하, 안병직 엮음, 한국근대사론II(서울 : 지식산업사, 1979), pp.113～122 참조.

른 조직들은 사실상 천도교 조직을 보조하는 조직들이었다고 봄이 옳다.

셋째로 거족적 준비과정도 분명히 있었으며, 이를 통해서 전국적 3·1항쟁이 가능했었다. 당시에 친일골수들의 자제들만을 신원조회를 통해서 뽑아 충원한 경성의전 등을 완전히 따돌리면서 조직화를 꾀했었다는 것을 말하는 사료가 있는 것을 볼 때에, 원한에 찬 항일단심으로 전국의 학생을 조직화하면서 준비한 단호한 흐름이 있었던 것이 매우 중요한 성공변인이 되었다.

③ **항쟁발발 이후(S3T3)**

3·1항쟁의 거대한 폭풍우가 지난 뒤에 일제침략자들은 소위 문화정치를 시행하고, 헌병경찰제도 대신에 보통경찰제도를 채용하는 등의 커다란 변동을 가져 왔다. 일본인 수준으로 교육을 시킨다고 하고, 언론 통제를 완화하고 한글신문의 간행도 허락하기로 하는 등의 획기적 개선안을 침략자들 나름대로 개선책이라며 내놓게 되었다.

그러나 민초들의 고통은 가장 처절한 길로 내몰리게 된다. 민초들은 공식적으로 알려진 숫자로만 감옥에 잡힌 숫자가 5만, 죄수로 기소된 숫자가 1만이며, 피살자가 7500이고, 사상자가 16000이나 된다. 당시의 인구로 볼 때에 엄청난 숫자가 피해를 입은 것이고, 알려지지 않은 피해자는 수도 없는 것이었다. 그러나 일제의 정책은 알려지지 않은 간교한 것들이 더욱 오늘날까지도 우리를 옥죄고 괴롭히고 있다.

그들의 간교한 탄압은 교육정책으로 가장 크게 나타났다. 그리하여 신원조회를 받은 친일매국세력을 비호하면서 그들의 강점통치에 협력하는 세력을 확보해 나갔다.[41] 일본이 최초로 세우고 대표적으로 지원한 경성

---

41) ① 침략일본의 교육정책은 대원칙이 '친일인사들에게 특혜를 주면서 수재교육이란 명목하에 조선 청년을 친일분자로 양성'하는 것이었다. 그렇게 만들어진 인맥의 다수가 오늘날 우리의 지도층을 크게 장악하고 있다.

② 우리의 대학이나 고등학교의 뿌리를 잘 살펴보면, 왜 오늘날에 민족정기가

의전 우대 흐름은 지금까지도 생생히 남아서, 현재 전국의 모든 고교에서 이과계열 최우수 학생은 경성의전의 후신인 대학을 무조건 가야하는 듯한 도도한 흐름을 만들어 놓았다.[42] 따라서 우리나라는 이공계 출신 과학계통에는 저절로 우수인맥이 모이지 않게 유도를 했고, (물론 훌륭한 의사들도 있지만) 조국이나 민족도 없이 아픈 환자들을 통해서 돈이나 모아 편히 사는 것이 제일이라고 생각하는 절대숫자의 인간군을 만들어 놓았다.

또한 독립군이 되고 애국자가 될 길을 자연히 봉쇄하기 위해서, 일본 통치의 하수인을 '펜대 굴리며 편히 살라'는 말로 꼬이며 꾸준히 확보해 나갔다. 그리하여 경성의전 다음에 경성법전이 만들어지는데, 초현대시대인 오늘에 있어서도 어떤 대학은 8할의 재학생이 무조건 고등고시 공부를 하며 맹목적 출세주의에 빠진 젊음을 보내게 만들어 놓았다. 그런 대학이 이 시대에 왜 필요한가? 일본침략이 만든 덫에 빠져 젊음을 탕진하는 대학생들에게 이 나라의 미래를 맡길 수 있는가?

예컨대 사명감을 갖고 국사학을 배우거나 조국애를 갖고 조국발전에 필요한 학문을 한다는 등의 자세는 친일파들에 의해서 일찌감치 사라지고 말았다. 그리하여 역사학, 국어학 등은 오늘날 3D학문이라고 학생들

바로 잡히지 않는가를 알게 된다. 애국자를 많이 배출한 오산, 대성, 숭실, 중동 고등학교는 깡패학교라고 했고 일제에 충성하거나 고분고분했던 학생들의 집합체인 학교는 모범학교라고 했는데, 그것이 지금도 그대로 남아있고 그 고교생들이 계속 득세하고 있다. 그것은 대학에 있어서도 마찬가지다. 일제시대에 신원조회를 통해 철저히 친일파만 뽑던 대학의 흐름을 잘 살펴 볼 필요가 있다.

김운태, op.cit., p.289 참조.

42) 일본인들이 우리 민족의 대학설립을 계속 저지하다가 최초로 세운 대학이 경성의학전문대학이다. 이 대학의 입학자격은 극히 제한적인 것이었다. 왜 경성의전이 최초로 세워지고 왜 철저히 신원조회를 했는가?
이미륵 지음, 전혜린 옮김, 압록강은 흐른다(서울 : 범우사, 1965), p.159참조.

이 기피하게 되고 만 것이다. 민족을 배반하고 역사를 모독하며 무조건 출세나 해서 일본침략자들의 하수인이 되는 영광을 통해서 개인의 안일이나 탐하는 흐름을 잇는 것이 바로 고등고시의 열풍이요 침략자들이 만들어 놓은 인재배분 왜곡정책임을 우리는 지금도 모르고 있다.[43] 생각하면 이 나라의 정치를 오늘날에도 사실상 친일인맥이 이끌고 있기에 당시의 정책을 지금까지도 조장하는 것은 혹시 아닐까? 이 나라의 교육을 볼 때에 이 나라의 미래가 어디로 갈지 안타깝기만 하다. 당시 3·1항쟁을 주도한 천도교에서는 '면서기 하나라도 총독정치에 협조할 수 없다.'는 단호한 것이었는데,[44] 그 당시에 일제 순사, 밀정, 고등계형사, 검찰수사관이 되거나 출세를 하겠다고 고등고시를 보던 열풍의 잔재가 지금도 도도하게 남아야 하는가?

4. 해석의 입체화 필요성

그간의 3·1만세 항쟁 연구는 문제가 적지 않았다. 본 논문은 그 문제점을 극복하고 3·1항쟁사를 정상화시키려는 시도를 담은 것이다.[45] 그간 우리가 알고 있던 3·1만세 항쟁은 사실상 오도된 것일 수도 있고, 잘못 인식된 성향이 매우 높았음을 유의하고 다음과 같은 점을 다시금 재

43) 일제강점시대에 있어서 그들의 침략정책의 핵심은 친일파 육성책이었다고 보겠다. 이러한 정책에 의해 만들어진 친일매국인맥과 친일매국문화는 지금까지도 사실상 생생히 살아있다.
강동진, 일제의 한국침략정책사(서울 : 한길사, 1984)참조.

44) 이병헌, 3·1운동비사(서울 : 시사시보사 출판국, 1959), p.43.

45) 3·1운동의 전과정에 대한 사회과학적 종합적 연구는 매우 긴요하다.
국사편찬위원회, 한민족독립운동사12, 1993, p.153.

확인해야 하겠다.

첫째로 그간 너무나 표피적인 연구의 흐름이 많았다. 본 연구에서 지적한 바와 같이 3·1항쟁 발발의 핵심 진원지를 무시한 연구를 진행해 왔던 것이다. 일제침략의 최고 공격처였던 대한황실이 전혀 거론되지 않고서, 당시의 최대 정치항쟁인 3·1만세운동의 전모가 소상하게 밝혀질 리는 없는 것이다. 본 논문에서 밝힌 S1(황실)변인을 다루려는 노력을 보인 연구물을 그간 사실상 하나도 찾기가 어려웠던 점은 심각히 반성되어야 옳다.

둘째로 그간 너무나 기존사료에만 의존한 연구가 진행되어 왔었다. 그것도 대부분이 일본학자들이 만든 사료의 늪에 빠진 것이다.[46] 예컨대 3·1항쟁 이후에 끈질기게 강요된, 문화정치란 미명하에 우리 민족 골병들이기 왜곡 교육의 여파가 지금까지도 생생히 살아서 모든 고등학교의 최우수 이과학생은 의사가 되고, 최우수 문과학생은 고등고시를 보아야 되는 오도된 침략문화 흐름을 만들어 놓아 인재양성의 흐름을 완전히 왜곡, 경직화시킨 것 등의 참모습이 전혀 보이지 않는 연구가 진행되어 왔다.

참고로 유의해 볼 것으로서 3·1항쟁 이전에 있었던 고등교육기관으로는 의학전문학교와 법학전문학교 2개 뿐이었다는 점이다. 그후 지방인 대구와 평양에 의학전문학교 1개씩을 증설시키는데 이것이 최고학부의 모두였다. 이것은 면밀히 계산된 악의적 교육침략이었다. (그리하여 이 나라는 현재 의대와 법대가 고교교육의 꿈이요 희망이 되었다.) 더군다나 이 학교에 마저 일본인과 공학을 시키며 극소수의 친일파 자제만 조선인의 입학을 허가했다는 것은 무엇을 뜻하는가? 일본인들이 조선시대의 중인계급 학문이며 사실상 순수학문이 아닌 응용학문으로서의 의학, 법학만을 이 나라에 뿌리내려준 저의는 무엇인가?[47] 우수한 젊은이들이

46) 신복룡, 한국정치사론, op.cit., p.163.

골고루 각계각층에서 적성과 능력에 맞춰 최고의 기량을 발휘하는 사회 흐름을 교란시키려는, 고도의 인재배분 왜곡정책이 지금까지도 맹렬한 위세를 떨쳐야 하는가? [48] (일제침략 이후 우리의 젊은 세대 인재배분은 완전히 불균형화되고 병적인 것이 되었다.) 오로지 몇 명이 언제, 어디서 만세를 부르고, 몇 명이 잡혀가 몇 명이 죽고 몇 명이 감옥에 들어 갔는가 등만의 연구가 3·1항쟁 연구인줄 아는 순진함으로 그 거대한 항쟁의 참 모습이 보이는가? 그간 우리는 너무나 주어진 사료의 노예가 된 것이 사실이었다.[49] 그리하여 역사축소의 오류를 스스로 만든 것이었다.

셋째로 그간 너무나 이념이 우선된 연구를 많이 해 왔다. 이념이란 무엇인가? 그것이 사회현상에 우선하는가? 현상이 먼저 있고서 이념이 등장하는가? 이념을 보면서 생각을 해 볼 것은 많다. 그럼에도 불구하고 우리 사회에 등장해 온 종교나 이념들은 거의 대부분이 해외에서 수입되어 온 것으로써, 우리에게 생각해 볼 기회도 줌이 없이 우리를 묶으면서 경직화시켰던 경우가 너무 많았다. 이념에다 현상을 보는 시각을 꿰맞춘 연구로서, 현상의 참모습이 적나라하게 드러날 수는 없다.

넷째로 그간 그 당시의 상황을 통해서 연구를 한 것이 아니라 오늘의 시각으로 그 당시를 본 연구가 흔했다. 예컨대 3·1항쟁의 주역인 손병희

---

47) 이충우, 경성제국대학(서울 : 다락원, 1980) 참조.
이충호, 일제침략하 의사교육 활동에 관한 연구, 성신여자대학교 대학원 박사학위논문, 1997 참조.

48) 항일독립운동가들은 그 자녀들을 교육시킴에 있어서 일제의 이런 교란정책을 역공격하는 것에 초점을 맞췄다고 한다. 일본이 철저히 없앤 군인양성 및 의학,법학이 아닌 순수과학이나 공학 등에 가급적 자식을 많이 보냈다. 그것이 독립군 교육철학이었다.
안천, 신흥무관학교(서울 : 교육과학사, 1996) 참조.

49) 일본정부가 발표한 것은 자기들에게 유리한 것만 발표한 것이고, 범죄의 대부분을 은폐하고 부인한 것이다.
신복룡, 한국독립운동의 진상, op.cit., p.51.

나 천도교를 오늘의 종교상황에서 살펴서는 전혀 이해가 되지 않는 것이다. 손병희나 천도교는 당시의 종교적 위상이 3·1항쟁을 이끌 정도의 거대한 것이었다. 손병희에게 의왕이 거대한 밀명을 내릴 만큼의 큰 위상을 가졌기에 거사가 가능했던 것이다.

다섯째로 그간 그 당시의 정치문화를 너무나 무시했었다. 민주주의라는 무소불위의 칼로 난도질당한 듯한 연구를 하다 보니까, 그 당시도 사뭇 오늘날과 같은 민주국가라고 생각한 연구만이 있어 왔다. 당시에는 임금님이나 의왕을 비롯한 황실이 정치문화의 핵심이던 때였음을 무시한 연구가 무슨 의미있는 연구가 되겠는가? 광무황제의 비극적 시해는 전국을 벌집 쑤시듯 폭발시킬 위력을 가진 것임을, 당시의 정치문화적 시각으로 보지 못하면 연구는 정곡을 잃게 된다. 그리고 당시 의왕의 명령은 요즘의 3김씨를 합한 것보다도, 더 무게가 있게 국민들에게 받아들여진 것임을 유의해야 제대로 된 연구가 가능한 것이다.

「요컨대 현대정치사나 역사연구를 온통 뒤덮고 있는 선험적 이념, 가치, 판단이나 오도된 사료의 노예상태를 벗어나야 하겠다. Husserl 현상학의 표현을 빌린다면 선판단제거(先判斷除去 : époché) 상태에서 담백하게 연구대상에 접근되어야 하겠다.」

三. 3·1만세 항쟁의 역사적 의의

1. 3·1만세 항쟁의 정치학적 위상

거대한 민족정기의 활화산이었던 3·1만세 항쟁에 대한 그동안의 학설은 앞에서도 논했지만 민족주의 학설, 민중주의 학설, 사회주의 학설, 민주주의 학설의 4가지로 대별해 볼 수가 있었다. 그러한 학설들은 그러나 나름대로 크고 작은 문제점이 있었고, 3·1항쟁의 본 모습을 제대로 반영시키지 못한다고 했다.

따라서 본 논문은 민족, 민중, 사회, 민주주의라는 이념이나 사상을 훌훌 털어 버린 입장에서 새로운 위상을 정립해야 한다고 본다.[50] 특히 유의할 것은 본 논문의 입장은 전혀 그런 이념이 전제되지 않고 담백한 입장에서 당시의 거대한 항일성전을 객관적으로 분석하고 귀납적으로 결론을 도출하려는 입장에서의 위상 정립이다.

요컨대 본 논문은 3·1만세 항쟁의 정치학적 위상이 순수한 국권수호였고, 당시의 정치문화나 정치상황을 고려한다면 광무황제의 시해를 중시한 황실수호에서 모든 것이 전개되었다는 점을 분명히 유의한 위상관점이 수립되어야 한다고 본다. 따라서 3·1만세항쟁의 기본적인 정치학적 위상은 '존황항일' 바로 그것이라고 하겠고, '존황항일설'을 정립해야 옳다고 본다.

존황항일! 그것은 결코 수입된 이념도 아니고, 기성 사상도 아니다. 단지 당시의 정치문화에 있어서는 나라가 바로 임금님이고, 임금님을 지키는 것이 바로 국권수호를 뜻하는 때였다는 점을 분명히 하고자 하는 것이다.[51] 임금님(나랏님)을 지키려는 성스러운 거족적 항전의 본모습을 모르고서, 3·1항쟁사는 소설이지 참된 역사가 될 수 없는 것이다.[52]

---

50) 신용하, 한국민족독립운동사연구, op.cit., p.208.

51) 3·1항쟁을 중심적으로 이끈 천도교에서 내세운 4대강령은 ① 황실존중 독립기초견고 ② 정부정치개선 ③ 인민의 생명재산보호 ④ 군정재정정비였다. 여기서 제1순위에 황실존중이 있으며, 천도교가 모든 항쟁을 주도했다는 것은 매우 의미 있는 것이다.

이병헌, op.cit., p.42.

천도교사편찬위원회, op.cit., p.347.

2. 거대한 항일성전의 출발

1) 항일성전의 의미

민족발상지! 우리 민족이 태어나고 우리 민족의 기나긴 역사가 이어져 왔던 민족성지 만주땅은 발해 멸망 이후부터 우리 역사에서 멀어지며 오늘에 이르렀다. 그러다가 가까운 시대인 만주(여진)족의 청나라 시대에 있어서는 그들 민족도 고향이 그곳이라면서 그곳을 성지화(聖地化)시키고 하층 피지배민족인 한족(漢族)들을 못들어가게 하면서 봉금(封禁)정책을 실시했으니, 당시의 만주땅은 사람들이 살지 않는 빈 땅이었다.

우리 민족은 거대한 3·1항쟁의 대폭발 속에서, 일제경찰의 총칼을 피하면서 항일항쟁의 중심터를 만주땅으로 옮기지 않을 수 없었다. 그 무렵의 만주땅은 청나라의 국권이 흔들리기 시작하면서 점차 만주땅의 봉금정책이 저절로 무너지는 시기에 해당했는데, 그 상황에서 우리 민족의 항일인맥들이 대거 만주로 옮겨간 것이었다.[53] 그리하여 3·1항쟁 무렵부터 10여년에 걸친 장렬한 항일성전을 벌이게 된다.[54]

당시 만주땅은 독립전쟁의 최전선이었다. 박은식이 독립군 전투를 3·1항쟁의 연장선에서 파악했듯이, 수많은 독립군들이 곳곳에서 처절히

---

52) 3·1항쟁을 이끈 기본적 이념에 대한 연구는 지금까지 거의 없다. 단지 '독립'이란 이념만이 있을 뿐이다.(존황항일 독립의 이념은 그간 거론되지 않은 까닭이 자명한 것이 아닐까?)
국사편찬위원회, 한민족독립운동사12, 1993, p.154 참조.

53) 당시 독립군 양성의 상징적 기관이던 만주 통화의 신흥무관학교에 찾아오는 국내에서 탈주해 온 학생들이 연간 40명쯤이었는데, 3·1항쟁 이후에는 수용인원을 넘게 밀려와 분교를 만들 정도였고 106명의 졸업생을 낼 정도였다. 청산리전투의 장교들은 다수가 신흥무관학교 출신이었는데, 그들은 다수가 3·1항쟁 이후에 온 6개월 단기과정 졸업생이었다.
신용하, 한국근대민족운동사연구, op.cit., p.245.

침략군들과 싸웠다.[55] 침략군들이 괴뢰 만주국을 세우기까지의 기간에 있어서 만주땅을 피로 물들이며 장렬하게 조국탈환을 위한 성스러운 전쟁에 참여한 애국자들은 흡사 오늘날의 체첸반군이나 PLO, 하마스 등과 같이 절대항쟁을 계속했었다. (그간 상해에 있던 임시정부를 과대평가하는 흐름이 있었다. 그러나 독립전쟁사를 제대로 아는 사람들은 결코 상해를 크게 부각시키지 않는다. 먼 남쪽땅에서, 그것도 프랑스 조계내의 국제적 치외법권이 인정되는 안전지대에서 말로만 애국한듯한 위상을 갖고 시간만 끌었던 조직이 그토록 각광을 받아야 하는가?)

중국인들은 우리 민족에게 언제라도 고마움을 잊지 말아야 한다.[56] 이 기간에 있어서, 우리의 애국독립군의 항일혈투가 있었기에 중국의 문화재는 고스란히 대만의 고궁박물관에 옮겨져 있고 궁궐을 비롯한 문화재는 나름대로 안전하게 남은 것이 다수이다. (그러나 우리 민족의 문화재는 일제침략자들에게 대청소를 당해서 귀중문화재의 대다수는 모두 일본에 있다. 예컨대 우리의 세계적인 우수문화재인 고려불화는 국내에 10개쯤이 남았는데 일본에 알려진 것만 120개 이상이 현존한다. 모든 문화재가 다 이렇다. 더군다나 우리의 궁궐들은 심지어 동물원이 되고 일본인 학생들의 학교까지 되면서 만신창이가 되게 헐려 나갔다. 그러나 자금성을 비롯하여 중국의 문화유적은 사실상 그대로 있다. 우리 민족이 이 무렵에 혈투를 벌이며 침략일본을 막아준 덕택이다. 그것을 고맙게 아는 중국인들이 몇 명이나 될까?)

---

54) 3·1항쟁 이후 만주는 독립군 기지로 전환되고, 무장독립운동단이 줄이어 나타났다.
김창순, 박성수 펴냄, 한국독립전쟁사(서울 : 삼광출판사, 1989), pp.64~65.

55) 국사편찬위원회, 한민족독립운동사12, 1993, p.103.

56) 안천, 중국 조선족과의 협력관계 및 남북통일, 충북대학교 국제관계 연구소, 96통일국제학술회의, 1996. 10.18.

2) 항일성전의 새로운 해석

만주땅에서의 거대한 항일성전이 있었기에, 앞의 서론에서도 말했지만 요즘은 독립항쟁시대의 역사 해석이 점차 바뀌고 있다. 첫째로 왜정시대를 인정하지 않고 단지 침략자들의 강제점령을 통한 노략질시대로 당시를 규정한다. 그리하여 당시를 이제는 일제강점시대라고 부르며 보다 적극적으로는 항일성전시대(抗日聖戰時代)로 부른다. 둘째로 4278년(1945년) 8월 15일을 해방이라고 부르는 말이 사라져가고 있다. 침략자들에 의해 국내에 억류되어 있던 사람들을 중심으로 보지 않게 되었다는 말이다. 이 시대에 만주나 연해주로 옮겨 철저항일 투쟁을 편 인사들이 민족주체라고 인식하게 됐고, 그들이 있었기에 해방이 아니라 조국탈환이라고 보게 되었다. 셋째로 독립운동이란 용어가 점차 독립전쟁이란 용어로 바뀌게 되었으니, 그것도 이 시대의 만주땅 혈투가 있었기 때문이다.

여기서! 우리가 분명히 유의할 것은 당시 만주땅에 있었던 독립군의 다수는 임금님을 되찾고, 국권을 되살리려는 황실수호의 군대였다는 점이다.[57] 다만 정면혈투를 벌인 그들이 일본군과의 혈전을 통해서 죽고 사라지고나니까 그들의 역사가 사라진 것이다. 더군다나 만주국이 세워지며 만주땅의 정통인맥들이 점차 중국내륙으로 옮겨갈 수밖에 없었고, 그곳에 간 애국자들은 그곳이 공산화되는 와중에서 팔로군에 편입되기도 하면서 끊임없는 항일전쟁을 계속해 나갔다. 만주땅의 정통 애국자들이 왜 상해로 대거 몰려가 임시정부에 합류하지 않았을까?[58] 그것이 상해의

---

57) 안천, 신흥무관학교, op.cit., 참조.

58) 상해임시정부를 그간 이북학계에서는 혹독히 비판하는 입장에 있었다. 임시정부는 침략자들과 정면항일을 않고 자리다툼이나 하면서, 동포들에게 거둔 독립자금을 탕진하고 강대국에게 독립청원이나 하며 구걸하고 다녔다고 본다. 상해임시정부는 그런 비판에 어떻게 답변할 것인가?
이종현, op.cit., pp.340~342 참조.

위상이었기 때문이다.[59] 정통인맥들이 만주땅에서 혈투를 벌일 때에 상해에서는 무엇을 했는가?

3. 3·1만세 항쟁의 영향

3·1만세의 위대한 애국항쟁으로 나타난 것은 무엇인가? 우리 민족을 둘러싼 국제적 상황을 어떻게 만들었나? 그것에 대한 그간의 통상적인 견해가 역사서마다 있어 왔다. 그것은 그러나 대동소이하고 거의 비슷한 내용들이다. 표피적인 사료섭렵을 통해서, 사실상 일본학설을 그대로 이은 것에서 무엇이 더 새로워졌는가? 3·1만세 항쟁의 영향은 새롭게 정리되어져야 한다.

그것은 무엇보다도 3·1만세 항쟁이 광무제의 붕어에서 비롯되었다는 점이 간과되었고, 그것은 일제 침략자들에게 매우 강한 충격을 주었다. 그리하여 무너진 황실이지만 우리의 황실에 대한 최소한의 예우를 명백히 하지 않을 수 없었다. 조국이 탈환될 때까지도 황태자 영왕의 존재를 뚜렷이 인정할 수밖에 없었던 것은 3·1항쟁을 통해 일본인들에게 가르쳐준 교훈이다. 3·1항쟁이 없었다면 그 못된 침략자들이 우리의 황태자를 그냥 두었겠는가? (그것은 또한 조국탈환까지 인질상태에 있었지만 우리의 임금님이 사실상 존재했었고, 침략자들이 뜻대로 못하는 성역이 우리의 임금님임을 분명히 가르쳐준 것이 3·1항쟁이었음을 말한다.)

아울러 3·1만세 항쟁을 통해 일제침략이 분명한 침략행위였음을 온

59) 당시 많은 인사들은 상해임시정부에의 참여를 주저하는 입장이었고, 현장에 없는 경우도 적지 않았으며, 정부보다는 독립단체를 만드는 것이 옳은 길이라는 생각을 갖고 있었다.
김운태, op.cit., p.401.

세계에 선포하게 되었다. 그간 헤이그 비밀특사파견 등으로 발버둥을 치기도 했으나 온 세계에 우리가 망한 것이 아님을 3·1항쟁으로 분명히 선언한 것은, 훗날에 있어서도 단기 4278년(1945년) 8월 15일이 해방이 아닌 조국탈환임을 뚜렷이 말해주는 강한 증거가 되었다. 따라서 침략행위에 의한 우리 민족의 지배는 불가능한 것이며, 우리 민족은 침략행위에는 언제라도 터져나올 화약고같은 민족임을 분명히 가르쳐 주었다. 단군이래 외래의 침략은 받았어도 지배를 받아본 적이 없는 민족이 우리 민족이란 것을 가르쳐준 것은 아주 중요한 것이다. 그리하여 이제 비참했던 당시의 만 35년은 망했던 시대가 절대 아니었다고 보게 되었다. 침략자들과 성스러운 성전을 벌인 위대한 항전시대였다고 해석하게 되었다.

맺는 글

위대한 민족은 위대한 역사를 창조하는 민족이다. 그리고 위대한 역사를 만드는 민족은 역사를 사랑하고 가꿀 줄 아는 민족이다. 그리하여 자라나는 새세대들에게 자랑스런 역사를 말해줄 수 있는 민족이 세계사를 이끄는 것이다.

가까이 있는 필리핀을 보면 30년전만 해도 얼마나 잘 살았는가? 그러나 기나긴 식민 굴종의 역사를 후손들에게 가르칠 수밖에 없는 나라가 되어, 창조적 역사개발이 없었기에 그들은 오늘날 최빈국에 가깝게 되었다. 그렇지만 온갖 고통으로만 얼룩진 길고도 기구한 역사를 가진 나라인 이스라엘은 후손들에게 민족사의 자랑스러움을 가르치면서 잘 사는 나라를 만들고 있다.

우리 민족은 그간 일제 침략자들이 우리의 역사를 은폐, 왜곡, 상실시킨 함정을 벗어나려는 끈질긴 노력을 해 왔다. 그리하여 침략자들이 만든 오도된 친일사관을 많이 바로 잡아 왔다. 그리고 우리 민족의 역사는 세계의 어느 곳에서도 쉽게 짝을 찾기 어려운 길고 긴 역사를 갖고, 어떠한 국난에도 굴하지 않고 용기있게 역사를 지켜왔다는 것을 많이 확인하게 되었다. 그러나 본 논문의 주제인 3·1만세 항쟁은 아직도 식민사관의 굴레를 완전히 벗지 못하고 신음해 왔다.

그것은 무엇보다도 광무황제, 의왕, 손병희의 위대한 애국 3걸에 의해서 3·1만세 항쟁이 폭발된 역사의 본모습이 제대로 파악되지 않아왔던 점이다. 죽음을 각오하고 망명을 떠나려다 시해를 당한 광무제가 없었다면, 그리고 희대의 애국황손인 의왕의 용기있는 결단이 없었다면, 또한 탁월한 지도력을 발휘한 손병희의 능력이 없었다면 3·1항쟁은 불가능한 것이었을 것이다.

3·1항쟁은 존황항일의 위대한 애국성전(愛國聖戰)이었다. 그리고 그것은 단군이래 줄줄이 이어져온 우리의 나랏님을 지키려는 임금님 수호의 애국항쟁이었다. 3·1만세 항쟁의 본 뜻은 바로 그것이었다.

그것은! 우리의 임금님과 나라는 영원히 지켜야할 성역임을 만천하에 선언한 것이다. 누구도 건드리고 넘볼 수 없는 높고 높은 성역! 그러나 우리의 임금님은 조국탈환 이후 처절히 사라져 오늘에 이르렀다. 3·1만세의 진짜 본 뜻은 골동품상 역사에서나 찾아야 하는가? 지하에서 통곡하는 애국선열과 나라를 바로 잡으려는 열정에 몸살 앓던 진짜 우리 민족의 절규가 들리지 않는가? 임금님을 다시 찾자! 나랏님을 다시 모시자! 3·1항쟁의 본뜻을 찾자!

아홉째 주제

항일전쟁 최고사령관 의왕(義王)

들어가는 글

一. 대한황실에 있어서 의왕의 정치적 위상

二. 의왕의 국권회복 독립항쟁의 정치사적 의미

1. 광무황제의 어명 구현
2. 황실중심의 국권수호 조직화
3. 전민족적 독립항쟁력의 결집

三. 의왕의 항일전쟁 주요업적

1. 3·1만세 항쟁의 진두지휘
2. 만주 독립전쟁의 적극 지원
3. 국내 항일역량의 배양

맺는글

들어가는 글

①

역사에는 허상이 진실을 덮고 역사로 둔갑되는 경우가 많다. 역사의 껍데기가 본질은 없이 역사로 정리된 경우도 적지 않다. 따라서 역사를 제대로 보는 눈이 있거나, 역사를 옳게 재평가 해 주는 흐름이 없다면 오도된 역사가 진실로 둔갑되어 버리는 것이다. 우리나라 역사에 있어서는 침략당한 역사에 있어서 그러한 현상이 특히 심하다. 그리하여 고조선이나 고구려, 백제는 사실상 상당한 부분이 허상의 역사이며,[1] 혹독한 침략을 당한 일제침략 당시의 역사는 상당한 부분이 거짓과 껍데기의 역사이다.[2] 요즘 그와 같은 오도된 역사의 후유증은 매우 심각한 상태에 있다.

②

일제침략자들과 성스러운 조국수호 전쟁을 벌인 만 35년의 시대는 앞으로도 많은 치유과정이 있어야만 바로 잡힌 역사해석이 가능할 것이다. 특히 당시 침략자들의 최대 공격처였던 대한황실의 역사는 현재로서도 너무나 거짓과 껍데기가 많은 오도된 역사인 채로 남아 있다.

그리하여 첫째로 오늘날의 사회를 친일타협 인맥들이 주도하면서 대

1) 예컨대 2·8동경유학생 독립선언을 직접 겪은 윤치영은 회고록에서 말하길, 학자들의 연구도 미흡하고 미진하며, 당사자들의 회고록이나 자서전이 모두 구구각각으로 달랐으며 역사적 문서인 선언문마저도 기록이 정확하지 않다고 개탄하고 있을 정도이다.
윤치영, 윤치영의 20세기(서울 : 삼성출판사, 1991), pp.82~83.

2) 신복룡, 한국정치사론(서울 : 박영사, 1978), pp.161~180참조.

한황실은 거의 사라져버리고 명맥이나 유지하는 처참한 상태로 전락되고 말았다. 둘째로 사실상 친일매국 집단들이 존경(?)받는 역겨운 사회가 되었다. 애국가치관은 사라지고 매국가치관이 횡행하는 것이다. 셋째로 이 나라의 역사가 많은 부분이 일제 침략자들에 의한, 침략자를 위한, 침략자의 역사같이 되고 말았다.

그렇다! 항일전쟁의 많은 역사가 그간 사라져 있었다. 본 논문의 주인공인 광무(고종)황제의 2남 의왕전하의 역사도 앞에서 밝힌 황실역사와 같이 사실상 사라진 역사였었다. 그리하여 의왕전하의 정통을 잇는 대한황실은 침략자들이 원하는 바대로 철저히 매도당하며 오늘에 이르렀다.

본 논문에서는 가식과 껍데기들만 남은 최근세 대한황실사에 있어서도 특히 그 아픔의 정도가 심한 의왕의 정치적 위상분석을 통해서, 대한황실의 독립운동을 체계화하고자 한다. 의왕! 그의 역사를 다시 찾는 것은 최근세사를 다시 찾는 것이며, 현대 민족사의 뿌리를 다시 찾는 것이 분명하다.

一. 대한황실에 있어서 의왕의 정치적 위상

대한제국 황실에 있어서 의왕이 처했던 정치적 입장은 매우 난처하고 미묘한 것이었다.[3] 광무황제가 낳은 아들에 있어서 첫째 아들인 융희(순종)황제는 정부인인 명성황후가 낳은 아들이며, 명성황후가 낳은 아들로서는 독자로서 당당한 정치적 입지를 갖고 있었다. 그렇기에 광무황제를 이어 황태자로서 당당하게 황위를 승계할 수가 있었다. 그렇지만 융희황

3) 안천, 황실은 살아있다 하권(서울 : 인간사랑, 1994)참조.

제는 황태자 시절인 10대 후반기에 아편을 짙게 탄 커피를 마시고 독살 위기를 모면은 했으나, 극심한 소화불량, 근시에, 성불구자였으니 사실상의 식물인간이었다. 그렇기에 일제침략자들은 헤이그 비밀특사 파견의 책임을 물어 강제로 광무황제를 퇴위시키고, 식물인간 융희황제에게 황위를 잇게 한다.

그러나 의왕의 평생은 제2의 계승서열이 될 위상이었기에 명성황후의 견제를 단호히 받게 된다. 명성황후는 심지어 의왕을 낳은 장귀인을 궁궐에서 쫓아 내었고, 심지어는 고문을 심하게 가했으며 끝내 독사뱀을 깊은 밤에 방안으로 넣어 죽음에 이르게 했을 정도였다고 황손들은 증언한다. 장귀인은 아들을 낳고는 아들은 커녕 본인의 입지를 상실했을 정도로 비참한 삶을 산 듯 하다.

더군다나 의왕에게 쏟아진 견제는 매우 심각한 수준이었다고 한다.[4] 항상 목숨을 지키려는 긴장된 순간의 연속이었고 청소년기 후반에는 일본에 사절단 대표로 파견시키고는 귀국을 시키지 않아 12년에 걸친 해외 떠돌이 생활을 했을 정도였다. 다만 워낙 기질이 단호하고 영특한 인품이라 나름대로는 원만히 견뎌냈고, 그 떠돌이 와중에 미국에서 대학을 졸업했을 만큼 우수했었다.

그런데 더욱 곤혹스런 바는 명성황후가 시해된 뒤에 광무황제를 모시게 된 엄귀인이 낳은 어린 동생 영왕(英王)으로 인해 다시금 견제를 받는 것이었다. 모친인 장귀인이 생존해 있었다고만 해도 황태자 책봉을 받았을텐데, 엄귀인의 지원을 받는 어린 동생 영왕에게 다시금 황태자 책봉에서마저 밀려나는 수모도 감수해야 했다. 의왕의 성장과정은 가혹한 가시밭길이었고 끊임없이 가혹한 견제를 받는 정치적 위상이었다. 그런 위치에 있었기에 최근세 정치사에 있어서 의왕의 정치적 의미는 매우 크다.

---

4) 의왕은 14번이나 시해될 위기를 넘기면서 사셨다고 한다.

첫째로 황실에서 가장 자유롭게 독립항쟁을 할 위치에 있었다. 광무황제는 물론이고 융희황제나 핵심 황실 구성원들이 철저히 감시를 받고 견제를 받는 상황에서 의왕은 상대적으로 가장 자유로운 입지를 확보하고 있었다. 특히 12년간의 떠돌이생활을 청산하고 귀국하는 계기가, 이등박문이 의왕을 귀국시켜 황실의 내분과 갈등을 일으키려는 것이었으니, 의왕의 입지는 분명한 폭이 있었다. 귀국 후에 의왕은 철저히 항일을 했고, 덧붙여 술주정꾼 바람둥이 행세를 하면서 자유의 폭을 계속 넓혀 나갔다.

둘째로 황실에서 가장 국제정치적 안목과 식견을 가진 인물이었다. 융희황제와 임금님 자리를 놓고 신경전을 벌일 정도의 지체 높은 인물이었고, 극심한 견제를 받는 상황으로 인해서 12년간을 해외에서 떠돌며 나그네 생활을 강요받았고 억지로 해외유학까지 할 수밖에 없었던 인물이었기에 의왕의 국제적 견문은 돋보이는 것이었다. 특히 타고난 총명성에다 궁중에서 성장하면서 자연스럽게 체득한 정치감각은 뛰어난 바가 있었다.

셋째로 황실의 당시 상황을 가장 정확하게 알 수 있는 위상을 갖고 있었다. 광무황제는 화장실에 가는 것마저 감시당하는 정도로 일제침략의 손아귀에 갇혀 있었고 융희황제와는 가급적 격리되었다. 특히 융희황제가 사실상의 식물인간이었기에, 광무황제의 뜻을 가장 가까운 거리에서 전달받고 펼칠 수 있는 위치에 있었다.

넷째로 일반 국민들의 존경을 받는 지존무상 수준의 위상을 갖고 있었다. 당시의 시대상황은 국민들의 의식에 나랏님에 대한 생각이 단호하던 때였던 만큼, 의왕의 언행은 국민들에게 절대적인 힘을 갖는 때였다. 더군다나 침략자들인 일본인들도 감히 건드리기 어려운 위상이었다. 그렇기에 단호한 항일투쟁이 가능한 입장을 갖고 있었다.

다섯째로 황태자 책봉에서는 극심한 견제를 받으며 계속 밀려났지만, 언제라도 잠재적 2인자로서의 위상을 갖는 위치에 있었다. 임금님 승계의 잠재적 1순위에 있다는 것은 다대한 정치적 의미가 있는 것이다. 그 위치는 극심한 견제와 함께 모함이나 질시를 받을 수밖에 없는 난처한 것이었으면서도, 그렇게 견제받을 만큼의 거대한 것이었다.

二. 의왕의 국권회복 독립항쟁의 정치사적 의미

1. 광무황제의 어명 구현

일제침략은 세계사에 유례가 없는 황실침략의 모습을 갖고 자행된 것이었다. 다만 요즘의 서구화된 자유민주적 사고로써 임금님 변인을 빼고 연구하는 흐름 속에서 황실침략이 무시되거나 홀대된 데에서 일제침략의 본모습이 많이 사라졌을 뿐이다.

광무황제는 기나긴 민족사에 있어서 가장 처참한 비극적 침략을 당하는 상황에서 목숨을 걸고 절대항쟁을 해 나간다. 첫째로 일제침략의 부당성을 세계만방에 호소하며 외교적으로 국권수호를 도모한다. 그것의 대표적인 것이 헤이그 비밀특사 파견으로서 일제는 그것을 빌미로 광무황제를 강제퇴위시키고 융희황제가 임금님이 되게 한다. 말하자면 임금님에서 강제로 물러나게 될 정도로 단호한 항쟁을 했던 것이다.

둘째로 침략을 막으려고 모든 일을 다 해 나가다가, 여의치가 못하자 만주로 망명을 떠날 준비를 하게 된다. 이 소식을 긴급하게 접한 일본천황은 다급하게 어전회의를 했을 정도였고, 그 회의의 결과로 이완용을 통해 독살 시해를 감행한다. 광무황제의 독살 시해는 광무황제가 죽음을 맞을 정도로 철저히 항쟁했던 결과로 말미암은 것이며, 단호했던 항일의

지를 웅변하는 것이다. 더군다나 그 독살 시해는 3·1만세 항쟁의 도화선이요 신호탄이 된다.

그러나 이렇게 단호하게 진행된 광무황제의 항일투쟁이 독살 시해에 의해서 불가능하게 되자, 그 유지를 이어 철저항일을 해나가는 인물이 의왕이 되는 것이다. 물론 광무황제는 독살되기 이전에도 너무나 극심한 감시를 받고 있었기에 사실상의 연금 혹은 감옥생활에 가까운 신세에 있었고, 그 어려운 상황에서 광무황제의 뜻을 구현하는 핵심인사가 바로 의왕이었던 것이다. 의왕의 뜻은 바로 광무황제의 어명이요 황실의 의지를 말하는 것이었다.

2. 황실중심의 국권수호 조직화

일제침략에 맞선 항일전쟁 시대의 역사는 사실상 체계가 없다. 말하자면 본질은 없고 겉껍데기만 남은 역사에 가깝다. 따라서 여기저기서 산발적으로 일어난 독립항쟁을 의병전쟁이니 독립전쟁이니 부르면서 그 시대의 역사라고 하는 것이다. 나무기둥은 없고 줄기와 가지만 있는 것이다.

그런데 당시의 항일전쟁사를 면밀히 분석해 보면 그 흐름에도 거대한 큰줄기가 있음을 발견하게 된다. 예컨대 구한말의 일제침략상황, 6·25전쟁, 현대의 IMF경제식민상황은 공통점이 있는데, 많은 사람은 위기상황을 환히 알면서도 전체적인 대응흐름의 미비로 파국을 맞는다는 점이다. 3개의 국난에는 유능한 인재, 애국자, 매국노가 공통으로 있으면서 파국을 맞았는 바, 현대의 IMF위기를 면밀히 분석하면 그것이 뚜렷이 감지될 것이다.

현대의 IMF위기는 김영삼정권의 무능, 부도덕한 일부재벌의 정권유착에 의한 거대한 부패체제에다, 부패언론인과 언론매체가 국민의 눈과 귀를 오도하고 막으면서[5] 국정파탄을 이룬 3위일체 매국행진이 계속된 것이다. 특히 김영삼정권의 특징은 사상 유례가 없는 권언(權言)유착 부패로서, 약자를 괴롭힘에는 강했으나 권력핵의 부패 주구노릇을 하는 부패한 언론에 의해 최후의 순간까지도 국민을 속이며 최악의 상황을 맞은 것이다. 물론 모든 언론계가 그런 것은 아니지만, 온 세계에서 한국 경제의 투명성을 요구한 부끄러움의 최고 책임자는 경륜낮고 부도덕한 언론핵심부의 부패가 아닐까 한다. 장지연, 신채호를 잇는 위대한 언론영웅의 시대는 다시 이 땅에 오지 않을 것인가?

그러나 그것을 알고 분노하는 수많은 국민이 있어도 국론이 분열되고 표류하면 대응이 불가능한 것이고, 어느 개인의 산발적인 비분강개로는 해결이 어려운 것이다. (예컨대 충정공 민영환 개인의 자결과 같은 것으로 난국이 해결되는 것은 아니다.) 어차피 새로운 신선한 리더십에 의한 새로운 조직적 대응이 있어야 하는 것이다. 조직적 대응! 그것의 성공여부가 난국수습의 여부를 말하는 것이다. 국력의 조직화! 그것이 바로 난국수습의 열쇠다.

마찬가지로 구한말의 역사를 살펴보면, 그 당시에도 항일전쟁의 조직화를 향한 중심은 황실이었음이 분명하다. 황실이 일제침략자들에게 무너져 인질상태로 소멸당하는 비참한 상황으로 끝났기에, 그 항쟁의 역사가 쓰여지지 않은 것이지 항쟁의 중심축은 황실이었다. 광무황제의 밀지는 직간접 형태로 꾸준히 하달되었고, 어명을 받든 의병과 독립군이 꾸준히 봉기했던 것이다. 산발적 성향을 갖고 전국에서 봉기한 듯 했으나 내면에는 황제폐하의 어명을 받드는 거대한 잠재적 조직화가 있었다. 그러한 어명 구체화의 정점에는 광무황제와 의왕이 자리잡고 있었음은 분

5) 교수신문, 1997. 12. 22, 동아일보, 1998. 1. 10, 주간현대, 1998. 1. 11.

명하다. 의왕은 술주정과 난봉으로 위장을 했으나 정신적 · 실체적 지휘자로서 항일전쟁의 최고 사령관의 위상을 갖고 있었다.

3. 전민족적 독립항쟁력의 결집

모든 정치행위에는 명분과 목표가 존재한다. 그것이 없이는 정치행위로서 제대로 성립이 되지 않는 것이다. 그러므로 명분과 목표가 없이는 정치행위의 조직화가 쉽지 않은 것이다.

우리는 현대에 있어서도 애국을 실천하는 것이 얼마나 어려운 일인가를 주변에서 쉽게 볼 수 있다. 구한말 일제침략이나 6·25전쟁에 맞먹을 만한 수준의 국난인 IMF위기상황에서 단호한 애국을 보이는 사람들을 전국적으로 널리 찾기는 쉽지 않다. 위기 발생 초기에 (일부 몰지각한 부류들이지만) 밀가루 · 설탕 · 라면을 비롯한 생활필수품을 경쟁적으로 사재기하고, 전기 · 수도를 비롯한 여러 물자의 절약이나 대중교통수단의 이용 등에서 단호한 국민적 모습을 보기는 쉽지 않다. 소위 배웠다는 지식층에 있어서 단호하게 모범을 보이는 비율이 얼마나 되는가? 난국의 상황에서 골프채 들고 나서도 부끄럽지 않고 심지어 해외관광여행을 나서는 사람은 없는가?

아시아의 대표적 신흥공업국이던 우리나라가 근면 · 검소 · 저축의 정신을 잃고 창의적 역량을 상실하면서 IMF식민국으로 급속히 전락한 것은, 노태우 정권의 미망에서 출발하면서 특히 무능하고 부패했던 김영삼 정권 시대의 짧은 기간에 만들어진 것이다. 김영삼 정권의 도덕적 타락 분위기에 휩쓸리면서 전국민적으로 놀고 먹는 분위기가 퍼지고 게으름이나 낭비, 사치가 넘치면서 단 몇 년 사이에 처참한 빚더미의 나라가 된 것이다.

6·25전쟁의 폐허 속에서 맨주먹의 국민을 조직화하며 잘사는 나라를 만든 박정희 시대와 그토록 희망이 넘치던 세계 11위의 신흥공업국을 처참한 IMF위기로 몰아넣은 김영삼 시대를 비교해 보면, 똑같은 국민을 어떻게 이끄는가의 중요성을 깨닫게 될 수 있다. 마찬가지로 구한말의 시대에 있어서도 항일전쟁의 역량을 결집하는 힘이 분명히 있었다. 수많은 국민을 목숨걸고 싸우게 만드는 일이 우연하게 이루어질 수는 없는 것이다. 의왕의 삶을 면밀히 분석해 보면 술주정꾼으로 위장한 가운데 전국을 떠돌면서 꾸준히 항일흐름의 역동화를 꾀한 것을 발견하게 된다. 나름대로의 거대한 항쟁이 만35년에 걸쳐 계속된 바에는, 그 속을 꿰뚫어 볼 때에 분명한 지도력이 있었으며, 그것의 핵심은 바로 의왕이었다고 보아야 하겠다.

三. 의왕의 항일전쟁 주요업적

1. 3·1만세 항쟁의 진두지휘

1) 시대상황

일제침략자들의 침략행위에 맞서서 거족적 항쟁을 한 3·1만세 항쟁은 그간 많은 연구가 진행되어 왔고 연구성과도 나름대로는 적절히 축적되어 있다. 사실상 항일전쟁 시대의 역사에 있어서 가장 연구성과가 괄목할 부분이라고도 하겠다. 그렇지만 그 연구는 서론에서 지적했듯이 본질이 상실된 연구의 성향이 높다. 왜냐?

첫째로 3·1만세 항쟁의 의미가 오도되고 퇴색되어 있다. 그간 3·1항쟁의 연구는 연구자들의 민족주의, 민중주의, 사회주의, 민주주의적 여러 시각에 따라 각각 다르게 연구가 진행되어 왔다. 그리하여 각 연구자들의 강조점이 달라지고 해석되는 바도 매우 상이하게 나타나게 되었다. 아니 생각하면 원래의 3·1항쟁을 의도적으로 오도하고 변질시키며 퇴색시켜 왔다고도 생각된다.

둘째로 3·1만세 항쟁 시대를 그 시대로 파악하지 않고, 오늘의 시각에서 당시를 보니 많은 착인(錯認)현상이 발생되고 말았다. 80여년 전의 그 시대는 나랏님 의식이 철저히 지배하던 시대였지, 오늘날의 서구식 민주의식은 거의 없었던 때였다. 그럼에도 불구하고 착인현상을 고려함이 없이 무조건 연구를 강행한 결과로 3·1만세 항쟁의 근본 뼈대가 상실되고 말았다.

따라서 셋째로 3·1만세 항쟁의 가장 핵심변인인 황실변인이 사라진 연구결과가 나오게 되고 말았다. 나랏님이 주인공이던 시대에 나랏님의 독살시해가 원인이 되어 일어난 3·1항쟁에 있어서 가장 핵심적인 변인이 빠지고 무슨 연구가 제대로 되겠는가? 그러므로 지금까지의 기존 3·1항쟁연구 결과는 핵심을 잃은 허황된 연구라고 혹평을 해도 옳은 정도이다.

2) 의왕의 활약상

3·1만세 항쟁에 있어서 의왕의 위치는 최고 사령관에 가깝다. 3·1항쟁의 발발이 일제침략자들에 의한 광무황제 독살시해에서 비롯되는 것인만큼, 그 핵심 인물은 3인으로 압축된다고 하겠다.[6] 그 3인은 광무황제, 의왕, 손병희가 된다. 3·1항쟁은 광무제의 철저항일이 극대점에 도달하여, 마지막으로 죽음에 의한 어명을 하달하고, 전민족이 그에 따라

6) 안천, 황실은 살아있다 하권, op, cit., pp.7~36.

서 불같이 일어난 애국항쟁이다. 그러므로 광무황제가 최고 사령관임은 분명하고, 어명에 의한 국민적 항일전쟁이었다.

그러나 광무황제는 싸늘한 시신으로 누워 있을 뿐이었다. 죽음으로 말없이 명령했을 뿐이다. 그 어명의 구체화 · 현실화를 맡은 인물이 바로 의왕이었다. 말하자면 의왕의 3·1항쟁 현실화는 광무황제의 높은 뜻을 스스로 알아서 헤아려 현실화한 것이며, 실질적인 지휘자였다.

우리는 그간 3·1항쟁을 이끌어간 최고의 지휘자를 천도교령이었던 의암 손병희로 파악함이 일반적이었다. 그러나 33인을 모으고 거족적 항쟁 물결을 일으켰을 뿐만 아니라, 독립선언서 인쇄는 물론이고 광무제 시해 직후에 전국에 뿌려진 격고문 등이 어떻게 절묘하게 광무제의 시해에서 인산일에까지 짜맞춰진 드라마로 전개될 수 있었는가에 대한 분석적 시각을 가진 연구를 보지 못했다. 그리하여 손병희를 중심으로 항쟁준비가 무르익었을 때에 광무제의 죽음이 있은 것으로 파악할 뿐이다. 핵심변인인 황실을 빼고 연구하니까 그런 결과가 나오는 것이다.

결과적으로 지금까지의 연구는 손병희가 주체가 되고 광무제의 죽음은 종속적 상황이 된다. 그러나 손병희의 거사주도는 주체가 아니고, 광무제의 죽음과 그 뜻을 현실화한 의왕의 어명하달이 주체인 것이다. 그럼에도 기존의 연구들은 황실변인을 생각하지 못하니까 손병희가 주체가 되는 것이다. 따라서 의왕의 정치적 위상은 첫째로 3·1항쟁의 최고 지휘자였다고 하겠다. 손병희가 모든 것을 겉으로는 지휘했으나, 손병희에게 독살시해의 진상을 알리고 거족적 항쟁이 일어나야 함을 얘기한 사람은 의왕이기 때문이다. 극도로 감시가 심한 상황에서 황실의 뜻을 전달할 수 있는 유일한 사람이고, 손병희와 매우 절친한 관계에 있었던 데다가 의왕 자신이 천도교도이기 때문에[7] 의왕의 의사는 손병희에게 강

7) 의왕은 일제침략자들에게 강제로 추방되듯 일본에 쫓겨나 귀국을 못할 때에, 일

력하고 명쾌하게 전달될 수가 있었다. (예컨대 안중근 가문이 워낙 일제의 감시와 견제가 크니까 김구를 내세워, 김구가 오히려 거대한 중심인물로 보이는 것과 같은 것이다. 동학군 포로 김구는 안중근 가문이 없이는 큰 거물이 될 수 없었다. 마찬가지로 손병희의 뒤에 있는 의왕과 황실을 모르고 손병희가 논의될 수는 없다.)

둘째로 광무황제의 죽음의 의미를 가장 확실하게 부각시킬 수가 있었다. 모든 것을 각오한 황제폐하의 항거는 끝내 죽음을 가져왔고, 죽음을 통해서 황제폐하의 어명은 무엇을 뜻하는가가 표출되었다. 그러나 일제 침략자들은 뇌일혈로 급서했다고 거짓말로 얼버무리면서 발표하였으니 국민들을 기만하려는 것이었다. 그럼에도 독살시해의 진상을 명쾌히 손병희에게 전달하고, 그 죽음의 의미를 확실하게 부각시킬 수 있었던 것은 의왕의 활약에 의한 것이었다.

셋째로 3·1항쟁을 어명에 의한 거족적 항쟁으로 승화시켰다. 우리는 그간 3·1항쟁이 일제침략에 대응한 국민적 항쟁이되, 광무제의 인산이 기폭제가 되었다고 했으나 그것은 본말이 전도된 것이다. 3·1항쟁은 요즘으로 말하면 대통령의 뜻을 받들어 국민적 항쟁을 한 것이고, 당시로서는 황제폐하의 죽음의 명령을 의왕이 지휘하면서 거족적 항쟁을 만든 것이다.

넷째로 3·1항쟁에 의해 대한황실의 중요성을 확고히 했다. 일제침략자들은 대한황실을 그들이 패전할 때까지도 존치시킬 수밖에 없었다. 영왕을 인질로 잡고 의왕을 감시하며 황실을 올가미로 묶어 놓았으나, 황실을 끊으면 우리 민족이 어떤 반응을 보이는가를 분명히 보여준 것이다. 그리하여 대한황실에 대한 예우를 제한적이나마 꾸준히 이어가게 만

본에 가 있던 손병희와 깊은 친교를 맺고 항일구국의 동지가 되며 천도교도가 된다.

천도교사편찬위원회, 천도교백년략사, 1981, p.329.

들었던 것이다.

2. 만주 독립전쟁의 적극 지원

1) 망명정부 수립계획

① 광무황제 망명 계획

광무황제가 일제침략을 막으려고 온갖 노력을 다하다가, 끝내 침략을 막기가 어려워지자 망명을 추진하였던 얘기는 기존의 연구에는 별로 밝혀져 있지 않다. 일제 침략자들이 관련 사료를 완전히 없앤 측면도 있지만 워낙 극비리에 진행하다가 중단된 것이기에 그렇다.

첫째로 심복이며 자금담당책인 이용익을 파견하여 망명을 위한 모든 준비를 갖추었던 것이 세월이 지나며 드러나고 있다. 당시 이용익은 명성황후에게 실언을 하여[8] 사형을 당하게 되자, 무식해서 저지른 실수라 광무제가 야밤에 놓아 주었다고 알려졌으나, 그것은 표면적인 것이었고 망명기지를 마련하기 위해 파견시켰던 것이다.

둘째로 충성스런 외국인인 헐버트에게 거금을 맡겨 해외은행에 예치시키고 망명을 위한 재정적 준비를 했었다. 훗날 망명이 실패되고 미국에 있던 헐버트가 당시의 자료를 갖고 귀국했다가 노년에 도착하자마자 병사하여 사라진 역사가 되었는데, 광무제의 망명준비는 분명한 것이었다.

8) 명성황후에게 양귀비같다고 발언했는데, 양귀비는 당나라의 요부라 명성황후를 비방한 것이 된다. 다만 이용익이 무식해서 그런 발언을 한 것이고, 임오군변 때에 명성황후를 등에 업고 충주까지 달려가 피신시킨 공로도 있어 야밤에 도주시켜 줬다는 것이 알려진 역사이다. 그러나 광무제는 그런 핑계를 대서 충복을 망명시킨 것이라 생각된다.

② 광무황제의 독살 시해

광무제 망명의 엄청난 계획은 그러나 탄로가 나며 실패로 끝난다. 당시 그 정보를 입수한 일본천황은 천황 주재하에 친히 어전회의를 열고 대책을 논의했으며, 그 회의결과 독살 시해를 결정하고 만다. 그리하여 그 추악한 범죄자가 이완용이 되는 것이다. 이완용은 나라를 파는 일에 앞장을 선 것만이 아니라, 나랏님을 독살 시해한 흉악살인 국사범인 것이다. 이리하여 망명정부 수립계획은 무산되고 3·1항쟁이 폭발되는 것이다. 이러한 일련의 광무제 망명계획에 의왕이 깊숙히 관련되어 있었음은 물론이다.

③ 대동단의 망명 추진

3·1항쟁이 사그러들면서, 다시금 국내가 항일전쟁 침체기로 빠져들게 되자 망명정부 수립계획은 이제 의왕이 중심이 된다. 실의에 빠져 더욱 술독에 파묻혀 있던 의왕의 주변에 사람들이 비밀리에 모여 들었고 항일독립 조직으로서의 대동단이 만들어진다.[9]

대동단은 국내에 남아 있던 우국지사들이 애국의 충정을 갖고, 침략일본에 대항하기 위해 해외 망명정부를 수립하려는 처절한 발버둥이었다. 물론 그 구심점은 의왕이었다. 그러나 의왕이 구심점이 되어 해외 망명정부를 수립하려는 단호한 계획은 허망한 실패로 끝나게 된다. 의왕은 만주땅이 보이는 신의주역에 닿았으나 일제경찰에 발각되어 압송된다. 모든 것을 걸고 절대항일의 처절한 항전을 계속하던 의왕이 망명의 결단을 내린 것은 당연한 일이었다. 다만 그것이 실패로 끝나 역사적 평가를 받지 못할 뿐이다.

그런데 의왕의 망명이 대동단의 강요에 의한 것이란 일각의 연구가 있다. 그렇지만 그것은 잘못된 견해라고 생각된다. 왜냐하면 그렇게 엄청

9) 신복룡, 대동단실기(서울 : 양영각, 1982) 참조.

난 계획을 추진하다 실패한 의왕이, 다시금 삼엄한 일제경찰의 감시를 뚫고 구들장을 파내고서 망명을 떠나다 들켜 일본에 압송된 뒤에, 일본에서 12년간의 억류생활을 보냈음을 본다면 의왕의 망명은 본인의 의사에 의한 주체성있는 결단이라고 생각되기 때문이다.

④ 민갑완 황태자비 망명 성공

현대사에 있어서 대표적인 친일적 침략문화가 남은 것이 있다. 그것은 소위 황실가문이라는 전주이씨 대동종약원이 그렇고, 생각없는 일반인들도 부화뇌동식으로 따르는 것으로서, 일제침략자들이 강제적으로 우리의 황태자 영왕과 결혼을 시킨 침략국모 방자를 끔직스레 모시는 역겨운 참상을 말하는 것이다. 전주이씨 대동종약원은 이성을 잃은 모습으로 친일에 찌들어 오늘을 살고 있다고 해야 옳다. 방자를 철저히 모셨고, 일본이 교묘히 만들어 놓은 후손인 이구황손에 대해 병적으로 헌신적 봉양을 한다. 그러나 역사의 본 모습을 꿰뚫어 안다면 그것은 최고의 추태요, 역사모독이다. 언제라도 그것은 비판받아야 옳다.

당시 침략자들에게 단호히 항거하면서 망명을 떠난 민갑완 여사에게 사소한 예우라도 갖추는 모습을 보였다면 역사모독이란 말이 나오지 않을지도 모른다. 그러나! 방자는 모셔도 민갑완 여사는 역사에서 모질게 잊혀짐을 강요당해 왔다.

그럼에도 불구하고 민갑완 여사가, 일제침략자들에게 강제파혼이란 치욕을 겪고서 단호히 상해로 망명을 성공리에 떠나 평생을 수절한 것은 황실독립운동사의 쾌거라고 하겠다. 민갑완 여사는 정말로 위대한 항일국모였었다. 그러나 그가 귀국하고 난 뒤에 누구도 거들떠 보지 않았건만, 유일하게 의왕만이 민갑완 여사에게 작으나마 살아갈 배려를 해 드렸다. 그 외에는 누구도 관심을 가져 본 적이 없다. 그리고 민갑완 여사는 늙어 세상을 떠났고, 세인들은 그를 모질게 망각하면서도 방자는 잊지 않고 있다.[10] 이 나라가 친일매국에 찌든 나라임을 증명하는 대표적 사례이다.

⑤ 영왕 망명 추진

실의에 빠진 의왕은 일본에 압송당한 뒤에도 끊임없이 항일구국의 길을 간다. 일본에 있으면서 꾸준히 국내 및 만주땅 등과 비밀연락을 취하고, 끝내는 본인의 동생으로서 인질로 잡혀있던 영왕(英王)의 망명을 추진한다. 당시 영왕이 방자와 강제결혼을 당한 뒤에 억지로 세계에 한일친선(?)을 선전하며 자랑하는 신혼여행을 가는 중에 상해를 들르게 되었다.[11] 이 정보는 상해의 독립운동가들에게 즉각 전해졌고 망명을 추진했으나 발각되며 미수에 그친다. 영왕의 상해방문 정보 등을 알리면서 영왕의 망명을 지시한 것도 바로 의왕이었음이 드러나고 있다.

⑥ 이우 황손 탈출 기도

이우 황손은 의왕의 둘째 아들로서, 의왕이 가장 믿고 철저히 아낀 의왕의 분신이었고 황실의 희망이었다. 큰아들 이건 황손이 일본침략자들에게 순응하면서 침략을 추인하는 삶을 살았던 데에 반하여, 의왕과 흡사한 단호한 기질로 용기있게 반항하는 삶을 산 둘째 아들을 의왕이 끔찍히 사랑한 것은 당연한 일이라고 하겠다.

이우 황손은 대한황실이 일본과 독립전쟁을 함에 있어서 의왕과 마찬가지로, 사실상 항일의 상징이었으니 의왕이 최고 사령관이었다면 부사령관 수준은 되는 인물이었다. 다만 그도 일본에 강제로 끌려가 일본 육사를 나오고, 일본군 장교가 되는 삶을 살면서 철저히 감시당하고 역사사료가 남지 않아서 그렇지 대단히 중요한 위상을 갖는 인물이 분명하다.

그는 조국탈환이 임박한 무렵에 일본군 대좌로 북중국에 파견되어 있다가, 의왕의 뜻을 받들어 학병들을 규합하여 탈출을 기도하다 발각되고

---

10) 민갑완, 백년한(서울 : 문선각, 1962) 참조.
11) 강용자, 왕조의 후예(서울 : 삼신각, 1994), pp.193~199.

만다. 그리하여 곧바로 일본땅으로 전근발령이 나고 히로시마에 부임한 뒤에 즉시 원자탄이 투하되어 사라지고 만다. 그리하여 역사에 잊혀짐을 강요당하며 오늘에 이어지고 있으나, 의왕의 분신으로서 민족의 희망이 사라진 안타까운 역사라고 하겠다.

⑦ 망명 추진의 의미

광무제, 의왕, 영왕으로 이어지는 줄기찬 망명 기도는 무엇을 뜻하는가? 그리고 민갑완 여사의 망명성공과 이우 황손의 탈출미수 의거는 무엇을 뜻하는가? 단군이래 오천년 이상 일만년에 가까운 기나긴 역사가 무너져 내리는 처참한 판국에서 일본인들은 우리 민족이 그냥 나라를 내주었다는 등의 망언을 요즘도 계속하고 있는데 전혀 그들의 주장이 옳지 않음을 말하는 것이다.

아무리 상식적으로 생각을 하더라도 당당한 독립국을 스스로 나랏님이 아무 이유도 없이 순순히 타국에 넘길 리가 있을까? 일본의 부도덕한 일부 몰지각한 인사들의 망언은 침략자의식 그대로이거나 깊은 연구가 없는 무식함의 발로라고 하겠다. 무식하고 뻔뻔하면 무슨 망언을 못하겠는가?

어떻든 숨막힐 듯 이어지며 연달아 시도된 처절한 망명정부 수립계획은 국운이 없어서인지 계속 실패하고 말았다. 그 가운데 단 한 번만이라도 성공했다면 항일전쟁의 역사는 전혀 달라졌을 것이다. 그리고 조국을 되찾은 뒤에 지금은 임금님을 그대로 모신 영국, 스페인, 네덜란드, 태국, 스웨덴 같은 입헌군주국이 되어 있을 것이다. 아마도 남북분단을 이미 극복했을지도 모르며, 매우 품격높은 안정된 나라가 되어 있을지도 모른다. 어떻든! 그러한 줄기찬 망명 흐름의 기본핵은 끈질기게 의왕이 주도하며 이어진 것이었고, 그의 항일철학을 뜻하는 것이었다고 하겠다.

2) 만주 독립운동의 지원

망명정부의 수립은 황실의 한 두명이 해외로 나가는 것을 뜻하지 않는다. 확실한 항일전쟁의 기지를 건설하려는 것은 한 두명으로 되는 일이 아니다. 모든 정치행위는 돈과 조직이 있어야 하는데, 앞에서 자금의 해외비축에 대한 얘기를 논했던 바와 같이 인적조직을 위한 노력도 단호히 준비해 나갔다. 만주에 있어서 항일기지를 만들려는 흐름은 크게 3단계로 대별된다.

① 1단계 : 자연적 항일거점 형성기

일제침략에 철저히 항거하며 의병전쟁을 벌이던 민족정통 세력이 서서히 국경 밖으로 밀려 나면서 만주땅이나 연해주로 쫓겨갈 수밖에 없었고, 자연스럽게 그곳에 항일거점이 형성될 수밖에 없었다.

우선 연해주의 블라디보스톡 근처에 옛부터 살던 동포의 인맥이 있었고 여기에 점차 망명객이 모여들게 되었다. 그런데 우리나라 학계에서는 연해주 고려인에 대한 연구에 있어 착각적 연구를 하는 것이 있다. 연해주는 러시아가 4193년(1860년)의 북경조약에 의해 청나라로부터 강제할양 받은 땅이다.[12] 그리고 나서 러시아인이 와보니 고려인들이 있었다며 그들이 최초의 이주민이라고 한다. 그러나 연해주는 만주에 붙은 만주땅이고 만주는 고조선, 고구려, 발해를 이어 우리땅이며, 그후 우리와 가까운 핏줄의 거란족, 몽골족, 만주(여진)족 등이 번갈아 차지했으나 한(漢)족들은 사실상 다스려본 적이 없는 곳으로서, 청나라 시대에는 만주족들이 자신들의 발상지인 그곳이 성스러운 땅이라고 누구도 못들어가게 한

12) 거의 모든 연구물이 1863년 9월 21일에 노브고로트 국경 초소장이 우리 동포 13가구가 남우수리구역에 나타났다고 보고한 것을 최초의 이주로 보는데, 그것은 러시아의 공식발표로만 본 것임을 유의해야 한다. 원래 그 이전부터 우리 민족이 연고를 갖고 농사를 짓던 곳인데 그 때부터 기록에 남았을 뿐이다.
정태수 편역, 소련한족사(서울 : 대한교과서 주식회사, 1989), p.20.

곳이다. 그러나 봉금정책으로 못들어 가게 했어도 우리 동포들이 꾸준히 넘나들던 곳이었고, 러시아가 오기 이전부터 우리 민족이 확실한 연고를 갖고 있던 곳이다.

사실상 우리 민족이 원주민이라고 함이 옳겠는데,[13] 그곳에 꾸준히 망명객이 늘어간 것이었다. 그 망명객의 최고 중심인물은 이상설이었다.[14] 성균관 관장이었으며 빼어난 애국자로서 당대 최고의 지성인인 그는 헤이그 비밀특사의 최고대표로 파견되었다가 궐석재판으로 사형선고를 받게되자 블라디보스톡의 망명객이 되어 그곳의 지도자가 되었다. 항일의 최고봉에 속하는 애국자가 그곳에 있게 되었다는 것은 매우 중대한 의미가 있었다. 그는 광무황제의 특사로 파견된 황제의 제1신하로서의 망명 최고 지도자였다고 하겠으며, 그가 비밀리에 의왕과 연결되었음은 당연한 일이었다.

또한 남만주에는 광무황제의 뜻을 받들어 의병전쟁을 벌인 유인석이 처절하게 밀려나서 재기의 발판을 준비하고 있었으니, 최고의 유학자로서의 높은 지도자인 유인석과 의병이 있는 곳에 애국자들이 모여드는 것은 당연한 것이었다. 그도 광무황제의 뜻을 받드는 애국학자로서 의왕과 긴밀히 연결되어 있었음은 물론이다.[15]

② 2단계 : 조직적 항일기지 건설기

일제침략자들에게 조국이 강제점령될 것이 확실해질 무렵에 있어서의 대표적인 주역은 이회영이라고 하겠는데, 항일전쟁의 대부(大夫)라고 칭해지는 그는 광무황제나 의왕을 이상설, 유인석과 연결짓는 연결관이며

13) 안봉, 朴씨 조선족 역사로부터 본 중국 조선족의 현 상태에 대하여, 연변대출판사, 중국 조선족사 연구II(서울 : 서울대학교 출판부, 1996), pp.34~56 참조.

14) 박환, 러시아한인민족운동사(서울 : 탐구당, 1995), pp.113~142 참조.

15) 유한철, 유인석의 사상과 의병활동(천안 : 독립기념관 한국독립운동사 연구소, 1992) 참조.

모든 항일전쟁을 준비하는 무관의 영의정과 같은 인물이었다. 그렇다! 그는 항일전쟁기 최고의 애국자로서 먼저 이상설과 함께 꾸준히 신한촌(新韓村)을 건설해 나간다. 신한촌은 사실상 항일기지를 건설하면서 그렇게 이름을 붙인 것이다. 안중근의사가 그곳의 독립군 지도자였고, 그곳에서 커서 이등박문을 사살한 것은 결코 우연이 아니었다.

그리고 이회영은 유인석의 의병부대가 있던 남만주에 정통군사양성대학인 최초의 사관학교로서의 신흥무관학교(新興武官學校)를 건설한다.[16] 신흥무관학교는 이회영가문이 광무황제의 뜻을 받들어 전재산을 바쳐 독립군을 양성한 곳이며, 그 졸업생들이 항일전쟁의 기간 뼈대였음은 물론이다. 신흥무관학교에는 이동녕, 이상룡 같은 훌륭한 학자와 이범석, 신팔균, 이청천, 김광서 같은 맹장들이 모여들어 약 3500명의 독립군을 길러냈으니 그 인맥이 항일전쟁의 기둥이었음은 당연한 것이며, 그 인맥들은 황실의 어명을 받든 황군(皇軍)이었다고 보아야 할 것이다. 특히 유의할 것은 광무황제의 시종무관으로서 최고 측근이었던 이갑, 유동렬 같은 빼어난 장군들이 만주땅을 넘나들며 모든 항일전쟁을 조직하고 지휘했다는 점이다. 황제의 어명은 만주땅에 생생히 살아 있었던 것이다.[17]

그런 역사를 꿰뚫어서 생각하면 융희91년인 단기 4330년(1997년) 12월 18일의 대통령 선거는 사상 최초의 선거혁명에 의한 정권교체였다는 수준을 뛰어넘는 매우 뜻깊은 역사적 사건이었다고 생각된다. 왜냐하면 야당후보였던 김대중 당선자의 선거기획본부장이 바로 광무황제의 최고

16) 안천, 신흥무관학교, op.cit. 참조.

17) 상해에 있던 김규식은 의왕과 미국 로아노크 대학 동창생이고, 의왕은 LA에서 안창호를 만나 자금을 지원했을 정도 였다. 상해 인맥은 의왕과 깊은 유대관계가 있었다. 특히 김구가 조국에 되돌아 오자 곧 의왕을 찾아가 정중히 감사인사를 드린 것은 주목되어야 한다.

충신이었던 망명 항일전쟁 시기의 실질적 영의정 이회영의 친손자인 이종찬 부총재였기 때문이다. 올바른 역사와 국권을 위해 모든 것을 바친 최고의 애국자가 항일전쟁의 처절한 고통 속에서 낳은 어린 손자가 자라서 정권인수위원장이 된 것이 왜 그렇게 중요한 역사적 사건인가?

그것은 일제침략자에게서 조국을 되찾은 뒤에, 이승만의 자유당정권 이후의 이 나라가 사실상 친일매국 인맥의 나라였기에 의미가 크다는 것이다. 자유당시대는 친일본당이 되살아난 시기였다.[18] 그러나 그후 정권을 쥔 박정희시대에 있어서도 친일인맥 전성기는 계속되었다고 하겠다. 박정희 자신이 일본육사를 나와 관동군에 배속된 일본군 장교출신이었고, 그 주변 인맥에 그런 부류의 인물이 널려서 발호를 했었다. 박정희는 경제발전의 초석을 놓은 빼어난 위업에도 불구하고 민족혼을 바로 잡기에는 한계를 가진 인물일 수밖에 없었다.[19] 그런데 박정희시대가 전두환, 노태우 정권의 과도기를 거치며 김영삼시대에 가서는 친일타협 인맥의 전성기가 되었다고 생각된다. 김영삼은 연이어 등용한 국무총리가 거의 다 친일인맥에 가까운 인물이나 친일타협 인맥에 가까운 사람이었다. 그리하여 급기야는 독립군 잡던 일본검찰의 서기출신으로서[20] 나라를 다시 찾은 뒤에 검사로 특채되고[21] 자유당시대를 지나며 승승장구 살아

---

18) 이승만은 정권을 쥐며 부통령에 이회영의 동생인 이시영(이종찬의 작은 할아버지)을 세우고, 비서에 안중근 의사의 조카인 안연생을 임명한다. 그렇게 해야만 그는 집권의 정당성을 가질 수 있었기 때문이다. 그러나 이시영, 안연생은 곧 물러나고 친일본당이 사실상 정권주체가 된다. 이종찬의 등장은 자유당 이후 밀려난 애국인맥이 등장하는 가장 대표적인 사례이다.

19) 박정희 시대의 군부 핵심 요직 및 관직에는 골수 친일인맥이 깊게 포진하고 있었다.
윤대원, 친일파의 어제와 오늘, 순국 1990. 11, 12, p.42.

20) 당시 그 직책을 가졌다는 것은 일본옷에 일본말을 쓰며, 창씨개명을 하고 일본인 행세를 하며 애국자를 잡아 들였다는 것을 뜻한다. 그 직책은 당시에 그렇게 살면서 그런 일을 하지 않으면 유지될 수 없는 기막힌 직책이었기 때문이다.

온 친일인맥 계열인사를 대통령후보로 내세워[22] 선거사상 최초로 야당에 정권을 내주는 것이다. 왜 김영삼정권은 치욕적인 IMF경제파국을 맞으면서 박정희시대에 쌓은 경제적 영광을 최악의 부끄러움으로 만들고 최악의 상태에서 정권을 내놓게 되었을까? 그것은 아마도 역사의 명령이요 하늘의 순리가 아닐까?

정통최고 애국인맥의 이종찬 정권인수위원장을 내세운 김대중 정부가, 친일본당 인맥을 내세운 친일세력 비호집단에게 역사청산의 철퇴를 내리며 정권을 인수받는 감격적인 장면은 지하에 있는 애국자들이 너도나도 감격하며 눈시울을 적실 위대한 사건이라고 생각된다. 더군다나 친일본당 인맥들이 총동원된듯한 분위기로 상당한 언론기관의 노골적 편파보도에 의한 악조건을 뚫고 이룩한 정권교체 쾌거였다고도 생각된다.[23] 아직도 우리 국민들은 이지적 판단보다는 지연, 학연, 혈연 등의 말초적이고 감정적인 선거를 하는 성향이 높은 이 나라에서 50년만에 이룩한 애국인맥의 승리는 뜻깊고 값있는 바라고도 생각된다.

생각하면 김영삼정권은 혹시 친일본당 시대의 청산절차로 물러나는 것이 아닐까 하고 생각도 된다.[24] 김영삼정부는 너무나 애국인맥에 무감각했던듯 하다. 특히 대한황실의 핵심들이 강조하는 바에 의하면, 의왕

---

21) 문화일보 1996. 5. 21.

22) 아무리 시대가 지나 50년의 세월이 지났어도 대통령이나 국무총리를 친일본당이 한다는 것은 아직도 국민감정상 용납될 일이 아니다. 1997년 12월 18일 선거에 있어서 한나라당은 IMF파국을 맞은 책임자들이 모인 정당 이전에 친일본당 인맥이 분명한 인사를 대통령후보로 내세운 원천적 잘못이 있었다. 그 후보의 가계도를 보면 친일본당 혹은 친일영합에 가까운 인맥임이 확실하다.

23) 선거가 끝나고 특히 일부 신문에 대해서는 한국신문윤리위원회가 경고처분을 내렸을 정도였다. 동아일보 1997. 12. 31참조.

24) 이완용, 송병준, 윤덕영 같은 친일매국의 핵심인맥만이 아니라 애국자를 잡던 친일경찰, 밀정, 검찰 수사관, 검사등이 친일본당이다. 그 인맥이 주로 어떻게 오늘날 성장되고 발전되었는가의 연구는 매우 중요하다.

이 처절히 항일투쟁을 하다가 금치산선고를 당하고[25] 빼앗긴 진해 앞바다의 거대한 의왕 소유 어장이 훗날 특정인사 부친의 멸치 어장이 되었음이다. 처절히 독립운동을 하다가 빼앗긴 어장이 왜 거기에 가 있는가? 김영삼 정권이 그간 민족정기 수호에 대해 무감각한 수준으로 이어진 것은 혹시 뿌리가 있던 것은 아닌가? 친일인맥! 그것의 논란 기준은 최소한 융희39년(1945년) 8월 15일 이전 출생자는 친일인맥 여부가 분명히 논해져야 옳다. 특히 대통령이나 국무총리 같은 나라의 얼굴에 대해서는 분명히 친일인맥 여부가 규명되어야 옳다. 이 나라의 역사와 국민감정은 아직도 일제침략의 상처에서 결코 자유로울 수 없다.

③ 3단계 : 처참한 항일전쟁 수행기

그러나! 연해주의 신한촌도, 남만주의 신흥무관학교도 밀려오는 일제 침략군에 다시금 밀리면서 러시아와 몽골, 중국땅 등으로 작전상 후퇴를 계속한다. 아니 피눈물 나는 후퇴를 이어 간다. 그러한 와중에 정통 애국자들은 수없이 사라져 갔다. 이름도 남기지 못하고 사라진 거대한 영웅들의 영혼이 연해주와 만주땅에는 수없이 떠돌고 있다.

그 영혼들이 바라는 것은 목숨을 바쳐 지키려 한 나라와 나랏님이 제대로 되는 것일 것이다. 그러나 나랏님은 사라지고 황실은 어디로 갔는가도 모르는 세상이 되었고, 나라는 분단되어 남쪽은 IMF치욕을 겪고 있으며, 북쪽은 온 세계에 쌀을 구걸하는 처참한 나라의 모습이 되어 있다. 무엇을 위해 목숨을 바치고 애국을 했는가? 그간 친일본당들의 나라가

25) 대한황실의 핵심인 의왕은 친일경찰, 검사 등에게 끝없이 감시당하고 시달리다가 금치산선고를 당하며 공민권을 상실한다. 그리하여 의왕의 독립운동 기반인 전재산은 사라지고 법적 활동능력도 상실되며, 의왕을 이강 공작으로 낮춰 불러 이강공이던 것마저 없애 자연인 이강을 만든다. 더구나 의왕은 일본에 끌려가 사실상 연금생활을 12년이나 강요당한다. 최고의 황실독립운동가였던 의왕을 사형은 못시키고 정치적 사형을 가했던 것이다.

되어 있었던 바에 대한 응징인가? 나랏님을 매도하면서 황실을 잃은 바에 대한 응징인가? 남쪽과 북쪽으로 나뉜 것도 창피한데, 온 세계의 조롱을 받는 것도 남북이 경쟁하는 나라가 된 것은 도대체 무엇 때문인가?

그것은 3단계의 처참한 항일전쟁의 결과를 잊은 때문이다. 3단계의 처참한 항일전쟁 시기에 사라진 위대한 애국선열들은 결코 오늘날과 같은 나라를 만들려고 한 것이 아니다. 그렇게 하려고 목숨과 재산과 모든 것을 바친 것이 아니다. 특히 그 당시에도 꾸준히 항일세력들과 비밀연락을 취하면서 독립전쟁을 지원한 의왕의 뜻은 결코 오늘날과 같은 우리나라를 만들려고 한 것이 아니다. 그러나 정통 애국자들이 모두 죽고 사라지고 나니까 2급, 3급 애국자나 친일본당들이 활개치는 세상이 된 것이다.

3. 국내 항일역량의 배양

의왕의 항일독립 전쟁활동은, 의병이나 독립군이 광무제의 직간접적 밀지를 받은 어명에 따른 것이었고, 광무제 시해 이후에는 의왕이 그 뜻을 이어 받아 직접 실현시키며 평생을 보낸 것이니만큼, 항일 전쟁의 전 기간을 잇는 최고 사령관으로서의 업적이었다고 생각된다. 다만 당시의 역사가 개별적으로 낱낱이 떨어진 곁가지 역사는 남았어도, 역사의 본질은 사라지거나 꼬이고 훼손되어 버렸기 때문에 잘못 알려져서 그렇지 항일전쟁의 최고핵이었다고 하겠다. 의왕의 국내항일 역량배양을 위한 활동도 매우 눈부신 것이었다. 그 가운데 현재 남아 있어 연구가 가능한 것으로서, 대표적인 것은 다음의 두 가지이다.

1) 거창 항일기지 설치(육군 재건 추진)

거창은 덕유산 밑의 깊은 산 속에 있다. 경치가 아름답고 훌륭한 인물들도 많이 배출된 곳이다. 그런데 거창은 대한황실사에 있어서 매우 의미있는 곳이다. 일제침략자들이 워낙 감시와 탄압을 많이 하여 드러내놓고 항일활동을 하기가 극히 어려웠고 기록도 남기지 않았는데 짧은 기록이나마 남은 유일한 곳이 바로 거창이다.

의왕이 항일기지로 만들려고 한 곳은 거창의 깊은 산 속에 있는 수승대에서 계곡을 따라 깊게 들어간 사선대 근처였다. 수승대(搜勝臺)는 이름부터 의미가 깊은데, '승리를 찾는다'는 뜻이다.[26] 거대한 거북바위를 중심으로 빼어난 경치를 자랑하는 곳이다. 거기서 부터 계곡을 거슬러 올라가면 줄지어 나타나는 아름다운 경치가 있는데, 특히 사선대가 아름답다. 그 경승지 근처에 비밀 항일기지를 건설했던 것이다.

사선대는 원래 송대(松臺)라고 부르던 것을 의왕이 항일기지를 만들려고 내려와 있으면서 사선대(思璿臺)라고 고쳐 불렀다.[27] 그것은 선원(璿源) 즉 황실의 뿌리를 생각하는 곳이란 뜻이고 황실을 지킨다는 결의를 나타낸 것이었다. 말하자면 당시의 용어로서 나라와 나랏님을 지키겠다는 뜻이니, 독립군 기지라는 뜻을 가진 것이다. 그러므로 국내에 공식적으로 남은 유일한 황실독립운동 기지가 되겠다. 사선대는 의왕의 단호한 독립전쟁 의지를 나타낸 뜻깊은 곳인데, 훗날 일본인들이 그냥 둘 리가 없었으니 사선대(四仙臺)라고 고쳐 버렸다. 그러나 몽매한 후세 사람들은 지금도 그것을 고치지 않고 그대로 부르고 있으니, 고질적 친일의식이 연면히 남아있는 현대인들의 의식구조를 보는 듯하여 부끄럽고 안타까울 뿐이다. 지금이라도 당장 원래의 한자로 되돌아가야 옳다.

항일기지를 만든다는 것은 바람직한 입지조건을 갖춰야 한다. 거창은 덕유산을 끼고 독립군 기지로서 최선의 자연적 입지를 가진 곳이었다.

---

26) 거창군 거창군사, 1997, pp.1500~1501.
27) Ibid., p.1504.

그런데 또 하나! 가장 중요한 것으로서 인간적 조건을 꼭 갖춰야 한다. 그것은 애국심이 투철한 절대숫자의 인간이 있어야 함인데, 의왕이 택한 제1의 장소가 바로 그곳이었다. 의왕과 뜻을 같이 한 중심인물은 거창의 명문가 종손으로 승지벼슬을 지낸 바 있는 정태균이었다.[28] 의왕은 정태균[29]과 여러 우국청년을 규합하여 기지를 만들고 비밀리에 훈련을 하다가 발각되어 서울로 압송되어 가는 것이다. 당시가 융희3년(1909년)으로서 허수아비나마 형님인 융희(순종)황제가 집권하고 있던 때에, 바로 아래 동생이 일본군에게 압송되어 오면서 항일기지 건설의 꿈은 좌절되고 마는 것이다.

2) 공군 창설 준비

우리 민족은 강대한 육군이 있어서 고조선, 고구려 같은 강한 국력을 갖고 동아시아를 호령하기도 했었다. 그런데 해군에 있어서도 뚜렷한 강국이었음이 역사에는 명백히 나타나고 있다. 동방의 해상대국이었던 백제는 물론이고 통일신라시대의 장보고, 조선시대의 이순신 같은 세계적 명장을 중심으로 강한 해군을 갖고 있었다.

황실역사를 살펴 보면 일본에 인질로 잡혀가 있던 영왕(英王)은 일본의 항공사령관을 역임했고, 항해술로도 일가를 이뤄 인천상륙작전에 있

---

28) 정태균은 경상관찰사로 제수되기 직전이었는데, 의왕과 뜻이 맞아 독립군 기지를 만들다가 발각되고 말았다고 한다. 그는 많은 재산을 갖고 있어서 항일기지에 그 재산을 쏟아 넣으려다 무산되자 만주의 독립군에게 계속 자금을 대는 일을 했다고 한다.
김태순 면담, 1997. 10. 21.

29) 정태균은 병자호란 때에 끝까지 절개를 지킨 정온(鄭蘊)의 직계손으로 의왕과 친구가 될 정도로 호방한 인품이었다고 한다. 특히 정온 이후 의리대가(義理大家)의 칭송을 듣는 명문가로서 항일의 기간인맥이 될 바탕이 있었다고 한다.
정성순 면담, 1997. 10. 21.

어 맥아더를 안내할 대표적 인물이었다고 한다. 당시 맥아더는 영왕에 매료되어 이승만에게 영왕을 위한 정치적 도움을 주려고 압력을 넣었을 정도였었다. 어떻든! 영왕이 해군이나 공군의 사령관이 될 정도의 인물이었음을 말하며, 옛부터의 국방강대국의 전통을 잇는 바라고 하겠다.

그런데 의왕은 국내에 있으면서 거창의 육군양성, 만주의 독립군 양성만을 생각한 것이 아닌 듯 하다. 놀랍게도 공군양성을 위한 뜻을 품고 있었다는 증언이 있다.[30)]

의왕은 우리 민족 최초의 여류비행사인 박경원 여사를 전액 자금을 대며 양성했는데, 그것은 공군을 훗날 창설 시키려는 것이었다는 것이다. 손기정 선수를 신의주에서 발굴하여 직접 가르친 서웅성은 융희20년(1926년)에 비행사가 된 우리 민족 초기의 비행사였는데, 서웅성은 박경원과 같은 민족으로서 내밀한 속 얘기를 일본 비행학교에서 나눌 수가 있었고, 박경원을 지원한 후원자는 의왕이었다는 것이다. 당시 비행사가 되려면 1시간의 비행연습 비용이 약 쌀 20가마 정도의 거금이 들었는데, 가난한 평민인 박경원 여사로는 배울 수가 없었다고 한다. 그런데 내막에서 그 돈을 댄 인물이 의왕이었고, 그것은 공군창설을 위한 준비였다는 것이다.

그런데 당시의 핵심 애국인맥은 거의 모두 독살되고, 사고사를 당했듯이[31)] 처녀비행으로 고국방문 비행을 한다고 하늘에 날아 올라서는 즉각 후지산에 추락하여 사망하고 말았다고 한다. 의왕의 공군창설 의지는 혼자서 내막적으로 추진했고 가까운 인사들만이 알고 있으며 비밀로 했기에 거의 사라질 역사였으나 서웅성의 가족들만 알고 있었다가 필자에게 증언을 한 것이다.

---

30) 이병희(서웅성 며느리) 증언, 1997. 10. 18.(1, 2차의 2회 면담이 있었는데, 3일 후 2차면담에는 약간 기억이 혼미한 것도 있다고 말함.)

31) 광무황제, 명성황후가 독살되고 살해되었으며, 덕혜옹주의 딸인 마사에는 타살, 진왕자는 독살, 융희황제는 독살위기 모면으로 식물인간, 의왕은 끊임없는 살해기도가 이어졌고, 황실에 가까운 인물은 수없이 비극적으로 사라졌다.

맺는 글

①

비운의 황손 의왕! 황실내에서 끊임없이 고초를 겪었고, 침략 일본에 의해 쉼없이 압박과 시해의 위기를 겪으면서도 항일전쟁의 실질적 최고사령관이었던 의왕! 그가 꿈에도 그리던 조국탈환이 이뤄지고 일제침략자들이 물러나게 되었으나, 그에게 영광의 시간은 오지 않았다.

새로 나타난 실력자 이승만이 철저히 견제하면서[32] 영왕은 일본에서 편히 산 친일파로 몰고,[33] 의왕은 국내에서 술주정에 바람둥이 폐인으로 살았다며 인간 이하로 몰아가는 비극적 상황을 다시 맞은 것이다. 그리하여 의왕은 다시금 비참한 고초를 겪으면서 6·25전쟁의 참극을 견디며 지내다가 융희49년(1955년) 8월 15일의 광복절에 한많은 생을 마감했다.

이승만은 영왕을 견제하고 의왕을 매도하면서도 본인이 황통을 잇는 가문의 출신이라고 말하곤 했다. 적어도 본인이 황통의 뿌리를 생각하는 정상적인 인물이라면 황실에 실권은 주지 않아도 상징적 권한은 주었어야 옳고, 수천년을 이어온 정치적 전통을 살리는 입헌군주제를 정립했어야만 했다. 그러나 본인의 정권안보만을 꾀하고 독재정권을 세우며 친일본당을 키우다가 4·19혁명으로 쫓겨나고 만다.

그러나 의왕과 황실가문에도 문제가 있고, 미망 속에서 역사의 바른 길을 모르는 국민에도 문제가 있었다. 당시 의왕은 단호히 이승만에 반기를 들고 항거하다 감옥에라도 갔어야 하고, 황실가문은 단호히 뭉쳐 의왕을

32) 강용자, op.cit., pp.258~259.
33) 김을한, 인간 이은(서울 : 한국일보사, 1971) 참조.

지원했어야 하며, 국민들은 꿈에서 깨어나 의왕을 지원했어야 했다. 그러나 의왕은 체념했고, 황실가문은 침묵했으며, 국민은 미망 속을 헤맸을 뿐이다. 이승만이 나라를 망치고, 그 이후의 대통령들이 방황의 길을 간 것이 꼭 대통령들만의 책임일 것인가? 조국을 찾은 뒤에 50년이 지난 지금에도 황실은 사실상 잠자고 있고, 황실가문은 안방에서 가문자랑이나 하고 있으며, 국민은 덧없이 역사를 겉돌고 있다. 위대한 항일전쟁 애국자들은 무엇을 위해 왜 싸웠는가? 역사의 진실은 언제 찾아질 것인가?

②

특히! 의왕의 평생에 있어서 잊을 수 없는 일! 비운의 의왕은 죽어서도 계속 수모를 당하고 있다. 의왕은 처음에 서울 중곡동에 묘소를 썼었다. 그런데 그 땅이 팔리게 되어 서삼릉의 황실묘역으로 옮겨졌었다. 그리하여 의왕은 모친인 장귀인과 함께 나란히 옮겨져, 모자가 나란히 있는 묘소가 되었다. 그러나 의왕이 결코 그렇게 묻혀야만 할 것인가?

의왕의 묘소는 황실 최대의 애국자답게 분명히 예우를 갖춘 묘소를 찾아 정중히 모셔져야 한다. 가장 뛰어난 곳에 가장 정중히 모셔야 할 이유는, 그가 항일전쟁 최고의 사령관이었기에 그렇다. 의왕의 역사적 평가는 아직 완결되지 않았고 그는 날이 갈수록 크게 평가를 받을 것이다. 그러나 우리의 항일전쟁 역사는 진짜 위대한 거목들은 천대를 받고, 사실상 서열이 처지는 인사들이 극대화된 기막힌 상태에 있다. 그러니 최고 사령관이 가장 푸대접을 당하는 것이 정상인 정도의 착각이 들 정도라 의왕을 홀대하는가?

그런데 의왕의 묘소가 있는 서삼릉에는 거대한 골프장이 있고, 그 골프장이 확장공사를 하려고 하니 장귀인과 의왕 묘소가 있어 묘소를 옮겨 놓으려는 공작을 꾸미게 되었다. 물론 그 공작은 다각적으로 행해졌을 것인데, 능곡·일산 주민들이 환경보호를 위해 골프장 증설을 반대하는 격렬한 저항이 일어나고, 장귀인과 의왕의 묘소를 보호한다는 명분으로도 주민들의 항거가 크게 일어났다. 난감한 상황이 벌어진 것이다.

그런데 생각지도 않게 의왕의 후손 중에서 일부가 의왕 묘소를 좋은 곳으로 옮겨 드려야 한다고 나선 일이 생겼다. 묘소를 이전시키려던 골프장측과 그에 따르던 일부인사들은 쾌재를 부르며 의왕 묘소를 이전시켰다. 그리고 장귀인은 무참하게 남겨 두었다. 의왕이 어머니를 남겨두고 떠날 무엄한 자식인가? 이 비극이 일어난 날은 융희 90년(1996년) 11월 29일의 일이었다.

③

더군다나! 의왕의 묘소는 일반인이 쉽게 찾기 어려운 홍유릉(금곡릉) 맨 뒤쪽 끝의 산자락에 덧없이 쓰여졌고, 무조건 좋은 땅이라 우기며 이장되었다. 다만 그곳을 찾는 뜻있는 인사들의 얼굴이 말없이 굳어지는 의미를, 알 사람은 모두 알 것이다. 예우를 가장한 참담한 모독! 비운의 의왕이 비극의 역사를 그냥 두고 죽어서도 편하길 바라기야 할 것인가? 이미 돌아가신 항일 최고의 사령관이라고 그렇게 대접해야 옳은 것인가? 돌아가신 분을 품격에 맞게 제대로 모시는 것이 우리의 전통이 아니던가? 삼가 옷깃을 여미고 항일 최고 사령관의 명복을 빌 뿐이다.

항일 최고사령관 의왕

명성황후와 엄귀비의 견제로 황태자에서 밀려난 세기의 풍운아! 망명 또 망명, 항일 또 항일의 처절한 삶을 살며 일본에 끌려가 강제로 모셔진 빼어난 왕자! 의왕(義王)에서 공작으로 깎여 이강공, 다시 금치산선고를 당해 자연인 이강이 되었던 비운의 왕자! 사춘기의 모습도 당당하고 오만한 황권의 최종 파수꾼답다.

열재 주제

대한황실 명예회복과 황실복원 정당성

들어가는 글 : 대한황실 역사는 왜 사라졌는가?

1. 침략이론 시대의 후유증
2. 수입이론 시대의 고질병
3. 정책부재에 따른 병폐

一. 대한황실이 조롱받게 된 흐름

1. 1단계 : 침략정책의 피해
2. 2단계 : 미국식 수입이론의 피해
3. 3단계 : 정책부재에 따른 병폐

二. 대한황실 명예회복의 역사적 당위성

1. 정치적 구심점의 정립
2. 잃어버린 어른문화의 회복
3. 원만한 민주문화의 수립
4. 신생국 사고의 탈피
5. 애국선열 의지의 구현
6. 민족통일의 기본준거
7. 정치문화의 한국화
8. 관광입국의 대들보

三. 대한황실 복원의 절차

1. 복원의 정당성 확산
2. 대한황실 복원의 준비
3. 대한황실 복원의 실제

맺는글

들어가는 글 : 대한황실 역사는 왜 사라졌는가?

대한황실은 단군 이래의 거대한 민족사를 바탕으로 하여 시원적으로는 단기 3725년(1392년)에 태조 고황제로 부터 출범했고, 공식적으로는 광무 원년인 단기 4230년(1897년)에 국호를 대한(大韓), 연호를 광무(光武)로 정하고, 임금님을 황제로 호칭하면서 역사에 등장하였다. 그것을 보는 두 가지의 상반된 견해가 있다.

첫째는 광무(고종)황제께서 일제침략자들의 뜻에 따라 청나라와의 관계 청산을 위한 사전조치로 황제를 선언하게 되었다는 학설이 있다. 이것이 사실상 지금까지의 통설이었다. 그러나 본 학설은 일제침략자들이 그들의 침략을 합리화하고 대한황실이 주체성도 없는 꼭두각시형 정치체였음을 강조한 것이 그대로 남은 것이라고 하겠다.

예컨대 조선 초기의 역사에 있어서도 정권을 장악한 태종 이방원은 정권에서 밀린 정도전은 물론이고 무참히 죽은 동생 방석의 역사를 주도권을 쥔 측의 논리로 정리했다. 그리고 형님의 나라를 뺏고 조카를 무참히 죽이고 찬탈을 한 세조와 한명회는 형법상 천륜을 짓밟은 역적이요 흉악범이지만 그들의 논리로 쓴 사륙신, 생륙신, 금성대군, 이보흠과 경북 순흥사람들, 단종의 역사는, 훗날 많이 고쳐졌음에도 불구하고 흉악범의 논리를 정당화시킨 채로 남아 있다. 광무황제의 대한황실 선언을 침략자의 논리로 정리한 것을 그간 바로 잡으려는 노력이 얼마나 있었는가?

둘째로 광무황제의 대한황실 선언을 주체적인 입장에서 정당성있는 통치행위였다고 파악하는 학설이 있다. 본 학설은 최근 들어 등장하는 학설인데, 앞으로 통설이 되리라고 본다. 왜냐하면? 광무황제가 무능하고 허약하게 국권을 빼앗겼다는 일제 침략사관의 논리가 계속 허구임이 밝혀지고 있기 때문이다. 지금까지 읽은 본서에 담긴 논문들을 쭉 살펴 보더라도, 광무황제를 중심으로 한 대한황실의 독립운동은 이스라엘 민족의 엑소더스 보다도 멋있고 장렬한 투쟁이었음이 계속 드러나고 있음을 볼 때에, 광무황제의 대한황실 선언은 위대한 결단이 분명하다고 본다.

특히 그간 왜곡되고 사라졌던 대한황실의 역사가 서서히 되살아 나면서, 항일독립전쟁의 최고 주인공이요 지휘자가 대한황실이었다는 것이 날로 구체화되고 있다. 그렇다면 대한 황실의 역사가 그간 왜 사라졌었는가? 특히 그 사라진 원인을 밝히는 것은 매우 중요한 바, 본 논문이 본서의 최종결론 논문으로 쓰여졌으니, 결론도출의 핵심은 대한황실의 역사가 왜 실종되었는가의 규명에서 출발함이 정상이라고 하겠기 때문이다.

1. 침략이론 시대의 후유증

대한황실의 역사가 사라지게 된 가장 직접적 원인은 일제침략의 깊고 깊은 상처 때문이다. 일제침략의 상처가 민족사 전체를 꿰뚫고, 민족문화와 민족생활의 전반에 걸쳐서 참담한 흉터를 남기지 않은 곳이 없기에 우리 민족의 삶은 곳곳에서 비정상적이다. 그럼에도 불구하고 대한황실의 역사가 가장 큰 피해를 받았다고 하겠다.

그 까닭은 일제침략의 제1의 공격처는 무엇보다도, 우리의 정치핵일 것은 분명하기 때문이다. 일제 침략자들은 우리의 정치핵인 황실을 공격함은 물론 완전히 녹여 없애려고 획책하여, 황실이 거의 다 증발되어가는 와중에 일본이 물러 갔으므로 그 상처는 상상을 못하는 수준이 된 것이다. 지금까지 본서에 나온 논문 가운데에서도 많은 부분이 독자들은 상상도 못할 정도로 놀랍고 경이로운 비참한 내용일 것이다. 그리고 여러 부분이 인간의 상식으로는 도무지 이해할 수도 없는 경악할 내용이다. 흡사 소설 속에나 나올 정도의 내용들도 줄줄이 이어짐을 보고 독자들은 스스로 믿어지지가 않았을 것이다.

아마도 세계의 모든 인류에게 공개가 되지 않아서 그렇지, 온 세계인이 놀라고 말 내용이 일본침략자들의 황실공격이다. 독일은 미국이나 유럽국가들에 의해서 만신창이가 될 정도로 전쟁범죄에 대한 처벌을 받았다. 전승국의 독일분할과 처절한 자기반성, 전쟁 뒷처리가 있었다. 그러나 일본은 미국이 소련을 견제하려고 적절히 벌주며 키웠기에 궁극적 죄의식도 없고, 오히려 원자탄을 맞은 피해자란 역선전에나 열을 올리고 이웃나라에 대한 사죄의 자세가 근본적으로 없는 국제적 파렴치범 그대로이다. 일본인들이 국가적으로나 개인적으로 전범행위에 대한 사죄를 얼마나 했는가? 그렇기에 범죄자들인 일본은 대한황실의 고통을 이제는 거의 잊고 있을 것이다. 극심한 상처를 받고 쓰러져 잊혀져 가고 있는 대한황실의 역사는 그런 측면을 감안하더라도 분명히 다시 쓰여지고, 일본의 처절한 사죄가 있어야 한다.

2. 수입이론 시대의 고질병

대한황실의 역사가 사라지게 된 두번째 원인은, 해외에서 수입된 껍데기 민주주의 때문이다. 특히 조국탈환 이후 융희39년(1945년) 이후에 물밀듯이 쏟아져 들어온 미국식 민주주의의 역기능은 지극히 심각하게 악영향을 끼쳤다. 미국이 6·25전쟁의 구원자이고, IMF구제금융을 받게된 기막힌 상황을 도와주는 등의 결정적 은혜를 준 나라인 것과, 민족혼과 오장육부를 잃고 가짜 미국사람이 되는 것은 전혀 다른 차원의 문제이다.

그럼에도 불구하고 우리는 미국문화의 노예가 된 모습을 도처에서 보아 왔고, 때로는 미국인 흉내를 내면서 사는 것을 미덕으로 아는 역겨움도 많이 보아 왔다. 우리는 미국과 친선관계를 돈독히 해야 한다. 그러나 결코 미국인이 되고 미국문화에만 빠져 있어선 안된다. 대다수의 양식있는 미국인들도 그것을 원하지는 않는다. 그런데도 불구하고 정치는 물론이고 경제, 사회, 문화, 종교, 예술, 학문을 비롯한 많은 삶이 서구화되고 미국화되면서 스스로의 본모습을 잃는 참담한 세월이 그간 이어져 왔다. 그리하여 미국적 시각에 맞지 않으면 무조건 우리의 고유한 것을 매도하고, 조롱하고, 비웃어 왔다. 예컨대 서양종교에 찌든 시각으로 우리 문화를 얼마나 짓밟았는가? 얼마나 우리 것을 유치하며 야만적인 미신이라고 공격을 했던가? 우리의 고유한 정치체는 그러한 흐름 속에서 숨도 쉬지 못하며 세월이 흘렀다. 영국, 스페인, 태국, 네덜란드, 벨기에, 스웨덴, 노르웨이, 덴마크 등의 선진국 곳곳에 있는 임금님을 두고도, 임금님이 있으면 후진국인 듯이 얼마나 매도해 왔던가?

특히 현대사의 초석을 놓은 이승만정권 시대에 그것은 가장 극심했다. 미국에 의해 컸고, 미국에 가서 거의 평생을 보냈으며, 미국의 후원으로 대통령이 된 이승만 시대의 후유증은 너무도 큰 것이라, 그 때부터 우리는 고유한 우리의 삶을 잃은 반미국인, 반서양인이 되고 말았다. 생각하면 인생의 거의 모든 것을 미국에서 이루고 서양여자를 부인으로 맞은 이승만이 현대사 최초의 집권자가 된 것은 민족정치와 민족문화를 실종시킨 비극적 사건이다. 이승만이 절대권력을 휘두르면서 현대사를 출범시킨 이 나라에 임금님이 설 자리가 추호라도 존재했을 것인가?

3. 정책부재에 따른 병폐

대한황실의 역사가 사라지게 된 세번째의 결정적 원인은 그간 대한황실을 제대로 생각할 정책이 나올 수 없게 된 정치환경 때문이었다. 그것은 예컨대 극장구경을 가서 끝부분만 보고서 그것이 전체라고 생각하는 것과 같은 것이다. 일제침략자들과 처절한 사투를 벌인 항일전쟁! 그것은 약100년에 가까운 장대한 영화요 연극과 같은 것이었다. 거대한 드라마가 끝나고 난 뒤에, 그러나 관객들은 사실상 끝부분만 보고 전체를 다 보았다고 생각한 듯한 착각으로 항일전쟁사를 보고 말았다.[1)]

거대한 드라마에 있어서 최고의 주인공들은 장렬히 사라져 갔다. 초기의 의병에서 부터 독립군을 거치며 너무도 훌륭한 애국자들이 사라지고 말았다. 그러나 항일전쟁사의 전모를 모르는 사람들에게 있어서 마지막에 나타난 인물들은 어떻든 살아 남은 사람들일 것이 분명한데, 그 살아 남은 사람들의 실체 규명이 그간 없어 왔다. 그러면서도 살아 남은 사람들이 제1의 영웅이라고 착각을 하게 되었다. 그리하여 사라진 자는 말이 없고 살아 남은 자들의 합리화시킨 논리가 멀리 퍼진 것이다.

생각컨대 김구는 상해임시정부라는 안전지대에서 대부분을 보냈는데, 그 곳은 사실상 프랑스 조계라는 특별지대로서 안전지대였다. 정통 애국자들이 만주땅에서 정면혈투를 벌이고 있을 때에, 그는 계속 안전지대에 있었다. 그리고는 윤봉길, 이봉창을 죽을 곳으로 보내고는 피해 다니며 목숨을 이었다. 더구나 이승만은 멀리 미국땅에서 극히 안전하고 편안하게 말로써 독립운동을 열심히 했고, 사실상 그 시대를 즐긴(?)것이나 마찬가지다.

그런데 이승만이 집권하고 김구가 야당 지도자가 된 조국탈환 초기의 정국에 있어서, 그들이 스스로를 최고라고 내세우며 진짜 역사적 인물들을 바로 평가하겠는가? 특히 그들이 집권을 해야 하는데 황실을 곱게 평

---

1) 만주땅에는 아주 기막힌 동포들이 있다. 일제침략 말기에 일제괴뢰 만주국으로 강제이주된 사람들인데, 예컨대 충남 홍성에서 무조건 옮겨온 그들은 5년전 우리와 수교할 무렵에 그들이 옮겨져 온 것 외에 한국에 대해 아는 것이 거의 없었다. 그들이 겪은 드라마 외에 아무 것도 몰랐다. 항일전쟁을 우리는 모두 그런 식으로 보아 왔다.

가해 주겠는가? 더군다나 가장 밑바닥의 천민 출신들인 그들이 임금님을 정상적으로 평가하겠는가? 일제침략의 상처는 사실상 그대로 남겨 졌다. 모든 최고 수준의 애국자들이 사라지고 사실상 B급, C급이 집권하면서, 그런 허약함을 메꾸기 위해 친일집단을 대거 등용한 것이니, 그리하여 민족혼과 임금님이 사라지게 된 것이다.

一. 대한황실이 조롱받게 된 흐름

대한황실은 그간 못난이로 조롱받으며 현대사를 이어 왔다. 나라를 망친 모든 책임을 지고 오늘에 이르렀다. 개인이나 집단이나 국가나 간에 흥망성쇠를 겪으며 시간을 보내게 되어 있는데, 일제침략을 물리치고 조국을 다시 찾은 공로는 애국자들에게 있고 황실은 오로지 일제침략에 무너진 책임만 지며 오늘에 이르렀다. 대한황실에게 있어서 최근세사는 오로지 어둠으로만 쓰여지고, 공로는 전혀 없게 쓰여졌다. 그 까닭은 무엇인가? 앞의 서론에서 말한 그 원인을 보다 상세히 분석해 보기로 하면, 그것은 다음의 3단계로 이뤄졌다.

1. 1단계 : 침략정책의 피해

일본이 우리나라를 침략한 것을, 그간 우리는 막연하게 나라만을 뺏었다고 보는 것이 일반화되어 왔다. 그러나 그것은 일제침략을 오늘날의 시각으로 본 때문이다. 100년전의 이 나라는 나랏님이 바로 나라이던 시대였음을 망각한 해석인 것이다. 그렇기에 당시 일본은 나라보다도 나랏님을 공격함에 모든 것을 집중시켰었다. 나랏님을 공격하면 나라를 뺏는 시대였기에 그랬었다. 그러므로 일제침략의 가장 큰 피해자는 정치의 핵인 임금님이었다. 나랏님이 어떻게 공격을 받았는가는 다음의 3가지로 정리된다.

1) 실체적 피해

모든 황실관련 유물과 유적이 입은 피해를 말한다. 일제침략자들은 대한황실의 모든 유물과 유적을 거의 완벽할 정도로 파괴해 갔다. 아니 말살을 시켜 나가다가 2차대전의 패배와 함께 중도에 물러났을 뿐이다.

첫째로 궁궐에 2천년 이상 축적된 유물을 휩쓸어 갔다.[2] 우리는 고려시대가 끝나고 조선시대만을 대한황실의 역사로 본다. 그러나 고려시대에서 조선시대로 넘어가는 것은 임금님이 바뀐 것이지 1000여년을 계속하여 이어지는 것이며, 고려시대는 3국시대의 문화재가 그대로 이어졌기에 2천년 이상의 유물이 축적되어 있었다. 그런데 그 많은 문화재를 강제 병탄조약 체결과 함께 휩쓸어 갔다. 그리고 옛 고분은 물론 개인 유물까지도 거의 망라하여 휩쓸어 갔다.

일본은 기나긴 왜구 이후의 도둑문화로 이루어진 것이니, 일제폭력 시대의 우리 문화재 대청소 약탈에 의해 도둑문화왕국 전성시대를 이룬다. 일본이 오늘날에도 창의력보다는 모방과 외국 베끼기로만 이루어지는 것은 기나긴 우리 민족 침략에서 얻은 체질문화라고 함이 옳다. 그리하여 우리의 궁중유물은 완전히 사라졌다. 병탄 직후 그들은 3개월에 걸쳐 우리의 귀중한 궁중문화재를 인천항으로 실어 날라 청일, 노일 전쟁의

2) 광주시 거주 정락평의 직계조상은 광무황제의 옆에서 근무한 분이었다. 그리하여 극비리에 도둑질한 일본의 국가적 범죄를 정확히 알고 있다. 정락평의 집에서 소장하고 있던 귀중 사료들은 현재 독립기념관에 있다.
안천, 황실은 살아있다(서울 : 인간사랑, 1994) 참조.

전비상환에 충당했다고 한다.

둘째로 모든 황실관련 유적을 말살시켰으니, 지금까지 그들이 국토를 강점하고 있었다면 아마도 현재로서 남은 것은 없었을 것이다. 그들의 패전에 의해 중도에서 끝난 만행만으로도 거의 대부분의 유적이 사라지고, 모든 유적이 상처투성이 이다.

황실의 상징인 원구단에는 조선호텔을 짓고 사직단은 헐어내었으며, 황실 발상지인 경기전은 헐어내어 전주 중앙초등학교를 지었고, 영경묘와 준경묘의 황실 조상묘를 파훼 시켰으며, 황실직계 조상 남연군묘는 맥을 끊었고, 심지어 전국의 유명한 산꼭대기에는 쇠못을 박아 땅의 지맥을 끊었다. 5대 궁궐의 참상은 너무도 극심하여 창경궁은 동물원으로, 경희궁은 일본중학교로, 경복궁은 박람회장이 되며 궁궐건물의 8할을 헐어내어 공원화하고서 총독부청사나 총독관사를 짓고, 창덕궁, 덕수궁도 철저히 파괴해 들어 가다가 패전을 맞았다.[3] 지구상의 어느 나라에서 이웃나라를 이토록 철저히 침략한 나라가 있을 수 있는가? 일본인들도 고개를 들고 세계관광을 다닐 수 있는가?

2) 심상적 피해

대한황실의 심상(image)에 입힌 처절한 상처는, 사실상 유물, 유적이 입은 상처보다도 크다. 그리하여 현재에 있어서는 대다수 일반인의 뇌리에 실질적 조롱거리로 남은 것이 대한황실이다. 아니 거의 무시당하며 사라지고 있던 존재라고도 하겠다.

첫째로 일제 침략자들은 단군이래 우리나라의 역사를 어둡고, 부정적이며, 굴절된 시각으로 체계화 시켰다. 그래서 우리 민족에게서 스스로의 자긍심이나 자존심이 생출될 기회를 일찌감치 차단시키려 하였다. 그리

3) 정운현, 서울시내 일제유산 답사기(서울 : 한울출판사, 1995) 참조.

하여 단군시대인 고조선은 물론이고 삼국시대의 앞부분까지를 허황된 신화시대라고 몰아 나갔으니, 요즘에는 그 왜곡이론에 감염되어 본인의 조상인 단군을 우상이라면서 믿을 수 없다는 등의 무식한 일부 인사들까지 나타나게 되었다. 또한 역사 전체를 통관하여 우리 민족의 우수성이나 주체성을 깎아 내리고 부정하는 쪽으로만 역사의 서술을 몰아 나갔다.[4]

특히 그 중에서도 잔인할 정도로 피해를 입은 시기는 대한제국 시대였다. 그래야만 일본인들의 침략이 합리화되고, 그들의 범죄행위가 감춰질 테니까 대한제국의 역사는 정말 가혹할 정도로 피해를 입었다. 그러한 와중에서 대한황실의 역사는 철저히 왜곡, 날조, 인멸되었고, 최근세사의 사각지대와 같이 변해 버렸다.

요즘 그 시대의 역사는 학자들의 노력에 의해 많이 고쳐졌다. 그리하여 제정시대라고 불리던 그 시대를 점차 일제시대, 왜정시대를 거쳐 일제침략시대라고 부르다가, 이제는 일제강점시대를 지나 항일전쟁시대로 고쳐 부르는 단계까지 발전되었다. 그렇다! 그 시대는 왜정 자체가 존재한 것이 아니고 침략이 있었을 뿐인데, 그 침략을 인정하는 역사는 옳지 못한 것이며 만주땅에서 처절히 싸운 항일 독립군이 주체가 된 항일전쟁의 시대로 정리됨이 옳다. 그런데 그러한 역사서술에 있어 특히 유의할 것이 있으니 항일전쟁의 주체 가운데 핵심인 대한황실의 존재를 방기한 역사서술이 지금까지 주류를 이루어 왔다는 점이다. 그 시대는 대한황실이 최고 위치에 있고 항일독립군이 주체가 된 항일전쟁 시대로 정리되어야 백번 옳다.

둘째로 조직적인 심상 훼손 작업을 진행시켰다. 그리하여 항일의 최고봉이었던 광무황제는 무능하고 무력한 인물로 만들었다. 그리고 융희황

---

4) 이기백, 강진철, 이태진, 식민주의 사관 비판, 일조각, 한국사 시민강좌 창간호, 1987, pp.1~69.

제는 사실상의 식물인간에 가까운 인간이니 허수아비로 세워 두었고 오히려 심상 훼손은 없었으니, 그들이 나서지 않아도 이미 극심한 근시, 소화불량, 생식불능 상태의 살아있는 식물인간이었기 때문이다.

다음으로 처절히 항일을 한 의왕은 철저히 술주정꾼에 바람둥이로 몰아 나가며 끝내는 금치산 선고를 내려 공민권을 박탈하고 만다. 그리고 황실을 일본과 법으로 정해 혼혈결혼 시키며, 철저히 우리 국민과 이질감을 갖는 오염된 실체가 되게 이끌어 나갔다. 그리하여 우리 민족이 우리의 황실을 더 이상 사랑할 수 없게 만들어 나가는 것이 그들의 황실침략이었다.

더군다나 당시의 항일집단은 거의 모두가 존황항일의 집단이므로 철저히 부정하고 왜곡해 나가고 친일집단만 돋보이게 만들었다. 애국학교였던 오산, 대성, 중동학교는 깡패학교라고 했고, 애국종교였던 대종교는 범죄집단이요 우범자 조직이라고 몰아 나갔다. 그리하여 애국종교였던 대종교나 천도교는 철저히 무너져 사라지게 되고 친일매국의 선봉에 섰던 천주교는 나날이 커나가게 되었다. 그리고 안중근, 안명근 의사를 필두로 전 가문이 항일전쟁에 참여한 안씨 집안은[5] 철저히 매도하여 우리 민족 가운데 가장 못된 씨족이라고 한 것이 지금도 그대로 남아 있을 정도이니, 안명근 의거 이후 종로 경찰서 형사들에서 비롯된 안강최 씨족모독은 일본인들이 만든 애국자 탄압용에서 시작된 것이다.[6]

---

5) 안천, 신흥무관학교(서울 : 교육과학사, 1996) 참조.

6) ㉠ 안명근 의거를 다룬 종로경찰서에서 안씨를 매도하는 흐름은 씨앗이 뿌려졌고, 친일경찰의 전통이 그대로 이어진 오늘날의 경찰사회에 이것이 그대로 전해져 오늘에 이르렀다고 한다. 일제 35년 동안에는 안씨라는 성을 갖고 행세하기도 쉽지 않은 분위기였다고 한다.

㉡ 안중근, 안명근, 김구의 3대 거물이 안중근 가문에서 나왔고, 전 가문이 항일의 최전선에 있어서 그렇게 된 것이라고 한다.

김대성(안중근, 김구 선생님 고향사람) 면담, 1992. 6. 3.

그리고 모든 애국자는 철저히 깡패, 도둑, 범죄자로 몰아 죽이고 탄압하면서 끈질기게 변절을 획책했고, 친일타협 인맥만이 득세하게 만들어 나갔다. 그들이 패전하고 물러갈 무렵의 이 나라에는 애국인맥이 거의 씨가 마를 정도가 되었다. 그러니 대한황실을 존경하고 감쌀 인맥의 씨를 말리고, 친일매국 혹은 친일타협 인맥을 대량 생산했던 것이다. 오늘날의 시대에 있어서 대한황실을 우습게 보거나, 거의 잊은 것 같이 된 것은 일제침략의 처참한 상처라고 하겠다.

3) 혈통적 피해

특히 일제침략에 의한 대한황실의 혈통 단절 획책은 가공할 정도로 끔찍한 것이었으며, 오늘날에 있어서도 국민들의 정서상 애착을 갖고 황실을 보지 못하게 만드는 결정적인 것이었다. 일본은 정책적으로 혼혈결혼을 강조하여, 법으로 정해서 결혼을 시켰을 정도였다. 세계의 어디에도 이런 야만적 강제결혼법이 있기 어려운 것을 강행시켰을 정도로 일제침략은 비인도적이고 잔인한 것이었다.

당시 황태자로 책봉되었던 어린 영왕은 약혼자로 민갑완이 있었다. 그러나 강제로 파혼을 시키고, 불임증으로 진단된 일본여인 방자를 강압을 통해 결혼시킨다. 그리고는 방자의 감시하에 철저히 유폐시킨 상황에서 일본땅의 인질이 되게 만든다. 그리고 외동딸 덕혜옹주는 일본의 최하급 무사가문인 대마도주에게 치욕적 강제결혼을 시켜, 끊임없이 구타와 구박을 받으며 정신병자가 되어 쫓겨 난다. 그리고 융희황제는 자손이 없었지만 자손이 많았던 의왕의 아들들도 순서대로 일본에 데려다가 강제결혼을 당한다.[7]

현재의 대한황실은 그들의 혈통오염 후유증으로 극심한 고통을 겪고

7) 안천, 황실은 살아있다, op.cit. 참조.

있다. 그 까닭은 영왕의 아들인 이구 황손의 정당성 논쟁 때문이다. 그는 영왕의 유일한 아들이라는 하나만으로 황실의 적통이라고 생각될 수도 있다. 그러나 그는 혈통상 일본피가 흠씬 섞였고, 대부분의 많은 삶을 일본에서 산 인물로서, 국민들 중 그에게 애착을 갖는 사람은 거의 없다. 가장 큰 문제는 그가 일제침략의 산물로서 침략자가 원하는 바대로 태어나 그들이 원하는 바대로 살아 왔다고 국민들이 생각하는 점이며, 그의 존재는 민족의 자존심을 원천적으로 흔들며 짓밟고 있다. 침략일본이 원하는 상황이 그대로 만들어진 것이다. 구심점 교란 혹은 구심점 공황상황이 극심하게 일어나고 만 것이다.

2. 2단계 : 미국식 수입이론의 피해

조국이 침략자들에게서 되찾아지며, 이 나라는 물밀듯이 밀려온 미국문화에 의해 끊임없이 자아를 잃는다. 외형적 제도만이 아니라 내면적 민족혼까지 잃고서, 요즈음 젊은이들은 거의 모든 것이 미국화되는 미국홍수에 정신을 잃을 지경이다. 그리하여 서양식 특히 미국식이 아니면 잘못 되었다고 생각하는 흐름이 도도히 흐르면서 대한황실은 극심한 피해를 입는다.

1) 형식적 피해

미국의 대통령제는 영국에서 옮겨온 사람들이 주축이 되어, 그들 스스로의 정치를 합리화시킨 것이다. 그들은 유럽에서 제대로 적응하지 못하고, 아메리카로 옮겨 와서 인디안의 땅을 강탈하며 오늘의 미국을 만들었다. (그들은 인디안도 인간인데 한낱 짐승 사냥하듯 몰살시켜 나가는 과정을 서부활극이라고 미화시켰으며, 심지어 중남미에서는 인디안 남자들은 강제노동 시키며 죽여 버리고 인디안 여자들은 자기들이 차지하여 수많은 혼혈을 만든 비극의 땅이 아메리카이다.[8] 거기다 흑인들은 데려다가 노예로 부리며 그들의 피눈물을 바탕으로 만들어진 것이 오늘의 미국 문명이요 미국 정치제도다.) 미국의 대통령제는 그런 바탕에서 핀 정치제도를 합리화시킨 것이다.

그렇기에 대통령제는 미국을 제외한 선진국에는 거의 없다.[9] 혁명을 겪은 몇몇 나라를 제외하고는 거의 모두 내각제이다. 대통령제는 일종의 서부활극의 제도화이다. 그들은 그들의 경제체제를 일명 카우보이 자본주의[10]라고 부르는데, 대통령제도 일종의 카우보이 정치체제인 것이다. 황야의 무법자 세계의 정치 제도화! 카우보이 민주주의! 바로 그것이다. 그렇기에 이긴 정당이 핵심 요직을 싹쓸이하며 OK목장이나 아리조나 사막에서 일종의 제로 섬 게임을 벌이는 듯한 제도이다. 미국의 대통령 선거는 사실상 살벌한 카우보이 세계가 현대화된 것이다. (그렇기에 그 제도를 도입한 우리나라가 얼마나 지역갈등이 극심한가를 우리는 눈으로 똑똑히 보고 있다. 이런 극단적 지역갈등으로 남북통일이 된다고 북쪽을 끌어 안을 아량이 나올 것인가?)

미국의 대통령제는 유럽을 떠나 인디안 땅을 집단강탈하고 강제지배

8) 남북아메리카에서는 인디안들의 독립운동의 흐름이 계속되고 있다. 그들의 정치적 생존권을 인정해 주는 것은 인류의 양심회복 차원에서 꼭 있어야 한다. 그런데 아시아의 북방 시베리아와 중국땅에 소속된 소수민족들도 인디안과 같은 역사를 밟은 소수민족들인데 그들은 아직 잠잠하다. 시베리아와 중국 땅의 소수민족에게도 인디안과 같이 독립적 생존권을 주어야 옳은 일이다.

9) 김성룡, 김창호, 김충구, 서규석, 51%의 정치미학 내각제(서울 : 지정출판사, 1997) 참조.

10) 미국은 정리해고 천국이다. 항상 해고하고 항상 채용한다. 서부를 종횡으로 달리는 무법자 세계의 현대화가 미국 자본주의다. 아마도 미국은 온 세계를 향해 내달리는 카우보이는 아닐런지?

한 것을 그대로 제도화한 것이기에 여러 나라에서 폭압적 독재와 정치실패가 적지 않이 나타난다. 미국의 대통령제가 수출된 나라치고 제대로 발전하는 나라를 손꼽기 어려운 이유가 그것이다.[11] 우리나라에 있어서 무능한 노태우 시대와 국가파산의 김영삼시대가 왜 나왔는가? 대통령제는 (최악의 인물이 나올 경우에) 최악의 리더쉽을 통제할 방안이 쉽지 않기 때문이다. 왜 전통적 선진국들이 지금도 계속 입헌군주제인가를 예리하게 살펴야 할 것이다. 우리는 정치제도상 우리 것을 잃고 계속하여 방황해 온 것이다.

2) 실질적 피해

특히 유의할 것은 미국에 옮겨온 유럽인들은 유럽에서 적응하지 못한 사람들로서, 거의 다수가 하층민이었다. 유럽에서 잘 사는데 이민갈 사람이 쉽게 있겠는가? 그리하여 그들의 문화는 최하층 사회의 것이 형상화되며 역사가 이뤄졌다. 그것이 우리에게 수입되며 우리는 정치적 인간상의 본질을 상실당해 왔다.

미국이 세계에서 가장 평등한 사회라는 평등이념은 무엇을 말하는가? 너도 나도 최하층 밑바닥들이 모였는데 위아래가 있겠는가? (예컨대 거지들의 세계에도 신분계층이나 상하서열이 있을 수 있는가?) 평등이념은 그들이 모두가 밑바닥 인생들이란 뜻이며, 우리 민족 방식으로 말하면 모두가 상놈이라 평등하다는 뜻이나 같다.

사실상 상놈문화가 이 땅에 들어와서 우리의 고급 전통문화를 밀어내고 대한황실을 매도하며 설 자리를 잃게 만든 것이 현대정치사의 출발이다. 일종의 정치적 그레샴의 법칙인 듯이, 나쁜 것이 좋은 것을 밀어낸

11) 미국 대통령제가 수출되어 거의 독재체제가 되었는데, 그것을 정치학적으로는 신대통령제(新大統領制)라고 부른다.

것이다. 우리는 미국의 민주주의라는 무소불위의 칼을 갖고 미국정치제도에 맞지 않으면 그것을 모두 비민주적이라고 해 왔다. 그런 정치분위기에서 임금님이 설 땅이 있을 수 있는가? 그리하여 임금님은 무조건 전근대적 고리타분한 제도로 인식되고 만 것을 어찌 바로 잡을 것인가?

그리고 미국이 세계에서 가장 자유로운 나라라는 자유이념은 무엇을 뜻하나? 그것은 미국이 사실상 고삐 풀린 나라에서 비롯되었음을 뜻한다. 서부개척이란 미명하의 무법천지 시대를 거치며, 수많은 인디안을 살육하면서 아메리카를 종횡무진으로 내달린 것을 훗날 자유라고 불렀다고 봄이 옳다. 곰곰이 생각할 때에 미국사회가 지금도 모두 총을 가진 사회라는 것은 무엇을 뜻하는가? 그것은 무섭고 살벌한 고삐 풀린 사회의 유습이 그대로 남은 것이다. 그러한 고삐 풀린 사회의 문화를 요즘은 개방사회라고도 하는데, 그것이 무엇을 합리화한 것인가도 예리하게 살펴야 할 것이다.

어떻든! 우리는 조국을 되찾으면서, 일제침략자들이 망쳐 놓은 위에 맹목적으로 미국 것을 옮겨 놓으면서 우리 것을 잃었다. 그리고 밑바닥 서양문화가 들어왔다. 특히 미국의 교육제도가 그대로 이식되면서 우리의 정신과 혼을 잃은 것이 가장 큰 피해였다.[12] 현대의 우리나라 정치사가 끊임없이 방황하는 까닭은 근본적 이유가 분명히 있는 것이다.

3. 3단계 : 정책부재에 따른 병폐

조국탈환이 된 융희39년(서기 1945년) 이후의 이 나라에 있어서 황실에 관련된 정책은 애초에 존재하지 않았었다. 아니 존재하지 않은 것이

12) 오욱환, 최정실, 미군 점령시대의 한국교육(서울 : 지식산업사, 1993) 참조.

아니라 짓밟고 탄압하는 것으로 출발이 되었다. 그 까닭은 특히 초기의 현대 정치사를 이끈 핵심 집권자들이 밑바닥 하층민이었음에서 비롯된다고 하겠다. 그렇기에 황실을 긍정적으로 보고 임금님을 돋보이게 할 분위기가 전혀 아니었다. 미국에서 들여온 민주주의 이론을 과잉으로 확대선전하면서 황실은 조롱거리가 됨을 강요당했다.

1) 정치적 탄압

자유당시대의 대한황실은 비극적 시대로 이어졌다. 침략일본도 명목상으로는 존치시키면서 서서히 혼혈화시키고 소멸시켜 나갔던 황실을 잔인하게 짓밟은 시기가 자유당 때이다. 자유당 시기에 있어서는 황실 자체도 정치적 사형을 당했고, 황실 문화재도 완전히 몰수 당하면서 재산적 사형선고가 내려졌다. 그러므로 일본이 반쯤 죽인 대한황실에 마지막 칼을 내리친 비정한 시기가 그 때였다.

물론 겉으로는 여러 가지 명분을 만들어 합리화시켰고, 외국의 정치제도 특히 미국제도 등을 예로 들면서 임금님의 존재를 부정해 나갔다. 그러나 그러한 명분만들기 이전에 근본적으로 중요한 것은, 그 무렵의 황실 매도 분위기라고 하겠다. 황실이 일제에 빌붙어 편히 지낸 친일파니, 국내에서 안주하며 항일을 않았다는 등으로 매도하면서 존재 자체를 말살시켜 나갈 수 있었던 근본 이유는 황실을 존엄하게 생각하는 의식이 전혀 없는 집단이 집권을 했던 데에 있었다고 보아야 하겠다.

예를 들어 이승만 이후의 장면시대는 황실에 그토록 가혹하질 않았고, 박정희시대에 있어서도 영왕과 덕혜옹주의 귀국, 기초적 생활비 제공 등의 기본적 예우를 했다. 자유당 시기의 집권자가 박정희같은 평범한 소시민 출신이었다고만 해도 황실을 대하는 태도가 달랐다고 하겠다. 그러나 자유당 시기는 황실을 완전히 짓밟는 폭거가 진행되었으니, 그 시대를 어떻게 평가해야 옳은가?

2) 문화적 탄압

자유당시대가 특히 심했던 것으로써 항일정통 애국세력에 대한 탄압을 지적하지 않을 수 없다. 이승만이나 김구는 거대한 항일전쟁사에 있어서 끝까지 살아 남은 인물이다. 최고의 정통 A급 애국자들의 눈으로 보면 구차하게 살아 남아 최고의 애국자로 행세한 자들이다. 그런데 그들이 끝에 살아 남았다는 것은 항일전쟁사에 있어서 커다란 비극의 씨앗일 수가 있었다.

왜냐? 이승만은 항일의 최전선에 있어 본 적이 거의 없다. 거의 모든 삶을 미국에서 보냈으니, 그것은 6·25전쟁시에 전쟁을 않고 외국에 나가 애국타령만을 하고 다닌 것과 어떤 차이가 있다고 볼 것인가? 당시에 있어서 미국은 가장 편하고 안전한 곳이었다. 그곳에서라도 애국을 한 것은 가상한 일이지만, 애국자 전체로 보거나 거대한 항일전쟁사로 볼 때에 있어서 이승만의 지위는 백번 재고되어야 한다.

그리고 김구의 백범일지를 면밀히 분석해 보아도, 그는 거대한 항일전쟁사에 있어서 결코 A급이 될 수 없는 인물임이 분명하다. 기라성같은 애국자들이 순서대로 사라지고 나니까 그가 남은 것이며, 항상 상해라는 안전지대의 제2선에 있다가 윤봉길, 이봉창을 도와 준 뒤에 피신해 다닌 인물이 최고 영웅일 수가 있을까?

그렇기에 이승만이 집권하고, 김구가 제2의 인물이었던 시대에 정상적인 항일전쟁사가 연구되기는 커녕 거론되는 것도 금기시되는 시기가 이어졌다. 이승만에게 바른 말을 하면서 정면으로 맞섰고,[13] 김구와도 노선을 달리했던 신채호는,[14] 그가 이미 죽었음에도 후손들이 20여번에 걸쳐 셋방을 전전하며 피해 다니던 시기가 자유당 때였다. 그러한 기막힌

13) 임중빈, 선각자 단재 신채호, 고령신씨대종약회, 1986, pp.225~242.

14) 안천, 한국민주화운동사(서울 : 민족문화사, 1988), p.60.

풍토 속에서 항일전쟁사는 본질이 사라졌다. 그리하여 정통 애국자들이 목숨바쳐 지켜 내려고 한 나라와 나랏님에 대한 역사도 덩달아 사라졌다. 자유당 시기는 정통애국자와 황실을 말하면 모든 것을 잃을 것을 각오해야 하는 시기였고, 거기에다 6·25전쟁을 겪으며 커다란 공백시대가 이어졌던 것이다.

3) 씨족적 탄압

우리나라는 지역갈등도 극심하지만, 감히 종교에 대한 바른 말을 하기가 어렵고 심지어 씨족에 대한 바른 말을 하기도 대단히 어려운 나라이다. 심지어 대통령을 뽑는 데에 있어서도 국가와 민족의 발전을 위한 선거라는 기준은 없고, 지역이기주의에 종교이기주의가 겹쳐지고 씨족이기주의가 판을 치는 민도가 낮은 나라가 이 나라이다. 이 나라에는 아무리 잘난 인물도 제주도에 태어나서 무종교이고 소수 성씨라면 크게 될 가능성은 애초에 없다. 도무지 실적주의는 없고 인연의 줄만이 사회를 이끌 뿐인데, 이것은 배운 자나 기득권층이 더욱 심하다.

그렇지만 (그 분위기를 감안하면서까지도) 대한황실사에 있어서 전주이씨만은 확실히 논해지고 비판되어야 한다. 그 집단이 황실가문이기에 그렇다. 지금 이 시대에 있어서 전주이씨들은 대한황실의 명예회복을 시키고, 태조 고황제의 높은 뜻을 다시 되새기며 황실복원을 한다고 할 때에 있어서, 그 어떤 씨족보다도 앞장 서서 그것에 솔선수범하고 온 국민이 뭉칠 수 있게 전심전력을 다해야 할 것이다. 그리고 대한황실이 전주이씨이므로 영광을 생각함과 함께 철저히 비판받고 새로 태어날 각오도 되어 있어야 한다. 전주이씨를 비판함이 있으면 부끄러움은 커녕 단세포동물같이 발끈하면서 좁은 시야의 씨족이기주의나 따진다면 어찌 황실가문이라고 하겠는가?

전주이씨는 황실복원을 말함에 있어서는 다른 씨족과는 달라서 자연

집단이 아닌 공적집단이 되고, 모든 전주이씨들은 각자가 공인(公人)이 된다는 점을 유념해야 민족의 꿈인 임금님을 다시 모시게 될 것이다. 그리고 공인은 책임과 비판을 달게 받아야 한다. 그러므로 전주이씨 가문은 황실가문으로서의 영광을 말하기 전에, 언제라도 겸손히 책임과 부끄러움을 말하는 가문이라야 진정한 영광을 찾게 될 것이다. 그렇지만 요즘의 정치상황이라면 전주이씨가 자랑할 것은 하나도 없고, 그것을 극복하려면 살을 깎는 비판 속에 다시 태어나야만 한다.

무엇보다도 현시점에 있어서 전주이씨 가문은 파종의식의 과잉상태를 벗어나야 한다. 도대체 국가와 민족이란 큰 시야는 이미 사라진 집단으로 전락하고서도, 씨족도 아닌 파종이나 따지는 집단으로서야 무슨 황실가문일 수가 있는가? 오히려 황실가문이라고 말하기가 부끄럽지 않은가? 전주이씨 가문은 그러나 오늘 이 순간에도 파종의식이 매우 강하니, 앞으로 백년 후에는 어떤 가문이 될 것인가? 특히 양령대군, 효령대군, 광평대군 등의 세력이 큰 파종을 중심으로 작고 작은 시야로서의 응집력만 강조하는 흐름이 크다 보니까 부지불식 간에 황실전체는 사라지는 결과를 낳고 말게 되었다. 전주이씨들을 보면 많은 숫자가 궁극적으로 황실은 없고 파종만 있다 보니까, (대단히 훌륭한 개인이 많은 가문인데, 그 가문을 이끄는 현시대의 수준높은 황실철학이 없으니까) 그들 스스로에 의해 황실이 저절로 희석되면서 사라지는 결과를 잉태하게 된다.[15)]

또한 황실문화 행사에 있어서, 그것을 국민적 행사로 승화시키려는 노력이 크게 발견되지 않는다. 씨족 잔치로 끝나고 마니까 국민들이 따라올 리가 없고, 황실은 궁극적으로 다시 잊혀지는 결과를 낳는다. 종묘제

---

15) 파종위주로 뭉치면 황실은 전주이씨 가문에서 가장 숫자가 적은 1개 가족집단에 불과하게 되고, 의미없이 소외되는 소집단이 되고 만다. 따라서 황실 핵심은 전주이씨 가문에서 거의 겉돌고 있다.

례나 임금님 제향을 올림에 있어서, 힘들지만 국민적 행사가 되게 할 노력을 꾸준히 계속한다면 황실을 국민이 다시금 사랑하게 만드는 것은 결코 어려운 일이 아닐 것이라고 생각한다.

그런데 황실행사에 있어서 꼭 한가지 지적할 것은, 그 행사를 진정한 황실사랑의 정신으로 승화시키는 노력이 있어야 하리라고 본다. 그러나 형식적 제향이나 올리려는 것은 아닌가 오해를 살 수도 있다. 왜냐? 황실의 최고 상징인 종묘는 세계문화유산으로 까지 지정된 귀중한 문화재요 황실 최고의 사당이니 역사적 위상으로 제1의 위치에 서는 국가사당이다. 그런데 그 앞에 지하주차장이 서는 때에 누가 어떤 의사표시를 했는가? 더군다나 융희91년(1996년)에는 종로구 지역 국회의원이 그 앞에 야외음악당을 세우겠다고 공약을 하고서 입후보하여[16] 당당히 당선이 되었으니, 그런 경악할 공약에 어떤 이의제기 한 번도 없었다는 것은 정말 부끄러운 일이다. 이 나라가 아무리 상놈나라가 되었다고 국가 제1사당 앞에 음악당이 설 수 있는가? 특히 융희92년(1997년) 가을에는 그곳에 종로국악당이란 명칭으로 그 공약이 실현되었으나 이의제기를 않았다.

더군다나 요즘에는 온갖 사람들의 놀이터가 되고 데모꾼들의 난장판이 되어 있어도 이의제기를 하는 것을 못 보았다. 종묘를 찾는 외국 관광객 보기가 부끄러울 뿐이다. 물론 모든 국민이 아껴야겠지만 종묘를 아낄 가장 가까운 사람은 황실가문이다. 그러나 황실가문 조차도 황실 최고의 사당을 백안시하면서 누구보고 황실을 사랑하라고 요구할 것인가? 전주이씨들의 황실자랑은 진실은 없고 전시효과만을 생각한 장식적인 면피용 행사라는 비판을 면할 결단이 절실히 요구된다. 온 민족이 따라오게 진솔한 자세로 솔선수범해야만 한다. 이 시대에 대한황실의 명예회복이 되지 않으면 영원히 기회는 다시 오지 않는다는 신념으로 모든 면

16) 동아일보 96. 3. 17.

에서 솔선수범을 해야 한다.

二. 대한황실 명예회복의 역사적 당위성

조롱받고 매도되면서 사라지다시피 된 대한황실! 그렇다! 대한황실의 역사는 그간 거의 잊혀진 듯 세인의 뇌리를 떠나 있었다. 다만 역사시간에나 배우는 존재같이 되어 버렸다. 그렇지만 이 시대에 있어서 다시금 일제침략 이후의 깊은 상처를 치유하면서 대한황실을 새로 찾는 데에는 매우 많은 잇점이 있다. 너무도 얻는 것이 많고, 대단히 국가와 민족의 미래에 큰 서광을 비춰주는 것이 대한황실이다. 대한황실이 되살아나면 어떤 이로움이 있을까?

1. 정치적 구심점의 정립

잃어버린 임금님! 일제침략으로 무참히 사라진 임금님을 다시 모시면 어떤 이로움이 있을까? 그 이로움은 많이 있지만 제1순위의 잇점은 민족을 한마음 한뜻으로 뭉치게 만드는 정치적 구심점을 정립할 수 있음이다. 현재의 우리 민족은 산산이 쪼개진 마음밭을 갖고, 너도나도 제 갈 길을 가면서 방황하는 모습으로 살고 있다.

어느 나라나 정치적 구심점은 국가원수가 된다. 그런데 국가원수에는 두 종류가 있다. 그것은 내각제에 있는 상징적 지위로서의 임금님이나 대통령이 하나고, 또 하나는 대통령제의 힘있는 대통령이나 군주제의 힘있는 임금님이 있겠다. 곧 상징적 국가원수와 실질적 국가원수의 두 가지가 있겠는데, 역사적으로는 실질적 국가원수로서의 절대적 힘을 가진 임금님 제도가 바뀌어, 일반적으로는 오늘날에 있어서 내각제는 상징적 국가원수이고 대통령제는 실질적 국가원수로 된 것이다.

그러면 왜 제대로 발전된 선진국은 거의 모두가 내각제에다 상징적 국가원수를 두는가? 그것은 같은 사람이 일도 하고 명예도 동시에 갖기가 어렵기 때문에, 명예를 갖는 상징적 국가원수를 모시고서 일은 국무총리가 하게 되어 있는 것이다. 누구나 일을 하려면 손에 흙을 묻히지 않을 수 없고, 얼굴에 흙탕물이 튀지 않고 집을 지을 수는 없다. 복지부동의 자세로서 무사안일 상태로 보신주의에만 빠진 경우가 아니고, 일을 열심히 하는 사람은 많은 경우에 욕도 먹게 되어 있다. 그런데 일반인이면 몰라도 최고통치자가 욕을 먹게 되면 국가전체가 체면이 서질 않고 국민전체의 마음에 먹구름을 드리우게 된다. 그리하여 일과 명예를 분리하는 제도로 바뀌게 된 것이다.

그런데 대통령제에 있어선 일과 명예를 동시에 소유하다 보니까, 일을 잘한 대통령은 문제가 없지만 일을 못하게 되면 명예가 땅에 떨어지고 국가적 망신살이 뻗치게 되는 것이다. 김영삼은 대통령직을 거의 원칙도 없이 즉흥적 깜짝쇼나 벌이면서 사실상 광란 속에서 덧없이 수행했다.[17) 꼭 치기어린 장난하듯 국정을 다루다가 6·25이후 최대의 국난을 맞는 IMF국치를 만들었는데, 그 졸작형의 극치가 전두환, 노태우의 두 전직 대통령을 애들 다루듯 잡아다 감옥에 넣은 것이다.

사람의 삶에 있어서 어떤 일을 하든지 털어서 먼지가 나지 않을 사람이 있는가? 모든 대통령이 순서대로 감옥에 가게 된다는 것과 무엇이 다른가? 가정집에 있어서도 아버지나 어머니에게는 나름대로의 성역이 있듯이, 국가원수는 단순 자연인이 아닌 일종의 성역을 가진 국민의 명예

17) 김구현, 머리를 잘못 빌린 대통령(청주 : 온누리, 1995).

를 대표하는 자리인데, 김영삼은 국가원수를 시정잡배로 전락시킨 우매한 일을 저지른 것이다. 이 나라에는 앞으로 누가 국가의 명예를 세우고 국민의 마음을 하나로 가다듬어 주겠는가?

예컨대 노태우는 일도 못하고 명예도 없는 인물인데, 김영삼은 국가를 망친 사상 최악의 대통령으로서 도무지 잘한 일을 찾기가 거의 어려운 인물로 명예라는 단어를 거론할 가치도 없는 인물이다. 그러나 전두환은 광주비극의 모든 책임을 뒤집어 쓰고 감옥에 갔으나, 당시가 국민들은 단군이래 가장 잘 사는 때였다. 사실상 일은 모든 사명감을 갖고 열심히 했으나 명예는 땅에 있는 모순의 사례가 전두환이다. 전두환같이 감옥에 간다면, 앞으로는 임기나 조용히 채우고 무사안일하게 담담히 세월을 보내지, 인생을 걸고 일할 사람이 누가 있겠는가? 전두환은 대통령제의 문제점을 극단적으로 보여준 사례이다.[18] 전두환 사례의 모순을 극복할 최선의 방안은 무엇인가?

생각하면 영국, 스페인, 일본, 태국, 네덜란드에 지금도 임금님이 있는 최고의 이유는 국민의 명예 때문이다. 임금님 제도가 부활되면, 상징적 국가원수인 임금님에 의해서 국민의 명예는 원만히 보장되는 것이다. 그리고 국무총리는 손에 흙을 묻히고 땀을 흘리면서 욕먹을 경우에는 욕도 먹으며 열심히 일을 하면 되는 것이다. 국민 전체의 마음을 하나로 가다듬어 뭉쳐 주면서 국민의 명예를 지켜주고 국민을 한 묶음으로 엮어 주는 민족적 구심점은 꼭 마련되어야 한다. 그것이 임금님이 필요한 최고의 이유이다.

---

18) 미국의 닉슨 대통령은 정치학자들 견해로는 가장 유능했다. 그러나 워터게이트 사건으로 탄핵을 받고 물러났다. 미국의 클린턴 대통령도 불황의 늪에서 허덕이는 미국을 구하고 유능한 대통령으로 칭찬을 받았으나 혼외정사 문제로 곤욕을 치룬 것은 모두가 전두환 사례와 비슷하다. 대통령제의 모순을 보이는 극단적 사례들이다.

2. 잃어버린 어른문화의 회복

어떤 사회나 역사와 전통이 있는 사회에는 어른이 있다. 어른은 그 사회에 있어서 자연스런 지도자가 되고 보이지 않는 영도력을 행사한다. 그러한 어른제도가 점차 축적되면서 나랏님 제도가 만들어진 것이라고도 할 수 있겠다. 정치제도란 사실상 어른문화가 장시간에 걸쳐 구체화되고 제도화되면서 승화된 형태라고도 하겠다.

우리나라에는 임금님이 상실되면서, 특히 서구의 민주정치 원리라는 평등사상이 여과없이 수입되면서 나라의 어른이 실종되었다. 우리나라는 옛부터 어른문화가 세계적으로 뛰어난 수준이라, 언어에 존대말이 발달된 것은 어떤 민족도 추종이 어려울 정도이다. 그리고 사회 곳곳에 분명하게 노인을 받들고 어른을 모시는 문화가 확고히 뿌리내려 있다. 구한말 시대에 있어서 의병이나 독립군은 현대판 서구의식으로 무장된 집단이 아니라, 나랏님과 나라어른을 모시려는 전통적인 구국의 결사대들이었다.

그러나 일제침략으로 임금님이 실종되고, 미국식 서구문화에 의해 위아래가 없는 천박한 문화가 들어오면서, 이 나라에는 어른문화가 사라지고 궁극적으로는 정치적 근본토대도 허약해진 것이다. 우리는 민주주의를 착각하는 경우가 있다. 민주주의도 천민 민주주의에 있어서나 위아래가 없고 각자 멋대로 사는 것이지, 역사적 전통과 뿌리가 확고한 영국, 일본, 태국, 스페인, 스웨덴, 네덜란드에는 위아래가 분명히 있음을 유의해야 한다. 영국황실을 보고 열광하는 영국민을 천민나라에서는 이해할 수가 없다. 태국 임금님 앞에서 무릎 꿇고 기어 다니는 태국총리를 상놈나라에서는 이해할 수가 없다.

그런데! 이렇게 사라진 나라어른을 참칭하는 인물이 나타나서 뜻있는 국민들을 실소하게 만들고 있다. 해외에서 수입된, 이 나라가 일제침략자에게 치욕을 당함에 있어 결정타를 친, 친일매국에 앞장섰던 종교 지도자가 정중한 사과절차도 없이 나라의 어른을 참칭하고 다니는 것이다. 어찌 이런 일이 있을 수가 있는가? 아무리 국민들이 나라어른을 잃고 미망 속을 헤매고 있다고 해도 이런 일이 일어날 수 있는가? 임금님이 사라진 뒷자리를 메울 어른이 고작 그 수준인가? 조상이 부끄럽고 역사가 부끄러운 일이며, 품격 높은 외국인들이 알까 두려울 뿐이다.[19)]

이 나라에는 진짜 어른이 다시 모셔져야 한다. 그래야만 나라살림을 꾸리는 집권자도 겸손이란 단어를 알게 되고, 두렵고 어려운 어른을 의식하며 정중히 땀을 흘려 일을 하게 된다. 예컨대 김영삼 같은 인물이 두려워 하는 것이 무엇이 있었는가? 지구상의 어느 나라에도 없을 정도로 눈앞에 보이는 것이 없고 겁나는 것이 없는 5년을 보냈다. 흡사 브레이크가 파열된 자동차같이 무작정 달리며 끝없이 사고만 내고 좌충우돌 하다가, 사상유례가 없는 국고탕진 상태에 정치공황을 맞으며 국가파탄 상태를 만든 것이다. 나라살림을 눈에 보이는 것이 없는 오만하고 방자한 자세로 좌충우돌하며 거덜내도 누구하나 두렵지 않은 나라가 왜 만들어졌는가? 사실상 전국민이 고삐가 풀려 제각각 잘났다고 내달리며 온 세계의 웃음거리가 되는 나라가 왜 만들어졌는가?

3. 원만한 민주문화의 수립

민주주의의 발전에는 비약이 있을 수 없다. 콩심은 데에서 콩나고 팥심은 데에서 팥난다는 지극히 쉬운 원리 이상을 넘어서지 않는다. 군부

---

19) ① 안천, 신흥무관학교, op.cit. 참조.
② 그 종교의 지도자는 2000년 12월 3일에 민족에 대한 사죄문을 발표하였다.

독재를 타도하고 새로운 시대가 오고 흡사 천국이 도래할 듯이 선전을 해대던 김영삼 정부의 5년 사이에, 우리는 세계적 웃음거리의 채무국이 되고 IMF식민지배를 받는 극단적 수모를 겪게 되었다. 아무 것도 이루어진 것은 없고, 사우디와 월남, 동남아를 헤매면서 피땀 흘려 모은 나라 살림을 김영삼 정부가 탕진한 것 밖에 남은 것이 없다.

도대체 민주주의의 참뜻은 무엇인가? 그것은 복잡한 논리가 필요없고, 정직한 사람이 부지런히 노력하면 잘 살게 되는 사회를 만들면 되는 것이다. 현란한 이론과 미사여구만 늘어 놓고서 국민을 도탄에 빠뜨리면 무슨 소용이 있는가? 김영삼 정부의 5년간은 사치와 낭비, 돈쓰기 경쟁을 한 광란의 시기였고, 스포츠, 오락, 세계여행 등으로 국민을 마비시키는 가운데 정언(政言)유착에 의해 국민의 눈과 귀를 가리면서 국민 전체를 바보로 만든 중우(衆愚)정치의 전형적인 시대였다. 모두들 꿈꾸다가 깨어나서 보니, 국민 모두가 거지가 되어 있는 상황에 놀라고 후회했지만 때는 늦은 것이었다.

민주주의에는 결코 지름길이 없고 비약도 없다. 모든 것을 한탕주의에 의해서 풀어 나가듯, 도박하는 자세로 풀어 나가려는 국민에게 IMF교훈이 찾아오는 것은 당연한 흐름이라고도 하겠다. 세계의 선진국은 거의 모두가 내각제이다.[20] 내각제는 타협과 아량을 갖고 포용하는 정치이며,[21] 꾸준히 땀을 흘려 나가는 정치이다.[22] 그럼에도 우리는 내각제를 하면 나라가 잘못 되는 듯이 속아 왔다. 그리고 내각제는 간선제다. 또한 미국의 대통령제도 간선제다.[23] 그런데 우리는 세계 선진국의 대다수가 간선제인데도 직선제를 해야만 민주주의라고 우겨왔다. 민주주의의 본

20) 김헌, 의원내각제(서울 : 은하출판사, 1994) 참조.
21) 김성룡, 김창호, 김충구, 서규석, op.cit.
22) 김동훈 옮김, 대통령제와 의원내각제(서울 : 일신사, 1987) 참조.
23) 구병삭, 의원내각제의 연구(서울 : 화성사, 1991), p.107.

질은 없고 껍데기에만 집착하면서 거짓 민주주의를 해온 것이다.

독일은 패전의 폐허에서 통일을 이루고 세계적인 부자나라가 되었는데, 독일은 내각제에 간선제다. 우리를 쳐들어 온 일본도 그렇다. 세계에서 가장 민주주의가 발달되었다는 영국도 그렇다. 그리고 미국도 정신적 어머니는 영국이기에, 영국의 여왕은 잠재적으로 미국의 여왕이며 미국에서 출세한 사람은 꼭 영국 유학을 다녀 와야 되는 국제사회의 밑바닥 흐름을 우리는 직시해야할 것이다. 거대한 미국정치는 영국정치의 하부구조나 마찬가지고 영국과 미국은 사실상 거대한 하나의 나라나 마찬가지다. 그럼에도 우리는 그 하부구조인 미국에서도 형식적 민주주의는 배우고 본질은 배우질 않았었다고도 생각된다.

미국 민주주의는 영국적 하부구조로서, 본질은 철저한 책임정치이다. 김영삼 정부의 말기에 있어서 국정을 망친 집권당의 무책임한 추태를 보면, 이 나라에는 정말 민주주의의 껍데기만 들어 왔다고 생각한다. 도무지 책임을 지는 사람도 없고 정당도 없다. 정상적인 민주국에선 상상도 못할 일인데도 국정을 망친 정당이 그토록 발호하는 사례가 있을 수 있는가? 미국에서 배웠다면서 책임지는 것은 하나도 배우질 않았다. IMF망국을 만든 김영삼 정부의 핵심 범죄자, 기업경영을 방만하게 하면서 특히 핵심 기간산업의 중복투자로 국가경쟁력을 마비시킨 재벌 범죄자, 그리고 그 모든 부패과정을 철저히 은폐하고 국민을 우롱한 언론 범죄자! 그 3각구도를 철저히 해부해보면, 무책임한 한탕주의의 대통령제가 낳은 최악의 귀결점이 IMF치욕이었던 것이다.

대통령제는 견제와 균형으로 이루어진다고 한다. 견제와 균형이 없으면 대통령제는 망한다. 그러나 똘똘 뭉친 부패정권, 부패기업, 부패언론의 거대한 삼각형 정경언(政經言) 유착부패에, 막강한 기득권조직의 음모가 있으면 못할 일이 없고 견제할 힘이 어디에도 없다. 그러니까 김영삼 정부가 망한 것이다. 도대체 정직하고 부지런히 땀흘린 사람이 출세할 수가 없고, 그 거대한 범죄조직에 가담해야만 출세하는 나라가 왜 만들어졌는가? 그것을 견제하려면 아무리 해도 바위에 계란치기 이상일 수가 없다. 김영삼 정부의 국가파탄을 누구도 막을 수 없었던 거대한 범죄체제! 그것은 대통령제의 최고 약점이 노출된 것이었다.

그 거대한 3각 범죄체제를 뚫고 김대중 정권이 현대 정치사상 최초로 선거혁명에 의해 탄생한 것은 기적을 낳은 것이며 사막에서 꽃을 피운 만큼의 커다란 승리였고, 이 나라의 국민들이 아직도 살아있음을 보여준 현대정치사의 쾌거였다. 김영삼 정부가 처참히 무너지는 것을 보면, 왜 세계의 대부분의 선진국이 내각제를 채용하고 있는지 이해가 가는 일이다. 소위 대통령제는 국정이 효율적이고 안정적이라고 했는데, 최악의 도탄으로 가며 망하는 데에도 효율적이고 견제장치가 없는 정치체임이 역력히 증명되었다. 김영삼 시대의 광란을 겪고도 대통령제를 그대로 채용한다고 감히 말할 인물이 또 있는가?(※ 그런데 김영삼 정권을 이은 김대중 정부도 부패와 혼돈에 시달렸고 정권퇴진과 함께 특별검사의 조사를 받으며 대통령제의 모순을 증명했다.)

4. 신생국 사고의 탈피

생각하면 어이없는 일이 있으니, 융희39년(1945년) 이후의 이 나라가 새나라가 된 것이다. 왜 새나라인가? 왜 이 나라가 미개한 신생국인가? 결코 새로 태어난 나라일 수가 없는데, 그러한 망발 사고가 나온 이유는 무엇인가?

그것은 우선적으로 이승만이 스스로를 국부(國父)라고 생각하며, 미국의 워싱턴과 같은 존재가 되려는 착각적 사고에서 비롯된 것이다. 미국은 정말로 200여년 전에 세워진 신생국이 맞다. 그러나 우리나라는 단군 이래의 거대한 역사를 가진 유구한 나라이다. 그럼에도 불구하고 이승만이 그런 어처구니없는 생각을 가진 것은 연면히 내려오던 대한황실의 법통을 끊겠다는 불순한 사고 때문이었다. 당시 일본에 영왕이 생생히 살아 있었으며 귀국을 원하고 있었는데, 정상적 정치의식을 가진 사람이 그것을 거부하고 본인을 국부라고 우길 수가 있는가? 4·19혁명은 하늘이 노해서 일어난 것이라고 밖에 생각할 수 없다.

다음으로 그것은 이승만이 항일전쟁에 있어서 겉돌았다는 것을 뜻한다. 정통 항일애국자는 나라와 나랏님을 지키기 위해 목숨을 바쳤고, 3·1만세 항쟁은 나랏님이 비참히 돌아가신 데에 대한 민족적 총궐기였던 것이다. 따라서 일제침략에 한맺힌 정통애국자라면 당연히 마음을 비우고 일제침략의 상처를 고치려는 생각을 갖게 되었을 것이며, 임금님을 모시자고 했을 것이다. 그러나 이승만은 머나먼 미국땅에서 상대적으로 편히 지낸 독립운동가였기에 몸에 사무친 바가 부족했고, 역사의식이 처절한 바가 없었다고 밖에 생각되지 않는다. 그가 집권하면서 친일타협인사를 대거 등용하면서 민족정기를 짓밟은 것도 바로 그것을 웅변하는 것이다.

이승만의 실책 이후에, 이 나라에는 단군 이래의 거대한 역사의식이 사라지고 말았다.[24] 역사시간에나 배우는 것이라고 생각하게 되고, 거대한 역사적 연결고리가 끊어 졌다. 미개한 신생국같이 되었다. 그것을 바로 잡는 길은 우리의 임금님을 다시 모시고 역사적 시간개념을 바로 잡는 것에서 찾아질 것이다.

생각컨대 현대에 있어서도 당시의 역사의식 부재가 나타난 대표적인 사례가 있었다. 김영삼 시대에 있었던 광복50주년 기념식을 말하는데, 그것은 속사정을 알고 나면 너무나 기막힌 일이고 그런 식으로만 운영된 김영삼정부가 IMF치욕을 초래하는 것은 당연하다고 밖에 생각될 수 없

24) 안천, 단군할머니론(서울 : 민족문화사, 1995) 참조.

다. 융희39년(1945년)은 일반적으로 해방이라고 불러 왔다. 그런데 요즘 들어서 그것은 일제침략을 인정하는 용어이므로 쓰지 않고 조국탈환이라고 쓰기 시작하고 있다. 그리고 정부가 수립된 융희42년(1948년)이 광복이다.[25] 그리하여 당시부터 광복절 기념행사를 했었는데, 느닷없이 용감한(?) 김대통령이 본인의 시대에 꼭 50주년 행사를 한다고 융희89년(1995년)에 일을 벌린 것이다.[26] 융희92년(1998년)에 김대중 대통령이 벌일 광복 50주년 행사를 소급해서 했다고 더 훌륭한 인물이 될까?

5. 애국선열 의지의 구현

민족을 위해 모든 것을 흔쾌히 바치고 사라진 정통 애국자! 그 최고수준의 기준은 ㉠ 철저한 항일애국, ㉡ 존경받을 삶, ㉢ 목숨까지 바친 희생의 3가지를 모두 갖춘 분들일 것이다. 그러한 수준에 속하는 분들은 예컨대 안중근, 이회영, 신채호, 윤봉길, 유관순 등일 것이며 그 외에도 여러 분이 있을 것이다. 그러면 그 분들이 모든 것을 바치고 순국의 길을 가게 된 까닭이 무엇인가?

그간 이 나라에서는 그 핵심이 실종되었다. 막연히 애국자들이 나라를 위해서 모든 것을 바치고 사라졌다고 했는데, 그 당시의 의식은 나라와

25) 일제침략자들이 물러간 조국탈환 초기에는 융희39년(1945년)생을 해방동이라고 부르고, 융희42년(1948년)생을 광복동이라고 불렀다. 당시 나라에서는 처음에는 해방동이를 불러 기념식을 하고, 나중에는 광복동이를 서울운동장에 불러 커다란 기념식을 열었을 정도였다. 그런데 여기서 유의할 일은, 현재가 미완성 독립운동 상태에 있다면 광복은 훗날 임금님이 모셔질 때가 된다는 점이다.

26) 줏대없는 언론과 정부가 무조건 부화뇌동하여 따르고 나서는 그후 융희92년을 정부수립 50주년이라는 새로운 용어로 부르게 되었는데 생각하면 어이없는 일이다.

나랏님이 동일시되던 때였다. 그렇기에 품격 높은 애국자였던 그들의 의식은 지금과는 전혀 다른 것이었고, 무엇보다도 나랏님에 대한 지극한 충성심으로 애국을 했었던 것이다. 충군애국(忠君愛國)이 그들의 삶이었다.

그렇기에 그들이 세우려고 했던 나라는, 분명히 임금님을 모신 현대식 입헌군주제였을 것이다. 그리고 그것은 영국, 일본, 태국, 스페인, 네덜란드, 벨기에 같은 내각제였을 것이며, 미국식 대통령제는 전혀 생각도 해보지 않았을 것이다. 아마도 정통 애국자들이 지금 환생한다면 이 나라의 정치형태를 보고 경악하면서 분노의 항의를 할 것이다. 나라를 이 꼴로 만들라고 목숨을 바쳤는가 하고 끝없는 탄식을 할 것이다. 정통애국자들이 모두 사라지고 나니까, 멀리 미국땅에서 상대적으로 가장 편히 기다리고 있다가 마지막 열매만을 취한 이승만을 결코 용서하지 않을 것이다.[27)]

앞으로 이 나라는 내각제로 개헌하되, 가급적 빠른 시일 내에 임금님을 정중히 모셔서 입헌군주제를 만들어야 한다. 그것이 살신성인하여 애국을 한 선열들에게 바치는 살아있는 후손들의 기초적 의무이다. 그 정도의 의무도 이행하지 못하면서 국정운영이 바로 잡히길 기대할 수가 있겠는가?

특히 한 가지 유의할 것이 있는데, 우리가 나라를 잘못 세우고 나니까 일본인들이 그들의 침략범죄를 올바로 인식하지 못하게 되었다는 점이다. 그들은 문화재를 파괴하고 휩쓸어 가거나, 재산을 탈취해 가고, 정신대나 징병, 징용으로 우리 민족을 능멸한 것만 범죄행위인줄 안다. 그러니까 가장 큰 최고의 범죄가 인멸되고 만 것이다.

예로부터 3족을 멸하고 능지처참을 할 최고의 범죄는 국사범이다. 임

---

27) 정통 애국자의 후손들은 국립묘지에 가서 이승만의 묘역을 찾는 사례가 없다고 한다.
이규창 면담, 1997. 8.

금님을 범한 범죄는 용서할 수 없는 극악범이다. 그런데! 일본침략자들은 우리의 황후마마를 난자하여 불태워 시해하고, 황제폐하를 독살시해했으며, 황실을 재기불능의 만신창이로 만들면서, 이 나라의 모든 것을 빼앗았다. 전통적인 법개념으로 일본천황은 3족을 멸하고 능지처참을 당할 사상 유례없는 최악의 국사범이다. 그런데 그 흉악한 범죄자가 아무 사죄도 없이 우리나라를 방문하려한다는 얘기가 이따금 들린다. 그것은 우리의 애국선열을 너무도 모독하는 것이고, 이 나라의 황실을 모욕해도 그럴 수는 없는 것이다.

생각컨대 초현대인 이 시대에 있어서 한일관계를 옛날의 원한에만 맡겨둘 수는 없다. 친선관계를 다시 세워야 한다. 그러나 꼭 전제될 것이 있다. 그것은 만약에 일본천황이 이 시대에 우리나라를 방문한다면, 종묘 및 태조 고황제 황릉과 광무황제 황릉에 가서 통한의 눈물을 흘리며 무릎 꿇고 사죄함이 없이는 역사의 응징을 받을 것이다. 그리고 하늘이 노하고 애국선열의 영혼이 용서치 않을 것이다. 일본이 이 땅에 와서 무엇을 했는가를 최고 핵심 범죄자인 천황 자신이 가장 잘 알 것이다.

6. 민족통일의 기본준거

현재의 남북관계는 무엇인가? 이북에도 이남에도 우리의 동족이 나뉘어서 살고 있다. 남북에 걸쳐 우리의 같은 핏줄이 살고 있음은 분명하고, 오로지 국토의 허리에 정치적 분단선이 그어져 있을 뿐이다. 그러한 상황의 타파를 위한 통일의 방법은 여러 가지로 다양하게 연구가 되고 있다.

다만 분명한 것은 6·25전쟁으로 폐허가 되면서 민족의 3할 이상을 잃은 나라에서 다시는 전쟁이 없어야 한다는 점이다.[28] 언제라도 자연스런 통합이 되지 않는 분쟁유발형은 자제되어야 할 것이다. 6·25전쟁을 도발한 이북이[29] 또다시 전쟁위협을 하는 것은 옳지 않은 것이며, 다시금 전쟁이 난다면 역사의 단죄를 면하기 어려울 것이다. 그리고 이남에서 인위적 흡수통합을 강조하면서 이북을 과도하게 긴장하게 하여 분쟁 유발의 계기가 된다면 그것도 역사의 죄값을 분명히 받을 것이다. 그러므로 무엇보다도 중요한 대원칙은 평화적 통일의 길을 간다는 것이다. 남북은 절대로 분쟁유발이 없는 평화적 방법을 택해서 하나가 된다는 것을 철칙으로 갖고 역사를 헤쳐 나가야 할 것이다.

그렇다면 현재 유엔에 동시에 가입되어 있는 상황을 볼 때에, 극단적으로는 인위적 통일이 없이 두 나라로 나뉘어 평화로운 두 나라의 관계를 설정하는 경우도 생각해 볼 수 있겠다. 이북은 중국식으로 개방화된 사회주의의 길을 가고, 이남은 자본주의의 길을 가는 두 나라로 되어 있더라도 평화적인 관계 설정이 되면 되지 않겠는가? 여권을 받고서 자유로 오가게 하고, 자유교류지역을 만들어 무역도 자유로 하고, 점차적으로는 상호간에 거주이전까지도 허락한다면, 그것도 쓸만한 통일이라고 하겠다.

그리고 이러한 형태를 응용하여 다양한 형태의 남북 관계 설정을 생각해 볼 수 있고, 스포츠, 예술, 문학 등을 포함한 다양한 교류관계도 생각해 나갈 수 있을 것이다. 백두산, 금강산, 묘향산 관광을 노인층부터 서서히 개방해 나가도록 하여 점차 연령층을 확대하는 것은 상호간에 대단히 큰 이익을 줄 것이다.

그런데 그렇게 만들기 위한 연결고리 혹은 평화적 통일의 기본적인 준거점으로써 임금님제도의 채택은 대단히 큰 도움을 줄 것이다. 첫 단계에 있어서는 지금 그대로의 남북관계에 있어서도, 민족 전체의 지도자로 임금님을 모시고 상징적 통일을 택하는 데에서 점차 교류를 확대하고 긴

28) 안천, 신사고 사회과교육론(서울 : 교육과학사, 1997), pp.226～233.
29) 안천, 남침유도설해부(서울 : 교육과학사, 1993) 참조.

장을 풀어 나가는 것은 매우 의미있는 일이라고 생각된다.

임금님이 계시면 남북관계에 있어서는 매우 유익한 점이 있을 것이다. 무엇보다도 통일의 연결고리가 되고 민족을 하나로 묶어주는 준거점이 될 수 있다. 그리고 남북 상호간에 분쟁을 완화하고 평화를 유지할 수 있는 탁월한 완충장치가 될 수 있다. 또한 남북이 보다 공통적인 하나된 민족의식을 갖게 됨에도 크게 유리할 것이다. 그리고 완벽한 통일을 이끄는 촉진장치가 될 수 있을 것이다. 생각하면 그 외에도 좋은 점이 줄줄이 있을 것이다. 그렇게 좋은 기능을 갖고 민족을 하나로 묶어줄 수 있는 최적방안을 왜 우리는 지금까지 잊고 있었는가?(참고로 벨기에의 경우는 언어가 전혀 다르고 혈통이 전혀 다른 민족이 3개 이상이나 섞여 있어도 임금님의 존재로서 모든 것이 융화되고 하나로 뭉쳐지고 있다. 임금님의 존재는 상상 밖의 통합력을 갖고 있음을 보여주는 좋은 사례가 되겠다.)

7. 정치문화의 한국화

이 나라의 정치문화는 그간 전통은 사라지고 수입된 해외문화만이 전국을 완전히 장악하며 오늘에 이르렀다. 앞에서 신생국 사고에 대한 얘기를 했는데, 정말로 완전히 미개한 토인국같이 전통은 완전히 사라지고, 서양에서 그것도 미국 일변도로 수입되어 온 나라가 우리나라이다.[30)]

그간 우리나라는 해외에서는 시행해 보지도 않고 연구단계에 있는 것을 과감히 들여다가 용감히 실시한 것이 한 두가지가 아니다. 그리고는 예산만 낭비하고 실패만 거듭하다 국가적 낭패를 안겨준 경우도 많았다.

요즘 우리나라의 곳곳에서는 민주주의란 이름하에 직선제 투표의 후

30) 김학준, 한국정치론(서울 : 한길사, 1984), pp.51~56참조.

유증으로 중병을 앓고 있다. 대통령 선거부터가 공정한 기준은 없고 지역연고, 씨족연고, 종교연고, 학맥연고나 따지는 나라에서, 지방자치도 중병을 앓고 있고, 농협 조합장 선거도 그렇고, 심지어 지성인들의 사회라는 대학총장 선거도 그렇다.[31] 기계적 직선제에 맹목적 민주선거만이 들어와 극한대결을 하니까 그런 것이다.

노동운동을 한다면서 꼭 전쟁하듯 하는 나라는 우리나라 뿐이다. 근로자의 권익은 꼭 보장되어야 하나 기업이 망하고 국가가 망해도 극한투쟁만 하는 노동운동은 누구를 위해서 하는 것인가? IMF망국을 앞에서 3각 부패 체제가 가장 큰 범죄자라고 했는데, 그 다음의 범죄자는 아마도 (기업도 큰 책임이 있음을 앞에서 지적했지만) 근로의식이나 창조력 개발보다는 낮은 생산성으로 파업이나 일삼은 노동계 일각일 것이다. 한 두 기업은 커녕 산업계 전체가 한 두달씩 마비되는 일이 연속되는 나라가 어디 있는가? 정상적 노동운동은 결코 그런 것이 아니다.[32] 극한 노동운동을 하는 나라치고 경제가 잘 되는 나라를 보았는가? 대표적인 격렬노조였던 주요 업체 하나는 이북에서 파견된 간첩이 잠복하여 조종했던 것이 적발되지 않았는가?

부가가치세를 강행하면서 부동산가격을 천정부지로 뛰게 했던 경험, 금융실명제를 무조건 전격적으로 도입하여 부작용이 나면서 금융순환이 되지 않아 IMF치욕의 초석을 놓은 우매성, 졸업정원제를 한다면서 3할의 대학생을 더 뽑아 기계적으로 3할을 잘라내며 교육낙제생을 양산했던 교육 등의 국가를 골병들게 한 것은 근본적으로 모두가 서구의 제도를 무조건 직수입하며 생긴 것이다.

---

31) 정치논리보다 개인이해에 따라 선택하는 경향이 짙은 것이 한국선거풍토이다. 월간조선, 한국의 대통령선거, 1997년 신년특집별책부록, pp.155~162.

32) 이균재, 생산적 노사관계 실현을 위한 노사갈등 해소 사례연구, 울산대학교 경영대학원 석사학위 논문, 1997. 6 참조.

사회제도의 모든 것에서 옛부터의 미풍양속적 제도를 발견하기가 거의 어렵다. 수입된 것이 판을 치면서 옛부터의 우리 것은 무조건 틀렸다고 몰아가니 전통이 남아있기가 극도로 어렵다. 어른들이 그러니까 중고생부터 대학생까지의 8할이 미국가방을 메고 다녀서 세계 최고 수입국이 되었고, 우리나라 제품이 세계적으로 우수한 것까지도 수입 않는 것이 없어서 학용품의 거의 다수가 외제였던 김영삼 광란시대는 그 뿌리가 어른들이 모범을 보인 것이다. 특히 김영삼시대는 그 절정을 이뤄서 세계화라는 미명하에 민족의 뿌리를 송두리째 흔들어댄 시기였다.

온고지신의 정치문화! 뿌리있는 정치문화가 정말로 아쉽다.[33] 국무총리 대신에 영의정, 그리고 좌의정, 우의정을 두어 3정승 합좌제도를 갖는 것이 얼마나 멋있는가? 일제시대 유습이 남은 장관명, 관직명 등을 원래의 우리 것으로 바꾸는 것이 옳지 않을까?

그러한 뿌리찾기에서 가장 중요한 뿌리가 아마도 임금님을 다시 찾는 것일 것이다. 일제가 끊은 나라의 어른제도를 다시 정립하고 품격 높은 입헌군주제를 시행하면서, 외국에서 들여올 필요가 있는 것만 들여다가 정밀시험을 거쳐서 시행해야 옳은 것이다. 정치문화의 한국화! 우리의 정치적 뿌리를 찾는 것은 정말로 긴요한 일이다. 기계적으로 수입해다가 맹목적으로 실험대상이 되며 혼란을 겪는 우매함은 이제 끝내야 하겠다.

8. 관광입국의 대들보

세계적인 관광자원을 갖고서도 관광객을 못 끌어들이는 대표적 나라의 하나가 우리나라라고 한다. 빼어난 모습의 금수강산이란 말은 외국인

33) 최용기, 헌법의 근원, 한국헌법학회, 헌법학연구 제1집, 1995. 11, p.51.

들에게 들어보면 정말 맞는 말이고, 외국에 나갔다 오면 우리나라의 아름다움을 절감하게 된다. 우리나라에 경치좋고 아름다운 절경이 곳곳에 있는데도, 우리 것은 모르면서 무조건 깔보고 해외관광이나 다니던 졸부천하 시대의 극치 속에 맞은 IMF시대! 정말 조국의 산천과 문화를 사랑하고 아끼며 자랑할 줄 아는 자세가 절실하다.

특히 우리나라의 곳곳에는 세계적으로 놀라움을 안겨주는 문화유산이 곳곳에 널려있다. 경주의 석굴암, 불국사, 해인사 팔만대장경, 수원성, 종묘 등의 세계문화유산뿐만 아니라 창덕궁(금원)을 포함한 5대 궁궐의 아름다움은 세계 제1의 수준이다. 곳곳에서 나온 옛 유물, 유적들도 세계인을 놀라게 하는 것이 매우 많다.

예컨대 서울의 롯데백화점 뒤에 있는 백제초기의 거대한 고분, 그리고 옛 위례성터인 몽촌토성을 중심한 한성백제 유적, 그리고 공주와 부여를 이으면서 전남 나주의 고분군이나 전남 곳곳의 전방후원묘 등을 연결시키면 돈많다는 일본인들이 누구나 꼭 오는 관광이 될텐데 찾아오는 일본인이 많질 않다. 일본인들의 역사의 고향이고 우리 민족의 자랑스런 유물인데 그 보물의 가치를 모른다. 그러니까 학생들의 수학여행마저도 곳곳의 조국은 모르면서 무조건 국내의 제주도로만 몰려가 시장판같이 북적거리는 곳을 쏘다니다가 지쳐서 돌아오게 만든다. 국내관광은 제주도 외에는 없는 줄 아는 정도이다. 도무지 관광정책의 부재라는 개탄 외에 다른 말이 나오기가 어렵다.

그러니까 전국 어느 곳의 관광 기념품 판매점을 가 보아도 특성이 없다. 차라리 남대문시장이나 동대문시장을 가는 것이 낫다. 각 지역의 특산품을 각 지역에서 개발하여 특화(特化)시켜 팔게 정책지도를 하면 관광상품의 경쟁력이 있는 물품이 꽤 있는데, 현재로서는 경쟁력을 찾기가 쉽지 않다.

그런데! 그러한 관광상품의 최고봉이 바로 임금님 제도인데 그 가치를 모르고 묵혀 두는 것이다. 태국을 찾은 관광객이 숙연한 자세로 궁성관광을 하는 모습이나, 영국을 찾은 관광객이 영국황실 문화에 경탄하면서 여행을 다니는 모습이 왜 우리나라에는 없는가? 현재의 문화재관리국은 황궁부로 개편되고 임금님을 꼭 모셔야 한다. 살아있는 생생한 관광상품에 의해서 세계인들에게 우리의 품격높은 역사와 문화와 전통을 보여주는 시대가 곧 와야 되겠다. 고질적인 여행수지 적자에 의한 외화유출을 근본적으로 고쳐야 하겠다.

온 세계에서 온 관광객이 경복궁에 숙연히 줄지어 서서, 취타대의 현란한 연주 속에 나타나는 궁성수비대의 멋진 연기를 보는 날은 언제 올 것인가? 우리의 전통 복장을 한 궁성관리인들이 경복궁에 엄숙히 도열한 곳에, 임금님이 만면의 고상한 웃음을 띠고 나타나 조용히 손을 흔들며 관광객을 맞고 민족을 열광케하는 날은 언제 올 것인가? 서울을 비롯하여 전국에 널려 있는 황실문화재가 세계인을 끄는 관광자원으로 재탄생되고, 온 세계에서 우리를 유구한 역사의 높은 문화국으로 존경하는 시기! 임금님이 모셔진 격조 높은 나라는 결코 먼 곳에 있지 않고, 국민들 전체가 결심하는 날이면 될 것이다. 바로 우리들 전체의 마음에 있을 뿐이다.

三. 대한황실 복원의 절차

1. 복원의 정당성 확산

구한말의 일제침략에 따른 조국강토 강제점령 치욕! 그리고 남북의 동족이 혈전을 벌이며 1, 2차세계대전 이후 최대의 전쟁을 벌인 6·25치욕!

그 다음 제3의 치욕이라는 김영삼 정권 부패에 의한 IMF치욕! 요즈음 IMF치욕을 겪으면서 국민 전체가 들끓고 분노하고 있는데, 거기에서 우리가 알아야 할 핵심은 무엇인가?

그 핵심은 바로 우리의 인간 자체에 있다. 그간 우리는 우리의 인간의 질이 급변하며 저질화하고 있다는 것을 몰랐다. 6·25전쟁의 폐허 속에서 의식주의 기본도 해결을 못하고 실업자는 넘쳐나며 생존과 기아선상을 헤매던 때를 너무 쉽게 잊은 것이다. 월남전의 전쟁터에서까지 일했고, 사우디아라비아를 비롯한 중동지역의 뜨거운 사막에서도 즐겁게 일했으며, 세계 어느 곳에서나 밤낮으로 일하면서 경탄을 자아내던 일벌레 같던 우리 민족이 급격히 좌초한 것은, 그 품질 높던 인간을 버린 데에 있다.

근면, 검소, 저축을 하던 새마을 정신은 가소롭게 느껴졌고, 온 세계에 관광을 다니면서 돈쓰기 자랑을 하는 나라가 되었다. 아끼고 절약하는 것을 보지 못하면서 품질 좋은 국산술이 많건만 100% 원액을 수입하는 양주 소비량이 세계에서 한 두 손가락에 드는 나라가 되었고, 이유도 없이 관광여행을 가서 양주나 외제품을 사오지 않으면 바보로 취급되는 기막힌 나라가 되었다. 그 좋던 건실한 인간이 변질되고 저질화된 것이다. IMF식민체제의 극복은 다시 원래의 건실하고 정직하며 부지런한 인간으로 재탄생함에서 출발되어야 할 것이다.

마찬가지로 융희39년(1945년) 이후에 이 나라가 미국에서 수입된 대통령제에 의해서, 천민적 정치의식이 된 것에 대해서도 우리는 다시금 새롭게 반성하며 재탄생해야 될 것이다. 사실상 우리는 일제침략자들이 물러가고 나서 그들의 침략에 중독되어 신음하는 상태로 살아오다 보니까 사실상의 상놈나라로 살아 왔다. 개인집에 있어서도 이웃 깡패가 와서 부모님을 살해하고 집을 빼앗았으며 모든 악행을 저질렀다면 용서할 수가 없는 일이다. 그러나 우리는 이웃 깡패나라가 건너와서 나랏님과 황후마마를 시해하고 국토를 강점하고 재산을 강탈해가고 노예로 부려 먹다가 패전으로 물러간 뒤에, 아무 조치도 없이 그대로 살아 왔으니 어찌 있을 수 있는 일인가? 상놈나라가 되었다는 혹평을 면할 길이 없이 살아온 것이다.

그렇다! 이제부터 우리는 덧없이 족보도 전통도 역사도 없는 상놈같이 살아온 과거를 청산하고, 이제 부터라도 품격 높은 나라의 모습을 되찾아야 되겠다. 사실상 그간 한국미술품이 멋있고, 판소리가 아름다우며, 민족문화가 품격이 높다는 것 등을 점차 깨달아 왔듯이, 우리에게도 멋있고 격조높은 전통적 정치체가 있었다는 것을 터득해 가는 흐름이 날로 확산되고 있다. 황실복원운동의 흐름도 곳곳에서 여론을 형성해 가고 있고, 임금님을 다시 모시는 것이 옳다는 분위기도 날로 확산되어 가고 있다. 이 분위기가 보다 확산된 어느날, 우리의 임금님은 다시금 정중하게 다시 모셔질 것이다. 결코 그 날은 오래지 않을 것이다.

2. 대한황실 복원의 준비

임금님을 다시 모시자는 견해가 날로 확산되어서 실제로 임금님을 모시게 된다고 할 경우에 있어서, 첫째로 떠오르는 문제는 재정적 문제가 되겠다. 그런데 돈에 대한 문제는 그리 큰 문제가 아니고, 돈도 별로 많이 들지 않을 것이라고 생각된다. 왜냐하면 5대궁궐이 그대로 다 있는데, 그것을 중심으로 하여 부족한 것을 서서히 갖추면 된다고 하겠기 때문이다. 그리고 궁궐들이 구식건물인 관계로 실생활에 적합치 않다면, 경복궁 내에 있는 현재의 민속박물관이 궁궐내에 있을 수 없는 시설이므로 적절한 곳으로 옮기고서 그 건물을 개조하면 훌륭히 쓸 수 있다고 본다. 앞으로 황실이 다시 모셔 진다고 할 경우에 있어서, 운영비도 얼마 전에 황실이 복원된 스페인 같이 검소한 황실이 된다면 돈이 들 것이 별로 없다고 본다.

둘째로 황실운영에 관한 법도나 법규에 대한 준비가 있어야 하겠는데, 이것도 큰 문제는 없다고 생각한다. 왜냐하면 모든 것이 옛날로 되돌아갈 필요는 없는 것이므로, 예전의 법도나 전범을 바탕으로 오늘날에 맞게 만들고 서서히 시행하면서 문제점이 생기면 꾸준히 바로 잡아 나간다면 어려울 것이 없다고 생각한다. 현재 황실학회가 있으니까 황실연구를 해나가던 것도 꾸준히 진행하고, 황실연구소 같은 기구를 두고서 연구하고 보완하는 일도 병행한다면 전혀 어려움 없이 해결되리라고 본다. 더군다나 단군 이래의 이 나라에 대한 역사연구가 많이 진행되어 있기에 그것을 바탕으로 보완해도 일은 쉽게 해결되리라고 하겠다.

셋째로 가장 어려운 문제로써 누가 임금님이 될 것인가에 대한 문제가 대두 되겠다. 그런데 그것도 정답이 거의 제한되어 있기에 적절한 시기에 위원회를 구성하여 결정하면 된다고 본다. 생각컨대 그 범위는 대한황실의 광무황제 직계손으로서 10촌이내가 전통적인 황실전범에 있어서 황족이 되는 것이고 황실종정부를 구성하는 범위가 되므로, 그 범위 내에서 결정하면 될 것이다. 다만 임금님이 되실 분의 인간됨과 살아온 생애, 전반적인 인격 등을 고려하고, 황실복원운동에 기여한 점 등을 고려하면서 국민들이 승복할 수준의 인물을 임금님으로 모시면 된다고 하겠다. 그러한 수준의 인물은 많아야 손가락을 꼽을 정도로서, 분명히 존재하므로 걱정할 필요가 없다.

넷째로 임금님 제도의 시행에 있어서 분명히 고려할 것의 하나로서 임금님제도의 미래지향적 발전방향에 대한 측면도 꼭 고려 되어야 하겠다. 그것은 만약에 영국과 같이 현대에 원만히 적응을 못하는 황실제도가 되지 않게 하려는 것을 말한다. 일본, 태국은 임금님 제도가 대표적으로 성공리에 존재하는 나라이고, 현대에 임금님이 새로 모셔진 스페인도 대성공을 거둔 나라이다. 그런데 태국은 옛부터 내려온 임금님제도가 성공리에 남아 입헌군주제로 바뀌며 확실히 남았지만, 일본은 유명무실한 허수아비 상태의 임금님을 지도집단의 명치유신 결단으로 다시 모셔 성공한 것이며,[34] 스페인은 신념을 가진 프랑코 총통이 높은 안목으로 임금님을 다시 모셔 성공한 사례이다.

그런데 아직 우리는 그러한 경험들이 없기에, 가장 비슷한 것으로는 일본식에 가깝게 되겠는데, 일본과 다른 것은 밑으로부터 위로 오르는 상향식 분위기가 우리나라에는 계속 퍼지면서 국민적 분위기를 업은 일본식이 되겠다. 따라서 적절한 시기에 정치권이 결단을 내릴 분위기가 되고, 이어서 국민투표를 거쳐 결정하면 될 것이다. 다만 조심스럽게 임금님제도를 정착시키기 위해 말레이지아 방식으로 5년 정도의 임기제 임금님제도로부터 출발하면 좋지 않을까 한다.

3. 대한황실 복원의 실제

융희91년(1997년)의 대통령 선거는 역사상 가장 뜻깊은 정치변화를 개막하는 거대한 드라마의 서막일 수가 있겠다. 우리를 침략한 일본이 명치유신에 의해서 임금님체제를 다시금 확고히 정립하면서 부국강병과 근대화에 성공을 했는데, 그러한 흐름의 한국판 드라마가 탄생할 서막이 되리라고 본다.

김대중대통령은 3번 떨어지고 4번만에 도전하여 대통령이 된 3전4기의 신화를 낳았고, 역사상 최초의 선거에 의한 정권교체라는 신화를 낳

34) 일본의 경우는 명치유신 이전에 있어서는 봉건적 무사집단에 의한 끊임없는 칼부림과 패권경쟁이 이뤄진 분열과 갈등의 나라였다. 그러한 나라를 하나로 뭉치게 함에 천황의 존재는 결정적인 순기능을 했다.

았으며, 끊임없이 계속된 기득권의 압박을 뚫고 그간 소외되었던 세력에 기회를 나눠 주며 국민통합을 이루는 신화를 만들었으며, IMF치욕을 만든 김영삼정부의 피해자들이 대동단결하여 국정파탄을 선거로 응징하는 신화를 낳았다. 또한 김종필, 박태준과 연결된 3두마차 2당연립 정부라는 초유의 신화도 낳았다.

그런데 김대중, 김종필, 박태준은 공개적 협약에 의해 국민에게 공약하길 독일식 순수내각제로 개헌을 하겠다고 분명히 밝히고서 선거에 이긴 것이다. 김대중대통령은 이 약속을 분명히 지키리라고 본다.(그간 김대중의 반대파들은 지역갈등을 조장하면서 김대중과 호남사람은 약속을 지키지 않는 사람들이란 점을 과잉부각 시켰는데, 그것을 틀림없이 깨뜨리면서 잘못을 바로 잡으리라고 본다. 그리고 많은 사람을 이용하고 차버린 김영삼 정부와는 다른 신뢰성있는 정부라는 점도 분명히 확인시킬 것이라고 본다. 그것을 분명히 지키는 것이 김대중정부 성공의 최소한의 기본선이기 때문이다.) 그리하여 분명히 독일식 순수내각제로 개헌이 이루어지면, 거대한 드라마의 50% 이상은 이루어지는 것이다.

그리고는 김대중시대의 거대한 신화가 탄생되는 날이 멀리 있지 않으리라고 본다. 김종필; 박태준과 적극 협력하면서 순수내각제의 정치형태를 있는 그대로 두고서 오로지 상징적 대통령만을 임금님으로 바꾸면 되는 것이다. 김영삼시대에는 역사를 바로 세운다면서 끊임없이 정치보복과 탄압의 세월을 보냈다. 그러다가 역사를 바로 세운다는 것은 허황된 선전이란 것을 국민들이 모두 알게 되었고, 김영삼 정부의 정책이 겉돌게 된 중대한 계기가 그것이기도 했다. 그런데 앞으로 임금님을 다시 모시고 품격높은 나라를 만드는 결단을 내리면, 그것은 청사에 길이 빛날 역사창출의 드라마가 될 것이다. 문자 그대로 역사를 바로 잡는 대위업이 될 것이며, 불후의 정치적 신화가 될 것이다. 그리고 김대중, 김종필, 박태준의 3인을 일제침략의 상처를 바로잡고 미완성독립운동을 완성시킨 거대한 위인으로 역사는 길이길이 칭송하게 될 것이다. 진정으로 잘못된 역사를 바로 잡은 위대한 3인이라고 기록하게 될 것이다.

맺는 글

위대한 역사를 만드는 위대한 인물은 하늘이 낸다고 하기도 하고, 위대한 인물 스스로가 위대한 역사를 창조한다고도 한다. 그러나 천명설을 취하던 창조설을 취하던 간에 그 어떤 경우에도 위대한 인물이 결정적 시기를 잡아 위대한 결단을 내려야만 된다는 점은 현실적으로 분명한 것이다.

위대한 위인의 출현! 그리고 역사창조! 그러나 그것은 어떠한 경우에도 행운의 시운(時運)을 만나야만 가능한 것이다. 생각컨대 김대중대통령은 대통령이 되기까지 거대한 시련과 훈련을 받아온 흐름이 있었지만 적절한 시기에 적절한 역사적 사명을 띤 대통령으로서 행운을 안고 당선이 되었다고 생각된다. 왜냐? 시운을 잘못 만나고는 위인이 탄생되기도 어려운 것으로서, 앞의 전직 대통령이 사상 유례가 없이 졸작정치를 하면서 국고를 탕진하고 경제를 마비상태로 이끌고서 세계적 채무국이 되게 만들었으니, 그 불을 제대로 끄는 뛰어난 소방수대통령만 되어도 역사적 위인이 될 것이다.

그런데 김대중시대의 앞날에는 거대한 행운이 놓여 있다. 정권교체를 위한 2당연합의 산물로 순수내각제로 가게 되었는데, 그것은 생각 밖으로 어마어마한 위업을 낳는 전주곡이 되게 되었다. 역사가 김대중을 부르고, 민족이 김대중을 밀어 주면서, 김종필, 박태준과 3인이 힘껏 손을 잡고서 일제침략의 아픈 상처를 치유하고, 임금님을 새로 모시면서 단군

이래로 연면히 이어온 정치적 뿌리를 다시 찾는 역사창조의 드라마가 만들어지게 된 것이다.

※ 참 고

① 제 4쇄본을 출간하는 필자의 마음은 한마디로 참담한 심정일 뿐이다. 최고의 공약이었던 내각제가 덧없이 흘러가 버린 허탈감을 채울 길은 무엇인가? 본서의 앞부분에서 지적했듯이 대통령제로 그대로 있으면서 임금님을 모시는 길로 가라는 하늘의 뜻인가?(2003년 5월)

② 지난 5년의 세월에 대한 회고에 있어서 가장 중요한 사항은 정치인을 믿지 말고, 뜻있는 국민들이 단결하고 뭉치는 것만이 임금님 모시기의 지름길이라고 생각한다.

그러나 한편으로는 진실된 정치인의 출현이 아직 없었으며, 우리 사회가 보다 더 수준높게 무르익어 시운이 활짝 열릴 날이 오지 않았기 때문일까? 밤이 어두울수록 새벽은 밝다는 격언을 믿을 뿐이다. 눈부신 새벽 햇살이 쏟아지며 새날이 밝아오고, 찬란한 새누리에 신세기의 꿈이 안겨오는 벅찬 감격을 만들 진실의 인물들을 기다리고 또 기다릴 뿐이다.(2003년 5월)

참고문헌

강동진, 일제의 한국침략정책사(서울 : 한길사, 1984).

강용자, 왕조의 후예(서울 : 삼신각, 1994).

거창군 거창군사, 1997.

구병삭, 의원내각제의 연구(서울 : 화성사, 1991).

국가보훈처, 3·1운동, 1991.

국사편찬위원회, 한국사 21 : 3·1운동 전후의 사회와 경제,1981.

____________, 한국사 3, 조선초기의 정치구조, 1981.

____________, 한민족독립운동사 12, 1993.

권영성, 헌법학개론(서울 : 법문사, 1997).

길영환, 이원웅 옮김, 남북한 비교정치론(서울 : 문맥사, 1989).

김경수, 진성규 옮김, 동안거사집 ; 부 제왕운기(서울 : 한글터, 1995), 삼척시 발행, 1995.

김교식, 이승만의 첫부인 박승선 스토리, 동방출판사, 정풍 12, 1987.

김교현 지음, 고동영 옮김, 신단민사(서울 : 한뿌리, 1992).

김　구, 백범일지(서울 : 성공문화사, 1990).

_____, 윤병석 직해, 백범일지(서울:집문당, 1995).

김구현, 머리를 잘못 빌린 대통령(청주 : 온누리, 1995).

김동훈 옮김, 대통령제와 의원내각제(서울 : 일신사, 1987).

김명길, 낙선재 주변(서울 : 중앙일보사, 1977).

김성룡, 김창호, 김충구, 서규석, 51%의 정치미학 내각제(서울 : 지정출판사, 1997).

김영수 편, 사회주의 국가 헌법 (서울 : 인간사랑, 1989).

김용숙, 조선조 궁중풍속 연구 (서울 : 일지사, 1987).

김용식, 역대 대통령의 외교, 월간조선 1993년 신년 특집호.

김운태, 일본제국주의의 한국통치(서울 : 박영사, 1986).
김운태, 한국정치론(서울 : 박영사, 1977).
김을한, 인간 이은 : 해방에서 환국까지(서울 : 한국일보사, 1971).
김장호, 한국명산기(서울 : 평화출판사, 1995).
김정례, 민갑완 : 마지막 황태자 이은의 약혼녀(서울 : 교양사, 1990).
김정학, 한국민족형성사, 고려대학교 민족문화연구소, 한국문화사대계 I, 민족 · 국가사, 1964.
김창수, 항일의열투쟁사(천안 : 독립기념관한국독립운동사연구소, 1991).
김창순, 박성수 펴냄, 한국독립전쟁사(서울 : 삼광출판사, 1989).
김철수, 헌법개정 : 회고와 전망(서울 : 대학출판사, 1986).
김철수, 헌법학개론(서울 : 박영사, 1995).
김학준, 한국정치론(서울 : 한길사, 1984).
김헌, 의원내각제(서울 : 은하출판사, 1994).
남부희, 제2차 유림단 의거 연구, 경희대학교 사학회, 경희사학 18집, 1993.
독립기념관, 독립기념관 전시품 도록, 1992.
덕수궁, 궁중유물전시관 도록, 1996.
리 프란체스카 지음, 조혜자 옮김, 대통령의 건강(서울 : 보건신문사, 1988).
망원한국사연구실, 한국근대민중운동사(서울 : 돌베게, 1987).
민갑완, 백년한(서울 : 문선각, 1962).
민족문화추진회, 신증동국여지승람 4, 1989.
박성수, 단군기행(서울 : 교문사, 1988).
박영석, 재만한인 독립운동사연구(서울 : 일조각, 1993).
______, 한민족독립운동사연구(서울 : 일조각, 1993).
______, 항일독립운동의 발자취(서울 : 탐구당, 1991).
박윤석,「미아」된「반백의 왕자」17년만의 귀국, 신동아, 1996. 12.
박정진, 왕과 건달(서울 : 화담, 1997).
박환, 러시아한인민족운동사(서울 : 탐구당, 1995).
서대숙, 3·1운동에 대한 북한사관, 동아일보사, 3·1운동과 민족통일 : 3·1운동70주년 심포지움, 1987.

서정주, 우남 이승만전(서울 : 화산 문화기획, 1955).
서현섭, 일본은 있다(서울 : 고려원, 1995).
_____, 일본인과 천황(서울 : 고려원, 1997).
송건호, 이승만 : 애국자냐 독선자냐, 신구문화사, 한국의 인간상①, 1965.
송우, 한국헌법개정사(서울 : 집문당, 1980).
신복룡, 대동단실기(서울 : 양영각, 1982).
_____, 한국정치사론(서울 : 박영사, 1978).
_____옮김, C.W. 켄달 지음, 한국독립운동의 진상(서울 : 탐구당, 1975).
신용하, 3·1독립운동(천안 : 독립기념관 한국독립운동사연구소, 1989).
_____, 한국근대 민족운동사연구(서울 : 일조각, 1992).
_____, 한국민족독립운동사연구(서울 : 을유문화사, 1986).
_____, 한국민족독립운동사연구(서울 : 을유문화사, 1986).
신재홍, 독립전쟁사(천안 : 독립기념관 독립운동사연구소, 1991).
신채호 지음, 이만열 주석, 조선상고사(서울 : 형설출판사, 1988).
안병직, 3·1운동(서울 : 한국일보사, 1975).
안　천, 남침유도설해부(서울 : 교육과학사, 1993).
_____, 단군 할머니론(서울 : 민족문화사, 1995).
_____, 만주는 우리땅이다 : 거시국토통일론(서울 : 인간사랑, 1990).
_____, 신사고 사회과교육론(서울 : 교육과학사, 1997).
_____, 신흥무관학교(서울 : 교육과학사, 1996).
_____, 한국민주화운동사(서울 : 민족문화사, 1988).
_____, 황실은 살아있다 상·하권(서울 : 인간사랑, 1994).
연변대출판사, 중국 조선족사 연구 II(서울 : 서울대학교 출판부, 1996).
오욱환, 최정실, 미군 점령시대의 한국교육(서울 : 지식산업사, 1993).
원희복, 박정희 '왕실복원' 하려했다, 경향신문사, 뉴스메이커 111호, 1995. 2. 16.
유한철, 유인석의 사상과 의병활동(천안 : 독립기념관 한국독립운동사 연구소, 1992).
윤경로, 기독교가 3·1운동에 미친 영향과 그의 재조명, 대한예수교장로회총회, 3·1운동과 한국교회의 역사참여, 1989.
윤내현, 한국고대사(서울 : 삼광출판사, 1989).
윤대원, 친일파의 어제와 오늘, 순국 1990. 11, 12.
윤명철, 동아지중해와 고대 일본(서울 : 청노루, 1996).
윤병석, 독립군사(서울 : 지식산업사, 1990).
윤석효, 가야사(서울 : 민족문화사, 1990).
윤치영, 윤치영의 20세기(서울 : 삼성출판사, 1991).
이강훈, 역사증언록(서울 : 인물연구소, 1994).
이고봉, 지리산 : 국립공원 가이드 1 (서울:평화출판사, 1995).
이규태, 600년의 서울(서울 : 조선일보사, 1994).
이규창, 운명의 여신(서울 : 보련각, 1992).
이균재, 생산적 노사관계 실현을 위한 노사갈등 해소 사례연구, 울산대학교 경영대학원 석사학위 논문, 1997.
이기백, 강진철, 이태진, 식민주의 사관 비판, 일조각, 한국사 시민강좌 창간호, 1987.
이기백, 한국사신론(서울 : 일조각, 1974).
이달순, 일본의 한국통치(1910～1919), 한국외교사학회, 한국외교사II(서울 : 집문당, 1995).
이명영, 권력의 역사 : 조선노동당과 근대사(서울 : 종로서적, 1989).
이명희, 궁중유물(서울 : 대원사, 1998).
이미륵 지음, 전혜린 옮김, 압록강은 흐른다(서울 : 범우사, 1965).
이민원, 대한제국의 개혁과 그 실태, 한국민족운동사연구회, 한국민족운동사연구 9, 1994.
이방자, 지나온 세월(서울 : 남영문화사, 1974).
이병헌, 3·1운동비사(서울 : 시사시보사 출판국, 1959).
이상용, 왕릉(서울 : 한국문원편집실, 1995).
이상우, 국가와 정권의 운명을 좌우해 온 소국 · 강대국 관계, 월간조선 1993년 부록.
이선근, 대한국사 9 (서울 : 신태양사, 1973).

이승만, 독립정신(서울 : 정동출판사, 1993).
이연복, 대한민국임시정부연구, 경희대학교 대학원 박사학위논문, 1982.
이옥규, 조선왕조사 I (서울 : 조선왕조사편찬회, 1992).
이용락 엮음, 3·1운동실록, 3·1동지회, 1969.
이용복, 조선의 석각천문도인 천상열차분야지도에 관하여, 한국황실학회, 황실학논총 창간호, 1997.
이원순, 인간 이승만(서울 : 신태양사, 1965).
이은표, 종묘대제(서울:원백문화사, 1993).
이종기, 춤추는 신녀(서울 : 동아일보사, 1997).
이종률, 3·1운동과 민족의 함성(서울 : 인문당, 1984).
이종현, 근대조선역사(서울 : 일송정, 1988), 북한 사회과학원 역사연구소 발행 (재인쇄본).
이충우, 경성제국대학(서울 : 다락원, 1980).
이충호, 일제침략하 의사교육 활동에 관한 연구, 성신여자대학교 대학원 박사학위논문, 1997.
이태룡, 의병찾아 가는 길 I ,II(서울 : 다물출판사, 1995).
이한우, 이승만 90년 상권(서울 : 조선일보사, 1995).
이현희, 3·1운동사론(서울 : 동방도서주식회사, 1979).
______, 이야기 이승만(서울 : 신원문화사, 1995).
______, 한국사대계 8 : 일제강점기(서울 : 삼진사, 1973).
______, 한국의 역사 9(서울 : 학원 출판공사, 1988).
이형구 엮음, 단군을 찾아서(서울 :살림터, 1994).
임은, 북한 김일성 왕조 비사(서울 : 한국양서, 1982).
임중빈, 선각자 단재 신채호, 고령신씨대종약회, 1986.
장을병, 한국정치론 : 정치발전과 정치참여(서울 : 범우사, 1977).
전용신 옮김, 일본서기(서울 : 일지사, 1990).
정광형, 판례를 통해서 본 3·1독립운동사(서울 : 법문사, 1978).
정범진, 김창숙의 생애와 선비정신 : 백번 꺾어도 꺾이지 않은 민족의 자존(서울 : 성균관대학교 출판부, 1995).

정운현, 서울시내 일제유산 답사기(서울 : 한울출판사, 1995).

정태수 편역, 소련한족사(서울 : 대한교과서 주식회사, 1989).

조갑제, 유고(서울 : 한길사, 1987).

조동걸, 일제하한국농민운동사(서울 : 한길사, 1976).

조성관, 기자들이 한국사회를 후진시키고 있다, 월간조선 1995. 11, 통권 188호.

중앙일보사, 조선민주주의 인민공화국, 1992.

천관우, 민중운동으로 본 3·1운동, 윤병석, 신용하, 안병직 엮음, 한국근대사론II(서울 : 지식산업사, 1979).

_____, 한국고대사(서울 : 정음문화사, 1983).

천도교사편찬위원회, 천도교백년략사, 1981.

최용기, 헌법의 근원, 한국헌법학회, 헌법학연구 제1집, 1995.

최재석, 백제의 대화왜와 일본화과정(서울 : 일지사, 1990).

_____, 일본고대사연구비판(서울 : 일지사, 1990).

추헌수, 대한민국 임시정부사(천안 : 독립기념관 독립운동사연구소, 1989).

한국민중사연구회, 한국민중사 I, II(서울 : 풀빛, 1986).

한국사연구회, 3·1민족해방운동연구(서울 : 청년사, 1989).

한국정치외교사학회, 한국현대사의 재조명(서울: 대왕사, 1990).

한배호, 한국의 정치(서울 : 박영사, 1984).

한승인, 독재자 이승만(서울 : 일월서각, 1984).

한영우, 우리 역사와의 대화(서울:을유문화사, 1991).

한정일, 한국정치발전론(서울 : 전예원, 1982).

황인 옮김, 五島隆夫 지음, 제5공화국 정치비사 : 비밀접촉, 중원강좌9(서울 : 중원문화사, 1987).

찾아보기

(ㄱ)

가우자리 97
가짜 황손 331
거창 항일기지 447
격고문 396
결혼침략 27
경성법전 411
경성의전 411
공간적 착인현상 387
공군 창설 449
공포의 정치 171
과학적 항일사관 389
과학적 항일사관 시기 379
관광입국 491
광희묘 62
국권수호 429
국론분열 305
국무총리 203
국민계몽 119
국민조직화 119
기인형(命人型) 애국사 85
김광서 443
김구 153
김대중 497
김상렬 321
김일성 155
김종필 498
김종희(金鍾熺) 81
까우리 97

(ㄴ)

노블리스 오블리제 166

(ㄷ)

단군 349
단군사상 77
단군할머니론 116
단제(檀帝) 375
대동단 437
대종교 163
대통령 203, 342
대한황실 명예회복 476
대한황실 복원 495

도피형 113
독립사상 75
독립전쟁철학 151
독립항쟁력 431
독일식 순수내각 498
동국여지승람 359
동의(同義)사상 80
동의대 67
동화정책 26
동화추진기의 정책 25

(ㄹ)

로베스피에르 171

(ㅁ)

망국책임 256
망명정부 436
맹목적 항일사관 시기 378
무이단(武夷壇) 66
미완성독립운동 303
민갑완 27
민족주의 학설 381
민족통일의 기본준거 487
민주주의 학설 385
민중주의 학설 382

(ㅂ)

박경원 450
박태준 498
방자 40
벨기에 489
부락 295
분노의 왕국 114

(ㅅ)

사선대 448
사회주의 학설 383
살아있는 관광자원 139
살아있는 문화재 139
상해임시정부 법통 176
서둔수 94
서정주 229
손병희 396
수승대 448
수입 민주주의 337
수입이론 458
수절애국 50
순수국모 35
시간적 착인현상 387
신생국 사고 483
신한촌 443
신흥무관학교 443
씨족이기주의 473
3D학문 411

(ㅇ)

애국국모 32
양반철학 166
양반출신 161
어른문화 479
역사모독 306
역성혁명 294
영왕계 112
오염국모 48
올리버 276
왕조의 후예 115
외규장각 도서 반환운동 302
용비어천가 298
원초적 공허심리 251
원초적 반항심리 246
원초적 의존심리 248
월인천강지곡 298
위선국모 46
유동렬 443
유인석 443
융희 70
은둔형 113
의왕 425
의왕계 112
이갑 443
이경길 145
이구 130
이병주 239
이삿갓 305
이상설 442
이석 117
이성계 294
이성주 240
이승만 214
이우 439
이적(利敵)국모 45
이정자 328
이제묘 59
이종찬 444
이초남 147
이택주 239
이해영 236
이회영 443
인간적 착인현상 388
인평대군 직계손 112
임금님을 모시는 1국2제 통일안 201
잊혀진 황후 쥬리아 116
2·8독립선언 400

(ㅈ)

자기부정의 원칙 106
자연적 항일거점 441
전두환 315
전주이씨 대동종약원측 126
정도령(正都領) 203
정숙국모 33
정치공황 336
정치적 구심점 476
정치적 구심점 공황 172

제3의 개헌논의 288
제왕운기 357
제향항일 87
조국탈환 293
조직적 항일기지 442
존황(尊皇)사상 72
존황개헌 282
존황입국 282
종교이기주의 399
종로국악당 475
종묘 475
주관적 항일사관 시기 378
주석 347
지위갈등 341
집정관 203

(ㅊ)

창덕궁 200
천도교 402
천명론 297
천명이동 300
천민문화 167
천상열차분야지도 298
천제(天帝) 375
천제자(天帝子) 375
천제지자(天帝之子) 375
천황(天皇)할매 356
천황사상 368
천황숭배 371
철종계 직계손 113
총통 345
최상길 82
최용섭 94
최정승 94
최형섭 94
충의사상 79
친일법통 176
친일본당 445
침략 완성기의 정책 24
침략국모 43
침략이론 457

(ㅋ)

카우보이 민주주의 468
칸 352

(ㅌ)

태화관 403
통(統)사상 202

(ㅍ)

피해형 114

(ㅎ)

항일국모 31
항일독립전쟁 150
항일성전 417
항일철학 155
향촉대 66
헌법전문 189
헌정철학 292
헤이그비밀특사 392
혜범 스님 364
홍인군 245
황궁부 493
황실 탄압 234
황실법통 189
황실보전국민운동형 139
황실복원운동 106
황실복원추진회 119
황실사관 196
황실수호 89
황실은 살아있다 116, 301
황실의 범위 111
황실재산 258
황실종정부 120
황실학회 496
황통단절 306
황통퇴화 307
홍인군 245
힐버트 436

※ 참고사항

(2쇄)

1. 이북에서는 1998년 9월 5일에 주석 제도를 폐하고, 최고권력자인 김정일이 국방위원장이 되었다. 주석은 오로지 김일성만으로 끝나는 것이라는 것이 개헌 이유다. 아버지 3년상을 모시고 4년만에 권력을 승계하며 주석직을 폐한 것을 황실사관으로 볼 때에 김정일이 역사와 겸손을 안다는 생각도 든다(P. 348 참조).
2. 의왕의 망명은 손정도 목사와 이화학당 통교사 하란사 여사와 함께 유럽에 가서 일제 만행을 널리 공표하려는 계획이었다는 새로운 견해가 나오고 있다(P. 438 참조).

   강용권, 죽은자의 숨결 산자의 발길: 만주 항일유적지 답사 상권(서울: 장산출판사, 1996), PP. 260-261.

(3쇄)

3. 융희 91년의 선거에서 당선된 김대중 대통령은 내각제 개헌을 선거공약으로 내걸고 당선되었다. 그 선거공약은 역사의 전환점을 만들 것인가? 거대한 공약(空約)이 될 것인가? 국민 전체에게 약속한 역사적 공약은 뚜렷이 지켜지려는 의지가 없이 시간이 흐르고 있고, 역사는 그것을 주시하고 있다(P. 499 참조).

(4쇄)

4. 그러나 내각제 공약은 전혀 시행의지가 없이 세월이 흘렀다(P.500 참조)

지은이 소개

안 천(安天) 서울교육대학교 명예교수, 정치학 박사

〈대표저서〉

일월오악도(日月五岳圖)

- 제1권:이승만 뿌리 정치심리(교육과학사, 1998)
- 제2권:김구 재평가와 안중근(교육과학사, 1999)
- 제3권:일월오악도의 탄생(교육과학사, 2002)
- 제4권:대한황실 황족사 연구(교육과학사, 2003)
- 제5권:대한황실 명예회복사 연구(교육과학사, 2005)
- 제6권:대한황실 황통쟁투사(교육과학사, 2009)
- 제7권:대한황실 문화정책사(교육과학사, 2011)
- 제8권:임금님 대관식(교육과학사, 2014)

※황실은 살아있다(인간사랑, 1994)

거시국토 통일론(巨視國土統一論)

- 만주는 우리땅이다(인간사랑, 1990)
- 남침유도설 해부(교육과학사, 1993)
- 신흥무관학교(교육과학사, 1996)
- 여성대통령은 언제 나올까(B·B Books, 2002)
- 타이완의 힘(교육과학사, 2008)

〈교과교육 관련저서〉

- 생활화 사회과교육론(교육과학사, 2001)
- 신사고 사회과교육론(교육과학사, 1993)
- 통합교과운영론(한국방송통신대학, 1990, 공저)
- 사회과 탐구논리(교육과학사, 1988, 공역)

이승만 뿌리 정치심리 -대한황실 비밀역사-

1998년 5월 13일 초판 1쇄 발행
2015년 1월 1일 초판 5쇄 발행

지은이: 안 천
펴낸이: 김 동 규
펴낸곳: 교육과학사

경기도 파주시 문발동 광인사길 71
전화(031)955-6956~8/팩스(031)955-6037
Home-page: www.kyoyookbook.co.kr
E-mail: kyoyook@chol.com
등록: 1970년 5월 18일 제2-73호

정가 13,000원
ISBN 978-89-254-0895-8
978-89-8287-302-3(세트)